大学评价与求学成才丛书

2015–2016
中国研究生教育及学科专业评价报告

中国科学评价研究中心
中国科教评价网　　　　　　　　◎研发
武汉大学中国教育质量评价中心
邱均平　赵蓉英　董　克 等　　◎编著

科学出版社
北京

内 容 简 介

本书由湖北省人文社会科学重点研究基地——中国科学评价研究中心、中国科教评价网和武汉大学中国教育质量评价中心共同研发，由邱均平、赵蓉英、董克等编著。全书共三部分内容：第一部分是 2015 年中国研究生教育竞争力排行榜，包括中国研究生教育地区竞争力排行榜、中国一流研究生院竞争力排行榜、中国研究生院竞争力排行榜（含分地区、分类型排名）、中国普通高校研究生教育竞争力排行榜（含分地区、分类型排名），以及 12 个学科门类排行榜、98 个一级学科排行榜、390 个专业（学术学位）（含 42 个自设专业）排行榜，再加上 37 个一级学科（专业学位）排行榜，共计 541 个；第二部分是中国研究生培养单位各类排名结果、学科等级分布、优势学科及联系方式，给出了中国内地的 6 个国家级科学院的研究生院和 574 所普通高校共计 580 个研究生培养单位的各类排名结果、学科等级分布、优势专业、联系方式等；第三部分是附录，提供了 2015 年国家及主要大学硕士研究生录取分数线和 985 高校的硕博士招生人数等信息，可供全国所有研究生培养单位、教育行政部门、相关科研机构及广大考生阅读和参考。

本书从 8 个角度全面、系统地评价了中国内地的 580 个研究生培养单位，以及学科、专业的竞争力（除军事、警务类专业），并得出了详细的评价结果。本书评价指标合理、方法科学、数据准确、内容丰富、信息量大、资料翔实、权威性高、适用面广，可供政府管理部门、高等院校、教育研究机构、培训机构和社会各界人士阅读、参考和使用。

图书在版编目(CIP)数据

中国研究生教育及学科专业评价报告 2015—2016 / 邱均平等编著. —北京：科学出版社，2015.9

(大学评价与求学成才丛书)

ISBN 978-7-03-045608-3

I. ①中… II. ①邱… III. ①研究生教育-评价-研究报告-中国-2015—2016 ②研究生教育-学科-评价-研究报告-中国-2015—2016 IV. ①G643

中国版本图书馆 CIP 数据核字(2015)第 211951 号

责任编辑：朱丽娜 乔艳茹 / 责任校对：李 影

责任印制：张 倩 / 封面设计：楠竹文化

编辑部电话：010-64033934 E-mail：fuyan@mail.sciencep.com

科学出版社 出版

北京东黄城根北街 16 号

邮政编码：100717

http://www.sciencep.com

新科印刷有限公司印刷

科学出版社发行 各地新华书店经销

*

2015 年 9 月第 一 版 开本：890×1240 1/16

2015 年 9 月第一次印刷 印张：22 插页：1

字数：692 000

定价：99.00 元

（如有印装质量问题，我社负责调换）

中国研究生教育及学科专业评价报告

2015—2016

编委会名单

研发单位　中国科学评价研究中心

中国科教评价网（www.nseac.com）

武汉大学中国教育质量评价中心

合作单位　科学技术部中国科学技术信息研究所

汤森路透科技信息服务（北京）有限公司

前　言

研究生教育是培养高级专门人才的主要形式，也是高等院校、科研院所等研究生培养单位综合竞争力的重要体现。如何科学、合理、客观、公正地评价一个研究生培养单位的质量、水平和综合能力，如何详细地了解一所大学、一个科研机构研究生培养的基本条件和优势学科专业，从而选择适合自己的研究生培养单位和专业进行深造，是每一位准备接受研究生教育的考生都非常关心并急需得到答案的问题，也是政府管理部门、高等院校、科研院所、社会各界及广大教育工作者密切关注的问题。因此，我们在连续十一年研发和出版《中国研究生教育及学科专业评价报告》的基础上又及时推出本书——《中国研究生教育及学科专业评价报告（2015—2016）》，就是为渴望了解和解决这一问题、急于获得而又难以获得相关信息的社会各界人士和青年学子提供一个评价和选择研究生培养单位的指南性工具，使其在报考专业和选择培养单位方面能够获得充分而准确的评价信息；也为从事研究生教育的培养单位、管理部门及相关专业人士提供一份全面、系统、详细的评价报告。这对于改革和完善我国研究生教育制度，提高其培养质量和水平，促进高校之间的竞争发展都具有重要的指导意义和参考价值。

武汉大学中国科学评价研究中心是我国高等院校中第一个综合性的科技与教育评价研究中心，是集科学研究、人才培养和评价咨询服务于一体的湖北省人文社会科学重点研究基地。本着“加强社会评价，提高教育质量，促进竞争发展，服务和谐社会”的宗旨，我们自 2004 年起，按年度连续发布《中国大学及学科专业评价报告》、《中国研究生教育及学科专业评价报告》、《世界一流大学与科研机构学科竞争力评价研究报告》、《中国学术期刊评价研究报告》，受到国内外的广泛认可和高度评价。

2015 年上半年，我中心继续开展了本年度中国研究生教育及学科专业评价工作，并于近日完成《中国研究生教育及学科专业评价报告（2015—2016）》。本书从 8 个角度全面、系统地评价了 580 个研究生培养单位的竞争力，并公布其评价结果和有关信息，内容丰富、资料翔实、富有创意、权威性强、适用面广。其特点主要体现在以下六个方面。

第一，编排结构科学合理，便于读者查找和使用。在第一部分“2015 年中国研究生教育竞争力排行榜”中，以国务院学位委员会和教育部颁布的《授予博士、硕士学位和培养研究生的学科、专业目录（2008 年修订）》和《学位授予和人才培养学科目录（2011 年）》为依据，在研究生培养的各学科门类、一级学科和专业名称前分别标出了相应的 2 位、4 位和 6 位数字的学科专业代码，并以《学位授予和人才培养学科目录（2011 年）》中的顺序排列，并专门增加了 12 个学科门类的分排行榜，以便于读者快速查找所需的学科专业排名。第二部分是“中国研究生培养单位各类排名结果、学科等级分布、优势专业及联系方式”。首先列出了中国科学院大学（原中国科学院研究生院）等 6 个国家级研究院的研究生院，然后按地区（省、自治区、直辖市）研究生教育竞争力的名次和各地区内名次，依次列出了具有学术型研究生招生资格的高校整体排名情况及相关信息，包括学校名次、地区内名次、研究生院名次、学科优秀率，以及所有门类、一级学科和优秀专业（5★和 4★的二级学科）的排名情况。所有排行榜都可以在目录中直接定位到其所在的页码，方便查询。

第二，内容全面、系统，是目前国内最详细、最全面的研究生教育评价报告。书中全面公布了 2015—2016 年度中国内地 31 个地区（省、自治区、直辖市）（不含港澳台地区）、29 个中国一流研究生院、62 个研究生院、574 所普通高校的研究生教育竞争力排名，以及各研究生院或高校在其所在地区（省、自治区、直辖市）内排名和所属类型中的排名；还有分 12 个学科门类、98 个一级学科、390 个学术学位专业（含 42 个自设专业）和 37 个专业学位一级学科的高校排名，共发布 541 个不同层次、不同角度的排行榜。与去年相比，增加了 1 所国家级研究生院、4 所普通高校作为评价对象。1 所国家级研究生院为中国林业科学研究院研究生部，4 所普通高校为北京协和医学院（以前仅作为国家级研究生院参与总体竞争力评价，本次作为普通高校进行评价）、成都学院（去年有招生资格但没有发布招生简章而没有评价）、云南警官学院、四川警察学院。所有参评的普通高校中，参与学术型研究生教育评价的高校总数为 510 所，与去年相比增加 1 所；参与专业型研究生教育评价的高校共有 572 所，与去年相比增加 54 所；只招收学术学位硕士研究生的仅有 3 所，只招收专业学位硕士研究生的有 63 所。今年仍然将中国地质大学（武汉和北京）、中国矿业大学（徐州和北京）和中国石油大学（北京和华东）三所两地办学的研究生院分开单独参与排名，因此参与排名的研究生院总数为 62 所。此外，继 2012 年首次评价专业学位，今年继续评价了除警务和军事外的 37 个专业学位一级学科。我们今年特意选取各高校招生专业中专业名称相同、专业代码属于同一一级学科、开设高校数超过评价院校总数的 1%（6 所）的自设专业为评价对象，总计 42 个。限于篇幅，完整的、详尽的评价结果将在中国科教评价网（www.nseac.com）发布。

第三，采用排名位次与等级相结合的方法，增加评价结果表达的合理性。在分学科门类、一级学科和专业评价中，我们按照研究生教育的分布特点、集中与离散分布规律和二八率，将各培养单位在各排行榜中的竞争力依次分为 5 个等级，并用星级表示：①5★为具有重大优势竞争力的单位，即排在最前面 5%的培养单位；②4★为具有优势竞争力的单位，占总数的 15%，即排在 5%～20%的单位；③3★为具有良好竞争力的单位，占总数的 30%，即排在 20%～50%的单位；④2★为具有一般竞争力的单位，占总数的 40%，即排在 50%～90%的单位；⑤1★为具有较差竞争力的单位，占总数的 10%，即排在 90%～100%的单位。例如，某研究生院的排名为 5/62，即全国有 62 个研究生院参与排名，该研究生院排名第 5 位，排在前 8.06%，为 4★等级的单位，具有优势竞争力。这样，既能了解全国研究生院的总貌，又能得知该研究生院在其中的相对位次，从而使读者能正确地把握选择不同培养单位的适合度。需要说明的是，为了避免学科、专业开设数量过少对星级的影响，对开设数量小于 10 个的学科、专业的星级分配进行了调整。

第四，突出重点优势学科专业，兼顾学科规模结构。本书在 98 个一级学科排行榜和 390 个学术学位专业排行榜中，都首先重点突出排名前 20%的学校，对于排在 5★和 4★的高校，给出名单并列出排名，对于排在 3★、2★和 1★的高校，不再列出高校名单，以此来突出研究生培养单位的学科优势和专业特长，同时也对培养单位的整体学科建设情况做出了简单评判。自 2012 年起，书中加入了各培养单位的一级学科和专业优秀率，即 5★和 4★学科或专业数占相应总数的百分比。优势学科专业和优秀率相结合，使读者更全面地了解各培养单位的学科专业优势和规模。

第五，为了体现“同类比较，分类评价”的理念，更加满足读者的需求，我们对全国具有研究生培养资格的高校的研究生教育竞争力分类型进行了评价。2004 年，教育部下发《普通高等学校基本办学条件指标（试行）》，将高等学校划分为 6 种类型。我们的评价在以往经验的基础上，将所有培养单位分为 10 种类型：综合类、理工类、农林类、医药类、财经类、语言·政法类（简称文法类）、师范类、民族类、艺术类、体育类。今年，我们对部分高校的性质类型进行了调整，以更加符合该校发展的实际情况。考虑到艺术体育类院校的办学特点，在计算评价得分时延续去年的做法，即普遍上调一定比例，增加了不同类型院校之间的可比性；又考虑到工业和信息化部（原国防科学技术工业委员会）主管的 7 所学校对成果的保密性要求较高，获取评价数据必然受到影响，因此在计算得分时普遍上调。这 7 所高校是：哈尔滨工业大学、哈尔滨工程大学，北京航空航天大学、南京航空航天大学、北京理工大学、南京理工大学和西北工业大学，上调比例经咨询专家而定。我们对不同类型的高校进行评价和排序，得到“中国研究生教育分类型竞争力排行榜”。这样，我们的评价结果更加细化，更加具有可比性，更加有利于广大读者对同类型的高校进行分析和比较。

第六，信息量大，创新性和实用性强。本书在每个研究生培养单位前面给出了相应的单位代码，介绍了各单位的基本信息，并给出了最新的联系方式（包括通信地址、邮编、电话、传真、电子邮箱、网址）和各类排名结果；在本书的附录部分列出了国内主要高校 2015 年硕士招生分数线和 985 高校的硕博士招生人数等信息，可供报考研究生的考生及家长参考。与往年的《中国研究生教育及学科专业评价报告》相比，本书有多处创新：其一，首次评选“中国一流研究生院”；其二，首次评价自设专业；其三，增加了评价指标体系；其四，增加了评价对象；其五，调整了高校的性质类型；其六，调整了星级表示方式。

《中国研究生教育及学科专业评价报告（2015—2016）》由湖北省人文社会科学重点研究基地——中国科学评价研究中心、中国科教评价网和武汉大学中国教育质量评价中心的多位专家、博士、硕士鼎力合作，共同研究、联合编著而成，参编人员详见编委会名单。合作单位科学技术部中国科学技术信息研究所和汤森路透科技信息服务（北京）有限公司提供了良好的合作和帮助。科学出版社有关领导给予了大力支持，朱丽娜、乔艳茹等编校人员为本书的编辑出版付出了大量辛勤劳动。在此，我们一并致以衷心的感谢！

中国科学评价研究中心创始人
武汉大学教授、博士生导师
邱均平
2015 年 6 月 30 日于珞珈山

目 录 CONTENTS

CONTENTS 目录

前言

第一部分 2015年中国研究生教育竞争力排行榜

卷首语：2015年中国研究生教育及学科专业评价报告的产生与分析 ……3
中国研究生教育地区竞争力排行榜 ……22
中国一流研究生院竞争力排行榜 ……23
中国研究生院竞争力排行榜 ……24
（含分地区、分类型排名） ……24
中国普通高校研究生教育竞争力排行榜 ……26
（含分地区、分类型排名） ……26
中国研究生教育分学科门类竞争力排行榜 ……35
01 哲学（177） ……35
02 经济学（259） ……35
03 法学（348） ……36
04 教育学（200） ……36
05 文学（271） ……37
06 历史学（125） ……37
07 理学（375） ……38
08 工学（369） ……38
09 农学（111） ……39
10 医学（196） ……39
12 管理学（376） ……40
13 艺术学（206） ……41
中国研究生教育分一级学科竞争力排行榜 ……42
0101 哲学（177） ……42
0201 理论经济学（147） ……42
0202 应用经济学（243） ……42
0301 法学（188） ……43
0302 政治学（125） ……43
0303 社会学（96） ……44
0304 民族学（45） ……44
0305 马克思主义理论（325） ……44
0401 教育学（155） ……45
0402 心理学（102） ……45
0403 体育学（119） ……45
0501 中国语言文学（169） ……46
0502 外国语言文学（221） ……46
0503 新闻传播学（98） ……47
0601 考古学（58） ……47
0602 中国史（122） ……47
0603 世界史（73） ……47
0701 数学（239） ……48
0702 物理学（169） ……48
0703 化学（185） ……49
0704 天文学（16） ……49
0705 地理学（92） ……49
0706 大气科学（18） ……49
0707 海洋科学（31） ……49
0708 地球物理学（22） ……50
0709 地质学（42） ……50
0710 生物学（222） ……50
0711 系统科学（39） ……50
0712 科学技术史（37） ……51
0713 生态学（132） ……51
0714 统计学（162） ……51
0801 力学（119） ……51
0802 机械工程（208） ……52
0803 光学工程（89） ……52
0804 仪器科学与技术（95） ……52
0805 材料科学与工程（206） ……53
0806 冶金工程（24） ……53
0807 动力工程及工程热物理（114） ……53
0808 电气工程（104） ……54
0809 电子科学与技术（134） ……54
0810 信息与通信工程（170） ……54
0811 控制科学与工程（186） ……55
0812 计算机科学与技术（283） ……55
0813 建筑学（69） ……56
0814 土木工程（153） ……56
0815 水利工程（74） ……56

0816 测绘科学与技术（50）…………………… 56
0817 化学工程与技术（218）…………………… 57
0818 地质资源与地质工程（50）…………………… 57
0819 矿业工程（56）…………………… 57
0820 石油与天然气工程（17）…………………… 57
0821 纺织科学与工程（25）…………………… 58
0822 轻工技术与工程（46）…………………… 58
0823 交通运输工程（69）…………………… 58
0824 船舶与海洋工程（19）…………………… 58
0825 航空宇航科学与技术（21）…………………… 58
0826 兵器科学与技术（9）…………………… 58
0827 核科学与技术（22）…………………… 58
0828 农业工程（52）…………………… 59
0829 林业工程（17）…………………… 59
0830 环境科学与工程（197）…………………… 59
0831 生物医学工程（87）…………………… 59
0832 食品科学与工程（101）…………………… 60
0833 城乡规划学（56）…………………… 60
0834 风景园林学（65）…………………… 60
0835 软件工程（197）…………………… 60
0836 生物工程（2）…………………… 61
0837 安全科学与工程（57）…………………… 61
0901 作物学（53）…………………… 61
0902 园艺学（41）…………………… 61
0903 农业资源与环境（43）…………………… 61
0904 植物保护（50）…………………… 62
0905 畜牧学（52）…………………… 62
0906 兽医学（44）…………………… 62
0907 林学（62）…………………… 62
0908 水产（27）…………………… 62
0909 草学（35）…………………… 62
1001 基础医学（99）…………………… 63
1002 临床医学（111）…………………… 63
1003 口腔医学（48）…………………… 63
1004 公共卫生与预防医学（71）…………………… 63
1005 中医学（47）…………………… 64
1006 中西医结合（72）…………………… 64
1007 药学（145）…………………… 64
1008 中药学（59）…………………… 64
1009 特种医学（11）…………………… 64
1010 医学技术（3）…………………… 65
1011 护理学（74）…………………… 65
1201 管理科学与工程（228）…………………… 65
1202 工商管理（303）…………………… 65
1203 农林经济管理（62）…………………… 66
1204 公共管理（217）…………………… 66
1205 图书情报与档案管理（68）…………………… 67
1302 艺术学理论（75）…………………… 67
1302 音乐与舞蹈学（94）…………………… 67
1303 戏剧与影视学（70）…………………… 67
1304 美术学（133）…………………… 68
1305 设计学（141）…………………… 68
中国研究生教育分专业竞争力排行榜 …………………… 69
010101 马克思主义哲学（109）…………………… 69
010102 中国哲学（88）…………………… 69
010103 外国哲学（76）…………………… 69
010104 逻辑学（38）…………………… 69
010105 伦理学（94）…………………… 70
010106 美学（53）…………………… 70
010107 宗教学（54）…………………… 70
010108 科学技术哲学（111）…………………… 70
0101W1 管理哲学（6）…………………… 70
020101 政治经济学（114）…………………… 71
020102 经济思想史（38）…………………… 71
020103 经济史（46）…………………… 71
020104 西方经济学（94）…………………… 71
020105 世界经济（87）…………………… 71
020106 人口、资源与环境经济学（101）…………………… 72
020201 国民经济学（95）…………………… 72
020202 区域经济学（171）…………………… 72
020203 财政学（98）…………………… 73
020204 金融学（181）…………………… 73
020205 产业经济学（198）…………………… 73
020206 国际贸易学（165）…………………… 74
020207 劳动经济学（92）…………………… 74
020208 经济统计学（37）…………………… 75
020209 数量经济学（122）…………………… 75
020210 国防经济（26）…………………… 75
0202W1 保险学（12）…………………… 75
0202W2 金融工程（13）…………………… 75
0202W3 法律经济学（8）…………………… 75
030101 法学理论（108）…………………… 76
030102 法律史（59）…………………… 76
030103 宪法学与行政法学（126）…………………… 76
030104 刑法学（114）…………………… 76
030105 民商法学（147）…………………… 77

030106 诉讼法学（107）……77
030107 经济法学（132）……77
030108 环境与资源保护法学（75）……78
030109 国际法学（105）……78
030110 军事法学（10）……78
0301W1 知识产权法学（17）……78
030201 政治学理论（94）……78
030202 中外政治制度（60）……79
030203 科学社会主义与国际共产主义运动（62）……79
030204 中共党史（68）……79
030206 国际政治（65）……79
030207 国际关系（58）……79
030208 外交学（17）……80
030301 社会学（86）……80
030302 人口学（39）……80
030303 人类学（40）……80
030304 民俗学（39）……80
0303W1 社会工作（6）……80
030401 民族学（34）……81
030402 马克思主义民族理论与政策（26）……81
030403 中国少数民族经济（30）……81
030404 中国少数民族史（30）……81
030405 中国少数民族艺术（25）……81
030501 马克思主义基本原理（263）……81
030502 马克思主义发展史（99）……82
030503 马克思主义中国化研究（236）……82
030504 国外马克思主义研究（83）……83
030505 思想政治教育（299）……83
030506 中国近现代史基本问题研究（120）……83
0305W1 马克思主义法学（8）……84
040101 教育学原理（91）……84
040102 课程与教学论（101）……84
040103 教育史（45）……84
040104 比较教育学（46）……85
040105 学前教育学（50）……85
040106 高等教育学（117）……85
040107 成人教育学（38）……85
040108 职业技术教育学（48）……85
040109 特殊教育学（15）……86
040110 教育技术学（95）……86
040111 教育法学（7）……86
0401W1 少年儿童组织和思想意识教育（32）……86
0401W2 教师教育（12）……86
040201 基础心理学（50）……86
040202 发展与教育心理学（58）……87
040203 应用心理学（87）……87
040301 体育人文社会学（79）……87
040302 运动人体科学（68）……87
040303 体育教育训练学（106）……87
040304 民族传统体育学（63）……88
050101 文艺学（142）……88
050102 语言学及应用语言学（132）……88
050103 汉语言文字学（133）……89
050104 中国古典文献学（104）……89
050105 中国古代文学（154）……89
050106 中国现当代文学（142）……90
050107 中国少数民族语言文学（45）……90
050108 比较文学与世界文学（123）……90
0501W1 对外汉语（9）……90
050201 英语语言文学（184）……91
050202 俄语语言文学（61）……91
050203 法语语言文学（40）……91
050204 德语语言文学（33）……91
050205 日语语言文学（106）……91
050206 印度语言文学（3）……92
050207 西班牙语语言文学（14）……92
050208 阿拉伯语语言文学（11）……92
050209 欧洲语言文学（9）……92
050210 亚非语言文学（30）……92
050211 外国语言学及应用语言学（189）……92
0502W1 翻译学（7）……93
050301 新闻学（83）……93
050302 传播学（94）……93
0503W1 广告与媒介经济（9）……94
0503W2 广播电视学（6）……94
070101 基础数学（181）……94
070102 计算数学（167）……94
070103 概率论与数理统计（141）……95
070104 应用数学（231）……95
070105 运筹学与控制论（157）……95
0701W1 数学教育（9）……96
070201 理论物理（125）……96
070202 粒子物理与原子核物理（58）……96
070203 原子与分子物理（70）……96
070204 等离子体物理（36）……97
070205 凝聚态物理（145）……97

070206 声学（28）…… 97
070207 光学（134）…… 97
070208 无线电物理（64）…… 98
070301 无机化学（150）…… 98
070302 分析化学（157）…… 98
070303 有机化学（159）…… 99
070304 物理化学（156）…… 99
070305 高分子化学与物理（131）…… 99
0703W1 化学生物学（17）……100
0703W2 环境化学（8）……100
070401 天体物理（16）……100
070402 天体测量与天体力学（3）……100
070501 自然地理学（71）……100
070502 人文地理学（67）……101
070503 地图学与地理信息系统（77）……101
070601 气象学（15）……101
070602 大气物理学与大气环境（13）……101
070701 物理海洋学（14）……101
070702 海洋化学（19）……101
070703 海洋生物学（23）……101
070704 海洋地质（13）……102
070801 固体地球物理学（19）……102
070802 空间物理学（13）……102
070901 矿物学、岩石学、矿床学（31）……102
070902 地球化学（28）……102
070903 古生物学与地层学（24）……102
070904 构造地质学（28）……102
070905 第四纪地质学（27）……102
071001 植物学（137）……103
071002 动物学（129）……103
071003 生理学（113）……103
071004 水生生物学（66）……104
071005 微生物学（162）……104
071006 神经生物学（72）……104
071007 遗传学（140）……104
071008 发育生物学（83）……105
071009 细胞生物学（135）……105
071010 生物化学与分子生物学（202）……105
071011 生物物理学（80）……106
0710W1 生物信息学（13）……106
071101 系统理论（27）……106
071102 系统分析与集成（33）……106
080101 一般力学与力学基础（54）……106
080102 固体力学（84）……107
080103 流体力学（66）……107
080104 工程力学（110）……107
080201 机械制造及其自动化（186）……107
080202 机械电子工程（187）……108
080203 机械设计及理论（195）……108
080204 车辆工程（137）……109
0802W1 工业工程（17）……109
0802W2 工业设计（13）……109
080401 精密仪器及机械（73）……109
080402 测试计量技术及仪器（93）……110
080501 材料物理与化学（185）……110
080502 材料学（183）……110
080503 材料加工工程（158）……111
080601 冶金物理化学（21）……111
080602 钢铁冶金（22）……111
080603 有色金属冶金（22）……111
080701 工程热物理（61）……112
080702 热能工程（79）……112
080703 动力机械及工程（70）……112
080704 流体机械及工程（70）……112
080705 制冷及低温工程（59）……112
080706 化工过程机械（65）……113
080801 电机与电器（73）……113
080802 电力系统及其自动化（82）……113
080803 高电压与绝缘技术（48）……113
080804 电力电子与电力传动（95）……113
080805 电工理论与新技术（73）……114
080901 物理电子学（99）……114
080902 电路与系统（109）……114
080903 微电子学与固体电子学（88）……115
080904 电磁场与微波技术（74）……115
081001 通信与信息系统（141）……115
081002 信号与信息处理（152）……115
081101 控制理论与控制工程（170）……116
081102 检测技术与自动化装置（157）……116
081103 系统工程（108）……117
081104 模式识别与智能系统（135）……117
081105 导航、制导与控制（68）……117
081201 计算机系统结构（172）……117
081202 计算机软件与理论（213）……118
081203 计算机应用技术（280）……118
0812W1 信息安全（13）……119

081301 建筑历史与理论（39） …… 119
081302 建筑设计及其理论（55） …… 119
081304 建筑技术科学（40） …… 119
0813W1 城市规划与设计（52） …… 120
081401 岩土工程（130） …… 120
081402 结构工程（140） …… 120
081403 市政工程（100） …… 120
081404 供热、供燃气、通风及空调工程（91） …… 121
081405 防灾减灾工程及防护工程（113） …… 121
081406 桥梁与隧道工程（102） …… 121
081501 水文学及水资源（57） …… 121
081502 水力学及河流动力学（37） …… 122
081503 水工结构工程（39） …… 122
081504 水利水电工程（41） …… 122
081505 港口、海岸及近海工程（26） …… 122
081601 大地测量学与测量工程（37） …… 122
081602 摄影测量与遥感（35） …… 123
081603 地图制图学与地理信息工程（40） …… 123
081701 化学工程（130） …… 123
081702 化学工艺（139） …… 123
081703 生物化工（120） …… 124
081704 应用化学（211） …… 124
081705 工业催化（117） …… 124
0817W1 材料化学工程（12） …… 125
0817W2 环境化工（6） …… 125
0817W3 制药工程（17） …… 125
081801 矿产普查与勘探（41） …… 125
081802 地球探测与信息技术（34） …… 125
081803 地质工程（44） …… 125
081901 采矿工程（32） …… 125
081902 矿物加工工程（29） …… 126
081903 安全技术及工程（44） …… 126
082001 油气井工程（12） …… 126
082002 油气田开发工程（13） …… 126
082003 油气储运工程（12） …… 126
082101 纺织工程（17） …… 126
082102 纺织材料与纺织品设计（17） …… 126
082103 纺织化学与染整工程（19） …… 126
082104 服装设计与工程（20） …… 127
082201 制浆造纸工程（16） …… 127
082202 制糖工程（11） …… 127
082203 发酵工程（41） …… 127
082204 皮革化学与工程（11） …… 127
082301 道路与铁道工程（48） …… 127
082302 交通信息工程及控制（56） …… 127
082303 交通运输规划与管理（54） …… 128
082304 载运工具运用工程（49） …… 128
082401 船舶与海洋结构物设计制造（19） …… 128
082402 轮机工程（13） …… 128
082403 水声工程（9） …… 128
082501 飞行器设计（19） …… 128
082502 航空宇航推进理论与工程（17） …… 128
082503 航空宇航制造工程（17） …… 129
082504 人机与环境工程（14） …… 129
082601 武器系统与运用工程（9） …… 129
082602 兵器发射理论与技术（6） …… 129
082603 火炮、自动武器与弹药工程（7） …… 129
082604 军事化学与烟火技术（4） …… 129
082701 核能科学与工程（10） …… 129
082702 核燃料循环与材料（7） …… 129
082703 核技术及应用（20） …… 130
082704 辐射防护及环境保护（10） …… 130
082801 农业机械化工程（41） …… 130
082802 农业水土工程（35） …… 130
082803 农业生物环境与能源工程（36） …… 130
082804 农业电气化与自动化（41） …… 130
082901 森林工程（8） …… 130
082902 木材科学与技术（13） …… 131
082903 林产化学加工工程（15） …… 131
083001 环境科学（174） …… 131
083002 环境工程（170） …… 131
083201 食品科学（96） …… 132
083202 粮食、油脂及植物蛋白工程（59） …… 132
083203 农产品加工及贮藏工程（76） …… 132
083204 水产品加工及贮藏工程（46） …… 132
0832W1 食品安全（14） …… 132
090101 作物栽培学与耕作学（44） …… 133
090102 作物遗传育种（52） …… 133
0901W1 种子科学与技术（7） …… 133
090201 果树学（40） …… 133
090202 蔬菜学（37） …… 133
090203 茶学（17） …… 133
0902W1 观赏园艺学（15） …… 133
0902W2 设施园艺学（9） …… 134
090301 土壤学（37） …… 134
090302 植物营养学（39） …… 134

090401 植物病理学（44）……134
090402 农业昆虫与害虫防治（44）……134
090403 农药学（42）……134
090501 动物遗传育种与繁殖（43）……135
090502 动物营养与饲料科学（47）……135
090504 特种经济动物饲养（29）……135
0905W1 动物生产学（9）……135
090601 基础兽医学（38）……135
090602 预防兽医学（41）……135
090603 临床兽医学（38）……135
090701 林木遗传育种（25）……136
090702 森林培育（29）……136
090703 森林保护学（24）……136
090704 森林经理学（23）……136
090705 野生动植物保护与利用（29）……136
090706 园林植物与观赏园艺（44）……136
090707 水土保持与荒漠化防治（39）……137
090801 水产养殖（27）……137
090802 捕捞学（6）……137
090803 渔业资源（14）……137
100101 人体解剖与组织胚胎学（90）……137
100102 免疫学（87）……137
100103 病原生物学（86）……138
100104 病理学与病理生理学（90）……138
100105 法医学（48）……138
100106 放射医学（26）……138
1001W1 航空、航天与航海医学（7）……138
1001W2 医学生物化学与分子生物学（8）……138
100201 内科学（100）……139
100202 儿科学（86）……139
100203 老年医学（65）……139
100204 神经病学（86）……139
100205 精神病与精神卫生学（68）……140
100206 皮肤病与性病学（78）……140
100207 影像医学与核医学（93）……140
100208 临床检验诊断学（92）……140
100210 外科学（98）……140
100211 妇产科学（90）……141
100212 眼科学（85）……141
100213 耳鼻咽喉科学（83）……141
100214 肿瘤学（88）……142
100215 康复医学与理疗学（68）……142
100216 运动医学（36）……142
100217 麻醉学（80）……142
100218 急诊医学（78）……142
1002W1 重症医学（19）……143
100301 口腔基础医学（32）……143
100302 口腔临床医学（46）……143
100401 流行病与卫生统计学（62）……143
100402 劳动卫生与环境卫生学（50）……143
100403 营养与食品卫生学（57）……144
100404 少儿卫生与妇幼保健学（42）……144
100405 卫生毒理学（45）……144
100406 军事预防医学（4）……144
100501 中医基础理论（31）……144
100502 中医临床基础（30）……144
100503 中医医史文献（26）……144
100504 方剂学（29）……145
100505 中医诊断学（27）……145
100506 中医内科学（41）……145
100507 中医外科学（30）……145
100508 中医骨伤科学（31）……145
100509 中医妇科学（29）……145
100510 中医儿科学（25）……146
100511 中医五官科学（22）……146
100512 针灸推拿学（35）……146
100513 民族医学（含：藏医学、蒙医学等）（13）……146
100601 中西医结合基础（47）……146
100602 中西医结合临床（68）……146
1006W1 中西医结合护理学（7）……147
100701 药物化学（117）……147
100702 药剂学（97）……147
100703 生药学（87）……147
100704 药物分析学（96）……147
100705 微生物与生化药学（83）……148
100706 药理学（113）……148
1007W1 临床药学（15）……148
1007W2 药事管理学（8）……148
1201W1 工程管理（9）……149
1201W2 电子商务（9）……149
120201 会计学（252）……149
120202 企业管理（293）……149
120203 旅游管理（186）……150
120204 技术经济及管理（222）……150
1202W1 财务管理（17）……151
1202W2 市场营销（13）……151

1202W3 文化产业管理（8） …… 151
1202W4 人力资源管理（16） …… 151
1202W5 审计学（11） …… 151
120301 农业经济管理（59） …… 151
120302 林业经济管理（31） …… 152
120401 行政管理（167） …… 152
120402 社会医学与卫生事业管理（72） …… 152
120403 教育经济与管理（139） …… 152
120404 社会保障（123） …… 153
120405 土地资源管理（102） …… 153
120501 图书馆学（45） …… 153
120502 情报学（59） …… 154
120503 档案学（31） …… 154

中国研究生教育分一级学科竞争力排行榜（专业学位） …… 155

0251 金融（专业学位）（134） …… 155
0252 应用统计（专业学位）（97） …… 155
0253 税务（专业学位）（39） …… 155
0254 国际商务（专业学位）（92） …… 155
0255 保险（专业学位）（45） …… 156
0256 资产评估（专业学位）（61） …… 156
0257 审计（专业学位）（32） …… 156
0351 法律（专业学位）（175） …… 156
0352 社会工作（专业学位）（86） …… 157
0451 教育（专业学位）（134） …… 157
0452 体育（专业学位）（84） …… 157
0453 汉语国际教育（专业学位）（104） …… 157
0454 应用心理（专业学位）（48） …… 158
0551 翻译（专业学位）（202） …… 158
0552 新闻与传播（专业学位）（94） …… 158
0553 出版（专业学位）（17） …… 158
0651 文物与博物馆（专业学位）（30） …… 159
0851 建筑学（专业学位）（34） …… 159
0852 工程（专业学位）（376） …… 159
0853 城市规划（专业学位）（19） …… 160
0951 农业推广（专业学位）（106） …… 160
0952 兽医（专业学位）（39） …… 160
0953 风景园林（专业学位）（48） …… 160
0954 林业（专业学位）（21） …… 160
1051 临床医学（专业学位）（122） …… 160
1052 口腔医学（专业学位）（51） …… 161
1053 公共卫生（专业学位）（49） …… 161
1054 护理（专业学位）（67） …… 161
1055 药学（专业学位）（58） …… 161
1056 中药学（专业学位）（48） …… 162

第二部分 中国研究生培养单位各类排名结果、学科等级分布、优势学科及联系方式

国家科学院研究生院（部）（共 6 个） …… 165

14430 中国科学院大学（原中国科学院研究生院） …… 165
82101 中国农业科学院研究生院 …… 165
80201 中国社会科学院研究生院 …… 165
84502 中国中医科学院研究生院 …… 165
82501 中国地质科学院研究生部 …… 165
82201 中国林业科学研究院研究生部 …… 165

普通高校研究生培养单位（共 574 所） …… 166

北京市 …… 166

10001 北京大学 …… 166
10003 清华大学 …… 167
10002 中国人民大学 …… 168
10006 北京航空航天大学 …… 168
10027 北京师范大学 …… 169
10007 北京理工大学 …… 169
10019 中国农业大学 …… 170
10008 北京科技大学 …… 170
10004 北京交通大学 …… 171
10005 北京工业大学 …… 171
10010 北京化工大学 …… 172
10023 北京协和医学院 …… 172
10013 北京邮电大学 …… 172
10025 首都医科大学 …… 173
10034 中央财经大学 …… 173
11414 中国石油大学（北京） …… 173
11415 中国地质大学（北京） …… 174
10028 首都师范大学 …… 174
10054 华北电力大学 …… 175
10022 北京林业大学 …… 175
11413 中国矿业大学（北京） …… 175
10053 中国政法大学 …… 176

10036 对外经济贸易大学……176
10026 北京中医药大学……176
10052 中央民族大学……176
10033 中国传媒大学……177
10043 北京体育大学……177
10038 首都经济贸易大学……177
10030 北京外国语大学……178
10011 北京工商大学……178
10032 北京语言大学……178
10009 北方工业大学……178
10047 中央美术学院……179
10050 北京电影学院……179
10045 中央音乐学院……179
11232 北京信息科技大学……179
10046 中国音乐学院……179
10040 外交学院……179
10016 北京建筑大学……180
11417 北京联合大学……180
10048 中央戏剧学院……180
10041 中国人民公安大学……180
10015 北京印刷学院……180
10029 首都体育学院……181
10031 北京第二外国语学院……181
10020 北京农学院……181
10042 国际关系学院……181
10012 北京服装学院……181
10037 北京物资学院……182
11625 中国青年政治学院……182
10049 中国戏曲学院……182
10051 北京舞蹈学院……182
10017 北京石油化工学院……182
11418 北京城市学院……182
12453 中国劳动关系学院……183
10018 北京电子科技学院……183
11149 中华女子学院……183

上海市……183

10248 上海交通大学……183
10246 复旦大学……184
10247 同济大学……185
10269 华东师范大学……185
10251 华东理工大学……186
10280 上海大学……186
10255 东华大学……187
10272 上海财经大学……187
10270 上海师范大学……187
10252 上海理工大学……188
10268 上海中医药大学……188
10254 上海海事大学……188
10271 上海外国语大学……189
10264 上海海洋大学……189
10276 华东政法大学……189
10277 上海体育学院……189
10278 上海音乐学院……190
10259 上海应用技术学院……190
10856 上海工程技术大学……190
10256 上海电力学院……190
10279 上海戏剧学院……190
10273 上海对外经贸大学……190
11458 上海电机学院……191
11835 上海政法学院……191
11047 上海立信会计学院……191
12044 上海第二工业大学……191
10274 上海海关学院……191

江苏省……191

10284 南京大学……191
10286 东南大学……192
10285 苏州大学……193
10307 南京农业大学……193
10287 南京航空航天大学……194
10294 河海大学……194
10288 南京理工大学……195
10319 南京师范大学……195
10299 江苏大学……196
10295 江南大学……196
10290 中国矿业大学……197
11117 扬州大学……197
10291 南京工业大学……197
10312 南京医科大学……198
10298 南京林业大学……198
10316 中国药科大学……198
10304 南通大学……199
10300 南京信息工程大学……199
10292 常州大学……199
10315 南京中医药大学……199
10293 南京邮电大学……200
10289 江苏科技大学……200

10331 南京艺术学院 …… 200
10320 江苏师范大学 …… 200
10313 徐州医学院 …… 201
10327 南京财经大学 …… 201
10332 苏州科技学院 …… 201
11641 淮海工学院 …… 201
11287 南京审计学院 …… 201
11463 江苏理工学院 …… 202
11276 南京工程学院 …… 202
11049 淮阴工学院 …… 202
10330 南京体育学院 …… 202

湖北省 …… 202

10486 武汉大学 …… 202
10487 华中科技大学 …… 203
10511 华中师范大学 …… 204
10497 武汉理工大学 …… 204
10504 华中农业大学 …… 205
10491 中国地质大学（武汉） …… 205
10520 中南财经政法大学 …… 206
10512 湖北大学 …… 206
10488 武汉科技大学 …… 206
10489 长江大学 …… 207
10524 中南民族大学 …… 207
11075 三峡大学 …… 207
10490 武汉工程大学 …… 207
10500 湖北工业大学 …… 208
10522 武汉体育学院 …… 208
10495 武汉纺织大学 …… 208
10507 湖北中医药大学 …… 208
10496 武汉轻工大学 …… 209
10929 湖北医药学院 …… 209
11072 江汉大学 …… 209
10513 湖北师范学院 …… 209
10523 湖北美术学院 …… 209
10517 湖北民族学院 …… 209
11524 武汉音乐学院 …… 210
10514 黄冈师范学院 …… 210
10525 湖北汽车工业学院 …… 210
11600 湖北经济学院 …… 210
10927 湖北科技学院 …… 210

浙江省 …… 210

10335 浙江大学 …… 210
10337 浙江工业大学 …… 211
11646 宁波大学 …… 212
10345 浙江师范大学 …… 212
10336 杭州电子科技大学 …… 212
10338 浙江理工大学 …… 213
10353 浙江工商大学 …… 213
10346 杭州师范大学 …… 213
10356 中国计量学院 …… 213
10343 温州医科大学 …… 214
10344 浙江中医药大学 …… 214
10351 温州大学 …… 214
10341 浙江农林大学 …… 214
10355 中国美术学院 …… 215
11482 浙江财经大学 …… 215
10340 浙江海洋学院 …… 215
10349 绍兴文理学院 …… 215
11647 浙江传媒学院 …… 215
11057 浙江科技学院 …… 215
10347 湖州师范学院 …… 216
10876 浙江万里学院 …… 216

广东省 …… 216

10558 中山大学 …… 216
10561 华南理工大学 …… 217
10559 暨南大学 …… 217
10574 华南师范大学 …… 218
10564 华南农业大学 …… 218
12121 南方医科大学 …… 218
10590 深圳大学 …… 219
11845 广东工业大学 …… 219
10560 汕头大学 …… 219
10572 广州中医药大学 …… 220
11078 广州大学 …… 220
10570 广州医科大学 …… 220
11846 广东外语外贸大学 …… 220
10571 广东医学院 …… 221
10566 广东海洋大学 …… 221
10592 广东财经大学 …… 221
10573 广东药学院 …… 221
10586 广州美术学院 …… 221
10585 广州体育学院 …… 222
11349 五邑大学 …… 222
11347 仲恺农业工程学院 …… 222
10587 星海音乐学院 …… 222

11847 佛山科学技术学院……222
10588 广东技术师范学院……222
11540 广东金融学院……223
陕西省……223
10698 西安交通大学……223
10699 西北工业大学……223
10701 西安电子科技大学……224
10712 西北农林科技大学……224
10718 陕西师范大学……225
10697 西北大学……225
10710 长安大学……226
10703 西安建筑科技大学……226
10700 西安理工大学……226
10708 陕西科技大学……227
10704 西安科技大学……227
10702 西安工业大学……227
10709 西安工程大学……228
10705 西安石油大学……228
10729 西安美术学院……228
10719 延安大学……228
10726 西北政法大学……228
10724 西安外国语大学……229
11664 西安邮电大学……229
10720 陕西理工学院……229
10727 西安体育学院……229
10716 陕西中医药大学……229
10728 西安音乐学院……230
11560 西安财经学院……230
10721 宝鸡文理学院……230
11840 西安医学院……230
12715 西京学院……230
四川省……230
10610 四川大学……230
10614 电子科技大学……231
10613 西南交通大学……232
10651 西南财经大学……232
10626 四川农业大学……232
10616 成都理工大学……233
10615 西南石油大学……233
10636 四川师范大学……233
10619 西南科技大学……234
10633 成都中医药大学……234
10656 西南民族大学……234
10638 西华师范大学……234
10623 西华大学……235
10653 成都体育学院……235
10621 成都信息工程大学……235
10632 泸州医学院……235
10654 四川音乐学院……235
10622 四川理工学院……236
10634 川北医学院……236
13705 成都医学院……236
11079 成都学院……236
10624 中国民用航空飞行学院……236
10639 绵阳师范学院……236
12212 四川警察学院……237
山东省……237
10422 山东大学……237
10423 中国海洋大学……238
10425 中国石油大学（华东）……238
11065 青岛大学……238
10445 山东师范大学……239
10434 山东农业大学……239
10424 山东科技大学……239
10427 济南大学……240
10426 青岛科技大学……240
10446 曲阜师范大学……240
10433 山东理工大学……241
10447 聊城大学……241
10456 山东财经大学……241
11066 烟台大学……241
10435 青岛农业大学……242
10441 山东中医药大学……242
10429 青岛理工大学……242
10430 山东建筑大学……242
10451 鲁东大学……243
10431 齐鲁工业大学……243
10438 潍坊医学院……243
10440 滨州医学院……243
10439 泰山医学院……243
10458 山东艺术学院……244
10443 济宁医学院……244
10457 山东体育学院……244
11688 山东工商学院……244
10908 山东工艺美术学院……244

11510 山东交通学院 …… 244
14100 山东政法学院 …… 244

辽宁省 …… 245

10141 大连理工大学 …… 245
10145 东北大学 …… 245
10159 中国医科大学 …… 246
10140 辽宁大学 …… 246
10151 大连海事大学 …… 246
10173 东北财经大学 …… 247
10165 辽宁师范大学 …… 247
10161 大连医科大学 …… 247
10157 沈阳农业大学 …… 248
10147 辽宁工程技术大学 …… 248
10142 沈阳工业大学 …… 248
10163 沈阳药科大学 …… 248
10167 渤海大学 …… 249
10153 沈阳建筑大学 …… 249
10166 沈阳师范大学 …… 249
10150 大连交通大学 …… 249
11258 大连大学 …… 250
10152 大连工业大学 …… 250
10160 辽宁医学院 …… 250
10144 沈阳理工大学 …… 250
10149 沈阳化工大学 …… 251
10146 辽宁科技大学 …… 251
10143 沈阳航空航天大学 …… 251
10162 辽宁中医药大学 …… 251
10148 辽宁石油化工大学 …… 251
11035 沈阳大学 …… 252
10158 大连海洋大学 …… 252
10176 沈阳体育学院 …… 252
10154 辽宁工业大学 …… 252
12026 大连民族学院 …… 252
10177 沈阳音乐学院 …… 253
10172 大连外国语大学 …… 253
10178 鲁迅美术学院 …… 253
10175 中国刑事警察学院 …… 253
10164 沈阳医学院 …… 253
11632 沈阳工程学院 …… 253
10169 鞍山师范学院 …… 254

湖南省 …… 254

10533 中南大学 …… 254
10532 湖南大学 …… 254
10542 湖南师范大学 …… 255
10530 湘潭大学 …… 255
10537 湖南农业大学 …… 256
10536 长沙理工大学 …… 256
10534 湖南科技大学 …… 256
10538 中南林业科技大学 …… 257
10555 南华大学 …… 257
10541 湖南中医药大学 …… 257
11535 湖南工业大学 …… 258
10531 吉首大学 …… 258
10554 湖南商学院 …… 258
10543 湖南理工学院 …… 258
11342 湖南工程学院 …… 258
10547 邵阳学院 …… 258
10553 湖南人文科技学院 …… 259

天津市 …… 259

10056 天津大学 …… 259
10055 南开大学 …… 259
10062 天津医科大学 …… 260
10065 天津师范大学 …… 260
10058 天津工业大学 …… 261
10057 天津科技大学 …… 261
10063 天津中医药大学 …… 261
10060 天津理工大学 …… 261
10070 天津财经大学 …… 262
10059 中国民航大学 …… 262
10069 天津商业大学 …… 262
10071 天津体育学院 …… 262
10072 天津音乐学院 …… 263
10792 天津城建大学 …… 263
10066 天津职业技术师范大学 …… 263
10068 天津外国语大学 …… 263
10061 天津农学院 …… 263
10073 天津美术学院 …… 263

黑龙江省 …… 264

10213 哈尔滨工业大学 …… 264
10217 哈尔滨工程大学 …… 264
10226 哈尔滨医科大学 …… 265
10225 东北林业大学 …… 265
10212 黑龙江大学 …… 265
10224 东北农业大学 …… 266

10214 哈尔滨理工大学 …… 266
10231 哈尔滨师范大学 …… 266
10220 东北石油大学 …… 267
10228 黑龙江中医药大学 …… 267
10240 哈尔滨商业大学 …… 267
10222 佳木斯大学 …… 268
10223 黑龙江八一农垦大学 …… 268
10232 齐齐哈尔大学 …… 268
10219 黑龙江科技大学 …… 268
10233 牡丹江师范学院 …… 268
10242 哈尔滨体育学院 …… 269
10229 牡丹江医学院 …… 269
11446 黑龙江东方学院 …… 269
安徽省 …… 269
10358 中国科学技术大学 …… 269
10359 合肥工业大学 …… 270
10357 安徽大学 …… 270
10366 安徽医科大学 …… 270
10370 安徽师范大学 …… 271
10364 安徽农业大学 …… 271
10361 安徽理工大学 …… 271
10360 安徽工业大学 …… 272
10378 安徽财经大学 …… 272
10373 淮北师范大学 …… 272
10369 安徽中医药大学 …… 272
10363 安徽工程大学 …… 272
10372 安庆师范学院 …… 273
10878 安徽建筑大学 …… 273
10367 蚌埠医学院 …… 273
10368 皖南医学院 …… 273
10371 阜阳师范学院 …… 273
10879 安徽科技学院 …… 274
14098 合肥师范学院 …… 274
11059 合肥学院 …… 274
吉林省 …… 274
10183 吉林大学 …… 274
10200 东北师范大学 …… 275
10186 长春理工大学 …… 275
10184 延边大学 …… 275
10193 吉林农业大学 …… 276
10190 长春工业大学 …… 276
10188 东北电力大学 …… 276
10203 吉林师范大学 …… 277
10201 北华大学 …… 277
10207 吉林财经大学 …… 277
10199 长春中医药大学 …… 277
10209 吉林艺术学院 …… 277
10208 吉林体育学院 …… 278
10205 长春师范大学 …… 278
10191 吉林建筑大学 …… 278
10192 吉林化工学院 …… 278
11726 长春大学 …… 278
11437 长春工程学院 …… 278
10964 吉林华桥外国语学院 …… 279
福建省 …… 279
10384 厦门大学 …… 279
10386 福州大学 …… 279
10394 福建师范大学 …… 280
10389 福建农林大学 …… 280
10385 华侨大学 …… 280
10392 福建医科大学 …… 281
10390 集美大学 …… 281
10393 福建中医药大学 …… 281
10402 闽南师范大学 …… 281
11062 厦门理工学院 …… 282
10388 福建工程学院 …… 282
10395 闽江学院 …… 282
10399 泉州师范学院 …… 282
重庆市 …… 282
10611 重庆大学 …… 282
10635 西南大学 …… 283
10631 重庆医科大学 …… 283
10652 西南政法大学 …… 283
10618 重庆交通大学 …… 284
10617 重庆邮电大学 …… 284
10637 重庆师范大学 …… 284
11799 重庆工商大学 …… 284
11660 重庆理工大学 …… 285
10655 四川美术学院 …… 285
10650 四川外国语大学 …… 285
11551 重庆科技学院 …… 285
10643 重庆三峡学院 …… 285
河南省 …… 286
10459 郑州大学 …… 286
10475 河南大学 …… 286

10476 河南师范大学 …… 287
10464 河南科技大学 …… 287
10460 河南理工大学 …… 287
10466 河南农业大学 …… 287
10463 河南工业大学 …… 288
10078 华北水利水电大学 …… 288
10471 河南中医学院 …… 288
10472 新乡医学院 …… 288
10462 郑州轻工业学院 …… 289
10477 信阳师范学院 …… 289
10465 中原工学院 …… 289
10484 河南财经政法大学 …… 289
10467 河南科技学院 …… 289
10482 洛阳师范学院 …… 290
10479 安阳师范学院 …… 290
10485 郑州航空工业管理学院 …… 290
10481 南阳师范学院 …… 290
河北省 …… 290
10216 燕山大学 …… 290
10075 河北大学 …… 291
10080 河北工业大学 …… 291
10094 河北师范大学 …… 291
10089 河北医科大学 …… 292
10086 河北农业大学 …… 292
10081 河北联合大学 …… 292
10082 河北科技大学 …… 292
10107 石家庄铁道人学 …… 293
10076 河北工程大学 …… 293
11832 河北经贸大学 …… 293
10092 河北北方学院 …… 293
10093 承德医学院 …… 293
10077 石家庄经济学院 …… 294
10798 河北科技师范学院 …… 294
11105 中国人民武装警察部队学院 …… 294
11104 华北科技学院 …… 294
10084 河北建筑工程学院 …… 294
11420 河北金融学院 …… 294
11775 防灾科技学院 …… 295
11629 北华航天工业学院 …… 295
11903 中央司法警官学院 …… 295
12784 河北传媒学院 …… 295
甘肃省 …… 295
10730 兰州大学 …… 295
10736 西北师范大学 …… 296
10731 兰州理工大学 …… 296
10732 兰州交通大学 …… 296
10733 甘肃农业大学 …… 297
10742 西北民族大学 …… 297
10735 甘肃中医药大学 …… 297
10741 兰州财经大学 …… 297
11406 甘肃政法学院 …… 297
10739 天水师范学院 …… 298
江西省 …… 298
10403 南昌大学 …… 298
10414 江西师范大学 …… 298
10421 江西财经大学 …… 298
10410 江西农业大学 …… 299
10406 南昌航空大学 …… 299
10404 华东交通大学 …… 299
10405 东华理工大学 …… 300
10407 江西理工大学 …… 300
10412 江西中医药大学 …… 300
10408 景德镇陶瓷学院 …… 300
10418 赣南师范学院 …… 300
11318 江西科技师范大学 …… 301
11319 南昌工程学院 …… 301
10413 赣南医学院 …… 301
10419 井冈山大学 …… 301
10417 宜春学院 …… 301
山西省 …… 301
10112 太原理工大学 …… 301
10108 山西大学 …… 302
10110 中北大学 …… 302
10114 山西医科大学 …… 302
10118 山西师范大学 …… 303
10125 山西财经大学 …… 303
10113 山西农业大学 …… 303
10109 太原科技大学 …… 303
10809 山西中医学院 …… 304
10119 太原师范学院 …… 304
10117 长治医学院 …… 304
广西壮族自治区 …… 304
10593 广西大学 …… 304
10602 广西师范大学 …… 305

10598 广西医科大学 …… 305
10596 桂林理工大学 …… 305
10595 桂林电子科技大学 …… 305
10608 广西民族大学 …… 306
10607 广西艺术学院 …… 306
10603 广西师范学院 …… 306
10594 广西科技大学 …… 306
10600 广西中医药大学 …… 307
10601 桂林医学院 …… 307
10599 右江民族医学院 …… 307
11548 广西财经学院 …… 307

云南省 …… 307

10673 云南大学 …… 307
10674 昆明理工大学 …… 308
10681 云南师范大学 …… 308
10676 云南农业大学 …… 308
10678 昆明医科大学 …… 309
10691 云南民族大学 …… 309
10677 西南林业大学 …… 309
10689 云南财经大学 …… 309
10679 大理大学 …… 309
10690 云南艺术学院 …… 310
10680 云南中医学院 …… 310
11392 云南警官学院 …… 310

新疆维吾尔自治区 …… 310

10755 新疆大学 …… 310
10759 石河子大学 …… 310
10760 新疆医科大学 …… 311
10758 新疆农业大学 …… 311
10762 新疆师范大学 …… 311
10766 新疆财经大学 …… 311
10757 塔里木大学 …… 312
10764 伊犁师范学院 …… 312
10768 新疆艺术学院 …… 312
10763 喀什大学 …… 312
10997 昌吉学院 …… 312

贵州省 …… 313

10657 贵州大学 …… 313
10663 贵州师范大学 …… 313
10660 贵州医科大学 …… 313
10661 遵义医学院 …… 313
10671 贵州财经大学 …… 314
10672 贵州民族大学 …… 314
10662 贵阳中医学院 …… 314
10670 黔南民族师范学院 …… 314

内蒙古自治区 …… 314

10126 内蒙古大学 …… 314
10129 内蒙古农业大学 …… 315
10135 内蒙古师范大学 …… 315
10128 内蒙古工业大学 …… 315
10127 内蒙古科技大学 …… 316
10136 内蒙古民族大学 …… 316
10132 内蒙古医科大学 …… 316
10139 内蒙古财经大学 …… 316
10138 赤峰学院 …… 316

宁夏回族自治区 …… 317

10749 宁夏大学 …… 317
10752 宁夏医科大学 …… 317
11407 北方民族大学 …… 317
10753 宁夏师范学院 …… 317

海南省 …… 317

10589 海南大学 …… 317
11658 海南师范大学 …… 318
11810 海南医学院 …… 318
11100 琼州学院 …… 318

青海省 …… 318

10743 青海大学 …… 318
10746 青海师范大学 …… 319
10748 青海民族大学 …… 319

西藏自治区 …… 319

10694 西藏大学 …… 319
10695 西藏民族大学 …… 319
10696 西藏藏医学院 …… 320

第三部分 附 录

国家及主要大学硕士研究生招录情况 …… 323

第一部分

2015年中国研究生教育竞争力排行榜

卷首语：2015年中国研究生教育及学科专业评价报告的产生与分析①

为了满足政府管理部门、高校和社会各界了解中国研究生教育竞争力的需求，中国科学评价研究中心等单位的研究人员于2015年3—6月开展了中国研究生教育及学科专业评价工作，从地区（省、自治区、直辖市）、中国一流研究生院、研究生院、研究生培养高校、学科门类、学术学位一级学科、学术学位专业和专业学位一级学科8个角度，对培养单位的研究生教育竞争力进行了全面、系统和深入的评价。

本次研究生教育评价的对象为中国内地的580个研究生培养单位（不含军事类院校和港澳台地区高校），共包含62个研究生院（2011年以前国家批准设立的研究生院和国家级科学院的研究生院，以及军事院校的研究生院除外）、574所普通高等学校（含56所具有国家级研究生院的高校）。本书从31个地区（省、自治区、直辖市）、29个中国一流研究生院、62个研究生院、574所高校、12个学科门类、98个学术学位一级学科、390个学术学位专业（含42个自设专业）和37个专业学位一级学科8个角度，对中国内地的580个研究生培养单位的竞争力进行了全面、系统和深入的评价，共获得了541个不同层次、不同角度的排行榜。这是目前国内外最全面、最系统的研究生教育评价。

一、本次评价的改进与创新

本次评价在传承多年的评价经验的基础上，结合实际做了大量的改进与创新，最后形成了更为科学、合理的评价结果，这将为从事研究生教育的培养单位、政府管理部门、相关研究人员、广大教师和考生，以及其他社会各界人士提供一份全面、系统、详细的评价报告。这对于满足社会信息需求，改革和完善我国研究生教育制度，提高其培养质量和水平，促进高校之间的有序竞争和健康发展都具有重要的指导意义和参考价值。

与往年的《中国研究生教育及学科专业评价报告》相比，本次评价的具体创新之处主要体现在以下六个方面。

1. 首次评选“中国一流研究生院”

本次评价首次提出“中国一流研究生院”的概念，以“一流的导师队伍、一流的教学水平，一流的科研成果，一流的国际影响”为评价标准，结合2015年中国普通高校研究生教育竞争力排行榜和中国研究生院竞争力排行榜的结果，选取全部580个研究生培养单位中竞争力排名前5%的单位作为“中国一流研究生院”，共评选出29所研究生培养单位作为首批“中国一流研究生院”。

2. 首次评价自设专业

根据国务院学位委员会、教育部下发的《学位授予和人才培养学科目录设置与管理办法》（学位〔2009〕10号）和教育部办公厅下发的《授予博士、硕士学位和培养研究生的二级学科自主设置实施细则》（教研厅〔2010〕1号）的要求，二级学科由学位授予单位依据国务院学位委员会、教育部发布的一级学科目录，在一级学科学位授权权限内自主设置与调整。近几年，越来越多的高校根据自身特点和社会发展的需要设置专业目录外的二级学科，这些二级学科是高校自主设置与调整的，我们简称为“自设专业”。

① 详细评价结果请查看本书或登录中国科教评价网（www.nseac.com）。

每个自设专业在全国的开设量也许不大，但是反映了各高校独特的学科优势，也反映了学科发展的热点。我们今年特意选取各高校招生专业中专业名称相同、专业代码属于同一一级学科、开设高校数超过评价院校总数的 1%（6 所）的自设专业为评价对象，总计 42 个。

3. 增加了评价指标体系

2015 年研究生教育及学科专业评价的指标体系中增加了优势学科和学术期刊二级指标，同时新增多项观测点。优势学科指标指拥有 985 工程优势学科创新平台、国家重点学科和在上年度 RCCSE《中国研究生教育及学科专业评价报告》中的优秀学科等；学术期刊指标则根据高校主办的学术型期刊在上年度 RCCSE《中国学术期刊评价研究报告》中的结果给予不同的分数。

4. 增加了评价对象

本次评价在去年的基础上，增加了 1 所研究生院、4 所普通高校作为评价对象。1 所研究生院为中国林业科学研究院研究生部，4 所普通高校为北京协和医学院（以前仅作为国家级研究生院参与总体竞争力评价，本次作为普通高校进行评价）、成都学院（去年有招生资格但没有发布招生简章而没有评价）、云南警官学院、四川警察学院。所有参评的普通高校中，参与学术型研究生教育评价的高校总数为 510 所，与去年相比增加 1 所；参与专业型研究生教育评价的高校共有 572 所，与去年相比增加 54 所；只招收学术学位硕士研究生的仅有 3 所，只招收专业学位硕士研究生的有 63 所。

5. 调整了高校的性质类型

2004 年，教育部下发《普通高等学校基本办学条件指标（试行）》，将高等学校划分为 6 种类型。我们的评价在以往经验的基础上，将所有培养单位分为 10 种类型：综合类、理工类、农林类、医药类、财经类、语言 · 政法类（简称文法类）、师范类、民族类、艺术类、体育类。在今年的评价中，我们核准了新加入的评价对象的类型，并对部分高校的类型进行了调整，以更加符合该校发展的实际情况。例如，将北京协和医学院（中国医学科学院）作为普通高校进行评价。我们对不同类型的高校进行评价和排序，得到“中国研究生教育分类型竞争力排行榜”。这样，我们的评价结果更加细化，更加具有可比性，更加有利于广大读者对同类型的高校进行分析和比较。

6. 调整了星级表示方式

本次评价继续采用排名位次与等级相结合的表示方法，保持评价结果表达的合理性和充分性。在专业评价中，我们按照高校专业教育的分布特点、集中与离散分布规律和二八率，将各培养单位在该排行榜中的竞争力依次分为 5 个等级，并用星级表示：①5★为具有重大优势竞争力的单位，即排在最前面 5%的培养单位；②4★为具有优势竞争力的单位，占总数的 15%，即排在 5%～20%的单位；③3★为具有良好竞争力的单位，占总数的 30%，即排在 20%～50%的单位；④2★为具有一般竞争力的单位，占总数的 40%，即排在 50%～90%的单位；⑤1★为具有较差竞争力的单位，占总数的 10%，即排在 90%～100%的单位。

二、本次评价的对象与做法

1. 评价对象

为了确保评价研究工作的延续性和可比性，我们确定中国科学院大学（原中国科学院研究生院）、中国社会科学院研究生院、中国农业科学院研究生院、中国林业科学研究院研究生部、中国地质科学院研究生部、中国中医科学院研究生院和 574 所具有硕/博士学位授予权的高校作为本次评价的对象。

各类评价对象的具体分布情况是：国家级科学院研究生院6个、含国家级研究生院的高校56个及其余518所高校研究生培养单位（处、部、院、中心）。与去年相比，增加评价高校4所，普通高等学校总数达到574所（含56所具有国家级研究生院的高校）。所有的评价对象均以教育部、国家发展和改革委员会发布的《2015年全国研究生招生计划》中的名单为依据进行调整，仍然将中国地质大学（武汉和北京）、中国矿业大学（徐州和北京）和中国石油大学（北京和华东）三所两地办学的研究生院分开单独评价，并将“中国矿业大学（徐州）”名称改为“中国矿业大学”。

为适应研究生教育发展需要，本次评价在学科目录的选择上继承了2014年的做法，继续以国务院学位委员会公布的《学位授予和人才培养学科目录（2011年）》为标准，结合各高校的招生实际，除去军事类（11）一个门类，公安学（0306）、公安技术（0838）两个一级学科、警务（0353）和军事（1151）两个专业学位一级学科外，共计评价和发布了12个学科门类、98个学术学位一级学科、390个学术学位专业（含42个自设专业）和37个专业学位一级学科的排行榜单，并按教育部颁布的《2013年研究生招生学科、专业代码册》中的顺序排列。此外，继2012年首次评价专业学位，今年沿袭去年的做法，对专业学位研究生教育的评价到一级学科为止。

对于自设专业，我们今年特意选取各高校招生专业中专业名称相同、专业代码属于同一一级学科、开设高校数超过评价单位总数的1%（6所）的自设专业为评价对象，并统一规范自设专业代码，总计42个。对于开设高校数量未超过全部评价单位1%的专业不予评价。

2. 数据处理

本次评价的原始数据主要来自五个方面：①有关政府部门的统计数据资料（包括汇编、年鉴、报表等）；②国内外有关数据库；③有关政府部门、高校的网站；④有关刊物、书籍、报纸、内部资料等；⑤本中心在多年评价的基础上建立的“基础数据库”。我们对所有的原始数据进行了全面核查，并对异常数据进行了人工处理，要求“有数据必有来源，有来源必须精准”。

本次评价中，我们在审定了评价体系并确定评价对象后，对原始数据进行了全面核查，并对异常数据进行处理，然后利用我们自己设计的“中国研究生教育评价信息系统”进行数值计算、统计得分。

分类评价是当前科学评价的热点和难点，专业评价是教育评价的微观层面，其复杂度和难度之大难以想象。通过多年的评价实践，认识到利用题录信息可以完成论文分类，有人提出《学科分类与代码》是中国科学评价领域的最佳分类体系。在梳理常规分类方法的基础上，归纳出这些方法适合于分类评价的方面，而且对这些方面进行进一步的改造和融合，提出和构建了科学评价论文分类系统，其特点是“二次分类”和“自动生成训练集”。该系统巧妙利用期刊分类器和类号转换器，实现了二次分类和自动生成测试集，提高了支持向量机（support vector machine，SVM，一种机器学习算法）的分类精度，也避免了繁重的人工分类任务。实验证明本系统能胜任科学评价中的论文分类任务。本次评价继续使用该系统并适当改进。在其他数据指标的分专业过程中，采用人机结合的方式，大量使用VBA、Java等设计程序，提高了工作效率和准确性。

最后，我们利用“中国研究生教育评价信息系统”进行数值计算、统计得分和排行榜生成。在评价过程中，我们进一步实现智能与人工的密切配合，加强了误差判定，对波动较大的数据进行了人工校准，提高了效率，保证了准确率。

在评价的初步结果出来之后，邀请各领域专家对结果进行分析，将反馈的意见纳入最终的结果，达到了定量评价和定性评价的完美结合，使评价的结果更具科学性和权威性。

在结果的呈现方式上，根据集中与离散分布规律，在各评价结果的表示方面，继续沿用去年的星级表示方法，即用5★、4★、3★、2★和1★分别代表各等级。

3. 评价体系

2015年中国研究生教育评价指标体系如表1所示。

表 1　2015 年中国研究生教育评价指标体系

一级指标	一级指标权重	二级指标
办学资源	0.3165	科研基地；优势学科；学科设置；教师队伍；科研项目；科研经费
教研产出	0.3472	人才培养；科研成果；发明专利
学术声誉	0.3363	培养质量；论文质量；科研获奖；学术期刊

2015 年的评价指标体系是在 2014 年的基础上略加完善和规范形成的，分 3 个一级指标、13 个二级指标、59 个观测点。与去年相比，2015 年研究生教育及学科专业评价的指标体系中增加了优势学科和学术期刊二级指标，同时新增多项观测点。优势学科指标指拥有 985 工程优势学科创新平台、国家重点学科和在上年度 RCCSE《中国研究生教育及学科专业评价报告》中的优秀学科等；学术期刊指标则根据高校主办的学术型期刊在上年度 RCCSE《中国学术期刊评价研究报告》中的结果给予不同的分数。

4. 结果发布

我们历年的研究生评价工作积累了大量关于研究生教育的原始数据和信息，为了充分发掘这些信息的社会价值，满足不同社会群体了解高等教育的实际需求，我们从 2009 年开始进行网络信息服务平台——中国科教评价网（www.nseac.com）的同步建设，历经三次大的改版和升级，于 2011 年以全新的面貌正式上线（图 1）。搭建基于 Web 的网络信息服务平台不仅覆盖面广、信息传递成本低，而且能够充分利用互联网交互性强的特点，方便地获取用户特征信息，深入分析挖掘，并能整合各种类型的信息资源，实现个性化信息服务，创造社会价值和经济价值。该平台实现了全部原始数据的网上查询，并面向高校提供大学本科教育和研究生教育诊断与咨询服务，面向高考和考研考生提供个人素质诊断与报考指南服务。我们 2015 年研究生评价的全部结果也将继续通过该平台发布。

图 1　网络信息服务平台（中国科教评价网）

三、本次评价的结果与分析

在 2015 年的中国研究生教育竞争力评价中，我们从 8 个角度获得了 541 个排行榜，具体情况如下。

1. 中国研究生教育地区竞争力评价结果与分析

中国研究生教育地区（省、自治区、直辖市）竞争力排行榜创立于 2005 年，今年继续发扬这一特色。地区的得分由辖区内各高校的得分求和并经过标准化和线性处理而来，得分区间为[30，100]。我们公布了每个地区（省、自治区、直辖市）的研究生教育竞争力排名位次，并列出了相应的得分情况，目的是希望相关政府部门能够从排行榜中解读出更多信息，即不仅仅只是一个强与弱的排名关系，更有了“量”的区分。此外，还公布了各个地区（省、自治区、直辖市）的三个一级指标的排序，本排行榜自 2013 年起增加了各地区“学校数量”这一数据项，有助于管理部门从更深入的角度把握该地区研究生教育的实际情况。

对于中国科学院大学等 6 个研究生院的归属问题，我们维持了 2006 年的做法，即考虑到该 6 个研究生院不仅属于北京地区，而且有些研究院所分布在全国各地，故在进行该排行榜数据处理时不将其列入北京地区，不过在进行 62 个研究生院竞争力地区内排名时，仍将这 6 个研究生院均纳入北京地区内部比较。本次评价将两地办学的中国矿业大学、中国地质大学和中国石油大学分别按校区所在地划分，真正反映教育资源的地区分布。

2015 年中国研究生教育地区竞争力评价的排名情况如表 2 所示。北京市以绝对优势稳居第一，其办学资源、教研产出及质量与影响均位居榜首，高出排名第二的上海市近 30 分。江苏省位居第三，与第二名差距较小。辽宁省拥有高校院所 37 所，位居全国第二，但研究生教育竞争力仅排第十，其中质量与影响序跌出前十。

表 2　2015 年中国研究生教育地区竞争力排行榜

排名	地区	学校数量	总分	办学资源序	教研产出序	质量与影响序	2014 年排名
1	北京	57	100.00	1	1	1	1
2	上海	27	70.22	3	3	2	3
3	江苏	33	69.98	2	2	3	2
4	湖北	28	57.51	4	4	4	4
5	浙江	21	51.59	7	5	5	6
6	广东	25	50.79	5	6	6	5
7	陕西	27	47.44	6	7	10	7
8	四川	24	46.51	10	10	7	8
9	山东	30	46.30	8	9	9	9
10	辽宁	37	45.30	9	8	14	10
11	湖南	17	42.65	11	14	12	12
12	天津	18	42.40	13	12	11	13
13	黑龙江	19	42.14	12	11	15	11
14	安徽	20	41.77	14	13	13	14
15	吉林	19	41.46	15	15	8	15
16	福建	13	39.59	16	16	16	16
17	重庆	13	37.47	18	17	18	17
18	河南	19	37.21	17	18	19	18

续表

排名	地区	学校数量	总分	办学资源序	教研产出序	质量与影响序	2014 年排名
19	河北	23	35.53	19	19	20	19
20	甘肃	10	35.38	20	20	17	20
21	江西	16	34.19	22	21	22	22
22	山西	11	33.85	21	23	21	21
23	广西	13	33.63	24	22	24	24
24	云南	12	33.52	23	24	23	23
25	新疆	11	32.61	25	25	25	26
26	贵州	8	32.13	27	26	26	27
27	内蒙古	9	31.73	26	27	27	25
28	宁夏	4	31.01	28	28	28	28
29	海南	4	30.55	29	29	29	29
30	青海	3	30.38	30	30	31	30
31	西藏	3	30.30	31	31	30	31

2. 中国一流研究生院竞争力评价结果与分析

本次评价首次提出“中国一流研究生院”的概念，以“一流的导师队伍、一流的教学水平，一流的科研成果，一流的国际影响”为评价标准，结合 2015 年中国普通高校研究生教育竞争力排行榜和中国研究生院竞争力排行榜的结果，选取全部 580 个研究生培养单位中竞争力排名前 5%的单位，作为“中国一流研究生院”，共评选出 29 所研究生培养单位（表 3）。

结果显示：中国科学院大学的研究生教育水平在全国遥遥领先，北京大学、浙江大学、清华大学和上海交通大学紧随其后。武汉大学位列全国第 6，华中科技大学排名全国第 8。

表 3　2015 年中国一流研究生院竞争力排行榜

排名	单位名称	总分	地区内序		类型序	
1	中国科学院大学	100.00	北京市	1	理工	1
2	北京大学	86.16	北京市	2	综合	1
3	浙江大学	84.11	浙江省	1	综合	2
4	清华大学	83.78	北京市	3	理工	2
5	上海交通大学	81.43	上海市	1	综合	3
6	武汉大学	80.39	湖北省	1	综合	4
7	复旦大学	80.27	上海市	2	综合	5
8	华中科技大学	79.76	湖北省	2	理工	3
9	四川大学	79.54	四川省	1	综合	6
10	南京大学	78.79	江苏省	1	综合	7
11	吉林大学	78.47	吉林省	1	综合	8
12	中山大学	76.85	广东省	1	综合	9
13	山东大学	75.86	山东省	1	综合	10
14	哈尔滨工业大学	75.53	黑龙江省	1	理工	4
15	中南大学	74.91	湖南省	1	综合	11

续表

排名	单位名称	总分	地区内序		类型序	
16	中国科学技术大学	74.89	安徽省	1	理工	5
17	西安交通大学	74.80	陕西省	1	理工	6
18	中国人民大学	74.78	北京市	4	文法	1
19	同济大学	74.21	上海市	3	理工	7
20	东南大学	73.69	江苏省	2	理工	8
21	天津大学	73.32	天津市	1	理工	9
22	大连理工大学	73.25	辽宁省	1	理工	10
23	南开大学	73.19	天津市	2	综合	12
24	厦门大学	73.07	福建省	1	综合	13
25	华南理工大学	72.88	广东省	2	理工	11
26	北京航空航天大学	72.71	北京市	5	理工	12
27	北京师范大学	72.52	北京市	6	师范	1
28	重庆大学	72.13	重庆市	1	理工	13
29	北京理工大学	71.34	北京市	7	理工	14

3. 中国研究生院竞争力评价结果与分析

同往年一样，中国科学院大学等 6 个研究生院只与 56 所高校研究生院（3 所军事院校的研究生院除外）进行对比评价，没有对其下设的学科、专业进行评价。

2015 年中国研究生院竞争力评价 20 强如表 4 所示。

表 4　2015 年中国研究生院竞争力 20 强

排名	研究生院（部）名称	总分	地区内序		类型序		2014 年排名
1	中国科学院大学（原中国科学院研究生院）	100.00	北京市	1	理工	1	1
2	北京大学研究生院	86.16	北京市	2	综合	1	2
3	浙江大学研究生院	84.11	浙江省	1	综合	2	3
4	清华大学研究生院	83.78	北京市	3	理工	2	4
5	上海交通大学研究生院	81.43	上海市	1	综合	3	5
6	武汉大学研究生院	80.39	湖北省	1	综合	4	6
7	复旦大学研究生院	80.27	上海市	2	综合	5	7
8	华中科技大学研究生院	79.76	湖北省	2	理工	3	9
9	四川大学研究生院	79.54	四川省	1	综合	6	8
10	南京大学研究生院	78.79	江苏省	1	综合	7	10
11	吉林大学研究生院	78.47	吉林省	1	综合	8	11
12	中山大学研究生院	76.85	广东省	1	综合	9	12
13	山东大学研究生院	75.86	山东省	1	综合	10	15
14	哈尔滨工业大学研究生院	75.53	黑龙江省	1	理工	4	13
15	中南大学研究生院	74.91	湖南省	1	综合	11	14
16	中国科学技术大学研究生院	74.89	安徽省	1	理工	5	16
17	西安交通大学研究生院	74.80	陕西省	1	理工	6	17

续表

排名	研究生院（部）名称	总分	地区内序		类型序		2014 年排名
18	中国人民大学研究生院	74.78	北京市	4	文法	1	20
19	同济大学研究生院	74.21	上海市	3	理工	7	22
20	东南大学研究生院	73.69	江苏省	2	理工	8	18

4. 中国普通高校研究生教育竞争力评价结果与分析

与2014年相比，本次进入中国普通高校研究生教育竞争力排行榜的高校研究生培养单位总数为574所，比去年增加4所。本排行榜公布了分31个地区（省、自治区、直辖市）和10种学校类型（综合类、理工类、农林类、医药类、财经类、文法类、师范类、民族类、艺术类、体育类）的相对排名，这有利于同省（自治区、直辖市）或同类型高校间的比较分析。

今年对高校研究生教育评价依然坚持分类评价的原则，并进一步对特殊类别的高校进行特殊处理。对部分高校的性质类型进行了调整，以符合实际情况。考虑到文学、政法、艺术、体育类院校的办学特点，对评价体系进行了调整，增加了不同类型院校之间的可比性；又考虑到工业和信息化部主管的7所高校对成果的保密性要求较高，获取评价数据必然受到影响，因此在计算得分时普遍上调一定比例。这些学校是：哈尔滨工业大学、哈尔滨工程大学，北京航空航天大学、南京航空航天大学、北京理工大学、南京理工大学和西北工业大学。上调比例经咨询专家而定。

2015年中国普通高校研究生教育竞争力30强如表5所示。北京大学、浙江大学、清华大学蝉联三鼎甲，名次变化较大的是同济大学（升三名）和厦门大学（降三名）。结合2013年与2014年中国普通高校研究生教育竞争力排名情况可以发现：浙江大学连续两年位列第二；山东大学、大连理工大学、华南理工大学及重庆大学研究生教育竞争力连续两年稳步攀升；北京航空航天大学连续两年排名下降；北京大学、上海交通大学、武汉大学连续两年名次不变。

表5　2015年中国普通高校研究生教育竞争力30强

排名	培养单位名称	总分	地区内序		类型序		2014 年排名
1	北京大学	100.00	北京市	1	综合	1	1
2	浙江大学	94.58	浙江省	1	综合	2	2
3	清华大学	92.57	北京市	2	理工	1	3
4	上海交通大学	88.33	上海市	1	综合	3	4
5	武汉大学	79.85	湖北省	1	综合	4	5
6	复旦大学	79.08	上海市	2	综合	5	6
7	华中科技大学	71.81	湖北省	2	理工	2	8
8	四川大学	70.73	四川省	1	综合	6	7
9	南京大学	70.62	江苏省	1	综合	7	9
10	吉林大学	69.36	吉林省	1	综合	8	10
11	中山大学	66.18	广东省	1	综合	9	10
12	山东大学	60.61	山东省	1	综合	10	14
13	哈尔滨工业大学	60.11	黑龙江省	1	理工	3	12
14	中南大学	58.43	湖南省	1	综合	11	13
15	中国科学技术大学	58.42	安徽省	1	理工	4	15
16	西安交通大学	56.95	陕西省	1	理工	5	16

续表

排名	培养单位名称	总分	地区内序		类型序		2014年排名
17	中国人民大学	56.25	北京市	3	文法	1	19
18	同济大学	56.11	上海市	3	理工	6	21
19	东南大学	53.82	江苏省	2	理工	7	17
20	天津大学	53.28	天津市	1	理工	8	18
21	大连理工大学	52.72	辽宁省	1	理工	9	22
22	南开大学	52.12	天津市	2	综合	12	24
23	厦门大学	51.97	福建省	1	综合	13	20
24	华南理工大学	51.19	广东省	2	理工	10	25
25	北京航空航天大学	50.99	北京市	4	理工	11	23
26	北京师范大学	50.70	北京市	5	师范	1	26
27	重庆大学	46.83	重庆市	1	理工	12	29
28	北京理工大学	46.73	北京市	6	理工	13	28
29	中国农业大学	46.44	北京市	7	农林	1	27
30	兰州大学	46.17	甘肃省	1	综合	14	32

5. 分12个学科门类的中国研究生教育分学科门类竞争力评价结果与分析

分12个学科门类按高校进行评价排名，这样可以清晰地揭示各个学科门类中各高校的竞争力排名情况。在学科门类、一级学科和专业评价中，按照集中与离散分布规律，我们将各培养单位的该学科实力依次分为5个等级，并用星级表示，即用5★、4★、3★、2★和1★分别代表各等级。

本次评价不仅评价了重点优势学科，还考虑了规模因素，计算了学科优秀率。表6列出了2015年12个学科门类中5★学科的高校及排名情况。

表6　中国研究生教育分学科门类竞争力排行榜（前5%）

排名	高校名称	排名	高校名称	排名	高校名称
			哲学（177）		
1	中国人民大学	4	武汉大学	7	北京师范大学
2	中山大学	5	南京大学	8	吉林大学
3	北京大学	6	复旦大学	9	四川大学
			经济学（259）		
1	中国人民大学	6	中央财经大学	11	东北财经大学
2	武汉大学	7	上海财经大学	12	对外经济贸易大学
3	南开大学	8	西南财经大学	13	山东大学
4	北京大学	9	复旦大学	14	辽宁大学
5	厦门大学	10	中南财经政法大学		
			法学（348）		
1	北京大学	5	吉林大学	9	西南政法大学
2	中国人民大学	6	华中师范大学	10	厦门大学
3	武汉大学	7	南京大学	11	复旦大学
4	中国政法大学	8	中山大学	12	中南财经政法大学

续表

排名	高校名称	排名	高校名称	排名	高校名称
13	云南大学	16	华东政法大学	19	南京师范大学
14	南开大学	17	山东大学		
15	浙江大学	18	中央民族大学		
		教育学（200）			
1	北京师范大学	5	华中师范大学	9	浙江大学
2	西南大学	6	北京大学	10	厦门大学
3	华东师范大学	7	南京师范大学		
4	华南师范大学	8	东北师范大学		
		文学（271）			
1	北京大学	6	武汉大学	11	中山大学
2	复旦大学	7	四川大学	12	中国传媒大学
3	中国人民大学	8	华中师范大学	13	南京师范大学
4	南京大学	9	北京外国语大学	14	南开大学
5	北京师范大学	10	上海外国语大学		
		历史学（125）			
1	北京大学	3	中国人民大学	5	南京大学
2	武汉大学	4	南开大学	6	复旦大学
		理学（375）			
1	北京大学	8	中山大学	15	西北大学
2	中国科学技术大学	9	厦门大学	16	华东师范大学
3	浙江大学	10	武汉大学	17	兰州大学
4	清华大学	11	南开大学	18	上海交通大学
5	南京大学	12	四川大学	19	中国海洋大学
6	复旦大学	13	北京师范大学	20	中国地质大学（北京）
7	吉林大学	14	山东大学		
		工学（369）			
1	清华大学	8	西安交通大学	15	西北工业大学
2	浙江大学	9	北京航空航天大学	16	北京大学
3	哈尔滨工业大学	10	大连理工大学	17	吉林大学
4	上海交通大学	11	同济大学	18	东北大学
5	天津大学	12	中南大学	19	重庆大学
6	华中科技大学	13	北京理工大学	20	北京科技大学
7	东南大学	14	四川大学		
		农学（111）			
1	中国农业大学	3	华中农业大学	5	浙江大学
2	南京农业大学	4	西北农林科技大学	6	华南农业大学
		医学（196）			
1	复旦大学	3	北京大学	5	首都医科大学
2	上海交通大学	4	中山大学	6	四川大学

续表

排名	高校名称	排名	高校名称	排名	高校名称
7	北京协和医学院	9	浙江大学		
8	华中科技大学	10	中南大学		
管理学（376）					
1	中国人民大学	8	大连理工大学	15	合肥工业大学
2	武汉大学	9	厦门大学	16	北京航空航天大学
3	浙江大学	10	南京大学	17	复旦大学
4	清华大学	11	中南大学	18	中南财经政法大学
5	西安交通大学	12	四川大学	19	南京农业大学
6	上海交通大学	13	哈尔滨工业大学	20	南开大学
7	中山大学	14	北京大学		
艺术学（206）					
1	中国传媒大学	5	东南大学	9	上海大学
2	中国美术学院	6	清华大学	10	中央美术学院
3	上海音乐学院	7	中央戏剧学院	11	南京师范大学
4	中央音乐学院	8	四川大学		

注：学科门类名称后面括号中的数字是开设该学科门类的学校总数

根据分学科门类的高校竞争力排行榜，我们了解到学科门类齐全的高校有 25 所，只有 1 个门类的高校有 64 个，再次说明了我国高校中单科者较多。中国高校研究生教育竞争力前 10 名的高校开设的门类都很齐全，有 5 所高校涵盖评价所含的全部 12 个学科门类，其余 5 所高校均只缺少农学。相对于一级学科而言，学科门类是一个更为宏观的概念，它可以帮助需求者在更高层次上对国内高校的研究生教育竞争力有一个“量”的总体把握。

按 12 大学科门类排行，北京大学将法学、文学、历史学、理学四大学科门类的第一揽入囊中。哲学、经济学和管理学 3 大学科门类的桂冠被中国人民大学摘得，显示了该校在人文社科方面具有的雄厚实力。此外，北京师范大学的教育学，清华大学的工学，复旦大学的医学，中国农业大学的农学，中国传媒大学的艺术学，分别占据本学科门类的榜首位置。表 7 列出了各门类第一的高校及其类型和总排名情况。

表 7　2015 年中国高校研究生教育各学科门类第一的高校情况

门类代码	门类名称	学校名称	学校类型	综合排名
01	哲学	中国人民大学	文法	17
02	经济学	中国人民大学	文法	17
03	法学	北京大学	综合	1
04	教育学	北京师范大学	师范	26
05	文学	北京大学	综合	1
06	历史学	北京大学	综合	1
07	理学	北京大学	综合	1
08	工学	清华大学	理工	3
09	农学	中国农业大学	农林	29
10	医学	复旦大学	综合	1
12	管理学	中国人民大学	文法	17
13	艺术学	中国传媒大学	文法	143

6. 分 98 个一级学科的中国研究生教育分一级学科竞争力评价结果与分析

中国研究生教育分一级学科竞争力排行榜就是按照每个一级学科（学术学位）的竞争力单独成榜，形成 98 个一级学科竞争力排行榜。一级学科的数据来自二级学科数据的汇总，汇总数据中除包含教育部学科目录中的二级学科的数据外，还包含高校全部自设二级学科的数据，力求从更加全面的角度评价高校一级学科的研究生教育竞争力。表 8 列出了设有研究生院的 56 所高校学术学位一级学科等级分布及其学科优秀率。

表 8　设有研究生院的 56 所高校学术学位一级学科等级分布及其学科优秀率

研究生院排名	院校名称	学科总数	5★ 学科数	4★ 学科数	3★ 学科数	2★ 学科数	1★ 学科数	学科优秀率/%
2	北京大学	53	32	13	5	2	1	84.91
3	浙江大学	81	22	36	15	8	0	71.60
4	清华大学	61	28	17	11	5	0	73.77
5	上海交通大学	70	13	21	25	10	1	48.57
6	武汉大学	60	16	21	18	5	0	61.67
7	复旦大学	43	20	14	5	4	0	79.07
8	华中科技大学	56	13	26	12	5	0	69.64
9	四川大学	71	19	21	22	8	1	56.34
10	南京大学	57	16	23	11	5	2	68.42
11	吉林大学	72	9	24	22	15	2	45.83
12	中山大学	58	11	23	17	6	1	58.62
13	山东大学	60	6	29	12	13	0	58.33
14	哈尔滨工业大学	45	10	15	9	9	2	55.56
15	中南大学	69	4	24	24	11	6	40.58
16	中国科学技术大学	32	7	11	13	1	0	56.25
17	西安交通大学	50	9	17	13	8	3	52.00
18	中国人民大学	37	14	3	11	8	1	45.95
19	同济大学	56	5	23	16	11	1	50.00
20	东南大学	52	5	22	14	10	1	51.92
21	天津大学	43	6	18	10	6	3	55.81
22	大连理工大学	44	5	15	11	13	0	45.45
23	南开大学	48	7	20	8	11	2	56.25
24	厦门大学	53	8	17	14	12	2	47.17
25	华南理工大学	44	4	15	16	9	0	43.18
26	北京航空航天大学	40	9	12	8	9	2	52.50
27	北京师范大学	45	11	14	13	7	0	55.56
28	重庆大学	53	4	18	19	11	1	41.51
29	北京理工大学	40	2	18	14	5	1	50.00
30	中国农业大学	44	9	8	9	15	3	38.64
31	兰州大学	53	2	11	20	19	1	24.53
32	湖南大学	42	5	20	14	2	1	59.52
33	华东师范大学	45	4	22	11	8	0	57.78

续表

研究生院排名	院校名称	学科总数	5★学科数	4★学科数	3★学科数	2★学科数	1★学科数	学科优秀率/%
34	西北工业大学	41	3	8	15	11	4	26.83
35	电子科技大学	27	4	10	8	4	1	51.85
36	东北大学	41	2	11	17	11	0	31.71
37	华东理工大学	40	1	8	14	13	4	22.50
38	北京科技大学	34	2	12	11	7	2	41.18
39	南京农业大学	40	6	8	10	13	3	35.00
40	南京航空航天大学	44	1	12	11	14	6	29.55
41	河海大学	42	2	8	18	12	2	23.81
42	北京交通大学	35	3	12	8	9	3	42.86
43	南京理工大学	39	2	10	12	13	2	30.77
44	东北师范大学	42	3	16	12	9	2	45.24
45	西南交通大学	52	1	9	18	17	7	19.23
46	西安电子科技大学	28	2	3	12	8	3	17.86
47	西北农林科技大学	40	1	13	5	17	4	35.00
48	哈尔滨工程大学	38	1	8	12	12	5	23.68
49	北京协和医学院	12	2	5	1	1	3	58.33
50	北京邮电大学	22	2	5	6	8	1	31.82
53	中国地质大学（武汉）	43	1	7	16	16	3	18.60
54	中国矿业大学	42	2	5	18	12	5	16.67
55	中国石油大学（北京）	28	2	2	6	16	2	14.29
56	中国地质大学（北京）	42	2	5	14	15	6	16.67
57	中国石油大学（华东）	38	0	3	13	18	4	7.89
58	北京林业大学	32	2	4	5	18	3	18.75
59	中国矿业大学（北京）	39	3	9	8	12	7	30.77

从表8可以看出，前10名的高校学科优秀率都在45%以上，有突出的优势学科群。分别根据排名1～10位，101～110位的20所高校的数据，绘制高校一级学科星级分布图（图2、图3）。

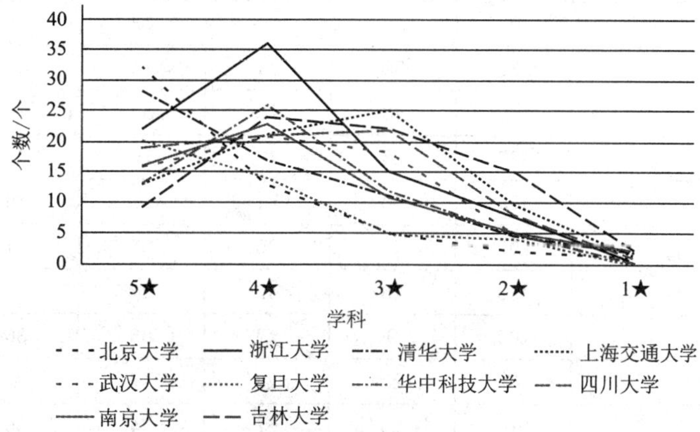

图2 1～10名高校一级学科星级分布图

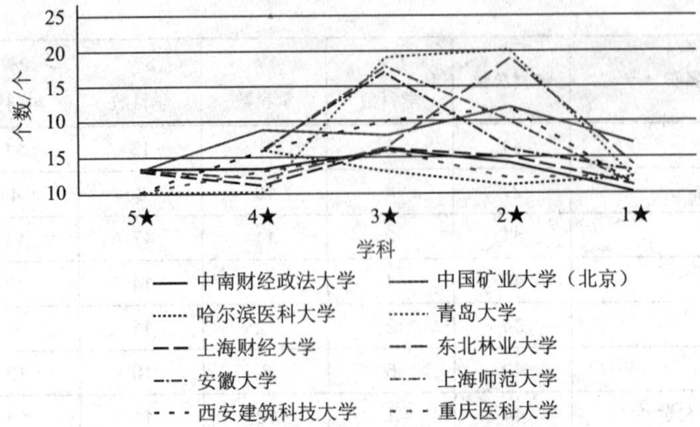

图 3　101～110 名高校一级学科星级分布图

从图中可以看出：图 2 中高校一级学科分布曲线峰值多偏左，优势学科多集中于 5★和 4★，具有明显的优势学科群。图 3 中的 10 所高校一级学科分布曲线峰值偏向中右，优势学科多集中于 3★和 2★。与前 10 名高校一级学科分布情况相比，排名相对靠后的学校在优势学科建设上略逊一筹，需要集中资源，紧抓优势学科发展。

7. 分 390 个专业的中国研究生教育分专业竞争力评价结果与分析

中国研究生教育分专业竞争力排行榜就是按照每个专业（学术学位二级学科）的竞争力单独成榜，形成 390 个专业竞争力排行榜。相对于一级学科，二级学科是一个更加细分的概念，二级学科评价结果可以从微观层次上展示中国高校研究生教育竞争力分布情况。表 9 列出了 2015 年设有研究生院的 56 所高校学术学位专业等级分布及其专业优秀率。

表 9　设有研究生院的 56 所高校学术学位专业等级分布及其专业优秀率

研究生院排名	院校名称	专业总数	5★专业数	4★专业数	3★专业数	2★专业数	1★专业数	专业优秀率/%
2	北京大学	172	107	51	11	3	0	91.86
3	浙江大学	265	60	117	60	26	2	66.79
4	清华大学	184	75	65	37	7	0	76.09
5	上海交通大学	186	35	87	43	19	2	65.59
6	武汉大学	213	50	72	71	18	2	57.28
7	复旦大学	160	66	64	18	12	0	81.25
8	华中科技大学	192	28	95	52	14	3	64.06
9	四川大学	232	39	71	75	42	5	47.41
10	南京大学	165	40	76	37	10	2	70.30
11	吉林大学	223	28	72	76	42	5	44.84
12	中山大学	185	33	71	65	16	0	56.22
13	山东大学	207	15	96	55	31	10	53.62
14	哈尔滨工业大学	123	29	42	26	22	4	57.72
15	中南大学	209	9	72	85	36	7	38.76
16	中国科学技术大学	73	25	29	17	2	0	73.97
17	西安交通大学	176	25	57	54	35	5	46.59
18	中国人民大学	116	63	21	17	14	1	72.41

续表

研究生院排名	院校名称	专业总数	5★专业数	4★专业数	3★专业数	2★专业数	1★专业数	专业优秀率/%
19	同济大学	176	16	55	80	25	0	40.34
20	东南大学	152	9	61	61	21	0	46.05
21	天津大学	108	11	62	24	11	0	67.59
22	大连理工大学	121	14	51	37	16	3	53.72
23	南开大学	151	30	47	44	21	9	50.99
24	厦门大学	179	22	53	53	44	7	41.90
25	华南理工大学	121	9	39	52	18	3	39.67
26	北京航空航天大学	99	24	25	30	17	3	49.49
27	北京师范大学	117	34	41	37	4	1	64.10
28	重庆大学	162	4	37	60	40	21	25.31
29	北京理工大学	155	7	40	36	48	24	30.32
30	中国农业大学	90	24	19	24	20	3	47.78
31	兰州大学	148	3	28	61	55	1	20.95
32	湖南大学	138	9	50	49	22	8	42.75
33	华东师范大学	133	15	59	34	22	3	55.64
34	西北工业大学	93	5	36	31	19	2	44.09
35	电子科技大学	75	10	21	27	15	2	41.33
36	东北大学	104	7	29	56	11	1	34.62
37	华东理工大学	93	7	15	47	20	4	23.66
38	北京科技大学	89	5	16	49	19	0	23.60
39	南京农业大学	79	13	21	30	15	0	43.04
40	南京航空航天大学	100	3	23	35	32	7	26.00
41	河海大学	105	8	18	38	39	2	24.76
42	北京交通大学	80	8	28	26	17	1	45.00
43	南京理工大学	93	4	29	35	22	3	35.48
44	东北师范大学	106	8	26	35	31	6	32.08
45	西南交通大学	134	7	21	50	35	21	20.90
46	西安电子科技大学	55	7	10	16	18	4	30.91
47	西北农林科技大学	82	4	37	22	19	0	50.00
48	哈尔滨工程大学	79	4	12	41	18	4	20.25
49	北京协和医学院	34	13	13	4	1	3	76.47
50	北京邮电大学	52	3	8	23	13	5	21.15
53	中国地质大学（武汉）	72	3	17	26	25	1	27.78
54	中国矿业大学	103	1	17	41	31	13	17.48
55	中国石油大学（北京）	55	5	7	23	20	0	21.82
56	中国地质大学（北京）	103	3	10	23	53	14	12.62
57	中国石油大学（华东）	69	0	13	32	23	1	18.84
58	北京林业大学	58	7	5	18	25	3	20.69
59	中国矿业大学（北京）	83	1	19	30	25	8	24.10

对比表 8 和表 9 可见，十强高校的专业优秀率和一级学科优秀率的大小相对比较一致，分布特征也比较相似。十强高校的专业优秀率都在 44%以上，其中北京大学、复旦大学等高校的专业集中于 5★和 4★区域，具有突出的优势学科群。中国矿业大学（北京）、北京林业大学、中国石油大学（华东）等高校的二级学科多分布于 3★和 2★专业，应当进一步强化提高优势专业。

表 10 是各专业高校开设情况及排名第一的高校名单，全国开设高校数量超过 200 所的专业有 11 个，分布于法学、理学、工学和管理学门类下。在高校开设数量较多的 11 个专业中，中国人民大学有 4 个专业排名第一；北京大学、清华大学有 2 个专业排名第一；武汉大学、厦门大学和吉林大学各有 1 个专业排名第一。

表 10　2015 年各专业高校开设情况及排名第一高校名单

高校开设数量	专业代码	专业名称	排名第一院校名称
299	030505	思想政治教育	武汉大学
293	120202	企业管理	中国人民大学
280	081203	计算机应用技术	清华大学
263	030501	马克思主义基本原理	中国人民大学
252	120201	会计学	厦门大学
236	030503	马克思主义中国化研究	中国人民大学
231	070104	应用数学	北京大学
222	120204	技术经济及管理	中国人民大学
213	081202	计算机软件与理论	清华大学
211	081704	应用化学	吉林大学
202	071010	生物化学与分子生物学	北京大学

8. 分 37 个一级学科的中国研究生教育分一级学科（专业学位）竞争力评价结果与分析

为了适应专业学位研究生培养的需要，2015 年继续对招收专业学位类型研究生的培养单位进行了评价。由于很多高校 2015 年的专业学位研究生是按一级学科招生，所以 2015 年对专业学位研究生教育的评价以一级学科的层次进行评价。专业学位一级学科的代码和名称以国务院学位委员会和教育部颁布的《学位授予和人才培养学科目录（2011 年）》为标准。除去警务（0353）和军事（1151）两个专业学位一级学科外，共计评价和发布了 37 个专业学位一级学科的排行榜单，并按《2013 年研究生招生学科、专业代码册》中的顺序排列。

表 11 为 37 个专业学位一级学科的高校开设情况及相应排名第一的高校名单。

表 11　2015 年各专业学位一级学科的高校开设情况及排名第一高校名单

一级学科代码	一级学科名称	高校开设数量	排名第一院校名称
0251	金融（专业学位）	134	中国人民大学
0252	应用统计（专业学位）	97	南开大学
0253	税务（专业学位）	39	上海财经大学
0254	国际商务（专业学位）	92	对外经济贸易大学
0255	保险（专业学位）	45	西南财经大学
0256	资产评估（专业学位）	61	中央财经大学
0257	审计（专业学位）	32	武汉大学

续表

一级学科代码	一级学科名称	高校开设数量	排名第一院校名称
0351	法律（专业学位）	175	中国政法大学
0352	社会工作（专业学位）	86	北京大学
0451	教育（专业学位）	134	华中师范大学
0452	体育（专业学位）	84	北京体育大学
0453	汉语国际教育（专业学位）	104	华中师范大学
0454	应用心理（专业学位）	48	北京师范大学
0551	翻译（专业学位）	202	北京外国语大学
0552	新闻与传播（专业学位）	94	中国传媒大学
0553	出版（专业学位）	17	武汉大学
0651	文物与博物馆（专业学位）	30	北京大学
0851	建筑学（专业学位）	34	同济大学
0852	工程（专业学位）	376	清华大学
0853	城市规划（专业学位）	19	同济大学
0951	农业推广（专业学位）	106	南京农业大学
0952	兽医（专业学位）	39	中国农业大学
0953	风景园林（专业学位）	48	湖南大学
0954	林业（专业学位）	21	北京林业大学
1051	临床医学（专业学位）	122	上海交通大学
1052	口腔医学（专业学位）	51	北京协和医学院
1053	公共卫生（专业学位）	49	北京大学
1054	护理（专业学位）	67	南京大学
1055	药学（专业学位）	58	中国药科大学
1056	中药学（专业学位）	48	南京中医药大学
1251	工商管理（专业学位）	235	中山大学
1252	公共管理（专业学位）	195	北京大学
1253	会计（专业学位）	162	中央财经大学
1254	旅游管理（专业学位）	78	清华大学
1255	图书情报（专业学位）	29	武汉大学
1256	工程管理（专业学位）	88	清华大学
1351	艺术（专业学位）	198	中国传媒大学

在这些一级学科（专业学位）中，北京大学的社会工作（专业学位）、文物与博物馆（专业学位）、公共卫生（专业学位）、公共管理（专业学位）4个一级学科排名第一；清华大学、武汉大学各有3个一级学科排名第一。

四、本次评价的结论与启示

2015年的评价工作及其最终形成的《中国研究生教育及学科专业评价报告2015—2016》，对比前几年的评价而言，评价范围更广、数据量更大、分析角度更多，而且在保持稳定的基础上，对评价范围、数据处理方法、结果的表示等多方面都积极创新，使得评价更加全面、系统、深入，也得出了更多有意义的结论。经深入分析得知，学科建设水平的高低成为各研究生培养单位竞争力高低的关键，我国的研究生教育总体上保持稳定和有序发展，具体体现在以下几个方面。

1. 中国高校研究生教育水平地区差异较大

地区经济实力与教育实力总是密切相关，在近几年的中国研究生教育地区竞争力排行榜中可以看出，经济发达省（自治区、直辖市）及东部沿海地区研究生教育竞争力水平明显高于内陆和西北地区，尽管这几年我国对中西部地区教育扶持力度加大，这种差距在逐步缩小，但是差距鸿沟是巨大的。排名前 50 的高校中，有 9 所高校来自北京市，7 所高校来自江苏省，6 所高校来自上海市。上海市、浙江省、广东省、湖南省连续两年在研究生教育地区竞争力排名中都稳步攀升，其中，浙江省 2013 年排名第 10，2015 年排至第 5，进步 5 名；辽宁省位列第 10，与 2013 年相比，跌落 7 名。内蒙古自治区、新疆维吾尔自治区、贵州省、宁夏回族自治区、海南省、青海省、西藏自治区为我国研究生教育地区竞争力较弱地区，院校数量少，连续多年排名相对靠后。出现这种情况的原因主要有：①地区教育竞争力与地区的经济发展水平紧密相关；②区域和历史也是地区教育竞争力的重要影响因素；③西部地区和少数民族地区的研究生教育是多种因素共同作用的结果。

2. 中国研究生院竞争力排名相对稳定

结合近两年数据进行对比，名次未发生变化的研究生院依次是中国科学院大学、北京大学研究生院、上海交通大学研究生院、武汉大学研究生院和中山大学研究生院。其中，中国科学院大学以绝对的优势排名第一，其余 4 所高校则在近两年发展比较稳定。除中国科学院大学以外，其余 5 所国家级科学院的研究生院的排名均在 50 名之后，中国社会科学院研究生院排名有所上升。排名前十的研究生院中，华中科技大学研究生院赶超四川大学研究生院，位列第 8，其余研究生院名次均无变化。连续两年排名进步的研究生院有：山东大学研究生院、大连理工大学研究生院、华南理工大学研究生院、重庆大学研究生院、华东理工大学研究生院、河海大学研究生院、哈尔滨工程大学研究生院、北京协和医学院（中国医学科学院）研究生院、北京邮电大学研究生院。连续两年排名下降的研究生院有：北京航空航天大学研究生院、西北工业大学研究生院、南京农业大学研究生院、北京交通大学研究生院、中国农业科学院研究生院、中国地质大学（武汉）研究生院和中国矿业大学（北京）研究生院。但是从总体上看，中国研究生院竞争力排名相对稳定。

3. 顶尖高校竞争力已经与一般高校拉开了差距

2015 年中国研究生教育竞争力 30 强中，北京大学、浙江大学、清华大学蝉联三鼎甲，名次变化最大的是同济大学（升三名）和厦门大学（降三名）。结合 2013 年与 2014 年中国研究生教育及学科排名情况可以发现：北京大学、浙江大学、清华大学多年蝉联三甲，其他高校的变动幅度相对较小，说明各顶尖高校的研究生教育竞争力趋于稳定，结合评价的得分情况来看，一些顶尖高校已经与一般高校拉开了差距。

4. 开设学科门类越齐全的高校的竞争力越强

从排名结果来看，排名越靠前的高校，学科门类的设置越齐全。本次研究生评价的十强高校平均开设学科门类数量为 11.5，30 强平均开设学科门类数量为 10.7，100 强平均开设学科门类数量为 9.73。开设全部学科门类的 25 所高校中，除河南师范大学和延边大学外，全部高校均排入前 100 名。

5. 学科专业的分布不平衡

学科的开设情况与当前社会经济水平、教育发展水平、职业人才需求、高校办学特色、学科发展现状等因素都密不可分。学术学位方面，从学科门类来看，排名最低的农学有 111 所高校开设，与排名最高的管理学相比相差 265 所；一级学科的差距与学科门类相比更加巨大，生物工程类仅 2 所高校开设。从微观角度可以发现，开设数量较少的专业多为医学类、兵器类、天文学类。

专业学位方面，高校开设数量最少的一级学科有17所，开设数量最多的一级学科为工程（专业学位）。专硕学科开设情况不仅与当前社会经济发展水平密切相关，还与高校学术学位的学科发展水平紧密相连。结合高校排名与学科开设情况，我们可以得出结论：高校在提升研究生教育水平的过程中，不仅要注重高校特色教育，更要注重全面均衡发展，提升综合竞争力。

对高等教育进行第三方评价是国际上的通用做法和发展趋势，2010年发布的《国家中长期教育改革和发展规划纲要（2010—2020年）》明确提出要“推进专业评价，鼓励专门机构和社会中介机构对高校学科、专业、课程等水平和质量进行评估；建立科学、规范的评估制度，探索与国际高水平教育评价机构合作，形成中国特色学校评价模式”。没有科学的评价就没有科学的管理，没有科学的管理就没有高效的发展，我们开展研究生教育评价的最终目的就是促进我国研究生培养单位的有效管理、科学决策与快速发展。希望我国各研究生培养单位不断提高自身竞争力，早日跻身于世界一流行列。

中国研究生教育地区竞争力排行榜

排名	地区（省、自治区、直辖市）	院校数量	总分	办学资源序	科研与产出序	质量与影响序
1	北京市	57	100.00	1	1	1
2	上海市	27	70.22	3	3	2
3	江苏省	33	69.98	2	2	3
4	湖北省	28	57.51	4	4	4
5	浙江省	21	51.59	7	5	5
6	广东省	25	50.79	5	6	6
7	陕西省	27	47.44	6	7	10
8	四川省	24	46.51	10	10	7
9	山东省	30	46.30	8	9	9
10	辽宁省	37	45.30	9	8	14
11	湖南省	17	42.65	11	14	12
12	天津市	18	42.40	13	12	11
13	黑龙江省	19	42.14	12	11	15
14	安徽省	20	41.77	14	13	13
15	吉林省	19	41.46	15	15	8
16	福建省	13	39.59	16	16	16
17	重庆市	13	37.47	18	17	18
18	河南省	19	37.21	17	18	19
19	河北省	23	35.53	19	19	20
20	甘肃省	10	35.38	20	20	17
21	江西省	16	34.19	22	21	22
22	山西省	11	33.85	21	23	21
23	广西壮族自治区	13	33.63	24	22	24
24	云南省	12	33.52	23	24	23
25	新疆维吾尔自治区	11	32.61	25	25	25
26	贵州省	8	32.13	27	26	26
27	内蒙古自治区	9	31.73	26	27	27
28	宁夏回族自治区	4	31.01	28	28	28
29	海南省	4	30.55	29	29	29
30	青海省	3	30.38	30	30	31
31	西藏自治区	3	30.30	31	31	30

中国一流研究生院竞争力排行榜

排名	单位名称	总分	地区内序		类型序	
1	中国科学院大学	100.00	北京市	1	理工	1
2	北京大学	86.16	北京市	2	综合	1
3	浙江大学	84.11	浙江省	1	综合	2
4	清华大学	83.78	北京市	3	理工	2
5	上海交通大学	81.43	上海市	1	综合	3
6	武汉大学	80.39	湖北省	1	综合	4
7	复旦大学	80.27	上海市	2	综合	5
8	华中科技大学	79.76	湖北省	2	理工	3
9	四川大学	79.54	四川省	1	综合	6
10	南京大学	78.79	江苏省	1	综合	7
11	吉林大学	78.47	吉林省	1	综合	8
12	中山大学	76.85	广东省	1	综合	9
13	山东大学	75.86	山东省	1	综合	10
14	哈尔滨工业大学	75.53	黑龙江省	1	理工	4
15	中南大学	74.91	湖南省	1	综合	11
16	中国科学技术大学	74.89	安徽省	1	理工	5
17	西安交通大学	74.80	陕西省	1	理工	6
18	中国人民大学	74.78	北京市	4	文法	1
19	同济大学	74.21	上海市	3	理工	7
20	东南大学	73.69	江苏省	2	理工	8
21	天津大学	73.32	天津市	1	理工	9
22	大连理工大学	73.25	辽宁省	1	理工	10
23	南开大学	73.19	天津市	2	综合	12
24	厦门人学	73.07	福建省	1	综合	13
25	华南理工大学	72.88	广东省	2	理工	11
26	北京航空航天大学	72.71	北京市	5	理工	12
27	北京师范大学	72.52	北京市	6	师范	1
28	重庆大学	72.13	重庆市	1	理工	13
29	北京理工大学	71.34	北京市	7	理工	14

中国研究生院竞争力排行榜

（含分地区、分类型排名）

排名	研究生院（部）名称	总分	地区内序		类型序	
1	中国科学院大学（原中国科学院研究生院）	100.00	北京市	1	理工	1
2	北京大学研究生院	86.16	北京市	2	综合	1
3	浙江大学研究生院	84.11	浙江省	1	综合	2
4	清华大学研究生院	83.78	北京市	3	理工	2
5	上海交通大学研究生院	81.43	上海市	1	综合	3
6	武汉大学研究生院	80.39	湖北省	1	综合	4
7	复旦大学研究生院	80.27	上海市	2	综合	5
8	华中科技大学研究生院	79.76	湖北省	2	理工	3
9	四川大学研究生院	79.54	四川省	1	综合	6
10	南京大学研究生院	78.79	江苏省	1	综合	7
11	吉林大学研究生院	78.47	吉林省	1	综合	8
12	中山大学研究生院	76.85	广东省	1	综合	9
13	山东大学研究生院	75.86	山东省	1	综合	10
14	哈尔滨工业大学研究生院	75.53	黑龙江省	1	理工	4
15	中南大学研究生院	74.91	湖南省	1	综合	11
16	中国科学技术大学研究生院	74.89	安徽省	1	理工	5
17	西安交通大学研究生院	74.80	陕西省	1	理工	6
18	中国人民大学研究生院	74.78	北京市	4	文法	1
19	同济大学研究生院	74.21	上海市	3	理工	7
20	东南大学研究生院	73.69	江苏省	2	理工	8
21	天津大学研究生院	73.32	天津市	1	理工	9
22	大连理工大学研究生院	73.25	辽宁省	1	理工	10
23	南开大学研究生院	73.19	天津市	2	综合	12
24	厦门大学研究生院	73.07	福建省	1	综合	13
25	华南理工大学研究生院	72.88	广东省	2	理工	11
26	北京航空航天大学研究生院	72.71	北京市	5	理工	12
27	北京师范大学研究生院	72.52	北京市	6	师范	1
28	重庆大学研究生院	72.13	重庆市	1	理工	13
29	北京理工大学研究生院	71.34	北京市	7	理工	14
30	中国农业大学研究生院	70.95	北京市	8	农林	1
31	兰州大学研究生院	70.66	甘肃省	1	综合	14
32	湖南大学研究生院	70.41	湖南省	2	理工	15
33	华东师范大学研究生院	70.25	上海市	4	师范	2
34	西北工业大学研究生院	69.70	陕西省	2	理工	16
35	电子科技大学研究生院	69.06	四川省	2	理工	17

续表

排名	研究生院（部）名称	总分	地区内序		类型序	
36	东北大学研究生院	68.90	辽宁省	2	理工	18
37	华东理工大学研究生院	68.64	上海市	5	理工	19
38	北京科技大学研究生院	68.27	北京市	9	理工	20
39	南京农业大学研究生院	68.10	江苏省	3	农林	2
40	南京航空航天大学研究生院	67.94	江苏省	4	理工	21
41	河海大学研究生院	67.79	江苏省	5	理工	22
42	北京交通大学研究生院	67.11	北京市	10	理工	23
43	南京理工大学研究生院	66.98	江苏省	6	理工	24
44	东北师范大学研究生院	66.86	吉林省	2	师范	3
45	西南交通大学研究生院	65.78	四川省	3	理工	25
46	西安电子科技大学研究生院	64.88	陕西省	3	理工	26
47	西北农林科技大学研究生院	64.64	陕西省	4	农林	3
48	哈尔滨工程大学研究生院	64.31	黑龙江省	2	理工	27
49	北京协和医学院（中国医学科学院）研究生院	64.25	北京市	11	医药	1
50	北京邮电大学研究生院	64.07	北京市	12	理工	28
51	中国农业科学院研究生院	63.90	北京市	13	农林	4
52	中国社会科学院研究生院	63.69	北京市	14	文法	2
53	中国地质大学（武汉）研究生院	63.62	湖北省	3	理工	29
54	中国矿业大学研究生院	63.48	江苏省	7	理工	30
55	中国石油大学（北京）研究生院	63.26	北京市	15	理工	31
56	中国地质大学（北京）研究生院	62.97	北京市	16	理工	32
57	中国石油大学（华东）研究生院	62.76	山东省	2	理工	33
58	北京林业大学研究生院	62.53	北京市	17	农林	5
59	中国矿业大学（北京）研究生院	61.79	北京市	18	理工	34
60	中国中医科学院研究生院	54.13	北京市	19	医药	2
61	中国地质科学院研究生部	53.97	北京市	20	理工	35
62	中国林业科学研究院研究生部	53.06	北京市	21	农林	6

中国普通高校研究生教育竞争力排行榜

（含分地区、分类型排名）

排名	院校名称	总分	地区内序		类型序	
1	北京大学	100.00	北京市	1	综合	1
2	浙江大学	94.58	浙江省	1	综合	2
3	清华大学	92.57	北京市	2	理工	1
4	上海交通大学	88.33	上海市	1	综合	3
5	武汉大学	79.85	湖北省	1	综合	4
6	复旦大学	79.08	上海市	2	综合	5
7	华中科技大学	71.81	湖北省	2	理工	2
8	四川大学	70.73	四川省	1	综合	6
9	南京大学	70.62	江苏省	1	综合	7
10	吉林大学	69.36	吉林省	1	综合	8
11	中山大学	66.18	广东省	1	综合	9
12	山东大学	60.61	山东省	1	综合	10
13	哈尔滨工业大学	60.11	黑龙江省	1	理工	3
14	中南大学	58.43	湖南省	1	综合	11
15	中国科学技术大学	58.42	安徽省	1	理工	4
16	西安交通大学	56.95	陕西省	1	理工	5
17	中国人民大学	56.25	北京市	3	文法	1
18	同济大学	56.11	上海市	3	理工	6
19	东南大学	53.82	江苏省	2	理工	7
20	天津大学	53.28	天津市	1	理工	8
21	大连理工大学	52.72	辽宁省	1	理工	9
22	南开大学	52.12	天津市	2	综合	12
23	厦门大学	51.97	福建省	1	综合	13
24	华南理工大学	51.19	广东省	2	理工	10
25	北京航空航天大学	50.99	北京市	4	理工	11
26	北京师范大学	50.70	北京市	5	师范	1
27	重庆大学	46.83	重庆市	1	理工	12
28	北京理工大学	46.73	北京市	6	理工	13
29	中国农业大学	46.44	北京市	7	农林	1
30	兰州大学	46.17	甘肃省	1	综合	14
31	湖南大学	45.65	湖南省	2	理工	14
32	华东师范大学	45.41	上海市	4	师范	2
33	西北工业大学	44.81	陕西省	2	理工	15
34	苏州大学	44.37	江苏省	3	综合	15
35	电子科技大学	44.10	四川省	2	理工	16
36	东北大学	43.99	辽宁省	2	理工	17
37	华中师范大学	43.52	湖北省	3	师范	3
38	郑州大学	43.29	河南省	1	综合	16
39	华东理工大学	43.18	上海市	5	理工	18
40	北京科技大学	43.04	北京市	8	理工	19
41	南京农业大学	42.44	江苏省	4	农林	2
42	南京航空航天大学	42.42	江苏省	5	理工	20
43	西南大学	42.39	重庆市	2	综合	17
44	上海大学	42.32	上海市	6	综合	18
45	武汉理工大学	42.18	湖北省	4	理工	21
46	河海大学	41.89	江苏省	6	理工	22
47	北京交通大学	41.88	北京市	9	理工	23
48	南京理工大学	41.33	江苏省	7	理工	24
49	东北师范大学	41.32	吉林省	2	师范	4
50	西南交通大学	41.29	四川省	3	理工	25
51	西安电子科技大学	41.14	陕西省	3	理工	26
52	南京师范大学	40.81	江苏省	8	师范	5
53	华中农业大学	40.62	湖北省	5	农林	3
54	中国海洋大学	40.59	山东省	2	理工	27
55	江苏大学	40.56	江苏省	9	综合	19
56	西北农林科技大学	40.36	陕西省	4	农林	4
57	北京工业大学	40.10	北京市	10	理工	28
58	江南大学	39.71	江苏省	10	综合	20
58	暨南大学	39.71	广东省	3	综合	20
60	燕山大学	39.69	河北省	1	理工	29
61	北京化工大学	39.64	北京市	11	理工	30
62	陕西师范大学	39.48	陕西省	5	师范	6
63	合肥工业大学	39.23	安徽省	2	理工	31
64	哈尔滨工程大学	39.18	黑龙江省	2	理工	32
65	西北大学	39.01	陕西省	6	综合	22
66	华南师范大学	38.85	广东省	4	师范	7
67	浙江工业大学	38.56	浙江省	2	理工	33
68	北京协和医学院	38.54	北京市	12	医药	1
69	北京邮电大学	38.27	北京市	13	理工	34
70	中国地质大学（武汉）	38.22	湖北省	6	理工	35

续表

排名	院校名称	总分	地区内序		类型序		排名	院校名称	总分	地区内序		类型序	
71	中国矿业大学	38.19	江苏省	11	理工	36	109	西安建筑科技大学	35.53	陕西省	8	理工	47
72	首都医科大学	38.08	北京市	14	医药	2	110	重庆医科大学	35.49	重庆市	3	医药	7
73	福州大学	38.04	福建省	2	综合	23	111	贵州大学	35.47	贵州省	1	综合	34
74	南昌大学	38.03	江西省	1	综合	24	112	西南财经大学	35.41	四川省	4	财经	4
75	湖南师范大学	37.89	湖南省	3	师范	8	113	天津医科大学	35.19	天津市	3	医药	8
75	中央财经大学	37.89	北京市	15	财经	1	114	河北大学	35.18	河北省	2	综合	35
75	东华大学	37.89	上海市	7	理工	37	115	深圳大学	35.14	广东省	7	综合	36
78	扬州大学	37.86	江苏省	12	综合	25	116	山东师范大学	35.13	山东省	5	师范	13
79	中国石油大学（北京）	37.65	北京市	16	理工	38	117	中国政法大学	35.01	北京市	22	文法	2
80	中国地质大学（北京）	37.60	北京市	17	理工	39	118	黑龙江大学	35.00	黑龙江省	5	综合	37
81	中国石油大学（华东）	37.07	山东省	3	理工	40	119	西北师范大学	34.97	甘肃省	2	师范	14
82	中国医科大学	37.00	辽宁省	3	医药	3	120	上海理工大学	34.85	上海市	10	理工	48
83	河南大学	36.96	河南省	2	综合	26	121	东北农业大学	34.72	黑龙江省	6	农林	8
84	云南大学	36.94	云南省	1	综合	27	122	山东农业大学	34.71	山东省	6	农林	9
85	南京工业大学	36.91	江苏省	13	理工	41	123	西安理工大学	34.67	陕西省	9	理工	49
86	昆明理工大学	36.87	云南省	2	理工	42	124	安徽医科大学	34.66	安徽省	4	医药	9
87	广西大学	36.75	广西壮族自治区	1	综合	28	125	四川农业大学	34.64	四川省	5	农林	10
88	华南农业大学	36.66	广东省	5	农林	5	126	河北工业大学	34.52	河北省	3	理工	50
89	华北电力大学	36.64	北京市	18	理工	43	127	辽宁大学	34.49	辽宁省	4	综合	38
89	首都师范大学	36.64	北京市	18	师范	9	128	南京林业大学	34.35	江苏省	15	农林	11
91	长安大学	36.59	陕西省	7	理工	44	129	湖南农业大学	34.33	湖南省	5	农林	12
92	南方医科大学	36.49	广东省	6	医药	4	130	安徽师范大学	34.31	安徽省	5	师范	15
93	南京医科大学	36.46	江苏省	14	医药	5	130	杭州电子科技大学	34.31	浙江省	5	理工	51
94	湘潭大学	36.32	湖南省	4	综合	29	132	福建农林大学	34.30	福建省	4	农林	13
95	太原理工大学	36.13	山西省	1	理工	45	133	新疆大学	34.28	新疆维吾尔自治区	1	综合	39
96	北京林业大学	36.02	北京市	20	农林	6	134	山东科技大学	34.27	山东省	7	理工	52
97	山西大学	36.00	山西省	2	综合	30	135	河北师范大学	34.26	河北省	4	师范	16
98	宁波大学	35.99	浙江省	3	综合	31	136	成都理工大学	34.20	四川省	6	理工	53
99	福建师范大学	35.98	福建省	3	师范	10	136	对外经济贸易大学	34.20	北京市	23	财经	5
100	浙江师范大学	35.91	浙江省	4	师范	11	136	浙江理工大学	34.20	浙江省	6	理工	53
101	中国矿业大学（北京）	35.89	北京市	21	理工	46	139	北京中医药大学	34.13	北京市	24	医药	10
101	中南财经政法大学	35.89	湖北省	7	财经	2	140	中央民族大学	34.08	北京市	25	民族	1
103	哈尔滨医科大学	35.86	黑龙江省	3	医药	6	140	广东工业大学	34.08	广东省	8	理工	55
104	青岛大学	35.85	山东省	4	综合	32	142	中国药科大学	34.05	江苏省	16	医药	11
105	上海财经大学	35.84	上海市	8	财经	3	143	中国传媒大学	34.03	北京市	26	文法	3
106	东北林业大学	35.76	黑龙江省	4	农林	7	144	南通大学	34.01	江苏省	17	综合	40
107	安徽大学	35.65	安徽省	3	综合	33	145	大连海事大学	33.99	辽宁省	5	理工	56
108	上海师范大学	35.62	上海市	9	师范	12	146	河南师范大学	33.95	河南省	3	师范	17

续表

排名	院校名称	总分	地区内序		类型序		排名	院校名称	总分	地区内序		类型序	
147	东北财经大学	33.89	辽宁省	6	财经	6	183	南京邮电大学	32.99	江苏省	21	理工	70
148	河南科技大学	33.85	河南省	4	理工	57	184	北京体育大学	32.96	北京市	27	体育	1
149	济南大学	33.84	山东省	8	综合	41	184	中北大学	32.96	山西省	3	理工	71
150	湖北大学	33.82	湖北省	8	综合	42	186	长春理工大学	32.95	吉林省	3	理工	72
151	西南石油大学	33.78	四川省	7	理工	58	186	兰州交通大学	32.95	甘肃省	4	理工	72
152	内蒙古大学	33.77	内蒙古自治区	1	综合	43	188	宁夏大学	32.91	宁夏回族自治区	1	综合	47
152	河北医科大学	33.77	河北省	5	医药	12	188	湖南科技大学	32.91	湖南省	7	理工	74
154	长沙理工大学	33.76	湖南省	6	理工	59	190	东北石油大学	32.90	黑龙江省	9	理工	75
155	武汉科技大学	33.75	湖北省	9	理工	60	191	山西医科大学	32.81	山西省	4	医药	17
156	汕头大学	33.71	广东省	9	综合	44	192	广州医科大学	32.80	广东省	12	医药	18
157	华侨大学	33.61	福建省	5	综合	45	192	石河子大学	32.80	新疆维吾尔自治区	2	综合	48
158	青岛科技大学	33.58	山东省	9	理工	61	194	陕西科技大学	32.79	陕西省	10	理工	76
159	辽宁师范大学	33.53	辽宁省	7	师范	18	195	西南政法大学	32.78	重庆市	4	文法	4
160	上海中医药大学	33.52	上海市	11	医药	13	195	中国计量学院	32.78	浙江省	9	理工	77
161	南京信息工程大学	33.47	江苏省	18	理工	62	197	长江大学	32.77	湖北省	10	综合	49
162	天津师范大学	33.45	天津市	4	师范	19	198	河北农业大学	32.74	河北省	6	农林	16
163	广西师范大学	33.44	广西壮族自治区	2	师范	20	198	中南民族大学	32.74	湖北省	11	民族	2
164	河南理工大学	33.43	河南省	5	理工	63	200	江西财经大学	32.69	江西省	3	财经	8
165	河南农业大学	33.40	河南省	6	农林	14	201	延边大学	32.68	吉林省	4	综合	50
166	大连医科大学	33.29	辽宁省	8	医药	14	202	内蒙古农业大学	32.63	内蒙古自治区	2	农林	17
167	哈尔滨理工大学	33.27	黑龙江省	7	理工	64	203	中南林业科技大学	32.62	湖南省	8	农林	18
168	天津工业大学	33.26	天津市	5	理工	65	204	温州医科大学	32.61	浙江省	10	医药	19
169	广州中医药大学	33.24	广东省	10	医药	15	205	安徽农业大学	32.56	安徽省	6	农林	19
169	天津科技大学	33.24	天津市	6	理工	66	206	天津中医药大学	32.54	天津市	7	医药	20
169	常州大学	33.24	江苏省	19	理工	66	206	安徽理工大学	32.54	安徽省	7	理工	78
172	广州大学	33.23	广东省	11	综合	46	206	广西医科大学	32.54	广西壮族自治区	3	医药	20
173	沈阳农业大学	33.22	辽宁省	9	农林	15	209	云南师范大学	32.52	云南省	3	师范	26
173	南京中医药大学	33.22	江苏省	20	医药	16	210	河北联合大学	32.51	河北省	7	综合	51
175	江西师范大学	33.19	江西省	2	师范	21	211	上海外国语大学	32.48	上海市	13	文法	5
176	哈尔滨师范大学	33.17	黑龙江省	8	师范	22	212	辽宁工程技术大学	32.47	辽宁省	10	理工	79
176	浙江工商大学	33.17	浙江省	7	财经	7	213	浙江中医药大学	32.46	浙江省	11	医药	22
178	杭州师范大学	33.16	浙江省	8	师范	23	214	福建医科大学	32.45	福建省	6	医药	23
179	四川师范大学	33.14	四川省	8	师范	24	215	西安科技大学	32.44	陕西省	11	理工	80
179	曲阜师范大学	33.14	山东省	10	师范	24	216	温州大学	32.42	浙江省	12	综合	52
181	上海海事大学	33.08	上海市	12	理工	68	217	海南大学	32.40	海南省	1	综合	53
182	兰州理工大学	33.05	甘肃省	3	理工	69	218	沈阳工业大学	32.38	辽宁省	11	理工	81

续表

排名	院校名称	总分	地区内序		类型序	
219	沈阳药科大学	32.37	辽宁省	12	医药	24
220	山东理工大学	32.36	山东省	11	理工	82
221	华东政法大学	32.35	上海市	14	文法	6
221	上海海洋大学	32.35	上海市	14	农林	20
223	西南科技大学	32.32	四川省	9	理工	83
223	重庆交通大学	32.32	重庆市	5	理工	83
225	河南工业大学	32.31	河南省	7	理工	85
225	江苏科技大学	32.31	江苏省	22	理工	85
227	安徽工业大学	32.28	安徽省	8	理工	87
227	吉林农业大学	32.28	吉林省	5	农林	21
229	山西师范大学	32.27	山西省	5	师范	27
229	三峡大学	32.27	湖北省	12	综合	54
231	重庆邮电大学	32.25	重庆市	6	理工	88
232	首都经济贸易大学	32.19	北京市	28	财经	9
233	上海体育学院	32.14	上海市	16	体育	2
234	内蒙古师范大学	32.12	内蒙古自治区	3	师范	28
234	成都中医药大学	32.12	四川省	10	医药	25
236	北京外国语大学	32.11	北京市	29	文法	7
236	甘肃农业大学	32.11	甘肃省	5	农林	22
238	桂林理工大学	32.09	广西壮族自治区	4	理工	89
239	南华大学	32.08	湖南省	9	理工	90
240	桂林电子科技大学	32.06	广西壮族自治区	5	理工	91
240	新疆医科大学	32.06	新疆维吾尔自治区	3	医药	26
242	天津理工大学	32.02	天津市	8	理工	92
243	浙江农林大学	31.96	浙江省	13	农林	23
244	中国美术学院	31.95	浙江省	14	艺术	1
244	西南民族大学	31.95	四川省	11	民族	3
246	聊城大学	31.93	山东省	12	师范	29
246	南京艺术学院	31.93	江苏省	23	艺术	2
248	黑龙江中医药大学	31.92	黑龙江省	10	医药	27
249	贵州师范大学	31.90	贵州省	2	师范	30
249	渤海大学	31.90	辽宁省	13	综合	55
251	山东财经大学	31.87	山东省	13	财经	10
252	西华师范大学	31.86	四川省	12	师范	31
253	江西农业大学	31.84	江西省	4	农林	24
254	沈阳建筑大学	31.83	辽宁省	14	理工	93
255	广东外语外贸大学	31.82	广东省	13	文法	8
256	武汉工程大学	31.81	湖北省	13	理工	94
256	烟台大学	31.81	山东省	14	综合	56
258	北京工商大学	31.79	北京市	30	财经	11
258	青岛农业大学	31.79	山东省	15	农林	25
258	新疆农业大学	31.79	新疆维吾尔自治区	4	农林	25
261	北京语言大学	31.76	北京市	31	文法	9
262	天津财经大学	31.75	天津市	9	财经	12
263	武汉体育学院	31.74	湖北省	14	体育	3
263	湖北工业大学	31.74	湖北省	14	理工	95
263	云南农业大学	31.74	云南省	4	农林	27
266	江苏师范大学	31.73	江苏省	24	师范	32
267	新疆师范大学	31.72	新疆维吾尔自治区	5	师范	33
268	重庆师范大学	31.70	重庆市	7	师范	34
268	南昌航空大学	31.70	江西省	5	理工	96
270	山东中医药大学	31.69	山东省	16	医药	28
270	山西财经大学	31.69	山西省	6	财经	13
272	沈阳师范大学	31.66	辽宁省	15	师范	35
272	山西农业大学	31.66	山西省	7	农林	28
274	湖南中医药大学	31.65	湖南省	10	医药	29
275	大连交通大学	31.64	辽宁省	16	理工	97
276	大连大学	31.62	辽宁省	17	综合	57
276	徐州医学院	31.62	江苏省	25	医药	30
278	内蒙古工业大学	31.61	内蒙古自治区	4	理工	98
279	河北科技大学	31.58	河北省	8	理工	99
280	南京财经大学	31.56	江苏省	26	财经	14
280	长春工业大学	31.56	吉林省	6	理工	100
282	华东交通大学	31.55	江西省	6	理工	101
283	青岛理工大学	31.54	山东省	17	理工	102
284	广西民族大学	31.51	广西壮族自治区	6	民族	4
285	哈尔滨商业大学	31.50	黑龙江省	11	财经	15
286	山东建筑大学	31.49	山东省	18	理工	103

续表

排名	院校名称	总分	地区内序		类型序	
286	昆明医科大学	31.49	云南省	5	医药	31
288	浙江财经大学	31.48	浙江省	15	财经	16
289	东北电力大学	31.47	吉林省	7	理工	104
289	华北水利水电大学	31.47	河南省	8	理工	104
291	云南民族大学	31.45	云南省	6	民族	5
292	吉林师范大学	31.44	吉林省	8	师范	36
293	鲁东大学	31.42	山东省	19	师范	37
293	北方工业大学	31.42	北京市	32	理工	106
293	西安工业大学	31.42	陕西省	12	理工	106
296	大连工业大学	31.40	辽宁省	18	理工	108
296	辽宁医学院	31.40	辽宁省	18	医药	32
298	西华大学	31.39	四川省	13	综合	58
298	重庆工商大学	31.39	重庆市	8	财经	17
300	东华理工大学	31.38	江西省	7	理工	109
300	江西理工大学	31.38	江西省	7	理工	109
300	西安工程大学	31.38	陕西省	13	理工	109
303	上海音乐学院	31.37	上海市	17	艺术	3
304	太原科技大学	31.36	山西省	8	理工	112
305	中央美术学院	31.34	北京市	33	艺术	4
306	集美大学	31.33	福建省	7	综合	59
307	湖南工业大学	31.31	湖南省	11	理工	113
307	重庆理工大学	31.31	重庆市	9	理工	113
307	北京电影学院	31.31	北京市	34	艺术	5
310	北华大学	31.30	吉林省	9	综合	60
310	广东医学院	31.30	广东省	14	医药	33
312	河南中医学院	31.28	河南省	9	医药	34
312	内蒙古科技大学	31.28	内蒙古自治区	5	理工	115
314	佳木斯大学	31.27	黑龙江省	12	综合	61
314	吉首大学	31.27	湖南省	12	综合	61
314	中央音乐学院	31.27	北京市	35	艺术	6
317	齐鲁工业大学	31.26	山东省	20	理工	116
318	中国民航大学	31.25	天津市	10	理工	117
318	安徽财经大学	31.25	安徽省	9	财经	18
318	石家庄铁道大学	31.25	河北省	9	理工	117
321	西安石油大学	31.24	陕西省	14	理工	119
321	宁夏医科大学	31.24	宁夏回族自治区	2	医药	35
321	沈阳理工大学	31.24	辽宁省	20	理工	119
321	西南林业大学	31.24	云南省	7	农林	29
325	沈阳化工大学	31.21	辽宁省	21	理工	121
325	上海应用技术学院	31.21	上海市	18	理工	121
327	成都体育学院	31.20	四川省	14	体育	4
327	贵州医科大学	31.20	贵州省	3	医药	36
327	苏州科技学院	31.20	江苏省	27	理工	123
330	北京信息科技大学	31.19	北京市	36	理工	124
330	辽宁科技大学	31.19	辽宁省	22	理工	124
332	沈阳航空航天大学	31.18	辽宁省	23	理工	126
332	武汉纺织大学	31.18	湖北省	16	理工	126
334	西安美术学院	31.17	陕西省	15	艺术	7
335	福建中医药大学	31.14	福建省	8	医药	37
335	辽宁中医药大学	31.14	辽宁省	24	医药	37
337	西北民族大学	31.13	甘肃省	6	民族	6
338	辽宁石油化工大学	31.11	辽宁省	25	理工	128
339	广西艺术学院	31.09	广西壮族自治区	7	艺术	8
340	上海工程技术大学	31.08	上海市	19	理工	129
340	青海大学	31.08	青海省	1	综合	63
342	中国音乐学院	31.07	北京市	37	艺术	9
342	潍坊医学院	31.07	山东省	21	医药	39
342	延安大学	31.07	陕西省	16	综合	64
342	淮北师范大学	31.07	安徽省	10	师范	38
346	广东海洋大学	31.06	广东省	15	农林	30
346	湖北中医药大学	31.06	湖北省	17	医药	40
348	遵义医学院	31.05	贵州省	4	医药	41
349	河北工程大学	31.04	河北省	10	理工	130
350	黑龙江八一农垦大学	31.03	黑龙江省	13	农林	31
350	新乡医学院	31.03	河南省	10	医药	42
350	浙江海洋学院	31.03	浙江省	16	农林	31
353	成都信息工程大学	31.02	四川省	15	理工	131
354	云南财经大学	31.01	云南省	8	财经	19
355	齐齐哈尔大学	31.00	黑龙江省	14	综合	65
356	郑州轻工业学院	30.99	河南省	11	理工	132
356	天津商业大学	30.99	天津市	11	财经	20
356	外交学院	30.99	北京市	38	文法	10
356	西北政法大学	30.99	陕西省	17	文法	10
360	沈阳大学	30.98	辽宁省	26	综合	66

续表

排名	院校名称	总分	地区内序		类型序		排名	院校名称	总分	地区内序		类型序	
360	天津体育学院	30.98	天津市	12	体育	5	396	内蒙古民族大学	30.78	内蒙古自治区	6	民族	7
360	安徽中医药大学	30.98	安徽省	11	医药	43	396	广西中医药大学	30.78	广西壮族自治区	10	医药	48
363	河北经贸大学	30.97	河北省	11	财经	21	396	天津音乐学院	30.78	天津市	13	艺术	13
363	西藏大学	30.97	西藏自治区	1	综合	67	399	沈阳体育学院	30.77	辽宁省	28	体育	6
363	北京建筑大学	30.97	北京市	39	理工	133	399	滨州医学院	30.77	山东省	22	医药	49
363	武汉轻工大学	30.97	湖北省	18	理工	133	399	首都体育学院	30.77	北京市	43	体育	6
367	西安外国语大学	30.96	陕西省	18	文法	12	399	北京印刷学院	30.77	北京市	43	理工	142
367	北京联合大学	30.96	北京市	40	综合	68	403	陕西理工学院	30.76	陕西省	20	理工	143
369	闽南师范大学	30.95	福建省	9	师范	39	403	青海民族大学	30.76	青海省	3	民族	8
369	广西师范学院	30.95	广西壮族自治区	8	师范	39	403	广州美术学院	30.76	广东省	18	艺术	14
369	上海电力学院	30.95	上海市	20	理工	135	406	海南师范大学	30.75	海南省	2	师范	44
369	中央戏剧学院	30.95	北京市	41	艺术	10	407	西安体育学院	30.74	陕西省	21	体育	8
373	广东财经大学	30.94	广东省	16	财经	22	407	贵州财经大学	30.74	贵州省	5	财经	27
373	江西中医药大学	30.94	江西省	9	医药	44	409	吉林艺术学院	30.73	吉林省	12	艺术	15
375	广东药学院	30.93	广东省	17	医药	45	410	辽宁工业大学	30.72	辽宁省	29	理工	144
375	上海戏剧学院	30.93	上海市	21	艺术	11	410	泰山医学院	30.72	山东省	23	医药	50
377	中国人民公安大学	30.92	北京市	42	文法	13	412	绍兴文理学院	30.71	浙江省	17	综合	69
377	信阳师范学院	30.92	河南省	12	师范	41	412	北京第二外国语学院	30.71	北京市	45	文法	15
379	西安邮电大学	30.91	陕西省	19	理工	136	414	安徽建筑大学	30.70	安徽省	13	理工	145
379	青海师范大学	30.91	青海省	2	师范	42	414	安庆师范学院	30.70	安徽省	13	师范	45
381	泸州医学院	30.90	四川省	16	医药	46	416	贵州民族大学	30.69	贵州省	6	民族	9
381	景德镇陶瓷学院	30.90	江西省	10	理工	137	417	陕西中医药大学	30.68	陕西省	22	医药	51
381	吉林财经大学	30.90	吉林省	10	财经	23	417	蚌埠医学院	30.68	安徽省	15	医药	51
384	四川美术学院	30.86	重庆市	10	艺术	12	417	山东艺术学院	30.68	山东省	24	艺术	16
384	赣南师范学院	30.86	江西省	11	师范	43	417	天津城建大学	30.68	天津市	14	理工	146
386	中原工学院	30.85	河南省	13	理工	138	421	北京农学院	30.67	北京市	46	农林	34
387	上海对外经贸大学	30.84	上海市	22	财经	24	422	四川音乐学院	30.66	四川省	17	艺术	17
387	四川外国语大学	30.84	重庆市	11	文法	14	423	大理大学	30.64	云南省	9	综合	70
389	新疆财经大学	30.83	新疆维吾尔自治区	6	财经	25	423	江西科技师范大学	30.64	江西省	12	师范	46
389	长春中医药大学	30.83	吉林省	11	医药	47	423	淮海工学院	30.64	江苏省	28	理工	147
391	大连海洋大学	30.82	辽宁省	27	农林	33	426	内蒙古医科大学	30.63	内蒙古自治区	7	医药	53
392	广西科技大学	30.81	广西壮族自治区	9	理工	139	426	国际关系学院	30.63	北京市	47	文法	16
392	黑龙江科技大学	30.81	黑龙江省	15	理工	139	426	湖北医药学院	30.63	湖北省	19	医药	53
392	河南财经政法大学	30.81	河南省	14	财经	26	429	河北北方学院	30.61	河北省	12	综合	71
395	安徽工程大学	30.80	安徽省	12	理工	141	429	江汉大学	30.61	湖北省	20	综合	71

续表

排名	院校名称	总分	地区内序		类型序	
429	北方民族大学	30.61	宁夏回族自治区	3	民族	10
432	西安音乐学院	30.60	陕西省	23	艺术	18
432	南京审计学院	30.60	江苏省	29	财经	28
434	广州体育学院	30.59	广东省	19	体育	9
434	天津职业技术师范大学	30.59	天津市	15	师范	47
436	皖南医学院	30.58	安徽省	16	医药	55
436	湖北师范学院	30.58	湖北省	21	师范	48
438	大连民族学院	30.57	辽宁省	30	民族	11
438	四川理工学院	30.57	四川省	18	理工	148
440	湖北美术学院	30.56	湖北省	22	艺术	19
440	浙江传媒学院	30.56	浙江省	18	文法	17
440	天津外国语大学	30.56	天津市	16	文法	17
440	吉林体育学院	30.56	吉林省	13	体育	10
440	沈阳音乐学院	30.56	辽宁省	31	艺术	19
445	海南医学院	30.55	海南省	3	医药	56
445	云南艺术学院	30.55	云南省	10	艺术	21
447	河南科技学院	30.54	河南省	15	师范	49
447	甘肃中医药大学	30.54	甘肃省	7	医药	57
447	北京服装学院	30.54	北京市	48	理工	149
450	浙江科技学院	30.52	浙江省	19	理工	150
450	长春师范大学	30.52	吉林省	14	师范	50
452	北京物资学院	30.51	北京市	49	财经	29
452	兰州财经大学	30.51	甘肃省	8	财经	29
452	吉林建筑大学	30.51	吉林省	15	理工	151
455	大连外国语大学	30.50	辽宁省	32	文法	19
455	中国青年政治学院	30.50	北京市	50	文法	19
457	湖北民族学院	30.49	湖北省	23	民族	12
457	塔里木大学	30.49	新疆维吾尔自治区	7	农林	35
457	川北医学院	30.49	四川省	19	医药	58
460	湖南商学院	30.48	湖南省	13	财经	31
461	武汉音乐学院	30.47	湖北省	24	艺术	22
461	江苏理工学院	30.47	江苏省	30	理工	152
461	五邑大学	30.47	广东省	20	综合	73
461	西藏民族大学	30.47	西藏自治区	2	民族	13
465	厦门理工学院	30.46	福建省	10	理工	153
465	承德医学院	30.46	河北省	13	医药	59
465	贵阳中医学院	30.46	贵州省	7	医药	59
465	仲恺农业工程学院	30.46	广东省	21	农林	36
469	湖州师范学院	30.45	浙江省	20	师范	51
469	重庆科技学院	30.45	重庆市	12	理工	154
469	石家庄经济学院	30.45	河北省	14	财经	32
469	西安财经学院	30.45	陕西省	24	财经	32
473	桂林医学院	30.44	广西壮族自治区	11	医药	61
473	鲁迅美术学院	30.44	辽宁省	33	艺术	23
475	伊犁师范学院	30.43	新疆维吾尔自治区	8	师范	52
475	中国戏曲学院	30.43	北京市	51	艺术	24
477	南京工程学院	30.42	江苏省	31	理工	155
477	河北科技师范学院	30.42	河北省	15	师范	53
477	济宁医学院	30.42	山东省	25	医药	62
477	北京舞蹈学院	30.42	北京市	52	艺术	25
481	湖南理工学院	30.41	湖南省	14	理工	156
482	山西中医学院	30.40	山西省	9	医药	63
483	淮阴工学院	30.39	江苏省	32	理工	157
483	天津农学院	30.39	天津市	17	农林	37
483	洛阳师范学院	30.39	河南省	16	师范	54
486	安阳师范学院	30.38	河南省	17	师范	55
487	云南中医学院	30.37	云南省	11	医药	64
487	哈尔滨体育学院	30.37	黑龙江省	16	体育	11
487	天津美术学院	30.37	天津市	18	艺术	26
487	牡丹江师范学院	30.37	黑龙江省	16	师范	56
487	上海电机学院	30.37	上海市	23	理工	158
487	山东体育学院	30.37	山东省	26	体育	11
487	郑州航空工业管理学院	30.37	河南省	18	理工	158
494	星海音乐学院	30.36	广东省	22	艺术	27
495	山东工商学院	30.35	山东省	27	财经	34
496	佛山科学技术学院	30.34	广东省	23	理工	160
496	南阳师范学院	30.34	河南省	19	师范	57
496	宝鸡文理学院	30.34	陕西省	25	师范	57
499	内蒙古财经大学	30.33	内蒙古自治区	8	财经	35
499	上海政法学院	30.33	上海市	24	文法	21

续表

排名	院校名称	总分	地区内序		类型序		排名	院校名称	总分	地区内序		类型序	
499	新疆艺术学院	30.33	新疆维吾尔自治区	9	艺术	28	534	井冈山大学	30.18	江西省	15	综合	78
502	北京石油化工学院	30.32	北京市	53	理工	161	534	闽江学院	30.18	福建省	12	综合	78
502	成都医学院	30.32	四川省	20	医药	65	537	湖北经济学院	30.17	湖北省	27	财经	37
502	广东技术师范学院	30.32	广东省	24	师范	59	537	合肥师范学院	30.17	安徽省	19	师范	64
505	吉林化工学院	30.31	吉林省	16	理工	162	537	广东金融学院	30.17	广东省	25	财经	37
505	南京体育学院	30.31	江苏省	33	体育	13	540	泉州师范学院	30.16	福建省	13	师范	65
505	福建工程学院	30.31	福建省	11	理工	162	540	天水师范学院	30.16	甘肃省	10	师范	65
505	成都学院	30.31	四川省	21	综合	74	540	合肥学院	30.16	安徽省	20	综合	80
509	甘肃政法学院	30.30	甘肃省	9	文法	22	543	赤峰学院	30.15	内蒙古自治区	9	师范	67
509	中国刑事警察学院	30.30	辽宁省	34	文法	22	543	邵阳学院	30.15	湖南省	16	综合	81
509	上海立信会计学院	30.30	上海市	25	财经	36	545	河北建筑工程学院	30.14	河北省	18	理工	173
509	阜阳师范学院	30.30	安徽省	17	师范	60	546	西京学院	30.13	陕西省	27	综合	82
513	安徽科技学院	30.29	安徽省	18	理工	164	546	广西财经学院	30.13	广西壮族自治区	13	财经	39
514	牡丹江医学院	30.28	黑龙江省	18	医药	66	546	沈阳工程学院	30.13	辽宁省	36	理工	174
514	山东工艺美术学院	30.28	山东省	28	艺术	29	546	湖南人文科技学院	30.13	湖南省	17	师范	68
516	浙江万里学院	30.26	浙江省	21	理工	165	546	宜春学院	30.13	江西省	16	综合	82
517	重庆三峡学院	30.25	重庆市	13	综合	75	546	长春工程学院	30.13	吉林省	18	理工	174
518	中国人民武装警察部队学院	30.24	河北省	16	文法	24	552	鞍山师范学院	30.12	辽宁省	37	师范	69
518	湖南工程学院	30.24	湖南省	15	理工	166	552	绵阳师范学院	30.12	四川省	23	师范	69
518	上海第二工业大学	30.24	上海市	26	理工	166	554	防灾科技学院	30.11	河北省	19	理工	176
521	喀什大学	30.23	新疆维吾尔自治区	10	师范	61	554	湖北科技学院	30.11	湖北省	28	综合	84
521	南昌工程学院	30.23	江西省	13	理工	168	554	河北金融学院	30.11	河北省	19	财经	40
521	太原师范学院	30.23	山西省	10	师范	61	557	昌吉学院	30.10	新疆维吾尔自治区	11	师范	71
521	中国民用航空飞行学院	30.23	四川省	22	理工	168	557	北华航天工业学院	30.10	河北省	21	理工	177
525	山东交通学院	30.21	山东省	29	理工	170	559	琼州学院	30.09	海南省	4	综合	85
525	黄冈师范学院	30.21	湖北省	25	师范	63	559	黔南民族师范学院	30.09	贵州省	8	师范	72
525	北京城市学院	30.21	北京市	54	综合	76	561	山东政法学院	30.08	山东省	30	文法	25
525	右江民族医学院	30.21	广西壮族自治区	12	医药	67	561	中国劳动关系学院	30.08	北京市	55	文法	25
529	西安医学院	30.20	陕西省	26	医药	68	563	云南警官学院	30.07	云南省	12	文法	27
529	长春大学	30.20	吉林省	17	综合	77	563	北京电子科技学院	30.07	北京市	56	理工	178
529	湖北汽车工业学院	30.20	湖北省	26	理工	171	563	中华女子学院	30.07	北京市	56	综合	86
529	赣南医学院	30.20	江西省	14	医药	68	563	吉林华桥外国语学院	30.07	吉林省	19	文法	27
529	沈阳医学院	30.20	辽宁省	35	医药	68	567	河北传媒学院	30.06	河北省	22	文法	29
534	华北科技学院	30.18	河北省	17	理工	172	567	宁夏师范学院	30.06	宁夏回族自治区	4	师范	73

续表

排名	院校名称	总分	地区内序		类型序		排名	院校名称	总分	地区内序		类型序	
567	长治医学院	30.06	山西省	11	医药	71	572	上海海关学院	30.04	上海市	27	文法	31
567	中央司法警官学院	30.06	河北省	22	文法	29	573	黑龙江东方学院	30.03	黑龙江省	19	综合	87
571	西藏藏医学院	30.05	西藏自治区	3	医药	72	573	四川警察学院	30.03	四川省	24	文法	32

中国研究生教育分学科门类竞争力排行榜

01　哲学（177）

排名	学校名称	等级	排名	学校名称	等级	排名	学校名称	等级
1	中国人民大学	5★	13	黑龙江大学	4★	25	华侨大学	4★
2	中山大学	5★	14	南开大学	4★	26	陕西师范大学	4★
3	北京大学	5★	15	华东师范大学	4★	27	中央民族大学	4★
4	武汉大学	5★	16	东北大学	4★	28	东南大学	4★
5	南京大学	5★	17	清华大学	4★	29	苏州大学	4★
6	复旦大学	5★	18	浙江大学	4★	30	东北师范大学	4★
7	北京师范大学	5★	19	厦门大学	4★	31	南京师范大学	4★
8	吉林大学	5★	20	中南大学	4★	32	大连理工大学	4★
9	四川大学	5★	21	华中科技大学	4★	33	西南大学	4★
10	山西大学	4★	22	上海师范大学	4★	34	首都师范大学	4★
11	山东大学	4★	23	同济大学	4★	35	西安交通大学	4★
12	湖南师范大学	4★	24	华南师范大学	4★	36	湖南大学	4★
3★：53 个；2★：71 个；1★：17 个（名单略）								

02　经济学（259）

排名	学校名称	等级	排名	学校名称	等级	排名	学校名称	等级
1	中国人民大学	5★	19	湖南大学	4★	37	北京理工大学	4★
2	武汉大学	5★	20	清华大学	4★	38	陕西师范大学	4★
3	南开大学	5★	21	四川大学	4★	39	河南大学	4★
4	北京大学	5★	22	西安交通大学	4★	40	上海交通大学	4★
5	厦门大学	5★	23	首都经济贸易大学	4★	41	苏州大学	4★
6	中央财经大学	5★	24	华中科技大学	4★	42	浙江财经大学	4★
7	上海财经大学	5★	25	浙江大学	4★	43	北京工业大学	4★
8	西南财经大学	5★	26	北京师范大学	4★	44	福建师范大学	4★
9	复旦大学	5★	27	北京交通大学	4★	45	新疆大学	4★
10	中南财经政法大学	5★	28	江西财经大学	4★	46	重庆大学	4★
11	东北财经大学	5★	29	华侨大学	4★	47	华南师范大学	4★
12	对外经济贸易大学	5★	30	中山大学	4★	48	南京财经大学	4★
13	山东大学	5★	31	兰州大学	4★	49	湘潭大学	4★
14	辽宁大学	5★	32	天津财经大学	4★	50	东北大学	4★
15	暨南大学	4★	33	山东财经大学	4★	51	东北师范大学	4★
16	吉林大学	4★	34	浙江工商大学	4★	52	云南大学	4★
17	南京大学	4★	35	华东师范大学	4★	53	南昌大学	4★
18	西北大学	4★	36	山西财经大学	4★			
3★：77 个；2★：104 个；1★：25 个（名单略）								

03 法学（348）

排名	学校名称	等级	排名	学校名称	等级	排名	学校名称	等级
1	北京大学	5★	25	四川大学	4★	49	中国人民公安大学	4★
2	中国人民大学	5★	26	对外经济贸易大学	4★	50	广西师范大学	4★
3	武汉大学	5★	27	华东师范大学	4★	51	陕西师范大学	4★
4	中国政法大学	5★	28	天津师范大学	4★	52	安徽大学	4★
5	吉林大学	5★	29	湖南师范大学	4★	53	外交学院	4★
6	华中师范大学	5★	30	华南师范大学	4★	54	辽宁大学	4★
7	南京大学	5★	31	苏州大学	4★	55	山西大学	4★
8	中山大学	5★	32	郑州大学	4★	56	上海财经大学	4★
9	西南政法大学	5★	33	中南大学	4★	57	南昌大学	4★
10	厦门大学	5★	34	湘潭大学	4★	58	华东理工大学	4★
11	复旦大学	5★	35	福建师范大学	4★	59	西南大学	4★
12	中南财经政法大学	5★	36	西安交通大学	4★	60	西北政法大学	4★
13	云南大学	5★	37	中南民族大学	4★	61	河北师范大学	4★
14	南开大学	5★	38	上海交通大学	4★	62	海南大学	4★
15	浙江大学	5★	39	同济大学	4★	63	宁夏大学	4★
16	华东政法大学	5★	40	重庆大学	4★	64	中央财经大学	4★
17	山东大学	5★	41	黑龙江大学	4★	65	华南理工大学	4★
18	中央民族大学	5★	42	华中科技大学	4★	66	大连海事大学	4★
19	南京师范大学	5★	43	湖南大学	4★	67	贵州大学	4★
20	北京师范大学	4★	44	西南财经大学	4★	68	安徽师范大学	4★
21	东北师范大学	4★	45	首都师范大学	4★	70	内蒙古大学	4★
22	上海大学	4★	46	东南大学	4★	71	暨南大学	4★
23	清华大学	4★	47	河海大学	4★			
24	兰州大学	4★	48	西南民族大学	4★			

3★：105 个；2★：139 个；1★：34 个（名单略）

04 教育学（200）

排名	学校名称	等级	排名	学校名称	等级	排名	学校名称	等级
1	北京师范大学	5★	12	上海体育学院	4★	23	西北师范大学	4★
2	西南大学	5★	13	福建师范大学	4★	24	河南大学	4★
3	华东师范大学	5★	14	华中科技大学	4★	25	首都师范大学	4★
4	华南师范大学	5★	15	天津师范大学	4★	26	云南师范大学	4★
5	华中师范大学	5★	16	湖南师范大学	4★	27	武汉体育学院	4★
6	北京大学	5★	17	山东师范大学	4★	28	西华师范大学	4★
7	南京师范大学	5★	18	陕西师范大学	4★	29	苏州大学	4★
8	东北师范大学	5★	19	浙江师范大学	4★	30	四川师范大学	4★
9	浙江大学	5★	20	曲阜师范大学	4★	31	江西师范大学	4★
10	厦门大学	5★	21	上海师范大学	4★	32	沈阳师范大学	4★
11	北京体育大学	4★	22	辽宁师范大学	4★	33	山西师范大学	4★

续表

排名	学校名称	等级	排名	学校名称	等级	排名	学校名称	等级
34	哈尔滨师范大学	4★	37	河北师范大学	4★	40	中山大学	4★
35	清华大学	4★	38	内蒙古师范大学	4★			
36	安徽师范大学	4★	39	宁波大学	4★			
3★：60个；2★：80个；1★：20个（名单略）								

05　文学（271）

排名	学校名称	等级	排名	学校名称	等级	排名	学校名称	等级
1	北京大学	5★	20	华东师范大学	4★	39	西北大学	4★
2	复旦大学	5★	21	湖南师范大学	4★	40	浙江师范大学	4★
3	中国人民大学	5★	22	上海师范大学	4★	41	同济大学	4★
4	南京大学	5★	23	首都师范大学	4★	42	华南师范大学	4★
5	北京师范大学	5★	24	中央民族大学	4★	43	河南大学	4★
6	武汉大学	5★	25	广东外语外贸大学	4★	44	哈尔滨师范大学	4★
7	四川大学	5★	26	黑龙江大学	4★	45	湖南大学	4★
8	华中师范大学	5★	27	陕西师范大学	4★	46	华中科技大学	4★
9	北京外国语大学	5★	28	安徽大学	4★	47	西北师范大学	4★
10	上海外国语大学	5★	29	内蒙古大学	4★	48	兰州大学	4★
11	中山大学	5★	30	山东师范大学	4★	49	上海大学	4★
12	中国传媒大学	5★	31	东北师范大学	4★	50	苏州大学	4★
13	南京师范大学	5★	32	清华大学	4★	51	上海交通大学	4★
14	南开大学	5★	33	新疆大学	4★	52	郑州大学	4★
15	浙江大学	4★	34	厦门大学	4★	53	安徽师范大学	4★
16	山东大学	4★	35	延边大学	4★	54	河北大学	4★
17	北京语言大学	4★	36	西南大学	4★	55	河北师范大学	4★
18	暨南大学	4★	37	曲阜师范大学	4★			
19	福建师范大学	4★	38	吉林大学	4★			
3★：81个；2★：109个；1★：26个（名单略）								

06　历史学（125）

排名	学校名称	等级	排名	学校名称	等级	排名	学校名称	等级
1	北京大学	5★	10	陕西师范大学	4★	19	云南大学	4★
2	武汉大学	5★	11	山东大学	4★	20	西北大学	4★
3	中国人民大学	5★	12	东北师范大学	4★	21	天津师范大学	4★
4	南开大学	5★	13	吉林大学	4★	22	河北师范大学	4★
5	南京大学	5★	14	华东师范大学	4★	23	厦门大学	4★
6	复旦大学	5★	15	湖南师范大学	4★	24	浙江大学	4★
7	中山大学	4★	16	首都师范大学	4★	25	上海大学	4★
8	北京师范大学	4★	17	四川大学	4★			
9	华中师范大学	4★	18	郑州大学	4★			
3★：38个；2★：50个；1★：12个（名单略）								

07 理学（375）

排名	学校名称	等级	排名	学校名称	等级	排名	学校名称	等级
1	北京大学	5★	27	西安交通大学	4★	53	北京林业大学	4★
2	中国科学技术大学	5★	28	湖南师范大学	4★	54	苏州大学	4★
3	浙江大学	5★	29	云南大学	4★	55	华南理工大学	4★
4	清华大学	5★	30	同济大学	4★	56	北京理工大学	4★
5	南京大学	5★	31	首都师范大学	4★	57	北京协和医学院	4★
6	复旦大学	5★	32	华中农业大学	4★	58	南京林业大学	4★
7	吉林大学	5★	33	华中科技大学	4★	59	首都医科大学	4★
8	中山大学	5★	34	东北林业大学	4★	60	山西医科大学	4★
9	厦门大学	5★	35	华南师范大学	4★	61	安徽师范大学	4★
10	武汉大学	5★	36	郑州大学	4★	62	南昌大学	4★
11	南开大学	5★	37	西南大学	4★	63	福建师范大学	4★
12	四川大学	5★	38	内蒙古大学	4★	64	成都理工大学	4★
13	北京师范大学	5★	39	华中师范大学	4★	65	天津财经大学	4★
14	山东大学	5★	40	湖南大学	4★	66	河南大学	4★
15	西北大学	5★	41	北京科技大学	4★	67	西北工业大学	4★
16	华东师范大学	5★	42	陕西师范大学	4★	68	河北大学	4★
17	兰州大学	5★	43	山西大学	4★	69	重庆大学	4★
18	上海交通大学	5★	44	哈尔滨工业大学	4★	70	青岛大学	4★
19	中国海洋大学	5★	45	北京工业大学	4★	71	河南师范大学	4★
20	中国地质大学（北京）	5★	46	福州大学	4★	72	广西大学	4★
21	中国地质大学（武汉）	4★	47	暨南大学	4★	73	南京农业大学	4★
22	中国农业大学	4★	48	河北师范大学	4★	74	西北师范大学	4★
23	大连理工大学	4★	49	新疆大学	4★	75	西北农林科技大学	4★
24	中南大学	4★	50	南京信息工程大学	4★	76	天津大学	4★
25	南京师范大学	4★	51	湘潭大学	4★			
26	东北师范大学	4★	52	北京化工大学	4★			
3★：113 个；2★：150 个；1★：36 个（名单略）								

08 工学（369）

排名	学校名称	等级	排名	学校名称	等级	排名	学校名称	等级
1	清华大学	5★	10	大连理工大学	5★	19	重庆大学	5★
2	浙江大学	5★	11	同济大学	5★	20	北京科技大学	5★
3	哈尔滨工业大学	5★	12	中南大学	5★	21	华南理工大学	4★
4	上海交通大学	5★	13	北京理工大学	5★	22	南京航空航天大学	4★
5	天津大学	5★	14	四川大学	5★	23	中国科学技术大学	4★
6	华中科技大学	5★	15	西北工业大学	5★	24	西南交通大学	4★
7	东南大学	5★	16	北京大学	5★	25	武汉大学	4★
8	西安交通大学	5★	17	吉林大学	5★	26	湖南大学	4★
9	北京航空航天大学	5★	18	东北大学	5★	27	电子科技大学	4★

续表

排名	学校名称	等级	排名	学校名称	等级	排名	学校名称	等级
22	成都中医药大学	4★	29	安徽医科大学	4★	36	广州医科大学	4★
23	苏州大学	4★	30	山东中医药大学	4★	37	青岛大学	4★
24	南京中医药大学	4★	31	南京大学	4★	38	郑州大学	4★
25	西安交通大学	4★	32	天津中医药大学	4★	39	广西医科大学	4★
26	黑龙江中医药大学	4★	33	吉林大学	4★	40	湖南中医药大学	4★
27	上海中医药大学	4★	34	浙江中医药大学	4★			
28	河北医科大学	4★	35	大连医科大学	4★			
3★：58 个；2★：79 个；1★：19 个（名单略）								

12　管理学（376）

排名	学校名称	等级	排名	学校名称	等级	排名	学校名称	等级
1	中国人民大学	5★	27	西南财经大学	4★	53	浙江工业大学	4★
2	武汉大学	5★	28	华中农业大学	4★	54	华东师范大学	4★
3	浙江大学	5★	29	华中科技大学	4★	55	暨南大学	4★
4	清华大学	5★	30	吉林大学	4★	56	中国矿业大学	4★
5	西安交通大学	5★	31	中国农业大学	4★	57	北京科技大学	4★
6	上海交通大学	5★	32	华南农业大学	4★	58	东北农业大学	4★
7	中山大学	5★	33	河海大学	4★	59	湘潭大学	4★
8	大连理工大学	5★	34	西北农林科技大学	4★	60	华北电力大学	4★
9	厦门大学	5★	35	华南理工大学	4★	61	福建农林大学	4★
10	南京大学	5★	36	同济大学	4★	62	西南大学	4★
11	中南大学	5★	37	中国科学技术大学	4★	63	南京理工大学	4★
12	四川大学	5★	38	东北大学	4★	64	辽宁大学	4★
13	哈尔滨工业大学	5★	39	华中师范大学	4★	65	中国地质大学（武汉）	4★
14	北京大学	5★	40	东南大学	4★	66	东北林业大学	4★
15	合肥工业大学	5★	41	北京理工大学	4★	67	浙江工商大学	4★
16	北京航空航天大学	5★	42	电子科技大学	4★	68	江苏大学	4★
17	复旦大学	5★	43	郑州大学	4★	69	长沙理工大学	4★
18	中南财经政法大学	5★	44	山东大学	4★	70	上海大学	4★
19	南京农业大学	5★	45	江西财经大学	4★	71	云南大学	4★
20	南开大学	5★	46	西南交通大学	4★	72	山西大学	4★
21	重庆大学	4★	47	湖南大学	4★	73	天津财经大学	4★
22	天津大学	4★	48	南昌大学	4★	74	兰州大学	4★
23	中央财经大学	4★	49	北京林业大学	4★	75	西北大学	4★
24	东北财经大学	4★	50	首都经济贸易大学	4★	76	中国矿业大学（北京）	4★
25	上海财经大学	4★	51	武汉理工大学	4★	77	福州大学	4★
26	北京师范大学	4★	52	华东理工大学	4★			
3★：112 个；2★：151 个；1★：36 个（名单略）								

13 艺术学（206）

排名	学校名称	等级	排名	学校名称	等级	排名	学校名称	等级
1	中国传媒大学	5★	15	南京艺术学院	4★	29	河南大学	4★
2	中国美术学院	5★	16	北京电影学院	4★	30	苏州大学	4★
3	上海音乐学院	5★	17	广西艺术学院	4★	31	山西师范大学	4★
4	中央音乐学院	5★	18	上海戏剧学院	4★	32	西南大学	4★
5	东南大学	5★	19	北京师范大学	4★	33	深圳大学	4★
6	清华大学	5★	20	哈尔滨师范大学	4★	34	安徽师范大学	4★
7	中央戏剧学院	5★	21	西安美术学院	4★	35	西北师范大学	4★
8	四川大学	5★	22	四川美术学院	4★	36	南京大学	4★
9	上海大学	5★	23	重庆大学	4★	37	四川音乐学院	4★
10	中央美术学院	5★	24	东北师范大学	4★	38	天津大学	4★
11	南京师范大学	5★	25	山东艺术学院	4★	39	四川师范大学	4★
12	武汉理工大学	4★	26	山东师范大学	4★	40	贵州大学	4★
13	首都师范大学	4★	27	福建师范大学	4★	41	陕西师范大学	4★
14	北京大学	4★	28	湖南师范大学	4★	42	山西大学	4★
3★：62个；2★：82个；1★：20个（名单略）								

中国研究生教育分一级学科竞争力排行榜

0101 哲学（177）

排名	学校名称	等级	排名	学校名称	等级	排名	学校名称	等级
1	中国人民大学	5★	13	黑龙江大学	4★	25	华侨大学	4★
2	中山大学	5★	14	南开大学	4★	26	陕西师范大学	4★
3	北京大学	5★	15	华东师范大学	4★	27	中央民族大学	4★
4	武汉大学	5★	16	东北大学	4★	28	东南大学	4★
5	南京大学	5★	17	清华大学	4★	29	苏州大学	4★
6	复旦大学	5★	18	浙江大学	4★	30	东北师范大学	4★
7	北京师范大学	5★	19	厦门大学	4★	31	南京师范大学	4★
8	吉林大学	5★	20	中南大学	4★	32	大连理工大学	4★
9	四川大学	5★	21	华中科技大学	4★	33	西南大学	4★
10	山西大学	4★	22	上海师范大学	4★	34	首都师范大学	4★
11	山东大学	4★	23	同济大学	4★	35	西安交通大学	4★
12	湖南师范大学	4★	24	华南师范大学	4★	36	湖南大学	4★
3★：53 个；2★：71 个；1★：17 个（名单略）								

0201 理论经济学（147）

排名	学校名称	等级	排名	学校名称	等级	排名	学校名称	等级
1	中国人民大学	5★	11	南京大学	4★	21	江西财经大学	4★
2	北京大学	5★	12	西北大学	4★	22	陕西师范大学	4★
3	武汉大学	5★	13	浙江大学	4★	23	吉林大学	4★
4	南开大学	5★	14	中南财经政法大学	4★	24	湘潭大学	4★
5	上海财经大学	5★	15	华中科技大学	4★	25	湖南大学	4★
6	复旦大学	5★	16	山东大学	4★	26	清华大学	4★
7	厦门大学	5★	17	福建师范大学	4★	27	云南大学	4★
8	西南财经大学	5★	18	中央财经大学	4★	28	对外经济贸易大学	4★
9	四川大学	4★	19	北京师范大学	4★	29	深圳大学	4★
10	辽宁大学	4★	20	东北财经大学	4★	30	新疆大学	4★
3★：44 个；2★：59 个；1★：14 个（名单略）								

0202 应用经济学（243）

排名	学校名称	等级	排名	学校名称	等级	排名	学校名称	等级
1	中国人民大学	5★	7	中南财经政法大学	5★	13	湖南大学	5★
2	西南财经大学	5★	8	东北财经大学	5★	14	首都经济贸易大学	4★
3	中央财经大学	5★	9	武汉大学	5★	15	暨南大学	4★
4	上海财经大学	5★	10	对外经济贸易大学	5★	16	辽宁大学	4★
5	南开大学	5★	11	北京大学	5★	17	山东大学	4★
6	厦门大学	5★	12	复旦大学	5★	18	西安交通大学	4★

续表

排名	学校名称	等级	排名	学校名称	等级	排名	学校名称	等级
19	吉林大学	4★	30	江西财经大学	4★	41	东北大学	4★
20	清华大学	4★	31	山西财经大学	4★	42	重庆大学	4★
21	北京交通大学	4★	32	华东师范大学	4★	43	同济大学	4★
22	天津财经大学	4★	33	北京工业大学	4★	44	上海交通大学	4★
23	南京大学	4★	34	河南大学	4★	45	上海大学	4★
24	华侨大学	4★	35	西北大学	4★	46	南京农业大学	4★
25	浙江大学	4★	36	东南大学	4★	47	中国地质大学（武汉）	4★
26	兰州大学	4★	37	北京理工大学	4★	48	中国海洋大学	4★
27	山东财经大学	4★	38	华中科技大学	4★	49	北京师范大学	4★
28	浙江工商大学	4★	39	哈尔滨商业大学	4★			
29	中国农业大学	4★	40	中山大学	4★			
3★：73个；2★：97个；1★：24个（名单略）								

0301 法学（188）

排名	学校名称	等级	排名	学校名称	等级	排名	学校名称	等级
1	中国政法大学	5★	14	浙江大学	4★	27	四川大学	4★
2	中国人民大学	5★	15	上海交通大学	4★	28	中南大学	4★
3	西南政法大学	5★	16	复旦大学	4★	29	南开大学	4★
4	武汉大学	5★	17	山东大学	4★	30	安徽大学	4★
5	北京大学	5★	18	南京师范大学	4★	31	北京师范大学	4★
6	华东政法大学	5★	19	西南财经大学	4★	32	黑龙江大学	4★
7	中南财经政法大学	5★	20	湖南大学	4★	33	北京航空航天大学	4★
8	吉林大学	5★	21	同济大学	4★	34	郑州大学	4★
9	厦门大学	5★	22	湘潭大学	4★	35	大连海事大学	4★
10	清华大学	5★	23	湖南师范大学	4★	36	海南大学	4★
11	南京大学	4★	24	苏州人学	4★	37	西北政法大学	4★
12	对外经济贸易大学	4★	25	中山大学	4★	38	中国海洋大学	4★
13	重庆大学	4★	26	中国人民公安大学	4★			
3★：56个；2★：76个；1★：18个（名单略）								

0302 政治学（125）

排名	学校名称	等级	排名	学校名称	等级	排名	学校名称	等级
1	北京大学	5★	8	南开大学	4★	15	云南大学	4★
2	华中师范大学	5★	9	南京大学	4★	16	浙江大学	4★
3	中国人民大学	5★	10	天津师范大学	4★	17	外交学院	4★
4	复旦大学	5★	11	华东师范大学	4★	18	清华大学	4★
5	山东大学	5★	12	中山大学	4★	19	暨南大学	4★
6	武汉大学	5★	13	厦门大学	4★	20	东北师范大学	4★
7	吉林大学	4★	14	上海外国语大学	4★	21	中国政法大学	4★

续表

排名	学校名称	等级	排名	学校名称	等级	排名	学校名称	等级
22	苏州大学	4★	24	南京师范大学	4★			
23	湖南师范大学	4★	25	华南师范大学	4★			
3★：38 个；2★：50 个；1★：12 个（名单略）								

0303　社会学（96）

排名	学校名称	等级	排名	学校名称	等级	排名	学校名称	等级
1	北京大学	5★	8	北京师范大学	4★	15	华东理工大学	4★
2	中国人民大学	5★	9	复旦大学	4★	16	南开大学	4★
3	中山大学	5★	10	清华大学	4★	17	吉林大学	4★
4	上海大学	5★	11	中央民族大学	4★	18	河海大学	4★
5	南京大学	5★	12	华中师范大学	4★	19	中国农业大学	4★
6	华东师范大学	4★	13	厦门大学	4★			
7	华中科技大学	4★	14	武汉大学	4★			
3★：29 个；2★：38 个；1★：10 个（名单略）								

0304　民族学（45）

排名	学校名称	等级	排名	学校名称	等级	排名	学校名称	等级
1	中央民族大学	5★	4	兰州大学	4★	7	宁夏大学	4★
2	云南大学	5★	5	西南民族大学	4★	8	广西民族大学	4★
3	中南民族大学	4★	6	西藏大学	4★	9	延边大学	4★
3★：13 个；2★：18 个；1★：5 个（名单略）								

0305　马克思主义理论（325）

排名	学校名称	等级	排名	学校名称	等级	排名	学校名称	等级
1	武汉大学	5★	16	南开大学	5★	31	江西师范大学	4★
2	华中师范大学	5★	17	陕西师范大学	5★	32	大连理工大学	4★
3	中国人民大学	5★	18	广西师范大学	4★	33	辽宁大学	4★
4	东北师范大学	5★	19	武汉理工大学	4★	34	复旦大学	4★
5	华南师范大学	5★	20	浙江大学	4★	35	西安理工大学	4★
6	南京师范大学	5★	21	苏州大学	4★	36	天津师范大学	4★
7	中山大学	5★	22	河北师范大学	4★	37	曲阜师范大学	4★
8	清华大学	5★	23	安徽师范大学	4★	38	上海财经大学	4★
9	首都师范大学	5★	24	中南大学	4★	39	辽宁师范大学	4★
10	山东大学	5★	25	郑州大学	4★	40	河海大学	4★
11	吉林大学	5★	26	华东师范大学	4★	41	北京师范大学	4★
12	西安交通大学	5★	27	西南大学	4★	42	华南理工大学	4★
13	福建师范大学	5★	28	哈尔滨师范大学	4★	43	西安科技大学	4★
14	南京大学	5★	29	东南大学	4★	44	山东师范大学	4★
15	北京大学	5★	30	山西大学	4★	45	同济大学	4★

续表

排名	学校名称	等级	排名	学校名称	等级	排名	学校名称	等级
46	哈尔滨理工大学	4★	53	兰州大学	4★	60	湖北大学	4★
47	中央财经大学	4★	54	西北师范大学	4★	61	中国地质大学（北京）	4★
48	电子科技大学	4★	55	大连海事大学	4★	62	安徽大学	4★
49	中国政法大学	4★	56	华中科技大学	4★	63	湖南师范大学	4★
50	北京交通大学	4★	57	湘潭大学	4★	64	河南大学	4★
51	湖南大学	4★	58	西北大学	4★	65	哈尔滨工程大学	4★
52	黑龙江大学	4★	59	上海师范大学	4★	66	四川大学	4★
3★：98个；2★：130个；1★：31个（名单略）								

0401　教育学（155）

排名	学校名称	等级	排名	学校名称	等级	排名	学校名称	等级
1	北京师范大学	5★	12	浙江师范大学	4★	23	福建师范大学	4★
2	华东师范大学	5★	13	陕西师范大学	4★	24	清华大学	4★
3	华中师范大学	5★	14	华中科技大学	4★	25	北京理工大学	4★
4	西南大学	5★	15	上海师范大学	4★	26	河北大学	4★
5	华南师范大学	5★	16	河南大学	4★	27	曲阜师范大学	4★
6	东北师范大学	5★	17	首都师范大学	4★	28	西华师范大学	4★
7	厦门大学	5★	18	北京大学	4★	29	苏州大学	4★
8	南京师范大学	5★	19	四川师范大学	4★	30	云南师范大学	4★
9	浙江大学	4★	20	山东师范大学	4★	31	沈阳师范大学	4★
10	湖南师范大学	4★	21	辽宁师范大学	4★			
11	西北师范大学	4★	22	哈尔滨师范大学	4★			
3★：47个；2★：62个；1★：15个（名单略）								

0402　心理学（102）

排名	学校名称	等级	排名	学校名称	等级	排名	学校名称	等级
1	北京师范大学	5★	8	华中师范大学	4★	15	山东师范大学	4★
2	西南大学	5★	9	中南大学	4★	16	辽宁师范大学	4★
3	北京大学	5★	10	南京师范大学	4★	17	首都师范大学	4★
4	华东师范大学	5★	11	福建师范大学	4★	18	东北师范大学	4★
5	华南师范大学	5★	12	陕西师范大学	4★	19	内蒙古师范大学	4★
6	天津师范大学	4★	13	上海师范大学	4★	20	中山大学	4★
7	浙江大学	4★	14	曲阜师范大学	4★			
3★：31个；2★：41个；1★：10个（名单略）								

0403　体育学（119）

排名	学校名称	等级	排名	学校名称	等级	排名	学校名称	等级
1	北京体育大学	5★	3	福建师范大学	5★	5	华南师范大学	5★
2	上海体育学院	5★	4	武汉体育学院	5★	6	天津体育学院	5★

续表

排名	学校名称	等级	排名	学校名称	等级	排名	学校名称	等级
7	华东师范大学	4★	13	清华大学	4★	19	河北师范大学	4★
8	华中师范大学	4★	14	曲阜师范大学	4★	20	首都体育学院	4★
9	湖南师范大学	4★	15	浙江大学	4★	21	苏州大学	4★
10	北京师范大学	4★	16	河南大学	4★	22	浙江师范大学	4★
11	东北师范大学	4★	17	成都体育学院	4★	23	西安体育学院	4★
12	南京师范大学	4★	18	山西大学	4★	24	沈阳体育学院	4★
3★：36 个；2★：47 个；1★：12 个（名单略）								

0501 中国语言文学（169）

排名	学校名称	等级	排名	学校名称	等级	排名	学校名称	等级
1	北京大学	5★	13	南开大学	4★	25	内蒙古大学	4★
2	复旦大学	5★	14	中央民族大学	4★	26	湖南师范大学	4★
3	北京师范大学	5★	15	中国人民大学	4★	27	厦门大学	4★
4	南京大学	5★	16	暨南大学	4★	28	浙江师范大学	4★
5	华中师范大学	5★	17	华东师范大学	4★	29	扬州大学	4★
6	四川大学	5★	18	中山大学	4★	30	西北大学	4★
7	北京语言大学	5★	19	首都师范大学	4★	31	新疆大学	4★
8	南京师范大学	5★	20	山东大学	4★	32	河南大学	4★
9	福建师范大学	5★	21	陕西师范大学	4★	33	安徽师范大学	4★
10	武汉大学	4★	22	山东师范大学	4★	34	西南大学	4★
11	浙江大学	4★	23	安徽大学	4★			
12	上海师范大学	4★	24	黑龙江大学	4★			
3★：51 个；2★：67 个；1★：17 个（名单略）								

0502 外国语言文学（221）

排名	学校名称	等级	排名	学校名称	等级	排名	学校名称	等级
1	北京外国语大学	5★	14	北京语言大学	4★	27	吉林大学	4★
2	北京大学	5★	15	同济大学	4★	28	中国人民大学	4★
3	上海外国语大学	5★	16	华东师范大学	4★	29	北京航空航天大学	4★
4	广东外语外贸大学	5★	17	北京师范大学	4★	30	大连外国语大学	4★
5	南京大学	5★	18	山东大学	4★	31	首都师范大学	4★
6	黑龙江大学	5★	19	武汉大学	4★	32	厦门大学	4★
7	湖南师范大学	5★	20	南开大学	4★	33	苏州大学	4★
8	西安外国语大学	5★	21	福建师范大学	4★	34	四川外国语大学	4★
9	中山大学	5★	22	华中师范大学	4★	35	对外经济贸易大学	4★
10	浙江大学	5★	23	四川大学	4★	36	清华大学	4★
11	延边大学	5★	24	复旦大学	4★	37	上海交通大学	4★
12	东北师范大学	5★	25	宁波大学	4★	38	西南大学	4★
13	南京师范大学	4★	26	湖南大学	4★	39	中南大学	4★

续表

排名	学校名称	等级	排名	学校名称	等级	排名	学校名称	等级
40	北京科技大学	4★	42	广西民族大学	4★	44	辽宁师范大学	4★
41	天津外国语大学	4★	43	北京第二外国语学院	4★	45	哈尔滨师范大学	4★
3★：66个；2★：89个；1★：21个（名单略）								

0503　新闻传播学（98）

排名	学校名称	等级	排名	学校名称	等级	排名	学校名称	等级
1	中国传媒大学	5★	8	南京师范大学	4★	15	山东大学	4★
2	中国人民大学	5★	9	华中科技大学	4★	16	河北大学	4★
3	武汉大学	5★	10	北京大学	4★	17	湖南大学	4★
4	复旦大学	5★	11	厦门大学	4★	18	南京大学	4★
5	四川大学	5★	12	清华大学	4★	19	华东师范大学	4★
6	浙江大学	4★	13	上海大学	4★	20	西南政法大学	4★
7	暨南大学	4★	14	安徽大学	4★			
3★：29个；2★：39个；1★：10个（名单略）								

0601　考古学（58）

排名	学校名称	等级	排名	学校名称	等级	排名	学校名称	等级
1	北京大学	5★	5	西北大学	4★	9	山东大学	4★
2	吉林大学	5★	6	南京大学	4★	10	四川大学	4★
3	复旦大学	5★	7	陕西师范大学	4★	11	厦门大学	4★
4	南开大学	4★	8	中山大学	4★			
3★：18个；2★：23个；1★：6个（名单略）								

0602　中国史（122）

排名	学校名称	等级	排名	学校名称	等级	排名	学校名称	等级
1	北京师范大学	5★	10	南开大学	4★	19	吉林大学	4★
2	华中师范大学	5★	11	东北师范大学	4★	20	首都师范大学	4★
3	中国人民大学	5★	12	湖南师范大学	4★	21	河南大学	4★
4	复旦大学	5★	13	南京大学	4★	22	湖南大学	4★
5	中山大学	5★	14	北京大学	4★	23	安徽大学	4★
6	武汉大学	5★	15	云南大学	4★	24	河北大学	4★
7	陕西师范大学	4★	16	郑州大学	4★	25	浙江大学	4★
8	四川大学	4★	17	河北师范大学	4★			
9	山东大学	4★	18	华东师范大学	4★			
3★：36个；2★：49个；1★：12个（名单略）								

0603　世界史（73）

排名	学校名称	等级	排名	学校名称	等级	排名	学校名称	等级
1	北京大学	5★	3	天津师范大学	5★	5	东北师范大学	4★
2	武汉大学	5★	4	首都师范大学	5★	6	南开大学	4★

续表

排名	学校名称	等级	排名	学校名称	等级	排名	学校名称	等级
7	南京大学	4★	10	福建师范大学	4★	13	华东师范大学	4★
8	北京师范大学	4★	11	复旦大学	4★	14	吉林大学	4★
9	华中师范大学	4★	12	中山大学	4★			
3★：22个；2★：30个；1★：7个（名单略）								

0701 数学（239）

排名	学校名称	等级	排名	学校名称	等级	排名	学校名称	等级
1	北京大学	5★	17	西安交通大学	4★	33	南京理工大学	4★
2	复旦大学	5★	18	哈尔滨工业大学	4★	34	南京航空航天大学	4★
3	南京大学	5★	19	华东师范大学	4★	35	北京工业大学	4★
4	清华大学	5★	20	湘潭大学	4★	36	湖南大学	4★
5	山东大学	5★	21	上海交通大学	4★	37	北京交通大学	4★
6	浙江大学	5★	22	华中科技大学	4★	38	湖南师范大学	4★
7	南开大学	5★	23	中南大学	4★	39	上海师范大学	4★
8	中国科学技术大学	5★	24	西北工业大学	4★	40	北京理工大学	4★
9	北京师范大学	5★	25	兰州大学	4★	41	陕西师范大学	4★
10	中山大学	5★	26	东南大学	4★	42	郑州大学	4★
11	四川大学	5★	27	南京师范大学	4★	43	华中师范大学	4★
12	吉林大学	5★	28	新疆大学	4★	44	云南大学	4★
13	首都师范大学	5★	29	上海大学	4★	45	苏州大学	4★
14	武汉大学	4★	30	同济大学	4★	46	浙江师范大学	4★
15	大连理工大学	4★	31	天津大学	4★	47	北京航空航天大学	4★
16	厦门大学	4★	32	电子科技大学	4★	48	重庆大学	4★
3★：72个；2★：96个；1★：23个（名单略）								

0702 物理学（169）

排名	学校名称	等级	排名	学校名称	等级	排名	学校名称	等级
1	中国科学技术大学	5★	13	南开大学	4★	25	厦门大学	4★
2	清华大学	5★	14	华南师范大学	4★	26	湖南师范大学	4★
3	北京大学	5★	15	华东师范大学	4★	27	西安交通大学	4★
4	南京大学	5★	16	兰州大学	4★	28	电子科技大学	4★
5	浙江大学	5★	17	北京师范大学	4★	29	同济大学	4★
6	吉林大学	5★	18	中山大学	4★	30	北京航空航天大学	4★
7	复旦大学	5★	19	武汉大学	4★	31	郑州大学	4★
8	上海交通大学	5★	20	山西大学	4★	32	上海大学	4★
9	山东大学	5★	21	华中师范大学	4★	33	西北大学	4★
10	四川大学	4★	22	北京工业大学	4★	34	河南师范大学	4★
11	哈尔滨工业大学	4★	23	东南大学	4★			
12	大连理工大学	4★	24	华中科技大学	4★			
3★：51个；2★：67个；1★：17个（名单略）								

0703 化学（185）

排名	学校名称	等级	排名	学校名称	等级	排名	学校名称	等级
1	浙江大学	5★	14	湖南大学	4★	27	华中师范大学	4★
2	北京大学	5★	15	山东大学	4★	28	郑州大学	4★
3	中国科学技术大学	5★	16	华东理工大学	4★	29	东华大学	4★
4	南开大学	5★	17	北京师范大学	4★	30	北京理工大学	4★
5	吉林大学	5★	18	福州大学	4★	31	同济大学	4★
6	复旦大学	5★	19	苏州大学	4★	32	中南大学	4★
7	南京大学	5★	20	北京化工大学	4★	33	陕西师范大学	4★
8	清华大学	5★	21	西北大学	4★	34	安徽师范大学	4★
9	厦门大学	5★	22	大连理工大学	4★	35	西北师范大学	4★
10	四川大学	5★	23	东北师范大学	4★	36	河南师范大学	4★
11	武汉大学	4★	24	华南理工大学	4★	37	扬州大学	4★
12	兰州大学	4★	25	上海交通大学	4★			
13	中山大学	4★	26	华东师范大学	4★			
3★：56个；2★：74个；1★：18个（名单略）								

0704 天文学（16）

排名	学校名称	等级	排名	学校名称	等级	排名	学校名称	等级
1	南京大学	5★	2	中国科学技术大学	4★	3	北京大学	4★
3★：5个；2★：6个；1★：2个（名单略）								

0705 地理学（92）

排名	学校名称	等级	排名	学校名称	等级	排名	学校名称	等级
1	北京师范大学	5★	7	中山大学	4★	13	河南大学	4★
2	北京大学	5★	8	武汉大学	4★	14	安徽师范大学	4★
3	南京师范大学	5★	9	首都师范大学	4★	15	西北师范大学	4★
4	兰州大学	5★	10	福建师范大学	4★	16	浙江大学	4★
5	南京大学	5★	11	陕西师范大学	4★	17	东北师范大学	4★
6	华东师范大学	4★	12	湖南师范大学	4★	18	新疆大学	4★
3★：28个；2★：37个；1★：9个（名单略）								

0706 大气科学（18）

排名	学校名称	等级	排名	学校名称	等级	排名	学校名称	等级
1	南京信息工程大学	5★	2	北京大学	4★	3	南京大学	4★
3★：6个；2★：7个；1★：2个（名单略）								

0707 海洋科学（31）

排名	学校名称	等级	排名	学校名称	等级	排名	学校名称	等级
1	中国海洋大学	5★	3	同济大学	4★	5	广东海洋大学	4★
2	厦门大学	4★	4	中山大学	4★	6	中国地质大学（武汉）	4★
3★：9个；2★：13个；1★：3个（名单略）								

0708 地球物理学（22）

排名	学校名称	等级	排名	学校名称	等级	排名	学校名称	等级
1	武汉大学	5★	3	北京大学	4★			
2	中国科学技术大学	4★	4	中国地质大学（北京）	4★			
3★：7个；2★：8个；1★：3个（名单略）								

0709 地质学（42）

排名	学校名称	等级	排名	学校名称	等级	排名	学校名称	等级
1	中国地质大学（北京）	5★	4	南京大学	4★	7	中国科学技术大学	4★
2	中国地质大学（武汉）	5★	5	西北大学	4★	8	成都理工大学	4★
3	北京大学	4★	6	中国石油大学（北京）	4★			
3★：13个；2★：17个；1★：4个（名单略）								

0710 生物学（222）

排名	学校名称	等级	排名	学校名称	等级	排名	学校名称	等级
1	北京大学	5★	16	北京协和医学院	4★	31	清华大学	4★
2	复旦大学	5★	17	中南大学	4★	32	北京林业大学	4★
3	浙江大学	5★	18	吉林大学	4★	33	西南大学	4★
4	中山大学	5★	19	兰州大学	4★	34	东北师范大学	4★
5	武汉大学	5★	20	北京师范大学	4★	35	西北农林科技大学	4★
6	上海交通大学	5★	21	西安交通大学	4★	36	山西医科大学	4★
7	中国农业大学	5★	22	云南大学	4★	37	内蒙古大学	4★
8	南京大学	5★	23	南京师范大学	4★	38	同济大学	4★
9	中国科学技术大学	5★	24	西北大学	4★	39	华南农业大学	4★
10	四川大学	5★	25	暨南大学	4★	40	南京农业大学	4★
11	华中农业大学	5★	26	东北林业大学	4★	41	陕西师范大学	4★
12	山东大学	5★	27	首都医科大学	4★	42	华东师范大学	4★
13	厦门大学	4★	28	湖南师范大学	4★	43	中国医科大学	4★
14	华中科技大学	4★	29	河北师范大学	4★	44	南方医科大学	4★
15	南开大学	4★	30	首都师范大学	4★	45	中国海洋大学	4★
3★：67个；2★：88个；1★：22个（名单略）								

0711 系统科学（39）

排名	学校名称	等级	排名	学校名称	等级	排名	学校名称	等级
1	北京师范大学	5★	4	上海理工大学	4★	7	哈尔滨工程大学	4★
2	华中科技大学	5★	5	华东师范大学	4★			
3	北京交通大学	4★	6	山东大学	4★			
3★：12个；2★：16个；1★：4个（名单略）								

0712　科学技术史（37）

排名	学校名称	等级	排名	学校名称	等级	排名	学校名称	等级
1	中国科学技术大学	5★	4	西北大学	4★	7	清华大学	4★
2	北京科技大学	5★	5	南京农业大学	4★			
3	北京大学	4★	6	内蒙古师范大学	4★			
3★：11个；2★：15个；1★：4个（名单略）								

0713　生态学（132）

排名	学校名称	等级	排名	学校名称	等级	排名	学校名称	等级
1	北京师范大学	5★	10	清华大学	4★	19	上海交通大学	4★
2	浙江大学	5★	11	中山大学	4★	20	重庆大学	4★
3	兰州大学	5★	12	南京农业大学	4★	21	中国农业大学	4★
4	华东师范大学	5★	13	华南农业大学	4★	22	南京大学	4★
5	东北林业大学	5★	14	北京林业大学	4★	23	华中农业大学	4★
6	南京林业大学	5★	15	山东农业大学	4★	24	复旦大学	4★
7	云南大学	5★	16	北京大学	4★	25	厦门大学	4★
8	东北师范大学	4★	17	南开大学	4★	26	安徽师范大学	4★
9	西北农林科技大学	4★	18	四川大学	4★	27	中南林业科技大学	4★
3★：39个；2★：53个；1★：13个（名单略）								

0714　统计学（162）

排名	学校名称	等级	排名	学校名称	等级	排名	学校名称	等级
1	浙江工商大学	5★	12	重庆大学	4★	23	中山大学	4★
2	中央财经大学	5★	13	华东师范大学	4★	24	中南财经政法大学	4★
3	天津财经大学	5★	14	四川大学	4★	25	首都经济贸易大学	4★
4	中国人民大学	5★	15	武汉大学	4★	26	西南大学	4★
5	浙江财经大学	5★	16	厦门大学	4★	27	南京师范大学	4★
6	上海交通大学	5★	17	北京师范大学	4★	28	复旦大学	4★
7	北京大学	5★	18	山西财经大学	4★	29	北京航空航天大学	4★
8	东北财经大学	5★	19	中南大学	4★	30	首都师范大学	4★
9	浙江大学	4★	20	东北师范大学	4★	31	华中科技大学	4★
10	清华大学	4★	21	南开大学	4★	32	湖南大学	4★
11	山东大学	4★	22	东南大学	4★	33	湘潭大学	4★
3★：48个；2★：65个；1★：16个（名单略）								

0801　力学（119）

排名	学校名称	等级	排名	学校名称	等级	排名	学校名称	等级
1	北京大学	5★	5	南京航空航天大学	5★	9	上海交通大学	4★
2	大连理工大学	5★	6	北京航空航天大学	5★	10	浙江大学	4★
3	清华大学	5★	7	西安交通大学	4★	11	西北工业大学	4★
4	哈尔滨工业大学	5★	8	中国科学技术大学	4★	12	中国矿业大学（北京）	4★

续表

排名	学校名称	等级	排名	学校名称	等级	排名	学校名称	等级
13	河海大学	4★	17	中国矿业大学	4★	21	四川大学	4★
14	天津大学	4★	18	兰州大学	4★	22	西南交通大学	4★
15	北京理工大学	4★	19	上海大学	4★	23	湖南大学	4★
16	同济大学	4★	20	华中科技大学	4★	24	哈尔滨工程大学	4★
3★：36 个；2★：47 个；1★：12 个（名单略）								

0802 机械工程（208）

排名	学校名称	等级	排名	学校名称	等级	排名	学校名称	等级
1	上海交通大学	5★	15	西北工业大学	4★	29	长安大学	4★
2	哈尔滨工业大学	5★	16	燕山大学	4★	30	中国矿业大学（北京）	4★
3	华中科技大学	5★	17	同济大学	4★	31	中国矿业大学	4★
4	清华大学	5★	18	大连理工大学	4★	32	东南大学	4★
5	浙江大学	5★	19	武汉理工大学	4★	33	北京工业大学	4★
6	西安交通大学	5★	20	合肥工业大学	4★	34	北京交通大学	4★
7	吉林大学	5★	21	东北大学	4★	35	中国农业大学	4★
8	北京航空航天大学	5★	22	天津大学	4★	36	广东工业大学	4★
9	湖南大学	5★	23	北京科技大学	4★	37	四川大学	4★
10	重庆大学	5★	24	江苏大学	4★	38	山东科技大学	4★
11	北京理工大学	5★	25	山东大学	4★	39	武汉科技大学	4★
12	南京航空航天大学	4★	26	上海大学	4★	40	西安理工大学	4★
13	西南交通大学	4★	27	华南理工大学	4★	41	上海理工大学	4★
14	中南大学	4★	28	南京理工大学	4★	42	东华大学	4★
3★：63 个；2★：83 个；1★：20 个（名单略）								

0803 光学工程（89）

排名	学校名称	等级	排名	学校名称	等级	排名	学校名称	等级
1	华中科技大学	5★	7	南京理工大学	4★	13	北京工业大学	4★
2	浙江大学	5★	8	南开大学	4★	14	北京航空航天大学	4★
3	清华大学	5★	9	长春理工大学	4★	15	中山大学	4★
4	天津大学	5★	10	北京邮电大学	4★	16	哈尔滨工业大学	4★
5	北京理工大学	4★	11	上海理工大学	4★	17	苏州大学	4★
6	电子科技大学	4★	12	复旦大学	4★	18	南京大学	4★
3★：26 个；2★：36 个；1★：9 个（名单略）								

0804 仪器科学与技术（95）

排名	学校名称	等级	排名	学校名称	等级	排名	学校名称	等级
1	北京航空航天大学	5★	5	西安交通大学	5★	9	电子科技大学	4★
2	哈尔滨工业大学	5★	6	浙江大学	4★	10	上海交通大学	4★
3	天津大学	5★	7	重庆大学	4★	11	合肥工业大学	4★
4	清华大学	5★	8	东南大学	4★	12	中北大学	4★

续表

排名	学校名称	等级	排名	学校名称	等级	排名	学校名称	等级
13	南京航空航天大学	4★	16	北京理工大学	4★	19	哈尔滨工程大学	4★
14	华中科技大学	4★	17	大连理工大学	4★			
15	吉林大学	4★	18	中国计量学院	4★			
3★：28个；2★：38个；1★：10个（名单略）								

0805 材料科学与工程（206）

排名	学校名称	等级	排名	学校名称	等级	排名	学校名称	等级
1	清华大学	5★	15	吉林大学	4★	29	武汉大学	4★
2	北京科技大学	5★	16	华中科技大学	4★	30	东南大学	4★
3	浙江大学	5★	17	南京大学	4★	31	太原理工大学	4★
4	上海交通大学	5★	18	北京化工大学	4★	32	华东理工大学	4★
5	武汉理工大学	5★	19	东北大学	4★	33	河北工业大学	4★
6	华南理工大学	5★	20	东华大学	4★	34	上海大学	4★
7	哈尔滨工业大学	5★	21	同济大学	4★	35	中国科学技术大学	4★
8	西安交通大学	5★	22	北京工业大学	4★	36	南京航空航天大学	4★
9	西北工业大学	5★	23	南京理工大学	4★	37	中山大学	4★
10	四川大学	5★	24	复旦大学	4★	38	南京工业大学	4★
11	山东大学	5★	25	燕山大学	4★	39	电子科技大学	4★
12	中南大学	4★	26	郑州大学	4★	40	北京理工大学	4★
13	天津大学	4★	27	大连理工大学	4★	41	南开大学	4★
14	北京航空航天大学	4★	28	南昌大学	4★	42	兰州理工大学	4★
3★：62个；2★：82个；1★：20个（名单略）								

0806 冶金工程（24）

排名	学校名称	等级	排名	学校名称	等级	排名	学校名称	等级
1	中南大学	5★	3	东北大学	4★			
2	北京科技大学	4★	4	昆明理工大学	4★			
3★：8个；2★：9个；1★：3个（名单略）								

0807 动力工程及工程热物理（114）

排名	学校名称	等级	排名	学校名称	等级	排名	学校名称	等级
1	清华大学	5★	9	天津大学	4★	17	北京科技大学	4★
2	浙江大学	5★	10	华东理工大学	4★	18	大连理工大学	4★
3	西安交通大学	5★	11	北京理工大学	4★	19	南京工业大学	4★
4	上海交通大学	5★	12	北京航空航天大学	4★	20	北京工业大学	4★
5	华中科技大学	5★	13	江苏大学	4★	21	山东大学	4★
6	哈尔滨工业大学	5★	14	北京化工大学	4★	22	兰州理工大学	4★
7	华北电力大学	4★	15	上海理工大学	4★	23	南京航空航天大学	4★
8	东南大学	4★	16	西北工业大学	4★			
3★：34个；2★：46个；1★：11个（名单略）								

0808 电气工程（104）

排名	学校名称	等级	排名	学校名称	等级	排名	学校名称	等级
1	清华大学	5★	8	西南交通大学	4★	15	上海交通大学	4★
2	西安交通大学	5★	9	天津大学	4★	16	中国矿业大学（北京）	4★
3	华北电力大学	5★	10	合肥工业大学	4★	17	华南理工大学	4★
4	华中科技大学	5★	11	湖南大学	4★	18	河北工业大学	4★
5	浙江大学	5★	12	沈阳工业大学	4★	19	北京交通大学	4★
6	重庆大学	4★	13	东南大学	4★	20	武汉大学	4★
7	哈尔滨工业大学	4★	14	哈尔滨理工大学	4★	21	山东大学	4★
3★：31 个；2★：42 个；1★：10 个（名单略）								

0809 电子科学与技术（134）

排名	学校名称	等级	排名	学校名称	等级	排名	学校名称	等级
1	电子科技大学	5★	10	西安交通大学	4★	19	华南理工大学	4★
2	北京大学	5★	11	上海交通大学	4★	20	厦门大学	4★
3	清华大学	5★	12	天津大学	4★	21	南京理工大学	4★
4	东南大学	5★	13	北京理工大学	4★	22	南京邮电大学	4★
5	西安电子科技大学	5★	14	北京航空航天大学	4★	23	北京交通大学	4★
6	复旦大学	5★	15	吉林大学	4★	24	北京工业大学	4★
7	华中科技大学	5★	16	西北工业大学	4★	25	杭州电子科技大学	4★
8	北京邮电大学	4★	17	浙江大学	4★	26	中国科学技术大学	4★
9	哈尔滨工业大学	4★	18	南京大学	4★	27	燕山大学	4★
3★：40 个；2★：54 个；1★：13 个（名单略）								

0810 信息与通信工程（170）

排名	学校名称	等级	排名	学校名称	等级	排名	学校名称	等级
1	西安电子科技大学	5★	13	南京邮电大学	4★	25	南京航空航天大学	4★
2	电子科技大学	5★	14	重庆邮电大学	4★	26	华中科技大学	4★
3	北京邮电大学	5★	15	浙江大学	4★	27	东北大学	4★
4	东南大学	5★	16	哈尔滨工程大学	4★	28	南京理工大学	4★
5	清华大学	5★	17	哈尔滨工业大学	4★	29	中山大学	4★
6	北京交通大学	5★	18	天津大学	4★	30	山东大学	4★
7	北京理工大学	5★	19	宁波大学	4★	31	大连理工大学	4★
8	上海交通大学	5★	20	西安交通大学	4★	32	中北大学	4★
9	北京航空航天大学	5★	21	上海大学	4★	33	重庆大学	4★
10	北京大学	4★	22	西北工业大学	4★	34	武汉理工大学	4★
11	中国科学技术大学	4★	23	西南交通大学	4★			
12	华南理工大学	4★	24	武汉大学	4★			
3★：51 个；2★：68 个；1★：17 个（名单略）								

续表

排名	学校名称	等级	排名	学校名称	等级	排名	学校名称	等级
28	武汉理工大学	4★	44	江南大学	4★	60	西安建筑科技大学	4★
29	南京理工大学	4★	45	中国农业大学	4★	61	太原理工大学	4★
30	北京交通大学	4★	46	南开大学	4★	62	南昌大学	4★
31	南京大学	4★	47	中国石油大学（北京）	4★	63	中国海洋大学	4★
32	山东大学	4★	48	长安大学	4★	64	昆明理工大学	4★
33	西安电子科技大学	4★	49	中国石油大学（华东）	4★	65	河北工业大学	4★
34	河海大学	4★	50	南京工业大学	4★	66	郑州大学	4★
35	中国矿业大学（北京）	4★	51	上海大学	4★	67	成都理工大学	4★
36	华东理工大学	4★	52	西安理工大学	4★	68	厦门大学	4★
37	中国矿业大学	4★	53	北京工业大学	4★	69	长春理工大学	4★
38	复旦大学	4★	54	中国地质大学（北京）	4★	70	苏州大学	4★
39	北京化工大学	4★	55	华北电力大学	4★	71	大连海事大学	4★
40	北京邮电大学	4★	56	中国地质大学（武汉）	4★	72	广西大学	4★
41	哈尔滨工程大学	4★	57	合肥工业大学	4★	73	西北大学	4★
42	东华大学	4★	58	西南石油大学	4★	74	兰州大学	4★
43	燕山大学	4★	59	江苏大学	4★	75	西北农林科技大学	4★
3★：111个；2★：147个；1★：36个（名单略）								

09 农学（111）

排名	学校名称	等级	排名	学校名称	等级	排名	学校名称	等级
1	中国农业大学	5★	9	四川农业大学	4★	17	南京林业大学	4★
2	南京农业大学	5★	10	扬州大学	4★	18	湖南农业大学	4★
3	华中农业大学	5★	11	东北林业大学	4★	19	内蒙古农业大学	4★
4	西北农林科技大学	5★	12	山东农业大学	4★	20	中国海洋大学	4★
5	浙江大学	5★	13	沈阳农业大学	4★	21	安徽农业大学	4★
6	华南农业大学	5★	14	东北农业大学	4★	22	贵州大学	4★
7	北京林业大学	4★	15	西南大学	4★			
8	河南农业大学	4★	16	福建农林大学	4★			
3★：34个；2★：44个；1★：11个（名单略）								

10 医学（196）

排名	学校名称	等级	排名	学校名称	等级	排名	学校名称	等级
1	复旦大学	5★	8	华中科技大学	5★	15	哈尔滨医科大学	4★
2	上海交通大学	5★	9	浙江大学	5★	16	武汉大学	4★
3	北京大学	5★	10	中南大学	5★	17	北京中医药大学	4★
4	中山大学	5★	11	山东大学	4★	18	重庆医科大学	4★
5	首都医科大学	5★	12	南京医科大学	4★	19	广州中医药大学	4★
6	四川大学	5★	13	中国医科大学	4★	20	中国药科大学	4★
7	北京协和医学院	5★	14	南方医科大学	4★	21	天津医科大学	4★

0811 控制科学与工程（186）

排名	学校名称	等级	排名	学校名称	等级	排名	学校名称	等级
1	哈尔滨工业大学	5★	14	山东大学	4★	27	东华大学	4★
2	清华大学	5★	15	哈尔滨工程大学	4★	28	华南理工大学	4★
3	浙江大学	5★	16	浙江工业大学	4★	29	北京科技大学	4★
4	北京航空航天大学	5★	17	中南大学	4★	30	北京邮电大学	4★
5	东北大学	5★	18	同济大学	4★	31	中国科学技术大学	4★
6	西安交通大学	5★	19	电子科技大学	4★	32	南开大学	4★
7	西北工业大学	5★	20	华东理工大学	4★	33	广东工业大学	4★
8	上海交通大学	5★	21	湖南大学	4★	34	上海大学	4★
9	华中科技大学	5★	22	南京航空航天大学	4★	35	西安理工大学	4★
10	南京理工大学	5★	23	北京化工大学	4★	36	西安电子科技大学	4★
11	东南大学	4★	24	燕山大学	4★	37	江南大学	4★
12	天津大学	4★	25	杭州电子科技大学	4★	38	大连理工大学	4★
13	北京理工大学	4★	26	北京工业大学	4★			
3★：55个；2★：75个；1★：18个（名单略）								

0812 计算机科学与技术（283）

排名	学校名称	等级	排名	学校名称	等级	排名	学校名称	等级
1	清华大学	5★	21	同济大学	4★	41	山东大学	4★
2	哈尔滨工业大学	5★	22	大连理工大学	4★	42	华东师范大学	4★
3	上海交通大学	5★	23	北京理工大学	4★	43	北京科技大学	4★
4	北京大学	5★	24	西安交通大学	4★	44	燕山大学	4★
5	浙江大学	5★	25	重庆大学	4★	45	厦门大学	4★
6	北京航空航天大学	5★	26	北京工业大学	4★	46	中国人民大学	4★
7	南京大学	5★	27	中山大学	4★	47	南开大学	4★
8	华中科技大学	5★	28	华南理工大学	4★	48	北京师范大学	4★
9	武汉大学	5★	29	天津大学	4★	49	浙江工业大学	4★
10	复旦大学	5★	30	南京理工大学	4★	50	武汉理工大学	4★
11	东北大学	5★	31	湖南大学	4★	51	山西大学	4★
12	西北工业大学	5★	32	中南大学	4★	52	陕西师范大学	4★
13	东南大学	5★	33	南京航空航天大学	4★	53	南京邮电大学	4★
14	电子科技大学	5★	34	北京交通大学	4★	54	兰州大学	4★
15	中国科学技术大学	5★	35	合肥工业大学	4★	55	中国海洋大学	4★
16	吉林大学	4★	36	哈尔滨工程大学	4★	56	哈尔滨理工大学	4★
17	西安电子科技大学	4★	37	杭州电子科技大学	4★	57	苏州大学	4★
18	四川大学	4★	38	河海大学	4★	58	大连海事大学	4★
19	北京邮电大学	4★	39	上海大学	4★			
20	安徽大学	4★	40	西南交通大学	4★			
3★：84个；2★：114个；1★：27个（名单略）								

0813 建筑学（69）

排名	学校名称	等级	排名	学校名称	等级	排名	学校名称	等级
1	同济大学	5★	6	华南理工大学	4★	11	湖南大学	4★
2	东南大学	5★	7	哈尔滨工业大学	4★	12	山东建筑大学	4★
3	天津大学	5★	8	重庆大学	4★	13	沈阳建筑大学	4★
4	清华大学	4★	9	浙江大学	4★	14	武汉大学	4★
5	西安建筑科技大学	4★	10	南京大学	4★			
3★：20 个；2★：28 个；1★：7 个（名单略）								

0814 土木工程（153）

排名	学校名称	等级	排名	学校名称	等级	排名	学校名称	等级
1	同济大学	5★	12	西安建筑科技大学	4★	23	合肥工业大学	4★
2	清华大学	5★	13	北京工业大学	4★	24	华南理工大学	4★
3	哈尔滨工业大学	5★	14	大连理工大学	4★	25	山东大学	4★
4	天津大学	5★	15	重庆大学	4★	26	沈阳建筑大学	4★
5	浙江大学	5★	16	四川大学	4★	27	安徽理工大学	4★
6	河海大学	5★	17	中国矿业大学（北京）	4★	28	北京科技大学	4★
7	湖南大学	5★	18	长安大学	4★	29	长沙理工大学	4★
8	中南大学	5★	19	华中科技大学	4★	30	福州大学	4★
9	东南大学	4★	20	武汉理工大学	4★	31	武汉大学	4★
10	西南交通大学	4★	21	广西大学	4★			
11	北京交通大学	4★	22	南京工业大学	4★			
3★：46 个；2★：61 个；1★：15 个（名单略）								

0815 水利工程（74）

排名	学校名称	等级	排名	学校名称	等级	排名	学校名称	等级
1	河海大学	5★	6	天津大学	4★	11	西北农林科技大学	4★
2	武汉大学	5★	7	四川大学	4★	12	中国地质大学（北京）	4★
3	清华大学	5★	8	华中科技大学	4★	13	长安大学	4★
4	大连理工大学	5★	9	浙江大学	4★	14	郑州大学	4★
5	西安理工大学	4★	10	三峡大学	4★	15	中国海洋大学	4★
3★：22 个；2★：29 个；1★：8 个（名单略）								

0816 测绘科学与技术（50）

排名	学校名称	等级	排名	学校名称	等级	排名	学校名称	等级
1	武汉大学	5★	5	中国矿业大学	4★	9	河海大学	4★
2	中国矿业大学（北京）	5★	6	长安大学	4★	10	西南交通大学	4★
3	山东科技大学	4★	7	辽宁工程技术大学	4★			
4	同济大学	4★	8	中国地质大学（武汉）	4★			
3★：15 个；2★：20 个；1★：5 个（名单略）								

0817 化学工程与技术（218）

排名	学校名称	等级	排名	学校名称	等级	排名	学校名称	等级
1	华东理工大学	5★	16	哈尔滨工业大学	4★	31	东北石油大学	4★
2	天津大学	5★	17	太原理工大学	4★	32	吉林大学	4★
3	北京化工大学	5★	18	中南大学	4★	33	西南石油大学	4★
4	浙江大学	5★	19	西北大学	4★	34	广东工业大学	4★
5	大连理工大学	5★	20	福州大学	4★	35	上海交通大学	4★
6	四川大学	5★	21	青岛科技大学	4★	36	苏州大学	4★
7	南京工业大学	5★	22	东南大学	4★	37	中国矿业大学（北京）	4★
8	华南理工大学	5★	23	江南大学	4★	38	武汉科技大学	4★
9	清华大学	5★	24	湖南大学	4★	39	西安交通大学	4★
10	中国石油大学（北京）	5★	25	郑州大学	4★	40	内蒙古工业大学	4★
11	浙江工业大学	5★	26	陕西科技大学	4★	41	中国科学技术大学	4★
12	北京理工大学	4★	27	广西大学	4★	42	常州大学	4★
13	中国石油大学（华东）	4★	28	重庆大学	4★	43	南昌大学	4★
14	南京理工大学	4★	29	湘潭大学	4★	44	河北工业大学	4★
15	厦门大学	4★	30	燕山大学	4★			
3★：66个；2★：87个；1★：21个（名单略）								

0818 地质资源与地质工程（50）

排名	学校名称	等级	排名	学校名称	等级	排名	学校名称	等级
1	吉林大学	5★	5	长安大学	4★	9	南京大学	4★
2	中国地质大学（北京）	5★	6	中国矿业大学（北京）	4★	10	西北大学	4★
3	成都理工大学	4★	7	中国石油大学（华东）	4★			
4	中国地质大学（武汉）	4★	8	中国石油大学（北京）	4★			
3★：15个；2★：20个；1★：5个（名单略）								

0819 矿业工程（56）

排名	学校名称	等级	排名	学校名称	等级	排名	学校名称	等级
1	中国矿业大学	5★	5	北京科技大学	4★	9	重庆大学	4★
2	中国矿业大学（北京）	5★	6	河南理工大学	4★	10	太原理工大学	4★
3	中南大学	5★	7	辽宁工程技术大学	4★	11	西安科技大学	4★
4	山东科技大学	4★	8	东北大学	4★			
3★：17个；2★：22个；1★：6个（名单略）								

0820 石油与天然气工程（17）

排名	学校名称	等级	排名	学校名称	等级	排名	学校名称	等级
1	中国石油大学（北京）	5★	2	西南石油大学	4★	3	中国石油大学（华东）	4★
3★：5个；2★：7个；1★：2个（名单略）								

0821 纺织科学与工程（25）

排名	学校名称	等级	排名	学校名称	等级	排名	学校名称	等级
1	东华大学	5★	3	浙江理工大学	4★	5	苏州大学	4★
2	江南大学	4★	4	天津工业大学	4★			
3★：7 个；2★：10 个；1★：3 个（名单略）								

0822 轻工技术与工程（46）

排名	学校名称	等级	排名	学校名称	等级	排名	学校名称	等级
1	华南理工大学	5★	4	四川大学	4★	7	陕西科技大学	4★
2	江南大学	5★	5	华东理工大学	4★	8	广西大学	4★
3	天津科技大学	4★	6	南京工业大学	4★	9	南京林业大学	4★
3★：14 个；2★：18 个；1★：5 个（名单略）								

0823 交通运输工程（69）

排名	学校名称	等级	排名	学校名称	等级	排名	学校名称	等级
1	北京交通大学	5★	6	中南大学	4★	11	哈尔滨工业大学	4★
2	西南交通大学	5★	7	大连海事大学	4★	12	南京航空航天大学	4★
3	长安大学	5★	8	武汉理工大学	4★	13	兰州交通大学	4★
4	同济大学	4★	9	长沙理工大学	4★	14	北京工业大学	4★
5	东南大学	4★	10	北京航空航天大学	4★			
3★：20 个；2★：28 个；1★：7 个（名单略）								

0824 船舶与海洋工程（19）

排名	学校名称	等级	排名	学校名称	等级	排名	学校名称	等级
1	哈尔滨工程大学	5★	2	上海交通大学	4★	3	浙江海洋学院	4★
3★：6 个；2★：8 个；1★：2 个（名单略）								

0825 航空宇航科学与技术（21）

排名	学校名称	等级	排名	学校名称	等级	排名	学校名称	等级
1	北京航空航天大学	5★	3	南京航空航天大学	4★			
2	西北工业大学	4★	4	哈尔滨工业大学	4★			
3★：6 个；2★：9 个；1★：2 个（名单略）								

0826 兵器科学与技术（9）

排名	学校名称	等级	排名	学校名称	等级	排名	学校名称	等级
1	南京理工大学	5★	2	北京理工大学	4★			
3★：2 个；2★：4 个；1★：1 个（名单略）								

0827 核科学与技术（22）

排名	学校名称	等级	排名	学校名称	等级	排名	学校名称	等级
1	清华大学	5★	3	西安交通大学	4★			
2	中国科学技术大学	4★	4	上海交通大学	4★			
3★：7 个；2★：8 个；1★：3 个（名单略）								

0828 农业工程（52）

排名	学校名称	等级	排名	学校名称	等级	排名	学校名称	等级
1	中国农业大学	5★	5	吉林大学	4★	9	华中农业大学	4★
2	浙江大学	5★	6	东北农业大学	4★	10	南京农业大学	4★
3	西北农林科技大学	4★	7	华南农业大学	4★			
4	江苏大学	4★	8	沈阳农业大学	4★			

3★：16个；2★：21个；1★：5个（名单略）

0829 林业工程（17）

排名	学校名称	等级	排名	学校名称	等级	排名	学校名称	等级
1	东北林业大学	5★	2	南京林业大学	4★	3	北京林业大学	4★

3★：5个；2★：7个；1★：2个（名单略）

0830 环境科学与工程（197）

排名	学校名称	等级	排名	学校名称	等级	排名	学校名称	等级
1	清华大学	5★	15	中国海洋大学	4★	29	天津大学	4★
2	南京大学	5★	16	上海交通大学	4★	30	东南大学	4★
3	北京大学	5★	17	复旦大学	4★	31	浙江工业大学	4★
4	北京师范大学	5★	18	中山大学	4★	32	西北农林科技大学	4★
5	同济大学	5★	19	河海大学	4★	33	中国矿业大学（北京）	4★
6	浙江大学	5★	20	北京工业大学	4★	34	昆明理工大学	4★
7	哈尔滨工业大学	5★	21	四川大学	4★	35	东华大学	4★
8	南开大学	5★	22	华东师范大学	4★	36	吉林大学	4★
9	大连理工大学	5★	23	东北师范大学	4★	37	江苏大学	4★
10	厦门大学	5★	24	中国地质大学（武汉）	4★	38	北京化工大学	4★
11	西安建筑科技大学	4★	25	山东大学	4★	39	中国地质大学（北京）	4★
12	中国科学技术大学	4★	26	武汉大学	4★	40	重庆大学	4★
13	湖南大学	4★	27	上海大学	4★			
14	华南理工大学	4★	28	华中科技大学	4★			

3★：59个；2★：79个；1★：19个（名单略）

0831 生物医学工程（87）

排名	学校名称	等级	排名	学校名称	等级	排名	学校名称	等级
1	华中科技大学	5★	7	西安交通大学	4★	13	电子科技大学	4★
2	四川大学	5★	8	北京协和医学院	4★	14	天津医科大学	4★
3	上海交通大学	5★	9	天津大学	4★	15	华南理工大学	4★
4	清华大学	5★	10	重庆大学	4★	16	同济大学	4★
5	浙江大学	4★	11	北京航空航天大学	4★	17	哈尔滨医科大学	4★
6	东南大学	4★	12	北京大学	4★			

3★：26个；2★：35个；1★：9个（名单略）

0832 食品科学与工程（101）

排名	学校名称	等级
1	江南大学	5★
2	中国农业大学	5★
3	南京农业大学	5★
4	华中农业大学	5★
5	华南理工大学	5★
6	南昌大学	4★
7	中国海洋大学	4★
8	西北农林科技大学	4★
9	江苏大学	4★
10	山东农业大学	4★
11	合肥工业大学	4★
12	东北农业大学	4★
13	福建农林大学	4★
14	浙江大学	4★
15	西南大学	4★
16	沈阳农业大学	4★
17	天津科技大学	4★
18	华南农业大学	4★
19	河南工业大学	4★
20	上海海洋大学	4★

3★：31 个；2★：40 个；1★：10 个（名单略）

0833 城乡规划学（56）

排名	学校名称	等级
1	同济大学	5★
2	重庆大学	5★
3	清华大学	5★
4	天津大学	4★
5	西安建筑科技大学	4★
6	哈尔滨工业大学	4★
7	东南大学	4★
8	华南理工大学	4★
9	华中科技大学	4★
10	武汉大学	4★
11	沈阳建筑大学	4★

3★：17 个；2★：22 个；1★：6 个（名单略）

0834 风景园林学（65）

排名	学校名称	等级
1	北京林业大学	5★
2	同济大学	5★
3	四川农业大学	5★
4	天津大学	4★
5	西安建筑科技大学	4★
6	华中农业大学	4★
7	清华大学	4★
8	河南农业大学	4★
9	福建农林大学	4★
10	中南林业科技大学	4★
11	哈尔滨工业大学	4★
12	武汉大学	4★
13	东北林业大学	4★

3★：19 个；2★：26 个；1★：7 个（名单略）

0835 软件工程（197）

排名	学校名称	等级
1	北京邮电大学	5★
2	华东师范大学	5★
3	清华大学	5★
4	北京大学	5★
5	南京大学	5★
6	重庆大学	5★
7	北京航空航天大学	5★
8	电子科技大学	5★
9	浙江大学	5★
10	四川大学	5★
11	武汉大学	4★
12	南京航空航天大学	4★
13	北京工业大学	4★
14	山东大学	4★
15	东南大学	4★
16	华中科技大学	4★
17	同济大学	4★
18	燕山大学	4★
19	东北大学	4★
20	中山大学	4★
21	东北师范大学	4★
22	中南大学	4★
23	湖南大学	4★
24	山东科技大学	4★
25	南开大学	4★
26	华南理工大学	4★
27	复旦大学	4★
28	上海交通大学	4★
29	北京理工大学	4★
30	西安电子科技大学	4★
31	南京理工大学	4★
32	北京交通大学	4★
33	大连理工大学	4★

续表

排名	学校名称	等级	排名	学校名称	等级	排名	学校名称	等级
34	西北大学	4★	37	北京科技大学	4★	40	西安交通大学	4★
35	浙江师范大学	4★	38	郑州大学	4★			
36	苏州大学	4★	39	哈尔滨工业大学	4★			
3★：59个；2★：79个；1★：19个（名单略）								

0836　生物工程（2）

排名	学校名称	等级	排名	学校名称	等级	排名	学校名称	等级
1	中国农业大学	5★	2	湖南农业大学	4★			

0837　安全科学与工程（57）

排名	学校名称	等级	排名	学校名称	等级	排名	学校名称	等级
1	中国矿业大学（北京）	5★	5	安徽理工大学	4★	9	中南大学	4★
2	西安科技大学	5★	6	南京工业大学	4★	10	中国地质大学（武汉）	4★
3	中国矿业大学	5★	7	北京科技大学	4★	11	北京理工大学	4★
4	北京交通大学	4★	8	武汉理工大学	4★			
3★：17个；2★：23个；1★：6个（名单略）								

0901　作物学（53）

排名	学校名称	等级	排名	学校名称	等级	排名	学校名称	等级
1	南京农业大学	5★	5	河南农业大学	4★	9	山东农业大学	4★
2	中国农业大学	5★	6	扬州大学	4★	10	四川农业大学	4★
3	华中农业大学	4★	7	华南农业大学	4★			
4	浙江大学	4★	8	湖南农业大学	4★			
3★：16个；2★：21个；1★：6个（名单略）								

0902　园艺学（41）

排名	学校名称	等级	排名	学校名称	等级	排名	学校名称	等级
1	华中农业大学	5★	4	浙江大学	4★	7	山东农业大学	4★
2	南京农业大学	5★	5	沈阳农业大学	4★	8	华南农业大学	4★
3	西北农林科技大学	4★	6	中国农业大学	4★			
3★：12个；2★：17个；1★：4个（名单略）								

0903　农业资源与环境（43）

排名	学校名称	等级	排名	学校名称	等级	排名	学校名称	等级
1	中国农业大学	5★	4	华中农业大学	4★	7	华南农业大学	4★
2	南京农业大学	5★	5	西北农林科技大学	4★	8	西南大学	4★
3	浙江大学	4★	6	沈阳农业大学	4★			
3★：13个；2★：17个；1★：5个（名单略）								

0904　植物保护（50）

排名	学校名称	等级	排名	学校名称	等级	排名	学校名称	等级
1	浙江大学	5★	5	华南农业大学	4★	9	山东农业大学	4★
2	中国农业大学	5★	6	福建农林大学	4★	10	西南大学	4★
3	南京农业大学	4★	7	华中师范大学	4★			
4	西北农林科技大学	4★	8	华中农业大学	4★			
3★：15 个；2★：20 个；1★：5 个（名单略）								

0905　畜牧学（52）

排名	学校名称	等级	排名	学校名称	等级	排名	学校名称	等级
1	中国农业大学	5★	5	西北农林科技大学	4★	9	内蒙古农业大学	4★
2	浙江大学	5★	6	东北农业大学	4★	10	华南农业大学	4★
3	华中农业大学	4★	7	南京农业大学	4★			
4	四川农业大学	4★	8	西南大学	4★			
3★：16 个；2★：21 个；1★：5 个（名单略）								

0906　兽医学（44）

排名	学校名称	等级	排名	学校名称	等级	排名	学校名称	等级
1	中国农业大学	5★	4	吉林大学	4★	7	西北农林科技大学	4★
2	南京农业大学	5★	5	东北农业大学	4★	8	扬州大学	4★
3	华南农业大学	4★	6	华中农业大学	4★	9	四川农业大学	4★
3★：13 个；2★：17 个；1★：5 个（名单略）								

0907　林学（62）

排名	学校名称	等级	排名	学校名称	等级	排名	学校名称	等级
1	北京林业大学	5★	5	中南林业科技大学	4★	9	四川农业大学	4★
2	东北林业大学	5★	6	福建农林大学	4★	10	江西农业大学	4★
3	南京林业大学	5★	7	河北农业大学	4★	11	山东农业大学	4★
4	西北农林科技大学	4★	8	内蒙古农业大学	4★	12	安徽农业大学	4★
3★：19 个；2★：25 个；1★：6 个（名单略）								

0908　水产（27）

排名	学校名称	等级	排名	学校名称	等级	排名	学校名称	等级
1	中国海洋大学	5★	3	宁波大学	4★	5	集美大学	4★
2	上海海洋大学	4★	4	华中农业大学	4★			
3★：8 个；2★：11 个；1★：3 个（名单略）								

0909　草学（35）

排名	学校名称	等级	排名	学校名称	等级	排名	学校名称	等级
1	甘肃农业大学	5★	4	中国农业大学	4★	7	西北农林科技大学	4★
2	兰州大学	4★	5	华南农业大学	4★			
3	新疆农业大学	4★	6	内蒙古农业大学	4★			
3★：10 个；2★：14 个；1★：4 个（名单略）								

1001 基础医学（99）

排名	学校名称	等级	排名	学校名称	等级	排名	学校名称	等级
1	复旦大学	5★	8	南方医科大学	4★	15	重庆医科大学	4★
2	北京大学	5★	9	中南大学	4★	16	首都医科大学	4★
3	北京协和医学院	5★	10	中山大学	4★	17	南京医科大学	4★
4	四川大学	5★	11	山东大学	4★	18	河北医科大学	4★
5	苏州大学	5★	12	浙江大学	4★	19	吉林大学	4★
6	上海交通大学	4★	13	西安交通大学	4★	20	南京大学	4★
7	华中科技大学	4★	14	汕头大学	4★			
3★：29个；2★：40个；1★：10个（名单略）								

1002 临床医学（111）

排名	学校名称	等级	排名	学校名称	等级	排名	学校名称	等级
1	上海交通大学	5★	9	浙江大学	4★	17	天津医科大学	4★
2	复旦大学	5★	10	中南大学	4★	18	南京大学	4★
3	北京大学	5★	11	中国医科大学	4★	19	西安交通大学	4★
4	中山大学	5★	12	南京医科大学	4★	20	吉林大学	4★
5	首都医科大学	5★	13	重庆医科大学	4★	21	苏州大学	4★
6	华中科技大学	5★	14	安徽医科大学	4★	22	哈尔滨医科大学	4★
7	四川大学	4★	15	南方医科大学	4★			
8	北京协和医学院	4★	16	山东大学	4★			
3★：34个；2★：44个；1★：11个（名单略）								

1003 口腔医学（48）

排名	学校名称	等级	排名	学校名称	等级	排名	学校名称	等级
1	四川大学	5★	4	武汉大学	4★	7	山东大学	4★
2	北京大学	5★	5	中国医科大学	4★	8	同济大学	4★
3	上海交通大学	4★	6	南京医科大学	4★	9	浙江大学	4★
3★：15个；2★：19个；1★：5个（名单略）								

1004 公共卫生与预防医学（71）

排名	学校名称	等级	排名	学校名称	等级	排名	学校名称	等级
1	北京大学	5★	6	山东大学	4★	11	首都医科大学	4★
2	华中科技大学	5★	7	南方医科大学	4★	12	浙江大学	4★
3	复旦大学	5★	8	南京医科大学	4★	13	中南大学	4★
4	四川大学	4★	9	哈尔滨医科大学	4★	14	安徽医科大学	4★
5	中山大学	4★	10	中国医科大学	4★			
3★：21个；2★：29个；1★：7个（名单略）								

1005　中医学（47）

排名	学校名称	等级	排名	学校名称	等级	排名	学校名称	等级
1	北京中医药大学	5★	4	广州中医药大学	4★	7	上海中医药大学	4★
2	南京中医药大学	5★	5	成都中医药大学	4★	8	浙江中医药大学	4★
3	湖南中医药大学	4★	6	天津中医药大学	4★	9	黑龙江中医药大学	4★
3★：14 个；2★：19 个；1★：5 个（名单略）								

1006　中西医结合（72）

排名	学校名称	等级	排名	学校名称	等级	排名	学校名称	等级
1	北京中医药大学	5★	6	河北医科大学	4★	11	山东中医药大学	4★
2	复旦大学	5★	7	大连医科大学	4★	12	浙江中医药大学	4★
3	南京中医药大学	5★	8	天津中医药大学	4★	13	华中科技大学	4★
4	南方医科大学	4★	9	天津医科大学	4★	14	上海中医药大学	4★
5	广州中医药大学	4★	10	湖南中医药大学	4★			
3★：22 个；2★：29 个；1★：7 个（名单略）								

1007　药学（145）

排名	学校名称	等级	排名	学校名称	等级	排名	学校名称	等级
1	中国药科大学	5★	11	南京医科大学	4★	21	中国海洋大学	4★
2	沈阳药科大学	5★	12	山东大学	4★	22	郑州大学	4★
3	四川大学	5★	13	哈尔滨医科大学	4★	23	武汉大学	4★
4	复旦大学	5★	14	上海交通大学	4★	24	天津大学	4★
5	北京大学	5★	15	南京大学	4★	25	安徽医科大学	4★
6	北京协和医学院	5★	16	吉林大学	4★	26	天津医科大学	4★
7	中山大学	5★	17	南方医科大学	4★	27	西安交通大学	4★
8	浙江大学	4★	18	苏州大学	4★	28	重庆医科大学	4★
9	华中科技大学	4★	19	首都医科大学	4★	29	河北医科大学	4★
10	中南大学	4★	20	浙江工业大学	4★			
3★：44 个；2★：58 个；1★：14 个（名单略）								

1008　中药学（59）

排名	学校名称	等级	排名	学校名称	等级	排名	学校名称	等级
1	北京中医药大学	5★	5	天津中医药大学	4★	9	浙江中医药大学	4★
2	上海中医药大学	5★	6	成都中医药大学	4★	10	南方医科大学	4★
3	南京中医药大学	5★	7	广州中医药大学	4★	11	西北大学	4★
4	黑龙江中医药大学	4★	8	北京协和医学院	4★	12	山东中医药大学	4★
3★：17 个；2★：24 个；1★：6 个（名单略）								

1009　特种医学（11）

排名	学校名称	等级	排名	学校名称	等级	排名	学校名称	等级
1	四川大学	5★	2	苏州大学	4★			
3★：3 个；2★：4 个；1★：2 个（名单略）								

1010　医学技术（3）

排名	学校名称	等级	排名	学校名称	等级	排名	学校名称	等级
1	湖南大学	5★	2	华东理工大学	4★			

3★：1个；2★：0个；1★：0个（名单略）

1011　护理学（74）

排名	学校名称	等级	排名	学校名称	等级	排名	学校名称	等级
1	华中科技大学	5★	6	复旦大学	4★	11	北京协和医学院	4★
2	首都医科大学	5★	7	中南大学	4★	12	山东大学	4★
3	四川大学	5★	8	南方医科大学	4★	13	山西医科大学	4★
4	北京大学	5★	9	浙江大学	4★	14	吉林大学	4★
5	上海交通大学	4★	10	哈尔滨医科大学	4★	15	南京医科大学	4★

3★：22个；2★：29个；1★：8个（名单略）

1201　管理科学与工程（228）

排名	学校名称	等级	排名	学校名称	等级	排名	学校名称	等级
1	大连理工大学	5★	17	四川大学	4★	33	电子科技大学	4★
2	清华大学	5★	18	重庆大学	4★	34	西安建筑科技大学	4★
3	西安交通大学	5★	19	南京航空航天大学	4★	35	哈尔滨工程大学	4★
4	合肥工业大学	5★	20	武汉大学	4★	36	上海大学	4★
5	天津大学	5★	21	南昌大学	4★	37	上海理工大学	4★
6	哈尔滨工业大学	5★	22	西北工业大学	4★	38	江苏大学	4★
7	浙江大学	5★	23	北京理工大学	4★	39	湖南大学	4★
8	中南大学	5★	24	中山大学	4★	40	南京理工大学	4★
9	北京航空航天大学	5★	25	武汉理工大学	4★	41	复旦大学	4★
10	北京交通大学	5★	26	东北大学	4★	42	华北电力大学	4★
11	上海交通大学	5★	27	河海大学	4★	43	华东理工大学	4★
12	中国科学技术大学	5★	28	北京邮电大学	4★	44	辽宁工程技术大学	4★
13	同济大学	4★	29	北京大学	4★	45	吉林大学	4★
14	华中科技大学	4★	30	西南交通大学	4★	46	中国矿业大学	4★
15	东南大学	4★	31	中国矿业大学（北京）	4★			
16	南京大学	4★	32	北京科技大学	4★			

3★：69个；2★：91个；1★：22个（名单略）

1202　工商管理（303）

排名	学校名称	等级	排名	学校名称	等级	排名	学校名称	等级
1	中国人民大学	5★	6	清华大学	5★	11	上海财经大学	5★
2	厦门大学	5★	7	中南财经政法大学	5★	12	南开大学	5★
3	中山大学	5★	8	重庆大学	5★	13	四川大学	5★
4	西安交通大学	5★	9	西南财经大学	5★	14	上海交通大学	5★
5	东北财经大学	5★	10	中央财经大学	5★	15	北京大学	5★

续表

排名	学校名称	等级	排名	学校名称	等级	排名	学校名称	等级
16	南京大学	5★	32	天津大学	4★	48	辽宁大学	4★
17	华南理工大学	4★	33	复旦大学	4★	49	西安理工大学	4★
18	北京交通大学	4★	34	中南大学	4★	50	陕西师范大学	4★
19	大连理工大学	4★	35	武汉大学	4★	51	山东财经大学	4★
20	西南交通大学	4★	36	哈尔滨工业大学	4★	52	电子科技大学	4★
21	合肥工业大学	4★	37	山西财经大学	4★	53	中国海洋大学	4★
22	湖南大学	4★	38	武汉理工大学	4★	54	云南大学	4★
23	暨南大学	4★	39	首都经济贸易大学	4★	55	东华大学	4★
24	河海大学	4★	40	浙江工业大学	4★	56	华侨大学	4★
25	浙江工商大学	4★	41	天津财经大学	4★	57	西北大学	4★
26	北京理工大学	4★	42	华中科技大学	4★	58	华东师范大学	4★
27	对外经济贸易大学	4★	43	东北大学	4★	59	哈尔滨理工大学	4★
28	吉林大学	4★	44	福州大学	4★	60	北京工商大学	4★
29	同济大学	4★	45	山东大学	4★	61	长沙理工大学	4★
30	江西财经大学	4★	46	华北电力大学	4★	62	苏州大学	4★
31	浙江大学	4★	47	北京科技大学	4★			
3★：91 个；2★：121 个；1★：29 个（名单略）								

1203　农林经济管理（62）

排名	学校名称	等级	排名	学校名称	等级	排名	学校名称	等级
1	华中农业大学	5★	5	华南农业大学	4★	9	浙江大学	4★
2	西北农林科技大学	5★	6	中国农业大学	4★	10	新疆农业大学	4★
3	中国人民大学	5★	7	北京林业大学	4★	11	福建农林大学	4★
4	南京农业大学	4★	8	东北农业大学	4★	12	石河子大学	4★
3★：19 个；2★：25 个；1★：6 个（名单略）								

1204　公共管理（217）

排名	学校名称	等级	排名	学校名称	等级	排名	学校名称	等级
1	中国人民大学	5★	12	郑州大学	4★	23	华中师范大学	4★
2	北京大学	5★	13	南京大学	4★	24	北京航空航天大学	4★
3	武汉大学	5★	14	东北大学	4★	25	华东师范大学	4★
4	北京师范大学	5★	15	四川大学	4★	26	华中农业大学	4★
5	南京农业大学	5★	16	西安交通大学	4★	27	湘潭大学	4★
6	中山大学	5★	17	中国农业大学	4★	28	中南大学	4★
7	华中科技大学	5★	18	中南财经政法大学	4★	29	东北财经大学	4★
8	复旦大学	5★	19	吉林大学	4★	30	南开大学	4★
9	浙江大学	5★	20	上海交通大学	4★	31	中国地质大学（北京）	4★
10	清华大学	5★	21	山东大学	4★	32	云南大学	4★
11	厦门大学	5★	22	中国矿业大学	4★	33	兰州大学	4★

续表

排名	学校名称	等级	排名	学校名称	等级	排名	学校名称	等级
34	哈尔滨工业大学	4★	38	广西大学	4★	42	暨南大学	4★
35	中国地质大学（武汉）	4★	39	中国矿业大学（北京）	4★	43	浙江师范大学	4★
36	哈尔滨医科大学	4★	40	对外经济贸易大学	4★	44	华南师范大学	4★
37	东北师范大学	4★	41	重庆大学	4★			
3★：65个；2★：87个；1★：21个（名单略）								

1205 图书情报与档案管理（68）

排名	学校名称	等级	排名	学校名称	等级	排名	学校名称	等级
1	武汉大学	5★	6	吉林大学	4★	11	黑龙江大学	4★
2	南京大学	5★	7	华中师范大学	4★	12	云南大学	4★
3	中国人民大学	5★	8	南开大学	4★	13	浙江大学	4★
4	北京大学	4★	9	四川大学	4★			
5	中山大学	4★	10	郑州大学	4★			
3★：21个；2★：27个；1★：7个（名单略）								

1301 艺术学理论（75）

排名	学校名称	等级	排名	学校名称	等级	排名	学校名称	等级
1	四川大学	5★	6	中央美术学院	4★	11	北京电影学院	4★
2	东南大学	5★	7	上海大学	4★	12	南京大学	4★
3	中国美术学院	5★	8	武汉理工大学	4★	13	福建师范大学	4★
4	北京大学	5★	9	上海音乐学院	4★	14	哈尔滨师范大学	4★
5	清华大学	4★	10	中央戏剧学院	4★	15	贵州师范大学	4★
3★：22个；2★：30个；1★：8个（名单略）								

1302 音乐与舞蹈学（94）

排名	学校名称	等级	排名	学校名称	等级	排名	学校名称	等级
1	中央音乐学院	5★	8	浙江师范大学	4★	15	天津音乐学院	4★
2	上海音乐学院	5★	9	南京师范大学	4★	16	南京艺术学院	4★
3	哈尔滨师范大学	5★	10	广西艺术学院	4★	17	北京舞蹈学院	4★
4	首都师范大学	5★	11	武汉音乐学院	4★	18	齐齐哈尔大学	4★
5	中国音乐学院	5★	12	湖南师范大学	4★	19	温州大学	4★
6	东北师范大学	4★	13	星海音乐学院	4★			
7	四川音乐学院	4★	14	山东艺术学院	4★			
3★：28个；2★：38个；1★：9个（名单略）								

1303 戏剧与影视学（70）

排名	学校名称	等级	排名	学校名称	等级	排名	学校名称	等级
1	中国传媒大学	5★	3	北京电影学院	5★	5	上海大学	4★
2	中央戏剧学院	5★	4	上海戏剧学院	4★	6	北京师范大学	4★

续表

排名	学校名称	等级	排名	学校名称	等级	排名	学校名称	等级
7	南京大学	4★	10	福建师范大学	4★	13	吉林艺术学院	4★
8	南京师范大学	4★	11	上海音乐学院	4★	14	中国戏曲学院	4★
9	山西师范大学	4★	12	厦门大学	4★			
3★：21个；2★：28个；1★：7个（名单略）								

1304 美术学（133）

排名	学校名称	等级	排名	学校名称	等级	排名	学校名称	等级
1	中国美术学院	5★	10	南京师范大学	4★	19	湖南师范大学	4★
2	中央美术学院	5★	11	福建师范大学	4★	20	重庆大学	4★
3	首都师范大学	5★	12	湖北美术学院	4★	21	江南大学	4★
4	南京艺术学院	5★	13	东北师范大学	4★	22	浙江理工大学	4★
5	西安美术学院	5★	14	北京电影学院	4★	23	华南师范大学	4★
6	四川大学	5★	15	中国传媒大学	4★	24	齐齐哈尔大学	4★
7	上海大学	5★	16	天津大学	4★	25	新疆师范大学	4★
8	清华大学	4★	17	广西艺术学院	4★	26	东南大学	4★
9	哈尔滨师范大学	4★	18	浙江师范大学	4★	27	浙江大学	4★
3★：40个；2★：53个；1★：13个（名单略）								

1305 设计学（141）

排名	学校名称	等级	排名	学校名称	等级	排名	学校名称	等级
1	中国美术学院	5★	11	浙江工业大学	4★	21	西安工程大学	4★
2	清华大学	5★	12	华中科技大学	4★	22	贵州大学	4★
3	四川大学	5★	13	大连工业大学	4★	23	浙江农林大学	4★
4	上海大学	5★	14	武汉纺织大学	4★	24	浙江理工大学	4★
5	苏州大学	5★	15	同济大学	4★	25	浙江大学	4★
6	湖南大学	5★	16	广西艺术学院	4★	26	湖南工业大学	4★
7	中央美术学院	5★	17	南京艺术学院	4★	27	吉林艺术学院	4★
8	武汉理工大学	4★	18	广州美术学院	4★	28	上海交通大学	4★
9	西安美术学院	4★	19	东南大学	4★			
10	江南大学	4★	20	沈阳航空航天大学	4★			
3★：43个；2★：56个；1★：14个（名单略）								

中国研究生教育分专业竞争力排行榜

010101　马克思主义哲学（109）

排名	学校名称	等级	排名	学校名称	等级	排名	学校名称	等级
1	中国人民大学	5★	9	南开大学	4★	17	苏州大学	4★
2	复旦大学	5★	10	黑龙江大学	4★	18	清华大学	4★
3	北京大学	5★	11	东北师范大学	4★	19	西南大学	4★
4	吉林大学	5★	12	东北大学	4★	20	华东师范大学	4★
5	武汉大学	5★	13	上海财经大学	4★	21	山西大学	4★
6	中山大学	4★	14	华中科技大学	4★	22	华中师范大学	4★
7	南京大学	4★	15	华侨大学	4★			
8	北京师范大学	4★	16	东南大学	4★			
3★：33个；2★：43个；1★：11个（名单略）								

010102　中国哲学（88）

排名	学校名称	等级	排名	学校名称	等级	排名	学校名称	等级
1	中国人民大学	5★	7	湖南大学	4★	13	湖南师范大学	4★
2	北京大学	5★	8	中山大学	4★	14	厦门大学	4★
3	武汉大学	5★	9	北京师范大学	4★	15	南京大学	4★
4	复旦大学	5★	10	安徽大学	4★	16	同济大学	4★
5	华东师范大学	4★	11	黑龙江大学	4★	17	陕西师范大学	4★
6	山东大学	4★	12	吉林大学	4★	18	中南大学	4★
3★：26个；2★：35个；1★：9个（名单略）								

010103　外国哲学（76）

排名	学校名称	等级	排名	学校名称	等级	排名	学校名称	等级
1	北京大学	5★	6	吉林大学	4★	11	浙江师范大学	4★
2	复旦大学	5★	7	北京师范大学	4★	12	同济大学	4★
3	中国人民大学	5★	8	武汉大学	4★	13	南京大学	4★
4	中山大学	5★	9	华中科技大学	4★	14	山东大学	4★
5	浙江大学	4★	10	黑龙江大学	4★	15	华东师范大学	4★
3★：23个；2★：30个；1★：8个（名单略）								

010104　逻辑学（38）

排名	学校名称	等级	排名	学校名称	等级	排名	学校名称	等级
1	中国人民大学	5★	4	复旦大学	4★	7	华东师范大学	4★
2	北京大学	5★	5	南开大学	4★			
3	中山大学	4★	6	清华大学	4★			
3★：12个；2★：15个；1★：4个（名单略）								

010105 伦理学（94）

排名	学校名称	等级	排名	学校名称	等级	排名	学校名称	等级
1	中国人民大学	5★	8	东南大学	4★	15	黑龙江大学	4★
2	北京大学	5★	9	湖北大学	4★	16	中南大学	4★
3	复旦大学	5★	10	清华大学	4★	17	武汉大学	4★
4	湖南师范大学	5★	11	南京师范大学	4★	18	上海师范大学	4★
5	北京师范大学	5★	12	南京大学	4★	19	山西大学	4★
6	中山大学	4★	13	华中科技大学	4★			
7	吉林大学	4★	14	同济大学	4★			
3★：28 个；2★：38 个；1★：9 个（名单略）								

010106 美学（53）

排名	学校名称	等级	排名	学校名称	等级	排名	学校名称	等级
1	中国人民大学	5★	5	同济大学	4★	9	中南大学	4★
2	北京大学	5★	6	浙江大学	4★	10	西南大学	4★
3	复旦大学	4★	7	武汉大学	4★			
4	北京师范大学	4★	8	中山大学	4★			
3★：16 个；2★：21 个；1★：6 个（名单略）								

010107 宗教学（54）

排名	学校名称	等级	排名	学校名称	等级	排名	学校名称	等级
1	中国人民大学	5★	5	南京大学	4★	9	中山大学	4★
2	四川大学	5★	6	山东大学	4★	10	同济大学	4★
3	北京大学	4★	7	中央民族大学	4★	11	华中科技大学	4★
4	复旦大学	4★	8	武汉大学	4★			
3★：16 个；2★：21 个；1★：6 个（名单略）								

010108 科学技术哲学（111）

排名	学校名称	等级	排名	学校名称	等级	排名	学校名称	等级
1	中国人民大学	5★	9	清华大学	4★	17	南京大学	4★
2	北京大学	5★	10	华南师范大学	4★	18	同济大学	4★
3	复旦大学	5★	11	华中科技大学	4★	19	湖南师范大学	4★
4	山西大学	5★	12	浙江大学	4★	20	中南大学	4★
5	大连理工大学	5★	13	北京师范大学	4★	21	上海师范大学	4★
6	东北大学	5★	14	武汉大学	4★	22	南开大学	4★
7	吉林大学	4★	15	东南大学	4★			
8	中山大学	4★	16	山东大学	4★			
3★：34 个；2★：44 个；1★：11 个（名单略）								

0101W1 管理哲学（6）

排名	学校名称	等级	排名	学校名称	等级	排名	学校名称	等级
1	中国人民大学	5★	2	黑龙江大学	4★			
3★：1 个；2★：2 个；1★：1 个（名单略）								

020101 政治经济学（114）

排名	学校名称	等级	排名	学校名称	等级	排名	学校名称	等级
1	中国人民大学	5★	9	西南财经大学	4★	17	清华大学	4★
2	南开大学	5★	10	西北大学	4★	18	山西财经大学	4★
3	北京大学	5★	11	中央财经大学	4★	19	吉林大学	4★
4	复旦大学	5★	12	辽宁大学	4★	20	安徽大学	4★
5	厦门大学	5★	13	山东大学	4★	21	浙江大学	4★
6	武汉大学	5★	14	中南财经政法大学	4★	22	华南师范大学	4★
7	四川大学	4★	15	北京师范大学	4★	23	上海财经大学	4★
8	南京大学	4★	16	福建师范大学	4★			
3★：34个；2★：46个；1★：11个（名单略）								

020102 经济思想史（38）

排名	学校名称	等级	排名	学校名称	等级	排名	学校名称	等级
1	中国人民大学	5★	4	厦门大学	4★	7	上海财经大学	4★
2	武汉大学	5★	5	复旦大学	4★			
3	北京大学	4★	6	南开大学	4★			
3★：12个；2★：15个；1★：4个（名单略）								

020103 经济史（46）

排名	学校名称	等级	排名	学校名称	等级	排名	学校名称	等级
1	南开大学	5★	4	武汉大学	4★	7	中南财经政法大学	4★
2	中国人民大学	5★	5	厦门大学	4★	8	上海财经大学	4★
3	北京大学	4★	6	复旦大学	4★	9	清华大学	4★
3★：14个；2★：18个；1★：5个（名单略）								

020104 西方经济学（94）

排名	学校名称	等级	排名	学校名称	等级	排名	学校名称	等级
1	北京大学	5★	8	西南财经大学	4★	15	东北财经大学	4★
2	中国人民大学	5★	9	浙江大学	4★	16	中南财经政法大学	4★
3	武汉大学	5★	10	华中科技大学	4★	17	四川大学	4★
4	复旦大学	5★	11	中央财经大学	4★	18	西北大学	4★
5	南开大学	5★	12	山东大学	4★	19	对外经济贸易大学	4★
6	厦门大学	4★	13	清华大学	4★			
7	上海财经大学	4★	14	南京大学	4★			
3★：28个；2★：38个；1★：9个（名单略）								

020105 世界经济（87）

排名	学校名称	等级	排名	学校名称	等级	排名	学校名称	等级
1	中国人民大学	5★	3	复旦大学	5★	5	北京大学	4★
2	南开大学	5★	4	武汉大学	5★	6	厦门大学	4★

续表

排名	学校名称	等级	排名	学校名称	等级	排名	学校名称	等级
7	吉林大学	4★	11	河北大学	4★	15	中央财经大学	4★
8	辽宁大学	4★	12	武汉理工大学	4★	16	南京大学	4★
9	对外经济贸易大学	4★	13	华东师范大学	4★	17	上海财经大学	4★
10	四川大学	4★	14	北京师范大学	4★			
3★：26 个；2★：35 个；1★：9 个（名单略）								

020106　人口、资源与环境经济学（101）

排名	学校名称	等级	排名	学校名称	等级	排名	学校名称	等级
1	中国人民大学	5★	8	吉林大学	4★	15	江西财经大学	4★
2	厦门大学	5★	9	中南财经政法大学	4★	16	四川大学	4★
3	南开大学	5★	10	北京师范大学	4★	17	新疆大学	4★
4	武汉大学	5★	11	华中科技大学	4★	18	西南财经大学	4★
5	北京大学	5★	12	西北大学	4★	19	湖南大学	4★
6	复旦大学	4★	13	陕西师范大学	4★	20	青岛大学	4★
7	浙江大学	4★	14	南京大学	4★			
3★：31 个；2★：40 个；1★：10 个（名单略）								

020201　国民经济学（95）

排名	学校名称	等级	排名	学校名称	等级	排名	学校名称	等级
1	中国人民大学	5★	8	暨南大学	4★	15	山东大学	4★
2	北京大学	5★	9	首都经济贸易大学	4★	16	东北大学	4★
3	中央财经大学	5★	10	南京大学	4★	17	西北大学	4★
4	厦门大学	5★	11	复旦大学	4★	18	上海财经大学	4★
5	中南财经政法大学	5★	12	对外经济贸易大学	4★	19	天津财经大学	4★
6	东北财经大学	4★	13	西南财经大学	4★			
7	辽宁大学	4★	14	湖南大学	4★			
3★：28 个；2★：38 个；1★：10 个（名单略）								

020202　区域经济学（171）

排名	学校名称	等级	排名	学校名称	等级	排名	学校名称	等级
1	中国人民大学	5★	10	重庆工商大学	4★	19	复旦大学	4★
2	中央财经大学	5★	11	中南财经政法大学	4★	20	华中科技大学	4★
3	南开大学	5★	12	吉林大学	4★	21	中国农业大学	4★
4	厦门大学	5★	13	东南大学	4★	22	西北大学	4★
5	兰州大学	5★	14	中国地质大学（武汉）	4★	23	西安交通大学	4★
6	北京大学	5★	15	华东师范大学	4★	24	对外经济贸易大学	4★
7	武汉大学	5★	16	上海财经大学	4★	25	东北财经大学	4★
8	暨南大学	5★	17	河南大学	4★	26	中山大学	4★
9	清华大学	5★	18	湖南大学	4★	27	南京大学	4★

续表

排名	学校名称	等级	排名	学校名称	等级	排名	学校名称	等级
28	浙江工商大学	4★	31	北京理工大学	4★	34	西南大学	4★
29	首都经济贸易大学	4★	32	山西财经大学	4★	35	浙江师范大学	4★
30	东北师范大学	4★	33	重庆大学	4★			
3★：51 个；2★：68 个；1★：17 个（名单略）								

020203　财政学（98）

排名	学校名称	等级	排名	学校名称	等级	排名	学校名称	等级
1	中央财经大学	5★	8	西南财经大学	4★	15	对外经济贸易大学	4★
2	中国人民大学	5★	9	天津财经大学	4★	16	首都经济贸易大学	4★
3	中南财经政法大学	5★	10	武汉大学	4★	17	暨南大学	4★
4	东北财经大学	5★	11	山东大学	4★	18	复旦大学	4★
5	南开大学	5★	12	北京大学	4★	19	湖南大学	4★
6	厦门大学	4★	13	西安交通大学	4★	20	山西财经大学	4★
7	上海财经大学	4★	14	江西财经大学	4★			
3★：29 个；2★：39 个；1★：10 个（名单略）								

020204　金融学（181）

排名	学校名称	等级	排名	学校名称	等级	排名	学校名称	等级
1	中国人民大学	5★	14	天津财经大学	4★	27	中国农业大学	4★
2	西南财经大学	5★	15	吉林大学	4★	28	湖南大学	4★
3	中央财经大学	5★	16	中山大学	4★	29	东北大学	4★
4	南开大学	5★	17	辽宁大学	4★	30	山东大学	4★
5	厦门大学	5★	18	上海交通大学	4★	31	南京大学	4★
6	中南财经政法大学	5★	19	浙江工商大学	4★	32	重庆大学	4★
7	复旦大学	5★	20	西安交通大学	4★	33	北京交通大学	4★
8	对外经济贸易大学	5★	21	江西财经人学	4★	34	山东财经大学	4★
9	上海财经大学	5★	22	浙江大学	4★	35	北京师范大学	4★
10	武汉大学	4★	23	首都经济贸易大学	4★	36	南京农业大学	4★
11	东北财经大学	4★	24	华东师范大学	4★	37	华中科技大学	4★
12	暨南大学	4★	25	清华大学	4★			
13	北京大学	4★	26	山西财经大学	4★			
3★：54 个；2★：72 个；1★：18 个（名单略）								

020205　产业经济学（198）

排名	学校名称	等级	排名	学校名称	等级	排名	学校名称	等级
1	南开大学	5★	5	北京交通大学	5★	9	暨南大学	5★
2	中国人民大学	5★	6	复旦大学	5★	10	山东大学	5★
3	中央财经大学	5★	7	厦门大学	5★	11	上海财经大学	4★
4	东北财经大学	5★	8	西安交通大学	5★	12	上海交通大学	4★

续表

排名	学校名称	等级	排名	学校名称	等级	排名	学校名称	等级
13	中南财经政法大学	4★	23	华东师范大学	4★	33	东南大学	4★
14	西南财经大学	4★	24	南京农业大学	4★	34	吉林大学	4★
15	对外经济贸易大学	4★	25	湖南大学	4★	35	东北大学	4★
16	浙江大学	4★	26	重庆大学	4★	36	同济大学	4★
17	中国农业大学	4★	27	南京大学	4★	37	东北师范大学	4★
18	北京大学	4★	28	华中科技大学	4★	38	山西财经大学	4★
19	武汉大学	4★	29	浙江工商大学	4★	39	西北大学	4★
20	江西财经大学	4★	30	北京工业大学	4★	40	中国地质大学（武汉）	4★
21	首都经济贸易大学	4★	31	天津财经大学	4★			
22	武汉理工大学	4★	32	哈尔滨商业大学	4★			
3★：59 个；2★：80 个；1★：19 个（名单略）								

020206　国际贸易学（165）

排名	学校名称	等级	排名	学校名称	等级	排名	学校名称	等级
1	对外经济贸易大学	5★	12	中南财经政法大学	4★	23	山东大学	4★
2	南开大学	5★	13	清华大学	4★	24	上海财经大学	4★
3	中国人民大学	5★	14	武汉大学	4★	25	复旦大学	4★
4	中央财经大学	5★	15	湖南大学	4★	26	江西财经大学	4★
5	厦门大学	5★	16	东南大学	4★	27	东北大学	4★
6	天津财经大学	5★	17	华中科技大学	4★	28	辽宁大学	4★
7	东北财经大学	5★	18	西南财经大学	4★	29	华东师范大学	4★
8	中国农业大学	5★	19	浙江工商大学	4★	30	首都经济贸易大学	4★
9	浙江工业大学	5★	20	西安交通大学	4★	31	南京大学	4★
10	上海交通大学	4★	21	北京交通大学	4★	32	哈尔滨工业大学	4★
11	暨南大学	4★	22	浙江大学	4★	33	中山大学	4★
3★：50 个；2★：66 个；1★：16 个（名单略）								

020207　劳动经济学（92）

排名	学校名称	等级	排名	学校名称	等级	排名	学校名称	等级
1	中国人民大学	5★	7	西南财经大学	4★	13	南京大学	4★
2	南开大学	5★	8	武汉大学	4★	14	浙江大学	4★
3	中央财经大学	5★	9	北京师范大学	4★	15	天津财经大学	4★
4	厦门大学	5★	10	东北财经大学	4★	16	对外经济贸易大学	4★
5	首都经济贸易大学	5★	11	北京交通大学	4★	17	复旦大学	4★
6	中南财经政法大学	4★	12	上海财经大学	4★	18	华南师范大学	4★
3★：28 个；2★：37 个；1★：9 个（名单略）								

020208 经济统计学（37）

排名	学校名称	等级	排名	学校名称	等级	排名	学校名称	等级
1	中国人民大学	5★	4	对外经济贸易大学	4★	7	复旦大学	4★
2	天津财经大学	5★	5	北京大学	4★			
3	西南财经大学	4★	6	北京师范大学	4★			
3★：11个；2★：15个；1★：4个（名单略）								

020209 数量经济学（122）

排名	学校名称	等级	排名	学校名称	等级	排名	学校名称	等级
1	中国人民大学	5★	10	西南财经大学	4★	19	山东大学	4★
2	厦门大学	5★	11	武汉大学	4★	20	浙江工商大学	4★
3	中央财经大学	5★	12	首都经济贸易大学	4★	21	天津大学	4★
4	吉林大学	5★	13	中南财经政法大学	4★	22	复旦大学	4★
5	南开大学	5★	14	华中科技大学	4★	23	山西财经大学	4★
6	清华大学	5★	15	湖南大学	4★	24	暨南大学	4★
7	东北财经大学	4★	16	天津财经大学	4★	25	中国地质大学（武汉）	4★
8	上海财经大学	4★	17	江西财经大学	4★			
9	华侨大学	4★	18	对外经济贸易大学	4★			
3★：36个；2★：49个；1★：12个（名单略）								

020210 国防经济（26）

排名	学校名称	等级	排名	学校名称	等级	排名	学校名称	等级
1	中央财经大学	5★	3	厦门大学	4★	5	西南财经大学	4★
2	中国人民大学	4★	4	上海财经大学	4★			
3★：8个；2★：10个；1★：3个（名单略）								

0202W1 保险学（12）

排名	学校名称	等级	排名	学校名称	等级	排名	学校名称	等级
1	中国人民大学	5★	2	南开大学	4★			
3★：4个；2★：4个；1★：2个（名单略）								

0202W2 金融工程（13）

排名	学校名称	等级	排名	学校名称	等级	排名	学校名称	等级
1	中国人民大学	5★	2	中央财经大学	4★			
3★：4个；2★：5个；1★：2个（名单略）								

0202W3 法律经济学（8）

排名	学校名称	等级	排名	学校名称	等级	排名	学校名称	等级
1	对外经济贸易大学	5★	2	山西财经大学	4★			
3★：2个；2★：3个；1★：1个（名单略）								

030101 法学理论（108）

排名	学校名称	等级	排名	学校名称	等级	排名	学校名称	等级
1	中国政法大学	5★	9	中南财经政法大学	4★	17	中山大学	4★
2	中国人民大学	5★	10	中国人民公安大学	4★	18	苏州大学	4★
3	北京大学	5★	11	上海交通大学	4★	19	南京大学	4★
4	吉林大学	5★	12	山东大学	4★	20	浙江大学	4★
5	武汉大学	5★	13	西南财经大学	4★	21	复旦大学	4★
6	西南政法大学	4★	14	重庆大学	4★	22	中南大学	4★
7	华东政法大学	4★	15	清华大学	4★			
8	南京师范大学	4★	16	厦门大学	4★			
3★：32 个；2★：43 个；1★：11 个（名单略）								

030102 法律史（59）

排名	学校名称	等级	排名	学校名称	等级	排名	学校名称	等级
1	中国政法大学	5★	5	西南政法大学	4★	9	南京师范大学	4★
2	中国人民大学	5★	6	中南财经政法大学	4★	10	南京大学	4★
3	北京大学	5★	7	武汉大学	4★	11	南开大学	4★
4	华东政法大学	4★	8	湘潭大学	4★	12	苏州大学	4★
3★：17 个；2★：24 个；1★：6 个（名单略）								

030103 宪法学与行政法学（126）

排名	学校名称	等级	排名	学校名称	等级	排名	学校名称	等级
1	中国政法大学	5★	10	浙江大学	4★	19	厦门大学	4★
2	中国人民大学	5★	11	郑州大学	4★	20	中山大学	4★
3	北京大学	5★	12	清华大学	4★	21	同济大学	4★
4	西南政法大学	5★	13	南京师范大学	4★	22	复旦大学	4★
5	中南财经政法大学	5★	14	中央财经大学	4★	23	大连海事大学	4★
6	武汉大学	5★	15	山东大学	4★	24	黑龙江大学	4★
7	华东政法大学	4★	16	湘潭大学	4★	25	南京大学	4★
8	吉林大学	4★	17	苏州大学	4★			
9	上海交通大学	4★	18	中南大学	4★			
3★：38 个；2★：51 个；1★：12 个（名单略）								

030104 刑法学（114）

排名	学校名称	等级	排名	学校名称	等级	排名	学校名称	等级
1	中国政法大学	5★	7	华东政法大学	4★	13	南京师范大学	4★
2	北京大学	5★	8	吉林大学	4★	14	湘潭大学	4★
3	中国人民大学	5★	9	中南财经政法大学	4★	15	四川大学	4★
4	北京师范大学	5★	10	黑龙江大学	4★	16	安徽大学	4★
5	西南政法大学	5★	11	清华大学	4★	17	山东大学	4★
6	武汉大学	5★	12	厦门大学	4★	18	南京大学	4★

续表

排名	学校名称	等级	排名	学校名称	等级	排名	学校名称	等级
19	南开大学	4★	21	西南财经大学	4★	23	上海交通大学	4★
20	中国人民公安大学	4★	22	苏州大学	4★			
3★：34个；2★：46个；1★：11个（名单略）								

030105　民商法学（147）

排名	学校名称	等级	排名	学校名称	等级	排名	学校名称	等级
1	中国政法大学	5★	11	复旦大学	4★	21	海南大学	4★
2	西南政法大学	5★	12	北京航空航天大学	4★	22	山东大学	4★
3	中国人民大学	5★	13	对外经济贸易大学	4★	23	南京大学	4★
4	北京大学	5★	14	上海交通大学	4★	24	同济大学	4★
5	华东政法大学	5★	15	厦门大学	4★	25	南京师范大学	4★
6	中南财经政法大学	5★	16	湘潭大学	4★	26	安徽大学	4★
7	武汉大学	5★	17	大连海事大学	4★	27	四川大学	4★
8	吉林大学	5★	18	重庆大学	4★	28	辽宁大学	4★
9	清华大学	4★	19	黑龙江大学	4★	29	中南大学	4★
10	郑州大学	4★	20	西南财经大学	4★	30	华中科技大学	4★
3★：44个；2★：59个；1★：14个（名单略）								

030106　诉讼法学（107）

排名	学校名称	等级	排名	学校名称	等级	排名	学校名称	等级
1	中国政法大学	5★	8	中南财经政法大学	4★	15	厦门大学	4★
2	中国人民大学	5★	9	南京师范大学	4★	16	湘潭大学	4★
3	西南政法大学	5★	10	清华大学	4★	17	复旦大学	4★
4	北京大学	5★	11	中国人民公安大学	4★	18	吉林大学	4★
5	武汉大学	5★	12	浙江工业大学	4★	19	山东大学	4★
6	华东政法大学	4★	13	北京航空航天大学	4★	20	四川大学	4★
7	北京师范大学	4★	14	中南大学	4★	21	对外经济贸易大学	4★
3★：33个；2★：42个；1★：11个（名单略）								

030107　经济法学（132）

排名	学校名称	等级	排名	学校名称	等级	排名	学校名称	等级
1	中国政法大学	5★	10	中南财经政法大学	4★	19	同济大学	4★
2	西南政法大学	5★	11	对外经济贸易大学	4★	20	中央财经大学	4★
3	中国人民大学	5★	12	厦门大学	4★	21	辽宁大学	4★
4	北京大学	5★	13	清华大学	4★	22	浙江大学	4★
5	华东政法大学	5★	14	山东大学	4★	23	湖南大学	4★
6	南京大学	5★	15	吉林大学	4★	24	上海财经大学	4★
7	武汉大学	5★	16	上海交通大学	4★	25	西北政法大学	4★
8	重庆大学	4★	17	中南大学	4★	26	华中科技大学	4★
9	西南财经大学	4★	18	安徽大学	4★	27	江西财经大学	4★
3★：39个；2★：53个；1★：13个（名单略）								

030108 环境与资源保护法学（75）

排名	学校名称	等级	排名	学校名称	等级	排名	学校名称	等级
1	中国政法大学	5★	6	中南财经政法大学	4★	11	中国海洋大学	4★
2	中国人民大学	5★	7	南京大学	4★	12	上海交通大学	4★
3	北京大学	5★	8	湖南师范大学	4★	13	中山大学	4★
4	武汉大学	5★	9	福州大学	4★	14	清华大学	4★
5	重庆大学	4★	10	西南政法大学	4★	15	复旦大学	4★
3★：22 个；2★：30 个；1★：8 个（名单略）								

030109 国际法学（105）

排名	学校名称	等级	排名	学校名称	等级	排名	学校名称	等级
1	中国政法大学	5★	8	厦门大学	4★	15	湘潭大学	4★
2	北京大学	5★	9	吉林大学	4★	16	上海交通大学	4★
3	武汉大学	5★	10	大连海事大学	4★	17	清华大学	4★
4	中国人民大学	5★	11	复旦大学	4★	18	同济大学	4★
5	华东政法大学	5★	12	西南政法大学	4★	19	山东大学	4★
6	对外经济贸易大学	4★	13	南京大学	4★	20	北京航空航天大学	4★
7	中南财经政法大学	4★	14	湖南师范大学	4★	21	南开大学	4★
3★：32 个；2★：42 个；1★：10 个（名单略）								

030110 军事法学（10）

排名	学校名称	等级	排名	学校名称	等级	排名	学校名称	等级
1	中国政法大学	5★	2	清华大学	4★			
3★：3 个；2★：4 个；1★：1 个（名单略）								

0301W1 知识产权法学（17）

排名	学校名称	等级	排名	学校名称	等级	排名	学校名称	等级
1	中国人民大学	5★	2	中国政法大学	4★	3	北京大学	4★
3★：5 个；2★：7 个；1★：2 个（名单略）								

030201 政治学理论（94）

排名	学校名称	等级	排名	学校名称	等级	排名	学校名称	等级
1	北京大学	5★	8	天津师范大学	4★	15	东北师范大学	4★
2	吉林大学	5★	9	中山大学	4★	16	中国人民大学	4★
3	华中师范大学	5★	10	山东大学	4★	17	山西大学	4★
4	南开大学	5★	11	厦门大学	4★	18	苏州大学	4★
5	浙江大学	5★	12	南京大学	4★	19	云南大学	4★
6	复旦大学	4★	13	中国政法大学	4★			
7	武汉大学	4★	14	华东师范大学	4★			
3★：28 个；2★：38 个；1★：9 个（名单略）								

030202 中外政治制度（60）

排名	学校名称	等级	排名	学校名称	等级	排名	学校名称	等级
1	北京大学	5★	5	中国人民大学	4★	9	中国政法大学	4★
2	华中师范大学	5★	6	东北师范大学	4★	10	山东大学	4★
3	武汉大学	5★	7	复旦大学	4★	11	苏州大学	4★
4	南开大学	4★	8	南京大学	4★	12	云南大学	4★
3★：18个；2★：24个；1★：6个（名单略）								

030203 科学社会主义与国际共产主义运动（62）

排名	学校名称	等级	排名	学校名称	等级	排名	学校名称	等级
1	北京大学	5★	5	中国人民大学	4★	9	南开大学	4★
2	山东大学	5★	6	天津师范大学	4★	10	华南师范大学	4★
3	华中师范大学	5★	7	湖南师范大学	4★	11	南京师范大学	4★
4	武汉大学	4★	8	华侨大学	4★	12	福建师范大学	4★
3★：19个；2★：25个；1★：6个（名单略）								

030204 中共党史（68）

排名	学校名称	等级	排名	学校名称	等级	排名	学校名称	等级
1	北京大学	5★	6	武汉大学	4★	11	天津师范大学	4★
2	中国人民大学	5★	7	北京师范大学	4★	12	山东大学	4★
3	复旦大学	5★	8	东北师范大学	4★	13	湖南师范大学	4★
4	辽宁师范大学	4★	9	华中师范大学	4★			
5	湘潭大学	4★	10	华东师范大学	4★			
3★：21个；2★：27个；1★：7个（名单略）								

030206 国际政治（65）

排名	学校名称	等级	排名	学校名称	等级	排名	学校名称	等级
1	北京大学	5★	6	华中师范大学	4★	11	云南大学	4★
2	中国人民大学	5★	7	外交学院	4★	12	苏州大学	4★
3	吉林大学	5★	8	清华大学	4★	13	厦门大学	4★
4	复旦大学	4★	9	山东大学	4★			
5	上海外国语大学	4★	10	南京大学	4★			
3★：19个；2★：26个；1★：7个（名单略）								

030207 国际关系（58）

排名	学校名称	等级	排名	学校名称	等级	排名	学校名称	等级
1	北京大学	5★	5	上海外国语大学	4★	9	南京大学	4★
2	复旦大学	5★	6	清华大学	4★	10	厦门大学	4★
3	外交学院	5★	7	中国人民大学	4★	11	华中师范大学	4★
4	暨南大学	4★	8	华东师范大学	4★			
3★：18个；2★：23个；1★：6个（名单略）								

030208 外交学（17）

排名	学校名称	等级	排名	学校名称	等级	排名	学校名称	等级
1	北京大学	5★	2	外交学院	4★	3	中国人民大学	4★
3★：5个；2★：7个；1★：2个（名单略）								

030301 社会学（86）

排名	学校名称	等级	排名	学校名称	等级	排名	学校名称	等级
1	北京大学	5★	7	中山大学	4★	13	河海大学	4★
2	中国人民大学	5★	8	复旦大学	4★	14	吉林大学	4★
3	华中师范大学	5★	9	华中科技大学	4★	15	南开大学	4★
4	清华大学	5★	10	武汉大学	4★	16	中国农业大学	4★
5	上海大学	4★	11	厦门大学	4★	17	华东理工大学	4★
6	南京大学	4★	12	华东师范大学	4★			
3★：26个；2★：34个；1★：9个（名单略）								

030302 人口学（39）

排名	学校名称	等级	排名	学校名称	等级	排名	学校名称	等级
1	北京大学	5★	4	中山大学	4★	7	西南财经大学	4★
2	中国人民大学	5★	5	吉林大学	4★			
3	华东师范大学	4★	6	南京大学	4★			
3★：12个；2★：16个；1★：4个（名单略）								

030303 人类学（40）

排名	学校名称	等级	排名	学校名称	等级	排名	学校名称	等级
1	北京大学	5★	4	中央民族大学	4★	7	厦门大学	4★
2	中国人民大学	5★	5	南京大学	4★	8	华东师范大学	4★
3	中山大学	4★	6	上海大学	4★			
3★：12个；2★：16个；1★：4个（名单略）								

030304 民俗学（39）

排名	学校名称	等级	排名	学校名称	等级	排名	学校名称	等级
1	中国人民大学	5★	4	华东师范大学	4★	7	上海大学	4★
2	北京师范大学	5★	5	中央民族大学	4★			
3	中山大学	4★	6	浙江师范大学	4★			
3★：12个；2★：16个；1★：4个（名单略）								

0303W1 社会工作（6）

排名	学校名称	等级	排名	学校名称	等级	排名	学校名称	等级
1	华东理工大学	5★	2	华中科技大学	4★			
3★：1个；2★：2个；1★：1个（名单略）								

030401 民族学（34）

排名	学校名称	等级	排名	学校名称	等级	排名	学校名称	等级
1	云南大学	5★	3	兰州大学	4★	5	广西民族大学	4★
2	中央民族大学	4★	4	西南民族大学	4★	6	中山大学	4★
3★：11个；2★：13个；1★：4个（名单略）								

030402 马克思主义民族理论与政策（26）

排名	学校名称	等级	排名	学校名称	等级	排名	学校名称	等级
1	中南民族大学	5★	3	中央民族大学	4★	5	云南大学	4★
2	广西民族大学	4★	4	兰州大学	4★			
3★：8个；2★：10个；1★：3个（名单略）								

030403 中国少数民族经济（30）

排名	学校名称	等级	排名	学校名称	等级	排名	学校名称	等级
1	中央民族大学	5★	3	中南民族大学	4★	5	云南大学	4★
2	西藏大学	4★	4	宁夏大学	4★	6	石河子大学	4★
3★：9个；2★：12个；1★：3个（名单略）								

030404 中国少数民族史（30）

排名	学校名称	等级	排名	学校名称	等级	排名	学校名称	等级
1	陕西师范大学	5★	3	中央民族大学	4★	5	宁夏大学	4★
2	中南民族大学	4★	4	西藏大学	4★	6	兰州大学	4★
3★：9个；2★：12个；1★：3个（名单略）								

030405 中国少数民族艺术（25）

排名	学校名称	等级	排名	学校名称	等级	排名	学校名称	等级
1	中南民族大学	5★	3	西藏大学	4★	5	云南大学	4★
2	中央民族大学	4★	4	西南民族大学	4★			
3★：7个；2★：10个；1★：3个（名单略）								

030501 马克思主义基本原理（263）

排名	学校名称	等级	排名	学校名称	等级	排名	学校名称	等级
1	中国人民大学	5★	10	山东大学	5★	19	安徽师范大学	4★
2	南京师范大学	5★	11	东南大学	5★	20	武汉理工大学	4★
3	武汉大学	5★	12	南开大学	5★	21	河南大学	4★
4	华中师范大学	5★	13	华中科技大学	5★	22	南京大学	4★
5	复旦大学	5★	14	电子科技大学	5★	23	内蒙古大学	4★
6	首都师范大学	5★	15	同济大学	4★	24	江西师范大学	4★
7	北京大学	5★	16	中山大学	4★	25	大连理工大学	4★
8	吉林大学	5★	17	河海大学	4★	26	辽宁师范大学	4★
9	华南师范大学	5★	18	南京航空航天大学	4★	27	陕西师范大学	4★

续表

排名	学校名称	等级	排名	学校名称	等级	排名	学校名称	等级
28	福建师范大学	4★	37	新疆大学	4★	46	华东师范大学	4★
29	苏州大学	4★	38	西南交通大学	4★	47	郑州大学	4★
30	东北大学	4★	39	广西师范大学	4★	48	山西大学	4★
31	河北师范大学	4★	40	东北师范大学	4★	49	哈尔滨师范大学	4★
32	山东师范大学	4★	41	湖南师范大学	4★	50	西安交通大学	4★
33	西南大学	4★	42	天津师范大学	4★	51	中南大学	4★
34	辽宁大学	4★	43	西北师范大学	4★	52	北京师范大学	4★
35	湖南大学	4★	44	湖北大学	4★	53	聊城大学	4★
36	浙江大学	4★	45	清华大学	4★			
3★：79 个；2★：106 个；1★：25 个（名单略）								

030502　马克思主义发展史（99）

排名	学校名称	等级	排名	学校名称	等级	排名	学校名称	等级
1	中国人民大学	5★	8	南开大学	4★	15	山西大学	4★
2	吉林大学	5★	9	清华大学	4★	16	长沙理工大学	4★
3	武汉大学	5★	10	华中师范大学	4★	17	武汉理工大学	4★
4	安徽大学	5★	11	西安交通大学	4★	18	南方医科大学	4★
5	首都师范大学	5★	12	陕西师范大学	4★	19	河南科技大学	4★
6	湖南大学	4★	13	长春理工大学	4★	20	南昌航空大学	4★
7	南京大学	4★	14	河北工业大学	4★			
3★：29 个；2★：40 个；1★：10 个（名单略）								

030503　马克思主义中国化研究（236）

排名	学校名称	等级	排名	学校名称	等级	排名	学校名称	等级
1	中国人民大学	5★	17	吉林大学	4★	33	上海财经大学	4★
2	上海交通大学	5★	18	西安交通大学	4★	34	哈尔滨师范大学	4★
3	中央财经大学	5★	19	大连理工大学	4★	35	天津师范大学	4★
4	武汉大学	5★	20	兰州大学	4★	36	南京大学	4★
5	华南理工大学	5★	21	上海师范大学	4★	37	曲阜师范大学	4★
6	东北师范大学	5★	22	南京师范大学	4★	38	辽宁师范大学	4★
7	四川大学	5★	23	华东理工大学	4★	39	郑州大学	4★
8	华中师范大学	5★	24	华南师范大学	4★	40	山东师范大学	4★
9	山东大学	5★	25	复旦大学	4★	41	山西大学	4★
10	北京大学	5★	26	中国石油大学（华东）	4★	42	河北师范大学	4★
11	湘潭大学	5★	27	浙江大学	4★	43	南开大学	4★
12	大连海事大学	5★	28	中国政法大学	4★	44	华东师范大学	4★
13	中山大学	4★	29	湖南大学	4★	45	北京师范大学	4★
14	广西师范大学	4★	30	清华大学	4★	46	陕西师范大学	4★
15	扬州大学	4★	31	首都师范大学	4★	47	武汉理工大学	4★
16	福建师范大学	4★	32	西北大学	4★	48	东华大学	4★
3★：71 个；2★：94 个；1★：23 个（名单略）								

030504 国外马克思主义研究（83）

排名	学校名称	等级	排名	学校名称	等级	排名	学校名称	等级
1	中国人民大学	5★	7	清华大学	4★	13	华中师范大学	4★
2	黑龙江大学	5★	8	东北师范大学	4★	14	四川大学	4★
3	北京大学	5★	9	南开大学	4★	15	三峡大学	4★
4	南京大学	5★	10	西安交通大学	4★	16	河南理工大学	4★
5	华南师范大学	4★	11	山东大学	4★	17	西安理工大学	4★
6	吉林大学	4★	12	浙江大学	4★			
3★：24个；2★：34个；1★：8个（名单略）								

030505 思想政治教育（299）

排名	学校名称	等级	排名	学校名称	等级	排名	学校名称	等级
1	武汉大学	5★	22	苏州大学	4★	43	天津师范大学	4★
2	东北师范大学	5★	23	西南大学	4★	44	复旦大学	4★
3	中国人民大学	5★	24	中南大学	4★	45	山东师范大学	4★
4	华中师范大学	5★	25	辽宁大学	4★	46	东北林业大学	4★
5	中山大学	5★	26	西安交通大学	4★	47	哈尔滨师范大学	4★
6	安徽师范大学	5★	27	河北师范大学	4★	48	西安科技大学	4★
7	首都师范大学	5★	28	南京理工大学	4★	49	福建师范大学	4★
8	清华大学	5★	29	东南大学	4★	50	北京科技大学	4★
9	南京师范大学	5★	30	南开大学	4★	51	陕西师范大学	4★
10	郑州大学	5★	31	中国地质大学（北京）	4★	52	同济大学	4★
11	华南师范大学	5★	32	中国地质大学（武汉）	4★	53	西南财经大学	4★
12	哈尔滨工程大学	5★	33	西北工业大学	4★	54	武汉理工大学	4★
13	河海大学	5★	34	江西师范大学	4★	55	云南大学	4★
14	辽宁师范大学	5★	35	西北师范大学	4★	56	中国矿业大学	4★
15	山东大学	5★	36	吉林大学	4★	57	北京大学	4★
16	中国矿业大学（北京）	5★	37	湖南大学	4★	58	兰州大学	4★
17	广西师范大学	4★	38	电子科技大学	4★	59	哈尔滨理工大学	4★
18	南昌大学	4★	39	湖南师范大学	4★	60	浙江大学	4★
19	华东师范大学	4★	40	河北大学	4★	61	西安理工大学	4★
20	大连理工大学	4★	41	北京交通大学	4★			
21	上海大学	4★	42	北京师范大学	4★			
3★：89个；2★：120个；1★：29个（名单略）								

030506 中国近现代史基本问题研究（120）

排名	学校名称	等级	排名	学校名称	等级	排名	学校名称	等级
1	中国人民大学	5★	5	南开大学	5★	9	湖南大学	4★
2	东北师范大学	5★	6	广西师范大学	5★	10	华南师范大学	4★
3	北京大学	5★	7	上海财经大学	4★	11	中南大学	4★
4	武汉大学	5★	8	浙江大学	4★	12	新疆大学	4★

续表

排名	学校名称	等级	排名	学校名称	等级	排名	学校名称	等级
13	浙江理工大学	4★	17	南华大学	4★	21	陕西师范大学	4★
14	海南师范大学	4★	18	河南科技大学	4★	22	温州大学	4★
15	延安大学	4★	19	武汉理工大学	4★	23	河北师范大学	4★
16	福建师范大学	4★	20	青岛科技大学	4★	24	大连理工大学	4★
3★：36 个；2★：48 个；1★：12 个（名单略）								

0305W1 马克思主义法学（8）

排名	学校名称	等级	排名	学校名称	等级	排名	学校名称	等级
1	武汉工程大学	5★	2	温州大学	4★			
3★：2 个；2★：3 个；1★：1 个（名单略）								

040101 教育学原理（91）

排名	学校名称	等级	排名	学校名称	等级	排名	学校名称	等级
1	北京师范大学	5★	7	山东师范大学	4★	13	辽宁师范大学	4★
2	华中师范大学	5★	8	首都师范大学	4★	14	河南大学	4★
3	华东师范大学	5★	9	北京大学	4★	15	上海师范大学	4★
4	东北师范大学	5★	10	湖南师范大学	4★	16	西北师范大学	4★
5	西南大学	5★	11	华中科技大学	4★	17	浙江大学	4★
6	南京师范大学	4★	12	华南师范大学	4★	18	浙江师范大学	4★
3★：27 个；2★：37 个；1★：9 个（名单略）								

040102 课程与教学论（101）

排名	学校名称	等级	排名	学校名称	等级	排名	学校名称	等级
1	北京师范大学	5★	8	首都师范大学	4★	15	湖南师范大学	4★
2	华东师范大学	5★	9	南京师范大学	4★	16	温州大学	4★
3	西南大学	5★	10	陕西师范大学	4★	17	四川师范大学	4★
4	东北师范大学	5★	11	辽宁师范大学	4★	18	新疆师范大学	4★
5	华南师范大学	5★	12	上海师范大学	4★	19	浙江大学	4★
6	西北师范大学	4★	13	浙江师范大学	4★	20	哈尔滨师范大学	4★
7	华中师范大学	4★	14	山东师范大学	4★			
3★：31 个；2★：40 个；1★：10 个（名单略）								

040103 教育史（45）

排名	学校名称	等级	排名	学校名称	等级	排名	学校名称	等级
1	北京师范大学	5★	4	浙江大学	4★	7	华中师范大学	4★
2	华东师范大学	5★	5	东北师范大学	4★	8	河北大学	4★
3	厦门大学	4★	6	西南大学	4★	9	福建师范大学	4★
3★：13 个；2★：18 个；1★：5 个（名单略）								

040104 比较教育学（46）

排名	学校名称	等级	排名	学校名称	等级	排名	学校名称	等级
1	北京师范大学	5★	4	东北师范大学	4★	7	厦门大学	4★
2	华东师范大学	5★	5	华南师范大学	4★	8	浙江师范大学	4★
3	西南大学	4★	6	上海师范大学	4★	9	南京师范大学	4★
3★：14个；2★：18个；1★：5个（名单略）								

040105 学前教育学（50）

排名	学校名称	等级	排名	学校名称	等级	排名	学校名称	等级
1	北京师范大学	5★	5	西南大学	4★	9	四川师范大学	4★
2	华东师范大学	5★	6	华中师范大学	4★	10	华南师范大学	4★
3	南京师范大学	4★	7	湖南师范大学	4★			
4	浙江师范大学	4★	8	上海师范大学	4★			
3★：15个；2★：20个；1★：5个（名单略）								

040106 高等教育学（117）

排名	学校名称	等级	排名	学校名称	等级	排名	学校名称	等级
1	北京师范大学	5★	9	华南师范大学	4★	17	四川大学	4★
2	华中科技大学	5★	10	华中师范大学	4★	18	复旦大学	4★
3	华东师范大学	5★	11	西南大学	4★	19	北京理工大学	4★
4	厦门大学	5★	12	南京大学	4★	20	黑龙江大学	4★
5	北京大学	5★	13	南京师范大学	4★	21	武汉大学	4★
6	清华大学	5★	14	浙江大学	4★	22	大连理工大学	4★
7	苏州大学	4★	15	上海师范大学	4★	23	河海大学	4★
8	湖南师范大学	4★	16	西北师范大学	4★			
3★：36个；2★：46个；1★：12个（名单略）								

040107 成人教育学（38）

排名	学校名称	等级	排名	学校名称	等级	排名	学校名称	等级
1	华东师范大学	5★	4	南京师范大学	4★	7	四川师范大学	4★
2	北京师范大学	5★	5	西南大学	4★			
3	华中师范大学	4★	6	浙江师范大学	4★			
3★：12个；2★：15个；1★：4个（名单略）								

040108 职业技术教育学（48）

排名	学校名称	等级	排名	学校名称	等级	排名	学校名称	等级
1	华东师范大学	5★	4	西南大学	4★	7	南京师范大学	4★
2	北京师范大学	5★	5	上海师范大学	4★	8	华南师范大学	4★
3	天津大学	4★	6	辽宁师范大学	4★	9	湖南师范大学	4★
3★：15个；2★：19个；1★：5个（名单略）								

040109 特殊教育学（15）

排名	学校名称	等级	排名	学校名称	等级	排名	学校名称	等级
1	北京师范大学	5★	2	华东师范大学	4★	3	华中师范大学	4★
3★：4个；2★：6个；1★：2个（名单略）								

040110 教育技术学（95）

排名	学校名称	等级	排名	学校名称	等级	排名	学校名称	等级
1	北京师范大学	5★	8	首都师范大学	4★	15	江南大学	4★
2	华东师范大学	5★	9	陕西师范大学	4★	16	北京大学	4★
3	华中师范大学	5★	10	清华大学	4★	17	山东师范大学	4★
4	华南师范大学	5★	11	浙江大学	4★	18	浙江工业大学	4★
5	东北师范大学	5★	12	西北师范大学	4★	19	广州大学	4★
6	南京师范大学	4★	13	北京理工大学	4★			
7	西南大学	4★	14	浙江师范大学	4★			
3★：28个；2★：38个；1★：10个（名单略）								

040111 教育法学（7）

排名	学校名称	等级	排名	学校名称	等级	排名	学校名称	等级
1	西南大学	5★	2	北京理工大学	4★			
3★：1个；2★：3个；1★：1个（名单略）								

0401W1 少年儿童组织和思想意识教育（32）

排名	学校名称	等级	排名	学校名称	等级	排名	学校名称	等级
1	华东师范大学	5★	3	西南大学	4★	5	华中师范大学	4★
2	山西师范大学	4★	4	湖南师范大学	4★	6	云南师范大学	4★
3★：10个；2★：12个；1★：4个（名单略）								

0401W2 教师教育（12）

排名	学校名称	等级	排名	学校名称	等级	排名	学校名称	等级
1	北京师范大学	5★	2	四川师范大学	4★			
3★：4个；2★：4个；1★：2个（名单略）								

040201 基础心理学（50）

排名	学校名称	等级	排名	学校名称	等级	排名	学校名称	等级
1	北京师范大学	5★	5	华东师范大学	4★	9	浙江大学	4★
2	西南大学	5★	6	华南师范大学	4★	10	天津师范大学	4★
3	北京大学	4★	7	陕西师范大学	4★			
4	中山大学	4★	8	华中师范大学	4★			
3★：15个；2★：20个；1★：5个（名单略）								

040202 发展与教育心理学（58）

排名	学校名称	等级	排名	学校名称	等级	排名	学校名称	等级
1	北京师范大学	5★	5	华中师范大学	4★	9	东北师范大学	4★
2	华南师范大学	5★	6	华东师范大学	4★	10	南京师范大学	4★
3	西南大学	5★	7	福建师范大学	4★	11	辽宁师范大学	4★
4	天津师范大学	4★	8	上海师范大学	4★			
3★：18个；2★：23个；1★：6个（名单略）								

040203 应用心理学（87）

排名	学校名称	等级	排名	学校名称	等级	排名	学校名称	等级
1	北京师范大学	5★	7	北京大学	4★	13	暨南大学	4★
2	西南大学	5★	8	南京师范大学	4★	14	清华大学	4★
3	浙江大学	5★	9	天津师范大学	4★	15	曲阜师范大学	4★
4	华东师范大学	5★	10	华南师范大学	4★	16	山西医科大学	4★
5	华中师范大学	4★	11	辽宁师范大学	4★	17	四川大学	4★
6	中南大学	4★	12	内蒙古师范大学	4★			
3★：26个；2★：35个；1★：9个（名单略）								

040301 体育人文社会学（79）

排名	学校名称	等级	排名	学校名称	等级	排名	学校名称	等级
1	北京体育大学	5★	7	曲阜师范大学	4★	13	成都体育学院	4★
2	上海体育学院	5★	8	华中师范大学	4★	14	苏州大学	4★
3	华南师范大学	5★	9	南京师范大学	4★	15	浙江大学	4★
4	天津体育学院	5★	10	清华大学	4★	16	山西大学	4★
5	武汉体育学院	4★	11	湖南师范大学	4★			
6	华东师范大学	4★	12	北京师范大学	4★			
3★：23个；2★：32个；1★：8个（名单略）								

040302 运动人体科学（68）

排名	学校名称	等级	排名	学校名称	等级	排名	学校名称	等级
1	北京体育大学	5★	6	华南师范大学	4★	11	清华大学	4★
2	上海体育学院	5★	7	湖南师范大学	4★	12	江苏师范大学	4★
3	福建师范大学	5★	8	武汉体育学院	4★	13	首都体育学院	4★
4	华东师范大学	4★	9	天津体育学院	4★			
5	北京师范大学	4★	10	成都体育学院	4★			
3★：21个；2★：27个；1★：7个（名单略）								

040303 体育教育训练学（106）

排名	学校名称	等级	排名	学校名称	等级	排名	学校名称	等级
1	北京体育大学	5★	3	福建师范大学	5★	5	华南师范大学	5★
2	武汉体育学院	5★	4	上海体育学院	5★	6	华中师范大学	4★

续表

排名	学校名称	等级	排名	学校名称	等级	排名	学校名称	等级
7	东北师范大学	4★	12	山西大学	4★	17	清华大学	4★
8	河南大学	4★	13	浙江师范大学	4★	18	沈阳体育学院	4★
9	湖南师范大学	4★	14	成都体育学院	4★	19	首都体育学院	4★
10	河北师范大学	4★	15	北京师范大学	4★	20	广州体育学院	4★
11	华东师范大学	4★	16	西安体育学院	4★	21	南京师范大学	4★
3★：32 个；2★：42 个；1★：11 个（名单略）								

040304　民族传统体育学（63）

排名	学校名称	等级	排名	学校名称	等级	排名	学校名称	等级
1	北京体育大学	5★	5	成都体育学院	4★	9	苏州大学	4★
2	上海体育学院	5★	6	华中师范大学	4★	10	山西大学	4★
3	武汉体育学院	5★	7	湖南师范大学	4★	11	天津体育学院	4★
4	华南师范大学	4★	8	山西师范大学	4★	12	吉首大学	4★
3★：19 个；2★：26 个；1★：6 个（名单略）								

050101　文艺学（142）

排名	学校名称	等级	排名	学校名称	等级	排名	学校名称	等级
1	北京师范大学	5★	11	华东师范大学	4★	21	江西师范大学	4★
2	北京大学	5★	12	首都师范大学	4★	22	苏州大学	4★
3	复旦大学	5★	13	南京师范大学	4★	23	陕西师范大学	4★
4	南京大学	5★	14	浙江大学	4★	24	安徽大学	4★
5	四川大学	5★	15	东北师范大学	4★	25	南开大学	4★
6	山东大学	5★	16	上海师范大学	4★	26	华中科技大学	4★
7	中国人民大学	5★	17	辽宁大学	4★	27	华南师范大学	4★
8	暨南大学	4★	18	哈尔滨师范大学	4★	28	武汉大学	4★
9	华中师范大学	4★	19	山东师范大学	4★	29	清华大学	4★
10	福建师范大学	4★	20	四川师范大学	4★			
3★：42 个；2★：57 个；1★：14 个（名单略）								

050102　语言学及应用语言学（132）

排名	学校名称	等级	排名	学校名称	等级	排名	学校名称	等级
1	北京大学	5★	10	南京师范大学	4★	19	吉林大学	4★
2	北京语言大学	5★	11	浙江大学	4★	20	安徽师范大学	4★
3	北京师范大学	5★	12	上海师范大学	4★	21	安徽大学	4★
4	华中师范大学	5★	13	华东师范大学	4★	22	陕西师范大学	4★
5	四川大学	5★	14	中国传媒大学	4★	23	中山大学	4★
6	南京大学	5★	15	福建师范大学	4★	24	清华大学	4★
7	复旦大学	5★	16	暨南大学	4★	25	武汉大学	4★
8	南开大学	4★	17	中国人民大学	4★	26	厦门大学	4★
9	中央民族大学	4★	18	首都师范大学	4★	27	华中科技大学	4★
3★：39 个；2★：53 个；1★：13 个（名单略）								

050103 汉语言文字学（133）

排名	学校名称	等级	排名	学校名称	等级	排名	学校名称	等级
1	复旦大学	5★	10	福建师范大学	4★	19	安徽师范大学	4★
2	北京师范大学	5★	11	南京师范大学	4★	20	南开大学	4★
3	北京大学	5★	12	上海师范大学	4★	21	河北大学	4★
4	华中师范大学	5★	13	山东大学	4★	22	湖南师范大学	4★
5	南京大学	5★	14	河北师范大学	4★	23	中山大学	4★
6	四川大学	5★	15	中国人民大学	4★	24	华南师范大学	4★
7	华东师范大学	5★	16	首都师范大学	4★	25	浙江师范大学	4★
8	北京语言大学	4★	17	武汉大学	4★	26	苏州大学	4★
9	浙江大学	4★	18	安徽大学	4★	27	暨南大学	4★
3★：40个；2★：53个；1★：13个（名单略）								

050104 中国古典文献学（104）

排名	学校名称	等级	排名	学校名称	等级	排名	学校名称	等级
1	复旦大学	5★	8	武汉大学	4★	15	中山大学	4★
2	北京大学	5★	9	南京师范大学	4★	16	华中师范大学	4★
3	北京师范大学	5★	10	华东师范大学	4★	17	郑州大学	4★
4	四川大学	5★	11	山东大学	4★	18	福建师范大学	4★
5	南京大学	5★	12	上海大学	4★	19	陕西师范大学	4★
6	浙江大学	4★	13	西北师范大学	4★	20	西南大学	4★
7	上海师范大学	4★	14	四川师范大学	4★	21	扬州大学	4★
3★：31个；2★：42个；1★：10个（名单略）								

050105 中国古代文学（154）

排名	学校名称	等级	排名	学校名称	等级	排名	学校名称	等级
1	复旦大学	5★	12	浙江大学	4★	23	黑龙江大学	4★
2	南京大学	5★	13	西北师范大学	4★	24	哈尔滨师范大学	4★
3	北京大学	5★	14	南京师范大学	4★	25	山东大学	4★
4	北京师范大学	5★	15	中国人民大学	4★	26	河北师范大学	4★
5	四川大学	5★	16	华中师范大学	4★	27	西北大学	4★
6	南开大学	5★	17	广西师范大学	4★	28	上海师范大学	4★
7	华东师范大学	5★	18	暨南大学	4★	29	中央民族大学	4★
8	武汉大学	5★	19	安徽师范大学	4★	30	华南师范大学	4★
9	首都师范大学	4★	20	浙江师范大学	4★	31	吉林大学	4★
10	中山大学	4★	21	福建师范大学	4★			
11	陕西师范大学	4★	22	河北大学	4★			
3★：46个；2★：62个；1★：15个（名单略）								

050106 中国现当代文学（142）

排名	学校名称	等级	排名	学校名称	等级	排名	学校名称	等级
1	北京师范大学	5★	11	南开大学	4★	21	河北师范大学	4★
2	南京大学	5★	12	中国人民大学	4★	22	兰州大学	4★
3	北京大学	5★	13	中山大学	4★	23	浙江大学	4★
4	复旦大学	5★	14	华中师范大学	4★	24	东北师范大学	4★
5	四川大学	5★	15	山东大学	4★	25	首都师范大学	4★
6	南京师范大学	5★	16	河南大学	4★	26	暨南大学	4★
7	山东师范大学	5★	17	陕西师范大学	4★	27	西北师范大学	4★
8	福建师范大学	4★	18	湖南师范大学	4★	28	华南师范大学	4★
9	武汉大学	4★	19	西南大学	4★	29	华东师范大学	4★
10	吉林大学	4★	20	浙江师范大学	4★			
3★：42 个；2★：57 个；1★：14 个（名单略）								

050107 中国少数民族语言文学（45）

排名	学校名称	等级	排名	学校名称	等级	排名	学校名称	等级
1	中央民族大学	5★	4	西北民族大学	4★	7	暨南大学	4★
2	四川大学	5★	5	西藏大学	4★	8	广西民族大学	4★
3	内蒙古大学	4★	6	新疆大学	4★	9	上海师范大学	4★
3★：13 个；2★：18 个；1★：5 个（名单略）								

050108 比较文学与世界文学（123）

排名	学校名称	等级	排名	学校名称	等级	排名	学校名称	等级
1	四川大学	5★	10	南京师范大学	4★	19	河南大学	4★
2	北京大学	5★	11	湖南师范大学	4★	20	湘潭大学	4★
3	北京师范大学	5★	12	首都师范大学	4★	21	暨南大学	4★
4	南京大学	5★	13	中央民族大学	4★	22	山东大学	4★
5	复旦大学	5★	14	武汉大学	4★	23	华东师范大学	4★
6	上海师范大学	5★	15	天津师范大学	4★	24	西南大学	4★
7	北京语言大学	4★	16	吉林大学	4★	25	黑龙江大学	4★
8	中国人民大学	4★	17	浙江大学	4★			
9	华中师范大学	4★	18	福建师范大学	4★			
3★：37 个；2★：49 个；1★：12 个（名单略）								

0501W1 对外汉语（9）

排名	学校名称	等级	排名	学校名称	等级	排名	学校名称	等级
1	南京大学	5★	2	南京师范大学	4★			
3★：2 个；2★：4 个；1★：1 个（名单略）								

050201 英语语言文学（184）

排名	学校名称	等级	排名	学校名称	等级	排名	学校名称	等级
1	上海外国语大学	5★	14	西南大学	4★	27	安徽师范大学	4★
2	北京外国语大学	5★	15	湖南大学	4★	28	山东大学	4★
3	南京大学	5★	16	复旦大学	4★	29	对外经济贸易大学	4★
4	北京大学	5★	17	北京航空航天大学	4★	30	南开大学	4★
5	浙江大学	5★	18	上海交通大学	4★	31	四川外国语大学	4★
6	湖南师范大学	5★	19	北京语言大学	4★	32	同济大学	4★
7	四川大学	5★	20	华东师范大学	4★	33	宁波大学	4★
8	中山大学	5★	21	河南大学	4★	34	中南大学	4★
9	东北师范大学	5★	22	华中师范大学	4★	35	苏州大学	4★
10	南京师范大学	5★	23	北京师范大学	4★	36	西安外国语大学	4★
11	中国人民大学	4★	24	厦门大学	4★	37	延边大学	4★
12	广东外语外贸大学	4★	25	清华大学	4★			
13	福建师范大学	4★	26	武汉大学	4★			
3★：55个；2★：74个；1★：18个（名单略）								

050202 俄语语言文学（61）

排名	学校名称	等级	排名	学校名称	等级	排名	学校名称	等级
1	黑龙江大学	5★	5	北京师范大学	4★	9	武汉大学	4★
2	上海外国语大学	5★	6	北京大学	4★	10	首都师范大学	4★
3	北京外国语大学	5★	7	广东外语外贸大学	4★	11	南开大学	4★
4	东北师范大学	4★	8	南京师范大学	4★	12	浙江大学	4★
3★：18个；2★：25个；1★：6个（名单略）								

050203 法语语言文学（40）

排名	学校名称	等级	排名	学校名称	等级	排名	学校名称	等级
1	武汉大学	5★	4	南京大学	4★	7	南京师范大学	4★
2	广东外语外贸大学	5★	5	北京外国语大学	4★	8	华东师范大学	4★
3	上海外国语大学	4★	6	北京大学	4★			
3★：12个；2★：16个；1★：4个（名单略）								

050204 德语语言文学（33）

排名	学校名称	等级	排名	学校名称	等级	排名	学校名称	等级
1	北京大学	5★	3	上海外国语大学	4★	5	南京大学	4★
2	北京外国语大学	4★	4	同济大学	4★	6	西安外国语大学	4★
3★：10个；2★：13个；1★：4个（名单略）								

050205 日语语言文学（106）

排名	学校名称	等级	排名	学校名称	等级	排名	学校名称	等级
1	北京外国语大学	5★	2	上海外国语大学	5★	3	广东外语外贸大学	5★

续表

排名	学校名称	等级	排名	学校名称	等级	排名	学校名称	等级
4	吉林大学	5★	10	湖南大学	4★	16	同济大学	4★
5	清华大学	5★	11	北京大学	4★	17	黑龙江大学	4★
6	中国人民大学	4★	12	浙江大学	4★	18	天津外国语大学	4★
7	东北师范大学	4★	13	山东大学	4★	19	延边大学	4★
8	北京师范大学	4★	14	南开大学	4★	20	对外经济贸易大学	4★
9	上海交通大学	4★	15	华东师范大学	4★	21	北京第二外国语学院	4★
3★：32 个；2★：42 个；1★：11 个（名单略）								

050206 印度语言文学（3）

排名	学校名称	等级	排名	学校名称	等级	排名	学校名称	等级
1	北京大学	5★	2	西南民族大学	4★			

050207 西班牙语语言文学（14）

排名	学校名称	等级	排名	学校名称	等级	排名	学校名称	等级
1	北京大学	5★	2	北京外国语大学	4★			
3★：5 个；2★：5 个；1★：2 个（名单略）								

050208 阿拉伯语语言文学（11）

排名	学校名称	等级	排名	学校名称	等级	排名	学校名称	等级
1	上海外国语大学	5★	2	北京大学	4★			
3★：3 个；2★：4 个；1★：2 个（名单略）								

050209 欧洲语言文学（9）

排名	学校名称	等级	排名	学校名称	等级	排名	学校名称	等级
1	北京外国语大学	5★	2	北京语言大学	4★			
3★：2 个；2★：4 个；1★：1 个（名单略）								

050210 亚非语言文学（30）

排名	学校名称	等级	排名	学校名称	等级	排名	学校名称	等级
1	延边大学	5★	3	上海外国语大学	4★	5	北京语言大学	4★
2	北京大学	4★	4	北京外国语大学	4★	6	广西民族大学	4★
3★：9 个；2★：12 个；1★：3 个（名单略）								

050211 外国语言学及应用语言学（189）

排名	学校名称	等级	排名	学校名称	等级	排名	学校名称	等级
1	广东外语外贸大学	5★	4	北京语言大学	5★	7	四川大学	5★
2	北京外国语大学	5★	5	黑龙江大学	5★	8	浙江大学	5★
3	北京航空航天大学	5★	6	北京大学	5★	9	同济大学	5★

续表

排名	学校名称	等级	排名	学校名称	等级	排名	学校名称	等级
10	清华大学	5★	20	山东大学	4★	30	长春理工大学	4★
11	苏州大学	4★	21	北京师范大学	4★	31	大连外国语大学	4★
12	复旦大学	4★	22	南开大学	4★	32	上海对外经贸大学	4★
13	福建师范大学	4★	23	北京科技大学	4★	33	华中师范大学	4★
14	东北师范大学	4★	24	西安外国语大学	4★	34	上海交通大学	4★
15	上海外国语大学	4★	25	对外经济贸易大学	4★	35	上海海事大学	4★
16	湖南大学	4★	26	湖南师范大学	4★	36	宁波大学	4★
17	华东师范大学	4★	27	东南大学	4★	37	中山大学	4★
18	南京大学	4★	28	南京师范大学	4★	38	天津大学	4★
19	首都师范大学	4★	29	吉林大学	4★			
3★：57个；2★：76个；1★：18个（名单略）								

0502W1　翻译学（7）

排名	学校名称	等级	排名	学校名称	等级	排名	学校名称	等级
1	广东外语外贸大学	5★	2	上海外国语大学	4★			
3★：1个；2★：3个；1★：1个（名单略）								

050301　新闻学（83）

排名	学校名称	等级	排名	学校名称	等级	排名	学校名称	等级
1	中国人民大学	5★	7	南京师范大学	4★	13	厦门大学	4★
2	复旦大学	5★	8	暨南大学	4★	14	上海大学	4★
3	中国传媒大学	5★	9	北京大学	4★	15	华东师范大学	4★
4	武汉大学	5★	10	河北大学	4★	16	山东大学	4★
5	浙江大学	4★	11	华中科技大学	4★	17	上海体育学院	4★
6	四川大学	4★	12	清华大学	4★			
3★：24个；2★：34个；1★：8个（名单略）								

050302　传播学（94）

排名	学校名称	等级	排名	学校名称	等级	排名	学校名称	等级
1	中国传媒大学	5★	8	华中科技大学	4★	15	河北大学	4★
2	中国人民大学	5★	9	清华大学	4★	16	湖南大学	4★
3	复旦大学	5★	10	四川大学	4★	17	南京师范大学	4★
4	北京大学	5★	11	华东师范大学	4★	18	暨南大学	4★
5	武汉大学	5★	12	山东大学	4★	19	南京大学	4★
6	浙江大学	4★	13	厦门大学	4★			
7	上海大学	4★	14	上海交通大学	4★			
3★：28个；2★：38个；1★：9个（名单略）								

0503W1 广告与媒介经济（9）

排名	学校名称	等级	排名	学校名称	等级	排名	学校名称	等级
1	复旦大学	5★	2	中国传媒大学	4★			
3★：2 个；2★：4 个；1★：1 个（名单略）								

0503W2 广播电视学（6）

排名	学校名称	等级	排名	学校名称	等级	排名	学校名称	等级
1	中国人民大学	5★	2	复旦大学	4★			
3★：1 个；2★：2 个；1★：1 个（名单略）								

070101 基础数学（181）

排名	学校名称	等级	排名	学校名称	等级	排名	学校名称	等级
1	北京大学	5★	14	华东师范大学	4★	27	上海大学	4★
2	清华大学	5★	15	中山大学	4★	28	西安交通大学	4★
3	复旦大学	5★	16	厦门大学	4★	29	上海师范大学	4★
4	山东大学	5★	17	哈尔滨工业大学	4★	30	中南大学	4★
5	浙江大学	5★	18	南京师范大学	4★	31	湖南师范大学	4★
6	北京师范大学	5★	19	大连理工大学	4★	32	浙江师范大学	4★
7	南开大学	5★	20	上海交通大学	4★	33	华中科技大学	4★
8	南京大学	5★	21	北京航空航天大学	4★	34	西北师范大学	4★
9	四川大学	5★	22	兰州大学	4★	35	华中师范大学	4★
10	首都师范大学	4★	23	东南大学	4★	36	郑州大学	4★
11	中国科学技术大学	4★	24	同济大学	4★	37	苏州大学	4★
12	吉林大学	4★	25	华南师范大学	4★			
13	武汉大学	4★	26	陕西师范大学	4★			
3★：54 个；2★：72 个；1★：18 个（名单略）								

070102 计算数学（167）

排名	学校名称	等级	排名	学校名称	等级	排名	学校名称	等级
1	浙江大学	5★	13	湘潭大学	4★	25	湖南大学	4★
2	北京大学	5★	14	西北工业大学	4★	26	武汉大学	4★
3	清华大学	5★	15	西安交通大学	4★	27	天津大学	4★
4	南京大学	5★	16	厦门大学	4★	28	东南大学	4★
5	复旦大学	5★	17	电子科技大学	4★	29	南京航空航天大学	4★
6	吉林大学	5★	18	南京师范大学	4★	30	湖南师范大学	4★
7	山东大学	5★	19	兰州大学	4★	31	郑州大学	4★
8	中国科学技术大学	5★	20	华中科技大学	4★	32	中南大学	4★
9	南开大学	5★	21	哈尔滨工业大学	4★	33	华东师范大学	4★
10	北京师范大学	4★	22	上海交通大学	4★	34	南京理工大学	4★
11	四川大学	4★	23	上海大学	4★			
12	大连理工大学	4★	24	中山大学	4★			
3★：50 个；2★：67 个；1★：16 个（名单略）								

070103 概率论与数理统计（141）

排名	学校名称	等级	排名	学校名称	等级	排名	学校名称	等级
1	北京大学	5★	11	浙江大学	4★	21	大连理工大学	4★
2	南开大学	5★	12	武汉大学	4★	22	华中科技大学	4★
3	北京师范大学	5★	13	中南大学	4★	23	天津大学	4★
4	山东大学	5★	14	北京工业大学	4★	24	电子科技大学	4★
5	中国科学技术大学	5★	15	厦门大学	4★	25	广东工业大学	4★
6	清华大学	5★	16	西安交通大学	4★	26	中山大学	4★
7	吉林大学	5★	17	哈尔滨工业大学	4★	27	南京理工大学	4★
8	复旦大学	4★	18	兰州大学	4★	28	合肥工业大学	4★
9	南京大学	4★	19	中国人民大学	4★			
10	四川大学	4★	20	上海交通大学	4★			
3★：43个；2★：56个；1★：14个（名单略）								

070104 应用数学（231）

排名	学校名称	等级	排名	学校名称	等级	排名	学校名称	等级
1	北京大学	5★	17	西安交通大学	4★	33	北京交通大学	4★
2	复旦大学	5★	18	大连理工大学	4★	34	华中师范大学	4★
3	清华大学	5★	19	东南大学	4★	35	华东师范大学	4★
4	浙江大学	5★	20	华南理工大学	4★	36	天津大学	4★
5	山东大学	5★	21	厦门大学	4★	37	中山大学	4★
6	南京大学	5★	22	华中科技大学	4★	38	南京理工大学	4★
7	中国科学技术大学	5★	23	西北工业大学	4★	39	重庆大学	4★
8	四川大学	5★	24	同济大学	4★	40	北京理工大学	4★
9	吉林大学	5★	25	兰州大学	4★	41	浙江师范大学	4★
10	南开大学	5★	26	南京航空航天大学	4★	42	陕西师范大学	4★
11	哈尔滨工业大学	5★	27	西南大学	4★	43	南京师范大学	4★
12	北京航空航天大学	5★	28	电子科技大学	4★	44	福州大学	4★
13	西安电子科技大学	4★	29	中南大学	4★	45	西北师范大学	4★
14	北京师范大学	4★	30	上海大学	4★	46	内蒙古大学	4★
15	上海交通大学	4★	31	湖南大学	4★	47	河北师范大学	4★
16	新疆大学	4★	32	武汉大学	4★			
3★：69个；2★：93个；1★：22个（名单略）								

070105 运筹学与控制论（157）

排名	学校名称	等级	排名	学校名称	等级	排名	学校名称	等级
1	南开大学	5★	6	浙江大学	5★	11	西安交通大学	4★
2	清华大学	5★	7	南京大学	5★	12	南京理工大学	4★
3	中国科学技术大学	5★	8	四川大学	5★	13	华中科技大学	4★
4	山东大学	5★	9	吉林大学	4★	14	哈尔滨工业大学	4★
5	复旦大学	5★	10	大连理工大学	4★	15	上海大学	4★

续表

排名	学校名称	等级	排名	学校名称	等级	排名	学校名称	等级
16	天津大学	4★	22	西安电子科技大学	4★	28	郑州大学	4★
17	电子科技大学	4★	23	合肥工业大学	4★	29	西北工业大学	4★
18	东南大学	4★	24	华东师范大学	4★	30	湘潭大学	4★
19	南京师范大学	4★	25	湖南大学	4★	31	湖南师范大学	4★
20	广东工业大学	4★	26	中山大学	4★	32	同济大学	4★
21	北京交通大学	4★	27	北京工业大学	4★			
3★：47个；2★：63个；1★：15个（名单略）								

0701W1　数学教育（9）

排名	学校名称	等级	排名	学校名称	等级	排名	学校名称	等级
1	首都师范大学	5★	2	东北师范大学	4★			
3★：2个；2★：4个；1★：1个（名单略）								

070201　理论物理（125）

排名	学校名称	等级	排名	学校名称	等级	排名	学校名称	等级
1	中国科学技术大学	5★	10	湖南师范大学	4★	19	上海大学	4★
2	北京大学	5★	11	华中师范大学	4★	20	四川大学	4★
3	清华大学	5★	12	南开大学	4★	21	山东大学	4★
4	复旦大学	5★	13	华中科技大学	4★	22	吉林大学	4★
5	南京大学	5★	14	电子科技大学	4★	23	华南师范大学	4★
6	北京师范大学	5★	15	兰州大学	4★	24	北京理工大学	4★
7	浙江大学	4★	16	西安交通大学	4★	25	武汉大学	4★
8	上海交通大学	4★	17	湖南大学	4★			
9	大连理工大学	4★	18	北京航空航天大学	4★			
3★：38个；2★：50个；1★：12个（名单略）								

070202　粒子物理与原子核物理（58）

排名	学校名称	等级	排名	学校名称	等级	排名	学校名称	等级
1	北京大学	5★	5	复旦大学	4★	9	华中师范大学	4★
2	清华大学	5★	6	兰州大学	4★	10	哈尔滨工业大学	4★
3	中国科学技术大学	5★	7	山东大学	4★	11	北京航空航天大学	4★
4	南京大学	4★	8	上海交通大学	4★			
3★：18个；2★：23个；1★：6个（名单略）								

070203　原子与分子物理（70）

排名	学校名称	等级	排名	学校名称	等级	排名	学校名称	等级
1	中国科学技术大学	5★	4	复旦大学	4★	7	上海交通大学	4★
2	清华大学	5★	5	四川大学	4★	8	西安交通大学	4★
3	南京大学	5★	6	吉林大学	4★	9	哈尔滨工业大学	4★

续表

排名	学校名称	等级	排名	学校名称	等级	排名	学校名称	等级
10	山西大学	4★	12	山东大学	4★	14	中南大学	4★
11	大连理工大学	4★	13	华南师范大学	4★			
3★：21个；2★：28个；1★：7个（名单略）								

070204 等离子体物理（36）

排名	学校名称	等级	排名	学校名称	等级	排名	学校名称	等级
1	中国科学技术大学	5★	4	大连理工大学	4★	7	浙江大学	4★
2	北京大学	4★	5	上海交通大学	4★			
3	清华大学	4★	6	华中科技大学	4★			
3★：11个；2★：14个；1★：4个（名单略）								

070205 凝聚态物理（145）

排名	学校名称	等级	排名	学校名称	等级	排名	学校名称	等级
1	南京大学	5★	11	武汉大学	4★	21	湖南大学	4★
2	中国科学技术大学	5★	12	中山大学	4★	22	上海大学	4★
3	清华大学	5★	13	哈尔滨工业大学	4★	23	燕山大学	4★
4	吉林大学	5★	14	厦门大学	4★	24	同济大学	4★
5	复旦大学	5★	15	北京航空航天大学	4★	25	南开大学	4★
6	北京大学	5★	16	西北工业大学	4★	26	华中科技大学	4★
7	浙江大学	5★	17	北京师范大学	4★	27	电子科技大学	4★
8	山东大学	4★	18	郑州大学	4★	28	大连理工大学	4★
9	上海交通大学	4★	19	兰州大学	4★	29	东南大学	4★
10	四川大学	4★	20	西安交通大学	4★			
3★：44个；2★：58个；1★：14个（名单略）								

070206 声学（28）

排名	学校名称	等级	排名	学校名称	等级	排名	学校名称	等级
1	南京大学	5★	3	清华大学	4★	5	同济大学	4★
2	中国科学技术大学	4★	4	西北工业大学	4★			
3★：9个；2★：11个；1★：3个（名单略）								

070207 光学（134）

排名	学校名称	等级	排名	学校名称	等级	排名	学校名称	等级
1	中国科学技术大学	5★	7	华南师范大学	5★	13	山西大学	4★
2	北京大学	5★	8	浙江大学	4★	14	上海交通大学	4★
3	清华大学	5★	9	南开大学	4★	15	山东大学	4★
4	哈尔滨工业大学	5★	10	华中科技大学	4★	16	四川大学	4★
5	南京大学	5★	11	华东师范大学	4★	17	北京工业大学	4★
6	复旦大学	5★	12	吉林大学	4★	18	中山大学	4★

续表

排名	学校名称	等级	排名	学校名称	等级	排名	学校名称	等级
19	西安电子科技大学	4★	22	西安交通大学	4★	25	北京航空航天大学	4★
20	电子科技大学	4★	23	上海大学	4★	26	东南大学	4★
21	大连理工大学	4★	24	北京师范大学	4★	27	长春理工大学	4★
3★：40 个；2★：54 个；1★：13 个（名单略）								

070208　无线电物理（64）

排名	学校名称	等级	排名	学校名称	等级	排名	学校名称	等级
1	清华大学	5★	6	上海大学	4★	11	厦门大学	4★
2	南京大学	5★	7	西安电子科技大学	4★	12	浙江大学	4★
3	电子科技大学	5★	8	华东师范大学	4★	13	兰州大学	4★
4	复旦大学	4★	9	华中科技大学	4★			
5	武汉大学	4★	10	四川大学	4★			
3★：19 个；2★：25 个；1★：7 个（名单略）								

070301　无机化学（150）

排名	学校名称	等级	排名	学校名称	等级	排名	学校名称	等级
1	南京大学	5★	11	清华大学	4★	21	同济大学	4★
2	南开大学	5★	12	苏州大学	4★	22	四川大学	4★
3	吉林大学	5★	13	山东大学	4★	23	北京师范大学	4★
4	复旦大学	5★	14	大连理工大学	4★	24	华东师范大学	4★
5	厦门大学	5★	15	天津大学	4★	25	福州大学	4★
6	北京大学	5★	16	郑州大学	4★	26	北京理工大学	4★
7	中山大学	5★	17	西北大学	4★	27	河南大学	4★
8	东北师范大学	5★	18	兰州大学	4★	28	武汉大学	4★
9	中国科学技术大学	4★	19	华东理工大学	4★	29	上海交通大学	4★
10	浙江大学	4★	20	北京化工大学	4★	30	广西师范大学	4★
3★：45 个；2★：60 个；1★：15 个（名单略）								

070302　分析化学（157）

排名	学校名称	等级	排名	学校名称	等级	排名	学校名称	等级
1	浙江大学	5★	10	复旦大学	4★	19	华南理工大学	4★
2	南京大学	5★	11	厦门大学	4★	20	大连理工大学	4★
3	北京大学	5★	12	西南大学	4★	21	北京化工大学	4★
4	中国科学技术大学	5★	13	华东理工大学	4★	22	山东大学	4★
5	清华大学	5★	14	兰州大学	4★	23	苏州大学	4★
6	南开大学	5★	15	四川大学	4★	24	上海交通大学	4★
7	吉林大学	5★	16	中山大学	4★	25	西北大学	4★
8	武汉大学	5★	17	福州大学	4★	26	陕西师范大学	4★
9	湖南大学	4★	18	华东师范大学	4★	27	安徽师范大学	4★

续表

排名	学校名称	等级	排名	学校名称	等级	排名	学校名称	等级
28	华中师范大学	4★	30	东北师范大学	4★	32	郑州大学	4★
29	中南大学	4★	31	南昌大学	4★			
3★：47个；2★：63个；1★：15个（名单略）								

070303　有机化学（159）

排名	学校名称	等级	排名	学校名称	等级	排名	学校名称	等级
1	浙江大学	5★	12	天津大学	4★	23	中国石油大学（华东）	4★
2	北京大学	5★	13	华中师范大学	4★	24	山东大学	4★
3	南开大学	5★	14	华东理工大学	4★	25	上海交通大学	4★
4	中国科学技术大学	5★	15	大连理工大学	4★	26	北京化工大学	4★
5	兰州大学	5★	16	郑州大学	4★	27	湖南大学	4★
6	南京大学	5★	17	苏州大学	4★	28	北京师范大学	4★
7	复旦大学	5★	18	武汉大学	4★	29	东华大学	4★
8	四川大学	5★	19	华东师范大学	4★	30	湖南师范大学	4★
9	吉林大学	4★	20	东北师范大学	4★	31	西北师范大学	4★
10	清华大学	4★	21	中山大学	4★	32	西南大学	4★
11	厦门大学	4★	22	华南理工大学	4★			
3★：48个；2★：63个；1★：16个（名单略）								

070304　物理化学（156）

排名	学校名称	等级	排名	学校名称	等级	排名	学校名称	等级
1	吉林大学	5★	12	福州大学	4★	23	兰州大学	4★
2	复旦大学	5★	13	华东理工大学	4★	24	华东师范大学	4★
3	厦门大学	5★	14	北京化工大学	4★	25	湖南大学	4★
4	中国科学技术大学	5★	15	武汉大学	4★	26	中南大学	4★
5	南开大学	5★	16	北京师范大学	4★	27	苏州大学	4★
6	南京大学	5★	17	中山大学	4★	28	华中师范大学	4★
7	北京大学	5★	18	天津大学	4★	29	同济大学	4★
8	浙江大学	5★	19	上海交通大学	4★	30	北京理工大学	4★
9	清华大学	4★	20	四川大学	4★	31	陕西师范大学	4★
10	山东大学	4★	21	东北师范大学	4★			
11	大连理工大学	4★	22	华南理工大学	4★			
3★：47个；2★：63个；1★：15个（名单略）								

070305　高分子化学与物理（131）

排名	学校名称	等级	排名	学校名称	等级	排名	学校名称	等级
1	浙江大学	5★	4	吉林大学	5★	7	南开大学	5★
2	中国科学技术大学	5★	5	北京大学	5★	8	清华大学	4★
3	复旦大学	5★	6	四川大学	5★	9	南京大学	4★

续表

排名	学校名称	等级	排名	学校名称	等级	排名	学校名称	等级
10	北京化工大学	4★	16	苏州大学	4★	22	西北工业大学	4★
11	厦门大学	4★	17	东华大学	4★	23	兰州大学	4★
12	中山大学	4★	18	华东理工大学	4★	24	山东大学	4★
13	上海交通大学	4★	19	大连理工大学	4★	25	同济大学	4★
14	华南理工大学	4★	20	北京理工大学	4★	26	湖南大学	4★
15	武汉大学	4★	21	青岛科技大学	4★			
3★：40 个；2★：52 个；1★：13 个（名单略）								

0703W1　化学生物学（17）

排名	学校名称	等级	排名	学校名称	等级	排名	学校名称	等级
1	南开大学	5★	2	厦门大学	4★	3	北京大学	4★
3★：5 个；2★：7 个；1★：2 个（名单略）								

0703W2　环境化学（8）

排名	学校名称	等级	排名	学校名称	等级	排名	学校名称	等级
1	福建师范大学	5★	2	福州大学	4★			
3★：2 个；2★：3 个；1★：1 个（名单略）								

070401　天体物理（16）

排名	学校名称	等级	排名	学校名称	等级	排名	学校名称	等级
1	南京大学	5★	2	中国科学技术大学	4★	3	北京大学	4★
3★：5 个；2★：6 个；1★：2 个（名单略）								

070402　天体测量与天体力学（3）

排名	学校名称	等级	排名	学校名称	等级	排名	学校名称	等级
1	南京大学	5★	2	北京师范大学	4★			

070501　自然地理学（71）

排名	学校名称	等级	排名	学校名称	等级	排名	学校名称	等级
1	北京大学	5★	6	南京师范大学	4★	11	武汉大学	4★
2	兰州大学	5★	7	中山大学	4★	12	华南师范大学	4★
3	北京师范大学	5★	8	福建师范大学	4★	13	西北大学	4★
4	华东师范大学	4★	9	河北师范大学	4★	14	新疆大学	4★
5	南京大学	4★	10	哈尔滨师范大学	4★			
3★：21 个；2★：29 个；1★：7 个（名单略）								

070502 人文地理学（67）

排名	学校名称	等级	排名	学校名称	等级	排名	学校名称	等级
1	华东师范大学	5★	6	安徽师范大学	4★	11	南京大学	4★
2	北京师范大学	5★	7	湖南师范大学	4★	12	河南大学	4★
3	北京大学	5★	8	辽宁师范大学	4★	13	西北师范大学	4★
4	中山大学	4★	9	华中师范大学	4★			
5	南京师范大学	4★	10	首都师范大学	4★			
3★：20个；2★：27个；1★：7个（名单略）								

070503 地图学与地理信息系统（77）

排名	学校名称	等级	排名	学校名称	等级	排名	学校名称	等级
1	北京师范大学	5★	6	中山大学	4★	11	新疆大学	4★
2	武汉大学	5★	7	南京大学	4★	12	中国海洋大学	4★
3	南京师范大学	5★	8	首都师范大学	4★	13	东北师范大学	4★
4	北京大学	5★	9	兰州大学	4★	14	云南师范大学	4★
5	华东师范大学	4★	10	浙江大学	4★	15	河南大学	4★
3★：23个；2★：31个；1★：8个（名单略）								

070601 气象学（15）

排名	学校名称	等级	排名	学校名称	等级	排名	学校名称	等级
1	南京信息工程大学	5★	2	北京大学	4★	3	南京大学	4★
3★：4个；2★：6个；1★：2个（名单略）								

070602 大气物理学与大气环境（13）

排名	学校名称	等级	排名	学校名称	等级	排名	学校名称	等级
1	北京大学	5★	2	南京信息工程大学	4★			
3★：4个；2★：5个；1★：2个（名单略）								

070701 物理海洋学（14）

排名	学校名称	等级	排名	学校名称	等级	排名	学校名称	等级
1	中国海洋大学	5★	2	厦门大学	4★			
3★：5个；2★：5个；1★：2个（名单略）								

070702 海洋化学（19）

排名	学校名称	等级	排名	学校名称	等级	排名	学校名称	等级
1	中国海洋大学	5★	2	厦门大学	4★	3	中国地质大学（武汉）	4★
3★：6个；2★：8个；1★：2个（名单略）								

070703 海洋生物学（23）

排名	学校名称	等级	排名	学校名称	等级	排名	学校名称	等级
1	中国海洋大学	5★	3	中山大学	4★			
2	厦门大学	4★	4	汕头大学	4★			
3★：7个；2★：9个；1★：3个（名单略）								

070704 海洋地质（13）

排名	学校名称	等级	排名	学校名称	等级	排名	学校名称	等级
1	厦门大学	5★	2	中国海洋大学	4★			
3★：4 个；2★：5 个；1★：2 个（名单略）								

070801 固体地球物理学（19）

排名	学校名称	等级	排名	学校名称	等级	排名	学校名称	等级
1	中国科学技术大学	5★	2	北京大学	4★	3	中国地质大学（北京）	4★
3★：6 个；2★：8 个；1★：2 个（名单略）								

070802 空间物理学（13）

排名	学校名称	等级	排名	学校名称	等级	排名	学校名称	等级
1	中国科学技术大学	5★	2	北京大学	4★			
3★：4 个；2★：5 个；1★：2 个（名单略）								

070901 矿物学、岩石学、矿床学（31）

排名	学校名称	等级	排名	学校名称	等级	排名	学校名称	等级
1	中国地质大学（北京）	5★	3	南京大学	4★	5	北京大学	4★
2	中国地质大学（武汉）	4★	4	西北大学	4★	6	吉林大学	4★
3★：9 个；2★：13 个；1★：3 个（名单略）								

070902 地球化学（28）

排名	学校名称	等级	排名	学校名称	等级	排名	学校名称	等级
1	中国地质大学（武汉）	5★	3	中国地质大学（北京）	4★	5	西北大学	4★
2	中国科学技术大学	4★	4	南京大学	4★			
3★：9 个；2★：11 个；1★：3 个（名单略）								

070903 古生物学与地层学（24）

排名	学校名称	等级	排名	学校名称	等级	排名	学校名称	等级
1	中国地质大学（武汉）	5★	3	西北大学	4★			
2	中国地质大学（北京）	4★	4	南京大学	4★			
3★：8 个；2★：9 个；1★：3 个（名单略）								

070904 构造地质学（28）

排名	学校名称	等级	排名	学校名称	等级	排名	学校名称	等级
1	中国地质大学（北京）	5★	3	北京大学	4★	5	西北大学	4★
2	中国地质大学（武汉）	4★	4	南京大学	4★			
3★：9 个；2★：11 个；1★：3 个（名单略）								

070905 第四纪地质学（27）

排名	学校名称	等级	排名	学校名称	等级	排名	学校名称	等级
1	中国地质大学（武汉）	5★	2	中国地质大学（北京）	4★	3	西北大学	4★

续表

排名	学校名称	等级	排名	学校名称	等级	排名	学校名称	等级
4	南京大学	4★	5	兰州大学	4★			
3★：8个；2★：11个；1★：3个（名单略）								

071001 植物学（137）

排名	学校名称	等级	排名	学校名称	等级	排名	学校名称	等级
1	北京大学	5★	11	南京农业大学	4★	21	厦门大学	4★
2	复旦大学	5★	12	四川大学	4★	22	云南大学	4★
3	中山大学	5★	13	东北林业大学	4★	23	山东农业大学	4★
4	武汉大学	5★	14	华南农业大学	4★	24	东北农业大学	4★
5	中国农业大学	5★	15	西北大学	4★	25	清华大学	4★
6	浙江大学	5★	16	上海交通大学	4★	26	四川农业大学	4★
7	南京大学	5★	17	华中农业大学	4★	27	山东大学	4★
8	兰州大学	4★	18	西南大学	4★	28	南京林业大学	4★
9	西北农林科技大学	4★	19	南开大学	4★			
10	北京林业大学	4★	20	首都师范大学	4★			
3★：41个；2★：54个；1★：14个（名单略）								

071002 动物学（129）

排名	学校名称	等级	排名	学校名称	等级	排名	学校名称	等级
1	中山大学	5★	10	河北大学	4★	19	华中师范大学	4★
2	武汉大学	5★	11	厦门大学	4★	20	陕西师范大学	4★
3	北京大学	5★	12	华南农业大学	4★	21	四川大学	4★
4	南京大学	5★	13	浙江大学	4★	22	北京师范大学	4★
5	南开大学	5★	14	华东师范大学	4★	23	南昌大学	4★
6	内蒙古大学	5★	15	南京农业大学	4★	24	西南大学	4★
7	西北农林科技大学	5★	16	北京协和医学院	4★	25	兰州大学	4★
8	复旦大学	4★	17	贵州大学	4★	26	福建师范大学	4★
9	南京师范大学	4★	18	云南大学	4★			
3★：39个；2★：51个；1★：13个（名单略）								

071003 生理学（113）

排名	学校名称	等级	排名	学校名称	等级	排名	学校名称	等级
1	北京大学	5★	9	西安交通大学	4★	17	南方医科大学	4★
2	南京大学	5★	10	山西医科大学	4★	18	山东大学	4★
3	复旦大学	5★	11	华中农业大学	4★	19	首都医科大学	4★
4	中山大学	5★	12	上海交通人学	4★	20	南昌人学	4★
5	厦门大学	5★	13	青岛大学	4★	21	华中科技大学	4★
6	武汉大学	5★	14	四川大学	4★	22	北京师范大学	4★
7	北京协和医学院	4★	15	浙江大学	4★	23	东南大学	4★
8	中国农业大学	4★	16	西北农林科技大学	4★			
3★：34个；2★：45个；1★：11个（名单略）								

071004 水生生物学（66）

排名	学校名称	等级	排名	学校名称	等级	排名	学校名称	等级
1	中山大学	5★	6	南京农业大学	4★	11	中国海洋大学	4★
2	厦门大学	5★	7	西北农林科技大学	4★	12	南昌大学	4★
3	暨南大学	5★	8	南京师范大学	4★	13	清华大学	4★
4	上海海洋大学	4★	9	西南大学	4★			
5	华中农业大学	4★	10	华南农业大学	4★			
3★：20个；2★：26个；1★：7个（名单略）								

071005 微生物学（162）

排名	学校名称	等级	排名	学校名称	等级	排名	学校名称	等级
1	武汉大学	5★	12	云南大学	4★	23	广西大学	4★
2	复旦大学	5★	13	北京协和医学院	4★	24	中南大学	4★
3	中国农业大学	5★	14	华南农业大学	4★	25	四川农业大学	4★
4	华中农业大学	5★	15	西北农林科技大学	4★	26	华南理工大学	4★
5	山东大学	5★	16	清华大学	4★	27	山东农业大学	4★
6	中山大学	5★	17	四川大学	4★	28	南京师范大学	4★
7	中国科学技术大学	5★	18	厦门大学	4★	29	福建农林大学	4★
8	浙江大学	5★	19	吉林大学	4★	30	安徽农业大学	4★
9	上海交通大学	4★	20	西南大学	4★	31	北京林业大学	4★
10	南京农业大学	4★	21	华中科技大学	4★	32	中国医科大学	4★
11	南开大学	4★	22	中国海洋大学	4★	33	东北农业大学	4★
3★：48个；2★：65个；1★：16个（名单略）								

071006 神经生物学（72）

排名	学校名称	等级	排名	学校名称	等级	排名	学校名称	等级
1	复旦大学	5★	6	浙江大学	4★	11	东南大学	4★
2	中国科学技术大学	5★	7	上海交通大学	4★	12	华东师范大学	4★
3	中山大学	5★	8	华中科技大学	4★	13	山东大学	4★
4	北京大学	4★	9	南方医科大学	4★	14	清华大学	4★
5	首都医科大学	4★	10	西安交通大学	4★			
3★：22个；2★：29个；1★：7个（名单略）								

071007 遗传学（140）

排名	学校名称	等级	排名	学校名称	等级	排名	学校名称	等级
1	复旦大学	5★	7	南京大学	5★	13	南京农业大学	4★
2	北京协和医学院	5★	8	上海交通大学	4★	14	清华大学	4★
3	中山大学	5★	9	四川大学	4★	15	西北农林科技大学	4★
4	中国科学技术大学	5★	10	华中农业大学	4★	16	山东大学	4★
5	武汉大学	5★	11	中南大学	4★	17	西南大学	4★
6	北京大学	5★	12	浙江大学	4★	18	华中科技大学	4★

续表

排名	学校名称	等级	排名	学校名称	等级	排名	学校名称	等级
19	中国农业大学	4★	23	南方医科大学	4★	27	中国医科大学	4★
20	华南农业大学	4★	24	东南大学	4★	28	南开大学	4★
21	厦门大学	4★	25	中国海洋大学	4★			
22	西安交通大学	4★	26	天津大学	4★			
3★：42个；2★：56个；1★：14个（名单略）								

071008 发育生物学（83）

排名	学校名称	等级	排名	学校名称	等级	排名	学校名称	等级
1	武汉大学	5★	7	华中农业大学	4★	13	南方医科大学	4★
2	复旦大学	5★	8	西北农林科技大学	4★	14	清华大学	4★
3	中山大学	5★	9	山东大学	4★	15	东北林业大学	4★
4	浙江大学	5★	10	山东农业大学	4★	16	东南大学	4★
5	上海交通大学	4★	11	中南大学	4★	17	北京师范大学	4★
6	湖南师范大学	4★	12	西南大学	4★			
3★：24个；2★：34个；1★：8个（名单略）								

071009 细胞生物学（135）

排名	学校名称	等级	排名	学校名称	等级	排名	学校名称	等级
1	北京大学	5★	10	河北师范大学	4★	19	中国医科大学	4★
2	中国科学技术大学	5★	11	清华大学	4★	20	南开大学	4★
3	武汉大学	5★	12	东北师范大学	4★	21	兰州大学	4★
4	北京协和医学院	5★	13	北京师范大学	4★	22	西安交通大学	4★
5	中山大学	5★	14	上海交通大学	4★	23	西北农林科技大学	4★
6	复旦大学	5★	15	山东大学	4★	24	西南大学	4★
7	四川大学	5★	16	中南大学	4★	25	南方医科大学	4★
8	厦门大学	4★	17	华中农业大学	4★	26	南京农业大学	4★
9	浙江大学	4★	18	中国农业大学	4★	27	首都师范大学	4★
3★：41个；2★：54个；1★：13个（名单略）								

071010 生物化学与分子生物学（202）

排名	学校名称	等级	排名	学校名称	等级	排名	学校名称	等级
1	北京大学	5★	9	四川大学	5★	17	南开大学	4★
2	复旦大学	5★	10	北京协和医学院	5★	18	厦门大学	4★
3	中山大学	5★	11	中国农业大学	5★	19	华东理工大学	4★
4	上海交通大学	5★	12	吉林大学	4★	20	华东师范大学	4★
5	武汉大学	5★	13	清华大学	4★	21	中南大学	4★
6	南京大学	5★	14	华中农业大学	4★	22	西南大学	4★
7	中国科学技术大学	5★	15	华中科技大学	4★	23	西北农林科技大学	4★
8	浙江大学	5★	16	山东大学	4★	24	兰州大学	4★

续表

排名	学校名称	等级	排名	学校名称	等级	排名	学校名称	等级
25	南京农业大学	4★	31	南方医科大学	4★	37	汕头大学	4★
26	南京医科大学	4★	32	暨南大学	4★	38	中国海洋大学	4★
27	北京师范大学	4★	33	四川农业大学	4★	39	北京林业大学	4★
28	首都医科大学	4★	34	大连医科大学	4★	40	同济大学	4★
29	西安交通大学	4★	35	华南农业大学	4★	41	天津大学	4★
30	中国医科大学	4★	36	哈尔滨医科大学	4★			
3★：61 个；2★：80 个；1★：20 个（名单略）								

071011　生物物理学（80）

排名	学校名称	等级	排名	学校名称	等级	排名	学校名称	等级
1	中国科学技术大学	5★	7	清华大学	4★	13	西北农林科技大学	4★
2	北京大学	5★	8	中山大学	4★	14	东南大学	4★
3	南京大学	5★	9	西安交通大学	4★	15	北京协和医学院	4★
4	武汉大学	5★	10	华中科技大学	4★	16	华南师范大学	4★
5	浙江大学	4★	11	上海交通大学	4★			
6	复旦大学	4★	12	天津大学	4★			
3★：24 个；2★：32 个；1★：8 个（名单略）								

0710W1　生物信息学（13）

排名	学校名称	等级	排名	学校名称	等级	排名	学校名称	等级
1	中国科学技术大学	5★	2	北京大学	4★			
3★：4 个；2★：5 个；1★：2 个（名单略）								

071101　系统理论（27）

排名	学校名称	等级	排名	学校名称	等级	排名	学校名称	等级
1	北京师范大学	5★	3	北京交通大学	4★	5	上海交通大学	4★
2	青岛大学	4★	4	山东大学	4★			
3★：8 个；2★：11 个；1★：3 个（名单略）								

071102　系统分析与集成（33）

排名	学校名称	等级	排名	学校名称	等级	排名	学校名称	等级
1	华中科技大学	5★	3	上海理工大学	4★	5	北京师范大学	4★
2	北京交通大学	4★	4	云南大学	4★	6	西北工业大学	4★
3★：10 个；2★：13 个；1★：4 个（名单略）								

080101　一般力学与力学基础（54）

排名	学校名称	等级	排名	学校名称	等级	排名	学校名称	等级
1	哈尔滨工业大学	5★	3	清华大学	4★	5	大连理工大学	4★
2	北京大学	5★	4	上海交通大学	4★	6	南京航空航天大学	4★

续表

排名	学校名称	等级	排名	学校名称	等级	排名	学校名称	等级
7	北京航空航天大学	4★	9	西安交通大学	4★	11	西北工业大学	4★
8	天津大学	4★	10	湘潭大学	4★			
3★：16个；2★：21个；1★：6个（名单略）								

080102 固体力学（84）

排名	学校名称	等级	排名	学校名称	等级	排名	学校名称	等级
1	清华大学	5★	7	西北工业大学	4★	13	四川大学	4★
2	哈尔滨工业大学	5★	8	中国科学技术大学	4★	14	天津大学	4★
3	大连理工大学	5★	9	西安交通大学	4★	15	北京理工大学	4★
4	北京航空航天大学	5★	10	上海交通大学	4★	16	宁波大学	4★
5	北京大学	4★	11	兰州大学	4★	17	河海大学	4★
6	南京航空航天大学	4★	12	浙江大学	4★			
3★：25个；2★：34个；1★：8个（名单略）								

080103 流体力学（66）

排名	学校名称	等级	排名	学校名称	等级	排名	学校名称	等级
1	北京航空航天大学	5★	6	哈尔滨工业大学	4★	11	天津大学	4★
2	清华大学	5★	7	上海交通大学	4★	12	西安交通大学	4★
3	南京航空航天大学	5★	8	大连理工大学	4★	13	浙江大学	4★
4	中国科学技术大学	4★	9	上海大学	4★			
5	北京大学	4★	10	西北工业大学	4★			
3★：20个；2★：26个；1★：7个（名单略）								

080104 工程力学（110）

排名	学校名称	等级	排名	学校名称	等级	排名	学校名称	等级
1	大连理工大学	5★	9	中国科学技术大学	4★	17	兰州大学	4★
2	哈尔滨工业大学	5★	10	同济大学	4★	18	宁波大学	4★
3	清华大学	5★	11	浙江大学	4★	19	西北工业大学	4★
4	南京航空航天大学	5★	12	北京理工大学	4★	20	南京理工大学	4★
5	上海交通大学	5★	13	中国矿业大学（北京）	4★	21	山东大学	4★
6	北京大学	5★	14	中国矿业大学	4★	22	东南大学	4★
7	北京航空航天大学	4★	15	西安交通大学	4★			
8	河海大学	4★	16	中南大学	4★			
3★：33个；2★：44个；1★：11个（名单略）								

080201 机械制造及其自动化（186）

排名	学校名称	等级	排名	学校名称	等级	排名	学校名称	等级
1	浙江大学	5★	3	清华大学	5★	5	西安交通大学	5★
2	上海交通大学	5★	4	哈尔滨工业大学	5★	6	华中科技大学	5★

续表

排名	学校名称	等级	排名	学校名称	等级	排名	学校名称	等级
7	北京航空航天大学	5★	18	山东大学	4★	29	南京理工大学	4★
8	北京理工大学	5★	19	华南理工大学	4★	30	兰州理工大学	4★
9	西南交通大学	5★	20	武汉理工大学	4★	31	中国矿业大学	4★
10	重庆大学	5★	21	天津大学	4★	32	浙江工业大学	4★
11	中南大学	4★	22	东北大学	4★	33	西安电子科技大学	4★
12	南京航空航天大学	4★	23	江苏大学	4★	34	北京工业大学	4★
13	湖南大学	4★	24	东南大学	4★	35	四川大学	4★
14	大连理工大学	4★	25	上海大学	4★	36	广东工业大学	4★
15	吉林大学	4★	26	北京科技大学	4★	37	上海理工大学	4★
16	燕山大学	4★	27	同济大学	4★	38	中国矿业大学（北京）	4★
17	西北工业大学	4★	28	合肥工业大学	4★			
3★：55 个；2★：75 个；1★：18 个（名单略）								

080202　机械电子工程（187）

排名	学校名称	等级	排名	学校名称	等级	排名	学校名称	等级
1	哈尔滨工业大学	5★	14	西北工业大学	4★	27	北京科技大学	4★
2	浙江大学	5★	15	西南交通大学	4★	28	浙江工业大学	4★
3	上海交通大学	5★	16	大连理工大学	4★	29	北京交通大学	4★
4	华中科技大学	5★	17	南京航空航天大学	4★	30	合肥工业大学	4★
5	清华大学	5★	18	上海大学	4★	31	电子科技大学	4★
6	西安交通大学	5★	19	西安电子科技大学	4★	32	北京工业大学	4★
7	北京航空航天大学	5★	20	华南理工大学	4★	33	中国矿业大学	4★
8	北京理工大学	5★	21	中国石油大学（华东）	4★	34	武汉理工大学	4★
9	燕山大学	5★	22	东南大学	4★	35	西安理工大学	4★
10	重庆大学	5★	23	东北大学	4★	36	中国农业大学	4★
11	湖南大学	4★	24	同济大学	4★	37	浙江理工大学	4★
12	中南大学	4★	25	南京理工大学	4★	38	东华大学	4★
13	吉林大学	4★	26	天津大学	4★			
3★：56 个；2★：75 个；1★：18 个（名单略）								

080203　机械设计及理论（195）

排名	学校名称	等级	排名	学校名称	等级	排名	学校名称	等级
1	上海交通大学	5★	8	北京航空航天大学	5★	15	东北大学	4★
2	西安交通大学	5★	9	清华大学	5★	16	合肥工业大学	4★
3	华中科技大学	5★	10	北京理工大学	5★	17	天津大学	4★
4	哈尔滨工业大学	5★	11	浙江大学	4★	18	北京科技大学	4★
5	燕山大学	5★	12	湖南大学	4★	19	南京航空航天大学	4★
6	吉林大学	5★	13	重庆大学	4★	20	中国矿业大学	4★
7	西南交通大学	5★	14	中南大学	4★	21	同济大学	4★

续表

排名	学校名称	等级	排名	学校名称	等级	排名	学校名称	等级
22	中国矿业大学（北京）	4★	28	中国石油大学（华东）	4★	34	东南大学	4★
23	西北工业大学	4★	29	华南理工大学	4★	35	北京工业大学	4★
24	上海大学	4★	30	浙江理工大学	4★	36	兰州理工大学	4★
25	大连理工大学	4★	31	武汉理工大学	4★	37	北京化工大学	4★
26	中国农业大学	4★	32	南京理工大学	4★	38	东华大学	4★
27	江苏大学	4★	33	辽宁工程技术大学	4★	39	北京交通大学	4★
3★：59个；2★：78个；1★：19个（名单略）								

080204 车辆工程（137）

排名	学校名称	等级	排名	学校名称	等级	排名	学校名称	等级
1	清华大学	5★	11	燕山大学	4★	21	合肥工业大学	4★
2	湖南大学	5★	12	同济大学	4★	22	北京工业大学	4★
3	吉林大学	5★	13	中南大学	4★	23	北京交通大学	4★
4	哈尔滨工业大学	5★	14	北京航空航天大学	4★	24	西北工业大学	4★
5	上海交通大学	5★	15	浙江大学	4★	25	浙江理工大学	4★
6	华中科技大学	5★	16	武汉理工大学	4★	26	山东大学	4★
7	西安交通大学	5★	17	江苏大学	4★	27	中国农业大学	4★
8	西南交通大学	4★	18	长安大学	4★	28	南京理工大学	4★
9	北京理工大学	4★	19	天津大学	4★			
10	重庆大学	4★	20	华南理工大学	4★			
3★：41个；2★：54个；1★：14个（名单略）								

0802W1 工业工程（17）

排名	学校名称	等级	排名	学校名称	等级	排名	学校名称	等级
1	华中科技大学	5★	2	浙江大学	4★	3	上海交通大学	4★
3★：5个；2★：7个；1★：2个（名单略）								

0802W2 工业设计（13）

排名	学校名称	等级	排名	学校名称	等级	排名	学校名称	等级
1	天津大学	5★	2	西北工业大学	4★			
3★：4个；2★：5个；1★：2个（名单略）								

080401 精密仪器及机械（73）

排名	学校名称	等级	排名	学校名称	等级	排名	学校名称	等级
1	北京航空航天大学	5★	6	重庆大学	4★	11	电子科技大学	4★
2	天津大学	5★	7	中北大学	4★	12	哈尔滨工程大学	4★
3	哈尔滨工业大学	5★	8	合肥工业大学	4★	13	大连理工大学	4★
4	西安交通大学	5★	9	东南大学	4★	14	中国科学技术大学	4★
5	清华大学	4★	10	上海交通大学	4★			
3★：22个；2★：30个；1★：7个（名单略）								

080402 测试计量技术及仪器（93）

排名	学校名称	等级	排名	学校名称	等级	排名	学校名称	等级
1	哈尔滨工业大学	5★	8	吉林大学	4★	15	北京理工大学	4★
2	北京航空航天大学	5★	9	东南大学	4★	16	西北工业大学	4★
3	天津大学	5★	10	华中科技大学	4★	17	南京理工大学	4★
4	西安交通大学	5★	11	南京航空航天大学	4★	18	中国科学技术大学	4★
5	清华大学	5★	12	上海交通大学	4★	19	上海理工大学	4★
6	浙江大学	4★	13	合肥工业大学	4★			
7	电子科技大学	4★	14	中北大学	4★			
3★：27 个；2★：38 个；1★：9 个（名单略）								

080501 材料物理与化学（185）

排名	学校名称	等级	排名	学校名称	等级	排名	学校名称	等级
1	清华大学	5★	14	南京大学	4★	27	河北工业大学	4★
2	北京科技大学	5★	15	中山大学	4★	28	中国科学技术大学	4★
3	上海交通大学	5★	16	华中科技大学	4★	29	南昌大学	4★
4	西安交通大学	5★	17	复旦大学	4★	30	南京工业大学	4★
5	武汉理工大学	5★	18	四川大学	4★	31	同济大学	4★
6	浙江大学	5★	19	东北大学	4★	32	南京理工大学	4★
7	华南理工大学	5★	20	吉林大学	4★	33	东华大学	4★
8	山东大学	5★	21	南开大学	4★	34	燕山大学	4★
9	哈尔滨工业大学	5★	22	武汉大学	4★	35	北京理工大学	4★
10	北京航空航天大学	5★	23	大连理工大学	4★	36	北京化工大学	4★
11	中南大学	4★	24	上海大学	4★	37	厦门大学	4★
12	西北工业大学	4★	25	东南大学	4★			
13	天津大学	4★	26	北京工业大学	4★			
3★：56 个；2★：74 个；1★：18 个（名单略）								

080502 材料学（183）

排名	学校名称	等级	排名	学校名称	等级	排名	学校名称	等级
1	哈尔滨工业大学	5★	12	武汉理工大学	4★	23	东南大学	4★
2	清华大学	5★	13	中南大学	4★	24	南京理工大学	4★
3	浙江大学	5★	14	西安交通大学	4★	25	北京工业大学	4★
4	西北工业大学	5★	15	华中科技大学	4★	26	南京大学	4★
5	上海交通大学	5★	16	东北大学	4★	27	重庆大学	4★
6	北京科技大学	5★	17	北京化工大学	4★	28	上海大学	4★
7	山东大学	5★	18	同济大学	4★	29	北京理工大学	4★
8	华南理工大学	5★	19	燕山大学	4★	30	南开大学	4★
9	天津大学	5★	20	吉林大学	4★	31	电子科技大学	4★
10	四川大学	5★	21	大连理工大学	4★	32	南京工业大学	4★
11	北京航空航天大学	4★	22	东华大学	4★	33	苏州大学	4★

续表

排名	学校名称	等级	排名	学校名称	等级	排名	学校名称	等级
34	武汉大学	4★	36	合肥工业大学	4★			
35	中国科学技术大学	4★	37	南京航空航天大学	4★			
3★：55个；2★：73个；1★：18个（名单略）								

080503 材料加工工程（158）

排名	学校名称	等级	排名	学校名称	等级	排名	学校名称	等级
1	北京科技大学	5★	12	东北大学	4★	23	太原理工大学	4★
2	哈尔滨工业大学	5★	13	中南大学	4★	24	兰州理工大学	4★
3	西北工业大学	5★	14	吉林大学	4★	25	同济大学	4★
4	上海交通大学	5★	15	天津大学	4★	26	重庆大学	4★
5	华南理工大学	5★	16	北京航空航天大学	4★	27	北京工业大学	4★
6	清华大学	5★	17	大连理工大学	4★	28	北京理工大学	4★
7	四川大学	5★	18	山东大学	4★	29	南京航空航天大学	4★
8	浙江大学	5★	19	上海大学	4★	30	中山大学	4★
9	华中科技大学	4★	20	郑州大学	4★	31	电子科技大学	4★
10	西安交通大学	4★	21	北京化工大学	4★	32	燕山大学	4★
11	武汉理工大学	4★	22	东华大学	4★			
3★：47个；2★：63个；1★：16个（名单略）								

080601 冶金物理化学（21）

排名	学校名称	等级	排名	学校名称	等级	排名	学校名称	等级
1	北京科技大学	5★	3	东北大学	4★			
2	中南大学	4★	4	昆明理工大学	4★			
3★：6个；2★：9个；1★：2个（名单略）								

080602 钢铁冶金（22）

排名	学校名称	等级	排名	学校名称	等级	排名	学校名称	等级
1	东北大学	5★	3	中南大学	4★			
2	北京科技大学	4★	4	重庆大学	4★			
3★：7个；2★：8个；1★：3个（名单略）								

080603 有色金属冶金（22）

排名	学校名称	等级	排名	学校名称	等级	排名	学校名称	等级
1	北京科技大学	5★	3	中南大学	4★			
2	东北大学	4★	4	昆明理工大学	4★			
3★：7个；2★：8个；1★：3个（名单略）								

080701 工程热物理（61）

排名	学校名称	等级	排名	学校名称	等级	排名	学校名称	等级
1	清华大学	5★	5	哈尔滨工业大学	4★	9	重庆大学	4★
2	西安交通大学	5★	6	华中科技大学	4★	10	东南大学	4★
3	浙江大学	5★	7	天津大学	4★	11	华北电力大学	4★
4	上海交通大学	4★	8	西北工业大学	4★	12	南京航空航天大学	4★
3★：18 个；2★：25 个；1★：6 个（名单略）								

080702 热能工程（79）

排名	学校名称	等级	排名	学校名称	等级	排名	学校名称	等级
1	浙江大学	5★	7	华北电力大学	4★	13	华东理工大学	4★
2	西安交通大学	5★	8	东南大学	4★	14	山东大学	4★
3	清华大学	5★	9	天津大学	4★	15	大连理工大学	4★
4	上海交通大学	5★	10	北京科技大学	4★	16	上海理工大学	4★
5	华中科技大学	4★	11	北京航空航天大学	4★			
6	哈尔滨工业大学	4★	12	中国科学技术大学	4★			
3★：23 个；2★：32 个；1★：8 个（名单略）								

080703 动力机械及工程（70）

排名	学校名称	等级	排名	学校名称	等级	排名	学校名称	等级
1	上海交通大学	5★	6	天津大学	4★	11	大连理工大学	4★
2	清华大学	5★	7	华中科技大学	4★	12	武汉理工大学	4★
3	浙江大学	5★	8	北京理工大学	4★	13	东南大学	4★
4	西安交通大学	4★	9	华北电力大学	4★	14	西北工业大学	4★
5	哈尔滨工业大学	4★	10	同济大学	4★			
3★：21 个；2★：28 个；1★：7 个（名单略）								

080704 流体机械及工程（70）

排名	学校名称	等级	排名	学校名称	等级	排名	学校名称	等级
1	西安交通大学	5★	6	江苏大学	4★	11	东南大学	4★
2	清华大学	5★	7	武汉大学	4★	12	西北工业大学	4★
3	哈尔滨工业大学	5★	8	北京航空航天大学	4★	13	上海理工大学	4★
4	上海交通大学	4★	9	浙江大学	4★	14	华北电力大学	4★
5	华中科技大学	4★	10	兰州理工大学	4★			
3★：21 个；2★：28 个；1★：7 个（名单略）								

080705 制冷及低温工程（59）

排名	学校名称	等级	排名	学校名称	等级	排名	学校名称	等级
1	上海交通大学	5★	5	华中科技大学	4★	9	天津大学	4★
2	浙江大学	5★	6	哈尔滨工业大学	4★	10	北京航空航天大学	4★
3	清华大学	5★	7	上海理工大学	4★	11	北京化工大学	4★
4	西安交通大学	4★	8	东南大学	4★	12	大连理工大学	4★
3★：17 个；2★：24 个；1★：6 个（名单略）								

080706 化工过程机械（65）

排名	学校名称	等级	排名	学校名称	等级	排名	学校名称	等级
1	浙江大学	5★	6	华东理工大学	4★	11	大连理工大学	4★
2	清华大学	5★	7	浙江工业大学	4★	12	华南理工大学	4★
3	西安交通大学	5★	8	天津大学	4★	13	郑州大学	4★
4	哈尔滨工业大学	4★	9	北京化工大学	4★			
5	华中科技大学	4★	10	四川大学	4★			
3★：19个；2★：26个；1★：7个（名单略）								

080801 电机与电器（73）

排名	学校名称	等级	排名	学校名称	等级	排名	学校名称	等级
1	清华大学	5★	6	华北电力大学	4★	11	南京航空航天大学	4★
2	华中科技大学	5★	7	天津大学	4★	12	上海交通大学	4★
3	浙江大学	5★	8	重庆大学	4★	13	湖南大学	4★
4	西安交通大学	5★	9	沈阳工业大学	4★	14	河北工业大学	4★
5	哈尔滨工业大学	4★	10	东南大学	4★			
3★：22个；2★：30个；1★：7个（名单略）								

080802 电力系统及其自动化（82）

排名	学校名称	等级	排名	学校名称	等级	排名	学校名称	等级
1	清华大学	5★	7	上海交通大学	4★	13	哈尔滨工业大学	4★
2	华北电力大学	5★	8	湖南大学	4★	14	河海大学	4★
3	浙江大学	5★	9	天津大学	4★	15	山东大学	4★
4	华中科技大学	5★	10	东南大学	4★	16	四川大学	4★
5	西安交通大学	4★	11	重庆大学	4★			
6	西南交通大学	4★	12	华南理工大学	4★			
3★：25个；2★：33个；1★：8个（名单略）								

080803 高电压与绝缘技术（48）

排名	学校名称	等级	排名	学校名称	等级	排名	学校名称	等级
1	清华大学	5★	4	华中科技大学	4★	7	哈尔滨理工大学	4★
2	西安交通大学	5★	5	浙江大学	4★	8	哈尔滨工业大学	4★
3	重庆大学	4★	6	华北电力大学	4★	9	上海交通大学	4★
3★：15个；2★：19个；1★：5个（名单略）								

080804 电力电子与电力传动（95）

排名	学校名称	等级	排名	学校名称	等级	排名	学校名称	等级
1	华中科技大学	5★	5	南京航空航天大学	5★	9	西南交通大学	4★
2	清华大学	5★	6	重庆大学	4★	10	中国矿业大学	4★
3	浙江大学	5★	7	合肥工业大学	4★	11	东南大学	4★
4	西安交通大学	5★	8	哈尔滨工业大学	4★	12	中国矿业大学（北京）	4★

续表

排名	学校名称	等级	排名	学校名称	等级	排名	学校名称	等级
13	华北电力大学	4★	16	北京交通大学	4★	19	东北大学	4★
14	燕山大学	4★	17	华南理工大学	4★			
15	上海交通大学	4★	18	西北工业大学	4★			
3★：28 个；2★：38 个；1★：10 个（名单略）								

080805　电工理论与新技术（73）

排名	学校名称	等级	排名	学校名称	等级	排名	学校名称	等级
1	华中科技大学	5★	6	华北电力大学	4★	11	河北工业大学	4★
2	清华大学	5★	7	哈尔滨工业大学	4★	12	上海交通大学	4★
3	西安交通大学	5★	8	湖南大学	4★	13	北京交通大学	4★
4	重庆大学	5★	9	合肥工业大学	4★	14	东南大学	4★
5	浙江大学	4★	10	西南交通大学	4★			
3★：22 个；2★：30 个；1★：7 个（名单略）								

080901　物理电子学（99）

排名	学校名称	等级	排名	学校名称	等级	排名	学校名称	等级
1	清华大学	5★	8	哈尔滨工业大学	4★	15	华南理工大学	4★
2	电子科技大学	5★	9	西安交通大学	4★	16	北京航空航天大学	4★
3	西安电子科技大学	5★	10	浙江大学	4★	17	天津大学	4★
4	东南大学	5★	11	华中科技大学	4★	18	南京理工大学	4★
5	复旦大学	5★	12	北京理工大学	4★	19	中国科学技术大学	4★
6	北京大学	4★	13	西北工业大学	4★	20	武汉大学	4★
7	北京邮电大学	4★	14	吉林大学	4★			
3★：29 个；2★：40 个；1★：10 个（名单略）								

080902　电路与系统（109）

排名	学校名称	等级	排名	学校名称	等级	排名	学校名称	等级
1	清华大学	5★	9	浙江大学	4★	17	北京理工大学	4★
2	电子科技大学	5★	10	华中科技大学	4★	18	宁波大学	4★
3	西安电子科技大学	5★	11	西北工业大学	4★	19	北京航空航天大学	4★
4	复旦大学	5★	12	重庆大学	4★	20	湖南大学	4★
5	北京大学	5★	13	哈尔滨工业大学	4★	21	吉林大学	4★
6	北京邮电大学	4★	14	西安交通大学	4★	22	燕山大学	4★
7	东南大学	4★	15	天津大学	4★			
8	上海交通大学	4★	16	华南理工大学	4★			
3★：33 个；2★：43 个；1★：11 个（名单略）								

080903 微电子学与固体电子学（88）

排名	学校名称	等级	排名	学校名称	等级	排名	学校名称	等级
1	电子科技大学	5★	7	东南大学	4★	13	西安交通大学	4★
2	北京大学	5★	8	天津大学	4★	14	南京大学	4★
3	复旦大学	5★	9	吉林大学	4★	15	浙江大学	4★
4	西安电子科技大学	5★	10	上海交通大学	4★	16	中山大学	4★
5	清华大学	4★	11	华中科技大学	4★	17	大连理工大学	4★
6	北京邮电大学	4★	12	哈尔滨工业大学	4★	18	北京理工大学	4★
3★：26 个；2★：35 个；1★：9 个（名单略）								

080904 电磁场与微波技术（74）

排名	学校名称	等级	排名	学校名称	等级	排名	学校名称	等级
1	电子科技大学	5★	6	复旦大学	4★	11	南京理工大学	4★
2	东南大学	5★	7	北京大学	4★	12	北京航空航天大学	4★
3	西安电子科技大学	5★	8	上海交通大学	4★	13	西安交通大学	4★
4	清华大学	5★	9	华中科技大学	4★	14	浙江大学	4★
5	北京邮电大学	4★	10	哈尔滨工业大学	4★	15	南京邮电大学	4★
3★：22 个；2★：29 个；1★：8 个（名单略）								

081001 通信与信息系统（141）

排名	学校名称	等级	排名	学校名称	等级	排名	学校名称	等级
1	北京邮电大学	5★	11	重庆邮电大学	4★	21	南京航空航天大学	4★
2	电子科技大学	5★	12	中国科学技术大学	4★	22	华中科技大学	4★
3	西安电子科技大学	5★	13	浙江大学	4★	23	西北工业大学	4★
4	北京交通大学	5★	14	南京邮电大学	4★	24	东北大学	4★
5	北京理工大学	5★	15	哈尔滨工业大学	4★	25	武汉大学	4★
6	清华大学	5★	16	哈尔滨工程大学	4★	26	南京理工大学	4★
7	东南大学	5★	17	天津大学	4★	27	西南交通大学	4★
8	上海交通大学	4★	18	华南理工大学	4★	28	中国传媒大学	4★
9	北京大学	4★	19	上海大学	4★			
10	北京航空航天大学	4★	20	西安交通大学	4★			
3★：43 个；2★：56 个；1★：14 个（名单略）								

081002 信号与信息处理（152）

排名	学校名称	等级	排名	学校名称	等级	排名	学校名称	等级
1	北京邮电大学	5★	7	南京邮电大学	5★	13	哈尔滨工程大学	4★
2	电子科技大学	5★	8	北京交通大学	5★	14	中国科学技术大学	4★
3	西安电子科技大学	5★	9	上海交通大学	4★	15	西安交通大学	4★
4	东南大学	5★	10	重庆邮电大学	4★	16	哈尔滨工业大学	4★
5	清华大学	5★	11	北京大学	4★	17	西北工业大学	4★
6	北京理工大学	5★	12	北京航空航天大学	4★	18	天津大学	4★

续表

排名	学校名称	等级	排名	学校名称	等级	排名	学校名称	等级
19	上海大学	4★	24	中北大学	4★	29	苏州大学	4★
20	浙江大学	4★	25	南京理工大学	4★	30	华中科技大学	4★
21	宁波大学	4★	26	东北大学	4★	31	武汉理工大学	4★
22	大连理工大学	4★	27	合肥工业大学	4★			
23	武汉大学	4★	28	山东大学	4★			
3★：45 个；2★：61 个；1★：15 个（名单略）								

081101　控制理论与控制工程（170）

排名	学校名称	等级	排名	学校名称	等级	排名	学校名称	等级
1	哈尔滨工业大学	5★	13	同济大学	4★	25	重庆大学	4★
2	东北大学	5★	14	中南大学	4★	26	北京交通大学	4★
3	清华大学	5★	15	大连理工大学	4★	27	东华大学	4★
4	浙江大学	5★	16	山东大学	4★	28	西安电子科技大学	4★
5	北京航空航天大学	5★	17	南京理工大学	4★	29	电子科技大学	4★
6	上海交通大学	5★	18	华东理工大学	4★	30	中国科学技术大学	4★
7	华中科技大学	5★	19	南京航空航天大学	4★	31	哈尔滨工程大学	4★
8	西安交通大学	5★	20	湖南大学	4★	32	江南大学	4★
9	西北工业大学	5★	21	华南理工大学	4★	33	吉林大学	4★
10	东南大学	4★	22	燕山大学	4★	34	杭州电子科技大学	4★
11	北京理工大学	4★	23	天津大学	4★			
12	浙江工业大学	4★	24	华北电力大学	4★			
3★：51 个；2★：68 个；1★：17 个（名单略）								

081102　检测技术与自动化装置（157）

排名	学校名称	等级	排名	学校名称	等级	排名	学校名称	等级
1	西安交通大学	5★	12	同济大学	4★	23	湖南大学	4★
2	清华大学	5★	13	哈尔滨工程大学	4★	24	北京化工大学	4★
3	东北大学	5★	14	江南大学	4★	25	华南理工大学	4★
4	华中科技大学	5★	15	北京理工大学	4★	26	上海大学	4★
5	哈尔滨工业大学	5★	16	东南大学	4★	27	中南大学	4★
6	浙江大学	5★	17	山东大学	4★	28	吉林大学	4★
7	北京航空航天大学	5★	18	北京邮电大学	4★	29	北京科技大学	4★
8	上海交通大学	5★	19	西北工业大学	4★	30	南京理工大学	4★
9	天津大学	4★	20	电子科技大学	4★	31	杭州电子科技大学	4★
10	北京交通大学	4★	21	燕山大学	4★	32	中国科学技术大学	4★
11	浙江工业大学	4★	22	北京工业大学	4★			
3★：47 个；2★：63 个；1★：15 个（名单略）								

081103 系统工程（108）

排名	学校名称	等级	排名	学校名称	等级	排名	学校名称	等级
1	北京航空航天大学	5★	9	天津大学	4★	17	南京理工大学	4★
2	清华大学	5★	10	西北工业大学	4★	18	同济大学	4★
3	上海交通大学	5★	11	哈尔滨工程大学	4★	19	北京化工大学	4★
4	浙江大学	5★	12	北京理工大学	4★	20	上海大学	4★
5	西安交通大学	5★	13	电子科技大学	4★	21	北京交通大学	4★
6	东北大学	4★	14	浙江工业大学	4★	22	南开大学	4★
7	华中科技大学	4★	15	西南交通大学	4★			
8	哈尔滨工业大学	4★	16	东南大学	4★			
3★：32个；2★：43个；1★：11个（名单略）								

081104 模式识别与智能系统（135）

排名	学校名称	等级	排名	学校名称	等级	排名	学校名称	等级
1	清华大学	5★	10	天津大学	4★	19	电子科技大学	4★
2	哈尔滨工业大学	5★	11	西安电子科技大学	4★	20	江南大学	4★
3	华中科技大学	5★	12	南开大学	4★	21	华南理工大学	4★
4	东北大学	5★	13	北京理工大学	4★	22	北京化工大学	4★
5	浙江大学	5★	14	西北工业大学	4★	23	上海大学	4★
6	北京航空航天大学	5★	15	哈尔滨工程大学	4★	24	杭州电子科技大学	4★
7	西安交通大学	5★	16	东南大学	4★	25	山东大学	4★
8	上海交通大学	4★	17	浙江工业大学	4★	26	燕山大学	4★
9	南京理工大学	4★	18	北京工业大学	4★	27	北京科技大学	4★
3★：41个；2★：54个；1★：13个（名单略）								

081105 导航、制导与控制（68）

排名	学校名称	等级	排名	学校名称	等级	排名	学校名称	等级
1	北京航空航天大学	5★	6	西安交通大学	4★	11	哈尔滨工程大学	4★
2	清华大学	5★	7	浙江大学	4★	12	北京理工大学	4★
3	哈尔滨工业大学	5★	8	西北工业大学	4★	13	电子科技大学	4★
4	东北大学	4★	9	华中科技大学	4★			
5	上海交通大学	4★	10	南京航空航天大学	4★			
3★：21个；2★：27个；1★：7个（名单略）								

081201 计算机系统结构（172）

排名	学校名称	等级	排名	学校名称	等级	排名	学校名称	等级
1	清华大学	5★	6	北京航空航天大学	5★	11	西安电子科技大学	4★
2	哈尔滨工业大学	5★	7	北京邮电大学	5★	12	西北工业大学	4★
3	华中科技大学	5★	8	浙江大学	5★	13	电子科技大学	4★
4	上海交通大学	5★	9	东北大学	5★	14	北京理工大学	4★
5	北京大学	5★	10	复旦大学	4★	15	吉林大学	4★

续表

排名	学校名称	等级	排名	学校名称	等级	排名	学校名称	等级
16	西安交通大学	4★	23	武汉大学	4★	30	南京理工大学	4★
17	北京工业大学	4★	24	北京交通大学	4★	31	合肥工业大学	4★
18	湖南大学	4★	25	杭州电子科技大学	4★	32	山东大学	4★
19	同济大学	4★	26	哈尔滨工程大学	4★	33	南开大学	4★
20	中国科学技术大学	4★	27	中南大学	4★	34	重庆大学	4★
21	华南理工大学	4★	28	西南交通大学	4★	35	河海大学	4★
22	东南大学	4★	29	北京科技大学	4★			
3★：51 个；2★：69 个；1★：17 个（名单略）								

081202 计算机软件与理论（213）

排名	学校名称	等级	排名	学校名称	等级	排名	学校名称	等级
1	清华大学	5★	16	大连理工大学	4★	31	山东大学	4★
2	南京大学	5★	17	东南大学	4★	32	燕山大学	4★
3	上海交通大学	5★	18	西安电子科技大学	4★	33	哈尔滨工程大学	4★
4	北京大学	5★	19	西安交通大学	4★	34	合肥工业大学	4★
5	北京航空航天大学	5★	20	南京航空航天大学	4★	35	杭州电子科技大学	4★
6	哈尔滨工业大学	5★	21	北京理工大学	4★	36	中山大学	4★
7	复旦大学	5★	22	西北工业大学	4★	37	中国人民大学	4★
8	浙江大学	5★	23	同济大学	4★	38	华东师范大学	4★
9	武汉大学	5★	24	湖南大学	4★	39	陕西师范大学	4★
10	吉林大学	5★	25	北京交通大学	4★	40	西南交通大学	4★
11	电子科技大学	5★	26	华南理工大学	4★	41	河海大学	4★
12	东北大学	4★	27	中南大学	4★	42	重庆大学	4★
13	中国科学技术大学	4★	28	北京工业大学	4★	43	南开大学	4★
14	北京邮电大学	4★	29	南京理工大学	4★			
15	华中科技大学	4★	30	天津大学	4★			
3★：64 个；2★：85 个；1★：21 个（名单略）								

081203 计算机应用技术（280）

排名	学校名称	等级	排名	学校名称	等级	排名	学校名称	等级
1	清华大学	5★	10	东南大学	5★	19	南京理工大学	4★
2	上海交通大学	5★	11	东北大学	5★	20	武汉大学	4★
3	北京大学	5★	12	大连理工大学	5★	21	安徽大学	4★
4	南京大学	5★	13	西安电子科技大学	5★	22	华南理工大学	4★
5	浙江大学	5★	14	四川大学	5★	23	南京航空航天大学	4★
6	北京航空航天大学	5★	15	复旦大学	5★	24	北京工业大学	4★
7	西北工业大学	5★	16	北京邮电大学	4★	25	天津大学	4★
8	哈尔滨工业大学	5★	17	华中科技大学	4★	26	西安交通大学	4★
9	电子科技大学	5★	18	同济大学	4★	27	北京理工大学	4★

续表

排名	学校名称	等级	排名	学校名称	等级	排名	学校名称	等级
28	吉林大学	4★	38	燕山大学	4★	48	浙江工业大学	4★
29	上海大学	4★	39	重庆大学	4★	49	大连海事大学	4★
30	合肥工业大学	4★	40	杭州电子科技大学	4★	50	华东理工大学	4★
31	哈尔滨工程大学	4★	41	河海大学	4★	51	西北大学	4★
32	湖南大学	4★	42	华东师范大学	4★	52	新疆大学	4★
33	中南大学	4★	43	北京交通大学	4★	53	中国人民大学	4★
34	中国科学技术大学	4★	44	西南交通大学	4★	54	南开大学	4★
35	北京师范大学	4★	45	江苏大学	4★	55	武汉理工大学	4★
36	北京科技大学	4★	46	中国矿业大学（北京）	4★	56	厦门大学	4★
37	山东大学	4★	47	山西大学	4★	57	中国矿业大学	4★
3★：84个；2★：112个；1★：27个（名单略）								

0812W1 信息安全（13）

排名	学校名称	等级	排名	学校名称	等级	排名	学校名称	等级
1	北京航空航天大学	5★	2	北京邮电大学	4★			
3★：4个；2★：5个；1★：2个（名单略）								

081301 建筑历史与理论（39）

排名	学校名称	等级	排名	学校名称	等级	排名	学校名称	等级
1	东南大学	5★	4	清华大学	4★	7	哈尔滨工业大学	4★
2	天津大学	5★	5	华南理工大学	4★			
3	同济大学	4★	6	西安建筑科技大学	4★			
3★：12个；2★：16个；1★：4个（名单略）								

081302 建筑设计及其理论（55）

排名	学校名称	等级	排名	学校名称	等级	排名	学校名称	等级
1	东南大学	5★	5	西安建筑科技大学	4★	9	浙江大学	4★
2	天津大学	5★	6	哈尔滨工业大学	4★	10	湖南大学	4★
3	同济大学	5★	7	华南理工大学	4★	11	沈阳建筑大学	4★
4	清华大学	4★	8	大连理工大学	4★			
3★：16个；2★：22个；1★：6个（名单略）								

081304 建筑技术科学（40）

排名	学校名称	等级	排名	学校名称	等级	排名	学校名称	等级
1	同济大学	5★	4	东南大学	4★	7	浙江大学	4★
2	清华大学	5★	5	华南理工大学	4★	8	哈尔滨工业大学	4★
3	天津大学	4★	6	西安建筑科技大学	4★			
3★：12个；2★：16个；1★：4个（名单略）								

0813W1 城市规划与设计（52）

排名	学校名称	等级	排名	学校名称	等级	排名	学校名称	等级
1	同济大学	5★	5	华南理工大学	4★	9	山东建筑大学	4★
2	东南大学	5★	6	西安建筑科技大学	4★	10	武汉大学	4★
3	天津大学	4★	7	南京大学	4★			
4	清华大学	4★	8	哈尔滨工业大学	4★			
3★：16 个；2★：21 个；1★：5 个（名单略）								

081401 岩土工程（130）

排名	学校名称	等级	排名	学校名称	等级	排名	学校名称	等级
1	清华大学	5★	10	四川大学	4★	19	北京工业大学	4★
2	同济大学	5★	11	长安大学	4★	20	武汉大学	4★
3	浙江大学	5★	12	上海交通大学	4★	21	大连理工大学	4★
4	哈尔滨工业大学	5★	13	中国矿业大学（北京）	4★	22	西安建筑科技大学	4★
5	湖南大学	5★	14	中国地质大学（武汉）	4★	23	西安理工大学	4★
6	河海大学	5★	15	东南大学	4★	24	辽宁工程技术大学	4★
7	中南大学	5★	16	西南交通大学	4★	25	华中科技大学	4★
8	中国矿业大学	4★	17	天津大学	4★	26	华南理工大学	4★
9	重庆大学	4★	18	北京交通大学	4★			
3★：39 个；2★：52 个；1★：13 个（名单略）								

081402 结构工程（140）

排名	学校名称	等级	排名	学校名称	等级	排名	学校名称	等级
1	同济大学	5★	11	北京工业大学	4★	21	上海交通大学	4★
2	浙江大学	5★	12	重庆大学	4★	22	西南交通大学	4★
3	哈尔滨工业大学	5★	13	河海大学	4★	23	汕头大学	4★
4	清华大学	5★	14	兰州理工大学	4★	24	武汉理工大学	4★
5	湖南大学	5★	15	广西大学	4★	25	上海大学	4★
6	中南大学	5★	16	福州大学	4★	26	四川大学	4★
7	大连理工大学	5★	17	长安大学	4★	27	中国矿业大学	4★
8	西安建筑科技大学	4★	18	合肥工业大学	4★	28	中国矿业大学（北京）	4★
9	东南大学	4★	19	北京交通大学	4★			
10	天津大学	4★	20	华南理工大学	4★			
3★：42 个；2★：56 个；1★：14 个（名单略）								

081403 市政工程（100）

排名	学校名称	等级	排名	学校名称	等级	排名	学校名称	等级
1	同济大学	5★	5	浙江大学	5★	9	四川大学	4★
2	哈尔滨工业大学	5★	6	重庆大学	4★	10	河海大学	4★
3	清华大学	5★	7	西安建筑科技大学	4★	11	北京工业大学	4★
4	湖南大学	5★	8	中南大学	4★	12	北京交通大学	4★

续表

排名	学校名称	等级	排名	学校名称	等级	排名	学校名称	等级
13	东南大学	4★	16	沈阳建筑大学	4★	19	青岛理工大学	4★
14	大连理工大学	4★	17	武汉大学	4★	20	长沙理工大学	4★
15	天津大学	4★	18	西安理工大学	4★			
3★：30个；2★：40个；1★：10个（名单略）								

081404 供热、供燃气、通风及空调工程（91）

排名	学校名称	等级	排名	学校名称	等级	排名	学校名称	等级
1	哈尔滨工业大学	5★	7	重庆大学	4★	13	北京交通大学	4★
2	同济大学	5★	8	西安建筑科技大学	4★	14	西南交通大学	4★
3	清华大学	5★	9	东南大学	4★	15	西安科技大学	4★
4	湖南大学	5★	10	北京工业大学	4★	16	沈阳建筑大学	4★
5	中南大学	5★	11	大连理工大学	4★	17	上海交通大学	4★
6	浙江大学	4★	12	天津大学	4★	18	东华大学	4★
3★：27个；2★：37个；1★：9个（名单略）								

081405 防灾减灾工程及防护工程（113）

排名	学校名称	等级	排名	学校名称	等级	排名	学校名称	等级
1	同济大学	5★	9	中国地质大学（武汉）	4★	17	天津大学	4★
2	湖南大学	5★	10	重庆大学	4★	18	广州大学	4★
3	哈尔滨工业大学	5★	11	长安大学	4★	19	武汉理工大学	4★
4	清华大学	5★	12	北京工业大学	4★	20	华中科技大学	4★
5	中南大学	5★	13	河海大学	4★	21	西南交通大学	4★
6	大连理工大学	5★	14	北京交通大学	4★	22	中国矿业大学（北京）	4★
7	西安建筑科技大学	4★	15	东南大学	4★	23	四川大学	4★
8	浙江大学	4★	16	南京工业大学	4★			
3★：34个；2★：45个；1★：11个（名单略）								

081406 桥梁与隧道工程（102）

排名	学校名称	等级	排名	学校名称	等级	排名	学校名称	等级
1	同济大学	5★	8	长安大学	4★	15	东南大学	4★
2	清华大学	5★	9	重庆交通大学	4★	16	武汉理工大学	4★
3	湖南大学	5★	10	北京交通大学	4★	17	天津大学	4★
4	西南交通大学	5★	11	河海大学	4★	18	福州大学	4★
5	中南大学	5★	12	华中科技大学	4★	19	南京工业大学	4★
6	哈尔滨工业大学	4★	13	兰州交通大学	4★	20	大连理工大学	4★
7	浙江大学	4★	14	北京工业大学	4★			
3★：31个；2★：41个；1★：10个（名单略）								

081501 水文学及水资源（57）

排名	学校名称	等级	排名	学校名称	等级	排名	学校名称	等级
1	河海大学	5★	2	武汉大学	5★	3	清华大学	5★

续表

排名	学校名称	等级	排名	学校名称	等级	排名	学校名称	等级
4	西安理工大学	4★	7	南京大学	4★	10	中国地质大学（武汉）	4★
5	大连理工大学	4★	8	四川大学	4★	11	西北农林科技大学	4★
6	天津大学	4★	9	中国地质大学（北京）	4★			
3★：17 个；2★：23 个；1★：6 个（名单略）								

081502 水力学及河流动力学（37）

排名	学校名称	等级	排名	学校名称	等级	排名	学校名称	等级
1	武汉大学	5★	4	西安理工大学	4★	7	天津大学	4★
2	河海大学	5★	5	大连理工大学	4★			
3	清华大学	4★	6	四川大学	4★			
3★：11 个；2★：15 个；1★：4 个（名单略）								

081503 水工结构工程（39）

排名	学校名称	等级	排名	学校名称	等级	排名	学校名称	等级
1	河海大学	5★	4	大连理工大学	4★	7	三峡大学	4★
2	武汉大学	5★	5	西安理工大学	4★			
3	清华大学	4★	6	天津大学	4★			
3★：12 个；2★：16 个；1★：4 个（名单略）								

081504 水利水电工程（41）

排名	学校名称	等级	排名	学校名称	等级	排名	学校名称	等级
1	河海大学	5★	4	西安理工大学	4★	7	华中科技大学	4★
2	清华大学	5★	5	大连理工大学	4★	8	三峡大学	4★
3	武汉大学	4★	6	天津大学	4★			
3★：12 个；2★：17 个；1★：4 个（名单略）								

081505 港口、海岸及近海工程（26）

排名	学校名称	等级	排名	学校名称	等级	排名	学校名称	等级
1	河海大学	5★	3	清华大学	4★	5	中国海洋大学	4★
2	大连理工大学	4★	4	武汉大学	4★			
3★：8 个；2★：10 个；1★：3 个（名单略）								

081601 大地测量学与测量工程（37）

排名	学校名称	等级	排名	学校名称	等级	排名	学校名称	等级
1	武汉大学	5★	4	中国矿业大学（北京）	4★	7	辽宁工程技术大学	4★
2	同济大学	5★	5	河海大学	4★			
3	中国矿业大学	4★	6	山东科技大学	4★			
3★：11 个；2★：15 个；1★：4 个（名单略）								

081602　摄影测量与遥感（35）

排名	学校名称	等级	排名	学校名称	等级	排名	学校名称	等级
1	武汉大学	5★	4	同济大学	4★	7	西南交通大学	4★
2	北京大学	4★	5	辽宁工程技术大学	4★			
3	山东科技大学	4★	6	长安大学	4★			
3★：10个；2★：14个；1★：4个（名单略）								

081603　地图制图学与地理信息工程（40）

排名	学校名称	等级	排名	学校名称	等级	排名	学校名称	等级
1	武汉大学	5★	4	中国矿业大学（北京）	4★	7	长安大学	4★
2	同济大学	5★	5	西南交通大学	4★	8	山东科技大学	4★
3	中国地质大学（武汉）	4★	6	辽宁工程技术大学	4★			
3★：12个；2★：16个；1★：4个（名单略）								

081701　化学工程（130）

排名	学校名称	等级	排名	学校名称	等级	排名	学校名称	等级
1	浙江大学	5★	10	哈尔滨工业大学	4★	19	江南大学	4★
2	天津大学	5★	11	东南大学	4★	20	中国石油大学（北京）	4★
3	华东理工大学	5★	12	中南大学	4★	21	西北大学	4★
4	北京化工大学	5★	13	湖南大学	4★	22	青岛科技大学	4★
5	四川大学	5★	14	浙江工业大学	4★	23	郑州大学	4★
6	大连理工大学	5★	15	福州大学	4★	24	南京理工大学	4★
7	厦门大学	5★	16	西安交通大学	4★	25	重庆大学	4★
8	华南理工大学	4★	17	北京理工大学	4★	26	太原理工大学	4★
9	南京工业大学	4★	18	中国石油大学（华东）	4★			
3★：39个；2★：52个；1★：13个（名单略）								

081702　化学工艺（139）

排名	学校名称	等级	排名	学校名称	等级	排名	学校名称	等级
1	北京化工大学	5★	11	四川大学	4★	21	中南大学	4★
2	天津大学	5★	12	中国石油大学（华东）	4★	22	南京理工大学	4★
3	清华大学	5★	13	陕西科技大学	4★	23	河北工业大学	4★
4	华东理工大学	5★	14	青岛科技大学	4★	24	东南大学	4★
5	南京工业大学	5★	15	浙江工业大学	4★	25	中国矿业大学	4★
6	大连理工大学	5★	16	哈尔滨工业大学	4★	26	湖南大学	4★
7	中国石油大学（北京）	5★	17	郑州大学	4★	27	广西大学	4★
8	浙江大学	4★	18	江南大学	4★	28	重庆大学	4★
9	太原理工大学	4★	19	北京理工大学	4★			
10	华南理工大学	4★	20	中国矿业大学（北京）	4★			
3★：42个；2★：55个；1★：14个（名单略）								

081703 生物化工（120）

排名	学校名称	等级	排名	学校名称	等级	排名	学校名称	等级
1	北京化工大学	5★	9	江南大学	4★	17	中南大学	4★
2	华东理工大学	5★	10	北京理工大学	4★	18	湖南大学	4★
3	清华大学	5★	11	中国石油大学（北京）	4★	19	陕西科技大学	4★
4	天津大学	5★	12	西北大学	4★	20	太原理工大学	4★
5	大连理工大学	5★	13	哈尔滨工业大学	4★	21	厦门大学	4★
6	南京工业大学	5★	14	中国石油大学（华东）	4★	22	青岛科技大学	4★
7	浙江工业大学	4★	15	南京理工大学	4★	23	湘潭大学	4★
8	浙江大学	4★	16	四川大学	4★	24	重庆大学	4★
3★：36 个；2★：48 个；1★：12 个（名单略）								

081704 应用化学（211）

排名	学校名称	等级	排名	学校名称	等级	排名	学校名称	等级
1	吉林大学	5★	16	四川大学	4★	31	武汉大学	4★
2	天津大学	5★	17	中国石油大学（北京）	4★	32	湘潭大学	4★
3	北京化工大学	5★	18	青岛科技大学	4★	33	新疆大学	4★
4	大连理工大学	5★	19	中国石油大学（华东）	4★	34	同济大学	4★
5	清华大学	5★	20	陕西科技大学	4★	35	重庆大学	4★
6	华东理工大学	5★	21	太原理工大学	4★	36	福州大学	4★
7	南京理工大学	5★	22	江南大学	4★	37	南京大学	4★
8	南京工业大学	5★	23	陕西师范大学	4★	38	西北大学	4★
9	苏州大学	5★	24	湖南大学	4★	39	浙江大学	4★
10	北京理工大学	5★	25	中国科学技术大学	4★	40	广西大学	4★
11	北京工业大学	5★	26	山西大学	4★	41	华中师范大学	4★
12	浙江工业大学	4★	27	燕山大学	4★	42	东南大学	4★
13	哈尔滨工业大学	4★	28	中国矿业大学（北京）	4★	43	东北石油大学	4★
14	华南理工大学	4★	29	中南大学	4★			
15	上海交通大学	4★	30	郑州大学	4★			
3★：63 个；2★：84 个；1★：21 个（名单略）								

081705 工业催化（117）

排名	学校名称	等级	排名	学校名称	等级	排名	学校名称	等级
1	北京化工大学	5★	9	中国石油大学（华东）	4★	17	南京工业大学	4★
2	华东理工大学	5★	10	浙江工业大学	4★	18	华南理工大学	4★
3	清华大学	5★	11	福州大学	4★	19	东南大学	4★
4	天津大学	5★	12	哈尔滨工业大学	4★	20	青岛科技大学	4★
5	大连理工大学	5★	13	太原理工大学	4★	21	中南大学	4★
6	南京工业大学	5★	14	南昌大学	4★	22	北京理工大学	4★
7	浙江大学	4★	15	厦门大学	4★	23	湖南大学	4★
8	中国石油大学（北京）	4★	16	四川大学	4★			
3★：36 个；2★：46 个；1★：12 个（名单略）								

0817W1 材料化学工程（12）

排名	学校名称	等级	排名	学校名称	等级	排名	学校名称	等级
1	南京工业大学	5★	2	华东理工大学	4★			
3★：4个；2★：4个；1★：2个（名单略）								

0817W2 环境化工（6）

排名	学校名称	等级	排名	学校名称	等级	排名	学校名称	等级
1	中国石油大学（北京）	5★	2	中国石油大学（华东）	4★			
3★：1个；2★：2个；1★：1个（名单略）								

0817W3 制药工程（17）

排名	学校名称	等级	排名	学校名称	等级	排名	学校名称	等级
1	华东理工大学	5★	2	南京工业大学	4★	3	天津大学	4★
3★：5个；2★：7个；1★：2个（名单略）								

081801 矿产普查与勘探（41）

排名	学校名称	等级	排名	学校名称	等级	排名	学校名称	等级
1	中国地质大学（北京）	5★	4	成都理工大学	4★	7	中国矿业大学	4★
2	吉林大学	5★	5	中国石油大学（北京）	4★	8	中国石油大学（华东）	4★
3	中国地质大学（武汉）	4★	6	中国矿业大学（北京）	4★			
3★：12个；2★：17个；1★：4个（名单略）								

081802 地球探测与信息技术（34）

排名	学校名称	等级	排名	学校名称	等级	排名	学校名称	等级
1	吉林大学	5★	3	中国地质大学（武汉）	4★	5	中国石油大学（华东）	4★
2	中国地质大学（北京）	4★	4	成都理工大学	4★	6	中国石油大学（北京）	4★
3★：11个；2★：13个；1★：4个（名单略）								

081803 地质工程（44）

排名	学校名称	等级	排名	学校名称	等级	排名	学校名称	等级
1	成都理工大学	5★	4	中国地质大学（北京）	4★	7	长安大学	4★
2	吉林大学	5★	5	南京大学	4★	8	同济大学	4★
3	中国地质大学（武汉）	4★	6	中国石油大学（北京）	4★	9	中国石油大学（华东）	4★
3★：13个；2★：17个；1★：5个（名单略）								

081901 采矿工程（32）

排名	学校名称	等级	排名	学校名称	等级	排名	学校名称	等级
1	中国矿业大学	5★	3	北京科技大学	4★	5	安徽理工大学	4★
2	中国矿业大学（北京）	4★	4	中南大学	4★	6	东北大学	4★
3★：10个；2★：12个；1★：4个（名单略）								

081902　矿物加工工程（29）

排名	学校名称	等级	排名	学校名称	等级	排名	学校名称	等级
1	中南大学	5★	3	北京科技大学	4★	5	东北大学	4★
2	中国矿业大学（北京）	4★	4	中国矿业大学	4★			
3★：9 个；2★：12 个；1★：3 个（名单略）								

081903　安全技术及工程（44）

排名	学校名称	等级	排名	学校名称	等级	排名	学校名称	等级
1	中南大学	5★	4	河南理工大学	4★	7	中国地质大学（北京）	4★
2	辽宁工程技术大学	5★	5	西安科技大学	4★	8	太原理工大学	4★
3	中国矿业大学	4★	6	山东科技大学	4★	9	中国科学技术大学	4★
3★：13 个；2★：17 个；1★：5 个（名单略）								

082001　油气井工程（12）

排名	学校名称	等级	排名	学校名称	等级	排名	学校名称	等级
1	中国石油大学（北京）	5★	2	西南石油大学	4★			
3★：4 个；2★：4 个；1★：2 个（名单略）								

082002　油气田开发工程（13）

排名	学校名称	等级	排名	学校名称	等级	排名	学校名称	等级
1	中国石油大学（北京）	5★	2	西南石油大学	4★			
3★：4 个；2★：5 个；1★：2 个（名单略）								

082003　油气储运工程（12）

排名	学校名称	等级	排名	学校名称	等级	排名	学校名称	等级
1	中国石油大学（北京）	5★	2	西南石油大学	4★			
3★：4 个；2★：4 个；1★：2 个（名单略）								

082101　纺织工程（17）

排名	学校名称	等级	排名	学校名称	等级	排名	学校名称	等级
1	东华大学	5★	2	浙江理工大学	4★	3	苏州大学	4★
3★：5 个；2★：7 个；1★：2 个（名单略）								

082102　纺织材料与纺织品设计（17）

排名	学校名称	等级	排名	学校名称	等级	排名	学校名称	等级
1	东华大学	5★	2	浙江理工大学	4★	3	江南大学	4★
3★：5 个；2★：7 个；1★：2 个（名单略）								

082103　纺织化学与染整工程（19）

排名	学校名称	等级	排名	学校名称	等级	排名	学校名称	等级
1	东华大学	5★	2	浙江理工大学	4★	3	苏州大学	4★
3★：6 个；2★：8 个；1★：2 个（名单略）								

082104　服装设计与工程（20）

排名	学校名称	等级	排名	学校名称	等级	排名	学校名称	等级
1	东华大学	5★	3	浙江理工大学	4★			
2	江南大学	4★	4	天津工业大学	4★			
3★：6个；2★：8个；1★：2个（名单略）								

082201　制浆造纸工程（16）

排名	学校名称	等级	排名	学校名称	等级	排名	学校名称	等级
1	华南理工大学	5★	2	陕西科技大学	4★	3	南京林业大学	4★
3★：5个；2★：6个；1★：2个（名单略）								

082202　制糖工程（11）

排名	学校名称	等级	排名	学校名称	等级	排名	学校名称	等级
1	华南理工大学	5★	2	广西大学	4★			
3★：3个；2★：4个；1★：2个（名单略）								

082203　发酵工程（41）

排名	学校名称	等级	排名	学校名称	等级	排名	学校名称	等级
1	江南大学	5★	4	四川大学	4★	7	山东大学	4★
2	华南理工大学	5★	5	天津科技大学	4★	8	南京林业大学	4★
3	南京工业大学	4★	6	华东理工大学	4★			
3★：12个；2★：17个；1★：4个（名单略）								

082204　皮革化学与工程（11）

排名	学校名称	等级	排名	学校名称	等级	排名	学校名称	等级
1	四川大学	5★	2	陕西科技大学	4★			
3★：3个；2★：4个；1★：2个（名单略）								

082301　道路与铁道工程（48）

排名	学校名称	等级	排名	学校名称	等级	排名	学校名称	等级
1	同济大学	5★	4	长安大学	4★	7	长沙理工大学	4★
2	西南交通大学	5★	5	东南大学	4★	8	哈尔滨工业大学	4★
3	北京交通大学	4★	6	中南大学	4★	9	北京工业大学	4★
3★：15个；2★：19个；1★：5个（名单略）								

082302　交通信息工程及控制（56）

排名	学校名称	等级	排名	学校名称	等级	排名	学校名称	等级
1	北京交通大学	5★	5	中南大学	4★	9	北京航空航天大学	4★
2	西南交通大学	5★	6	东南大学	4★	10	吉林大学	4★
3	同济大学	5★	7	大连海事大学	4★	11	西北工业大学	4★
4	长安大学	4★	8	武汉理工大学	4★			
3★：17个；2★：22个；1★：6个（名单略）								

082303　交通运输规划与管理（54）

排名	学校名称	等级	排名	学校名称	等级	排名	学校名称	等级
1	北京交通大学	5★	5	东南大学	4★	9	大连海事大学	4★
2	西南交通大学	5★	6	上海海事大学	4★	10	哈尔滨工业大学	4★
3	长安大学	4★	7	武汉理工大学	4★	11	北京工业大学	4★
4	同济大学	4★	8	南京航空航天大学	4★			
3★：16 个；2★：21 个；1★：6 个（名单略）								

082304　载运工具运用工程（49）

排名	学校名称	等级	排名	学校名称	等级	排名	学校名称	等级
1	北京交通大学	5★	5	中南大学	4★	9	北京航空航天大学	4★
2	西南交通大学	5★	6	东南大学	4★	10	吉林大学	4★
3	同济大学	4★	7	武汉理工大学	4★			
4	长安大学	4★	8	大连海事大学	4★			
3★：14 个；2★：20 个；1★：5 个（名单略）								

082401　船舶与海洋结构物设计制造（19）

排名	学校名称	等级	排名	学校名称	等级	排名	学校名称	等级
1	哈尔滨工程大学	5★	2	上海交通大学	4★	3	大连理工大学	4★
3★：6 个；2★：8 个；1★：2 个（名单略）								

082402　轮机工程（13）

排名	学校名称	等级	排名	学校名称	等级	排名	学校名称	等级
1	哈尔滨工程大学	5★	2	上海交通大学	4★			
3★：4 个；2★：5 个；1★：2 个（名单略）								

082403　水声工程（9）

排名	学校名称	等级	排名	学校名称	等级	排名	学校名称	等级
1	哈尔滨工程大学	5★	2	上海交通大学	4★			
3★：2 个；2★：4 个；1★：1 个（名单略）								

082501　飞行器设计（19）

排名	学校名称	等级	排名	学校名称	等级	排名	学校名称	等级
1	北京航空航天大学	5★	2	西北工业大学	4★	3	南京航空航天大学	4★
3★：6 个；2★：8 个；1★：2 个（名单略）								

082502　航空宇航推进理论与工程（17）

排名	学校名称	等级	排名	学校名称	等级	排名	学校名称	等级
1	北京航空航天大学	5★	2	南京航空航天大学	4★	3	西北工业大学	4★
3★：5 个；2★：7 个；1★：2 个（名单略）								

082503 航空宇航制造工程（17）

排名	学校名称	等级	排名	学校名称	等级	排名	学校名称	等级
1	西北工业大学	5★	2	北京航空航天大学	4★	3	南京航空航天大学	4★
3★：5个；2★：7个；1★：2个（名单略）								

082504 人机与环境工程（14）

排名	学校名称	等级	排名	学校名称	等级	排名	学校名称	等级
1	北京航空航天大学	5★	2	南京航空航天大学	4★			
3★：5个；2★：5个；1★：2个（名单略）								

082601 武器系统与运用工程（9）

排名	学校名称	等级	排名	学校名称	等级	排名	学校名称	等级
1	南京理工大学	5★	2	北京理工大学	4★			
3★：2个；2★：4个；1★：1个（名单略）								

082602 兵器发射理论与技术（6）

排名	学校名称	等级	排名	学校名称	等级	排名	学校名称	等级
1	南京理工大学	5★	2	北京理工大学	4★			
3★：1个；2★：2个；1★：1个（名单略）								

082603 火炮、自动武器与弹药工程（7）

排名	学校名称	等级	排名	学校名称	等级	排名	学校名称	等级
1	南京理工大学	5★	2	北京理工大学	4★			
3★：1个；2★：3个；1★：1个（名单略）								

082604 军事化学与烟火技术（4）

排名	学校名称	等级	排名	学校名称	等级	排名	学校名称	等级
1	北京理工大学	5★	2	南京理工大学	4★			

082701 核能科学与工程（10）

排名	学校名称	等级	排名	学校名称	等级	排名	学校名称	等级
1	中国科学技术大学	5★	2	清华大学	4★			
3★：3个；2★：4个；1★：1个（名单略）								

082702 核燃料循环与材料（7）

排名	学校名称	等级	排名	学校名称	等级	排名	学校名称	等级
1	清华大学	5★	2	中国科学技术大学	4★			
3★：1个；2★：3个；1★：1个（名单略）								

082703　核技术及应用（20）

排名	学校名称	等级	排名	学校名称	等级	排名	学校名称	等级
1	中国科学技术大学	5★	3	北京大学	4★			
2	清华大学	4★	4	西安交通大学	4★			
3★：6 个；2★：8 个；1★：2 个（名单略）								

082704　辐射防护及环境保护（10）

排名	学校名称	等级	排名	学校名称	等级	排名	学校名称	等级
1	清华大学	5★	2	中国科学技术大学	4★			
3★：3 个；2★：4 个；1★：1 个（名单略）								

082801　农业机械化工程（41）

排名	学校名称	等级	排名	学校名称	等级	排名	学校名称	等级
1	中国农业大学	5★	4	吉林大学	4★	7	东北农业大学	4★
2	浙江大学	5★	5	江苏大学	4★	8	华中农业大学	4★
3	西北农林科技大学	4★	6	华南农业大学	4★			
3★：12 个；2★：17 个；1★：4 个（名单略）								

082802　农业水土工程（35）

排名	学校名称	等级	排名	学校名称	等级	排名	学校名称	等级
1	中国农业大学	5★	4	东北农业大学	4★	7	沈阳农业大学	4★
2	西北农林科技大学	4★	5	河北农业大学	4★			
3	内蒙古农业大学	4★	6	河海大学	4★			
3★：10 个；2★：14 个；1★：4 个（名单略）								

082803　农业生物环境与能源工程（36）

排名	学校名称	等级	排名	学校名称	等级	排名	学校名称	等级
1	中国农业大学	5★	4	吉林大学	4★	7	华中农业大学	4★
2	浙江大学	4★	5	华南农业大学	4★			
3	河南农业大学	4★	6	西北农林科技大学	4★			
3★：11 个；2★：14 个；1★：4 个（名单略）								

082804　农业电气化与自动化（41）

排名	学校名称	等级	排名	学校名称	等级	排名	学校名称	等级
1	中国农业大学	5★	4	浙江大学	4★	7	东北农业大学	4★
2	西北农林科技大学	5★	5	华南农业大学	4★	8	沈阳农业大学	4★
3	江苏大学	4★	6	华中农业大学	4★			
3★：12 个；2★：17 个；1★：4 个（名单略）								

082901　森林工程（8）

排名	学校名称	等级	排名	学校名称	等级	排名	学校名称	等级
1	东北林业大学	5★	2	南京林业大学	4★			
3★：2 个；2★：3 个；1★：1 个（名单略）								

082902 木材科学与技术（13）

排名	学校名称	等级	排名	学校名称	等级	排名	学校名称	等级
1	东北林业大学	5★	2	南京林业大学	4★			
3★：4个；2★：5个；1★：2个（名单略）								

082903 林产化学加工工程（15）

排名	学校名称	等级	排名	学校名称	等级	排名	学校名称	等级
1	南京林业大学	5★	2	北京林业大学	4★	3	东北林业大学	4★
3★：4个；2★：6个；1★：2个（名单略）								

083001 环境科学（174）

排名	学校名称	等级	排名	学校名称	等级	排名	学校名称	等级
1	北京师范大学	5★	13	中国海洋大学	4★	25	河海大学	4★
2	北京大学	5★	14	上海交通大学	4★	26	北京工业大学	4★
3	清华大学	5★	15	东北师范大学	4★	27	中国地质大学（武汉）	4★
4	南京大学	5★	16	武汉大学	4★	28	山东大学	4★
5	同济大学	5★	17	大连理工大学	4★	29	重庆大学	4★
6	浙江大学	5★	18	湖南大学	4★	30	东南大学	4★
7	南开大学	5★	19	上海大学	4★	31	中国科学技术大学	4★
8	复旦大学	5★	20	四川大学	4★	32	华中科技大学	4★
9	哈尔滨工业大学	5★	21	浙江工业大学	4★	33	中国矿业大学（北京）	4★
10	中山大学	4★	22	西安建筑科技大学	4★	34	中国农业大学	4★
11	厦门大学	4★	23	华南理工大学	4★	35	兰州大学	4★
12	华东师范大学	4★	24	西北农林科技大学	4★			
3★：52个；2★：70个；1★：17个（名单略）								

083002 环境工程（170）

排名	学校名称	等级	排名	学校名称	等级	排名	学校名称	等级
1	清华大学	5★	13	上海交通大学	4★	25	昆明理工大学	4★
2	同济大学	5★	14	南开大学	4★	26	北京化工大学	4★
3	大连理工大学	5★	15	中国科学技术大学	4★	27	上海大学	4★
4	哈尔滨工业大学	5★	16	东北师范大学	4★	28	北京理工大学	4★
5	北京大学	5★	17	山东大学	4★	29	华东师范大学	4★
6	浙江大学	5★	18	北京工业大学	4★	30	武汉大学	4★
7	南京大学	5★	19	中山大学	4★	31	中国矿业大学（北京）	4★
8	西安建筑科技大学	5★	20	四川大学	4★	32	江南大学	4★
9	湖南大学	5★	21	天津大学	4★	33	东华大学	4★
10	北京师范大学	4★	22	中国地质大学（武汉）	4★	34	大连海事大学	4★
11	华南理工大学	4★	23	复旦大学	4★			
12	河海大学	4★	24	厦门大学	4★			
3★：51个；2★：68个；1★：17个（名单略）								

083201 食品科学（96）

排名	学校名称	等级	排名	学校名称	等级	排名	学校名称	等级
1	江南大学	5★	8	东北农业大学	4★	15	中国海洋大学	4★
2	中国农业大学	5★	9	西北农林科技大学	4★	16	合肥工业大学	4★
3	南京农业大学	5★	10	浙江工商大学	4★	17	北京工商大学	4★
4	浙江大学	5★	11	华南农业大学	4★	18	天津大学	4★
5	华南理工大学	5★	12	西南大学	4★	19	沈阳农业大学	4★
6	南昌大学	4★	13	天津科技大学	4★			
7	华中农业大学	4★	14	河南工业大学	4★			
3★：29 个；2★：38 个；1★：10 个（名单略）								

083202 粮食、油脂及植物蛋白工程（59）

排名	学校名称	等级	排名	学校名称	等级	排名	学校名称	等级
1	江南大学	5★	5	浙江大学	4★	9	西北农林科技大学	4★
2	河南工业大学	5★	6	中国农业大学	4★	10	西南大学	4★
3	东北农业大学	5★	7	华中农业大学	4★	11	南昌大学	4★
4	华南理工大学	4★	8	南京农业大学	4★	12	江苏大学	4★
3★：17 个；2★：24 个；1★：6 个（名单略）								

083203 农产品加工及贮藏工程（76）

排名	学校名称	等级	排名	学校名称	等级	排名	学校名称	等级
1	江南大学	5★	6	浙江大学	4★	11	西南大学	4★
2	中国农业大学	5★	7	华南农业大学	4★	12	南京农业大学	4★
3	华中农业大学	5★	8	西北农林科技大学	4★	13	南昌大学	4★
4	合肥工业大学	5★	9	山东农业大学	4★	14	华南理工大学	4★
5	河南工业大学	4★	10	东北农业大学	4★	15	河北农业大学	4★
3★：23 个；2★：30 个；1★：8 个（名单略）								

083204 水产品加工及贮藏工程（46）

排名	学校名称	等级	排名	学校名称	等级	排名	学校名称	等级
1	江南大学	5★	4	南昌大学	4★	7	华中农业大学	4★
2	中国海洋大学	5★	5	中国农业大学	4★	8	南京农业大学	4★
3	广东海洋大学	4★	6	上海海洋大学	4★	9	江苏大学	4★
3★：14 个；2★：18 个；1★：5 个（名单略）								

0832W1 食品安全（14）

排名	学校名称	等级	排名	学校名称	等级	排名	学校名称	等级
1	浙江大学	5★	2	天津科技大学	4★			
3★：5 个；2★：5 个；1★：2 个（名单略）								

090101　作物栽培学与耕作学（44）

排名	学校名称	等级	排名	学校名称	等级	排名	学校名称	等级
1	中国农业大学	5★	4	河南农业大学	4★	7	山东农业大学	4★
2	南京农业大学	5★	5	扬州大学	4★	8	沈阳农业大学	4★
3	华中农业大学	4★	6	西北农林科技大学	4★	9	湖南农业大学	4★
3★：13个；2★：17个；1★：5个（名单略）								

090102　作物遗传育种（52）

排名	学校名称	等级	排名	学校名称	等级	排名	学校名称	等级
1	南京农业大学	5★	5	浙江大学	4★	9	东北农业大学	4★
2	中国农业大学	5★	6	河南农业大学	4★	10	福建农林大学	4★
3	华中农业大学	4★	7	西北农林科技大学	4★			
4	四川农业大学	4★	8	华南农业大学	4★			
3★：16个；2★：21个；1★：5个（名单略）								

0901W1　种子科学与技术（7）

排名	学校名称	等级	排名	学校名称	等级	排名	学校名称	等级
1	中国农业大学	5★	2	湖南农业大学	4★			
3★：1个；2★：3个；1★：1个（名单略）								

090201　果树学（40）

排名	学校名称	等级	排名	学校名称	等级	排名	学校名称	等级
1	浙江大学	5★	4	华中农业大学	4★	7	沈阳农业大学	4★
2	中国农业大学	5★	5	山东农业大学	4★	8	西南大学	4★
3	西北农林科技大学	4★	6	华南农业大学	4★			
3★：12个；2★：16个；1★：4个（名单略）								

090202　蔬菜学（37）

排名	学校名称	等级	排名	学校名称	等级	排名	学校名称	等级
1	浙江大学	5★	4	东北农业大学	4★	7	中国农业大学	4★
2	华中农业大学	5★	5	南京农业大学	4★			
3	沈阳农业大学	4★	6	西北农林科技大学	4★			
3★：11个；2★：15个；1★：4个（名单略）								

090203　茶学（17）

排名	学校名称	等级	排名	学校名称	等级	排名	学校名称	等级
1	浙江大学	5★	2	安徽农业大学	4★	3	湖南农业大学	4★
3★：5个；2★：7个；1★：2个（名单略）								

0902W1　观赏园艺学（15）

排名	学校名称	等级	排名	学校名称	等级	排名	学校名称	等级
1	浙江大学	5★	2	南京农业大学	4★	3	扬州大学	4★
3★：4个；2★：6个；1★：2个（名单略）								

0902W2 设施园艺学（9）

排名	学校名称	等级	排名	学校名称	等级	排名	学校名称	等级
1	南京农业大学	5★	2	西北农林科技大学	4★			
3★：2 个；2★：4 个；1★：1 个（名单略）								

090301 土壤学（37）

排名	学校名称	等级	排名	学校名称	等级	排名	学校名称	等级
1	中国农业大学	5★	4	西北农林科技大学	4★	7	西南大学	4★
2	南京农业大学	5★	5	华中农业大学	4★			
3	浙江大学	4★	6	沈阳农业大学	4★			
3★：11 个；2★：15 个；1★：4 个（名单略）								

090302 植物营养学（39）

排名	学校名称	等级	排名	学校名称	等级	排名	学校名称	等级
1	南京农业大学	5★	4	华中农业大学	4★	7	山东农业大学	4★
2	中国农业大学	5★	5	西北农林科技大学	4★			
3	浙江大学	4★	6	沈阳农业大学	4★			
3★：12 个；2★：16 个；1★：4 个（名单略）								

090401 植物病理学（44）

排名	学校名称	等级	排名	学校名称	等级	排名	学校名称	等级
1	南京农业大学	5★	4	西北农林科技大学	4★	7	华南农业大学	4★
2	中国农业大学	5★	5	华中农业大学	4★	8	沈阳农业大学	4★
3	浙江大学	4★	6	福建农林大学	4★	9	山东农业大学	4★
3★：13 个；2★：17 个；1★：5 个（名单略）								

090402 农业昆虫与害虫防治（44）

排名	学校名称	等级	排名	学校名称	等级	排名	学校名称	等级
1	浙江大学	5★	4	西北农林科技大学	4★	7	华中农业大学	4★
2	南京农业大学	5★	5	华南农业大学	4★	8	中山大学	4★
3	中国农业大学	4★	6	西南大学	4★	9	福建农林大学	4★
3★：13 个；2★：17 个；1★：5 个（名单略）								

090403 农药学（42）

排名	学校名称	等级	排名	学校名称	等级	排名	学校名称	等级
1	中国农业大学	5★	4	华中师范大学	4★	7	西北农林科技大学	4★
2	南京农业大学	5★	5	贵州大学	4★	8	华南农业大学	4★
3	浙江大学	4★	6	南开大学	4★			
3★：13 个；2★：17 个；1★：4 个（名单略）								

090501 动物遗传育种与繁殖（43）

排名	学校名称	等级	排名	学校名称	等级	排名	学校名称	等级
1	中国农业大学	5★	4	四川农业大学	4★	7	广西大学	4★
2	华中农业大学	5★	5	东北农业大学	4★	8	浙江大学	4★
3	西北农林科技大学	4★	6	南京农业大学	4★			
3★：13个；2★：17个；1★：5个（名单略）								

090502 动物营养与饲料科学（47）

排名	学校名称	等级	排名	学校名称	等级	排名	学校名称	等级
1	中国农业大学	5★	4	南京农业大学	4★	7	西北农林科技大学	4★
2	四川农业大学	5★	5	东北农业大学	4★	8	华南农业大学	4★
3	浙江大学	4★	6	华中农业大学	4★	9	湖南农业大学	4★
3★：14个；2★：19个；1★：5个（名单略）								

090504 特种经济动物饲养（29）

排名	学校名称	等级	排名	学校名称	等级	排名	学校名称	等级
1	浙江大学	5★	3	华中农业大学	4★	5	西北农林科技大学	4★
2	西南大学	4★	4	江苏科技大学	4★			
3★：9个；2★：12个；1★：3个（名单略）								

0905W1 动物生产学（9）

排名	学校名称	等级	排名	学校名称	等级	排名	学校名称	等级
1	华中农业大学	5★	2	南京农业大学	4★			
3★：2个；2★：4个；1★：1个（名单略）								

090601 基础兽医学（38）

排名	学校名称	等级	排名	学校名称	等级	排名	学校名称	等级
1	中国农业大学	5★	4	吉林大学	4★	7	扬州大学	4★
2	南京农业大学	5★	5	华南农业大学	4★			
3	东北农业大学	4★	6	华中农业大学	4★			
3★：12个；2★：15个；1★：4个（名单略）								

090602 预防兽医学（41）

排名	学校名称	等级	排名	学校名称	等级	排名	学校名称	等级
1	中国农业大学	5★	4	扬州大学	4★	7	吉林大学	4★
2	华南农业大学	5★	5	南京农业大学	4★	8	吉林农业大学	4★
3	华中农业大学	4★	6	四川农业大学	4★			
3★：12个；2★：17个；1★：4个（名单略）								

090603 临床兽医学（38）

排名	学校名称	等级	排名	学校名称	等级	排名	学校名称	等级
1	中国农业大学	5★	2	南京农业大学	5★	3	东北农业大学	4★

续表

排名	学校名称	等级	排名	学校名称	等级	排名	学校名称	等级
4	西北农林科技大学	4★	6	扬州大学	4★			
5	华中农业大学	4★	7	华南农业大学	4★			
3★：12 个；2★：15 个；1★：4 个（名单略）								

090701　林木遗传育种（25）

排名	学校名称	等级	排名	学校名称	等级	排名	学校名称	等级
1	北京林业大学	5★	3	南京林业大学	4★	5	河北农业大学	4★
2	东北林业大学	4★	4	西北农林科技大学	4★			
3★：7 个；2★：10 个；1★：3 个（名单略）								

090702　森林培育（29）

排名	学校名称	等级	排名	学校名称	等级	排名	学校名称	等级
1	北京林业大学	5★	3	中南林业科技大学	4★	5	福建农林大学	4★
2	东北林业大学	4★	4	南京林业大学	4★			
3★：9 个；2★：12 个；1★：3 个（名单略）								

090703　森林保护学（24）

排名	学校名称	等级	排名	学校名称	等级	排名	学校名称	等级
1	北京林业大学	5★	3	南京林业大学	4★			
2	东北林业大学	4★	4	西北农林科技大学	4★			
3★：8 个；2★：9 个；1★：3 个（名单略）								

090704　森林经理学（23）

排名	学校名称	等级	排名	学校名称	等级	排名	学校名称	等级
1	东北林业大学	5★	3	中南林业科技大学	4★			
2	北京林业大学	4★	4	西北农林科技大学	4★			
3★：7 个；2★：9 个；1★：3 个（名单略）								

090705　野生动植物保护与利用（29）

排名	学校名称	等级	排名	学校名称	等级	排名	学校名称	等级
1	北京林业大学	5★	3	西北农林科技大学	4★	5	中南林业科技大学	4★
2	东北林业大学	4★	4	南京林业大学	4★			
3★：9 个；2★：12 个；1★：3 个（名单略）								

090706　园林植物与观赏园艺（44）

排名	学校名称	等级	排名	学校名称	等级	排名	学校名称	等级
1	北京林业大学	5★	4	南京林业大学	4★	7	中南林业科技大学	4★
2	东北林业大学	5★	5	西北农林科技大学	4★	8	河北农业大学	4★
3	中国农业大学	4★	6	安徽农业大学	4★	9	四川农业大学	4★
3★：13 个；2★：17 个；1★：5 个（名单略）								

090707　水土保持与荒漠化防治（39）

排名	学校名称	等级	排名	学校名称	等级	排名	学校名称	等级
1	北京林业大学	5★	4	内蒙古农业大学	4★	7	中南林业科技大学	4★
2	西北农林科技大学	5★	5	甘肃农业大学	4★			
3	东北林业大学	4★	6	南京林业大学	4★			
3★：12 个；2★：16 个；1★：4 个（名单略）								

090801　水产养殖（27）

排名	学校名称	等级	排名	学校名称	等级	排名	学校名称	等级
1	上海海洋大学	5★	3	华中农业大学	4★	5	集美大学	4★
2	中国海洋大学	4★	4	宁波大学	4★			
3★：8 个；2★：11 个；1★：3 个（名单略）								

090802　捕捞学（6）

排名	学校名称	等级	排名	学校名称	等级	排名	学校名称	等级
1	中国海洋大学	5★	2	上海海洋大学	4★			
3★：1 个；2★：2 个；1★：1 个（名单略）								

090803　渔业资源（14）

排名	学校名称	等级	排名	学校名称	等级	排名	学校名称	等级
1	中国海洋大学	5★	2	上海海洋大学	4★			
3★：5 个；2★：5 个；1★：2 个（名单略）								

100101　人体解剖与组织胚胎学（90）

排名	学校名称	等级	排名	学校名称	等级	排名	学校名称	等级
1	复旦大学	5★	7	中国医科大学	4★	13	河北医科大学	4★
2	南方医科大学	5★	8	华中科技大学	4★	14	大连医科大学	4★
3	山东大学	5★	9	福建医科大学	4★	15	中南大学	4★
4	重庆医科大学	5★	10	哈尔滨医科大学	4★	16	郑州大学	4★
5	南京医科大学	4★	11	北京大学	4★	17	天津医科大学	4★
6	中山大学	4★	12	首都医科大学	4★	18	浙江大学	4★
3★：27 个；2★：36 个；1★：9 个（名单略）								

100102　免疫学（87）

排名	学校名称	等级	排名	学校名称	等级	排名	学校名称	等级
1	中山大学	5★	7	北京协和医学院	4★	13	南京大学	4★
2	复旦大学	5★	8	上海交通大学	4★	14	中国医科大学	4★
3	浙江大学	5★	9	山东大学	4★	15	吉林大学	4★
4	北京大学	5★	10	武汉大学	4★	16	重庆医科大学	4★
5	华中科技大学	4★	11	苏州大学	4★	17	天津医科大学	4★
6	首都医科大学	4★	12	四川大学	4★			
3★：26 个；2★：35 个；1★：9 个（名单略）								

100103 病原生物学（86）

排名	学校名称	等级	排名	学校名称	等级	排名	学校名称	等级
1	复旦大学	5★	7	山东大学	4★	13	吉林大学	4★
2	中山大学	5★	8	上海交通大学	4★	14	哈尔滨医科大学	4★
3	武汉大学	5★	9	南京医科大学	4★	15	重庆医科大学	4★
4	华中科技大学	5★	10	南方医科大学	4★	16	四川大学	4★
5	北京协和医学院	4★	11	浙江大学	4★	17	首都医科大学	4★
6	北京大学	4★	12	中国医科大学	4★			
3★：26 个；2★：34 个；1★：9 个（名单略）								

100104 病理学与病理生理学（90）

排名	学校名称	等级	排名	学校名称	等级	排名	学校名称	等级
1	北京协和医学院	5★	7	浙江大学	4★	13	南京大学	4★
2	北京大学	5★	8	四川大学	4★	14	山东大学	4★
3	复旦大学	5★	9	南京医科大学	4★	15	中国医科大学	4★
4	中南大学	5★	10	中山大学	4★	16	汕头大学	4★
5	华中科技大学	4★	11	南方医科大学	4★	17	重庆医科大学	4★
6	上海交通大学	4★	12	吉林大学	4★	18	河北医科大学	4★
3★：27 个；2★：36 个；1★：9 个（名单略）								

100105 法医学（48）

排名	学校名称	等级	排名	学校名称	等级	排名	学校名称	等级
1	西安交通大学	5★	4	河北医科大学	4★	7	南方医科大学	4★
2	四川大学	5★	5	中山大学	4★	8	重庆医科大学	4★
3	复旦大学	4★	6	中国医科大学	4★	9	华中科技大学	4★
3★：15 个；2★：19 个；1★：5 个（名单略）								

100106 放射医学（26）

排名	学校名称	等级	排名	学校名称	等级	排名	学校名称	等级
1	苏州大学	5★	3	北京协和医学院	4★	5	南方医科大学	4★
2	复旦大学	4★	4	北京大学	4★			
3★：8 个；2★：10 个；1★：3 个（名单略）								

1001W1 航空、航天与航海医学（7）

排名	学校名称	等级	排名	学校名称	等级	排名	学校名称	等级
1	重庆医科大学	5★	2	苏州大学	4★			
3★：1 个；2★：3 个；1★：1 个（名单略）								

1001W2 医学生物化学与分子生物学（8）

排名	学校名称	等级	排名	学校名称	等级	排名	学校名称	等级
1	天津医科大学	5★	2	四川大学	4★			
3★：2 个；2★：3 个；1★：1 个（名单略）								

100201 内科学（100）

排名	学校名称	等级	排名	学校名称	等级	排名	学校名称	等级
1	上海交通大学	5★	8	华中科技大学	4★	15	重庆医科大学	4★
2	北京大学	5★	9	四川大学	4★	16	哈尔滨医科大学	4★
3	复旦大学	5★	10	中南大学	4★	17	同济大学	4★
4	北京协和医学院	5★	11	南方医科大学	4★	18	苏州大学	4★
5	首都医科大学	5★	12	山东大学	4★	19	广州医科大学	4★
6	中山大学	4★	13	南京医科大学	4★	20	天津医科大学	4★
7	浙江大学	4★	14	中国医科大学	4★			
3★：30个；2★：40个；1★：10个（名单略）								

100202 儿科学（86）

排名	学校名称	等级	排名	学校名称	等级	排名	学校名称	等级
1	上海交通大学	5★	7	中国医科大学	4★	13	郑州大学	4★
2	复旦大学	5★	8	华中科技大学	4★	14	苏州大学	4★
3	重庆医科大学	5★	9	南京医科大学	4★	15	南方医科大学	4★
4	浙江大学	5★	10	四川大学	4★	16	山东大学	4★
5	北京大学	4★	11	首都医科大学	4★	17	青岛大学	4★
6	中山大学	4★	12	广西医科大学	4★			
3★：26个；2★：34个；1★：9个（名单略）								

100203 老年医学（65）

排名	学校名称	等级	排名	学校名称	等级	排名	学校名称	等级
1	华中科技大学	5★	6	中山大学	4★	11	吉林大学	4★
2	南京医科大学	5★	7	重庆医科大学	4★	12	哈尔滨医科大学	4★
3	中国医科大学	5★	8	安徽医科大学	4★	13	首都医科大学	4★
4	上海交通大学	4★	9	四川大学	4★			
5	复旦大学	4★	10	山东大学	4★			
3★：19个；2★：26个；1★：7个（名单略）								

100204 神经病学（86）

排名	学校名称	等级	排名	学校名称	等级	排名	学校名称	等级
1	上海交通大学	5★	7	华中科技大学	4★	13	山东大学	4★
2	首都医科大学	5★	8	哈尔滨医科大学	4★	14	中国医科大学	4★
3	复旦大学	5★	9	重庆医科大学	4★	15	南京医科大学	4★
4	北京大学	5★	10	吉林大学	4★	16	北京协和医学院	4★
5	中山大学	4★	11	浙江大学	4★	17	苏州大学	4★
6	中南大学	4★	12	四川大学	4★			
3★：26个；2★：34个；1★：9个（名单略）								

100205 精神病与精神卫生学（68）

排名	学校名称	等级	排名	学校名称	等级	排名	学校名称	等级
1	中南大学	5★	6	中国医科大学	4★	11	哈尔滨医科大学	4★
2	北京大学	5★	7	南京医科大学	4★	12	同济大学	4★
3	四川大学	5★	8	西安交通大学	4★	13	首都医科大学	4★
4	上海交通大学	4★	9	武汉大学	4★			
5	浙江大学	4★	10	复旦大学	4★			
3★：21 个；2★：27 个；1★：7 个（名单略）								

100206 皮肤病与性病学（78）

排名	学校名称	等级	排名	学校名称	等级	排名	学校名称	等级
1	安徽医科大学	5★	6	上海交通大学	4★	11	四川大学	4★
2	北京大学	5★	7	复旦大学	4★	12	浙江大学	4★
3	北京协和医学院	5★	8	西安交通大学	4★	13	山东大学	4★
4	中国医科大学	5★	9	南方医科大学	4★	14	大连医科大学	4★
5	华中科技大学	4★	10	南京医科大学	4★	15	昆明医科大学	4★
3★：24 个；2★：31 个；1★：8 个（名单略）								

100207 影像医学与核医学（93）

排名	学校名称	等级	排名	学校名称	等级	排名	学校名称	等级
1	上海交通大学	5★	8	哈尔滨医科大学	4★	15	河北医科大学	4★
2	复旦大学	5★	9	首都医科大学	4★	16	苏州大学	4★
3	华中科技大学	5★	10	北京协和医学院	4★	17	郑州大学	4★
4	四川大学	5★	11	重庆医科大学	4★	18	同济大学	4★
5	中山大学	5★	12	南方医科大学	4★	19	山东大学	4★
6	中国医科大学	4★	13	浙江大学	4★			
7	北京大学	4★	14	天津医科大学	4★			
3★：27 个；2★：38 个；1★：9 个（名单略）								

100208 临床检验诊断学（92）

排名	学校名称	等级	排名	学校名称	等级	排名	学校名称	等级
1	北京大学	5★	7	首都医科大学	4★	13	武汉大学	4★
2	重庆医科大学	5★	8	华中科技大学	4★	14	温州医科大学	4★
3	上海交通大学	5★	9	中南大学	4★	15	北京协和医学院	4★
4	吉林大学	5★	10	江苏大学	4★	16	南方医科大学	4★
5	四川大学	5★	11	复旦大学	4★	17	哈尔滨医科大学	4★
6	中山大学	4★	12	浙江大学	4★	18	山东大学	4★
3★：28 个；2★：37 个；1★：9 个（名单略）								

100210 外科学（98）

排名	学校名称	等级	排名	学校名称	等级	排名	学校名称	等级
1	上海交通大学	5★	2	复旦大学	5★	3	中山大学	5★

续表

排名	学校名称	等级	排名	学校名称	等级	排名	学校名称	等级
4	北京大学	5★	10	南京大学	4★	16	南京医科大学	4★
5	四川大学	5★	11	西安交通大学	4★	17	同济大学	4★
6	华中科技大学	4★	12	天津医科大学	4★	18	北京协和医学院	4★
7	中国医科大学	4★	13	哈尔滨医科大学	4★	19	河北医科大学	4★
8	首都医科大学	4★	14	浙江大学	4★	20	南方医科大学	4★
9	中南大学	4★	15	苏州大学	4★			
3★：29个；2★：39个；1★：10个（名单略）								

100211　妇产科学（90）

排名	学校名称	等级	排名	学校名称	等级	排名	学校名称	等级
1	华中科技大学	5★	7	四川大学	4★	13	重庆医科大学	4★
2	北京大学	5★	8	中山大学	4★	14	哈尔滨医科大学	4★
3	复旦大学	5★	9	北京协和医学院	4★	15	河北医科大学	4★
4	上海交通大学	5★	10	中国医科大学	4★	16	郑州大学	4★
5	浙江大学	4★	11	南方医科大学	4★	17	安徽医科大学	4★
6	山东大学	4★	12	南京医科大学	4★	18	首都医科大学	4★
3★：27个；2★：36个；1★：9个（名单略）								

100212　眼科学（85）

排名	学校名称	等级	排名	学校名称	等级	排名	学校名称	等级
1	中山大学	5★	7	青岛大学	4★	13	武汉大学	4★
2	首都医科大学	5★	8	浙江大学	4★	14	南京大学	4★
3	上海交通大学	5★	9	哈尔滨医科大学	4★	15	郑州大学	4★
4	复旦大学	5★	10	天津医科大学	4★	16	重庆医科大学	4★
5	北京大学	4★	11	华中科技大学	4★	17	南方医科大学	4★
6	温州医科大学	4★	12	中国医科大学	4★			
3★：25个；2★：34个；1★：9个（名单略）								

100213　耳鼻咽喉科学（83）

排名	学校名称	等级	排名	学校名称	等级	排名	学校名称	等级
1	中山大学	5★	7	中南大学	4★	13	中国医科大学	4★
2	复旦大学	5★	8	山东大学	4★	14	郑州大学	4★
3	上海交通大学	5★	9	南方医科大学	4★	15	武汉大学	4★
4	北京大学	5★	10	广西医科大学	4★	16	四川大学	4★
5	华中科技大学	4★	11	南京大学	4★	17	西安交通大学	4★
6	首都医科大学	4★	12	重庆医科大学	4★			
3★：24个；2★：34个；1★：8个（名单略）								

100214　肿瘤学（88）

排名	学校名称	等级	排名	学校名称	等级	排名	学校名称	等级
1	复旦大学	5★	7	天津医科大学	4★	13	山东大学	4★
2	中山大学	5★	8	四川大学	4★	14	首都医科大学	4★
3	北京协和医学院	5★	9	华中科技大学	4★	15	南方医科大学	4★
4	上海交通大学	5★	10	中国医科大学	4★	16	广西医科大学	4★
5	浙江大学	4★	11	哈尔滨医科大学	4★	17	西安交通大学	4★
6	北京大学	4★	12	南京医科大学	4★	18	苏州大学	4★
3★：26 个；2★：35 个；1★：9 个（名单略）								

100215　康复医学与理疗学（68）

排名	学校名称	等级	排名	学校名称	等级	排名	学校名称	等级
1	中山大学	5★	6	中国医科大学	4★	11	首都医科大学	4★
2	复旦大学	5★	7	山东大学	4★	12	中南大学	4★
3	华中科技大学	5★	8	四川大学	4★	13	南京中医药大学	4★
4	北京大学	4★	9	上海交通大学	4★			
5	西安交通大学	4★	10	重庆医科大学	4★			
3★：21 个；2★：27 个；1★：7 个（名单略）								

100216　运动医学（36）

排名	学校名称	等级	排名	学校名称	等级	排名	学校名称	等级
1	北京大学	5★	4	复旦大学	4★	7	中南大学	4★
2	华中科技大学	4★	5	上海体育学院	4★			
3	浙江大学	4★	6	四川大学	4★			
3★：11 个；2★：14 个；1★：4 个（名单略）								

100217　麻醉学（80）

排名	学校名称	等级	排名	学校名称	等级	排名	学校名称	等级
1	华中科技大学	5★	7	南京大学	4★	13	浙江大学	4★
2	上海交通大学	5★	8	哈尔滨医科大学	4★	14	西安交通大学	4★
3	中山大学	5★	9	南方医科大学	4★	15	武汉大学	4★
4	四川大学	5★	10	中国医科大学	4★	16	温州医科大学	4★
5	北京大学	4★	11	天津医科大学	4★			
6	复旦大学	4★	12	南京医科大学	4★			
3★：24 个；2★：32 个；1★：8 个（名单略）								

100218　急诊医学（78）

排名	学校名称	等级	排名	学校名称	等级	排名	学校名称	等级
1	上海交通大学	5★	4	中山大学	5★	7	武汉大学	4★
2	华中科技大学	5★	5	南京大学	4★	8	四川大学	4★
3	浙江大学	5★	6	中国医科大学	4★	9	山东大学	4★

续表

排名	学校名称	等级	排名	学校名称	等级	排名	学校名称	等级
10	温州医科大学	4★	12	首都医科大学	4★	14	中南大学	4★
11	吉林大学	4★	13	清华大学	4★	15	复旦大学	4★
3★：24个；2★：31个；1★：8个（名单略）								

1002W1 重症医学（19）

排名	学校名称	等级	排名	学校名称	等级	排名	学校名称	等级
1	华中科技大学	5★	2	中国医科大学	4★	3	浙江大学	4★
3★：6个；2★：8个；1★：2个（名单略）								

100301 口腔基础医学（32）

排名	学校名称	等级	排名	学校名称	等级	排名	学校名称	等级
1	四川大学	5★	3	武汉大学	4★	5	中国医科大学	4★
2	北京大学	4★	4	中山大学	4★	6	上海交通大学	4★
3★：10个；2★：12个；1★：4个（名单略）								

100302 口腔临床医学（46）

排名	学校名称	等级	排名	学校名称	等级	排名	学校名称	等级
1	四川大学	5★	4	中国医科大学	4★	7	哈尔滨医科大学	4★
2	上海交通大学	5★	5	南京医科大学	4★	8	同济大学	4★
3	武汉大学	4★	6	吉林大学	4★	9	山东大学	4★
3★：14个；2★：18个；1★：5个（名单略）								

100401 流行病与卫生统计学（62）

排名	学校名称	等级	排名	学校名称	等级	排名	学校名称	等级
1	北京大学	5★	5	山东大学	4★	9	浙江大学	4★
2	北京协和医学院	5★	6	首都医科大学	4★	10	南方医科大学	4★
3	复旦大学	5★	7	华中科技大学	4★	11	安徽医科大学	4★
4	四川大学	4★	8	南京医科大学	4★	12	哈尔滨医科大学	4★
3★：19个；2★：25个；1★：6个（名单略）								

100402 劳动卫生与环境卫生学（50）

排名	学校名称	等级	排名	学校名称	等级	排名	学校名称	等级
1	华中科技大学	5★	5	北京大学	4★	9	哈尔滨医科大学	4★
2	中国医科大学	5★	6	浙江大学	4★	10	山西医科大学	4★
3	南京医科大学	4★	7	上海交通大学	4★			
4	复旦大学	4★	8	南方医科大学	4★			
3★：15个；2★：20个；1★：5个（名单略）								

100403 营养与食品卫生学（57）

排名	学校名称	等级	排名	学校名称	等级	排名	学校名称	等级
1	南昌大学	5★	5	中国农业大学	4★	9	南方医科大学	4★
2	哈尔滨医科大学	5★	6	上海交通大学	4★	10	中山大学	4★
3	北京大学	5★	7	复旦大学	4★	11	华中科技大学	4★
4	四川大学	4★	8	浙江大学	4★			
3★：17 个；2★：23 个；1★：6 个（名单略）								

100404 少儿卫生与妇幼保健学（42）

排名	学校名称	等级	排名	学校名称	等级	排名	学校名称	等级
1	北京大学	5★	4	中山大学	4★	7	中南大学	4★
2	华中科技大学	5★	5	安徽医科大学	4★	8	中国医科大学	4★
3	复旦大学	4★	6	四川大学	4★			
3★：13 个；2★：17 个；1★：4 个（名单略）								

100405 卫生毒理学（45）

排名	学校名称	等级	排名	学校名称	等级	排名	学校名称	等级
1	中山大学	5★	4	南方医科大学	4★	7	复旦大学	4★
2	南京医科大学	5★	5	浙江大学	4★	8	首都医科大学	4★
3	华中科技大学	4★	6	东南大学	4★	9	山东大学	4★
3★：13 个；2★：18 个；1★：5 个（名单略）								

100406 军事预防医学（4）

排名	学校名称	等级	排名	学校名称	等级	排名	学校名称	等级
1	南方医科大学	5★	2	河北联合大学	4★			
3★：1 个；2★：1 个（名单略）								

100501 中医基础理论（31）

排名	学校名称	等级	排名	学校名称	等级	排名	学校名称	等级
1	北京中医药大学	5★	3	山东中医药大学	4★	5	黑龙江中医药大学	4★
2	广州中医药大学	4★	4	辽宁中医药大学	4★	6	上海中医药大学	4★
3★：9 个；2★：13 个；1★：3 个（名单略）								

100502 中医临床基础（30）

排名	学校名称	等级	排名	学校名称	等级	排名	学校名称	等级
1	北京中医药大学	5★	3	浙江中医药大学	4★	5	黑龙江中医药大学	4★
2	广州中医药大学	4★	4	南京中医药大学	4★	6	山东中医药大学	4★
3★：9 个；2★：12 个；1★：3 个（名单略）								

100503 中医医史文献（26）

排名	学校名称	等级	排名	学校名称	等级	排名	学校名称	等级
1	北京中医药大学	5★	2	山东中医药大学	4★	3	南京中医药大学	4★

续表

排名	学校名称	等级	排名	学校名称	等级	排名	学校名称	等级
4	广州中医药大学	4★	5	上海中医药大学	4★			
3★：8个；2★：10个；1★：3个（名单略）								

100504　方剂学（29）

排名	学校名称	等级	排名	学校名称	等级	排名	学校名称	等级
1	北京中医药大学	5★	3	黑龙江中医药大学	4★	5	湖南中医药大学	4★
2	广州中医药大学	4★	4	南京中医药大学	4★			
3★：9个；2★：12个；1★：3个（名单略）								

100505　中医诊断学（27）

排名	学校名称	等级	排名	学校名称	等级	排名	学校名称	等级
1	北京中医药大学	5★	3	广州中医药大学	4★	5	南京中医药大学	4★
2	湖南中医药大学	4★	4	上海中医药大学	4★			
3★：8个；2★：11个；1★：3个（名单略）								

100506　中医内科学（41）

排名	学校名称	等级	排名	学校名称	等级	排名	学校名称	等级
1	北京中医药大学	5★	4	天津中医药大学	4★	7	湖南中医药大学	4★
2	广州中医药大学	5★	5	河南中医学院	4★	8	湖北中医药大学	4★
3	上海中医药大学	4★	6	南京中医药大学	4★			
3★：12个；2★：17个；1★：4个（名单略）								

100507　中医外科学（30）

排名	学校名称	等级	排名	学校名称	等级	排名	学校名称	等级
1	北京中医药大学	5★	3	上海中医药大学	4★	5	湖南中医药大学	4★
2	广州中医药大学	4★	4	南京中医药大学	4★	6	辽宁中医药大学	4★
3★：9个；2★：12个；1★：3个（名单略）								

100508　中医骨伤科学（31）

排名	学校名称	等级	排名	学校名称	等级	排名	学校名称	等级
1	广州中医药大学	5★	3	北京中医药大学	4★	5	湖南中医药大学	4★
2	上海中医药大学	4★	4	浙江中医药大学	4★	6	南京中医药大学	4★
3★：9个；2★：13个；1★：3个（名单略）								

100509　中医妇科学（29）

排名	学校名称	等级	排名	学校名称	等级	排名	学校名称	等级
1	广州中医药大学	5★	3	北京中医药大学	4★	5	南京中医药大学	4★
2	黑龙江中医药大学	4★	4	成都中医药大学	4★			
3★：9个；2★：12个；1★：3个（名单略）								

100510　中医儿科学（25）

排名	学校名称	等级	排名	学校名称	等级	排名	学校名称	等级
1	广州中医药大学	5★	3	南京中医药大学	4★	5	天津中医药大学	4★
2	北京中医药大学	4★	4	河南中医学院	4★			
3★：7 个；2★：10 个；1★：3 个（名单略）								

100511　中医五官科学（22）

排名	学校名称	等级	排名	学校名称	等级	排名	学校名称	等级
1	广州中医药大学	5★	3	北京中医药大学	4★			
2	成都中医药大学	4★	4	南京中医药大学	4★			
3★：7 个；2★：8 个；1★：3 个（名单略）								

100512　针灸推拿学（35）

排名	学校名称	等级	排名	学校名称	等级	排名	学校名称	等级
1	北京中医药大学	5★	4	上海中医药大学	4★	7	湖北中医药大学	4★
2	广州中医药大学	4★	5	天津中医药大学	4★			
3	成都中医药大学	4★	6	湖南中医药大学	4★			
3★：10 个；2★：14 个；1★：4 个（名单略）								

100513　民族医学（含：藏医学、蒙医学等）（13）

排名	学校名称	等级	排名	学校名称	等级	排名	学校名称	等级
1	北京中医药大学	5★	2	青海大学	4★			
3★：4 个；2★：5 个；1★：2 个（名单略）								

100601　中西医结合基础（47）

排名	学校名称	等级	排名	学校名称	等级	排名	学校名称	等级
1	北京中医药大学	5★	4	南京中医药大学	4★	7	山东中医药大学	4★
2	广州中医药大学	5★	5	河北医科大学	4★	8	上海中医药大学	4★
3	复旦大学	4★	6	华中科技大学	4★	9	天津中医药大学	4★
3★：14 个；2★：19 个；1★：5 个（名单略）								

100602　中西医结合临床（68）

排名	学校名称	等级	排名	学校名称	等级	排名	学校名称	等级
1	北京中医药大学	5★	6	天津医科大学	4★	11	成都中医药大学	4★
2	南方医科大学	5★	7	湖南中医药大学	4★	12	上海中医药大学	4★
3	复旦大学	5★	8	南京中医药大学	4★	13	广州中医药大学	4★
4	大连医科大学	4★	9	浙江中医药大学	4★			
5	天津中医药大学	4★	10	华中科技大学	4★			
3★：21 个；2★：27 个；1★：7 个（名单略）								

1006W1　中西医结合护理学（7）

排名	学校名称	等级	排名	学校名称	等级	排名	学校名称	等级
1	北京中医药大学	5★	2	辽宁中医药大学	4★			
3★：1个；2★：3个；1★：1个（名单略）								

100701　药物化学（117）

排名	学校名称	等级	排名	学校名称	等级	排名	学校名称	等级
1	中国药科大学	5★	9	山东大学	4★	17	南方医科大学	4★
2	北京协和医学院	5★	10	中山大学	4★	18	上海交通大学	4★
3	浙江工业大学	5★	11	天津大学	4★	19	苏州大学	4★
4	北京大学	5★	12	郑州大学	4★	20	首都医科大学	4★
5	沈阳药科大学	5★	13	中南大学	4★	21	西北大学	4★
6	四川大学	5★	14	南京大学	4★	22	吉林大学	4★
7	中国海洋大学	4★	15	浙江大学	4★	23	暨南大学	4★
8	复旦大学	4★	16	华中科技大学	4★			
3★：36个；2★：46个；1★：12个（名单略）								

100702　药剂学（97）

排名	学校名称	等级	排名	学校名称	等级	排名	学校名称	等级
1	中国药科大学	5★	8	浙江大学	4★	15	苏州大学	4★
2	沈阳药科大学	5★	9	上海交通大学	4★	16	吉林大学	4★
3	复旦大学	5★	10	中山大学	4★	17	成都中医药大学	4★
4	北京大学	5★	11	中南大学	4★	18	黑龙江中医药大学	4★
5	四川大学	5★	12	山东大学	4★	19	首都医科大学	4★
6	北京协和医学院	4★	13	南方医科大学	4★			
7	华中科技大学	4★	14	南京大学	4★			
3★：29个；2★：39个；1★：10个（名单略）								

100703　生药学（87）

排名	学校名称	等级	排名	学校名称	等级	排名	学校名称	等级
1	中国药科大学	5★	7	中国海洋大学	4★	13	辽宁中医药大学	4★
2	北京协和医学院	5★	8	中南大学	4★	14	华中科技大学	4★
3	北京大学	5★	9	上海交通大学	4★	15	吉林大学	4★
4	中山大学	5★	10	四川大学	4★	16	山东大学	4★
5	沈阳药科大学	4★	11	黑龙江中医药大学	4★	17	天津医科大学	4★
6	复旦大学	4★	12	天津大学	4★			
3★：26个；2★：35个；1★：9个（名单略）								

100704　药物分析学（96）

排名	学校名称	等级	排名	学校名称	等级	排名	学校名称	等级
1	中国药科大学	5★	2	北京大学	5★	3	北京协和医学院	5★

续表

排名	学校名称	等级	排名	学校名称	等级	排名	学校名称	等级
4	沈阳药科大学	5★	10	华中科技大学	4★	16	南京医科大学	4★
5	浙江大学	5★	11	福州大学	4★	17	吉林大学	4★
6	复旦大学	4★	12	四川大学	4★	18	首都医科大学	4★
7	中山大学	4★	13	山东大学	4★	19	黑龙江中医药大学	4★
8	上海交通大学	4★	14	苏州大学	4★			
9	中南大学	4★	15	西安交通大学	4★			
3★：29 个；2★：38 个；1★：10 个（名单略）								

100705　微生物与生化药学（83）

排名	学校名称	等级	排名	学校名称	等级	排名	学校名称	等级
1	中国药科大学	5★	7	南京大学	4★	13	武汉大学	4★
2	北京协和医学院	5★	8	山东大学	4★	14	哈尔滨医科大学	4★
3	沈阳药科大学	5★	9	上海交通大学	4★	15	中国海洋大学	4★
4	四川大学	5★	10	南方医科大学	4★	16	华东理工大学	4★
5	中山大学	4★	11	吉林大学	4★	17	北京中医药大学	4★
6	华中科技大学	4★	12	苏州大学	4★			
3★：24 个；2★：34 个；1★：8 个（名单略）								

100706　药理学（113）

排名	学校名称	等级	排名	学校名称	等级	排名	学校名称	等级
1	中国药科大学	5★	9	哈尔滨医科大学	4★	17	苏州大学	4★
2	北京协和医学院	5★	10	华中科技大学	4★	18	中国医科大学	4★
3	北京大学	5★	11	四川大学	4★	19	首都医科大学	4★
4	浙江大学	5★	12	沈阳药科大学	4★	20	西安交通大学	4★
5	中山大学	5★	13	上海交通大学	4★	21	河北医科大学	4★
6	南京医科大学	5★	14	安徽医科大学	4★	22	广西医科大学	4★
7	中南大学	4★	15	山东大学	4★	23	南方医科大学	4★
8	复旦大学	4★	16	南京大学	4★			
3★：34 个；2★：45 个；1★：11 个（名单略）								

1007W1　临床药学（15）

排名	学校名称	等级	排名	学校名称	等级	排名	学校名称	等级
1	北京大学	5★	2	中国药科大学	4★	3	沈阳药科大学	4★
3★：4 个；2★：6 个；1★：2 个（名单略）								

1007W2　药事管理学（8）

排名	学校名称	等级	排名	学校名称	等级	排名	学校名称	等级
1	沈阳药科大学	5★	2	郑州大学	4★			
3★：2 个；2★：3 个；1★：1 个（名单略）								

1201W1　工程管理（9）

排名	学校名称	等级	排名	学校名称	等级	排名	学校名称	等级
1	浙江大学	5★	2	中国矿业大学（北京）	4★			
3★：2个；2★：4个；1★：1个（名单略）								

1201W2　电子商务（9）

排名	学校名称	等级	排名	学校名称	等级	排名	学校名称	等级
1	武汉大学	5★	2	上海财经大学	4★			
3★：2个；2★：4个；1★：1个（名单略）								

120201　会计学（252）

排名	学校名称	等级	排名	学校名称	等级	排名	学校名称	等级
1	厦门大学	5★	18	首都经济贸易大学	4★	35	合肥工业大学	4★
2	中国人民大学	5★	19	暨南大学	4★	36	北京理工大学	4★
3	中山大学	5★	20	武汉大学	4★	37	西安理工大学	4★
4	中央财经大学	5★	21	湖南大学	4★	38	中南大学	4★
5	东北财经大学	5★	22	南开大学	4★	39	浙江工业大学	4★
6	清华大学	5★	23	四川大学	4★	40	华中科技大学	4★
7	西安交通大学	5★	24	浙江工商大学	4★	41	中国海洋大学	4★
8	上海财经大学	5★	25	上海交通大学	4★	42	华南理工大学	4★
9	中南财经政法大学	5★	26	哈尔滨工业大学	4★	43	福州大学	4★
10	对外经济贸易大学	5★	27	山西财经大学	4★	44	西南交通大学	4★
11	西南财经大学	5★	28	复旦大学	4★	45	浙江大学	4★
12	天津财经大学	5★	29	重庆大学	4★	46	北京工商大学	4★
13	吉林大学	5★	30	大连理工大学	4★	47	哈尔滨商业大学	4★
14	北京大学	4★	31	东北大学	4★	48	辽宁大学	4★
15	北京交通大学	4★	32	同济大学	4★	49	南京财经大学	4★
16	江西财经大学	4★	33	山东财经人学	4★	50	北京科技大学	4★
17	南京大学	4★	34	山东大学	4★	51	吉林财经大学	4★
3★：76个；2★：101个；1★：24个（名单略）								

120202　企业管理（293）

排名	学校名称	等级	排名	学校名称	等级	排名	学校名称	等级
1	中国人民大学	5★	9	南京大学	5★	17	北京交通大学	4★
2	中山大学	5★	10	华南理工大学	5★	18	重庆大学	4★
3	清华大学	5★	11	对外经济贸易大学	5★	19	首都经济贸易大学	4★
4	厦门大学	5★	12	吉林大学	5★	20	上海财经大学	4★
5	西安交通大学	5★	13	四川大学	5★	21	江西财经大学	4★
6	南开大学	5★	14	中央财经大学	5★	22	中南财经政法大学	4★
7	北京大学	5★	15	上海交通大学	5★	23	东北大学	4★
8	东北财经大学	5★	16	大连理工大学	5★	24	西南交通大学	4★

续表

排名	学校名称	等级	排名	学校名称	等级	排名	学校名称	等级
25	西南财经大学	4★	37	辽宁大学	4★	49	长沙理工大学	4★
26	哈尔滨工业大学	4★	38	复旦大学	4★	50	天津财经大学	4★
27	浙江大学	4★	39	电子科技大学	4★	51	中国科学技术大学	4★
28	东华大学	4★	40	苏州大学	4★	52	中南大学	4★
29	浙江工商大学	4★	41	天津大学	4★	53	福州大学	4★
30	武汉理工大学	4★	42	北京理工大学	4★	54	北京工商大学	4★
31	山东大学	4★	43	西安理工大学	4★	55	广东外语外贸大学	4★
32	同济大学	4★	44	山西财经大学	4★	56	浙江工业大学	4★
33	武汉大学	4★	45	北京科技大学	4★	57	华东师范大学	4★
34	湖南大学	4★	46	华侨大学	4★	58	河海大学	4★
35	暨南大学	4★	47	合肥工业大学	4★	59	辽宁工程技术大学	4★
36	华中科技大学	4★	48	西北大学	4★	60	哈尔滨商业大学	4★
3★：87 个；2★：118 个；1★：28 个（名单略）								

120203　旅游管理（186）

排名	学校名称	等级	排名	学校名称	等级	排名	学校名称	等级
1	中山大学	5★	14	中南财经政法大学	4★	27	浙江工业大学	4★
2	厦门大学	5★	15	西北大学	4★	28	大连理工大学	4★
3	西安交通大学	5★	16	南开大学	4★	29	福州大学	4★
4	中国人民大学	5★	17	西南财经大学	4★	30	西南交通大学	4★
5	湖南大学	5★	18	天津大学	4★	31	中南大学	4★
6	陕西师范大学	5★	19	中国海洋大学	4★	32	桂林理工大学	4★
7	上海交通大学	5★	20	合肥工业大学	4★	33	华东师范大学	4★
8	四川大学	5★	21	上海财经大学	4★	34	东北石油大学	4★
9	北京交通大学	5★	22	北京理工大学	4★	35	湖南师范大学	4★
10	东北财经大学	5★	23	复旦大学	4★	36	安徽师范大学	4★
11	浙江工商大学	4★	24	同济大学	4★	37	北京第二外国语学院	4★
12	暨南大学	4★	25	浙江大学	4★	38	哈尔滨工程大学	4★
13	云南大学	4★	26	重庆大学	4★			
3★：55 个；2★：75 个；1★：18 个（名单略）								

120204　技术经济及管理（222）

排名	学校名称	等级	排名	学校名称	等级	排名	学校名称	等级
1	中国人民大学	5★	7	重庆大学	5★	13	上海交通大学	4★
2	西安交通大学	5★	8	吉林大学	5★	14	武汉理工大学	4★
3	中山大学	5★	9	华中科技大学	5★	15	天津大学	4★
4	厦门大学	5★	10	河海大学	5★	16	中南财经政法大学	4★
5	清华大学	5★	11	四川大学	5★	17	对外经济贸易大学	4★
6	大连理工大学	5★	12	北京交通大学	5★	18	湖南大学	4★

续表

排名	学校名称	等级	排名	学校名称	等级	排名	学校名称	等级
19	电子科技大学	4★	28	西南财经大学	4★	37	浙江大学	4★
20	华北电力大学	4★	29	北京理工大学	4★	38	东北大学	4★
21	中央财经大学	4★	30	华南理工大学	4★	39	西南交通大学	4★
22	同济大学	4★	31	南京大学	4★	40	武汉大学	4★
23	南开大学	4★	32	哈尔滨理工大学	4★	41	北京科技大学	4★
24	浙江工业大学	4★	33	暨南大学	4★	42	西安理工大学	4★
25	上海财经大学	4★	34	福州大学	4★	43	江西财经大学	4★
26	合肥工业大学	4★	35	复旦大学	4★	44	山西财经大学	4★
27	哈尔滨工业大学	4★	36	浙江工商大学	4★	45	辽宁大学	4★
3★：67个；2★：88个；1★：22个（名单略）								

1202W1 财务管理（17）

排名	学校名称	等级	排名	学校名称	等级	排名	学校名称	等级
1	厦门大学	5★	2	中国人民大学	4★	3	中南财经政法大学	4★
3★：5个；2★：7个；1★：2个（名单略）								

1202W2 市场营销（13）

排名	学校名称	等级	排名	学校名称	等级	排名	学校名称	等级
1	中国人民大学	5★	2	厦门大学	4★			
3★：4个；2★：5个；1★：2个（名单略）								

1202W3 文化产业管理（8）

排名	学校名称	等级	排名	学校名称	等级	排名	学校名称	等级
1	中国海洋大学	5★	2	中南大学	4★			
3★：2个；2★：3个；1★：1个（名单略）								

1202W4 人力资源管理（16）

排名	学校名称	等级	排名	学校名称	等级	排名	学校名称	等级
1	中国人民大学	5★	2	武汉大学	4★	3	南京大学	4★
3★：5个；2★：6个；1★：2个（名单略）								

1202W5 审计学（11）

排名	学校名称	等级	排名	学校名称	等级	排名	学校名称	等级
1	中南财经政法大学	5★	2	西南财经大学	4★			
3★：3个；2★：4个；1★：2个（名单略）								

120301 农业经济管理（59）

排名	学校名称	等级	排名	学校名称	等级	排名	学校名称	等级
1	华中农业大学	5★	3	西北农林科技大学	5★	5	中国人民大学	4★
2	中国农业大学	5★	4	南京农业大学	4★	6	浙江大学	4★

续表

排名	学校名称	等级	排名	学校名称	等级	排名	学校名称	等级
7	华南农业大学	4★	9	东北农业大学	4★	11	湖南农业大学	4★
8	沈阳农业大学	4★	10	山东农业大学	4★	12	福建农林大学	4★
3★：17 个；2★：24 个；1★：6 个（名单略）								

120302 林业经济管理（31）

排名	学校名称	等级	排名	学校名称	等级	排名	学校名称	等级
1	北京林业大学	5★	3	南京林业大学	4★	5	中国人民大学	4★
2	东北林业大学	4★	4	西北农林科技大学	4★	6	华南农业大学	4★
3★：9 个；2★：13 个；1★：3 个（名单略）								

120401 行政管理（167）

排名	学校名称	等级	排名	学校名称	等级	排名	学校名称	等级
1	中国人民大学	5★	13	南京农业大学	4★	25	山东大学	4★
2	中山大学	5★	14	复旦大学	4★	26	天津大学	4★
3	北京大学	5★	15	北京师范大学	4★	27	吉林大学	4★
4	浙江大学	5★	16	南京大学	4★	28	云南大学	4★
5	清华大学	5★	17	兰州大学	4★	29	湘潭大学	4★
6	华中师范大学	5★	18	中南财经政法大学	4★	30	中国矿业大学	4★
7	武汉大学	5★	19	南开大学	4★	31	哈尔滨医科大学	4★
8	北京航空航天大学	5★	20	郑州大学	4★	32	暨南大学	4★
9	四川大学	5★	21	上海交通大学	4★	33	哈尔滨工业大学	4★
10	华中科技大学	4★	22	厦门大学	4★	34	华南理工大学	4★
11	东北财经大学	4★	23	西安交通大学	4★			
12	东北大学	4★	24	华东师范大学	4★			
3★：50 个；2★：67 个；1★：16 个（名单略）								

120402 社会医学与卫生事业管理（72）

排名	学校名称	等级	排名	学校名称	等级	排名	学校名称	等级
1	北京大学	5★	6	山东大学	4★	11	清华大学	4★
2	华中科技大学	5★	7	中南大学	4★	12	武汉大学	4★
3	复旦大学	5★	8	上海交通大学	4★	13	吉林大学	4★
4	哈尔滨医科大学	4★	9	浙江大学	4★	14	广西医科大学	4★
5	四川大学	4★	10	西安交通大学	4★			
3★：22 个；2★：29 个；1★：7 个（名单略）								

120403 教育经济与管理（139）

排名	学校名称	等级	排名	学校名称	等级	排名	学校名称	等级
1	北京师范大学	5★	3	北京航空航天大学	5★	5	华南师范大学	5★
2	北京大学	5★	4	中国人民大学	5★	6	南京农业大学	5★

续表

排名	学校名称	等级	排名	学校名称	等级	排名	学校名称	等级
7	华东师范大学	5★	15	郑州大学	4★	23	天津大学	4★
8	中国科学技术大学	4★	16	浙江大学	4★	24	南开大学	4★
9	华中科技大学	4★	17	东北师范大学	4★	25	中国矿业大学	4★
10	东北大学	4★	18	浙江师范大学	4★	26	华中师范大学	4★
11	清华大学	4★	19	四川大学	4★	27	中南财经政法大学	4★
12	厦门大学	4★	20	武汉大学	4★	28	广西大学	4★
13	中山大学	4★	21	复旦大学	4★			
14	湘潭大学	4★	22	南京大学	4★			
3★：42个；2★：55个；1★：14个（名单略）								

120404　社会保障（123）

排名	学校名称	等级	排名	学校名称	等级	排名	学校名称	等级
1	中国人民大学	5★	10	山东大学	4★	19	郑州大学	4★
2	武汉大学	5★	11	吉林大学	4★	20	四川大学	4★
3	中南财经政法大学	5★	12	华中科技大学	4★	21	南京大学	4★
4	厦门大学	5★	13	清华大学	4★	22	北京师范大学	4★
5	上海交通大学	5★	14	浙江大学	4★	23	上海工程技术大学	4★
6	中山大学	5★	15	湘潭大学	4★	24	山西财经大学	4★
7	华东师范大学	4★	16	东北财经大学	4★	25	贵州大学	4★
8	东北大学	4★	17	中国农业大学	4★			
9	南京农业大学	4★	18	西安交通大学	4★			
3★：37个；2★：49个；1★：12个（名单略）								

120405　土地资源管理（102）

排名	学校名称	等级	排名	学校名称	等级	排名	学校名称	等级
1	南京农业大学	5★	8	华中科技大学	4★	15	中南财经政法大学	4★
2	北京师范大学	5★	9	中国矿业大学	4★	16	中国矿业大学（北京）	4★
3	浙江大学	5★	10	中国地质大学（武汉）	4★	17	郑州大学	4★
4	中国人民大学	5★	11	武汉大学	4★	18	吉林大学	4★
5	华中农业大学	5★	12	中山大学	4★	19	南京大学	4★
6	中国地质大学（北京）	4★	13	清华大学	4★	20	四川大学	4★
7	中国农业大学	4★	14	东北大学	4★			
3★：31个；2★：41个；1★：10个（名单略）								

120501　图书馆学（45）

排名	学校名称	等级	排名	学校名称	等级	排名	学校名称	等级
1	武汉大学	5★	4	中山大学	4★	7	中国人民大学	4★
2	南京大学	5★	5	南开大学	4★	8	黑龙江大学	4★
3	北京大学	4★	6	吉林大学	4★	9	江苏大学	4★
3★：13个；2★：18个；1★：5个（名单略）								

120502　情报学（59）

排名	学校名称	等级	排名	学校名称	等级	排名	学校名称	等级
1	武汉大学	5★	5	吉林大学	4★	9	中山大学	4★
2	南京大学	5★	6	南开大学	4★	10	华中科技大学	4★
3	北京大学	5★	7	中国人民大学	4★	11	西南大学	4★
4	华中师范大学	4★	8	浙江大学	4★	12	郑州大学	4★
3★：17 个；2★：24 个；1★：6 个（名单略）								

120503　档案学（31）

排名	学校名称	等级	排名	学校名称	等级	排名	学校名称	等级
1	中国人民大学	5★	3	南京大学	4★	5	吉林大学	4★
2	武汉大学	4★	4	云南大学	4★	6	上海大学	4★
3★：9 个；2★：13 个；1★：3 个（名单略）								

中国研究生教育分一级学科竞争力排行榜（专业学位）

0251 金融（专业学位）（134）

排名	学校名称	等级	排名	学校名称	等级	排名	学校名称	等级
1	中国人民大学	5★	10	北京大学	4★	19	天津财经大学	4★
2	对外经济贸易大学	5★	11	中山大学	4★	20	湖南大学	4★
3	复旦大学	5★	12	武汉大学	4★	21	广东财经大学	4★
4	中央财经大学	5★	13	南开大学	4★	22	中国农业大学	4★
5	西南财经大学	5★	14	西安交通大学	4★	23	山东大学	4★
6	上海交通大学	5★	15	厦门大学	4★	24	南京财经大学	4★
7	中南财经政法大学	5★	16	暨南大学	4★	25	天津大学	4★
8	清华大学	4★	17	吉林大学	4★	26	华东师范大学	4★
9	上海财经大学	4★	18	东北财经大学	4★	27	浙江大学	4★
3★：40个；2★：54个；1★：13个（名单略）								

0252 应用统计（专业学位）（97）

排名	学校名称	等级	排名	学校名称	等级	排名	学校名称	等级
1	南开大学	5★	8	吉林大学	4★	15	西安电子科技大学	4★
2	武汉大学	5★	9	北京师范大学	4★	16	西安交通大学	4★
3	山东大学	5★	10	南京大学	4★	17	西南财经大学	4★
4	东北财经大学	5★	11	浙江工商大学	4★	18	中山大学	4★
5	厦门大学	5★	12	中国科学技术大学	4★	19	华中科技大学	4★
6	清华大学	4★	13	天津财经大学	4★			
7	北京大学	4★	14	中央财经大学	4★			
3★：29个；2★：39个；1★：10个（名单略）								

0253 税务（专业学位）（39）

排名	学校名称	等级	排名	学校名称	等级	排名	学校名称	等级
1	上海财经大学	5★	4	中南财经政法大学	4★	7	中国人民大学	4★
2	武汉大学	5★	5	中央财经大学	4★			
3	东北财经大学	4★	6	复旦大学	4★			
3★：12个；2★：16个；1★：4个（名单略）								

0254 国际商务（专业学位）（92）

排名	学校名称	等级	排名	学校名称	等级	排名	学校名称	等级
1	对外经济贸易大学	5★	4	东北财经大学	5★	7	中央财经大学	4★
2	南开大学	5★	5	厦门大学	5★	8	中南财经政法大学	4★
3	中国人民大学	5★	6	武汉大学	4★	9	复旦大学	4★

续表

排名	学校名称	等级	排名	学校名称	等级	排名	学校名称	等级
10	天津财经大学	4★	13	中国农业大学	4★	16	中山大学	4★
11	东南大学	4★	14	暨南大学	4★	17	上海对外经贸大学	4★
12	西安交通大学	4★	15	西南大学	4★	18	上海财经大学	4★
3★：28 个；2★：37 个；1★：9 个（名单略）								

0255　保险（专业学位）（45）

排名	学校名称	等级	排名	学校名称	等级	排名	学校名称	等级
1	西南财经大学	5★	4	对外经济贸易大学	4★	7	中央财经大学	4★
2	中国人民大学	5★	5	中南财经政法大学	4★	8	上海财经大学	4★
3	武汉大学	4★	6	天津财经大学	4★	9	北京大学	4★
3★：13 个；2★：18 个；1★：5 个（名单略）								

0256　资产评估（专业学位）（61）

排名	学校名称	等级	排名	学校名称	等级	排名	学校名称	等级
1	中央财经大学	5★	5	南开大学	4★	9	天津财经大学	4★
2	中南财经政法大学	5★	6	西南财经大学	4★	10	厦门大学	4★
3	中国人民大学	5★	7	复旦大学	4★	11	东北财经大学	4★
4	上海财经大学	4★	8	武汉大学	4★	12	华中科技大学	4★
3★：18 个；2★：25 个；1★：6 个（名单略）								

0257　审计（专业学位）（32）

排名	学校名称	等级	排名	学校名称	等级	排名	学校名称	等级
1	武汉大学	5★	3	中南财经政法大学	4★	5	中山大学	4★
2	中央财经大学	4★	4	西南财经大学	4★	6	厦门大学	4★
3★：10 个；2★：12 个；1★：4 个（名单略）								

0351　法律（专业学位）（175）

排名	学校名称	等级	排名	学校名称	等级	排名	学校名称	等级
1	中国政法大学	5★	13	山东大学	4★	25	辽宁大学	4★
2	西南政法大学	5★	14	四川大学	4★	26	郑州大学	4★
3	北京大学	5★	15	重庆大学	4★	27	华中科技大学	4★
4	华东政法大学	5★	16	南京师范大学	4★	28	湖南大学	4★
5	中国人民大学	5★	17	复旦大学	4★	29	湘潭大学	4★
6	武汉大学	5★	18	清华大学	4★	30	苏州大学	4★
7	中南财经政法大学	5★	19	黑龙江大学	4★	31	海南大学	4★
8	北京师范大学	5★	20	中山大学	4★	32	上海外国语大学	4★
9	南京大学	5★	21	对外经济贸易大学	4★	33	安徽大学	4★
10	西北政法大学	4★	22	湖南师范大学	4★	34	东南大学	4★
11	吉林大学	4★	23	西南财经大学	4★	35	中南大学	4★
12	上海交通大学	4★	24	厦门大学	4★			
3★：53 个；2★：70 个；1★：17 个（名单略）								

0352 社会工作（专业学位）（86）

排名	学校名称	等级	排名	学校名称	等级	排名	学校名称	等级
1	北京大学	5★	7	华中师范大学	4★	13	华南理工大学	4★
2	中国人民大学	5★	8	清华大学	4★	14	华东师范大学	4★
3	北京师范大学	5★	9	华中科技大学	4★	15	南开大学	4★
4	上海大学	5★	10	中山大学	4★	16	湘潭大学	4★
5	复旦大学	4★	11	吉林大学	4★	17	中央民族大学	4★
6	南京大学	4★	12	重庆大学	4★			
3★：26个；2★：34个；1★：9个（名单略）								

0451 教育（专业学位）（134）

排名	学校名称	等级	排名	学校名称	等级	排名	学校名称	等级
1	华中师范大学	5★	10	陕西师范大学	4★	19	河南大学	4★
2	北京师范大学	5★	11	浙江师范大学	4★	20	华中科技大学	4★
3	华南师范大学	5★	12	湖南师范大学	4★	21	四川师范大学	4★
4	东北师范大学	5★	13	山东师范大学	4★	22	南京大学	4★
5	西南大学	5★	14	浙江大学	4★	23	云南师范大学	4★
6	华东师范大学	5★	15	西华师范大学	4★	24	杭州师范大学	4★
7	首都师范大学	5★	16	曲阜师范大学	4★	25	辽宁师范大学	4★
8	南京师范大学	4★	17	西北师范大学	4★	26	福建师范大学	4★
9	厦门大学	4★	18	上海师范大学	4★	27	渤海大学	4★
3★：40个；2★：54个；1★：13个（名单略）								

0452 体育（专业学位）（84）

排名	学校名称	等级	排名	学校名称	等级	排名	学校名称	等级
1	北京体育大学	5★	7	西安体育学院	4★	13	河南大学	4★
2	上海体育学院	5★	8	华南师范大学	4★	14	沈阳体育学院	4★
3	福建师范大学	5★	9	华中师范大学	4★	15	广州体育学院	4★
4	武汉体育学院	5★	10	湖南师范大学	4★	16	河北师范大学	4★
5	成都体育学院	4★	11	天津体育学院	4★	17	南京体育学院	4★
6	首都体育学院	4★	12	苏州大学	4★			
3★：25个；2★：34个；1★：8个（名单略）								

0453 汉语国际教育（专业学位）（104）

排名	学校名称	等级	排名	学校名称	等级	排名	学校名称	等级
1	华中师范大学	5★	8	浙江大学	4★	15	南京师范大学	4★
2	北京师范大学	5★	9	华东师范大学	4★	16	山东大学	4★
3	北京大学	5★	10	四川大学	4★	17	暨南大学	4★
4	南京大学	5★	11	南开大学	4★	18	首都师范大学	4★
5	北京语言大学	5★	12	中山大学	4★	19	中国人民大学	4★
6	复旦大学	4★	13	福建师范大学	4★	20	上海师范大学	4★
7	武汉大学	4★	14	中央民族大学	4★	21	湖南师范大学	4★
3★：31个；2★：42个；1★：10个（名单略）								

0454 应用心理（专业学位）（48）

排名	学校名称	等级	排名	学校名称	等级	排名	学校名称	等级
1	北京师范大学	5★	4	华东师范大学	4★	7	天津师范大学	4★
2	西南大学	5★	5	华南师范大学	4★	8	首都师范大学	4★
3	北京大学	4★	6	南京师范大学	4★	9	上海师范大学	4★

3★：15 个；2★：19 个；1★：5 个（名单略）

0551 翻译（专业学位）（202）

排名	学校名称	等级	排名	学校名称	等级	排名	学校名称	等级
1	北京外国语大学	5★	15	北京第二外国语学院	4★	29	北京航空航天大学	4★
2	北京大学	5★	16	湖南师范大学	4★	30	厦门大学	4★
3	对外经济贸易大学	5★	17	浙江大学	4★	31	武汉大学	4★
4	上海外国语大学	5★	18	北京语言大学	4★	32	华中师范大学	4★
5	四川外国语大学	5★	19	宁波大学	4★	33	北京师范大学	4★
6	广东外语外贸大学	5★	20	吉林大学	4★	34	华东师范大学	4★
7	黑龙江大学	5★	21	中山大学	4★	35	河南大学	4★
8	西安外国语大学	5★	22	四川大学	4★	36	上海海事大学	4★
9	大连外国语大学	5★	23	福建师范大学	4★	37	首都师范大学	4★
10	东北师范大学	5★	24	哈尔滨师范大学	4★	38	苏州大学	4★
11	南京大学	5★	25	复旦大学	4★	39	西北工业大学	4★
12	南京师范大学	4★	26	山东大学	4★	40	河北师范大学	4★
13	天津外国语大学	4★	27	延边大学	4★	41	上海交通大学	4★
14	同济大学	4★	28	湖南大学	4★			

3★：61 个；2★：80 个；1★：20 个（名单略）

0552 新闻与传播（专业学位）（94）

排名	学校名称	等级	排名	学校名称	等级	排名	学校名称	等级
1	中国传媒大学	5★	8	北京大学	4★	15	上海交通大学	4★
2	中国人民大学	5★	9	四川大学	4★	16	南京大学	4★
3	武汉大学	5★	10	清华大学	4★	17	黑龙江大学	4★
4	暨南大学	5★	11	广东外语外贸大学	4★	18	华中科技大学	4★
5	南京师范大学	5★	12	湖南大学	4★	19	北京师范大学	4★
6	浙江大学	4★	13	安徽大学	4★			
7	复旦大学	4★	14	中国科学技术大学	4★			

3★：28 个；2★：38 个；1★：9 个（名单略）

0553 出版（专业学位）（17）

排名	学校名称	等级	排名	学校名称	等级	排名	学校名称	等级
1	武汉大学	5★	2	四川大学	4★	3	中国传媒大学	4★

3★：5 个；2★：7 个；1★：2 个（名单略）

0651 文物与博物馆（专业学位）（30）

排名	学校名称	等级	排名	学校名称	等级	排名	学校名称	等级
1	北京大学	5★	3	西北大学	4★	5	四川大学	4★
2	中山大学	4★	4	复旦大学	4★	6	南京大学	4★

3★：9个；2★：12个；1★：3个（名单略）

0851 建筑学（专业学位）（34）

排名	学校名称	等级	排名	学校名称	等级	排名	学校名称	等级
1	同济大学	5★	3	清华大学	4★	5	华南理工大学	4★
2	东南大学	4★	4	天津大学	4★	6	西安建筑科技大学	4★

3★：11个；2★：13个；1★：4个（名单略）

0852 工程（专业学位）（376）

排名	学校名称	等级	排名	学校名称	等级	排名	学校名称	等级
1	清华大学	5★	27	西南交通大学	4★	53	厦门大学	4★
2	浙江大学	5★	28	东北大学	4★	54	东华大学	4★
3	上海交通大学	5★	29	湖南大学	4★	55	哈尔滨工程大学	4★
4	哈尔滨工业大学	5★	30	复旦大学	4★	56	华北电力大学	4★
5	华中科技大学	5★	31	中国科学技术大学	4★	57	苏州大学	4★
6	东南大学	5★	32	南京理工大学	4★	58	上海理工大学	4★
7	北京航空航天大学	5★	33	西安电子科技大学	4★	59	燕山大学	4★
8	西安交通大学	5★	34	河海大学	4★	60	中国农业大学	4★
9	同济大学	5★	35	中国矿业大学	4★	61	昆明理工大学	4★
10	天津大学	5★	36	北京交通大学	4★	62	郑州大学	4★
11	中南大学	5★	37	北京化工大学	4★	63	西安理工大学	4★
12	华南理工大学	5★	38	合肥工业大学	4★	64	福州大学	4★
13	四川大学	5★	39	北京工业大学	4★	65	大连海事大学	4★
14	西北工业大学	5★	40	北京邮电大学	4★	66	太原理工大学	4★
15	大连理工大学	5★	41	江南大学	4★	67	南昌大学	4★
16	北京大学	5★	42	中国矿业大学（北京）	4★	68	西安建筑科技大学	4★
17	吉林大学	5★	43	江苏大学	4★	69	中北大学	4★
18	武汉大学	5★	44	中国石油大学（华东）	4★	70	南京邮电大学	4★
19	电子科技大学	5★	45	华东理工大学	4★	71	西安科技大学	4★
20	南京大学	5★	46	中国石油大学（北京）	4★	72	山东科技大学	4★
21	南京航空航天大学	4★	47	中国地质大学（北京）	4★	73	成都理工大学	4★
22	北京科技大学	4★	48	南京工业大学	4★	74	兰州大学	4★
23	山东大学	4★	49	上海大学	4★	75	浙江工业大学	4★
24	北京理工大学	4★	50	长安大学	4★	76	广西大学	4★
25	武汉理工大学	4★	51	南开大学	4★	77	西北农林科技大学	4★
26	重庆大学	4★	52	中国地质大学（武汉）	4★			

3★：112个；2★：151个；1★：36个（名单略）

0853 城市规划（专业学位）（19）

排名	学校名称	等级	排名	学校名称	等级	排名	学校名称	等级
1	同济大学	5★	2	哈尔滨工业大学	4★	3	清华大学	4★
3★：6 个；2★：8 个；1★：2 个（名单略）								

0951 农业推广（专业学位）（106）

排名	学校名称	等级	排名	学校名称	等级	排名	学校名称	等级
1	南京农业大学	5★	8	西南大学	4★	15	内蒙古农业大学	4★
2	中国农业大学	5★	9	山东农业大学	4★	16	扬州大学	4★
3	西北农林科技大学	5★	10	河南农业大学	4★	17	河北农业大学	4★
4	华中农业大学	5★	11	湖南农业大学	4★	18	北京林业大学	4★
5	浙江大学	5★	12	东北农业大学	4★	19	沈阳农业大学	4★
6	四川农业大学	4★	13	福建农林大学	4★	20	云南农业大学	4★
7	华南农业大学	4★	14	安徽农业大学	4★	21	新疆农业大学	4★
3★：32 个；2★：42 个；1★：11 个（名单略）								

0952 兽医（专业学位）（39）

排名	学校名称	等级	排名	学校名称	等级	排名	学校名称	等级
1	中国农业大学	5★	4	四川农业大学	4★	7	西北农林科技大学	4★
2	华中农业大学	5★	5	华南农业大学	4★			
3	南京农业大学	4★	6	河南农业大学	4★			
3★：12 个；2★：16 个；1★：4 个（名单略）								

0953 风景园林（专业学位）（48）

排名	学校名称	等级	排名	学校名称	等级	排名	学校名称	等级
1	湖南大学	5★	4	四川农业大学	4★	7	成都理工大学	4★
2	北京林业大学	5★	5	西南林业大学	4★	8	沈阳农业大学	4★
3	西安建筑科技大学	4★	6	华中农业大学	4★	9	石家庄铁道大学	4★
3★：15 个；2★：19 个；1★：5 个（名单略）								

0954 林业（专业学位）（21）

排名	学校名称	等级	排名	学校名称	等级	排名	学校名称	等级
1	北京林业大学	5★	3	福建农林大学	4★			
2	东北林业大学	4★	4	内蒙古农业大学	4★			
3★：6 个；2★：9 个；1★：2 个（名单略）								

1051 临床医学（专业学位）（122）

排名	学校名称	等级	排名	学校名称	等级	排名	学校名称	等级
1	上海交通大学	5★	4	北京大学	5★	7	浙江大学	4★
2	复旦大学	5★	5	中山大学	5★	8	华中科技大学	4★
3	首都医科大学	5★	6	中南大学	5★	9	中国医科大学	4★

续表

排名	学校名称	等级	排名	学校名称	等级	排名	学校名称	等级
10	四川大学	4★	16	安徽医科大学	4★	22	西安交通大学	4★
11	南京医科大学	4★	17	吉林大学	4★	23	南京大学	4★
12	北京协和医学院	4★	18	大连医科大学	4★	24	山西医科大学	4★
13	天津医科大学	4★	19	山东大学	4★	25	苏州大学	4★
14	南方医科大学	4★	20	武汉大学	4★			
15	重庆医科大学	4★	21	河北医科大学	4★			
3★：36个；2★：49个；1★：12个（名单略）								

1052　口腔医学（专业学位）（51）

排名	学校名称	等级	排名	学校名称	等级	排名	学校名称	等级
1	北京协和医学院	5★	5	武汉大学	4★	9	山东大学	4★
2	四川大学	5★	6	中国医科大学	4★	10	浙江中医药大学	4★
3	中山大学	4★	7	同济大学	4★			
4	北京大学	4★	8	南京医科大学	4★			
3★：15个；2★：21个；1★：5个（名单略）								

1053　公共卫生（专业学位）（49）

排名	学校名称	等级	排名	学校名称	等级	排名	学校名称	等级
1	北京大学	5★	5	南京医科大学	4★	9	山东大学	4★
2	广东医学院	5★	6	南方医科大学	4★	10	新乡医学院	4★
3	复旦大学	4★	7	四川大学	4★			
4	华中科技大学	4★	8	清华大学	4★			
3★：14个；2★：20个；1★：5个（名单略）								

1054　护理（专业学位）（67）

排名	学校名称	等级	排名	学校名称	等级	排名	学校名称	等级
1	南京大学	5★	6	上海中医药大学	4★	11	山东大学	4★
2	华中科技大学	5★	7	北京中医药大学	4★	12	吉林大学	4★
3	中山大学	5★	8	中南大学	4★	13	湖南中医药大学	4★
4	四川大学	4★	9	兰州大学	4★			
5	北京大学	4★	10	南方医科大学	4★			
3★：20个；2★：27个；1★：7个（名单略）								

1055　药学（专业学位）（58）

排名	学校名称	等级	排名	学校名称	等级	排名	学校名称	等级
1	中国药科大学	5★	3	四川大学	5★	5	北京大学	4★
2	沈阳药科大学	5★	4	浙江大学	4★	6	复旦大学	4★

续表

排名	学校名称	等级	排名	学校名称	等级	排名	学校名称	等级
7	中山大学	4★	9	上海交通大学	4★	11	浙江工业大学	4★
8	北京协和医学院	4★	10	山东大学	4★			
3★：18 个；2★：23 个；1★：6 个（名单略）								

1056　中药学（专业学位）（48）

排名	学校名称	等级	排名	学校名称	等级	排名	学校名称	等级
1	南京中医药大学	5★	4	广东药学院	4★	7	湖南中医药大学	4★
2	天津中医药大学	5★	5	浙江中医药大学	4★	8	上海中医药大学	4★
3	黑龙江中医药大学	4★	6	广州中医药大学	4★	9	西北大学	4★
3★：15 个；2★：19 个；1★：5 个（名单略）								

第 二 部 分

中国研究生培养单位各类排名结果、学科等级分布、优势学科及联系方式

国家科学院研究生院（部）（共 6 个）

14430 中国科学院大学(原中国科学院研究生院)

在中国研究生院研究生教育竞争力排行榜中的名次：总排名 1/62，理工类排名 1/35。

通信地址：北京市石景山区玉泉路 19 号
邮政编码：100049
电话号码：010-88256215
电子邮箱：ao@ucas.ac.cn
研究生院（处）网址：www.bkzs.ucas.ac.cn

82101 中国农业科学院研究生院

在中国研究生院研究生教育竞争力排行榜中的名次：总排名 51/62，农林类排名 4/6。

通信地址：北京市海淀区中关村南大街 12 号
邮政编码：100081
电话号码：010-62162692
电子邮箱：yzb@caas.cn
研究生院（处）网址：www.gscaas.net.cn

80201 中国社会科学院研究生院

在中国研究生院研究生教育竞争力排行榜中的名次：总排名 52/62，文法类排名 2/2。

通信地址：北京市房山区长于大街 11 号
邮政编码：102488
电话号码：010-81360224
电子邮箱：yjszs@gscass.cn
研究生院（处）网址：www.gscass.cn

84502 中国中医科学院研究生院

在中国研究生院研究生教育竞争力排行榜中的名次：总排名 60/62，医药类排名 2/2。

通信地址：北京市东直门内南小街 16 号
邮政编码：100700
电话号码：010-64014411
电子邮箱：yzb_716@163.com
研究生院（处）网址：www.yyycm.com

82501 中国地质科学院研究生部

在中国研究生院研究生教育竞争力排行榜中的名次：总排名 61/62，理工类排名 35/35。

通信地址：北京市西城区百万庄大街 26 号
邮政编码：100037
电话号码：010-68992238
电子邮箱：edu@cags.ac.cn
研究生院（处）网址：www.edu.cags.ac.cn

82201 中国林业科学研究院研究生部

在中国研究生院研究生教育竞争力排行榜中的名次：总排名 62/62，农林类排名 2/6。

通信地址：北京市海淀区东小府 1 号
邮政编码：100091
电话号码：010-62889030
电子邮箱：lkyyzb@163.com
研究生院（处）网址：www.caf.ac.cn

普通高校研究生培养单位（共 574 所）

北京市

10001 北京大学

在中国普通高校研究生教育竞争力排行榜中的名次：总排名 1/574，北京市内排名 1/57，综合类排名 1/87。

共 53 个一级学科（学术学位）参评，其中 5★学科 32 个，4★学科 13 个，学科优秀率为 84.91%。

学科门类排名

哲学 3/177、经济学 4/259、法学 1/348、教育学 6/200、文学 1/271、历史学 1/125、理学 1/375、工学 16/369、医学 3/196、管理学 14/376、艺术学 14/206。

一级学科排名

哲学 3/177、理论经济学 2/147、应用经济学 11/243、法学 5/188、政治学 1/125、社会学 1/96、马克思主义理论 15/325、教育学 18/155、心理学 3/102、体育学 114/119、中国语言文学 1/169、外国语言文学 2/221、新闻传播学 10/98、考古学 1/58、中国史 14/122、世界史 1/73、数学 1/239、物理学 3/169、化学 2/185、天文学 3/16、地理学 2/92、大气科学 2/18、地球物理学 3/22、地质学 3/42、生物学 1/222、科学技术史 3/37、生态学 16/132、统计学 7/162、力学 1/119、电子科学与技术 2/134、信息与通信工程 10/170、控制科学与工程 105/186、计算机科学与技术 4/283、建筑学 20/69、测绘科学与技术 12/50、核科学与技术 6/22、环境科学与工程 3/197、生物医学工程 12/87、软件工程 4/197、基础医学 2/99、临床医学 3/111、口腔医学 2/48、公共卫生与预防医学 1/71、中西医结合 26/72、药学 5/145、护理学 4/74、管理科学与工程 29/228、工商管理 15/303、公共管理 2/217、图书情报与档案管理 4/68、艺术学理论 4/75、戏剧与影视学 17/70、美术学 89/133。

优势专业

5★专业： 马克思主义哲学 3/109、中国哲学 2/88、外国哲学 1/76、逻辑学 2/38、伦理学 2/94、美学 2/53、科学技术哲学 2/111、政治经济学 3/114、西方经济学 1/94、人口、资源与环境经济学 5/101、国民经济学 2/95、区域经济学 6/171、法学理论 3/108、法律史 3/59、宪法学与行政法学 3/126、刑法学 2/114、民商法学 4/147、诉讼法学 4/107、经济法学 4/132、环境与资源保护法学 3/75、国际法学 2/105、政治学理论 1/94、中外政治制度 1/60、科学社会主义与国际共产主义运动 1/62、中共党史 1/68、国际政治 1/65、国际关系 1/58、外交学 1/17、社会学 1/86、人口学 1/39、人类学 1/40、马克思主义基本原理 7/263、马克思主义中国化研究 10/236、国外马克思主义研究 3/83、中国近现代史基本问题研究 3/120、高等教育学 5/117、文艺学 2/142、语言学及应用语言学 1/132、汉语言文字学 3/133、中国古典文献学 2/104、中国古代文学 3/154、中国现当代文学 3/142、比较文学与世界文学 2/123、英语语言文学 4/184、德语语言文学 1/33、印度语言文学 1/3、西班牙语语言文学 1/14、外国语言学及应用语言学 6/189、传播学 4/94、基础数学 1/181、计算数学 2/167、概率论与数理统计 1/141、应用数学 1/231、理论物理 2/125、粒子物理与原子核物理 1/58、凝聚态物理 6/145、光学 2/134、无机化学 6/150、分析化学 3/157、有机化学 2/159、物理化学 7/156、高分子化学与物理 5/131、自然地理学 1/71、人文地理学 3/67、地图学与地理信息系统 4/77、大气物理学与大气环境 1/13、植物学 1/137、动物学 3/129、生理学 1/113、遗传学 6/140、细胞生物学 1/135、生物化学与分子生物学 1/202、生物物理学 2/80、一般力学与力学基础 2/54、工程力学 6/110、电路与系统 5/109、微电子学与固体电子学 2/88、计算机系统结构 5/172、计算机软件与理论 4/213、计算机应用技术 3/280、环境科学 2/174、环境工程 5/170、免疫学 4/87、病理学与病理生理学 2/90、内科学 2/100、神经病学 4/86、精神病与精神卫生学 2/68、皮肤病与性病学 2/78、临床检验诊断学 1/92、外科学 4/98、妇产科学 2/90、耳鼻咽喉科学 4/83、运动医学 1/36、流行病与卫生统计学 1/62、营养与食品卫生学 3/57、儿少卫生与妇幼保健学 1/42、药物化学 4/117、药剂学 4/97、生药学 3/87、药物分析学 2/96、药理学 3/113、临床药学 1/15、企业管理 7/293、行政管理 3/167、社会医学与卫生事业管理 1/72、教育经济与管理 2/139、情报学 3/59。

4★专业： 宗教学 3/54、经济思想史 3/38、经济史 3/46、世界经济 5/87、财政学 12/98、金融学 13/181、产业经济学 18/198、经济统计学 5/37、知识产权法学 3/17、思想政治教育 57/299、教育学原理 9/91、教育技术学 16/95、基础心理学 3/50、应用心理学 7/87、俄语语言文学 6/61、法语语言文学 6/40、日语语言文学 11/106、阿拉伯语语言文学 2/11、亚非语言文学 2/30、新闻学 9/83、等离子体物理 2/36、化学生物学 3/17、天体物理 3/16、气象学 2/15、固体地球物理学 2/19、空间物理学 2/13、矿物学、岩石学、矿床学 5/31、构造地质学 3/28、神经生物学 4/72、生物信息学 2/13、固体力学 5/84、流体力学 5/66、物理电子学 6/99、电磁场与微波技术 7/74、通信与信息系统 9/141、信号与信息处理 11/152、摄影测量与遥感 2/35、核技术及应用 3/20、人体解剖与组织胚胎学 11/90、病原生物学 6/86、放射医学 4/26、儿科学 5/86、影像医学与核医学 7/93、眼科学 5/85、肿瘤学 6/88、康复医学与理疗学 4/68、麻醉学 5/80、口腔基础医学 2/32、劳动卫生与环境卫生学 5/50、会计学 14/252、图书馆学 3/45。

通信地址：北京市海淀区颐和园路 5 号
邮政编码：100871
电话号码：010-62751354
电子邮箱：grszsb@pku.edu.cn
研究生院（处）网址：www.grs.pku.edu.cn

10003　清华大学

在中国普通高校研究生教育竞争力排行榜中的名次：总排名 3/574，北京市内排名 2/57，理工类排名 1/178。

共 61 个一级学科（学术学位）参评，其中 5★学科 28 个，4★学科 17 个，学科优秀率为 73.77%。

学科门类排名

哲学 17/177、经济学 20/259、法学 23/348、教育学 35/200、文学 32/271、历史学 28/125、理学 4/375、工学 1/369、医学 47/196、管理学 4/376、艺术学 6/206。

一级学科排名

哲学 17/177、理论经济学 26/147、应用经济学 20/243、法学 10/188、政治学 18/125、社会学 10/96、马克思主义理论 8/325、教育学 24/155、心理学 37/102、体育学 13/119、中国语言文学 47/169、外国语言文学 36/221、新闻传播学 12/98、中国史 29/122、世界史 22/73、数学 4/239、物理学 2/169、化学 8/185、天文学 4/16、大气科学 8/18、海洋科学 21/31、生物学 31/222、科学技术史 7/37、生态学 10/132、统计学 10/162、力学 3/119、机械工程 4/208、光学工程 3/89、仪器科学与技术 4/95、材料科学与工程 1/206、动力工程及工程热物理 1/114、电气工程 1/104、电子科学与技术 3/134、信息与通信工程 5/170、控制科学与工程 2/186、计算机科学与技术 1/283、建筑学 4/69、土木工程 2/153、水利工程 3/74、测绘科学与技术 21/50、化学工程与技术 9/218、矿业工程 31/56、交通运输工程 46/69、航空宇航科学与技术 6/21、核科学与技术 1/22、环境科学与工程 1/197、生物医学工程 4/87、城乡规划学 3/56、风景园林学 7/65、软件工程 3/197、安全科学与工程 39/57、基础医学 39/99、临床医学 29/111、口腔医学 38/48、药学 64/145、管理科学与工程 2/228、工商管理 6/303、公共管理 10/217、艺术学理论 5/75、美术学 8/133、设计学 2/141。

优势专业

5★专业：区域经济学 9/171、数量经济学 6/122、社会学 4/86、思想政治教育 8/299、高等教育学 6/117、日语语言文学 5/106、外国语言学及应用语言学 10/189、基础数学 2/181、计算数学 3/167、概率论与数理统计 6/141、应用数学 3/231、运筹学与控制论 2/157、理论物理 3/125、粒子物理与原子核物理 2/58、原子与分子物理 2/70、凝聚态物理 3/145、光学 3/134、无线电物理 1/64、分析化学 5/157、固体力学 1/84、流体力学 2/66、工程力学 3/110、机械制造及其自动化 3/186、机械电子工程 5/187、机械设计及理论 9/195、车辆工程 1/137、测试计量技术及仪器 5/93、材料物理与化学 1/185、材料学 2/183、材料加工工程 6/158、工程热物理 1/61、热能工程 3/79、动力机械及工程 2/70、流体机械及工程 2/70、制冷及低温工程 3/59、化工过程机械 2/65、电机与电器 1/73、电力系统及其自动化 1/82、高电压与绝缘技术 1/48、电力电子与电力传动 2/95、电工理论与新技术 2/73、物理电子学 1/99、电路与系统 1/109、电磁场与微波技术 4/74、通信与信息系统 6/141、信号与信息处理 5/152、控制理论与控制工程 3/170、检测技术与自动化装置 2/157、系统工程 2/108、模式识别与智能系统 1/135、导航、制导与控制 2/68、计算机系统结构 1/172、计算机软件与理论 1/213、计算机应用技术 1/280、建筑技术科学 2/40、岩土工程 1/130、结构工程 4/140、市政工程 3/100、供热、供燃气、通风及空调工程 3/91、防灾减灾工程及防护工程 4/113、桥梁与隧道工程 2/102、水文学及水资源 3/57、水利水电工程 2/41、化学工艺 3/139、生物化工 3/120、应用化学 5/211、工业催化 3/117、核燃料循环与材料 1/7、辐射防护及环境保护 1/10、环境科学 3/174、环境工程 1/170、会计学 6/252、企业管理 3/293、技术经济及管理 5/222、行政管理 5/167。

4★专业：马克思主义哲学 18/109、逻辑学 6/38、伦理学 10/94、科学技术哲学 9/111、政治经济学 17/114、经济史 9/46、西方经济学 13/94、金融学 25/181、国际贸易学 13/165、法学理论 15/108、宪法学与行政法学 12/126、刑法学 11/114、民商法学 9/147、诉讼法学 10/107、经济法学 13/132、环境与资源保护法学 14/75、国际法学 17/105、军事法学 2/10、国际政治 8/65、国际关系 6/58、马克思主义基本原理 45/263、马克思主义发展史 9/99、马克思主义中国化研究 30/236、国外马克思主义研究 7/83、教育技术学 10/95、应用心理学 14/87、体育人文社会学 10/79、运动人体科学 11/68、体育教育训练学 17/106、文艺学 29/142、语言学及应用语言学 24/132、英语语言文学 25/184、新闻学 12/83、传播学 9/94、等离子体物理 3/36、声学 3/28、无机化学 11/150、有机化学 10/159、物理化学 9/156、高分子化学与物理 8/131、植物学 25/137、水生生物学 13/66、微生物学 16/162、神经生物学 14/72、遗传学 14/140、发育生物学 14/83、细胞生物学 11/135、生物化学与分子生物学 13/202、生物物理学 7/80、一般力学与力学基础 3/54、精密仪器及机械 5/73、微电子学与固体电子学 5/88、建筑历史与理论 4/39、建筑设计及其理论 4/55、城市规划与设计 4/52、水力学及河流动力学 3/37、水工结构工程 3/39、港口、海岸及近海工程 3/26、核能科学与工程 2/10、核技术及应用 2/20、急诊医学 13/78、社会医学与卫生事业管理 11/72、教育经济与管理 11/139、社会保障 13/123、土地资源管理 13/102。

通信地址：北京市海淀区清华大学研究生院
邮政编码：100084
电话号码：010-62782192
电子邮箱：yjszb@mail.tsinghua.edu.cn
研究生院（处）网址：www.yz.tsinghua.edu.cn

10002 中国人民大学

在中国普通高校研究生教育竞争力排行榜中的名次：总排名 17/574，北京市内排名 3/57，文法类排名 1/32。

共 37 个一级学科（学术学位）参评，其中 5★学科 14 个，4★学科 3 个，学科优秀率为 45.95%。

学科门类排名

哲学 1/177、经济学 1/259、法学 2/348、教育学 77/200、文学 3/271、历史学 3/125、理学 97/375、工学 163/369、医学 168/196、管理学 1/376、艺术学 70/206。

一级学科排名

哲学 1/177、理论经济学 1/147、应用经济学 1/243、法学 2/188、政治学 3/125、社会学 2/96、马克思主义理论 3/325、教育学 92/155、心理学 32/102、中国语言文学 15/169、外国语言文学 28/221、新闻传播学 2/98、考古学 20/58、中国史 3/122、世界史 34/73、数学 57/239、物理学 74/169、化学 105/185、地理学 86/92、系统科学 29/39、生态学 95/132、统计学 4/162、计算机科学与技术 46/283、化学工程与技术 169/218、环境科学与工程 80/197、食品科学与工程 80/101、公共卫生与预防医学 58/71、管理科学与工程 88/228、工商管理 1/303、农林经济管理 3/62、公共管理 1/217、图书情报与档案管理 3/68、艺术学理论 30/75、音乐与舞蹈学 79/94、戏剧与影视学 33/70、美术学 28/133、设计学 30/141。

优势专业

5★专业：马克思主义哲学 1/109、中国哲学 1/88、外国哲学 3/76、逻辑学 1/38、伦理学 1/94、美学 1/53、宗教学 1/54、科学技术哲学 1/111、管理哲学 1/6、政治经济学 1/114、经济思想史 1/38、经济史 2/46、西方经济学 2/94、世界经济 1/87、人口、资源与环境经济学 1/101、国民经济学 1/95、区域经济学 1/171、财政学 2/98、金融学 1/181、产业经济学 2/198、国际贸易学 3/165、劳动经济学 1/92、经济统计学 1/37、数量经济学 1/122、保险学 1/12、金融工程 1/13、法学理论 2/108、法律史 2/59、宪法学与行政法学 2/126、刑法学 3/114、民商法学 3/147、诉讼法学 2/107、经济法学 3/132、环境与资源保护法学 2/75、国际法学 4/105、知识产权法学 1/17、中共党史 2/68、国际政治 2/65、社会学 2/86、人口学 2/39、人类学 2/40、民俗学 1/39、马克思主义基本原理 1/263、马克思主义发展史 1/99、马克思主义中国化研究 1/236、国外马克思主义研究 1/83、思想政治教育 3/299、中国近现代史基本问题研究 1/120、文艺学 7/142、新闻学 1/83、传播学 2/94、广播电视学 1/6、会计学 2/252、企业管理 1/293、旅游管理 4/186、技术经济及管理 1/222、市场营销 1/13、人力资源管理 1/16、行政管理 1/167、教育经济与管理 4/139、社会保障 1/123、土地资源管理 4/102、档案学 1/31。

4★专业：国防经济 2/26、政治学理论 16/94、中外政治制度 5/60、科学社会主义与国际共产主义运动 5/62、国际关系 7/58、外交学 3/17、语言学及应用语言学 17/132、汉语言文字学 15/133、中国古代文学 15/154、中国现当代文学 12/142、比较文学与世界文学 8/123、英语语言文学 11/184、日语语言文学 6/106、概率论与数理统计 19/141、计算机软件与理论 37/213、计算机应用技术 53/280、财务管理 2/17、农业经济管理 5/59、林业经济管理 5/31、图书馆学 7/45、情报学 7/59。

通信地址：北京市海淀区中关村大街 59 号
邮政编码：100872
电话号码：010-62515340
电子邮箱：yjsyleader@ruc.edu.cn
研究生院（处）网址：www.pgs.ruc.edu.cn

10006 北京航空航天大学

在中国普通高校研究生教育竞争力排行榜中的名次：总排名 25/574，北京市内排名 4/57，理工类排名 11/178。

共 40 个一级学科（学术学位）参评，其中 5★学科 9 个，4★学科 12 个，学科优秀率为 52.5%。

学科门类排名

哲学 104/177、经济学 122/259、法学 83/348、教育学 91/200、文学 92/271、理学 81/375、工学 9/369、医学 147/196、管理学 16/376、艺术学 179/206。

一级学科排名

哲学 104/177、应用经济学 96/243、法学 33/188、马克思主义理论 298/325、教育学 85/155、心理学 75/102、外国语言文学 29/221、数学 47/239、物理学 30/169、化学 84/185、地球物理学 11/22、统计学 29/162、力学 6/119、机械工程 8/208、光学工程 14/89、仪器科学与技术 1/95、材料科学与工程 14/206、动力工程及工程热物理 12/114、电气工程 27/104、电子科学与技术 14/134、信息与通信工程 9/170、控制科学与工程 4/186、计算机科学与技术 6/283、土木工程 77/153、测绘科学与技术 36/50、化学工程与技术 147/218、交通运输工程 10/69、船舶与海洋工程 17/19、航空宇航科学与技术 1/21、兵器科学与技术 8/9、环境科学与工程 86/197、生物医学工程 11/87、软件工程 7/197、基础医学 93/99、特种医学 8/11、管理科学与工程 9/228、工商管理 100/303、公共管理 24/217、图书情报与档案管理 29/68、设计学 91/141。

优势专业

5★专业：外国语言学及应用语言学 3/189、应用数学 12/231、固体力学 4/84、流体力学 1/66、机械制造及其自动化 7/186、机械电子工程 7/187、机械设计及理论 8/195、精密仪器及机械 1/73、测试计量技术及仪器 2/93、材料物理与化学 10/185、控制理论与控制工程 5/170、检测技术与自动化装置 7/157、系统工程 1/108、模式识别与智能系统 6/135、导航、制导与控制 1/68、计算机系统结构 6/172、计算机软件与理论 5/213、计算机应用技术 6/280、信息安全 1/13、飞行器设计 1/19、航空宇航推进理论与工程 1/17、人机与环境工程 1/14、行政管理 8/167、教育经济与管理 3/139。

4★专业：民商法学 12/147、诉讼法学 13/107、国际法学 20/105、英语语言文学 17/184、基础数学 21/181、理论物理 18/125、粒子物理与原子核物理 11/58、凝聚态物理 15/145、光学 25/134、一般力学与力学基础 7/54、工程力学 7/110、车辆工程 14/137、材料学 11/183、材料加工工程 16/158、热能工程 11/79、流体机械及工程 8/70、制冷及低温工程 10/59、物理电子学 16/99、电路与系统 19/109、电磁场与微波技术 12/74、通信与信息系统 10/141、信号与信息处理 12/152、交通信息工程及控制 9/56、载运工具运用工程 9/49、航空宇航制造工程 2/17。

通信地址：北京市海淀区学院路 37 号
邮政编码：100191
电话号码：010-82317794
电子邮箱：yzb@buaa.edu.cn
研究生院（处）网址：www.graduate.buaa.edu.cn

10027 北京师范大学

在中国普通高校研究生教育竞争力排行榜中的名次：总排名 26/574，北京市内排名 5/57，师范类排名 1/73。

共 45 个一级学科（学术学位）参评，其中 5★学科 11 个，4★学科 14 个，学科优秀率为 55.56%。

学科门类排名

哲学 7/177、经济学 26/259、法学 20/348、教育学 1/200、文学 5/271、历史学 8/125、理学 13/375、工学 79/369、农学 61/111、医学 115/196、管理学 26/376、艺术学 19/206。

一级学科排名

哲学 7/177、理论经济学 19/147、应用经济学 49/243、法学 31/188、政治学 31/125、社会学 8/96、马克思主义理论 41/325、教育学 1/155、心理学 1/102、体育学 10/119、中国语言文学 3/169、外国语言文学 17/221、新闻传播学 31/98、考古学 19/58、中国史 1/122、世界史 8/73、数学 9/239、物理学 17/169、化学 17/185、天文学 5/16、地理学 1/92、生物学 20/222、系统科学 1/39、科学技术史 19/37、生态学 1/132、统计学 17/162、材料科学与工程 120/206、信息与通信工程 58/170、控制科学与工程 108/186、计算机科学与技术 48/283、土木工程 108/153、水利工程 19/74、测绘科学与技术 16/50、核科学与技术 12/22、环境科学与工程 4/197、林学 22/62、中药学 22/59、管理科学与工程 143/228、工商管理 127/303、公共管理 4/217、图书情报与档案管理 27/68、艺术学理论 18/75、音乐与舞蹈学 53/94、戏剧与影视学 6/70、美术学 31/133。

优势专业

5★专业：伦理学 5/94、刑法学 4/114、民俗学 2/39、教育学原理 1/91、课程与教学论 1/101、教育史 1/45、比较教育学 1/46、学前教育学 1/50、高等教育学 1/117、成人教育学 2/38、职业技术教育学 2/48、特殊教育学 1/15、教育技术学 1/95、教师教育 1/12、基础心理学 1/50、发展与教育心理学 1/58、应用心理学 1/87、文艺学 1/142、语言学及应用语言学 3/132、汉语言文字学 2/133、中国古典文献学 3/104、中国古代文学 4/154、中国现当代文学 1/142、比较文学与世界文学 3/123、基础数学 6/181、概率论与数理统计 3/141、理论物理 6/125、自然地理学 3/71、人文地理学 2/67、地图学与地理信息系统 1/77、系统理论 1/27、环境科学 1/174、教育经济与管理 1/139、土地资源管理 2/102。

4★专业：马克思主义哲学 8/109、中国哲学 9/88、外国哲学 7/76、美学 4/53、科学技术哲学 13/111、政治经济学 15/114、世界经济 14/87、人口、资源与环境经济学 10/101、金融学 35/181、劳动经济学 9/92、经济统计学 6/37、诉讼法学 7/107、中共党史 7/68、马克思主义基本原理 52/263、马克思主义中国化研究 45/236、思想政治教育 42/299、体育人文社会学 12/79、运动人体科学 5/68、体育教育训练学 15/106、英语语言文学 23/184、俄语语言文学 5/61、日语语言文学 8/106、外国语言学及应用语言学 21/189、计算数学 10/167、应用数学 14/231、凝聚态物理 17/145、光学 24/134、无机化学 23/150、有机化学 28/159、物理化学 16/156、天体测量与天体力学 2/3、动物学 22/129、生理学 22/113、发育生物学 17/83、细胞生物学 13/135、生物化学与分子生物学 27/202、系统分析与集成 5/33、计算机应用技术 35/280、环境工程 10/170、行政管理 15/167、社会保障 22/123。

通信地址：北京市新街口外大街 19 号
邮政编码：100875
电话号码：010-58808156
电子邮箱：yanzh@bnu.edu.cn
研究生院（处）网址：www.graduate.bnu.edu.cn

10007 北京理工大学

在中国普通高校研究生教育竞争力排行榜中的名次：总排名 28/574，北京市内排名 6/57，理工类排名 13/178。

共 40 个一级学科（学术学位）参评，其中 5★学科 2 个，4★学科 18 个，学科优秀率为 50%。

学科门类排名

哲学 172/177、经济学 37/259、法学 181/348、教育学 45/200、文学 171/271、理学 56/375、工学 13/369、医学 142/196、管理学 41/376、艺术学 98/206。

一级学科排名

哲学 172/177、理论经济学 66/147、应用经济学 37/243、法学 63/188、马克思主义理论 105/325、教育学 25/155、

心理学 57/102、外国语言文学 79/221、数学 40/239、物理学 37/169、化学 30/185、生物学 113/222、科学技术史 22/37、统计学 43/162、力学 15/119、机械工程 11/208、光学工程 5/89、仪器科学与技术 16/95、材料科学与工程 40/206、动力工程及工程热物理 11/114、电气工程 43/104、电子科学与技术 13/134、信息与通信工程 7/170、控制科学与工程 13/186、计算机科学与技术 23/283、化学工程与技术 12/218、交通运输工程 21/69、航空宇航科学与技术 5/21、兵器科学与技术 2/9、环境科学与工程 44/197、生物医学工程 28/87、软件工程 29/197、安全科学与工程 11/57、药学 103/145、管理科学与工程 23/228、工商管理 26/303、公共管理 107/217、图书情报与档案管理 28/68、美术学 95/133、设计学 61/141。

优势专业

5★专业：机械制造及其自动化 8/186、机械电子工程 8/187、机械设计及理论 10/195、通信与信息系统 5/141、信号与信息处理 6/152、应用化学 10/211、军事化学与烟火技术 1/4。

4★专业：区域经济学 31/171、高等教育学 19/117、教育技术学 13/95、教育法学 2/7、应用数学 40/231、理论物理 24/125、无机化学 26/150、物理化学 30/156、高分子化学与物理 20/131、固体力学 15/84、工程力学 12/110、车辆工程 9/137、测试计量技术及仪器 15/93、材料物理与化学 35/185、材料学 29/183、材料加工工程 28/158、动力机械及工程 8/70、物理电子学 12/99、电路与系统 17/109、微电子学与固体电子学 18/88、控制理论与控制工程 11/170、检测技术与自动化装置 15/157、系统工程 12/108、模式识别与智能系统 13/135、导航、制导与控制 12/68、计算机系统结构 14/172、计算机软件与理论 21/213、计算机应用技术 27/280、化学工程 17/130、化学工艺 19/139、生物化工 10/120、工业催化 22/117、武器系统与运用工程 2/9、兵器发射理论与技术 2/6、火炮、自动武器与弹药工程 2/7、环境工程 28/170、会计学 36/252、企业管理 42/293、旅游管理 22/186、技术经济及管理 29/222。

通信地址：北京市海淀区中关村南大街 5 号
邮政编码：100081
电话号码：010-68912286
电子邮箱：grd@bit.edu.cn
研究生院（处）网址：www.grd.bit.edu.cn

10019 中国农业大学

在中国普通高校研究生教育竞争力排行榜中的名次：总排名 29/574，北京市内排名 7/57，农林类排名 1/37。

共 44 个一级学科（学术学位）参评，其中 5★学科 9 个，4★学科 8 个，学科优秀率为 38.64%。

学科门类排名

哲学 139/177、经济学 61/259、法学 185/348、文学 190/271、理学 22/375、工学 45/369、农学 1/111、医学 141/196、管理学 31/376。

一级学科排名

哲学 139/177、应用经济学 29/243、法学 118/188、社会学 19/96、马克思主义理论 198/325、外国语言文学 221/221、新闻传播学 97/98、数学 148/239、化学 75/185、地理学 37/92、大气科学 13/18、生物学 7/222、科学技术史 13/37、生态学 21/132、力学 88/119、机械工程 35/208、动力工程及工程热物理 86/114、电气工程 56/104、信息与通信工程 86/170、控制科学与工程 144/186、计算机科学与技术 138/283、建筑学 65/69、土木工程 128/153、水利工程 29/74、交通运输工程 60/69、农业工程 1/52、环境科学与工程 51/197、食品科学与工程 2/101、城乡规划学 34/56、生物工程 1/2、作物学 2/53、园艺学 6/41、农业资源与环境 1/43、植物保护 2/50、畜牧学 1/52、兽医学 1/44、林学 20/62、草学 4/35、公共卫生与预防医学 23/71、管理科学与工程 76/228、工商管理 258/303、农林经济管理 6/62、公共管理 17/217、图书情报与档案管理 50/68。

优势专业

5★专业：国际贸易学 8/165、植物学 5/137、微生物学 3/162、生物化学与分子生物学 11/202、农业机械化工程 1/41、农业水土工程 1/35、农业生物环境与能源工程 1/36、农业电气化与自动化 1/41、食品科学 2/96、农产品加工及贮藏工程 2/76、作物栽培学与耕作学 1/44、作物遗传育种 2/52、种子科学与技术 1/7、果树学 2/40、土壤学 1/37、植物营养学 2/39、植物病理学 2/44、农药学 1/42、动物遗传育种与繁殖 1/43、动物营养与饲料科学 1/47、基础兽医学 1/38、预防兽医学 1/41、临床兽医学 1/38、农业经济管理 2/59。

4★专业：区域经济学 21/171、金融学 27/181、产业经济学 17/198、社会学 16/86、生理学 8/113、遗传学 19/140、细胞生物学 18/135、机械电子工程 36/187、机械设计及理论 26/195、车辆工程 27/137、环境科学 34/174、粮食、油脂及植物蛋白工程 6/59、水产品加工及贮藏工程 5/46、蔬菜学 7/37、农业昆虫与害虫防治 3/44、园林植物与观赏园艺 3/44、营养与食品卫生学 5/57、社会保障 17/123、土地资源管理 7/102。

通信地址：北京市海淀区圆明园西路 2 号
邮政编码：100193
电话号码：010-62732884
电子邮箱：gradzhao@cau.edu.cn
研究生院（处）网址：www.gradinfo.cau.edu.cn

10008 北京科技大学

在中国普通高校研究生教育竞争力排行榜中的名次：总排名 40/574，北京市内排名 8/57，理工类排名 19/178。

共 34 个一级学科（学术学位）参评，其中 5★学科 2 个，4★学科 12 个，学科优秀率为 41.18%。

学科门类排名

哲学 98/177、经济学 171/259、法学 115/348、文学

112/271、理学 41/375、工学 20/369、管理学 57/376、艺术学 192/206。

一级学科排名

哲学 98/177、应用经济学 144/243、法学 151/188、社会学 70/96、马克思主义理论 84/325、外国语言文学 40/221、数学 81/239、物理学 40/169、化学 40/185、地质学 34/42、生物学 202/222、科学技术史 2/37、统计学 124/162、力学 36/119、机械工程 23/208、仪器科学与技术 47/95、材料科学与工程 2/206、冶金工程 2/24、动力工程及工程热物理 17/114、电子科学与技术 54/134、信息与通信工程 46/170、控制科学与工程 29/186、计算机科学与技术 43/283、土木工程 28/153、化学工程与技术 64/218、地质资源与地质工程 49/50、矿业工程 5/56、环境科学与工程 42/197、软件工程 37/197、安全科学与工程 7/57、管理科学与工程 32/228、工商管理 47/303、公共管理 64/217、设计学 90/141。

优势专业

5★专业：材料物理与化学 2/185、材料学 6/183、材料加工工程 1/158、冶金物理化学 1/21、有色金属冶金 1/22。

4★专业：思想政治教育 50/299、外国语言学及应用语言学 23/189、机械制造及其自动化 26/186、机械电子工程 27/187、机械设计及理论 18/195、钢铁冶金 2/22、热能工程 10/79、检测技术与自动化装置 29/157、模式识别与智能系统 27/135、计算机系统结构 29/172、计算机应用技术 36/280、采矿工程 3/32、矿物加工工程 3/29、会计学 50/252、企业管理 45/293、技术经济及管理 41/222。

通信地址：北京市海淀区学院路 30 号
邮政编码：100083
电话号码：010-62332484
电子邮箱：xiaoban@ustb.edu.cn
研究生院（处）网址：www.gs.ustb.edu.cn

10004 北京交通大学

在中国普通高校研究生教育竞争力排行榜中的名次：总排名 47/574，北京市内排名 9/57，理工类排名 23/178。

共 35 个一级学科（学术学位）参评，其中 5★学科 3 个，4★学科 12 个，学科优秀率为 42.86%。

学科门类排名

哲学 108/177、经济学 27/259、法学 99/348、文学 178/271、理学 90/375、工学 30/369、管理学 88/376、艺术学 171/206。

一级学科排名

哲学 108/177、应用经济学 21/243、法学 126/188、马克思主义理论 50/325、外国语言文学 130/221、新闻传播学 89/98、数学 37/239、物理学 47/169、生物学 210/222、系统科学 3/39、统计学 36/162、力学 27/119、机械工程 34/208、光学工程 25/89、材料科学与工程 121/206、动力工程及工程热物理 39/114、电气工程 19/104、电子科学与技术 23/134、信息与通信工程 6/170、控制科学与工程 43/186、计算机科学与技术 34/283、建筑学 29/69、土木工程 11/153、测绘科学与技术 48/50、化学工程与技术 180/218、地质资源与地质工程 43/50、交通运输工程 1/69、环境科学与工程 76/197、生物医学工程 78/87、城乡规划学 35/56、软件工程 32/197、安全科学与工程 4/57、管理科学与工程 10/228、工商管理 18/303、设计学 103/141。

优势专业

5★专业：产业经济学 5/198、通信与信息系统 4/141、信号与信息处理 8/152、交通信息工程及控制 1/56、交通运输规划与管理 1/54、载运工具运用工程 1/49、旅游管理 9/186、技术经济及管理 12/222。

4★专业：金融学 33/181、国际贸易学 21/165、劳动经济学 11/92、思想政治教育 41/299、应用数学 33/231、运筹学与控制论 21/157、系统理论 3/27、系统分析与集成 2/33、机械电子工程 29/187、机械设计及理论 39/195、车辆工程 23/137、电力电子与电力传动 16/95、电工理论与新技术 13/73、控制理论与控制工程 26/170、检测技术与自动化装置 10/157、系统工程 21/108、计算机系统结构 24/172、计算机软件与理论 25/213、计算机应用技术 43/280、岩土工程 18/130、结构工程 19/140、市政工程 12/100、供热、供燃气、通风及空调工程 13/91、防灾减灾工程及防护工程 14/113、桥梁与隧道工程 10/102、道路与铁道工程 3/48、会计学 15/252、企业管理 17/293。

通信地址：北京市海淀区上园村 3 号
邮政编码：100400
电话号码：010-51688153
电子邮箱：yxiao1@bjtu.edu.cn
研究生院（处）网址：www.gs.njtu.edu.cn

10005 北京工业大学

在中国普通高校研究生教育竞争力排行榜中的名次：总排名 57/574，北京市内排名 10/57，理工类排名 28/178。

共 32 个一级学科（学术学位）参评，其中 5★学科 0 个，4★学科 14 个，学科优秀率为 43.75%。

学科门类排名

哲学 109/177、经济学 43/259、法学 153/348、教育学 150/200、文学 233/271、理学 45/375、工学 53/369、管理学 131/376、艺术学 202/206。

一级学科排名

哲学 109/177、理论经济学 120/147、应用经济学 33/243、社会学 35/96、马克思主义理论 294/325、教育学 103/155、外国语言文学 179/221、数学 35/239、物理学 22/169、化学 113/185、生物学 106/222、统计学 61/162、力学 29/119、机械工程 33/208、光学工程 13/89、仪器科学与技术 28/95、材料科学与工程 22/206、动力工程及工程热物理 20/114、电子科学与技术 24/134、信息与通信工程 53/170、控制科学与工程 26/186、计算机科学与技术 26/283、土木工程 13/153、水利工程 27/74、化学工程与技术 48/218、交通运输工程 14/69、环境科学与工程 20/197、生物医学工程 21/87、软件工程 13/197、管理科学与工程 49/228、工商管理 222/303、设计学 115/141。

优势专业

5★专业：应用化学 11/211。

4★专业：产业经济学 30/198、概率论与数理统计 14/141、运筹学与控制论 27/157、光学 17/134、机械制造及其自动化 34/186、机械电子工程 32/187、机械设计及理论 35/195、车辆工程 22/137、材料物理与化学 26/185、材料学 25/183、材料加工工程 27/158、检测技术与自动化装置 22/157、模式识别与智能系统 18/135、计算机系统结构 17/172、计算机软件与理论 28/213、计算机应用技术 24/280、岩土工程 19/130、结构工程 11/140、市政工程 11/100、供热、供燃气、通风及空调工程 10/91、防灾减灾工程及防护工程 12/113、桥梁与隧道工程 14/102、道路与铁道工程 9/48、交通运输规划与管理 11/54、环境科学 26/174、环境工程 18/170。

通信地址：北京市朝阳区平乐园 100 号
邮政编码：100124
电话号码：010-67392533
电子邮箱：yanzhaoban@bjut.edu.cn
研究生院（处）网址：www.yanzhao.bjut.edu.cn

10010 北京化工大学

在中国普通高校研究生教育竞争力排行榜中的名次：总排名 61/574，北京市内排名 11/57，理工类排名 30/178。

共 22 个一级学科（学术学位）参评，其中 5★学科 1 个，4★学科 5 个，学科优秀率为 27.27%。

学科门类排名

哲学 165/177、法学 152/348、理学 52/375、工学 39/369、医学 130/196、管理学 145/376。

一级学科排名

哲学 165/177、法学 94/188、马克思主义理论 212/325、数学 97/239、物理学 71/169、化学 20/185、力学 80/119、机械工程 72/208、材料科学与工程 18/206、动力工程及工程热物理 14/114、控制科学与工程 23/186、计算机科学与技术 87/283、化学工程与技术 3/218、轻工技术与工程 14/46、环境科学与工程 38/197、食品科学与工程 54/101、软件工程 79/197、安全科学与工程 37/57、药学 74/145、管理科学与工程 101/228、工商管理 132/303、公共管理 91/217。

优势专业

5★专业：化学工程 4/130、化学工艺 1/139、生物化工 1/120、应用化学 3/211、工业催化 1/117。

4★专业：无机化学 20/150、分析化学 21/157、有机化学 26/159、物理化学 14/156、高分子化学与物理 10/131、机械设计及理论 37/195、材料物理与化学 36/185、材料学 17/183、材料加工工程 21/158、制冷及低温工程 11/59、化工过程机械 9/65、检测技术与自动化装置 24/157、系统工程 19/108、模式识别与智能系统 22/135、环境工程 26/170。

通信地址：北京市朝阳区北三环东路 15 号
邮政编码：100029
电话号码：010-64435655
电子邮箱：yzb@mail.buct.edu.cn
研究生院（处）网址：www.graduate.buct.edu.cn

10023 北京协和医学院

在中国普通高校研究生教育竞争力排行榜中的名次：总排名 68/574，北京市内排名 12/57，医药类排名 1/72。

共 12 个一级学科（学术学位）参评，其中 5★学科 2 个，4★学科 5 个，学科优秀率为 58.33%。

学科门类排名

哲学 177/177、理学 57/375、工学 299/369、医学 7/196、管理学 308/376。

一级学科排名

哲学 177/177、生物学 16/222、生物医学工程 8/87、基础医学 3/99、临床医学 8/111、公共卫生与预防医学 16/71、中西医结合 69/72、药学 6/145、中药学 8/59、护理学 11/74、公共管理 183/217、图书情报与档案管理 66/68。

优势专业

5★专业：遗传学 2/140、细胞生物学 4/135、生物化学与分子生物学 10/202、病理学与病理生理学 1/90、内科学 4/100、皮肤病与性病学 3/78、肿瘤学 3/88、流行病与卫生统计学 2/62、药物化学 2/117、生药学 2/87、药物分析学 3/96、微生物与生化药学 2/83、药理学 2/113。

4★专业：动物学 16/129、生理学 7/113、微生物学 13/162、生物物理学 15/80、免疫学 7/87、病原生物学 5/86、放射医学 3/26、神经病学 16/86、影像医学与核医学 10/93、临床检验诊断学 15/92、外科学 18/98、妇产科学 9/90、药剂学 6/97。

通信地址：北京市东城区东单三条 9 号
邮政编码：100730
电话号码：010-69155815
电子邮箱：gruduate@pumc.edu.cn
研究生院（处）网址：www.graduate.pumc.edu.cn

10013 北京邮电大学

在中国普通高校研究生教育竞争力排行榜中的名次：总排名 69/574，北京市内排名 13/57，理工类排名 34/178。

共 22 个一级学科（学术学位）参评，其中 5★学科 2 个，4★学科 5 个，学科优秀率为 31.82%。

学科门类排名

哲学 151/177、经济学 184/259、法学 228/348、教育学 162/200、文学 122/271、理学 160/375、工学 40/369、管理学 86/376、艺术学 194/206。

一级学科排名

哲学 151/177、理论经济学 142/147、应用经济学 174/243、法学 107/188、马克思主义理论 272/325、教育学 116/155、外国语言文学 110/221、新闻传播学 47/98、数学 104/239、物理学 62/169、机械工程 84/208、光学工程 10/89、电子科学与技术 8/134、信息与通信工程 3/170、控制科学与工程 30/186、计算机科学与技术 19/283、生物医学工程 52/87、软件工程 1/197、管理科学与工程 28/228、工商管理 74/303、公共管理 140/217、设计学 95/141。

优势专业

5★专业：通信与信息系统 1/141、信号与信息处理 1/152、计算机系统结构 7/172。

4★专业：物理电子学 7/99、电路与系统 6/109、微电子学与固体电子学 6/88、电磁场与微波技术 5/74、检测技术与自动化装置 18/157、计算机软件与理论 14/213、计算机应用技术 16/280、信息安全 2/13。

通信地址：北京市西土城路 10 号
邮政编码：100876
电话号码：010-62285173
电子邮箱：yzb@bupt.edu.cn
研究生院（处）网址：www.yzb.bupt.edu.cn

10025 首都医科大学

在中国普通高校研究生教育竞争力排行榜中的名次：总排名 72/574，北京市内排名 14/57，医药类排名 2/72。

共 15 个一级学科（学术学位）参评，其中 5★学科 2 个，4★学科 4 个，学科优秀率为 40%。

学科门类排名

法学 318/348、教育学 117/200、理学 59/375、工学 217/369、医学 5/196、管理学 244/376。

一级学科排名

马克思主义理论 317/325、心理学 68/102、生物学 27/222、计算机科学与技术 230/283、生物医学工程 26/87、基础医学 16/99、临床医学 5/111、口腔医学 14/48、公共卫生与预防医学 11/71、中医学 21/47、中西医结合 34/72、药学 19/145、中药学 20/59、护理学 2/74、公共管理 54/217。

优势专业

5★专业：内科学 5/100、神经病学 2/86、眼科学 2/85。

4★专业：生理学 19/113、神经生物学 5/72、生物化学与分子生物学 28/202、人体解剖与组织胚胎学 12/90、免疫学 6/87、病原生物学 17/86、儿科学 11/86、老年医学 13/65、精神病与精神卫生学 13/68、影像医学与核医学 9/93、临床检验诊断学 7/92、外科学 8/98、妇产科学 18/90、耳鼻咽喉科学 6/83、肿瘤学 14/88、康复医学与理疗学 11/68、急诊医学 12/78、流行病与卫生统计学 6/62、卫生毒理学 8/45、药物化学 20/117、药剂学 19/97、药物分析学 18/96、药理学 19/113。

通信地址：北京市右安门外西头街 10 号
邮政编码：100069
电话号码：010-83911050
电子邮箱：heqixun@ccmu.edu.cn
研究生院（处）网址：www.yjsh.ccmu.edu.cn

10034 中央财经大学

在中国普通高校研究生教育竞争力排行榜中的名次：总排名 75/574，北京市内排名 15/57，财经类排名 1/40。

共 11 个一级学科（学术学位）参评，其中 5★学科 3 个，4★学科 2 个，学科优秀率为 45.45%。

学科门类排名

哲学 118/177、经济学 6/259、法学 64/348、文学 241/271、理学 254/375、管理学 23/376。

一级学科排名

哲学 118/177、理论经济学 18/147、应用经济学 3/243、法学 49/188、社会学 34/96、马克思主义理论 47/325、中国语言文学 140/169、统计学 2/162、管理科学与工程 89/228、工商管理 10/303、公共管理 70/217。

优势专业

5★专业：国民经济学 3/95、区域经济学 2/171、财政学 1/98、金融学 3/181、产业经济学 3/198、国际贸易学 4/165、劳动经济学 3/92、数量经济学 3/122、国防经济 1/26、马克思主义中国化研究 3/236、会计学 4/252、企业管理 14/293。

4★专业：政治经济学 11/114、西方经济学 11/94、世界经济 15/87、金融工程 2/13、宪法学与行政法学 14/126、经济法学 20/132、技术经济及管理 21/222。

通信地址：北京市海淀区学院南路 39 号
邮政编码：100081
电话号码：010-62289034
电子邮箱：yjs@cufe.edu.cn
研究生院（处）网址：www.gs.cufe.edu.cn

11414 中国石油大学（北京）

在中国普通高校研究生教育竞争力排行榜中的名次：总排名 79/574，北京市内排名 16/57，理工类排名 38/178。

共 28 个一级学科（学术学位）参评，其中 5★学科 2 个，4★学科 2 个，学科优秀率为 14.29%。

学科门类排名

哲学 161/177、经济学 174/259、法学 199/348、教育学 184/200、文学 228/271、理学 92/375、工学 47/369、管理学 234/376。

一级学科排名

哲学 161/177、应用经济学 137/243、政治学 97/125、马克思主义理论 207/325、教育学 132/155、外国语言文学 182/221、数学 145/239、物理学 96/169、化学 86/185、地

球物理学 10/22、地质学 6/42、力学 44/119、机械工程 152/208、光学工程 77/89、仪器科学与技术 53/95、材料科学与工程 85/206、动力工程及工程热物理 63/114、信息与通信工程 139/170、控制科学与工程 86/186、计算机科学与技术 226/283、化学工程与技术 10/218、地质资源与地质工程 8/50、石油与天然气工程 1/17、船舶与海洋工程 19/19、环境科学与工程 155/197、安全科学与工程 12/57、管理科学与工程 123/228、工商管理 224/303。

优势专业

5★专业：化学工艺 7/139、环境化工 1/6、油气井工程 1/12、油气田开发工程 1/13、油气储运工程 1/12。

4★专业：化学工程 20/130、生物化工 11/120、应用化学 17/211、工业催化 8/117、矿产普查与勘探 5/41、地球探测与信息技术 6/34、地质工程 6/44。

通信地址：北京市昌平区府学路 18 号
邮政编码：102200
电话号码：010-89733075
电子邮箱：sdyzb@cup.edu.cn
研究生院（处）网址：www.cup.edu.cn

11415　中国地质大学（北京）

在中国普通高校研究生教育竞争力排行榜中的名次：总排名 80/574，北京市内排名 17/57，理工类排名 39/178。

共 42 个一级学科（学术学位）参评，其中 5★学科 2 个，4★学科 5 个，学科优秀率为 16.67%。

学科门类排名

哲学 167/177、经济学 66/259、法学 100/348、教育学 124/200、文学 174/271、理学 20/375、工学 54/369、农学 92/111、管理学 81/376、艺术学 175/206。

一级学科排名

哲学 167/177、理论经济学 53/147、应用经济学 53/243、法学 136/188、政治学 115/125、马克思主义理论 61/325、教育学 138/155、心理学 92/102、体育学 109/119、外国语言文学 156/221、新闻传播学 98/98、数学 187/239、物理学 140/169、化学 117/185、地理学 28/92、大气科学 18/18、海洋科学 8/31、地球物理学 4/22、地质学 1/42、生物学 212/222、科学技术史 17/37、机械工程 144/208、仪器科学与技术 82/95、材料科学与工程 131/206、信息与通信工程 130/170、控制科学与工程 161/186、计算机科学与技术 107/283、土木工程 46/153、水利工程 12/74、测绘科学与技术 13/50、化学工程与技术 174/218、地质资源与地质工程 2/50、矿业工程 18/56、石油与天然气工程 6/17、环境科学与工程 39/197、软件工程 77/197、安全科学与工程 23/57、农业资源与环境 38/43、管理科学与工程 68/228、工商管理 128/303、公共管理 31/217、设计学 94/141。

优势专业

5★专业：矿物学、岩石学、矿床学 1/31、构造地质学 1/28、矿产普查与勘探 1/41。

4★专业：思想政治教育 31/299、固体地球物理学 3/19、地球化学 3/28、古生物学与地层学 2/24、第四纪地质学 2/27、水文学及水资源 9/57、地球探测与信息技术 2/34、地质工程 4/44、安全技术及工程 7/44、土地资源管理 6/102。

通信地址：北京市海淀区学院路 29 号
邮政编码：100083
电话号码：010-82321924
电子邮箱：yolong@cugb.edu.cn
研究生院（处）网址：www.cugb.edu.cn

10028　首都师范大学

在中国普通高校研究生教育竞争力排行榜中的名次：总排名 89/574，北京市内排名 18/57，师范类排名 9/73。

共 35 个一级学科（学术学位）参评，其中 5★学科 5 个，4★学科 9 个，学科优秀率为 40%。

学科门类排名

哲学 34/177、法学 45/348、教育学 25/200、文学 23/271、历史学 16/125、理学 31/375、工学 161/369、管理学 222/376、艺术学 13/206。

一级学科排名

哲学 34/177、法学 142/188、政治学 76/125、马克思主义理论 9/325、教育学 17/155、心理学 17/102、中国语言文学 19/169、外国语言文学 31/221、新闻传播学 62/98、考古学 17/58、中国史 20/122、世界史 4/73、数学 13/239、物理学 87/169、化学 107/185、地理学 9/92、地质学 42/42、生物学 30/222、科学技术史 23/37、生态学 55/132、统计学 30/162、光学工程 45/89、材料科学与工程 192/206、信息与通信工程 145/170、计算机科学与技术 95/283、水利工程 71/74、测绘科学与技术 39/50、环境科学与工程 105/197、软件工程 61/197、工商管理 262/303、公共管理 109/217、音乐与舞蹈学 4/94、戏剧与影视学 67/70、美术学 3/133、设计学 57/141。

优势专业

5★专业：马克思主义基本原理 6/263、马克思主义发展史 5/99、思想政治教育 7/299、数学教育 1/9。

4★专业：马克思主义中国化研究 31/236、教育学原理 8/91、课程与教学论 8/101、教育技术学 8/95、文艺学 12/142、语言学及应用语言学 18/132、汉语言文字学 16/133、中国古代文学 9/154、中国现当代文学 25/142、比较文学与世界文学 12/123、俄语语言文学 10/61、外国语言学及应用语言学 19/189、基础数学 10/181、人文地理学 10/67、地图学与地理信息系统 8/77、植物学 20/137、细胞生物学 27/135。

通信地址：北京市西三环北路 105 号
邮政编码：100048
电话号码：010-68902658
电子邮箱：cnuyzb@126.com
研究生院（处）网址：www.grad.cn

10054 华北电力大学

在中国普通高校研究生教育竞争力排行榜中的名次：总排名 89/574，北京市内排名 18/57，理工类排名 43/178。

共 25 个一级学科（学术学位）参评，其中 5★学科 1 个，4★学科 3 个，学科优秀率为 16%。

学科门类排名

经济学 162/259、法学 217/348、文学 221/271、理学 227/375、工学 55/369、管理学 60/376。

一级学科排名

应用经济学 136/243、法学 134/188、马克思主义理论 297/325、外国语言文学 144/221、数学 127/239、物理学 121/169、统计学 71/162、机械工程 136/208、材料科学与工程 150/206、动力工程及工程热物理 7/114、电气工程 3/104、电子科学与技术 81/134、信息与通信工程 57/170、控制科学与工程 44/186、计算机科学与技术 79/283、土木工程 144/153、水利工程 30/74、化学工程与技术 170/218、核科学与技术 11/22、农业工程 52/52、环境科学与工程 98/197、软件工程 180/197、管理科学与工程 42/228、工商管理 46/303、公共管理 136/217。

优势专业

5★专业：电力系统及其自动化 2/82。

4★专业：工程热物理 11/61、热能工程 7/79、动力机械及工程 9/70、流体机械及工程 14/70、电机与电器 6/73、高电压与绝缘技术 6/48、电力电子与电力传动 13/95、电工理论与新技术 6/73、控制理论与控制工程 24/170、技术经济及管理 20/222。

通信地址：北京市昌平区回龙观北农路 2 号
邮政编码：102206
电话号码：010-61773961
电子邮箱：yanzhaoban@ncepu.edu.cn
研究生院（处）网址：www.yjsy.ncepu.edu.cn

10022 北京林业大学

在中国普通高校研究生教育竞争力排行榜中的名次：总排名 96/574，北京市内排名 20/57，农林类排名 6/37。

共 32 个一级学科（学术学位）参评，其中 5★学科 2 个，4★学科 4 个，学科优秀率为 18.75%。

学科门类排名

哲学 114/177、经济学 168/259、法学 293/348、教育学 183/200、文学 208/271、理学 53/375、工学 92/369、农学 7/111、管理学 49/376、艺术学 174/206。

一级学科排名

哲学 114/177、理论经济学 125/147、应用经济学 193/243、法学 184/188、马克思主义理论 205/325、心理学 73/102、外国语言文学 128/221、数学 181/239、地理学 50/92、生物学 32/222、生态学 14/132、统计学 83/162、机械工程 71/208、控制科学与工程 175/186、计算机科学与技术 178/283、建筑学 62/69、土木工程 147/153、农业工程 44/52、林业工程 3/17、环境科学与工程 74/197、食品科学与工程 84/101、城乡规划学 49/56、风景园林学 1/65、软件工程 72/197、农业资源与环境 22/43、林学 1/62、草学 13/35、管理科学与工程 180/228、工商管理 156/303、农林经济管理 7/62、公共管理 178/217、设计学 69/141。

优势专业

5★专业：林木遗传育种 1/25、森林培育 1/29、森林保护学 1/24、野生动植物保护与利用 1/29、园林植物与观赏园艺 1/44、水土保持与荒漠化防治 1/39、林业经济管理 1/31。

4★专业：植物学 10/137、微生物学 31/162、生物化学与分子生物学 39/202、林产化学加工工程 2/15、森林经理学 2/23。

通信地址：北京市海淀区清华东路 35 号
邮政编码：100083
电话号码：010-62338214
电子邮箱：yzb@bjfu.edu.cn
研究生院（处）网址：www.graduate.bjfu.edu.cn

11413 中国矿业大学（北京）

在中国普通高校研究生教育竞争力排行榜中的名次：总排名 101/574，北京市内排名 21/57，理工类排名 46/178。

共 39 个一级学科（学术学位）参评，其中 5★学科 3 个，4★学科 9 个，学科优秀率为 30.77%。

学科门类排名

哲学 157/177、经济学 224/259、法学 102/348、文学 182/271、理学 106/375、工学 35/369、管理学 76/376、艺术学 167/206。

一级学科排名

哲学 157/177、应用经济学 181/243、法学 188/188、政治学 119/125、马克思主义理论 76/325、外国语言文学 149/221、数学 67/239、物理学 129/169、化学 159/185、地理学 84/92、地球物理学 22/22、地质学 15/42、统计学 126/162、力学 12/119、机械工程 30/208、仪器科学与技术 80/95、材料科学与工程 134/206、动力工程及工程热物理 82/114、电气工程 16/104、电子科学与技术 123/134、信息与通信工程 54/170、控制科学与工程 57/186、计算机科学与技术 64/283、建筑学 53/69、土木工程 17/153、水利工程 73/74、测绘科学与技术 2/50、化学工程与技术 37/218、地质资源与地质工程 6/50、矿业工程 2/56、环境科学与工程 33/197、城乡规划学 53/56、软件工程 50/197、安全科学与工程 1/57、管理科学与工程 31/228、工商管理 147/303、公共管理 39/217、美术学 116/133、设计学 113/141。

优势专业

5★专业：思想政治教育 16/299。

4★专业：工程力学 13/110、机械制造及其自动化 38/186、机械设计及理论 22/195、电力电子与电力传动

12/95、计算机应用技术 46/280、岩土工程 13/130、结构工程 28/140、防灾减灾工程及防护工程 22/113、大地测量学与测量工程 4/37、地图制图学与地理信息工程 4/40、化学工艺 20/139、应用化学 28/211、矿产普查与勘探 6/41、采矿工程 2/32、矿物加工工程 2/29、环境科学 33/174、环境工程 31/170、工程管理 2/9、土地资源管理 16/102。

通信地址：北京市海淀区学院路丁 11 号
邮政编码：100083
电话号码：010-62331208
电子邮箱：lbs@cumtb.edu.cn
研究生院（处）网址：www.city.testmart.cn

10053　中国政法大学

在中国普通高校研究生教育竞争力排行榜中的名次：总排名 117/574，北京市内排名 22/57，文法类排名 2/32。

共 13 个一级学科（学术学位）参评，其中 5★学科 1 个，4★学科 2 个，学科优秀率为 23.08%。

学科门类排名

哲学 62/177、经济学 104/259、法学 4/348、教育学 164/200、文学 168/271、历史学 104/125、管理学 187/376。

一级学科排名

哲学 62/177、理论经济学 40/147、应用经济学 197/243、法学 1/188、政治学 21/125、社会学 61/96、马克思主义理论 49/325、心理学 60/102、外国语言文学 167/221、新闻传播学 54/98、中国史 61/122、工商管理 265/303、公共管理 149/217。

优势专业

5★专业：法学理论 1/108、法律史 1/59、宪法学与行政法学 1/126、刑法学 1/114、民商法学 1/147、诉讼法学 1/107、经济法学 1/132、环境与资源保护法学 1/75、国际法学 1/105、军事法学 1/10。

4★专业：知识产权法学 2/17、政治学理论 13/94、中外政治制度 9/60、马克思主义中国化研究 28/236。

通信地址：北京市海淀区西土城路 25 号
邮政编码：100088
电话号码：010-58908070
电子邮箱：yzb@cupl.edu.cn
研究生院（处）网址：www.yjsy.cupl.edu.cn

10036　对外经济贸易大学

在中国普通高校研究生教育竞争力排行榜中的名次：总排名 136/574，北京市内排名 23/57，财经类排名 5/40。

共 8 个一级学科（学术学位）参评，其中 5★学科 1 个，4★学科 5 个，学科优秀率为 75%。

学科门类排名

经济学 12/259、法学 26/348、文学 89/271、理学 337/375、管理学 98/376。

一级学科排名

理论经济学 28/147、应用经济学 10/243、法学 12/188、政治学 55/125、外国语言文学 35/221、统计学 42/162、工商管理 27/303、公共管理 40/217。

优势专业

5★专业：金融学 8/181、国际贸易学 1/165、法律经济学 1/8、会计学 10/252、企业管理 11/293。

4★专业：西方经济学 19/94、世界经济 9/87、国民经济学 12/95、区域经济学 24/171、财政学 15/98、产业经济学 15/198、劳动经济学 16/92、经济统计学 4/37、数量经济学 18/122、民商法学 13/147、诉讼法学 21/107、经济法学 11/132、国际法学 6/105、英语语言文学 29/184、日语语言文学 20/106、外国语言学及应用语言学 25/189、技术经济及管理 17/222。

通信地址：北京市朝阳区惠新东街 10 号
邮政编码：100029
电话号码：010-64492151
电子邮箱：yzb@uibe.edu.cn
研究生院（处）网址：www.yjsy.uibe.edu.cn

10026　北京中医药大学

在中国普通高校研究生教育竞争力排行榜中的名次：总排名 139/574，北京市内排名 24/57，医药类排名 10/72。

共 5 个一级学科（学术学位）参评，其中 5★学科 3 个，4★学科 0 个，学科优秀率为 60%。

学科门类排名

医学 17/196、管理学 295/376。

一级学科排名

中医学 1/47、中西医结合 1/72、药学 54/145、中药学 1/59、公共管理 115/217。

优势专业

5★专业：中医基础理论 1/31、中医临床基础 1/30、中医医史文献 1/26、方剂学 1/29、中医诊断学 1/27、中医内科学 1/41、中医外科学 1/30、针灸推拿学 1/35、民族医学（含：藏医学、蒙医学等）1/13、中西医结合基础 1/47、中西医结合临床 1/68、中西医结合护理学 1/7。

4★专业：中医骨伤科学 3/31、中医妇科学 3/29、中医儿科学 2/25、中医五官科学 3/22、微生物与生化药学 17/83。

通信地址：北京市朝阳区北三环东路 11 号
邮政编码：100029
电话号码：010-64286502
电子邮箱：bjcmyzb@163.com
研究生院（处）网址：www.yanjiusheng.bucm.edu.cn

10052　中央民族大学

在中国普通高校研究生教育竞争力排行榜中的名次：

总排名 140/574，北京市内排名 25/57，民族类排名 1/13。

共 26 个一级学科（学术学位）参评，其中 5★学科 1 个，4★学科 3 个，学科优秀率为 15.38%。

学科门类排名

哲学 27/177、经济学 138/259、法学 18/348、教育学 113/200、文学 24/271、历史学 59/125、理学 251/375、工学 314/369、医学 151/196、管理学 220/376、艺术学 126/206。

一级学科排名

哲学 27/177、理论经济学 90/147、应用经济学 166/243、法学 78/188、政治学 83/125、社会学 11/96、民族学 1/45、马克思主义理论 264/325、教育学 77/155、中国语言文学 14/169、新闻传播学 29/98、考古学 30/58、中国史 32/122、世界史 67/73、数学 192/239、生物学 180/222、生态学 99/132、统计学 109/162、计算机科学与技术 172/283、环境科学与工程 139/197、软件工程 129/197、中医学 35/47、工商管理 220/303、公共管理 126/217、音乐与舞蹈学 23/94、美术学 46/133。

优势专业

5★专业：中国少数民族经济 1/30、中国少数民族语言文学 1/45。

4★专业：宗教学 7/54、人类学 4/40、民俗学 5/39、民族学 2/34、马克思主义民族理论与政策 3/26、中国少数民族史 3/30、中国少数民族艺术 2/25、语言学及应用语言学 9/132、中国古代文学 29/154、比较文学与世界文学 13/123。

通信地址：北京市中关村南大街 27 号
邮政编码：100081
电话号码：010-68932544
电子邮箱：yjs@muc.edu.cn
研究生院（处）网址：www.grs.muc.edu.cn

10033 中国传媒大学

在中国普通高校研究生教育竞争力排行榜中的名次：总排名 143/574，北京市内排名 26/57，文法类排名 3/32。

共 19 个一级学科（学术学位）参评，其中 5★学科 2 个，4★学科 1 个，学科优秀率为 15.79%。

学科门类排名

经济学 253/259、法学 236/348、文学 12/271、理学 354/375、工学 193/369、管理学 221/376、艺术学 1/206。

一级学科排名

应用经济学 238/243、政治学 73/125、马克思主义理论 193/325、中国语言文学 58/169、外国语言文学 127/221、新闻传播学 1/98、数学 226/239、电子科学与技术 72/134、信息与通信工程 37/170、计算机科学与技术 130/283、软件工程 164/197、管理科学与工程 210/228、工商管理 294/303、公共管理 212/217、艺术学理论 32/75、音乐与舞蹈学 22/94、戏剧与影视学 1/70、美术学 15/133、设计学 96/141。

优势专业

5★专业：新闻学 3/83、传播学 1/94。

4★专业：语言学及应用语言学 14/132、广告与媒介经济 2/9、通信与信息系统 28/141。

通信地址：北京市朝阳区定福庄东街 1 号
邮政编码：100024
电话号码：010-65768805
电子邮箱：yzhb@cuc.edu.cn
研究生院（处）网址：www.yz.cuc.edu.cn

10043 北京体育大学

在中国普通高校研究生教育竞争力排行榜中的名次：总排名 184/574，北京市内排名 27/57，体育类排名 1/13。

共 5 个一级学科（学术学位）参评，其中 5★学科 1 个，4★学科 0 个，学科优秀率为 20%。

学科门类排名

法学 291/348、教育学 11/200、医学 167/196、管理学 282/376。

一级学科排名

马克思主义理论 265/325、心理学 56/102、体育学 1/119、临床医学 106/111、公共管理 146/217。

优势专业

5★专业：体育人文社会学 1/79、运动人体科学 1/68、体育教育训练学 1/106、民族传统体育学 1/63。

通信地址：北京市海淀区信息路 48 号
邮政编码：100084
电话号码：010-62989361
电子邮箱：grs@bsu.edu.cn
研究生院（处）网址：www.grs.bsu.edu.cn

10038 首都经济贸易大学

在中国普通高校研究生教育竞争力排行榜中的名次：总排名 232/574，北京市内排名 28/57，财经类排名 9/40。

共 13 个一级学科（学术学位）参评，其中 5★学科 0 个，4★学科 3 个，学科优秀率为 23.08%。

学科门类排名

经济学 23/259、法学 149/348、文学 229/271、理学 216/375、工学 342/369、医学 196/196、管理学 50/376。

一级学科排名

理论经济学 64/147、应用经济学 14/243、法学 90/188、社会学 82/96、马克思主义理论 244/325、外国语言文学 168/221、统计学 25/162、矿业工程 39/56、安全科学与工程 35/57、公共卫生与预防医学 71/71、管理科学与工程 82/228、工商管理 39/303、公共管理 53/217。

优势专业

5★专业：劳动经济学 5/92。

4★专业：国民经济学 9/95、区域经济学 29/171、财政学 16/98、金融学 23/181、产业经济学 21/198、国际贸易学 30/165、数量经济学 12/122、会计学 18/252、企业管理 19/293。

通信地址：北京市丰台区花乡张家路口 121 号
邮政编码：100070
电话号码：010-83951590
电子邮箱：yjsb@cueb.edu.cn
研究生院（处）网址：www.yjs.cueb.edu.cn

10030　北京外国语大学

在中国普通高校研究生教育竞争力排行榜中的名次：总排名 236/574，北京市内排名 29/57，文法类排名 7/32。

共 6 个一级学科（学术学位）参评，其中 5★学科 1 个，4★学科 0 个，学科优秀率为 16.67%。

学科门类排名

法学 130/348、文学 9/271、管理学 316/376。

一级学科排名

法学 114/188、政治学 38/125、中国语言文学 87/169、外国语言文学 1/221、新闻传播学 57/98、管理科学与工程 155/228。

优势专业

5★专业：英语语言文学 2/184、俄语语言文学 3/61、日语语言文学 1/106、欧洲语言文学 1/9、外国语言学及应用语言学 2/189。

4★专业：法语语言文学 5/40、德语语言文学 2/33、西班牙语语言文学 2/14、亚非语言文学 4/30。

通信地址：北京市海淀区西三环北路 2 号
邮政编码：100089
电话号码：010-88816246
电子邮箱：yzb@bfsu.edu.cn
研究生院（处）网址：www.graduate.bfsu.edu.cn

10011　北京工商大学

在中国普通高校研究生教育竞争力排行榜中的名次：总排名 258/574，北京市内排名 30/57，财经类排名 11/40。

共 16 个一级学科（学术学位）参评，其中 5★学科 0 个，4★学科 1 个，学科优秀率为 6.25%。

学科门类排名

经济学 94/259、法学 211/348、文学 213/271、理学 355/375、工学 221/369、管理学 137/376。

一级学科排名

理论经济学 106/147、应用经济学 85/243、法学 116/188、马克思主义理论 270/325、新闻传播学 59/98、统计学 72/162、机械工程 184/208、材料科学与工程 173/206、控制科学与工程 136/186、计算机科学与技术 208/283、化学工程与技术 132/218、环境科学与工程 123/197、食品科学与工程 39/101、软件工程 182/197、管理科学与工程 145/228、工商管理 60/303。

优势专业

4★专业：食品科学 17/96、会计学 46/252、企业管理 54/293。

通信地址：北京市海淀区阜成路 11 号
邮政编码：100048
电话号码：010-68984722
电子邮箱：yzb@btbu.edu.cn
研究生院（处）网址：www.yjsc.btbu.edu.cn

10032　北京语言大学

在中国普通高校研究生教育竞争力排行榜中的名次：总排名 261/574，北京市内排名 31/57，文法类排名 9/32。

共 8 个一级学科（学术学位）参评，其中 5★学科 1 个，4★学科 1 个，学科优秀率为 25%。

学科门类排名

法学 272/348、教育学 143/200、文学 17/271、历史学 113/125、工学 345/369。

一级学科排名

政治学 69/125、马克思主义理论 260/325、教育学 121/155、心理学 100/102、中国语言文学 7/169、外国语言文学 14/221、中国史 108/122、计算机科学与技术 194/283。

优势专业

5★专业：语言学及应用语言学 2/132、外国语言学及应用语言学 4/189。

4★专业：汉语言文字学 8/133、比较文学与世界文学 7/123、英语语言文学 19/184、欧洲语言文学 2/9、亚非语言文学 5/30。

通信地址：北京市海淀区学院路 15 号
邮政编码：100083
电话号码：010-82303470
电子邮箱：yzb@blcu.edu.cn
研究生院（处）网址：www.yjsy.blcu.edu.cn

10009　北方工业大学

在中国普通高校研究生教育竞争力排行榜中的名次：总排名 293/574，北京市内排名 32/57，理工类排名 106/178。

共 19 个一级学科（学术学位）参评。

学科门类排名

经济学 185/259、法学 171/348、文学 218/271、理学 250/375、工学 212/369、管理学 239/376、艺术学 181/206。

一级学科排名

应用经济学 173/243、法学 81/188、马克思主义理论 253/325、外国语言文学 192/221、数学 113/239、统计学 95/162、机械工程 139/208、电气工程 71/104、电子科学与技术 92/134、信息与通信工程 99/170、控制科学与工程 88/186、计算机科学与技术 125/283、建筑学 35/69、土木工程 90/153、城乡规划学 31/56、风景园林学 31/65、软件工程 141/197、工商管理 161/303、设计学 75/141。

通信地址：北京市石景山区晋元庄路 5 号
邮政编码：100144
电话号码：010-88803523
电子邮箱：yjs@ncut.edu.cn
研究生院（处）网址：www.graduate.ncut.edu.cn

10047 中央美术学院

在中国普通高校研究生教育竞争力排行榜中的名次：总排名 305/574，北京市内排名 33/57，艺术类排名 4/29。

共 6 个一级学科（学术学位）参评，其中 5★学科 2 个，4★学科 1 个，学科优秀率为 50%。

学科门类排名

工学 359/369、艺术学 10/206。

一级学科排名

建筑学 55/69、城乡规划学 55/56、风景园林学 64/65、艺术学理论 6/75、美术学 2/133、设计学 7/141。

通信地址：北京市朝阳区花家地南街 8 号
邮政编码：100102
电话号码：010-64771056
电子邮箱：graduate@cafa.edu.cn
研究生院（处）网址：www.cafa.edu.cn

10050 北京电影学院

在中国普通高校研究生教育竞争力排行榜中的名次：总排名 307/574，北京市内排名 34/57，艺术类排名 5/29。

共 3 个一级学科（学术学位）参评，其中 5★学科 1 个，4★学科 2 个，学科优秀率为 100%。

学科门类排名

艺术学 16/206。

一级学科排名

艺术学理论 11/75、戏剧与影视学 3/70、美术学 14/133。

通信地址：北京市海淀区西土城路 4 号
邮政编码：100088
电话号码：010-82283315
电子邮箱：liyun@bfa.edu.cn
研究生院（处）网址：www.bfa.edu.cn

10045 中央音乐学院

在中国普通高校研究生教育竞争力排行榜中的名次：总排名 314/574，北京市内排名 35/57，艺术类排名 6/29。

共 1 个一级学科（学术学位）参评，其中 5★学科 1 个，4★学科 0 个，学科优秀率为 100%。

学科门类排名

艺术学 4/206。

一级学科排名

音乐与舞蹈学 1/94。

通信地址：北京市西城区鲍家街 43 号
邮政编码：100031
电话号码：010-66425586
电子邮箱：yjsc@ccom.edu.cn
研究生院（处）网址：www.ccom.edu.cn

11232 北京信息科技大学

在中国普通高校研究生教育竞争力排行榜中的名次：总排名 330/574，北京市内排名 36/57，理工类排名 124/178。

共 14 个一级学科（学术学位）参评。

学科门类排名

经济学 201/259、法学 297/348、理学 299/375、工学 197/369、管理学 203/376。

一级学科排名

应用经济学 186/243、马克思主义理论 262/325、数学 178/239、机械工程 108/208、光学工程 70/89、仪器科学与技术 57/95、电气工程 82/104、电子科学与技术 108/134、信息与通信工程 114/170、控制科学与工程 125/186、计算机科学与技术 137/283、软件工程 92/197、管理科学与工程 157/228、工商管理 229/303。

通信地址：北京市海淀区清河小营东路 12 号
邮政编码：100192
电话号码：010-62843704
电子邮箱：yzb@bistu.edu.cn
研究生院（处）网址：www.yanjiusheng.bistu.edu.cn

10046 中国音乐学院

在中国普通高校研究生教育竞争力排行榜中的名次：总排名 342/574，北京市内排名 37/57，艺术类排名 9/29。

共 1 个一级学科（学术学位）参评，其中 5★学科 1 个，4★学科 0 个，学科优秀率为 100%。

学科门类排名

艺术学 99/206。

一级学科排名

音乐与舞蹈学 5/94。

通信地址：北京市朝阳区安翔路一号
邮政编码：100101
电话号码：010-64874884
电子邮箱：yzb@ccmusic.edu.cn
研究生院（处）网址：www.ccmusic.edu.cn

10040 外交学院

在中国普通高校研究生教育竞争力排行榜中的名次：总排名 356/574，北京市内排名 38/57，文法类排名 10/32。

共 4 个一级学科（学术学位）参评，其中 5★学科 0 个，4★学科 1 个，学科优秀率为 25%。

学科门类排名

经济学 228/259、法学 53/348、文学 163/271。

一级学科排名

理论经济学 109/147、法学 149/188、政治学 17/125、外国语言文学 99/221。

优势专业

5★专业：国际关系 3/58。

4★专业：国际政治 7/65、外交学 2/17。

通信地址：北京市西城区展览馆路 24 号
邮政编码：100037
电话号码：010-68323297
电子邮箱：yzhb@cfau.edu.cn
研究生院（处）网址：www.yjsb.cfau.edu.cn

10016　北京建筑大学

在中国普通高校研究生教育竞争力排行榜中的名次：总排名 363/574，北京市内排名 39/57，理工类排名 133/178。

共 12 个一级学科（学术学位）参评。

学科门类排名

理学 342/375、工学 209/369、管理学 317/376、艺术学 186/206。

一级学科排名

数学 217/239、控制科学与工程 140/186、建筑学 31/69、土木工程 52/153、测绘科学与技术 25/50、交通运输工程 44/69、环境科学与工程 71/197、城乡规划学 22/56、风景园林学 32/65、管理科学与工程 218/228、工商管理 290/303、设计学 118/141。

通信地址：北京市西城区展览馆路 1 号
邮政编码：100044
电话号码：010-68322241
电子邮箱：yjs@bucea.edu.cn
研究生院（处）网址：www.yjsc.bucea.edu.cn

11417　北京联合大学

在中国普通高校研究生教育竞争力排行榜中的名次：总排名 367/574，北京市内排名 40/57，综合类排名 68/87。

共 6 个一级学科（学术学位）参评。

学科门类排名

历史学 51/125、工学 269/369、管理学 188/376。

一级学科排名

考古学 24/58、中国史 84/122、计算机科学与技术 157/283、食品科学与工程 55/101、软件工程 93/197、工商管理 99/303。

通信地址：北京市朝阳区北四环东路 97 号
邮政编码：100101
电话号码：010-64909005
电子邮箱：ldyzb@buu.edu.cn
研究生院（处）网址：www.graduate.buu.edu.cn

10048　中央戏剧学院

在中国普通高校研究生教育竞争力排行榜中的名次：总排名 369/574，北京市内排名 41/57，艺术类排名 10/29。

共 2 个一级学科（学术学位）参评，其中 5★学科 1 个，4★学科 1 个，学科优秀率为 100%。

学科门类排名

艺术学 7/206。

一级学科排名

艺术学理论 10/75、戏剧与影视学 2/70。

通信地址：北京市东城区东棉花胡同 39 号
邮政编码：100710
电话号码：010-69200512
电子邮箱：zhongxiyjs@zhongxi.cn
研究生院（处）网址：www.web.zhongxi.cn

10041　中国人民公安大学

在中国普通高校研究生教育竞争力排行榜中的名次：总排名 377/574，北京市内排名 42/57，文法类排名 13/32。

共 9 个一级学科（学术学位）参评，其中 5★学科 0 个，4★学科 1 个，学科优秀率为 11.11%。

学科门类排名

法学 49/348、教育学 180/200、工学 312/369、医学 184/196、管理学 226/376。

一级学科排名

法学 26/188、社会学 64/96、马克思主义理论 281/325、心理学 81/102、计算机科学与技术 279/283、矿业工程 55/56、交通运输工程 63/69、基础医学 96/99、公共管理 98/217。

4★专业：法学理论 10/108、刑法学 20/114、诉讼法学 11/107。

通信地址：北京市西城区木樨地南里甲 1 号
邮政编码：100038
电话号码：010-83903086
电子邮箱：yzb_cppsu@sina.com
研究生院（处）网址：www.yzb.cppsu.edu.cn

10015　北京印刷学院

在中国普通高校研究生教育竞争力排行榜中的名次：总排名 399/574，北京市内排名 43/57，理工类排名 142/178。

共 8 个一级学科（学术学位）参评。

学科门类排名

文学 156/271、理学 356/375、工学 286/369、管理学 322/376、艺术学 134/206。

一级学科排名

新闻传播学 26/98、科学技术史 20/37、机械工程 153/208、材料科学与工程 117/206、信息与通信工程 79/170、工商管理 274/303、美术学 131/133、设计学 29/141。

通信地址：北京市大兴区兴华大街（二段）1号
邮政编码：102600
电话号码：010-60261465
电子邮箱：yzb@bigc.edu.cn
研究生院（处）网址：www.gs.bigc.edu.cn

10029 首都体育学院

在中国普通高校研究生教育竞争力排行榜中的名次：总排名 399/574，北京市内排名 43/57，体育类排名 6/13。

共 2 个一级学科（学术学位）参评，其中 5★学科 0 个，4★学科 1 个，学科优秀率为 50%。

学科门类排名

教育学 59/200。

一级学科排名

心理学 101/102、体育学 20/119。

优势专业

4★专业：运动人体科学 13/68、体育教育训练学 19/106。

通信地址：北京市北三环西路 11 号
邮政编码：100088
电话号码：010-82099034
电子邮箱：yjsb@cupes.edu.cn
研究生院（处）网址：www.gs.cupes.edu.cn

10031 北京第二外国语学院

在中国普通高校研究生教育竞争力排行榜中的名次：总排名 412/574，北京市内排名 45/57，文法类排名 15/32。

共 5 个一级学科（学术学位）参评，其中 5★学科 0 个，4★学科 1 个，学科优秀率为 20%。

学科门类排名

哲学 131/177、经济学 197/259、文学 69/271、管理学 172/376。

一级学科排名

哲学 131/177、应用经济学 171/243、中国语言文学 134/169、外国语言文学 43/221、工商管理 78/303。

优势专业

4★专业：日语语言文学 21/106、旅游管理 37/186。

通信地址：北京市朝阳区定福庄南里 1 号
邮政编码：100024
电话号码：010-65778471
电子邮箱：yjs@bisu.edu.cn
研究生院（处）网址：www.123.127.226.252:9030

10020 北京农学院

在中国普通高校研究生教育竞争力排行榜中的名次：总排名 421/574，北京市内排名 46/57，农林类排名 34/37。

共 7 个一级学科（学术学位）参评。

学科门类排名

工学 328/369、农学 51/111、管理学 256/376。

一级学科排名

食品科学与工程 74/101、风景园林学 40/65、作物学 44/53、园艺学 19/41、兽医学 30/44、林学 42/62、农林经济管理 36/62。

通信地址：北京市昌平区回龙观镇北农路 7 号
邮政编码：102206
电话号码：010-80799079
电子邮箱：wangyan5984@163.com
研究生院（处）网址：www.yz.bua.edu.cn

10042 国际关系学院

在中国普通高校研究生教育竞争力排行榜中的名次：总排名 426/574，北京市内排名 47/57，文法类排名 16/32。

共 5 个一级学科（学术学位）参评。

学科门类排名

经济学 199/259、法学 167/348、文学 227/271、工学 368/369。

一级学科排名

理论经济学 74/147、政治学 37/125、外国语言文学 82/221、信息与通信工程 165/170、化学工程与技术 218/218。

通信地址：北京市海淀区坡上村 12 号
邮政编码：100091
电话号码：010-62861184
电子邮箱：uiryzb@uir.edu.cn
研究生院（处）网址：www.duirap108.uir.cn

10012 北京服装学院

在中国普通高校研究生教育竞争力排行榜中的名次：总排名 447/574，北京市内排名 48/57，理工类排名 149/178。

共 9 个一级学科（学术学位）参评。

学科门类排名

法学 346/348、工学 298/369、管理学 348/376、艺术学 74/206。

一级学科排名

民族学 45/45、机械工程 204/208、材料科学与工程 199/206、化学工程与技术 214/218、纺织科学与工程 14/25、工商管理 271/303、艺术学理论 35/75、美术学 63/133、设计学 70/141。

通信地址：北京市朝阳区樱花东街甲 2 号
邮政编码：100029
电话号码：010-64288145
电子邮箱：yjs@bift.edu.cn
研究生院（处）网址：www.yjs.bift.edu.cn

10037　北京物资学院

在中国普通高校研究生教育竞争力排行榜中的名次：总排名 452/574，北京市内排名 49/57，财经类排名 29/40。

共 5 个一级学科（学术学位）参评。

学科门类排名

经济学 148/259、理学 375/375、工学 353/369、管理学 169/376。

一级学科排名

应用经济学 120/243、统计学 97/162、计算机科学与技术 248/283、管理科学与工程 120/228、工商管理 192/303。

通信地址：北京市通州区富河大街 1 号
邮政编码：101149
电话号码：010-89534461
电子邮箱：bwuyjsb@126.com
研究生院（处）网址：www.yjsb.bwu.edu.cn

11625　中国青年政治学院

在中国普通高校研究生教育竞争力排行榜中的名次：总排名 455/574，北京市内排名 50/57，文法类排名 19/32。

共 7 个一级学科（学术学位）参评。

学科门类排名

哲学 85/177、经济学 214/259、法学 116/348、文学 196/271。

一级学科排名

哲学 85/177、理论经济学 123/147、应用经济学 212/243、法学 95/188、社会学 45/96、马克思主义理论 153/325、新闻传播学 45/98。

通信地址：北京市海淀区西三环北路 25 号
邮政编码：100089
电话号码：010-88567500
电子邮箱：yzb@cyu.edu.cn
研究生院（处）网址：www.yjsc.cyu.edu.cn

10049　中国戏曲学院

在中国普通高校研究生教育竞争力排行榜中的名次：总排名 475/574，北京市内排名 51/57，艺术类排名 24/29。

共 2 个一级学科（学术学位）参评，其中 5★学科 0 个，4★学科 1 个，学科优秀率为 50%。

学科门类排名

艺术学 69/206。

一级学科排名

音乐与舞蹈学 47/94、戏剧与影视学 14/70。

通信地址：北京市丰台区万泉寺 400 号
邮政编码：100073
电话号码：010-63351562
电子邮箱：yzb@nacta.edu.cn
研究生院（处）网址：www.nacta.edu.cn

10051　北京舞蹈学院

在中国普通高校研究生教育竞争力排行榜中的名次：总排名 477/574，北京市内排名 52/57，艺术类排名 25/29。

共 1 个一级学科（学术学位）参评，其中 5★学科 0 个，4★学科 1 个，学科优秀率为 100%。

学科门类排名

艺术学 121/206。

一级学科排名

音乐与舞蹈学 17/94。

通信地址：北京市海淀区万寿寺路 1 号
邮政编码：100073
电话号码：010-68935749
电子邮箱：yjs@bda.edu.cn
研究生院（处）网址：www.bda.edu.cn

10017　北京石油化工学院

在中国普通高校研究生教育竞争力排行榜中的名次：总排名 502/574，北京市内排名 53/57，理工类排名 161/178。

通信地址：北京市大兴区黄村清源北路 19 号
邮政编码：102617
电话号码：010-81292056
电子邮箱：qiaoxi@bipt.edu.cn
研究生院（处）网址：www.bipt.edu.cn

11418　北京城市学院

在中国普通高校研究生教育竞争力排行榜中的名次：总排名 525/574，北京市内排名 54/57，综合类排名 76/87。

通信地址：北京市海淀区北四环中路 269 号
邮政编码：100083
电话号码：010-62321818
电子邮箱：nic@bcu.edu.cn
研究生院（处）网址：www.rec.bcu.edu.cn

12453　中国劳动关系学院

在中国普通高校研究生教育竞争力排行榜中的名次：
总排名 561/574，北京市内排名 55/57，文法类排名 25/32。

通信地址：北京市海淀区增光路 45 号
邮政编码：100048
电话号码：010-88562083
电子邮箱：yjsc@ciir.edu.cn
研究生院（处）网址：www.ciir.edu.cn

10018　北京电子科技学院

在中国普通高校研究生教育竞争力排行榜中的名次：
总排名 563/574，北京市内排名 56/57，理工类排名 178/178。

通信地址：北京丰台区富丰路 7 号
邮政编码：100070
电话号码：010-83635300
电子邮箱：gr@besti.edu.cn
研究生院（处）网址：www.besti.edu.cn

11149　中华女子学院

在中国普通高校研究生教育竞争力排行榜中的名次：
总排名 563/574，北京市内排名 56/57，综合类排名 86/87。

通信地址：北京市朝阳区育慧东路 1 号
邮政编码：100101
电话号码：010-84659610
电子邮箱：yanzhao@cwu.edu.cn
研究生院（处）网址：www.cwu.edu.cn

上海市

10248　上海交通大学

在中国普通高校研究生教育竞争力排行榜中的名次：
总排名 4/574，上海市内排名 1/27，综合类排名 3/87。

共 70 个一级学科（学术学位）参评，其中 5★学科 13 个，4★学科 21 个，学科优秀率为 48.57%。

学科门类排名

哲学 50/177、经济学 40/259、法学 38/348、教育学 57/200、文学 51/271、历史学 80/125、理学 18/375、工学 4/369、农学 37/111、医学 2/196、管理学 6/376、艺术学 84/206。

一级学科排名

哲学 50/177、理论经济学 57/147、应用经济学 44/243、法学 15/188、政治学 48/125、马克思主义理论 69/325、教育学 91/155、心理学 41/102、体育学 81/119、中国语言文学 74/169、外国语言文学 37/221、新闻传播学 21/98、中国史 85/122、数学 21/239、物理学 8/169、化学 25/185、天文学 6/16、生物学 6/222、系统科学 15/39、科学技术史 10/37、生态学 19/132、统计学 6/162、力学 9/119、机械工程 1/208、光学工程 24/89、仪器科学与技术 10/95、材料科学与工程 4/206、动力工程及工程热物理 4/114、电气工程 15/104、电子科学与技术 11/134、信息与通信工程 8/170、控制科学与工程 8/186、计算机科学与技术 3/283、建筑学 15/69、土木工程 36/153、水利工程 38/74、化学工程与技术 35/218、交通运输工程 28/69、船舶与海洋工程 2/19、航空宇航科学与技术 9/21、核科学与技术 4/22、农业工程 26/52、环境科学与工程 16/197、生物医学工程 3/87、食品科学与工程 38/101、风景园林学 30/65、软件工程 28/197、作物学 48/53、园艺学 17/41、植物保护 34/50、畜牧学 39/52、兽医学 38/44、林学 50/62、基础医学 6/99、临床医学 1/111、口腔医学 3/48、公共卫生与预防医学 25/71、中医学 33/47、中西医结合 20/72、药学 14/145、中药学 27/59、护理学 5/74、管理科学与工程 11/228、工商管理 14/303、农林经济管理 24/62、公共管理 20/217、图书情报与档案管理 26/68、戏剧与影视学 49/70、美术学 44/133、设计学 28/141。

优势专业

5★专业：马克思主义中国化研究 2/236、生物化学与分子生物学 4/202、工程力学 5/110、机械制造及其自动化 2/186、机械电子工程 3/187、机械设计及理论 1/195、车辆工程 5/137、材料物理与化学 3/185、材料学 5/183、材料加工工程 4/158、热能工程 4/79、动力机械及工程 1/70、制冷及低温工程 1/59、控制理论与控制工程 6/170、检测技术与自动化装置 8/157、系统工程 3/108、计算机系统结构 4/172、计算机软件与理论 3/213、计算机应用技术 2/280、内科学 1/100、儿科学 1/86、神经病学 1/86、影像医学与核医学 1/93、临床检验诊断学 3/92、外科学 1/98、妇产科学 4/90、眼科学 3/85、耳鼻咽喉科学 3/83、肿瘤学 4/88、麻醉学 2/80、急诊医学 1/78、口腔临床医学 2/46、企业管理 15/293、旅游管理 7/186、社会保障 5/123。

4★专业：金融学 18/181、产业经济学 12/198、国际贸易学 10/165、法学理论 11/108、宪法学与行政法学 9/126、刑法学 23/114、民商法学 14/147、经济法学 16/132、环境与资源保护法学 12/75、国际法学 16/105、英语语言文学 18/184、日语语言文学 9/106、外国语言学及应用语言学 34/189、传播学 14/94、基础数学 20/181、计算数学 22/167、概率论与数理统计 20/141、应用数学 15/231、理论物理 8/125、粒子物理与原子核物理 8/58、原子与分子物理 7/70、等离子体物理 5/36、凝聚态物理 9/145、光学 14/134、无机化学 29/150、分析化学 24/157、有机化学 25/159、物理化学 19/156、高分子化学与物理 13/131、植物学 16/137、生理学 12/113、微生物学 9/162、神经生物学 7/72、遗传学 8/140、发育生物学 5/83、细胞生物学 14/135、生物物理学 11/80、系统理论 5/27、一般力学与力学基础 4/54、固体力学 10/84、流体力学 7/66、工业工程 3/17、精密仪器及机械 10/73、测试计量技术及仪器 12/93、工程热物理 4/61、流体机械及工程 4/70、电机与电器 12/73、电力系统及其自动化 7/82、高电压与绝缘技术 9/48、电力电子与电力传动 15/95、电工理论与新技术 12/73、电路与系统 8/109、微电子学与固体电子学 10/88、电磁场与微波技术 8/74、通信与信息系统 8/141、信号与信息处理 9/152、模式识别与智能系统 8/135、导航、制导与控制 5/68、岩土工程 12/130、结构工程 21/140、供热、供燃气、通风及空调工程 17/91、应用化学 15/211、船舶与海洋结构物设计制造 2/19、轮机工程 2/13、水声工程 2/9、环境科学 14/174、环境工程 13/170、免疫学 8/87、病原生物学 8/86、病理学与病理生理学 6/90、老年医学 4/65、精神病与精神卫生学 4/68、皮肤病与性病学 6/78、康复医学与理疗学 9/68、口腔基础医学 6/32、劳动卫生与环境卫生学 7/50、营养与食品卫生学 6/57、药物化学 18/117、药剂学 9/97、生药学 9/87、药物分析学 8/96、微生物与生化药学 9/83、药理学 13/113、会计学 25/252、技术经济及管理 13/222、行政管理 21/167、社会医学与卫生事业管理 8/72。

通信地址：上海市闵行区东川路 800 号
邮政编码：200240
电话号码：021-62821069
电子邮箱：yzb@sjtu.edu.cn
研究生院（处）网址：www.yzb.sjtu.edu.cn

10246 复旦大学

在中国普通高校研究生教育竞争力排行榜中的名次：总排名 6/574，上海市内排名 2/27，综合类排名 5/87。

共 43 个一级学科（学术学位）参评，其中 5★学科 20 个，4★学科 14 个，学科优秀率为 79.07%。

学科门类排名

哲学 6/177、经济学 9/259、法学 11/348、教育学 100/200、文学 2/271、历史学 6/125、理学 6/375、工学 38/369、医学 1/196、管理学 17/376、艺术学 196/206。

一级学科排名

哲学 6/177、理论经济学 6/147、应用经济学 12/243、法学 16/188、政治学 4/125、社会学 9/96、马克思主义理论 34/325、教育学 48/155、心理学 43/102、中国语言文学 2/169、外国语言文学 24/221、新闻传播学 4/98、考古学 3/58、中国史 4/122、世界史 11/73、数学 2/239、物理学 7/169、化学 6/185、生物学 2/222、生态学 24/132、统计学 28/162、力学 30/119、光学工程 12/89、材料科学与工程 24/206、电子科学与技术 6/134、信息与通信工程 81/170、计算机科学与技术 10/283、航空宇航科学与技术 18/21、环境科学与工程 17/197、生物医学工程 22/87、软件工程 27/197、基础医学 1/99、临床医学 2/111、口腔医学 43/48、公共卫生与预防医学 3/71、中西医结合 2/72、药学 4/145、护理学 6/74、管理科学与工程 41/228、工商管理 33/303、公共管理 8/217、图书情报与档案管理 44/68、戏剧与影视学 45/70。

优势专业

5★专业：马克思主义哲学 2/109、中国哲学 4/88、外国哲学 2/76、伦理学 3/94、科学技术哲学 3/111、政治经济学 4/114、西方经济学 4/94、世界经济 3/87、金融学 7/181、产业经济学 6/198、中共党史 3/68、国际关系 2/58、马克思主义基本原理 5/263、文艺学 3/142、语言学及应用语言学 7/132、汉语言文字学 1/133、中国古典文献学 1/104、中国古代文学 1/154、中国现当代文学 4/142、比较文学与世界文学 5/123、新闻学 2/83、传播学 3/94、广告与媒介经济 1/9、基础数学 3/181、计算数学 5/167、应用数学 2/231、运筹学与控制论 5/157、理论物理 4/125、凝聚态物理 5/145、光学 6/134、无机化学 4/150、有机化学 7/159、物理化学 2/156、高分子化学与物理 3/131、植物学 2/137、生理学 3/113、微生物学 2/162、神经生物学 1/72、遗传学 1/140、发育生物学 2/83、细胞生物学 6/135、生物化学与分子生物学 2/202、物理电子学 5/99、电路与系统 4/109、微电子学与固体电子学 3/88、计算机软件与理论 7/213、计算机应用技术 15/280、环境科学 8/174、人体解剖与组织胚胎学 1/90、免疫学 2/87、病原生物学 1/86、病理学与病理生理学 3/90、内科学 3/100、儿科学 2/86、神经病学 3/86、影像医学与核医学 2/93、外科学 2/98、妇产科学 3/90、眼科学 4/85、耳鼻咽喉科学 2/83、肿瘤学 1/88、康复医学与理疗学 2/68、流行病与卫生统计学 3/62、中西医结合临床 3/68、药剂学 3/97、社会医学与卫生事业管理 3/72。

4★专业：逻辑学 4/38、美学 3/53、宗教学 4/54、经济思想史 5/38、经济史 6/46、人口、资源与环境经济学 6/101、国民经济学 11/95、区域经济学 19/171、财政学 18/98、国际贸易学 25/165、劳动经济学 17/92、经济统计学 7/37、数量经济学 22/122、法学理论 21/108、宪法学与行政法学 22/126、民商法学 11/147、诉讼法学 17/107、环境与资源保护法学 15/75、国际法学 11/105、政治学理论 6/94、中外政治制度 7/60、国际政治 4/65、社会学 8/86、马克思主义中国化研究 25/236、思想政治教育 44/299、高等教育学 18/117、英语语言文学 16/184、外国语言学及应用语言学 12/189、广播电视学 2/6、概率论与数理统计 8/141、粒子物理与原子核物理 5/58、原子与分子物理 4/70、无线电物理 4/64、分析化学 10/157、动物学 8/129、生物物理学 6/80、材料物理与化学 17/185、电磁场与微波技术 6/74、计算机系统结构 10/172、环境工程 23/170、法医学 3/48、放射医学 2/26、老年医学 5/65、精神病与精神卫生学 10/68、皮肤病与性病学 7/78、临床检验诊断学 11/92、运动医学 4/36、麻醉学 6/80、急诊医学 15/78、劳动卫生与环境卫生学 4/50、营养与食品卫生学 7/57、儿少卫生与妇幼保健学 3/42、卫生毒理学 7/45、中西医结合基础 3/47、药物化学 8/117、生药学 6/87、药物分析学 6/96、药理学 8/113、会计学 28/252、企业管理 38/293、旅游管理 23/186、技术经济及管理 35/222、行政管理 14/167、教育经济与管理 21/139。

通信地址：上海市邯郸路220号
邮政编码：200433
电话号码：021-65643991
电子邮箱：gs_admission@fudan.edu.cn
研究生院（处）网址：www.gsao.fudan.edu.cn

10247　同济大学

在中国普通高校研究生教育竞争力排行榜中的名次：总排名18/574，上海市内排名3/27，理工类排名6/178。

共56个一级学科（学术学位）参评，其中5★学科5个，4★学科23个，学科优秀率为50%。

学科门类排名

哲学 23/177、经济学 65/259、法学 39/348、教育学 76/200、文学 41/271、理学 30/375、工学 11/369、医学 46/196、管理学 36/376、艺术学 88/206。

一级学科排名

哲学 23/177、理论经济学 127/147、应用经济学 43/243、法学 21/188、政治学 35/125、社会学 58/96、马克思主义理论 45/325、教育学 50/155、体育学 76/119、中国语言文学 85/169、外国语言文学 15/221、新闻传播学 79/98、数学 30/239、物理学 29/169、化学 31/185、地理学 73/92、海洋科学 3/31、地球物理学 8/22、地质学 20/42、生物学 38/222、力学 16/119、机械工程 17/208、光学工程 52/89、材料科学与工程 21/206、动力工程及工程热物理 29/114、电气工程 48/104、电子科学与技术 64/134、信息与通信工程 60/170、控制科学与工程 18/186、计算机科学与技术 21/283、建筑学 1/69、土木工程 1/153、水利工程 28/74、测绘科学与技术 4/50、化学工程与技术 68/218、地质资源与地质工程 18/50、交通运输工程 4/69、航空宇航科学与技术 19/21、农业工程 32/52、环境科学与工程 5/197、生物医学工程 16/87、城乡规划学 1/56、风景园林学 2/65、软件工程 17/197、基础医学 40/99、临床医学 27/111、口腔医学 8/48、公共卫生与预防医学 51/71、中医学 43/47、药学 107/145、护理学 30/74、管理科学与工程 13/228、工商管理 29/303、公共管理 51/217、图书情报与档案管理 53/68、设计学 15/141。

优势专业

5★专业：外国语言学及应用语言学 9/189、建筑设计及其理论 3/55、建筑技术科学 1/40、城市规划与设计 1/52、岩土工程 2/130、结构工程 1/140、市政工程 1/100、供热、供燃气、通风及空调工程 2/91、防灾减灾工程及防护工程 1/113、桥梁与隧道工程 1/102、大地测量学与测量工程 2/37、地图制图学与地理信息工程 2/40、道路与铁道工程 1/48、交通信息工程及控制 3/56、环境科学 5/174、环境工程 2/170。

4★专业：中国哲学 16/88、外国哲学 12/76、伦理学 14/94、美学 5/53、宗教学 10/54、科学技术哲学 18/111、产业经济学 36/198、宪法学与行政法学 21/126、民商法学 24/147、经济法学 19/132、国际法学 18/105、马克思主义基本原理 15/263、思想政治教育 52/299、英语语言文学 32/184、德语语言文学 4/33、日语语言文学 16/106、基础数学 24/181、应用数学 24/231、运筹学与控制论 32/157、凝聚态物理 24/145、声学 5/28、无机化学 21/150、物理化学 29/156、高分子化学与物理 25/131、生物化学与分子生物学 40/202、工程力学 10/110、机械制造及其自动化 27/186、机械电子工程 24/187、机械设计及理论 21/195、车辆工程 12/137、材料物理与化学 31/185、材料学 18/183、材料加工工程 25/158、动力机械及工程 10/70、控制理论与控制工程 13/170、检测技术与自动化装置 12/157、系统工程 18/108、计算机系统结构 19/172、计算机软件与理论 23/213、计算机应用技术 18/280、建筑历史与理论 3/39、摄影测量与遥感 4/35、应用化学 34/211、地质工程 8/44、交通运输规划与管理 4/54、载运工具运用工程 3/49、内科学 17/100、精神病与精神卫生学 12/68、影像医学与核医学 18/93、外科学 17/98、口腔临床医学 8/46、会计学 32/252、企业管理 32/293、旅游管理 24/186、技术经济及管理 22/222。

通信地址：上海市四平路1239号
邮政编码：200092
电话号码：021-65982944
电子邮箱：yzb@gs.tongji.edu.cn
研究生院（处）网址：www.gs.tongji.edu.cn

10269　华东师范大学

在中国普通高校研究生教育竞争力排行榜中的名次：总排名32/574，上海市内排名4/27，师范类排名2/73。

共45个一级学科（学术学位）参评，其中5★学科4个，4★学科22个，学科优秀率为57.78%。

学科门类排名

哲学 15/177、经济学 35/259、法学 27/348、教育学 3/200、文学 20/271、历史学 14/125、理学 16/375、工学 128/369、医学 127/196、管理学 54/376、艺术学 49/206。

一级学科排名

哲学 15/177、理论经济学 33/147、应用经济学 32/243、法学 153/188、政治学 11/125、社会学 6/96、马克思主义理论 26/325、教育学 2/155、心理学 4/102、体育学 7/119、中国语言文学 17/169、外国语言文学 16/221、新闻传播学 19/98、考古学 41/58、中国史 18/122、世界史 13/73、数学 19/239、物理学 15/169、化学 26/185、地理学 6/92、大气科学 16/18、海洋科学 9/31、地质学 35/42、生物学 42/222、系统科学 5/39、科学技术史 29/37、生态学 4/132、统计学 13/162、材料科学与工程 93/206、电子科学与技术 32/134、信息与通信工程 72/170、计算机科学与技术 42/283、水利工程 31/74、化学工程与技术 133/218、环境科学与工程 22/197、生物医学工程 60/87、软件工程 2/197、药学 60/145、工商管理 58/303、公共管理 25/217、图书情报与档案管理 20/68、音乐与舞蹈学 65/94、戏剧与影视学 26/70、美术学 48/133、设计学 39/141。

优势专业

5★专业：教育学原理 3/91、课程与教学论 2/101、教育史 2/45、比较教育学 2/46、学前教育学 2/50、高等教育学 3/117、成人教育学 1/38、职业技术教育学 1/48、教育技术学 2/95、少年儿童组织和思想意识教育 1/32、应用心理学 4/87、汉语言文字学 7/133、中国古代文学 7/154、人文地理学 1/67、教育经济与管理 7/139。

4★专业：马克思主义哲学 20/109、中国哲学 5/88、外国哲学 15/76、逻辑学 7/38、世界经济 13/87、区域经济学 15/171、金融学 24/181、产业经济学 23/198、国际贸易学 29/165、政治学理论 14/94、中共党史 10/68、国际关系 8/58、社会学 12/86、人口学 3/39、人类学 8/40、民俗学 4/39、马克思主义基本原理 46/263、马克思主义中国化研究 44/236、思想政治教育 19/299、特殊教育学 2/15、基础心理学 5/50、发展与教育心理学 6/58、体育人文社会学 6/79、运动人体科学 4/68、体育教育训练学 11/106、文艺学 11/142、语言学及应用语言学 13/132、中国古典文献学 10/104、中国现当代文学 29/142、比较文学与世界文学 23/123、英语语言文学 20/184、法语语言文学 8/40、日语语言文学 15/106、外国语言学及应用语言学 17/189、新闻学 15/83、传播学 11/94、基础数学 14/181、计算数学 33/167、应用数学 35/231、运筹学与控制论 24/157、光学 11/134、无线电物理 8/64、无机化学 24/150、分析化学 18/157、有机化学 19/159、物理化学 24/156、自然地理学 4/71、地图学与地理信息系统 5/77、动物学 14/129、神经生物学 12/72、生物化学与分子生物学 20/202、计算机软件与理论 38/213、计算机应用技术 42/280、环境科学 12/174、环境工程 29/170、企业管理 57/293、旅游管理 33/186、行政管理 24/167、社会保障 7/123。

通信地址：上海市东川路 500 号
邮政编码：200241
电话号码：021-54344721
电子邮箱：yjszs@admin.ecnu.edu.cn
研究生院（处）网址：www.yjsy.ecn

10251　华东理工大学

在中国普通高校研究生教育竞争力排行榜中的名次：总排名 39/574，上海市内排名 5/27，理工类排名 18/178。

共 40 个一级学科（学术学位）参评，其中 5★学科 1 个，4★学科 8 个，学科优秀率为 22.5%。

学科门类排名

哲学 86/177、经济学 81/259、法学 58/348、教育学 149/200、文学 210/271、历史学 124/125、理学 89/375、工学 36/369、农学 74/111、医学 87/196、管理学 52/376、艺术学 146/206。

一级学科排名

哲学 86/177、应用经济学 62/243、法学 109/188、政治学 98/125、社会学 15/96、马克思主义理论 90/325、教育学 141/155、体育学 84/119、外国语言文学 145/221、中国史 122/122、数学 62/239、物理学 70/169、化学 16/185、海洋科学 30/31、生物学 63/222、力学 74/119、机械工程 66/208、仪器科学与技术 62/95、材料科学与工程 32/206、动力工程及工程热物理 10/114、信息与通信工程 134/170、控制科学与工程 20/186、计算机科学与技术 65/283、化学工程与技术 1/218、矿业工程 35/56、石油与天然气工程 9/17、轻工技术与工程 5/46、环境科学与工程 47/197、生物医学工程 46/87、食品科学与工程 69/101、安全科学与工程 41/57、植物保护 24/50、药学 36/145、中药学 54/59、医学技术 2/3、管理科学与工程 43/228、工商管理 81/303、公共管理 60/217、图书情报与档案管理 37/68、设计学 31/141。

优势专业

5★专业：社会工作 1/6、化学工程 3/130、化学工艺 4/139、生物化工 2/120、应用化学 6/211、工业催化 2/117、制药工程 1/17。

4★专业：社会学 17/86、马克思主义中国化研究 23/236、无机化学 19/150、分析化学 13/157、有机化学 14/159、物理化学 13/156、高分子化学与物理 18/131、生物化学与分子生物学 19/202、热能工程 13/79、化工过程机械 6/65、控制理论与控制工程 18/170、计算机应用技术 50/280、材料化学工程 2/12、发酵工程 6/41、微生物与生化药学 16/83。

通信地址：上海市梅陇路 130 号
邮政编码：200237
电话号码：021-64252453
电子邮箱：yzb@ecust.edu.cn
研究生院（处）网址：www.gschool.ecust.edu.cn

10280　上海大学

在中国普通高校研究生教育竞争力排行榜中的名次：总排名 44/574，上海市内排名 6/27，综合类排名 18/87。

共 45 个一级学科（学术学位）参评，其中 5★学科 3 个，4★学科 14 个，学科优秀率为 37.78%。

学科门类排名

哲学 81/177、经济学 63/259、法学 22/348、文学 49/271、历史学 25/125、理学 78/375、工学 51/369、管理学 70/376、艺术学 9/206。

一级学科排名

哲学 81/177、理论经济学 67/147、应用经济学 45/243、法学 84/188、社会学 4/96、马克思主义理论 78/325、中国语言文学 45/169、外国语言文学 62/221、新闻传播学 13/98、考古学 51/58、中国史 34/122、世界史 18/73、数学 29/239、物理学 32/169、化学 65/185、生物学 105/222、系统科学 30/39、生态学 108/132、统计学 90/162、力学 19/119、机械工程 26/208、仪器科学与技术 32/95、材料科学与工程 34/206、冶金工程 7/24、电气工程 36/104、电子科学与技术 42/134、信息与通信工程 21/170、控制科学与工程 34/186、计算机科学与技术 39/283、土木工程 48/153、化学工程与技术 69/218、核科学与技术 17/22、环境科学与工程 27/197、生物医学工程 59/87、食品科学与工程 94/101、软件工程 110/197、管理科学与工程 36/228、工商管理 97/303、公共管理 187/217、图书情报与档案管理 14/68、艺术学理论 7/75、音乐与舞蹈学 93/94、戏剧与影视学 5/70、美术学 7/133、设计学 4/141。

优势专业

4★专业：社会学 5/86、人类学 6/40、民俗学 7/39、思想政治教育 21/299、中国古典文献学 12/104、新闻学 14/83、传播学 7/94、基础数学 27/181、计算数学 23/167、应用数学 30/231、运筹学与控制论 15/157、理论物理 19/125、凝聚态物理 22/145、光学 23/134、无线电物理 6/64、流体力学 9/66、机械制造及其自动化 25/186、机械电子工程 18/187、机械设计及理论 24/195、材料物理与化学 24/185、材料学 28/183、材料加工工程 19/158、通信与信息系统 19/141、信号与信息处理 19/152、检测技术与自动化装置 26/157、系统工程 20/108、模式识别与智能系统 23/135、计算机应用技术 29/280、结构工程 25/140、环境科学 19/174、环境工程 27/170、档案学 6/31。

通信地址：上海市上大路 99 号

邮政编码：200444

电话号码：021-66133763

电子邮箱：yhb@t.shu.edu.cn

研究生院（处）网址：www.yjsb.shu.edu.cn

10255 东华大学

在中国普通高校研究生教育竞争力排行榜中的名次：总排名 75/574，上海市内排名 7/27，理工类排名 37/178。

共 32 个一级学科（学术学位）参评，其中 5★学科 1 个，4★学科 6 个，学科优秀率为 21.88%。

学科门类排名

哲学 125/177、经济学 128/259、法学 313/348、文学 206/271、历史学 120/125、理学 95/375、工学 42/369、管理学 116/376、艺术学 81/206。

一级学科排名

哲学 125/177、理论经济学 126/147、应用经济学 104/243、马克思主义理论 248/325、外国语言文学 123/221、中国史 102/122、数学 95/239、物理学 72/169、化学 29/185、生物学 168/222、科学技术史 26/37、力学 107/119、机械工程 42/208、光学工程 67/89、材料科学与工程 20/206、动力工程及工程热物理 91/114、电气工程 88/104、信息与通信工程 59/170、控制科学与工程 27/186、计算机科学与技术 69/283、土木工程 59/153、化学工程与技术 74/218、纺织科学与工程 1/25、环境科学与工程 35/197、生物医学工程 47/87、软件工程 56/197、管理科学与工程 72/228、工商管理 55/303、公共管理 159/217、艺术学理论 48/75、美术学 102/133、设计学 42/141。

优势专业

5★专业：纺织工程 1/17、纺织材料与纺织品设计 1/17、纺织化学与染整工程 1/19、服装设计与工程 1/20。

4★专业：马克思主义中国化研究 48/236、有机化学 29/159、高分子化学与物理 17/131、机械电子工程 38/187、机械设计及理论 38/195、材料物理与化学 33/185、材料学 22/183、材料加工工程 22/158、控制理论与控制工程 27/170、供热、供燃气、通风及空调工程 18/91、环境工程 33/170、企业管理 28/293。

通信地址：上海松江区大学城人民北路 2999 号

邮政编码：201620

电话号码：021-62373266

电子邮箱：yzb@dhu.edu.cn

研究生院（处）网址：www.yjszs.dhu.edu.cn

10272 上海财经大学

在中国普通高校研究生教育竞争力排行榜中的名次：总排名 105/574，上海市内排名 8/27，财经类排名 3/40。

共 16 个一级学科（学术学位）参评，其中 5★学科 3 个，4★学科 1 个，学科优秀率为 25%。

学科门类排名

哲学 40/177、经济学 7/259、法学 56/348、文学 94/271、历史学 121/125、理学 159/375、管理学 25/376。

一级学科排名

哲学 40/177、理论经济学 5/147、应用经济学 4/243、法学 46/188、社会学 88/96、马克思主义理论 38/325、中国语言文学 125/169、外国语言文学 132/221、新闻传播学 68/98、中国史 97/122、数学 94/239、统计学 41/162、管理科学与工程 64/228、工商管理 11/303、农林经济管理 32/62、公共管理 46/217。

优势专业

5★专业：金融学 9/181、会计学 8/252。

4★专业：马克思主义哲学 13/109、政治经济学 23/114、经济思想史 7/38、经济史 8/46、西方经济学 7/94、世界经济 17/87、国民经济学 18/95、区域经济学 16/171、财政学 7/98、产业经济学 11/198、国际贸易学 24/165、劳动经济学 12/92、数量经济学 8/122、国防经济 4/26、经济法学 24/132、马克思主义中国化研究 33/236、中国近现代史基本问题研究 7/120、电子商务 2/9、企业管理 20/293、旅游管理 21/186、技术经济及管理 25/222。

通信地址：上海市国定路 777 号

邮政编码：200433

电话号码：021-6590379

电子邮箱：yzb@shufe.edu.cn

研究生院（处）网址：www.yjs.shufe.edu.cn

10270 上海师范大学

在中国普通高校研究生教育竞争力排行榜中的名次：总排名 108/574，上海市内排名 9/27，师范类排名 12/73。

共 35 个一级学科（学术学位）参评，其中 5★学科 0 个，4★学科 6 个，学科优秀率为 17.14%。

学科门类排名

哲学 22/177、经济学 124/259、法学 79/348、教育学 21/200、文学 22/271、历史学 34/125、理学 111/375、工学 171/369、管理学 175/376、艺术学 44/206。

一级学科排名

哲学 22/177、理论经济学 117/147、应用经济学 131/243、法学 100/188、政治学 49/125、社会学 31/96、马克思主义理论 59/325、教育学 15/155、心理学 13/102、体育学 58/119、中国语言文学 12/169、外国语言文学 67/221、新闻传播学 61/98、考古学 14/58、中国史 41/122、世界史 24/73、数学 39/239、物理学 105/169、化学 85/185、天文学 8/16、地理学 36/92、生物学 101/222、生态学 113/132、信息与通信工程 106/170、计算机科学与技术 136/283、化学工程与技术 72/218、环境科学与工程 65/197、软件工程 140/197、工商管理 159/303、公共管理 92/217、艺术学理论 69/75、音乐与舞蹈学 46/94、戏剧与影视学 31/70、美术学 61/133、设计学 83/141。

优势专业

5★专业：比较文学与世界文学 6/123。

4★专业：伦理学 18/94、科学技术哲学 21/111、马克思主义中国化研究 21/236、教育学原理 15/91、课程与教学论 12/101、比较教育学 6/46、学前教育学 8/50、高等教育学 15/117、职业技术教育学 5/48、发展与教育心理学 8/58、文艺学 16/142、语言学及应用语言学 12/132、汉语言文字学 12/133、中国古典文献学 7/104、中国古代文学 28/154、中国少数民族语言文学 9/45、基础数学 29/181。

通信地址：上海市桂林路 100 号
邮政编码：200234
电话号码：021-64322314
电子邮箱：yzb@shnu.edu.cn
研究生院（处）网址：www.yjsc.shnu.edu.cn

10252　上海理工大学

在中国普通高校研究生教育竞争力排行榜中的名次：总排名 120/574，上海市内排名 10/27，理工类排名 48/178。

共 27 个一级学科（学术学位）参评，其中 5★学科 0 个，4★学科 5 个，学科优秀率为 18.52%。

学科门类排名

经济学 96/259、法学 283/348、文学 125/271、理学 152/375、工学 84/369、管理学 100/376。

一级学科排名

理论经济学 145/147、应用经济学 78/243、马克思主义理论 204/325、外国语言文学 85/221、新闻传播学 44/98、数学 106/239、物理学 82/169、系统科学 4/39、统计学 93/162、力学 112/119、机械工程 41/208、光学工程 11/89、仪器科学与技术 24/95、动力工程及工程热物理 15/114、电气工程 54/104、信息与通信工程 90/170、控制科学与工程 52/186、计算机科学与技术 118/283、土木工程 61/153、交通运输工程 50/69、环境科学与工程 79/197、生物医学工程 30/87、食品科学与工程 71/101、软件工程 65/197、管理科学与工程 37/228、工商管理 157/303、公共管理 143/217。

优势专业

4★专业：系统分析与集成 3/33、机械制造及其自动化 37/186、测试计量技术及仪器 19/93、热能工程 16/79、流体机械及工程 13/70、制冷及低温工程 7/59。

通信地址：上海市军工路 516 号
邮政编码：200093
电话号码：021-55277040
电子邮箱：yzb@usst.edu.cn
研究生院（处）网址：www.yjs.usst.edu.cn

10268　上海中医药大学

在中国普通高校研究生教育竞争力排行榜中的名次：总排名 160/574，上海市内排名 11/27，医药类排名 13/72。

共 4 个一级学科（学术学位）参评，其中 5★学科 1 个，4★学科 2 个，学科优秀率为 75%。

学科门类排名

医学 27/196。

一级学科排名

中医学 7/47、中西医结合 14/72、药学 47/145、中药学 2/59。

优势专业

4★专业：中医基础理论 6/31、中医医史文献 5/26、中医诊断学 4/27、中医内科学 3/41、中医外科学 3/30、中医骨伤科学 2/31、针灸推拿学 4/35、中西医结合基础 8/47、中西医结合临床 12/68。

通信地址：上海市蔡伦路 1200 号
邮政编码：201203
电话号码：021-51322530
电子邮箱：shutcmyjs@163.com
研究生院（处）网址：www.shutcm.com/shutcm/yjsy

10254　上海海事大学

在中国普通高校研究生教育竞争力排行榜中的名次：总排名 181/574，上海市内排名 12/27，理工类排名 68/178。

共 17 个一级学科（学术学位）参评。

学科门类排名

经济学 142/259、法学 132/348、文学 131/271、工学 108/369、管理学 121/376。

一级学科排名

应用经济学 118/243、法学 53/188、马克思主义理论 274/325、外国语言文学 52/221、机械工程 125/208、动力工程及工程热物理 61/114、电气工程 41/104、电子科学与技术 122/134、信息与通信工程 82/170、控制科学与工程 114/186、计算机科学与技术 93/283、水利工程 43/74、交通运输工程 16/69、船舶与海洋工程 11/19、软件工程 193/197、管理科学与工程 73/228、工商管理 68/303。

优势专业

4★专业：外国语言学及应用语言学 35/189、交通运输规划与管理 6/54。

通信地址：上海市临港新城海港大道 1550 号
邮政编码：201306
电话号码：021-38284586
电子邮箱：gs_admission@shmtu.edu.cn
研究生院（处）网址：www.yz.shmtu.edu.cn

10271　上海外国语大学

在中国普通高校研究生教育竞争力排行榜中的名次：总排名 211/574，上海市内排名 13/27，文法类排名 5/32。

共 9 个一级学科（学术学位）参评，其中 5★学科 1 个，4★学科 1 个，学科优秀率为 22.22%。

学科门类排名

经济学 194/259、法学 78/348、教育学 125/200、文学 10/271、管理学 318/376、艺术学 206/206。

一级学科排名

应用经济学 177/243、政治学 14/125、马克思主义理论 284/325、教育学 83/155、中国语言文学 78/169、外国语言文学 3/221、新闻传播学 39/98、工商管理 245/303、艺术学理论 74/75。

优势专业

5★专业：英语语言文学 1/184、俄语语言文学 2/61、日语语言文学 2/106、阿拉伯语语言文学 1/11。

4★专业：国际政治 5/65、国际关系 5/58、法语语言文学 3/40、德语语言文学 3/33、亚非语言文学 3/30、外国语言学及应用语言学 15/189、翻译学 2/7。

通信地址：上海市大连西路 550 号
邮政编码：200083
电话号码：021-35373072
电子邮箱：shisuyzb@126.com
研究生院（处）网址：www.graduate.shisu.edu.cn

10264　上海海洋大学

在中国普通高校研究生教育竞争力排行榜中的名次：总排名 221/574，上海市内排名 14/27，农林类排名 20/37。

共 16 个一级学科（学术学位）参评，其中 5★学科 0 个，4★学科 2 个，学科优秀率为 12.5%。

学科门类排名

经济学 204/259、理学 170/375、工学 157/369、农学 26/111、管理学 254/376。

一级学科排名

应用经济学 175/243、海洋科学 10/31、生物学 83/222、生态学 78/132、机械工程 173/208、动力工程及工程热物理 93/114、计算机科学与技术 239/283、化学工程与技术 204/218、环境科学与工程 143/197、食品科学与工程 20/101、软件工程 121/197、作物学 49/53、畜牧学 26/52、兽医学 35/44、水产 2/27、农林经济管理 38/62。

优势专业

5★专业：水产养殖 1/27。

4★专业：水生生物学 4/66、水产品加工及贮藏工程 6/46、捕捞学 2/6、渔业资源 2/14。

通信地址：上海市浦东新区沪城环路 999 号
邮政编码：201306
电话号码：021-61900054
电子邮箱：yzb@shou.edu.cn
研究生院（处）网址：www.yjs.shou.edu.cn

10276　华东政法大学

在中国普通高校研究生教育竞争力排行榜中的名次：总排名 221/574，上海市内排名 14/27，文法类排名 6/32。

共 5 个一级学科（学术学位）参评，其中 5★学科 1 个，4★学科 0 个，学科优秀率为 20%。

学科门类排名

经济学 176/259、法学 16/348、管理学 215/376。

一级学科排名

应用经济学 141/243、法学 6/188、政治学 62/125、马克思主义理论 177/325、公共管理 88/217。

优势专业

5★专业：民商法学 5/147、经济法学 5/132、国际法学 5/105。

4★专业：法学理论 7/108、法律史 4/59、宪法学与行政法学 7/126、刑法学 7/114、诉讼法学 6/107。

通信地址：上海市松江大学园区龙源路 555 号
邮政编码：201620
电话号码：021-62071885
电子邮箱：y_zsb@163.com
研究生院（处）网址：www.law.ac.cn

10277　上海体育学院

在中国普通高校研究生教育竞争力排行榜中的名次：总排名 233/574，上海市内排名 16/27，体育类排名 2/13。

共 4 个一级学科（学术学位）参评，其中 5★学科 1 个，4★学科 0 个，学科优秀率为 25%。

学科门类排名

教育学 12/200、文学 202/271、医学 146/196。

一级学科排名

心理学 84/102、体育学 2/119、新闻传播学 51/98、临床医学 97/111。

优势专业

5★专业：体育人文社会学 2/79、运动人体科学 2/68、体育教育训练学 4/106、民族传统体育学 2/63。

4★专业：新闻学 17/83、运动医学 5/36。

通信地址：上海市清源环路 650 号
邮政编码：200438
电话号码：021-51253164
电子邮箱：t3164@126.com
研究生院（处）网址：www.yjsc.sus.edu.cn

10278　上海音乐学院

在中国普通高校研究生教育竞争力排行榜中的名次：总排名 303/574，上海市内排名 17/27，艺术类排名 3/29。

共 3 个一级学科（学术学位）参评，其中 5★学科 1 个，4★学科 2 个，学科优秀率为 100%。

学科门类排名

艺术学 3/206。

一级学科排名

艺术学理论 9/75、音乐与舞蹈学 2/94、戏剧与影视学 11/70。

通信地址：上海市汾阳路 20 号
邮政编码：200031
电话号码：021-64330407
电子邮箱：yjsb@shcmusic.edu.cn
研究生院（处）网址：www.shcmusic.edu.cn

10259　上海应用技术学院

在中国普通高校研究生教育竞争力排行榜中的名次：总排名 325/574，上海市内排名 18/27，理工类排名 121/178。

共 2 个一级学科（学术学位）参评。

学科门类排名

工学 291/369。

一级学科排名

机械工程 155/208、化学工程与技术 167/218。

通信地址：上海市海泉路 100 号
邮政编码：201418
电话号码：021-60873564
电子邮箱：yzb@sit.edu.cn
研究生院（处）网址：www.gs.sit.edu.cn

10856　上海工程技术大学

在中国普通高校研究生教育竞争力排行榜中的名次：总排名 340/574，上海市内排名 19/27，理工类排名 129/178。

共 5 个一级学科（学术学位）参评。

学科门类排名

工学 244/369、管理学 126/376。

一级学科排名

机械工程 80/208、材料科学与工程 94/206、纺织科学与工程 13/25、工商管理 140/303、公共管理 121/217。

优势专业

4★专业：社会保障 23/123。

通信地址：上海市松江大学城龙腾 333 号
邮政编码：201620
电话号码：021-67791223
电子邮箱：yzb@sues.edu.cn
研究生院（处）网址：www.ge.sues.edu.cn

10256　上海电力学院

在中国普通高校研究生教育竞争力排行榜中的名次：总排名 369/574，上海市内排名 20/27，理工类排名 135/178。

共 3 个一级学科（学术学位）参评。

学科门类排名

工学 250/369。

一级学科排名

动力工程及工程热物理 49/114、电气工程 39/104、化学工程与技术 119/218。

通信地址：上海市平凉路 2103 号
邮政编码：200090
电话号码：021-35303739
电子邮箱：yzb@shiep.edu.cn
研究生院（处）网址：www.yjsc.web.shiep.edu.cn

10279　上海戏剧学院

在中国普通高校研究生教育竞争力排行榜中的名次：总排名 375/574，上海市内排名 21/27，艺术类排名 11/29。

共 5 个一级学科（学术学位）参评，其中 5★学科 0 个，4★学科 1 个，学科优秀率为 20%。

学科门类排名

艺术学 18/206。

一级学科排名

艺术学理论 29/75、音乐与舞蹈学 82/94、戏剧与影视学 4/70、美术学 96/133、设计学 93/141。

通信地址：上海市华山路 630 号
邮政编码：200040
电话号码：021-62482724
电子邮箱：yzb@sta.edu.cn
研究生院（处）网址：www.yjs.sta.edu.cn

10273　上海对外经贸大学

在中国普通高校研究生教育竞争力排行榜中的名次：总排名 387/574，上海市内排名 22/27，财经类排名 24/40。

共 5 个一级学科（学术学位）参评。

学科门类排名

经济学 87/259、法学 186/348、文学 127/271、管理学 197/376。

一级学科排名

应用经济学 69/243、法学 88/188、马克思主义理论 301/325、外国语言文学 56/221、工商管理 142/303。

优势专业

4★专业：外国语言学及应用语言学 32/189。

通信地址：上海市古北路 620 号
邮政编码：200336
电话号码：021-52067316
电子邮箱：yjsb@suibe.edu.cn
研究生院（处）网址：www.suibe.edu.cn

11458 上海电机学院

在中国普通高校研究生教育竞争力排行榜中的名次：总排名 487/574，上海市内排名 23/27，理工类排名 158/178。

通信地址：上海市浦东新区橄榄路 1350 号
邮政编码：201306
电话号码：021-38223020
电子邮箱：yjs@sdju.edu.cn
研究生院（处）网址：www.yjs.sdju.edu.cn

11835 上海政法学院

在中国普通高校研究生教育竞争力排行榜中的名次：总排名 499/574，上海市内排名 24/27，文法类排名 21/32。

共 1 个一级学科（学术学位）参评。

学科门类排名

法学 113/348。

一级学科排名

法学 82/188。

通信地址：上海市青浦区外青松公路 7989 号
邮政编码：201701
电话号码：021-39225119
电子邮箱：yzb@shupl.edu.cn
研究生院（处）网址：www.yjsb.shupl.edu.cn

11047 上海立信会计学院

在中国普通高校研究生教育竞争力排行榜中的名次：总排名 509/574，上海市内排名 25/27，财经类排名 36/40。

通信地址：上海市松江区文翔路 2800 号
邮政编码：201620
电话号码：021-67705124
电子邮箱：lxyz@lixin.edu.cn
研究生院（处）网址：www.gs.lixin.edu.cn

12044 上海第二工业大学

在中国普通高校研究生教育竞争力排行榜中的名次：总排名 518/574，上海市内排名 26/27，理工类排名 166/178。

通信地址：上海市浦东新区金海路 2360 号
邮政编码：201209
电话号码：021-50214986
电子邮箱：yjs@sspu.cn
研究生院（处）网址：www.yjs.sspu.edu.cn

10274 上海海关学院

在中国普通高校研究生教育竞争力排行榜中的名次：总排名 572/574，上海市内排名 27/27，文法类排名 31/32。

通信地址：上海市浦东新区华夏西路 5677 号
邮政编码：201204
电话号码：021-28992899
电子邮箱：shcc_gs@126.com
研究生院（处）网址：www.222.66.142.103/yanjiusheng

江苏省

10284 南京大学

在中国普通高校研究生教育竞争力排行榜中的名次：总排名 9/574，江苏省内排名 1/33，综合类排名 7/87。

共 57 个一级学科（学术学位）参评，其中 5★学科 16 个，4★学科 23 个，学科优秀率为 68.42%。

学科门类排名

哲学 5/177、经济学 17/259、法学 7/348、教育学 52/200、文学 4/271、历史学 5/125、理学 5/375、工学 31/369、医学 31/196、管理学 10/376、艺术学 36/206。

一级学科排名

哲学 5/177、理论经济学 11/147、应用经济学 23/243、法学 11/188、政治学 9/125、社会学 5/96、民族学 42/45、马克思主义理论 14/325、教育学 34/155、心理学 29/102、体育学 99/119、中国语言文学 4/169、外国语言文学 5/221、新闻传播学 18/98、考古学 6/58、中国史 13/122、世界史 7/73、数学 3/239、物理学 4/169、化学 7/185、天文学 1/16、地理学 5/92、大气科学 3/18、海洋科学 12/31、地球物理学 9/22、地质学 4/42、生物学 8/222、系统科学 33/39、生态学 22/132、统计学 153/162、光学工程 18/89、材料科学与工程 17/206、动力工程及工程热物理 75/114、电子科学与技术 18/134、信息与通信工程 36/170、控制科学与工程 158/186、计算机科学与技术 7/283、建筑学 10/69、水利工程 21/74、测绘科学与技术 20/50、化学工程与技术 57/218、地质资源与地质工程 9/50、环境科学与工程 2/197、生物医学工程 31/87、城乡规划学 14/56、软件工程 5/197、基础医学 20/99、临床医学 18/111、口腔医学 21/48、药学 15/145、管理科学与工程 16/228、工商管理 16/303、公共管理 13/217、图书情报与档案管理 2/68、艺术学理论 12/75、戏剧与影视学 7/70、美术学 108/133。

优势专业

5★专业：经济法学 6/132、国外马克思主义研究 4/83、文艺学 4/142、语言学及应用语言学 6/132、汉语言文字学 5/133、中国古典文献学 5/104、中国古代文学 2/154、中国现当代文学 2/142、比较文学与世界文学 4/123、对外汉语 1/9、英语语言文学 3/184、基础数学 8/181、计算数学 4/167、应用数学 6/231、运筹学与控制论 7/157、理论物理 5/125、原子与分子物理 3/70、凝聚态物理 1/145、声学 1/28、光学 5/134、无线电物理 2/64、无机化学 1/150、分析化学 2/157、有机化学 6/159、物理化学 6/156、天体物理 1/16、天体测量与天体力学 1/3、植物学 7/137、动物学 4/129、生理学 2/113、遗传学 7/140、生物化学与分子生物学 6/202、生物物理学 3/80、计算机软件与理论 2/213、计算机应用技术 4/280、环境科学 4/174、环境工程 7/170、企业管理 9/293、图书馆学 2/45、情报学 2/59。

4★专业：马克思主义哲学 7/109、中国哲学 15/88、外国哲学 13/76、伦理学 12/94、宗教学 5/54、科学技术哲学 17/111、政治经济学 8/114、西方经济学 14/94、世界经济 16/87、人口、资源与环境经济学 14/101、国民经济学 10/95、区域经济学 27/171、金融学 31/181、产业经济学 27/198、国际贸易学 31/165、劳动经济学 13/92、法学理论 19/108、法律史 10/59、宪法学与行政法学 25/126、刑法学 18/114、民商法学 23/147、环境与资源保护法学 7/75、国际法学 13/105、政治学理论 12/94、中外政治制度 8/60、国际政治 10/65、国际关系 9/58、社会学 6/86、人口学 6/39、人类学 5/40、马克思主义基本原理 22/263、马克思主义发展史 7/99、马克思主义中国化研究 36/236、高等教育学 12/117、法语语言文学 4/40、德语语言文学 5/33、外国语言学及应用语言学 18/189、传播学 19/94、概率论与数理统计 9/141、粒子物理与原子核物理 4/58、高分子化学与物理 9/131、自然地理学 5/71、人文地理学 11/67、地图学与地理信息系统 7/77、气象学 3/15、矿物学、岩石学、矿床学 3/31、地球化学 4/28、古生物学与地层学 4/24、构造地质学 4/28、第四纪地质学 4/27、材料物理与化学 14/185、材料学 26/183、微电子学与固体电子学 14/88、城市规划与设计 7/52、水文学及水资源 7/57、应用化学 37/211、地质工程 5/44、免疫学 13/87、病理学与病理生理学 13/90、外科学 10/98、眼科学 14/85、耳鼻咽喉科学 11/83、麻醉学 7/80、急诊医学 5/78、药物化学 14/117、药剂学 14/97、微生物与生化药学 7/83、药理学 16/113、会计学 17/252、技术经济及管理 31/222、人力资源管理 3/16、行政管理 16/167、教育经济与管理 22/139、社会保障 21/123、土地资源管理 19/102、档案学 3/31。

通信地址：江苏省南京市鼓楼区汉口路 22 号
邮政编码：210093
电话号码：025-83593251
电子邮箱：yzb@nju.edu.cn
研究生院（处）网址：www.grawww.nju.edu.cn

10286 东南大学

在中国普通高校研究生教育竞争力排行榜中的名次：总排名 19/574，江苏省内排名 2/33，理工类排名 7/178。

共 52 个一级学科（学术学位）参评，其中 5★学科 5 个，4★学科 22 个，学科优秀率为 51.92%。

学科门类排名

哲学 28/177、经济学 59/259、法学 46/348、教育学 70/200、文学 95/271、理学 99/375、工学 7/369、医学 52/196、管理学 40/376、艺术学 5/206。

一级学科排名

哲学 28/177、应用经济学 36/243、法学 39/188、政治学 101/125、社会学 53/96、马克思主义理论 29/325、教育学 84/155、心理学 72/102、体育学 75/119、中国语言文学 151/169、外国语言文学 51/221、数学 26/239、物理学 23/169、化学 60/185、生物学 51/222、生态学 76/132、统计学 22/162、力学 32/119、机械工程 32/208、光学工程 21/89、仪器科学与技术 8/95、材料科学与工程 30/206、动力工程及工程热物理 8/114、电气工程 13/104、电子科学与技术 4/134、信息与通信工程 4/170、控制科学与工程 11/186、计算机科学与技术 13/283、建筑学 2/69、土木工程 9/153、水利工程 47/74、测绘科学与技术 14/50、化学工程与技术 22/218、交通运输工程 5/69、环境科学与工程 30/197、生物医学工程 6/87、城乡规划学 7/56、风景园林学 17/65、软件工程 15/197、基础医学 34/99、临床医学 37/111、公共卫生与预防医学 21/71、中医学 40/47、药学 115/145、护理学 67/74、管理科学与工程 15/228、工商管理 66/303、公共管理 84/217、图书情报与档案管理 30/68、艺术学理论 2/75、美术学 26/133、设计学 19/141。

优势专业

5★专业：马克思主义基本原理 11/263、物理电子学 4/99、电磁场与微波技术 2/74、通信与信息系统 7/141、信号与信息处理 4/152、计算机应用技术 10/280、建筑历史与理论 1/39、建筑设计及其理论 1/55、城市规划与设计 2/52。

4★专业：马克思主义哲学 16/109、伦理学 8/94、科学技术哲学 15/111、区域经济学 13/171、产业经济学 33/198、国际贸易学 16/165、思想政治教育 29/299、外国语言学及应用语言学 27/189、基础数学 23/181、计算数学 28/167、应用数学 19/231、运筹学与控制论 18/157、凝聚态物理 29/145、光学 26/134、生理学 23/113、神经生物学 11/72、遗传学 24/140、发育生物学 16/83、生物物理学 14/80、工程力学 22/110、机械制造及其自动化 24/186、机械电子工程 22/187、机械设计及理论 34/195、精密仪器及机械

9/73、测试计量技术及仪器 9/93、材料物理与化学 25/185、材料学 23/183、工程热物理 10/61、热能工程 8/79、动力机械及工程 13/70、流体机械及工程 11/70、制冷及低温工程 8/59、电机与电器 10/73、电力系统及其自动化 10/82、电力电子与电力传动 11/95、电工理论与新技术 14/73、电路与系统 7/109、微电子学与固体电子学 7/88、控制理论与控制工程 10/170、检测技术与自动化装置 16/157、系统工程 16/108、模式识别与智能系统 16/135、计算机系统结构 22/172、计算机软件与理论 17/213、建筑技术科学 4/40、岩土工程 15/130、结构工程 9/140、市政工程 13/100、供热、供燃气、通风及空调工程 9/91、防灾减灾工程及防护工程 15/113、桥梁与隧道工程 15/102、化学工程 11/130、化学工艺 24/139、应用化学 42/211、工业催化 19/117、道路与铁道工程 5/48、交通信息工程及控制 6/56、交通运输规划与管理 5/54、载运工具运用工程 6/49、环境科学 30/174、卫生毒理学 6/45。

通信地址：江苏省南京市玄武区四牌楼 2 号
邮政编码：211189
电话号码：025-83792452
电子邮箱：yzb@seu.edu.cn
研究生院（处）网址：www.seugs.seu.edu.cn

10285 苏州大学

在中国普通高校研究生教育竞争力排行榜中的名次：总排名 34/574，江苏省内排名 3/33，综合类排名 15/87。

共 56 个一级学科（学术学位）参评，其中 5★学科 2 个，4★学科 18 个，学科优秀率为 35.71%。

学科门类排名

哲学 29/177、经济学 41/259、法学 31/348、教育学 29/200、文学 50/271、历史学 44/125、理学 54/375、工学 70/369、农学 57/111、医学 23/196、管理学 83/376、艺术学 30/206。

一级学科排名

哲学 29/177、理论经济学 95/147、应用经济学 52/243、法学 24/188、政治学 22/125、社会学 60/96、马克思主义理论 21/325、教育学 29/155、心理学 27/102、体育学 21/119、中国语言文学 39/169、外国语言文学 33/221、新闻传播学 52/98、考古学 48/58、中国史 46/122、世界史 71/73、数学 45/239、物理学 39/169、化学 19/185、生物学 79/222、生态学 129/132、统计学 59/162、机械工程 85/208、光学工程 17/89、仪器科学与技术 46/95、材料科学与工程 48/206、电子科学与技术 68/134、信息与通信工程 42/170、控制科学与工程 107/186、计算机科学与技术 57/283、化学工程与技术 36/218、纺织科学与工程 5/25、生物医学工程 35/87、风景园林学 19/65、软件工程 36/197、植物保护 33/50、畜牧学 36/52、林学 56/62、水产 23/27、基础医学 5/99、临床医学 21/111、公共卫生与预防医学 17/71、中西医结合 48/72、药学 18/145、特种医学 2/11、护理学 17/74、管理科学与工程 111/228、工商管理 62/303、农林经济管理 62/62、公共管理 67/217、图书情报与档案管理 38/68、艺术学理论 37/75、音乐与舞蹈学 64/94、戏剧与影视学 54/70、美术学 68/133、设计学 5/141。

优势专业

5★专业： 应用化学 9/211、放射医学 1/26。

4★专业： 马克思主义哲学 17/109、法学理论 18/108、法律史 12/59、宪法学与行政法学 17/126、刑法学 22/114、政治学理论 18/94、中外政治制度 11/60、国际政治 12/65、马克思主义基本原理 29/263、思想政治教育 22/299、高等教育学 7/117、体育人文社会学 14/79、民族传统体育学 9/63、文艺学 22/142、汉语言文字学 26/133、英语语言文学 35/184、外国语言学及应用语言学 11/189、基础数学 37/181、无机化学 12/150、分析化学 23/157、有机化学 17/159、物理化学 27/156、高分子化学与物理 16/131、材料学 33/183、信号与信息处理 29/152、纺织工程 3/17、纺织化学与染整工程 3/19、免疫学 11/87、航空、航天与航海医学 2/7、内科学 18/100、儿科学 14/86、神经病学 17/86、影像医学与核医学 16/93、外科学 15/98、肿瘤学 18/88、药物化学 19/117、药剂学 15/97、药物分析学 14/96、微生物与生化药学 12/83、药理学 17/113、企业管理 40/293。

通信地址：江苏省苏州市十梓街 1 号
邮政编码：215006
电话号码：0512-65112816
电子邮箱：sudazxl@126.co
研究生院（处）网址：www.yjs.suda.edu.cn

10307 南京农业大学

在中国普通高校研究生教育竞争力排行榜中的名次：总排名 41/574，江苏省内排名 4/33，农林类排名 2/37。

共 40 个一级学科（学术学位）参评，其中 5★学科 6 个，4★学科 8 个，学科优秀率为 35%。

学科门类排名

哲学 93/177、经济学 60/259、法学 154/348、文学 230/271、历史学 111/125、理学 73/375、工学 94/369、农学 2/111、医学 144/196、管理学 19/376。

一级学科排名

哲学 93/177、理论经济学 93/147、应用经济学 46/243、法学 177/188、社会学 75/96、马克思主义理论 124/325、外国语言文学 87/221、中国史 109/122、数学 223/239、化学 134/185、地理学 77/92、海洋科学 26/31、生物学 40/222、科学技术史 5/37、生态学 12/132、机械工程 90/208、控制科学与工程 167/186、计算机科学与技术 223/283、建筑学 63/69、化学工程与技术 183/218、轻工技术与工程 16/46、农业工程 10/52、环境科学与工程 48/197、食品科学与工程 3/101、风景园林学 45/65、作物学 1/53、园艺学 2/41、农业资源与环境 2/43、植物保护 3/50、畜牧学 7/52、兽医学 2/44、林学 24/62、水产 6/27、草学 8/35、中药学 35/59、管理科学与工程 195/228、工商管理 72/303、农林经济管理 4/62、公共管理 5/217、图书情报与档案管理 21/68。

优势专业

5★专业：食品科学 3/96、作物栽培学与耕作学 2/44、作物遗传育种 1/52、设施园艺学 1/9、土壤学 2/37、植物营养学 1/39、植物病理学 1/44、农业昆虫与害虫防治 2/44、农药学 2/42、基础兽医学 2/38、临床兽医学 2/38、教育经济与管理 6/139、土地资源管理 1/102。

4★专业：金融学 36/181、产业经济学 24/198、植物学 11/137、动物学 15/129、水生生物学 6/66、微生物学 10/162、遗传学 13/140、细胞生物学 26/135、生物化学与分子生物学 25/202、粮食、油脂及植物蛋白工程 8/59、农产品加工及贮藏工程 12/76、水产品加工及贮藏工程 8/46、蔬菜学 5/37、观赏园艺学 2/15、动物遗传育种与繁殖 6/43、动物营养与饲料科学 4/47、动物生产学 2/9、预防兽医学 5/41、农业经济管理 4/59、行政管理 13/167、社会保障 9/123。

通信地址：江苏省南京市玄武区卫岗 1 号
邮政编码：210095
电话号码：025-84395345
电子邮箱：liuliang@njau.edu.cn
研究生院（处）网址：www.grasch.njau.edu.cn

10287　南京航空航天大学

在中国普通高校研究生教育竞争力排行榜中的名次：总排名 42/574，江苏省内排名 5/33，理工类排名 20/178。

共 44 个一级学科（学术学位）参评，其中 5★学科 1 个，4★学科 12 个，学科优秀率为 29.55%。

学科门类排名

哲学 170/177、经济学 131/259、法学 137/348、教育学 152/200、文学 164/271、理学 107/375、工学 22/369、管理学 85/376、艺术学 50/206。

一级学科排名

哲学 170/177、应用经济学 71/243、法学 158/188、政治学 86/125、社会学 80/96、马克思主义理论 95/325、教育学 118/155、外国语言文学 100/221、数学 34/239、物理学 52/169、化学 98/185、地球物理学 21/22、系统科学 13/39、统计学 137/162、力学 5/119、机械工程 12/208、光学工程 34/89、仪器科学与技术 13/95、材料科学与工程 36/206、动力工程及工程热物理 23/114、电气工程 25/104、电子科学与技术 53/134、信息与通信工程 25/170、控制科学与工程 22/186、计算机科学与技术 33/283、土木工程 88/153、化学工程与技术 131/218、矿业工程 46/56、交通运输工程 12/69、航空宇航科学与技术 3/21、兵器科学与技术 7/9、核科学与技术 10/22、环境科学与工程 187/197、生物医学工程 72/87、软件工程 12/197、安全科学与工程 17/57、管理科学与工程 19/228、工商管理 91/303、公共管理 139/217、图书情报与档案管理 64/68、音乐与舞蹈学 73/94、戏剧与影视学 68/70、美术学 125/133、设计学 120/141。

优势专业

5★专业：流体力学 3/66、工程力学 4/110、电力电子与电力传动 5/95。

4★专业：马克思主义基本原理 18/263、计算数学 29/167、应用数学 26/231、一般力学与力学基础 6/54、固体力学 6/84、机械制造及其自动化 12/186、机械电子工程 17/187、机械设计及理论 19/195、测试计量技术及仪器 11/93、材料学 37/183、材料加工工程 29/158、工程热物理 12/61、电机与电器 11/73、通信与信息系统 21/141、控制理论与控制工程 19/170、导航、制导与控制 10/68、计算机软件与理论 20/213、计算机应用技术 23/280、交通运输规划与管理 8/54、飞行器设计 3/19、航空宇航推进理论与工程 2/17、航空宇航制造工程 3/17、人机与环境工程 2/14。

通信地址：江苏省南京市御道街 29 号
邮政编码：210016
电话号码：025-84892487
电子邮箱：graduate@nuaa.edu.cn
研究生院（处）网址：www.graduate.nuaa.edu.cn

10294　河海大学

在中国普通高校研究生教育竞争力排行榜中的名次：总排名 46/574，江苏省内排名 6/33，理工类排名 22/178。

共 42 个一级学科（学术学位）参评，其中 5★学科 2 个，4★学科 8 个，学科优秀率为 23.81%。

学科门类排名

哲学 64/177、经济学 112/259、法学 47/348、教育学 106/200、文学 180/271、理学 134/375、工学 34/369、农学 73/111、管理学 33/376。

一级学科排名

哲学 64/177、理论经济学 98/147、应用经济学 95/243、法学 64/188、政治学 46/125、社会学 18/96、马克思主义理论 40/325、教育学 122/155、心理学 62/102、体育学 92/119、中国语言文学 166/169、外国语言文学 180/221、新闻传播学 65/98、数学 82/239、物理学 155/169、地理学 31/92、海洋科学 18/31、地质学 28/42、统计学 98/162、力学 13/119、机械工程 83/208、仪器科学与技术 41/95、材料科学与工程 98/206、动力工程及工程热物理 78/114、电气工程 35/104、电子科学与技术 63/134、信息与通信工程 44/170、控制科学与工程 63/186、计算机科学与技术 38/283、土木工程 6/153、水利工程 1/74、测绘科学与技术 9/50、地质资源与地质工程 14/50、交通运输工程 47/69、农业工程 16/52、环境科学与工程 19/197、软件工程 96/197、农业资源与环境 21/43、管理科学与工程 27/228、工商管理 24/303、公共管理 57/217、图书情报与档案管理 42/68。

优势专业

5★专业：思想政治教育 13/299、岩土工程 6/130、水文学及水资源 1/57、水力学及河流动力学 2/37、水工结构工程 1/39、水利水电工程 1/41、港口、海岸及近海工程 1/26、技术经济及管理 10/222。

4★专业：社会学 13/86、马克思主义基本原理 17/263、高等教育学 23/117、固体力学 17/84、工程力学 8/110、电力系统及其自动化 14/82、计算机系统结构 35/172、计算机软件与理论 41/213、计算机应用技术 41/280、结构工程 13/140、市政工程 10/100、防灾减灾工程及防护工程 13/113、桥梁与隧道工程 11/102、大地测量学与测量工程 5/37、农业水土工程 6/35、环境科学 25/174、环境工程 12/170、企业管理 58/293。

通信地址：江苏省南京市西康路 1 号
邮政编码：210098
电话号码：025-83786303
电子邮箱：hhuyzb@hhu.edu.cn
研究生院（处）网址：www.gs.hhu.edu.cn

10288 南京理工大学

在中国普通高校研究生教育竞争力排行榜中的名次：总排名 48/574，江苏省内排名 7/33，理工类排名 24/178。

共 39 个一级学科（学术学位）参评，其中 5★学科 2 个，4★学科 10 个，学科优秀率为 30.77%。

学科门类排名

哲学 150/177、经济学 123/259、法学 103/348、教育学 147/200、文学 169/271、理学 84/375、工学 29/369、管理学 63/376、艺术学 178/206。

一级学科排名

哲学 150/177、应用经济学 106/243、法学 168/188、社会学 81/96、马克思主义理论 79/325、教育学 130/155、体育学 118/119、外国语言文学 120/221、新闻传播学 90/98、数学 33/239、物理学 56/169、化学 67/185、统计学 101/162、力学 28/119、机械工程 28/208、光学工程 7/89、仪器科学与技术 22/95、材料科学与工程 23/206、动力工程及工程热物理 34/114、电气工程 40/104、电子科学与技术 21/134、信息与通信工程 28/170、控制科学与工程 10/186、计算机科学与技术 30/283、土木工程 93/153、化学工程与技术 14/218、矿业工程 36/56、交通运输工程 39/69、航空宇航科学与技术 8/21、兵器科学与技术 1/9、环境科学与工程 52/197、生物医学工程 51/87、软件工程 31/197、安全科学与工程 49/57、管理科学与工程 40/228、工商管理 141/303、公共管理 193/217、图书情报与档案管理 19/68、设计学 119/141。

优势专业

5★专业：应用化学 7/211、武器系统与运用工程 1/9、兵器发射理论与技术 1/6、火炮、自动武器与弹药工程 1/7。

4★专业：思想政治教育 28/299、计算数学 34/167、概率论与数理统计 27/141、应用数学 38/231、运筹学与控制论 12/157、工程力学 20/110、机械制造及其自动化 29/186、机械电子工程 25/187、机械设计及理论 32/195、车辆工程 28/137、测试计量技术及仪器 17/93、材料物理与化学 32/185、材料学 24/183、物理电子学 18/99、电磁场与微波技术 11/74、通信与信息系统 26/141、信号与信息处理 25/152、控制理论与控制工程 17/170、检测技术与自动化装置 30/157、系统工程 17/108、模式识别与智能系统 9/135、计算机系统结构 30/172、计算机软件与理论 29/213、计算机应用技术 19/280、化学工程 24/130、化学工艺 22/139、生物化工 15/120、工业催化 17/117、军事化学与烟火技术 2/4。

通信地址：江苏省南京市孝陵卫街 200 号
邮政编码：210094
电话号码：025-84303162
电子邮箱：yzb@njust.edu.cn
研究生院（处）网址：www.gs.njust.edu.cn

10319 南京师范大学

在中国普通高校研究生教育竞争力排行榜中的名次：总排名 52/574，江苏省内排名 8/33，师范类排名 5/73。

共 45 个一级学科（学术学位）参评，其中 5★学科 4 个，4★学科 13 个，学科优秀率为 37.78%。

学科门类排名

哲学 31/177、经济学 108/259、法学 19/348、教育学 7/200、文学 13/271、历史学 31/125、理学 25/375、工学 143/369、农学 80/111、医学 164/196、管理学 113/376、艺术学 11/206。

一级学科排名

哲学 31/177、理论经济学 107/147、应用经济学 151/243、法学 18/188、政治学 24/125、社会学 32/96、马克思主义理论 6/325、教育学 8/155、心理学 10/102、体育学 12/119、中国语言文学 8/169、外国语言文学 13/221、新闻传播学 8/98、考古学 23/58、中国史 30/122、世界史 50/73、数学 27/239、物理学 63/169、化学 54/185、天文学 14/16、地理学 3/92、地质学 30/42、生物学 23/222、生态学 46/132、统计学 27/162、光学工程 79/89、动力工程及工程热物理 76/114、电气工程 69/104、电子科学与技术 52/134、控制科学与工程 166/186、计算机科学与技术 86/283、土木工程 148/153、测绘科学与技术 17/50、化学工程与技术 157/218、环境科学与工程 75/197、食品科学与工程 65/101、水产 16/27、药学 121/145、管理科学与工程 78/228、工商管理 107/303、公共管理 58/217、音乐与舞蹈学 9/94、戏剧与影视学 8/70、美术学 10/133、设计学 67/141。

优势专业

5★专业：马克思主义基本原理 2/263、思想政治教育 9/299、中国现当代文学 6/142、英语语言文学 10/184、地图学与地理信息系统 3/77。

4★专业：伦理学 11/94、法学理论 8/108、法律史 9/59、宪法学与行政法学 13/126、刑法学 13/114、民商法学

25/147、诉讼法学 9/107、科学社会主义与国际共产主义运动 11/62、马克思主义中国化研究 22/236、教育学原理 6/91、课程与教学论 9/101、比较教育学 9/46、学前教育学 3/50、高等教育学 13/117、成人教育学 4/38、职业技术教育学 7/48、教育技术学 6/95、发展与教育心理学 10/58、应用心理学 8/87、体育人文社会学 9/79、体育教育训练学 21/106、文艺学 13/142、语言学及应用语言学 10/132、汉语言文字学 11/133、中国古典文献学 9/104、中国古代文学 14/154、比较文学与世界文学 10/123、对外汉语 2/9、俄语语言文学 8/61、法语语言文学 7/40、外国语言学及应用语言学 28/189、新闻学 7/83、传播学 17/94、基础数学 18/181、计算数学 18/167、应用数学 43/231、运筹学与控制论 19/157、自然地理学 6/71、人文地理学 5/67、动物学 9/129、水生生物学 8/66、微生物学 28/162。

通信地址：江苏省南京市栖霞区文苑路 1 号
邮政编码：210023
电话号码：025-85891892
电子邮箱：yzb@njnu.edu.cn
研究生院（处）网址：www.yz.njnu.edu.cn

10299　江苏大学

在中国普通高校研究生教育竞争力排行榜中的名次：总排名 55/574，江苏省内排名 9/33，综合类排名 19/87。

共 45 个一级学科（学术学位）参评，其中 5★学科 0 个，4★学科 6 个，学科优秀率为 13.33%。

学科门类排名

哲学 145/177、经济学 136/259、法学 193/348、教育学 133/200、文学 191/271、理学 125/375、工学 59/369、医学 71/196、管理学 68/376、艺术学 129/206。

一级学科排名

哲学 145/177、应用经济学 133/243、马克思主义理论 173/325、教育学 106/155、外国语言文学 117/221、数学 76/239、物理学 86/169、化学 83/185、生物学 114/222、生态学 114/132、统计学 60/162、力学 46/119、机械工程 24/208、光学工程 41/89、仪器科学与技术 30/95、材料科学与工程 46/206、冶金工程 16/24、动力工程及工程热物理 13/114、电气工程 34/104、电子科学与技术 41/134、信息与通信工程 102/170、控制科学与工程 41/186、计算机科学与技术 59/283、土木工程 99/153、水利工程 36/74、化学工程与技术 65/218、矿业工程 42/56、交通运输工程 22/69、农业工程 4/52、环境科学与工程 37/197、生物医学工程 54/87、食品科学与工程 9/101、软件工程 162/197、安全科学与工程 46/57、基础医学 52/99、临床医学 43/111、药学 52/145、中药学 33/59、护理学 47/74、管理科学与工程 38/228、工商管理 94/303、公共管理 150/217、图书情报与档案管理 36/68、美术学 88/133、设计学 79/141。

优势专业

4★专业：机械制造及其自动化 23/186、机械设计及理论 27/195、车辆工程 17/137、流体机械及工程 6/70、计算机应用技术 45/280、农业机械化工程 5/41、农业电气化与自动化 3/41、粮食、油脂及植物蛋白工程 12/59、水产品加工及贮藏工程 9/46、临床检验诊断学 10/92、图书馆学 9/45。

通信地址：江苏省镇江市学府路 301 号
邮政编码：212013
电话号码：0511-88780086
电子邮箱：yzb@ujs.edu.cn
研究生院（处）网址：www.yjsy.ujs.edu.cn

10295　江南大学

在中国普通高校研究生教育竞争力排行榜中的名次：总排名 58/574，江苏省内排名 10/33，综合类排名 20/87。

共 30 个一级学科（学术学位）参评，其中 5★学科 2 个，4★学科 5 个，学科优秀率为 23.33%。

学科门类排名

经济学 189/259、法学 213/348、教育学 108/200、文学 126/271、理学 144/375、工学 44/369、农学 71/111、医学 119/196、管理学 183/376、艺术学 63/206。

一级学科排名

应用经济学 164/243、马克思主义理论 167/325、教育学 63/155、中国语言文学 145/169、外国语言文学 107/221、数学 112/239、化学 78/185、生物学 86/222、机械工程 75/208、光学工程 51/89、材料科学与工程 115/206、电气工程 62/104、电子科学与技术 96/134、信息与通信工程 111/170、控制科学与工程 37/186、计算机科学与技术 60/283、化学工程与技术 23/218、纺织科学与工程 2/25、轻工技术与工程 2/46、环境科学与工程 54/197、食品科学与工程 1/101、软件工程 74/197、畜牧学 35/52、公共卫生与预防医学 44/71、药学 97/145、管理科学与工程 128/228、工商管理 171/303、音乐与舞蹈学 34/94、美术学 21/133、设计学 10/141。

优势专业

5★专业：发酵工程 1/41、食品科学 1/96、粮食、油脂及植物蛋白工程 1/59、农产品加工及贮藏工程 1/76、水产品加工及贮藏工程 1/46。

4★专业：教育技术学 15/95、控制理论与控制工程 32/170、检测技术与自动化装置 14/157、模式识别与智能系统 20/135、化学工程 19/130、化学工艺 18/139、生物化工 9/120、应用化学 22/211、纺织材料与纺织品设计 3/17、服装设计与工程 2/20、环境工程 32/170。

通信地址：江苏省无锡市蠡湖大道 1800 号
邮政编码：214122
电话号码：0510-85913639
电子邮箱：yzb@jiangnan.edu.cn
研究生院（处）网址：www.yjsb.jiangnan.edu.cn

10290　中国矿业大学

在中国普通高校研究生教育竞争力排行榜中的名次：总排名 71/574，江苏省内排名 11/33，理工类排名 36/178。

共 42 个一级学科（学术学位）参评，其中 5★学科 2 个，4★学科 5 个，学科优秀率为 16.67%。

学科门类排名

哲学 83/177、经济学 157/259、法学 203/348、教育学 136/200、文学 165/271、理学 109/375、工学 37/369、管理学 56/376、艺术学 123/206。

一级学科排名

哲学 83/177、应用经济学 145/243、法学 165/188、政治学 114/125、马克思主义理论 100/325、教育学 144/155、体育学 68/119、中国语言文学 153/169、外国语言文学 141/221、数学 65/239、物理学 97/169、化学 169/185、地理学 59/92、地球物理学 17/22、地质学 17/42、统计学 73/162、力学 17/119、机械工程 31/208、仪器科学与技术 77/95、材料科学与工程 89/206、动力工程及工程热物理 46/114、电气工程 28/104、电子科学与技术 91/134、信息与通信工程 51/170、控制科学与工程 68/186、计算机科学与技术 62/283、建筑学 45/69、土木工程 32/153、水利工程 58/74、测绘科学与技术 5/50、化学工程与技术 45/218、地质资源与地质工程 12/50、矿业工程 1/56、环境科学与工程 56/197、城乡规划学 51/56、软件工程 64/197、安全科学与工程 3/57、管理科学与工程 46/228、工商管理 143/303、公共管理 22/217、美术学 109/133、设计学 59/141。

优势专业

5★专业：采矿工程 1/32。

4★专业：思想政治教育 56/299、工程力学 14/110、机械制造及其自动化 31/186、机械电子工程 33/187、机械设计及理论 20/195、电力电子与电力传动 10/95、计算机应用技术 57/280、岩土工程 8/130、结构工程 27/140、大地测量学与测量工程 3/37、化学工艺 25/139、矿产普查与勘探 7/41、矿物加工工程 4/29、安全技术及工程 3/44、行政管理 30/167、教育经济与管理 25/139、土地资源管理 9/102。

通信地址：江苏省徐州市金山东路 1 号
邮政编码：221008
电话号码：0516-83885990
电子邮箱：cumtyjsy@cumt.edu.cn
研究生院（处）网址：www.yjsb.cumt.edu.cn

11117　扬州大学

在中国普通高校研究生教育竞争力排行榜中的名次：总排名 78/574，江苏省内排名 12/33，综合类排名 25/87。

共 54 个一级学科（学术学位）参评，其中 5★学科 0 个，4★学科 4 个，学科优秀率为 7.41%。

学科门类排名

哲学 154/177、经济学 127/259、法学 80/348、教育学 53/200、文学 60/271、历史学 61/125、理学 87/375、工学 125/369、农学 10/111、医学 73/196、管理学 178/376、艺术学 60/206。

一级学科排名

哲学 154/177、应用经济学 111/243、法学 56/188、政治学 94/125、马克思主义理论 77/325、教育学 45/155、心理学 99/102、体育学 53/119、中国语言文学 29/169、外国语言文学 80/221、中国史 42/122、数学 56/239、物理学 65/169、化学 37/185、生物学 67/222、生态学 69/132、统计学 139/162、机械工程 133/208、材料科学与工程 105/206、动力工程及工程热物理 94/114、电气工程 101/104、电子科学与技术 128/134、信息与通信工程 164/170、控制科学与工程 117/186、计算机科学与技术 154/283、土木工程 80/153、水利工程 16/74、化学工程与技术 90/218、农业工程 19/52、环境科学与工程 154/197、食品科学与工程 52/101、软件工程 188/197、作物学 6/53、园艺学 20/41、农业资源与环境 28/43、植物保护 19/50、畜牧学 11/52、兽医学 8/44、草学 9/35、基础医学 61/99、临床医学 73/111、公共卫生与预防医学 56/71、中西医结合 24/72、药学 109/145、中药学 53/59、护理学 69/74、管理科学与工程 161/228、工商管理 135/303、农林经济管理 57/62、公共管理 197/217、艺术学理论 60/75、音乐与舞蹈学 87/94、戏剧与影视学 47/70、美术学 100/133。

优势专业

4★专业：马克思主义中国化研究 15/236、中国古典文献学 21/104、作物栽培学与耕作学 5/44、观赏园艺学 3/15、基础兽医学 7/38、预防兽医学 4/41、临床兽医学 6/38。

通信地址：江苏省扬州市大学南路 88 号
邮政编码：225009
电话号码：0514-87979213
电子邮箱：yjszs@yzu.edu.cn
研究生院（处）网址：www.yjsc.yzu.edu.cn

10291　南京工业大学

在中国普通高校研究生教育竞争力排行榜中的名次：总排名 85/574，江苏省内排名 13/33，理工类排名 41/178。

共 29 个一级学科（学术学位）参评，其中 5★学科 1 个，4★学科 5 个，学科优秀率为 20.69%。

学科门类排名

法学 117/348、文学 236/271、理学 153/375、工学 50/369、医学 131/196、管理学 142/376。

一级学科排名

法学 60/188、马克思主义理论 256/325、外国语言文学 155/221、化学 62/185、生物学 128/222、力学 89/119、机械工程 97/208、材料科学与工程 38/206、动力工程及工程热物理 19/114、信息与通信工程 163/170、控制科学与工程 61/186、计算机科学与技术 102/283、建筑学 21/69、土木工程 22/153、测绘科学与技术 41/50、化学工程与技术 7/218、地质资源与地质工程 44/50、矿业工程 34/56、轻工技术与工程 6/46、环境科学与工程 68/197、食品科学与工程 85/101、城乡规划学 30/56、风景园林学 43/65、软件工程 160/197、安全科学与工程 6/57、药学 87/145、管理科学与工程 97/228、工商管理 131/303、公共管理 196/217。

优势专业

5★专业：化学工艺 5/139、生物化工 6/120、应用化学 8/211、工业催化 6/117、材料化学工程 1/12。

4★专业：材料物理与化学 30/185、材料学 32/183、防灾减灾工程及防护工程 16/113、桥梁与隧道工程 19/102、化学工程 9/130、制药工程 2/17、发酵工程 3/41。

通信地址：江苏省南京市浦口区浦珠南路 30 号
邮政编码：211800
电话号码：025-58139194
电子邮箱：yzb@njut.edu.cn
研究生院（处）网址：www.gra.njtech.edu.cn

10312 南京医科大学

在中国普通高校研究生教育竞争力排行榜中的名次：总排名 93/574，江苏省内排名 14/33，医药类排名 5/72。

共 13 个一级学科（学术学位）参评，其中 5★学科 0 个，4★学科 6 个，学科优秀率为 46.15%。

学科门类排名

法学 307/348、教育学 178/200、理学 132/375、工学 315/369、医学 12/196、管理学 280/376。

一级学科排名

马克思主义理论 307/325、心理学 96/102、生物学 61/222、生物医学工程 40/87、基础医学 17/99、临床医学 12/111、口腔医学 6/48、公共卫生与预防医学 8/71、中医学 42/47、药学 11/145、特种医学 5/11、护理学 15/74、公共管理 133/217。

优势专业

5★专业：老年医学 2/65、卫生毒理学 2/45、药理学 6/113。

4★专业：生物化学与分子生物学 26/202、人体解剖与组织胚胎学 5/90、病原生物学 9/86、病理学与病理生理学 9/90、内科学 13/100、儿科学 9/86、神经病学 15/86、精神病与精神卫生学 7/68、皮肤病与性病学 10/78、外科学 16/98、妇产科学 12/90、肿瘤学 12/88、麻醉学 12/80、口腔临床医学 5/46、流行病与卫生统计学 8/62、劳动卫生与环境卫生学 3/50、药物分析学 16/96。

通信地址：江苏省南京市汉中路 140 号
邮政编码：210029
电话号码：025-86862689
电子邮箱：degree@njmu.edu.cn
研究生院（处）网址：www.yjsy.njmu.edu.cn

10298 南京林业大学

在中国普通高校研究生教育竞争力排行榜中的名次：总排名 128/574，江苏省内排名 15/33，农林类排名 11/37。

共 27 个一级学科（学术学位）参评，其中 5★学科 2 个，4★学科 2 个，学科优秀率为 14.81%。

学科门类排名

哲学 120/177、经济学 164/259、法学 339/348、文学 237/271、理学 58/375、工学 77/369、农学 17/111、管理学 128/376、艺术学 148/206。

一级学科排名

哲学 120/177、理论经济学 113/147、马克思主义理论 322/325、中国语言文学 160/169、生物学 60/222、生态学 6/132、机械工程 67/208、仪器科学与技术 81/95、材料科学与工程 143/206、控制科学与工程 157/186、计算机科学与技术 263/283、建筑学 67/69、土木工程 104/153、化学工程与技术 156/218、轻工技术与工程 9/46、交通运输工程 38/69、农业工程 46/52、林业工程 2/17、环境科学与工程 111/197、城乡规划学 36/56、风景园林学 15/65、农业资源与环境 34/43、林学 3/62、管理科学与工程 178/228、工商管理 281/303、农林经济管理 21/62、设计学 64/141。

优势专业

5★专业：林产化学加工工程 1/15。

4★专业：植物学 28/137、制浆造纸工程 3/16、发酵工程 8/41、森林工程 2/8、木材科学与技术 2/13、林木遗传育种 3/25、森林培育 4/29、森林保护学 3/24、野生动植物保护与利用 4/29、园林植物与观赏园艺 4/44、水土保持与荒漠化防治 6/39、林业经济管理 3/31。

通信地址：江苏省南京市龙蟠路 159 号
邮政编码：210037
电话号码：025-85427772
电子邮箱：grad2@njfu.edu.cn
研究生院（处）网址：www.gsnfu.njfu.edu.cn

10316 中国药科大学

在中国普通高校研究生教育竞争力排行榜中的名次：总排名 142/574，江苏省内排名 16/33，医药类排名 11/72。

共 9 个一级学科（学术学位）参评，其中 5★学科 1 个，4★学科 0 个，学科优秀率为 11.11%。

学科门类排名

法学 340/348、理学 147/375、工学 302/369、医学 20/196、管理学 306/376。

一级学科排名

马克思主义理论 324/325、化学 111/185、生物学 119/222、化学工程与技术 140/218、生物医学工程 23/87、中西医结合 21/72、药学 1/145、中药学 14/59、工商管理 188/303。

优势专业

5★专业：药物化学 1/117、药剂学 1/97、生药学 1/87、药物分析学 1/96、微生物与生化药学 1/83、药理学 1/113。

4★专业：临床药学 2/15。

通信地址：江苏省南京市江宁区龙眠大道 639 号
邮政编码：211198
电话号码：025-86185281
电子邮箱：cpuyzb@163.com
研究生院（处）网址：www.yjsy.cpu.edu.cn

10304 南通大学

在中国普通高校研究生教育竞争力排行榜中的名次：总排名 144/574，江苏省内排名 17/33，综合类排名 40/87。

共 21 个一级学科（学术学位）参评。

学科门类排名

法学 164/348、教育学 97/200、文学 110/271、理学 213/375、工学 211/369、医学 54/196、艺术学 139/206。

一级学科排名

马克思主义理论 175/325、教育学 82/155、体育学 83/119、中国语言文学 86/169、外国语言文学 188/221、数学 190/239、生物学 98/222、机械工程 104/208、光学工程 59/89、信息与通信工程 73/170、控制科学与工程 99/186、纺织科学与工程 12/25、生物医学工程 53/87、基础医学 31/99、临床医学 40/111、公共卫生与预防医学 47/71、药学 93/145、特种医学 9/11、护理学 39/74、音乐与舞蹈学 76/94、美术学 105/133。

通信地址：江苏省南通市啬园路 9 号
邮政编码：226019
电话号码：0513-85012093
电子邮箱：yzb@ntu.edu.cn
研究生院（处）网址：www.ntu.edu.cn

10300 南京信息工程大学

在中国普通高校研究生教育竞争力排行榜中的名次：总排名 161/574，江苏省内排名 18/33，理工类排名 62/178。

共 15 个一级学科（学术学位）参评，其中 5★学科 1 个，4★学科 0 个，学科优秀率为 6.67%。

学科门类排名

法学 206/348、理学 50/375、工学 234/369、管理学 268/376。

一级学科排名

马克思主义理论 171/325、数学 110/239、地理学 48/92、大气科学 1/18、生物学 207/222、系统科学 9/39、科学技术史 14/37、生态学 64/132、光学工程 43/89、信息与通信工程 84/170、计算机科学与技术 161/283、环境科学与工程 67/197、软件工程 88/197、管理科学与工程 104/228、工商管理 283/303。

优势专业

5★专业：气象学 1/15。

4★专业：大气物理学与大气环境 2/13。

通信地址：江苏省南京市浦口区宁六路 219 号
邮政编码：210044
电话号码：025-58731201
电子邮箱：yzb@nuist.edu.cn
研究生院（处）网址：www.web.nuist.edu.cn

10292 常州大学

在中国普通高校研究生教育竞争力排行榜中的名次：总排名 169/574，江苏省内排名 19/33，理工类排名 66/178。

共 12 个一级学科（学术学位）参评，其中 5★学科 0 个，4★学科 1 个，学科优秀率为 8.33%。

学科门类排名

理学 182/375、工学 158/369、管理学 300/376。

一级学科排名

物理学 159/169、化学 74/185、机械工程 106/208、材料科学与工程 69/206、动力工程及工程热物理 77/114、计算机科学与技术 105/283、化学工程与技术 42/218、石油与天然气工程 12/17、环境科学与工程 53/197、软件工程 151/197、安全科学与工程 26/57、管理科学与工程 96/228。

通信地址：江苏省常州市武进区滆湖中路
邮政编码：213164
电话号码：0519-86330238
电子邮箱：yzb@cczu.edu.cn
研究生院（处）网址：www.gs.cczu.edu.cn

10315 南京中医药大学

在中国普通高校研究生教育竞争力排行榜中的名次：总排名 173/574，江苏省内排名 20/33，医药类排名 16/72。

共 9 个一级学科（学术学位）参评，其中 5★学科 3 个，4★学科 0 个，学科优秀率为 33.33%。

学科门类排名

理学 340/375、医学 24/196、管理学 281/376。

一级学科排名

基础医学 89/99、临床医学 92/111、公共卫生与预防医学 69/71、中医学 2/47、中西医结合 3/72、药学 32/145、中药学 3/59、护理学 36/74、公共管理 116/217。

优势专业

4★专业：康复医学与理疗学 13/68、中医临床基础 4/30、中医医史文献 3/26、方剂学 4/29、中医诊断学 5/27、中医内科学 6/41、中医外科学 4/30、中医骨伤科学 6/31、中医妇科学 5/29、中医儿科学 3/25、中医五官科学 4/22、中西医结合基础 4/47、中西医结合临床 8/68。

通信地址：江苏省南京市仙林大学城仙林大道 138 号
邮政编码：210046
电话号码：025-85811028
电子邮箱：yzb@njutcm.edu.cn
研究生院（处）网址：www.gra.njutcm.edu.cn

10293　南京邮电大学

在中国普通高校研究生教育竞争力排行榜中的名次：总排名 183/574，江苏省内排名 21/33，理工类排名 70/178。

共 12 个一级学科（学术学位）参评，其中 5★学科 0 个，4★学科 3 个，学科优秀率为 25%。

学科门类排名

教育学 104/200、理学 245/375、工学 91/369、管理学 275/376。

一级学科排名

教育学 75/155、数学 135/239、物理学 85/169、光学工程 31/89、仪器科学与技术 59/95、电子科学与技术 22/134、信息与通信工程 13/170、控制科学与工程 56/186、计算机科学与技术 53/283、软件工程 91/197、管理科学与工程 90/228、工商管理 237/303。

优势专业

5★专业：信号与信息处理 7/152。

4★专业：电磁场与微波技术 15/74、通信与信息系统 14/141。

通信地址：江苏省南京市新模范马路 66 号
邮政编码：210003
电话号码：025-83492350
电子邮箱：yzb@njupt.edu.cn
研究生院（处）网址：www.pg.njupt.edu.cn

10289　江苏科技大学

在中国普通高校研究生教育竞争力排行榜中的名次：总排名 225/574，江苏省内排名 22/33，理工类排名 85/178。

共 19 个一级学科（学术学位）参评。

学科门类排名

文学 226/271、理学 222/375、工学 119/369、农学 77/111、管理学 94/376。

一级学科排名

外国语言文学 162/221、生物学 172/222、生态学 90/132、力学 75/119、机械工程 102/208、材料科学与工程 72/206、冶金工程 18/24、电气工程 79/104、电子科学与技术 101/134、信息与通信工程 109/170、控制科学与工程 87/186、计算机科学与技术 116/283、土木工程 125/153、化学工程与技术 126/218、船舶与海洋工程 9/19、软件工程 179/197、畜牧学 31/52、管理科学与工程 59/228、工商管理 108/303。

优势专业

4★专业：特种经济动物饲养 4/29。

通信地址：江苏省镇江市梦溪路 2 号
邮政编码：212003
电话号码：0511-84402362
电子邮箱：tiaoji2015@163.com
研究生院（处）网址：www.yjsb.just.edu.cn

10331　南京艺术学院

在中国普通高校研究生教育竞争力排行榜中的名次：总排名 246/574，江苏省内排名 23/33，艺术类排名 2/29。

共 5 个一级学科（学术学位）参评，其中 5★学科 1 个，4★学科 2 个，学科优秀率为 60%。

学科门类排名

艺术学 15/206。

一级学科排名

艺术学理论 49/75、音乐与舞蹈学 16/94、戏剧与影视学 32/70、美术学 4/133、设计学 17/141。

通信地址：江苏省南京市北京西路 74 号
邮政编码：210013
电话号码：025-83498696
电子邮箱：njartiyjs@163.com
研究生院（处）网址：www.njarti.edu.cn

10320　江苏师范大学

在中国普通高校研究生教育竞争力排行榜中的名次：总排名 266/574，江苏省内排名 24/33，师范类排名 32/73。

共 31 个一级学科（学术学位）参评。

学科门类排名

哲学 78/177、经济学 163/259、法学 126/348、教育学 69/200、文学 83/271、历史学 55/125、理学 140/375、工学 288/369、管理学 307/376、艺术学 48/206。

一级学科排名

哲学 78/177、理论经济学 79/147、应用经济学 214/243、政治学 108/125、马克思主义理论 108/325、教育学 72/155、心理学 87/102、体育学 42/119、中国语言文学 61/169、外国语言文学 164/221、考古学 45/58、中国史 86/122、世界史 47/73、数学 88/239、物理学 147/169、化学 128/185、地理学 79/92、生物学 125/222、生态学 118/132、统计学 136/162、机械工程 191/208、光学工程 66/89、测绘科学与技术 40/50、化学工程与技术 192/218、管理科学与工程 177/228、公共管理 195/217、艺术学理论 66/75、音乐与舞蹈学 71/94、戏剧与影视学 52/70、美术学 118/133、设计学 134/141。

优势专业

4★专业：运动人体科学 12/68。

通信地址：江苏省徐州市铜山新区上海路 101 号
邮政编码：221116
电话号码：0516-83403272
电子邮箱：yzb@xznu.edu.cn
研究生院（处）网址：www.yjsc.xznu.edu.cn

10313　徐州医学院

在中国普通高校研究生教育竞争力排行榜中的名次：总排名 276/574，江苏省内排名 25/33，医药类排名 30/72。共 5 个一级学科（学术学位）参评。

学科门类排名

理学 258/375、医学 69/196。

一级学科排名

生物学 126/222、基础医学 53/99、临床医学 45/111、公共卫生与预防医学 48/71、药学 72/145。

通信地址：江苏省徐州市铜山路 209 号
邮政编码：221000
电话号码：0516-85748499
电子邮箱：yj1088@163.com
研究生院（处）网址：www.yjs.xzmc.edu.cn

10327　南京财经大学

在中国普通高校研究生教育竞争力排行榜中的名次：总排名 280/574，江苏省内排名 26/33，财经类排名 14/40。共 12 个一级学科（学术学位）参评。

学科门类排名

经济学 48/259、法学 179/348、文学 256/271、理学 295/375、工学 272/369、管理学 147/376。

一级学科排名

理论经济学 52/147、应用经济学 51/243、法学 111/188、马克思主义理论 221/325、外国语言文学 189/221、数学 173/239、统计学 117/162、计算机科学与技术 224/283、食品科学与工程 47/101、软件工程 191/197、管理科学与工程 202/228、工商管理 64/303。

优势专业

4★专业：会计学 49/252。

通信地址：江苏省南京市亚东新城区文苑路 3 号
邮政编码：210023
电话号码：025-84028597
电子邮箱：yjsc@njue.edu.cn
研究生院（处）网址：www.yjsc.njue.edu.cn

10332　苏州科技学院

在中国普通高校研究生教育竞争力排行榜中的名次：总排名 327/574，江苏省内排名 27/33，理工类排名 123/178。共 13 个一级学科（学术学位）参评。

学科门类排名

哲学 90/177、历史学 85/125、理学 283/375、工学 216/369、管理学 363/376。

一级学科排名

哲学 90/177、中国史 104/122、世界史 41/73、数学 119/239、光学工程 58/89、材料科学与工程 183/206、建筑学 47/69、土木工程 54/153、化学工程与技术 189/218、环境科学与工程 110/197、城乡规划学 16/56、风景园林学 26/65、管理科学与工程 158/228。

通信地址：江苏省苏州市高新区科锐路 1 号
邮政编码：215009
电话号码：0512-68093182
电子邮箱：yzb@usts.edu.cn
研究生院（处）网址：www.web.usts.edu.cn

11641　淮海工学院

在中国普通高校研究生教育竞争力排行榜中的名次：总排名 423/574，江苏省内排名 28/33，理工类排名 147/178。共 3 个一级学科（学术学位）参评。

学科门类排名

理学 350/375、工学 279/369。

一级学科排名

海洋科学 15/31、机械工程 134/208、化学工程与技术 121/218。

通信地址：江苏省连云港市新浦区苍梧路 59 号
邮政编码：222005
电话号码：0518-85895243
电子邮箱：yjsc@hhit.edu.cn
研究生院（处）网址：www.xkb.hhit.edu.cn

11287　南京审计学院

在中国普通高校研究生教育竞争力排行榜中的名次：总排名 432/574，江苏省内排名 29/33，财经类排名 28/40。共 4 个一级学科（学术学位）参评。

学科门类排名

经济学 72/259、理学 368/375、管理学 367/376。

一级学科排名

理论经济学 103/147、应用经济学 169/243、统计学 156/162、工商管理 289/303。

通信地址：江苏省南京市浦口区江浦街道雨山西路 86 号
邮政编码：211815
电话号码：025-58318146
电子邮箱：yjsb@nau.edu.cn
研究生院（处）网址：www.yjsb.nau.edu.cn

11463 江苏理工学院

在中国普通高校研究生教育竞争力排行榜中的名次：

总排名 461/574，江苏省内排名 30/33，理工类排名 152/178。

通信地址：江苏省常州市中吴大道 1801 号
邮政编码：213001
电话号码：0519-86953091
电子邮箱：yjsc@jsut.edu.cn
研究生院（处）网址：www.yjsc.jsut.edu.cn

11276 南京工程学院

在中国普通高校研究生教育竞争力排行榜中的名次：

总排名 477/574，江苏省内排名 31/33，理工类排名 155/178。

通信地址：江苏省南京市弘景大道 1 号
邮政编码：211167
电话号码：025-86118981
电子邮箱：grad@njit.edu.cn
研究生院（处）网址：www.grad.njit.edu.cn

11049 淮阴工学院

在中国普通高校研究生教育竞争力排行榜中的名次：

总排名 483/574，江苏省内排名 32/33，理工类排名 157/178。

通信地址：江苏省淮安市枚乘东路 1 号
邮政编码：223003
电话号码：0517-83559107
电子邮箱：graduate@hyit.edu.cn
研究生院（处）网址：www.gd.hyit.edu.cn

10330 南京体育学院

在中国普通高校研究生教育竞争力排行榜中的名次：

总排名 505/574，江苏省内排名 33/33，体育类排名 13/13。

共 1 个一级学科（学术学位）参评。

学科门类排名

教育学 94/200。

一级学科排名

体育学 29/119。

通信地址：江苏省南京市灵谷寺路 8 号
邮政编码：210014
电话号码：025-84755772
电子邮箱：jackey520@gmail.com
研究生院（处）网址：www.nipes.cn

湖北省

10486 武汉大学

在中国普通高校研究生教育竞争力排行榜中的名次：

总排名 5/574，湖北省内排名 1/28，综合类排名 4/87。

共 60 个一级学科（学术学位）参评，其中 5★学科 16 个，4★学科 21 个，学科优秀率为 61.67%。

学科门类排名

哲学 4/177、经济学 2/259、法学 3/348、教育学 60/200、文学 6/271、历史学 2/125、理学 10/375、工学 25/369、医学 16/196、管理学 2/376、艺术学 73/206。

一级学科排名

哲学 4/177、理论经济学 3/147、应用经济学 9/243、法学 4/188、政治学 6/125、社会学 14/96、马克思主义理论 1/325、教育学 38/155、心理学 35/102、中国语言文学 10/169、外国语言文学 19/221、新闻传播学 3/98、考古学 16/58、中国史 6/122、世界史 2/73、数学 14/239、物理学 19/169、化学 11/185、地理学 8/92、地球物理学 1/22、生物学 5/222、科学技术史 15/37、生态学 52/132、统计学 15/162、力学 35/119、机械工程 70/208、光学工程 46/89、仪器科学与技术 38/95、材料科学与工程 29/206、动力工程及工程热物理 31/114、电气工程 20/104、电子科学与技术 33/134、信息与通信工程 24/170、控制科学与工程 48/186、计算机科学与技术 9/283、建筑学 14/69、土木工程 31/153、水利工程 2/74、测绘科学与技术 1/50、化学工程与技术 56/218、轻工技术与工程 25/46、交通运输工程 57/69、环境科学与工程 26/197、生物医学工程 27/87、城乡规划学 10/56、风景园林学 12/65、软件工程 11/197、基础医学 21/99、临床医学 23/111、口腔医学 4/48、公共卫生与预防医学 27/71、中西医结合 50/72、药学 23/145、中药学 48/59、护理学 26/74、管理科学与工程 20/228、工商管理 35/303、公共管理 3/217、图书情报与档案管理 1/68、艺术学理论 25/75。

优势专业

5★专业：马克思主义哲学 5/109、中国哲学 3/88、政治经济学 6/114、经济思想史 2/38、西方经济学 3/94、世界经济 4/87、人口、资源与环境经济学 4/101、区域经济学 7/171、法学理论 5/108、宪法学与行政法学 6/126、刑法学 6/114、民商法学 7/147、诉讼法学 5/107、经济法学 7/132、环境与资源保护法学 4/75、国际法学 3/105、中外政治制度 3/60、马克思主义基本原理 3/263、马克思主义发展史 3/99、马克思主义中国化研究 4/236、思想政治教育 1/299、中国近现代史基本问题研究 4/120、中国古代文学 8/154、法语语言文学 1/40、新闻学 4/83、传播学 5/94、分析化学 8/157、地图学与地理信息系统 2/77、植物学 4/137、动物学 2/129、生理学 6/113、微生物学 1/162、遗传学 5/140、发育生物学 1/83、细胞生物学 3/135、生物化学与分子生物学 5/202、生物物理学 4/80、计算机软件与理论 9/213、水文学及水资源 2/57、水力学及河流动力学

1/37、水工结构工程 2/39、大地测量学与测量工程 1/37、摄影测量与遥感 1/35、地图制图学与地理信息工程 1/40、病原生物学 3/86、电子商务 1/9、行政管理 7/167、社会保障 2/123、图书馆学 1/45、情报学 1/59。

4★专业：外国哲学 8/76、伦理学 17/94、美学 7/53、宗教学 8/54、科学技术哲学 14/111、经济史 4/46、财政学 10/98、金融学 10/181、产业经济学 19/198、国际贸易学 14/165、劳动经济学 8/92、数量经济学 11/122、法律史 7/59、政治学理论 7/94、科学社会主义与国际共产主义运动 4/62、中共党史 6/68、社会学 10/86、高等教育学 21/117、文艺学 28/142、语言学及应用语言学 25/132、汉语言文字学 17/133、中国古典文献学 8/104、中国现当代文学 9/142、比较文学与世界文学 14/123、英语语言文学 26/184、俄语语言文学 9/61、基础数学 13/181、计算数学 26/167、概率论与数理统计 12/141、应用数学 32/231、理论物理 25/125、凝聚态物理 11/145、无线电物理 5/64、无机化学 28/150、有机化学 18/159、物理化学 15/156、高分子化学与物理 15/131、自然地理学 11/71、材料物理与化学 22/185、材料学 34/183、流体机械及工程 7/70、物理电子学 20/99、通信与信息系统 25/141、信号与信息处理 23/152、计算机系统结构 23/172、计算机应用技术 20/280、城市规划与设计 10/52、岩土工程 20/130、市政工程 17/100、水利水电工程 3/41、港口、海岸及近海工程 4/26、应用化学 31/211、环境科学 16/174、环境工程 30/170、免疫学 10/87、精神病与精神卫生学 9/68、临床检验诊断学 13/92、眼科学 13/85、耳鼻咽喉科学 15/83、麻醉学 15/80、急诊医学 7/78、口腔基础医学 3/32、口腔临床医学 3/46、微生物与生化药学 13/83、会计学 20/252、企业管理 33/293、技术经济及管理 40/222、人力资源管理 2/16、社会医学与卫生事业管理 12/72、教育经济与管理 20/139、土地资源管理 11/102、档案学 2/31。

通信地址：湖北省武汉市武昌区珞珈山街 16 号
邮政编码：430072
电话号码：027-68754125
电子邮箱：yzb@whu.edu.cn
研究生院（处）网址：www.gs.whu.edu.cn

10487 华中科技大学

在中国普通高校研究生教育竞争力排行榜中的名次：总排名 7/574，湖北省内排名 2/28，理工类排名 2/178。

共 56 个一级学科（学术学位）参评，其中 5★学科 13 个，4★学科 26 个，学科优秀率为 69.64%。

学科门类排名

哲学 21/177、经济学 24/259、法学 42/348、教育学 14/200、文学 46/271、历史学 84/125、理学 33/375、工学 6/369、农学 86/111、医学 8/196、管理学 29/376、艺术学 104/206。

一级学科排名

哲学 21/177、理论经济学 15/147、应用经济学 38/243、法学 50/188、社会学 7/96、马克思主义理论 56/325、教育学 14/155、心理学 28/102、体育学 86/119、中国语言文学 44/169、外国语言文学 53/221、新闻传播学 9/98、中国史 51/122、数学 22/239、物理学 24/169、化学 43/185、生物学 14/222、系统科学 2/39、生态学 33/132、统计学 31/162、力学 20/119、机械工程 3/208、光学工程 1/89、仪器科学与技术 14/95、材料科学与工程 16/206、动力工程及工程热物理 5/114、电气工程 4/104、电子科学与技术 7/134、信息与通信工程 26/170、控制科学与工程 9/186、计算机科学与技术 8/283、建筑学 17/69、土木工程 19/153、水利工程 8/74、化学工程与技术 50/218、交通运输工程 24/69、船舶与海洋工程 10/19、环境科学与工程 28/197、生物医学工程 1/87、城乡规划学 9/56、风景园林学 57/65、软件工程 16/197、作物学 45/53、基础医学 7/99、临床医学 6/111、口腔医学 24/48、公共卫生与预防医学 2/71、中西医结合 13/72、药学 9/145、中药学 30/59、护理学 1/74、管理科学与工程 14/228、工商管理 42/303、公共管理 7/217、图书情报与档案管理 25/68、设计学 12/141。

优势专业

5★专业：马克思主义基本原理 13/263、高等教育学 2/117、系统分析与集成 1/33、机械制造及其自动化 6/186、机械电子工程 4/187、机械设计及理论 3/195、车辆工程 6/137、工业工程 1/17、电机与电器 2/73、电力系统及其自动化 4/82、电力电子与电力传动 1/95、电工理论与新技术 1/73、控制理论与控制工程 7/170、检测技术与自动化装置 4/157、模式识别与智能系统 3/135、计算机系统结构 3/172、病原生物学 4/86、老年医学 1/65、影像医学与核医学 3/93、妇产科学 1/90、康复医学与理疗学 3/68、麻醉学 1/80、急诊医学 2/78、重症医学 1/19、劳动卫生与环境卫生学 1/50、儿少卫生与妇幼保健学 2/42、技术经济及管理 9/222、社会医学与卫生事业管理 2/72。

4★专业：马克思主义哲学 14/109、外国哲学 9/76、伦理学 13/94、宗教学 11/54、科学技术哲学 11/111、西方经济学 10/94、人口、资源与环境经济学 11/101、区域经济学 20/171、金融学 37/181、产业经济学 28/198、国际贸易学 17/165、数量经济学 14/122、民商法学 30/147、经济法学 26/132、社会学 9/86、社会工作 2/6、教育学原理 11/91、文艺学 26/142、语言学及应用语言学 27/132、新闻学 11/83、传播学 8/94、基础数学 33/181、计算数学 20/167、概率论与数理统计 22/141、应用数学 22/231、运筹学与控制论 13/157、理论物理 13/125、等离子体物理 6/36、凝聚态物理 26/145、光学 10/134、无线电物理 9/64、生理学 21/113、微生物学 21/162、神经生物学 8/72、遗传学 18/140、生物化学与分子生物学 15/202、生物物理学 10/80、测试计量技术及仪器 10/93、材料物理与化学 16/185、材料学 15/183、材料加工工程 9/158、工程热物理 6/61、热能工程 5/79、动力机械及工程 7/70、流体机械及工程 5/70、制冷及低温工程 5/59、化工过程机械 5/65、高电压与绝缘技术 4/48、物理电子学 11/99、电路与系统 10/109、微电子学与固体电子学 11/88、电磁场与微波技术 9/74、通信与信息系统 22/141、信号与信息处理 30/152、系统工程 7/108、导航、制导与控制 9/68、计算机软件与理论 15/213、计算机应用技术 17/280、岩土工程 25/130、防灾减灾工程及防护工程 20/113、桥梁与隧道工程 12/102、水利水电工程 7/41、环境科学 32/174、人体解剖与组织胚胎学 8/90、免疫学 5/87、病理学与病理生理学 5/90、法医学 9/48、内科学 8/100、儿科学 8/86、神经病学 7/86、皮肤病与性病学 5/78、临床检验诊断学 8/92、外科学 6/98、眼科学 11/85、耳鼻咽喉科学 5/83、肿瘤学 9/88、运动医学 2/36、流行病与卫生统计学 7/62、营养与食品卫生学 11/57、卫生毒理学 3/45、中西医结合基础 6/47、中西医结合临床 10/68、药物化学 16/117、药剂学 7/97、生药学 14/87、药物分析学 10/96、微生物与生化药学 6/83、药理学 10/113、会计学 40/252、企业管理 36/293、行政管理 10/167、教育经济与管理 9/139、社会保障 12/123、土地资源管理 8/102、情报学 10/59。

通信地址：湖北省武汉市武昌路瑜路 1037 号

邮政编码：430074

电话号码：027-87542552

电子邮箱：zhaoban@mail.hust.edu.cn

研究生院（处）网址：www.gs.hust.edu.cn

10511 华中师范大学

在中国普通高校研究生教育竞争力排行榜中的名次：总排名 37/574，湖北省内排名 3/28，师范类排名 3/73。

共 39 个一级学科（学术学位）参评，其中 5★学科 5 个，4★学科 11 个，学科优秀率为 41.03%。

学科门类排名

哲学 44/177、经济学 75/259、法学 6/348、教育学 5/200、文学 8/271、历史学 9/125、理学 39/375、工学 190/369、农学 39/111、管理学 39/376、艺术学 71/206。

一级学科排名

哲学 44/177、理论经济学 51/147、应用经济学 90/243、法学 57/188、政治学 2/125、社会学 12/96、马克思主义理论 2/325、教育学 3/155、心理学 8/102、体育学 8/119、中国语言文学 5/169、外国语言文学 22/221、新闻传播学 22/98、中国史 2/122、世界史 9/73、数学 43/239、物理学 21/169、化学 27/185、天文学 11/16、地理学 25/92、生物学 64/222、系统科学 36/39、生态学 84/132、统计学 39/162、材料科学与工程 114/206、电子科学与技术 79/134、信息与通信工程 85/170、计算机科学与技术 73/283、化学工程与技术 101/218、环境科学与工程 145/197、软件工程 165/197、植物保护 7/50、管理科学与工程 50/228、工商管理 172/303、公共管理 23/217、图书情报与档案管理 7/68、音乐与舞蹈学 30/94、美术学 38/133、设计学 73/141。

优势专业

5★专业：政治学理论 3/94、中外政治制度 2/60、科学社会主义与国际共产主义运动 3/62、社会学 3/86、马克思主义基本原理 4/263、马克思主义中国化研究 8/236、思想政治教育 4/299、教育学原理 2/91、教育技术学 3/95、语言学及应用语言学 4/132、汉语言文字学 4/133、行政管理 6/167。

4★专业：马克思主义哲学 22/109、中共党史 9/68、国际政治 6/65、国际关系 11/58、马克思主义发展史 10/99、国外马克思主义研究 13/83、课程与教学论 7/101、教育史 7/45、学前教育学 6/50、高等教育学 10/117、成人教育学 3/38、特殊教育学 3/15、少年儿童组织和思想意识教育 5/32、基础心理学 8/50、发展与教育心理学 5/58、应用心理学 5/87、体育人文社会学 8/79、体育教育训练学 6/106、民族传统体育学 6/63、文艺学 9/142、中国古典文献学 16/104、中国古代文学 16/154、中国现当代文学 14/142、比较文学与世界文学 9/123、英语语言文学 22/184、外国语言学及应用语言学 33/189、基础数学 35/181、应用数学 34/231、理论物理 11/125、粒子物理与原子核物理 9/58、分析化学 28/157、有机化学 13/159、物理化学 28/156、人文地理学 9/67、动物学 19/129、应用化学 41/211、农药学 4/42、教育经济与管理 26/139、情报学 4/59。

通信地址：湖北省武汉市珞喻路 152 号

邮政编码：430079

电话号码：027-67861488

电子邮箱：yzb@ccnu.edu.cn

研究生院（处）网址：www.gs.ccnu.edu.cn

10497 武汉理工大学

在中国普通高校研究生教育竞争力排行榜中的名次：总排名 45/574，湖北省内排名 4/28，理工类排名 21/178。

共 43 个一级学科（学术学位）参评，其中 5★学科 1 个，4★学科 11 个，学科优秀率为 27.91%。

学科门类排名

哲学 70/177、经济学 67/259、法学 72/348、教育学 109/200、文学 118/271、历史学 116/125、理学 151/375、工学 28/369、医学 125/196、管理学 51/376、艺术学 12/206。

一级学科排名

哲学 70/177、理论经济学 75/147、应用经济学 55/243、法学 123/188、政治学 64/125、马克思主义理论 19/325、教育学 111/155、体育学 66/119、外国语言文学 70/221、新闻传播学 67/98、中国史 112/122、数学 117/239、物理学 73/169、化学 72/185、统计学 65/162、力学 26/119、机械工程 19/208、仪器科学与技术 37/95、材料科学与工程 5/206、动力工程及工程热物理 45/114、电气工程 53/104、电子科学与技术 49/134、信息与通信工程 34/170、控制科学与工程 66/186、计算机科学与技术 50/283、建筑学 26/69、土木工程 20/153、化学工程与技术 63/218、矿业工程 14/56、交通运输工程 8/69、船舶与海洋工程 6/19、环境科学与工程 50/197、生物医学工程 62/87、城乡规划学 23/56、软件工程 53/197、安全科学与工程 8/57、药学 77/145、管理科学与工程 25/228、工商管理 38/303、公共管理 145/217、艺术学理论 8/75、美术学 35/133、设计学 8/141。

优势专业

5★专业：材料物理与化学 5/185。

4★专业：世界经济 12/87、产业经济学 22/198、马克思主义基本原理 20/263、马克思主义发展史 17/99、马克思主义中国化研究 47/236、思想政治教育 54/299、中国近现代史基本问题研究 19/120、机械制造及其自动化 20/186、机械电子工程 34/187、机械设计及理论 31/195、车辆工程 16/137、材料学 12/183、材料加工工程 11/158、动力机械及工程 12/70、信号与信息处理 31/152、计算机应用技术 55/280、结构工程 24/140、防灾减灾工程及防护工程 19/113、桥梁与隧道工程 16/102、交通信息工程及控制 8/56、交通运输规划与管理 7/54、载运工具运用工程 7/49、企业管理 30/293、技术经济及管理 14/222。

通信地址：湖北省武汉市洪山区珞狮路 122 号
邮政编码：430070
电话号码：027-87651413
电子邮箱：yzb@whut.edu.cn
研究生院（处）网址：www.gd.whut.edu.cn

10504 华中农业大学

在中国普通高校研究生教育竞争力排行榜中的名次：总排名 53/574，湖北省内排名 5/28，农林类排名 3/37。

共 26 个一级学科（学术学位）参评，其中 5★学科 4 个，4★学科 10 个，学科优秀率为 53.85%。

学科门类排名

经济学 102/259、法学 111/348、文学 268/271、理学 32/375、工学 148/369、农学 3/111、管理学 28/376。

一级学科排名

理论经济学 110/147、应用经济学 117/243、法学 152/188、社会学 20/96、马克思主义理论 230/325、新闻传播学 95/98、大气科学 14/18、生物学 11/222、生态学 23/132、化学工程与技术 146/218、轻工技术与工程 15/46、农业工程 9/52、环境科学与工程 60/197、食品科学与工程 4/101、风景园林学 6/65、作物学 3/53、园艺学 1/41、农业资源与环境 4/43、植物保护 8/50、畜牧学 3/52、兽医学 6/44、林学 29/62、水产 4/27、工商管理 239/303、农林经济管理 1/62、公共管理 26/217。

优势专业

5★专业：微生物学 4/162、农产品加工及贮藏工程 3/76、蔬菜学 2/37、动物遗传育种与繁殖 2/43、动物生产学 1/9、农业经济管理 1/59、土地资源管理 5/102。

4★专业：植物学 17/137、生理学 11/113、水生生物学 5/66、遗传学 10/140、发育生物学 7/83、细胞生物学 17/135、生物化学与分子生物学 14/202、农业机械化工程 8/41、农业生物环境与能源工程 7/36、农业电气化与自动化 6/41、食品科学 7/96、粮食、油脂及植物蛋白工程 7/59、水产品加工及贮藏工程 7/46、作物栽培学与耕作学 3/44、作物遗传育种 3/52、果树学 4/40、土壤学 5/37、植物营养学 4/39、植物病理学 5/44、农业昆虫与害虫防治 7/44、动物营养与饲料科学 6/47、特种经济动物饲养 3/29、基础兽医学 6/38、预防兽医学 3/41、临床兽医学 5/38、水产养殖 3/27。

通信地址：湖北省武汉市洪山区狮子山街 1 号
邮政编码：430070
电话号码：027-87280470
电子邮箱：yjs10504@mail.hzau.edu.cn
研究生院（处）网址：www.yjs.hzau.edu.cn

10491 中国地质大学（武汉）

在中国普通高校研究生教育竞争力排行榜中的名次：总排名 70/574，湖北省内排名 6/28，理工类排名 35/178。

共 43 个一级学科（学术学位）参评，其中 5★学科 1 个，4★学科 7 个，学科优秀率为 18.6%。

学科门类排名

哲学 134/177、经济学 57/259、法学 114/348、教育学 101/200、文学 144/271、理学 21/375、工学 56/369、农学 102/111、管理学 65/376、艺术学 133/206。

一级学科排名

哲学 134/177、理论经济学 70/147、应用经济学 47/243、法学 147/188、政治学 106/125、马克思主义理论 67/325、教育学 125/155、心理学 66/102、体育学 79/119、外国语言文学 78/221、新闻传播学 92/98、数学 160/239、物理学 137/169、化学 133/185、地理学 26/92、大气科学 10/18、海洋科学 6/31、地球物理学 5/22、地质学 2/42、生物学 198/222、科学技术史 9/37、生态学 106/132、统计学 67/162、机械工程 156/208、仪器科学与技术 52/95、材料科学与工程 56/206、信息与通信工程 78/170、控制科学与工程 129/186、计算机科学与技术 106/283、土木工程 44/153、水利工程 23/74、测绘科学与技术 8/50、化学工程与技术 201/218、地质资源与地质工程 4/50、石油与天然气工程 10/17、环境科学与工程 24/197、软件工程 48/197、安全科学与工程 10/57、农业资源与环境 42/43、管理科学与工程 56/228、工商管理 148/303、公共管理 35/217、设计学 54/141。

优势专业

5★专业：地球化学 1/28、古生物学与地层学 1/24、第四纪地质学 1/27。

4★专业：区域经济学 14/171、产业经济学 40/198、数量经济学 25/122、思想政治教育 32/299、海洋化学 3/19、矿物学、岩石学、矿床学 2/31、构造地质学 2/28、岩土工程 14/130、防灾减灾工程及防护工程 9/113、水文学及水资源 10/57、地图制图学与地理信息工程 3/40、矿产普查与勘探 3/41、地球探测与信息技术 3/34、地质工程 3/44、环境科学 27/174、环境工程 22/170、土地资源管理 10/102。

通信地址：湖北省武汉市洪山区鲁磨路 388 号
邮政编码：430074
电话号码：027-67885153
电子邮箱：yzb@cug.edu.cn
研究生院（处）网址：www.yanzhao.cug.edu.cn

10520 中南财经政法大学

在中国普通高校研究生教育竞争力排行榜中的名次：总排名 101/574，湖北省内排名 7/28，财经类排名 2/40。

共 16 个一级学科（学术学位）参评，其中 5★学科 3 个，4★学科 3 个，学科优秀率为 37.5%。

学科门类排名

哲学 46/177、经济学 10/259、法学 12/348、文学 124/271、历史学 105/125、理学 218/375、工学 363/369、管理学 18/376。

一级学科排名

哲学 46/177、理论经济学 14/147、应用经济学 7/243、法学 7/188、政治学 36/125、社会学 50/96、马克思主义理论 101/325、外国语言文学 102/221、新闻传播学 43/98、中国史 90/122、统计学 24/162、计算机科学与技术 252/283、管理科学与工程 154/228、工商管理 7/303、农林经济管理 26/62、公共管理 18/217。

优势专业

5★专业：国民经济学 5/95、财政学 3/98、金融学 6/181、宪法学与行政法学 5/126、民商法学 6/147、会计学 9/252、审计学 1/11、社会保障 3/123。

4★专业：政治经济学 14/114、经济史 7/46、西方经济学 16/94、人口、资源与环境经济学 9/101、区域经济学 11/171、产业经济学 13/198、国际贸易学 12/165、劳动经济学 6/92、数量经济学 13/122、法学理论 9/108、法律史 6/59、刑法学 9/114、诉讼法学 8/107、经济法学 10/132、环境与资源保护法学 6/75、国际法学 7/105、企业管理 22/293、旅游管理 14/186、技术经济及管理 16/222、财务管理 3/17、行政管理 18/167、教育经济与管理 27/139、土地资源管理 15/102。

通信地址：湖北省武汉市东湖高新技术开发区南湖大道 182 号
邮政编码：430073
电话号码：027-88386706
电子邮箱：yjszsb@znufe.edu.cn
研究生院（处）网址：www.yzb.znufe.edu.cn

10512 湖北大学

在中国普通高校研究生教育竞争力排行榜中的名次：总排名 150/574，湖北省内排名 8/28，综合类排名 42/87。

共 29 个一级学科（学术学位）参评，其中 5★学科 0 个，4★学科 1 个，学科优秀率为 3.45%。

学科门类排名

哲学 37/177、经济学 91/259、法学 81/348、教育学 58/200、文学 59/271、历史学 64/125、理学 80/375、工学 153/369、医学 174/196、管理学 135/376。

一级学科排名

哲学 37/177、理论经济学 34/147、应用经济学 207/243、法学 133/188、政治学 44/125、马克思主义理论 60/325、教育学 58/155、心理学 98/102、体育学 47/119、中国语言文学 50/169、外国语言文学 152/221、新闻传播学 81/98、中国史 44/122、世界史 62/73、数学 70/239、物理学 111/169、化学 90/185、地理学 49/92、生物学 66/222、系统科学 35/39、生态学 71/132、材料科学与工程 74/206、电子科学与技术 80/134、计算机科学与技术 227/283、化学工程与技术 194/218、药学 137/145、工商管理 139/303、公共管理 95/217、图书情报与档案管理 60/68。

优势专业

4★专业：伦理学 9/94、马克思主义基本原理 44/263。

通信地址：湖北省武汉市昌区友谊大道 368 号
邮政编码：430062
电话号码：027-88663060
电子邮箱：yzb@hubu.edu.cn
研究生院（处）网址：www.gs.hubu.edu.cn

10488 武汉科技大学

在中国普通高校研究生教育竞争力排行榜中的名次：总排名 155/574，湖北省内排名 9/28，理工类排名 60/178。

共 26 个一级学科（学术学位）参评，其中 5★学科 0 个，4★学科 2 个，学科优秀率为 7.69%。

学科门类排名

哲学 122/177、经济学 188/259、法学 247/348、文学 205/271、理学 169/375、工学 90/369、医学 126/196、管理学 156/376。

一级学科排名

哲学 122/177、理论经济学 124/147、马克思主义理论 166/325、外国语言文学 133/221、数学 108/239、物理学 124/169、生物学 160/222、统计学 100/162、力学 96/119、机械工程 39/208、材料科学与工程 57/206、冶金工程 6/24、动力工程及工程热物理 97/114、电子科学与技术 104/134、控制科学与工程 47/186、计算机科学与技术 111/283、土木工程 85/153、化学工程与技术 38/218、矿业工程 13/56、环境科学与工程 156/197、软件工程 85/197、安全科学与工程 20/57、公共卫生与预防医学 36/71、管理科学与工程 129/228、工商管理 121/303、公共管理 114/217。

通信地址：湖北省武汉市青山区建设一路
邮政编码：430081
电话号码：027-68862830
电子邮箱：yzb@wust.edu.cn
研究生院（处）网址：www.yjsc.wust.edu.cn

10489　长江大学

在中国普通高校研究生教育竞争力排行榜中的名次：总排名 197/574，湖北省内排名 10/28，综合类排名 49/87。

共 31 个一级学科（学术学位）参评。

学科门类排名

经济学 177/259、法学 254/348、教育学 88/200、文学 200/271、历史学 83/125、理学 137/375、工学 118/369、农学 54/111、医学 113/196、管理学 217/376。

一级学科排名

应用经济学 184/243、马克思主义理论 152/325、教育学 69/155、体育学 115/119、外国语言文学 143/221、中国史 67/122、数学 197/239、物理学 133/169、地理学 89/92、地球物理学 13/22、地质学 21/42、生物学 133/222、生态学 107/132、机械工程 124/208、动力工程及工程热物理 110/114、信息与通信工程 118/170、控制科学与工程 179/186、计算机科学与技术 151/283、土木工程 76/153、化学工程与技术 145/218、地质资源与地质工程 13/50、石油与天然气工程 5/17、环境科学与工程 146/197、风景园林学 27/65、软件工程 104/197、作物学 23/53、植物保护 37/50、水产 21/27、临床医学 76/111、工商管理 167/303、农林经济管理 49/62。

通信地址：湖北省荆州市南环路 1 号
邮政编码：434023
电话号码：0716-8060564
电子邮箱：yzb@yangtzeu.edu.cn
研究生院（处）网址：www.yjsc.yangtzeu.edu.cn

10524　中南民族大学

在中国普通高校研究生教育竞争力排行榜中的名次：总排名 198/574，湖北省内排名 11/28，民族类排名 2/13。

共 25 个一级学科（学术学位）参评，其中 5★学科 0 个，4★学科 1 个，学科优秀率为 4%。

学科门类排名

哲学 97/177、经济学 130/259、法学 37/348、教育学 142/200、文学 90/271、历史学 76/125、理学 164/375、工学 289/369、医学 157/196、管理学 141/376、艺术学 189/206。

一级学科排名

哲学 97/177、理论经济学 56/147、应用经济学 213/243、法学 62/188、社会学 54/96、民族学 3/45、马克思主义理论 210/325、教育学 89/155、中国语言文学 89/169、外国语言文学 170/221、新闻传播学 96/98、中国史 71/122、数学 206/239、物理学 142/169、化学 102/185、生物学 143/222、信息与通信工程 65/170、计算机科学与技术 152/283、生物医学工程 55/87、软件工程 154/197、药学 138/145、中药学 49/59、工商管理 118/303、公共管理 71/217、设计学 99/141。

优势专业

5★专业：马克思主义民族理论与政策 1/26、中国少数民族艺术 1/25。

4★专业：中国少数民族经济 3/30、中国少数民族史 2/30。

通信地址：湖北省武汉市武昌民族大道 708 号
邮政编码：430074
电话号码：027-67843396
电子邮箱：yjsb@scuec.edu.cn
研究生院（处）网址：www1.scuec.edu.cn

11075　三峡大学

在中国普通高校研究生教育竞争力排行榜中的名次：总排名 229/574，湖北省内排名 12/28，综合类排名 54/87。

共 24 个一级学科（学术学位）参评，其中 5★学科 0 个，4★学科 1 个，学科优秀率为 4.17%。

学科门类排名

法学 188/348、教育学 122/200、文学 113/271、理学 201/375、工学 182/369、医学 99/196、管理学 242/376。

一级学科排名

政治学 103/125、马克思主义理论 97/325、教育学 94/155、中国语言文学 107/169、外国语言文学 157/221、数学 151/239、物理学 139/169、化学 136/185、生物学 175/222、生态学 65/132、力学 76/119、机械工程 100/208、电气工程 49/104、控制科学与工程 164/186、计算机科学与技术 165/283、土木工程 42/153、水利工程 10/74、地质资源与地质工程 45/50、软件工程 66/197、基础医学 80/99、临床医学 83/111、药学 120/145、管理科学与工程 115/228、工商管理 196/303。

优势专业

4★专业：国外马克思主义研究 15/83、水工结构工程 7/39、水利水电工程 8/41。

通信地址：湖北省宜昌市大学路 8 号
邮政编码：443002
电话号码：0717-6392638
电子邮箱：yzb@ctgu.edu.cn
研究生院（处）网址：www.210.42.35.16/yjs

10490　武汉工程大学

在中国普通高校研究生教育竞争力排行榜中的名次：总排名 256/574，湖北省内排名 13/28，理工类排名 94/178。

共 16 个一级学科（学术学位）参评。

学科门类排名

法学 182/348、教育学 174/200、理学 278/375、工学 172/369、管理学 238/376。

一级学科排名

马克思主义理论 162/325、教育学 129/155、化学

89/185、机械工程 168/208、光学工程 63/89、材料科学与工程 99/206、动力工程及工程热物理 41/114、控制科学与工程 60/186、计算机科学与技术 162/283、土木工程 98/153、化学工程与技术 53/218、矿业工程 17/56、环境科学与工程 100/197、软件工程 52/197、管理科学与工程 102/228、工商管理 199/303。

优势专业

5★专业：马克思主义法学 1/8。

通信地址：湖北省武汉市东雄楚大街 693 号
邮政编码：430073
电话号码：027-87194626
电子邮箱：yzb@hust.edu.cn
研究生院（处）网址：www.gs.hust.edu.cn

10500 湖北工业大学

在中国普通高校研究生教育竞争力排行榜中的名次：总排名 263/574，湖北省内排名 14/28，理工类排名 95/178。

共 21 个一级学科（学术学位）参评。

学科门类排名

经济学 172/259、法学 243/348、教育学 197/200、文学 215/271、工学 176/369、管理学 261/376、艺术学 111/206。

一级学科排名

应用经济学 190/243、政治学 113/125、马克思主义理论 179/325、教育学 151/155、外国语言文学 202/221、力学 97/119、机械工程 149/208、光学工程 86/89、仪器科学与技术 72/95、材料科学与工程 126/206、电气工程 66/104、控制科学与工程 81/186、计算机科学与技术 219/283、土木工程 84/153、化学工程与技术 106/218、轻工技术与工程 18/46、食品科学与工程 67/101、软件工程 108/197、管理科学与工程 108/228、工商管理 187/303、设计学 37/141。

通信地址：湖北省武汉市武昌区南湖李家墩一村 1 号
邮政编码：430068
电话号码：027-59752000
电子邮箱：yzb@hbut.edu.cn
研究生院（处）网址：www.yjs.hbut.edu.cn

10522 武汉体育学院

在中国普通高校研究生教育竞争力排行榜中的名次：总排名 263/574，湖北省内排名 14/28，体育类排名 3/13。

共 5 个一级学科（学术学位）参评，其中 5★学科 1 个，4★学科 0 个，学科优秀率为 20%。

学科门类排名

经济学 249/259、教育学 27/200、医学 189/196、艺术学 184/206。

一级学科排名

应用经济学 237/243、心理学 61/102、体育学 4/119、临床医学 109/111、音乐与舞蹈学 49/94。

优势专业

5★专业：体育教育训练学 2/106、民族传统体育学 3/63。

4★专业：体育人文社会学 5/79、运动人体科学 8/68。

通信地址：湖北省武汉市武昌珞瑜路 461 号
邮政编码：430079
电话号码：027-87191802
电子邮箱：yzb@wipe.edu.cn
研究生院（处）网址：www1.wipe.edu.cn

10495 武汉纺织大学

在中国普通高校研究生教育竞争力排行榜中的名次：总排名 332/574，湖北省内排名 16/28，理工类排名 126/178。

共 12 个一级学科（学术学位）参评，其中 5★学科 0 个，4★学科 1 个，学科优秀率为 8.33%。

学科门类排名

哲学 111/177、法学 222/348、理学 330/375、工学 224/369、管理学 179/376、艺术学 113/206。

一级学科排名

哲学 111/177、马克思主义理论 209/325、化学 168/185、机械工程 146/208、材料科学与工程 138/206、电子科学与技术 88/134、计算机科学与技术 173/283、纺织科学与工程 7/25、环境科学与工程 153/197、管理科学与工程 140/228、工商管理 205/303、设计学 14/141。

通信地址：湖北省武汉市江夏区阳光大道 1 号
邮政编码：430200
电话号码：027-59367500
电子邮箱：yzb@wtu.edu.cn
研究生院（处）网址：www.gs.wtu.edu.cn

10507 湖北中医药大学

在中国普通高校研究生教育竞争力排行榜中的名次：总排名 346/574，湖北省内排名 17/28，医药类排名 40/72。

共 6 个一级学科（学术学位）参评。

学科门类排名

医学 67/196、管理学 361/376。

一级学科排名

临床医学 105/111、中医学 12/47、中西医结合 25/72、药学 91/145、中药学 13/59、管理科学与工程 205/228。

优势专业

4★专业：中医内科学 8/41、针灸推拿学 7/35。

通信地址：湖北省武汉市洪山区黄家湖西路 1 号
邮政编码：430065
电话号码：027-68890083
电子邮箱：yzb@edu.hbtcm.edu.cn
研究生院（处）网址：www.yjs.hbtcm.edu.cn

10496　武汉轻工大学

在中国普通高校研究生教育竞争力排行榜中的名次：总排名 363/574，湖北省内排名 18/28，理工类排名 133/178。共 10 个一级学科（学术学位）参评。

学科门类排名

法学 227/348、理学 291/375、工学 239/369、农学 87/111、医学 150/196、管理学 184/376。

一级学科排名

马克思主义理论 127/325、生物学 157/222、机械工程 161/208、土木工程 141/153、化学工程与技术 98/218、食品科学与工程 41/101、畜牧学 45/52、药学 112/145、管理科学与工程 146/228、工商管理 150/303。

通信地址：湖北省武汉市汉口常青花园学府南路 68 号
邮政编码：430023
电话号码：027-83913149
电子邮箱：yjschu@whpu.edu.cn
研究生院（处）网址：www.yjsc.whpu.edu.cn

10929　湖北医药学院

在中国普通高校研究生教育竞争力排行榜中的名次：总排名 426/574，湖北省内排名 19/28，医药类排名 53/72。共 2 个一级学科（学术学位）参评。

学科门类排名

医学 98/196。

一级学科排名

基础医学 75/99、临床医学 57/111。

通信地址：湖北省十堰市人民南路 30 号
邮政编码：442000
电话号码：0719-8891088
电子邮箱：yjs@yymc.edu.cn
研究生院（处）网址：www.yjsgzc.hbmu.edu.cn

11072　江汉大学

在中国普通高校研究生教育竞争力排行榜中的名次：总排名 429/574，湖北省内排名 20/28，综合类排名 71/87。共 3 个一级学科（学术学位）参评。

学科门类排名

理学 353/375、工学 274/369、管理学 351/376。

一级学科排名

化学 181/185、化学工程与技术 75/218、管理科学与工程 100/228。

通信地址：湖北省武汉经济技术开发区三角湖路
邮政编码：430056
电话号码：027-84225310
电子邮箱：yzb@jhun.edu.cn
研究生院（处）网址：www.gs.jhun.edu.cn

10513　湖北师范学院

在中国普通高校研究生教育竞争力排行榜中的名次：总排名 436/574，湖北省内排名 21/28，师范类排名 48/73。共 6 个一级学科（学术学位）参评。

学科门类排名

教育学 118/200、文学 149/271、理学 248/375、工学 365/369。

一级学科排名

教育学 74/155、中国语言文学 118/169、数学 211/239、化学 138/185、统计学 131/162、光学工程 85/89。

通信地址：湖北省黄石市磁湖路 11 号
邮政编码：435002
电话号码：0714-6570761
电子邮箱：yzb@hbnu.edu.cn
研究生院（处）网址：www.grad.hbnu.edu.cn

10523　湖北美术学院

在中国普通高校研究生教育竞争力排行榜中的名次：总排名 440/574，湖北省内排名 22/28，艺术类排名 19/29。共 3 个一级学科（学术学位）参评，其中 5★学科 0 个，4★学科 1 个，学科优秀率为 33.33%。

学科门类排名

艺术学 78/206。

一级学科排名

艺术学理论 17/75、美术学 12/133、设计学 35/141。

通信地址：湖北省武汉市江夏区藏龙岛科技园栗庙路 6 号
邮政编码：430205
电话号码：027-81317219
电子邮箱：yzb@hifa.edu.cn
研究生院（处）网址：www.hifa.edu.cn

10517　湖北民族学院

在中国普通高校研究生教育竞争力排行榜中的名次：总排名 457/574，湖北省内排名 23/28，民族类排名 12/13。共 6 个一级学科（学术学位）参评。

学科门类排名

法学 192/348、文学 244/271、理学 326/375、工学 335/369、农学 84/111、医学 145/196。

一级学科排名

民族学 13/45、中国语言文学 156/169、数学 174/239、化学工程与技术 179/218、林学 33/62、中医学 32/47。

通信地址：湖北省恩施市学院路 39 号
邮政编码：445000
电话号码：0718-8437422
电子邮箱：hmc@hbmy.edu.cn
研究生院（处）网址：www.public.hbmy.edu.cn

11524 武汉音乐学院

在中国普通高校研究生教育竞争力排行榜中的名次：总排名 461/574，湖北省内排名 24/28，艺术类排名 22/29。

共 2 个一级学科（学术学位）参评，其中 5★学科 0 个，4★学科 1 个，学科优秀率为 50%。

学科门类排名

法学 286/348、艺术学 100/206。

一级学科排名

马克思主义理论 310/325、音乐与舞蹈学 11/94。

通信地址：湖北省武汉市武昌区解放路 255 号
邮政编码：430000
电话号码：027-88068297
电子邮箱：yjsb8297@whcm.
研究生院（处）网址：www.yjsb.whcm.edu.cn

10514 黄冈师范学院

在中国普通高校研究生教育竞争力排行榜中的名次：总排名 525/574，湖北省内排名 25/28，师范类排名 63/73。

通信地址：湖北省黄冈市开发区新港二路 146 号
邮政编码：438000
电话号码：0713-8835535
电子邮箱：yanjiusheng@hgnu.edu.cn
研究生院（处）网址：www.yjs.hgnu.edu.cn

10525 湖北汽车工业学院

在中国普通高校研究生教育竞争力排行榜中的名次：总排名 529/574，湖北省内排名 26/28，理工类排名 171/178。

共 2 个一级学科（学术学位）参评。

学科门类排名

工学 311/369。

一级学科排名

机械工程 157/208、材料科学与工程 186/206。

通信地址：湖北省十堰市车城西路 167 号
邮政编码：442002
电话号码：0719-8238177
电子邮箱：yzb@huat.edu.cn
研究生院（处）网址：www.huat.edu.cn

11600 湖北经济学院

在中国普通高校研究生教育竞争力排行榜中的名次：总排名 537/574，湖北省内排名 27/28，财经类排名 37/40。

通信地址：湖北省武汉市江夏区藏龙岛开发区杨桥湖大道 8 号
邮政编码：100873
电话号码：027-81973948
电子邮箱：yjsjyc@hbue.edu.cn
研究生院（处）网址：www.yjs.hbue.edu.cn

10927 湖北科技学院

在中国普通高校研究生教育竞争力排行榜中的名次：总排名 554/574，湖北省内排名 28/28，综合类排名 84/87。

通信地址：湖北省咸宁市咸宁大道 88 号
邮政编码：437100
电话号码：0715-8250857
电子邮箱：yzb@hbust.edu.cn
研究生院（处）网址：www.yjsc.hbust.com.cn

浙江省

10335 浙江大学

在中国普通高校研究生教育竞争力排行榜中的名次：总排名 2/574，浙江省内排名 1/21，综合类排名 2/87。

共 81 个一级学科（学术学位）参评，其中 5★学科 22 个，4★学科 36 个，学科优秀率为 71.6%。

学科门类排名

哲学 18/177、经济学 25/259、法学 15/348、教育学 9/200、文学 15/271、历史学 24/125、理学 3/375、工学 2/369、农学 5/111、医学 9/196、管理学 3/376、艺术学 58/206。

一级学科排名

哲学 18/177、理论经济学 13/147、应用经济学 25/243、法学 14/188、政治学 16/125、社会学 21/96、马克思主义理论 20/325、教育学 9/155、心理学 7/102、体育学 15/119、中国语言文学 11/169、外国语言文学 10/221、新闻传播学 6/98、考古学 15/58、中国史 25/122、世界史 20/73、数学 6/239、物理学 5/169、化学 1/185、地理学 16/92、大气科学 12/18、海洋科学 14/31、地质学 14/42、生物学 3/222、系统科学 17/39、科学技术史 12/37、生态学 2/132、统计学 9/162、力学 10/119、机械工程 5/208、光学工程 2/89、仪器科学与技术 6/95、材料科学与工程 3/206、动力工程及工程热物理 2/114、电气工程 5/104、电子科学与技术 17/134、信息与通信工程 15/170、控制科学与工程 3/186、计算机科学与技术 5/283、建筑学 9/69、土木工程 5/153、水利工程 9/74、化学工程与技术 4/218、地质资源与地质工程 29/50、轻工技术与工程 12/46、交通运输工程 31/69、船舶与海洋工程 16/19、航空宇航科学与技术 14/21、核科学与技术 8/22、农业工程 2/52、环境科学与工程 6/197、生物医学工程 5/87、食品科学与工程 14/101、城乡规划学 15/56、风景园林学 39/65、软件工程 9/197、作物学 4/53、园艺学 4/41、农业资源与环境 3/43、植物保护 1/50、畜牧学 2/52、兽医学 14/44、林学 31/62、水产 11/27、基础医学 12/99、临床医学 9/111、口腔医学 9/48、公共卫生与预防医学 12/71、中西医结合 58/72、药学 8/145、中药学 24/59、护理学 9/74、管理科学与工程 7/228、工商管理 31/303、农林经济管理 9/62、公共管理 9/217、图书情报与档案管理 13/68、艺术学理论 44/75、戏剧与影视学 63/70、美术学 27/133、设计学 25/141。

优势专业

5★专业：政治学理论 5/94、应用心理学 3/87、英语语言文学 5/184、外国语言学及应用语言学 8/189、基础数学 5/181、计算数学 1/167、应用数学 4/231、运筹学与控制论 6/157、凝聚态物理 7/145、分析化学 1/157、有机化学 1/159、物理化学 8/156、高分子化学与物理 1/131、植物学 6/137、微生物学 8/162、发育生物学 4/83、生物化学与分子生物学 8/202、机械制造及其自动化 1/186、机械电子工程 2/187、材料物理与化学 6/185、材料学 3/183、材料加工工程 8/158、工程热物理 3/61、热能工程 1/79、动力机械及工程 3/70、制冷及低温工程 2/59、化工过程机械 1/65、电机与电器 3/73、电力系统及其自动化 3/82、电力电子与电力传动 3/95、控制理论与控制工程 4/170、检测技术与自动化装置 6/157、系统工程 4/108、模式识别与智能系统 5/135、计算机系统结构 8/172、计算机软件与理论 8/213、计算机应用技术 5/280、岩土工程 3/130、结构工程 2/140、市政工程 5/100、化学工程 1/130、农业机械化工程 2/41、环境科学 6/174、环境工程 6/170、食品科学 4/96、食品安全 1/14、果树学 1/40、蔬菜学 1/37、茶学 1/17、观赏园艺学 1/15、农业昆虫与害虫防治 1/44、特种经济动物饲养 1/29、免疫学 3/87、儿科学 4/86、急诊医学 3/78、药物分析学 5/96、药理学 4/113、工程管理 1/9、行政管理 4/167、土地资源管理 3/102。

4★专业：外国哲学 5/76、美学 6/53、科学技术哲学 12/111、政治经济学 21/114、西方经济学 9/94、人口、资源与环境经济学 7/101、金融学 22/181、产业经济学 16/198、国际贸易学 22/165、劳动经济学 14/92、法学理论 20/108、宪法学与行政法学 10/126、经济法学 22/132、马克思主义基本原理 36/263、马克思主义中国化研究 27/236、国外马克思主义研究 12/83、思想政治教育 60/299、中国近现代史基本问题研究 8/120、教育学原理 17/91、课程与教学论 19/101、教育史 4/45、高等教育学 14/117、教育技术学 11/95、基础心理学 9/50、体育人文社会学 15/79、文艺学 14/142、语言学及应用语言学 11/132、汉语言文字学 9/133、中国古典文献学 6/104、中国古代文学 12/154、中国现当代文学 23/142、比较文学与世界文学 17/123、俄语语言文学 12/61、日语语言文学 12/106、新闻学 5/83、传播学 6/94、概率论与数理统计 11/141、理论物理 7/125、等离子体物理 7/36、光学 8/134、无线电物理 12/64、无机化学 10/150、地图学与地理信息系统 10/77、动物学 13/129、生理学 15/113、神经生物学 6/72、遗传学 12/140、细胞生物学 9/135、生物物理学 5/80、固体力学 12/84、流体力学 13/66、工程力学 11/110、机械设计及理论 11/195、车辆工程 15/137、工业工程 2/17、测试计量技术及仪器 6/93、流体机械及工程 9/70、高电压与绝缘技术 5/48、电工理论与新技术 5/73、物理电子学 10/99、电路与系统 9/109、微电子学与固体电子学 15/88、电磁场与微波技术 14/74、通信与信息系统 13/141、信号与信息处理 20/152、导航、制导与控制 7/68、建筑设计及其理论 9/55、建筑技术科学 7/40、供热、供燃气、通风及空调工程 6/91、防灾减灾工程及防护工程 8/113、桥梁与隧道工程 7/102、化学工艺 8/139、生物化工 8/120、应用化学 39/211、工业催化 7/117、农业生物环境与能源工程 2/36、农业电气化与自动化 4/41、粮食、油脂及植物蛋白工程 5/59、农产品加工及贮藏工程 6/76、作物遗传育种 5/52、土壤学 3/37、植物营养学 3/39、植物病理学 3/44、农药学 3/42、动物遗传育种与繁殖 8/43、动物营养与饲料科学 3/47、人体解剖与组织胚胎学 18/90、病原生物学 11/86、病理学与病理生理学 7/90、内科学 7/100、神经病学 11/86、精神病与精神卫生学 5/68、皮肤病与性病学 12/78、影像医学与核医学 13/93、临床检验诊断学 12/92、外科学 14/98、妇产科学 5/90、眼科学 8/85、肿瘤学 5/88、运动医学 3/36、麻醉学 13/80、重症医学 3/19、流行病与卫生统计学 9/62、劳动卫生与环境卫生学 6/50、营养与食品卫生学 8/57、卫生毒理学 5/45、药物化学 15/117、药剂学 8/97、会计学 45/252、企业管理 27/293、旅游管理 25/186、技术经济及管理 37/222、农业经济管理 6/59、社会医学与卫生事业管理 9/72、教育经济与管理 16/139、社会保障 14/123、情报学 8/59。

通信地址：浙江省杭州市浙大路 38 号
邮政编码：310027
电话号码：0571-87951349
电子邮箱：yjsy-zsb@zju.edu.cn
研究生院（处）网址：www.grs.zju.edu.cn

10337 浙江工业大学

在中国普通高校研究生教育竞争力排行榜中的名次：总排名 67/574，浙江省内排名 2/21，理工类排名 33/178。

共 33 个一级学科（学术学位）参评，其中 5★学科 1 个，4★学科 6 个，学科优秀率为 21.21%。

学科门类排名

哲学 156/177、经济学 86/259、法学 204/348、教育学 121/200、文学 137/271、理学 117/375、工学 87/369、农学 96/111、医学 94/196、管理学 53/376、艺术学 147/206。

一级学科排名

哲学 156/177、应用经济学 64/243、法学 148/188、马克思主义理论 218/325、教育学 81/155、中国语言文学 127/169、新闻传播学 88/98、数学 153/239、物理学 136/169、化学 57/185、生物学 121/222、系统科学 24/39、力学 66/119、机械工程 48/208、光学工程 48/89、材料科学与工程 71/206、动力工程及工程热物理 36/114、信息与通信工程 55/170、控制科学与工程 16/186、计算机科学与技术 49/283、土木工程 51/153、化学工程与技术 11/218、轻工技术与工程 20/46、环境科学与工程 31/197、食品科学与工程 58/101、软件工程 45/197、植物保护 48/50、临床医学 104/111、药学 20/145、管理科学与工程 79/228、工商管理 40/303、公共管理 134/217、设计学 11/141。

优势专业

5★专业：国际贸易学 9/165、药物化学 3/117。

4★专业：诉讼法学 12/107、教育技术学 18/95、机械制造及其自动化 32/186、机械电子工程 28/187、化工过程机械 7/65、控制理论与控制工程 12/170、检测技术与自动化装置 11/157、系统工程 14/108、模式识别与智能系统 17/135、计算机应用技术 48/280、化学工程 14/130、化学工艺 15/139、生物化工 7/120、应用化学 12/211、工业催化 10/117、环境科学 21/174、会计学 39/252、企业管理 56/293、旅游管理 27/186、技术经济及管理 24/222。

通信地址：浙江省杭州市朝晖六区潮王路 18 号
邮政编码：310014
电话号码：0571-88320119
电子邮箱：yzb@zjut.edu.cn
研究生院（处）网址：www.yz.zjut.edu.cn

11646　宁波大学

在中国普通高校研究生教育竞争力排行榜中的名次：总排名 98/574，浙江省内排名 3/21，综合类排名 31/87。

共 28 个一级学科（学术学位）参评，其中 5★学科 0 个，4★学科 3 个，学科优秀率为 10.71%。

学科门类排名

经济学 88/259、法学 147/348、教育学 39/200、文学 79/271、历史学 70/125、理学 131/375、工学 114/369、农学 50/111、医学 96/196、管理学 186/376。

一级学科排名

应用经济学 66/243、法学 74/188、马克思主义理论 81/325、教育学 60/155、心理学 21/102、体育学 41/119、中国语言文学 76/169、外国语言文学 25/221、中国史 63/122、数学 124/239、物理学 46/169、化学 112/185、地理学 66/92、海洋科学 20/31、生物学 162/222、力学 39/119、机械工程 110/208、电子科学与技术 71/134、信息与通信工程 19/170、计算机科学与技术 155/283、土木工程 66/153、船舶与海洋工程 14/19、食品科学与工程 36/101、水产 3/27、临床医学 74/111、公共卫生与预防医学 46/71、工商管理 217/303、公共管理 169/217。

优势专业

4★专业：英语语言文学 33/184、外国语言学及应用语言学 36/189、固体力学 16/84、工程力学 18/110、电路与系统 18/109、信号与信息处理 21/152、水产养殖 4/27。

通信地址：浙江省宁波市风华路 818 号
邮政编码：315211
电话号码：0574-87600226
电子邮箱：yzb@nbu.edu.cn
研究生院（处）网址：www.graduate.nbu.edu.cn

10345　浙江师范大学

在中国普通高校研究生教育竞争力排行榜中的名次：总排名 100/574，浙江省内排名 4/21，师范类排名 11/73。

共 29 个一级学科（学术学位）参评，其中 5★学科 0 个，4★学科 8 个，学科优秀率为 27.59%。

学科门类排名

哲学 137/177、经济学 132/259、法学 93/348、教育学 19/200、文学 40/271、历史学 41/125、理学 118/375、工学 241/369、管理学 167/376、艺术学 67/206。

一级学科排名

哲学 137/177、应用经济学 142/243、法学 170/188、政治学 77/125、社会学 26/96、马克思主义理论 82/325、教育学 12/155、心理学 24/102、体育学 22/119、中国语言文学 28/169、外国语言文学 50/221、中国史 45/122、世界史 40/73、数学 46/239、物理学 59/169、化学 76/185、地理学 41/92、生物学 127/222、系统科学 34/39、生态学 72/132、统计学 104/162、电子科学与技术 69/134、计算机科学与技术 132/283、软件工程 35/197、工商管理 232/303、公共管理 43/217、音乐与舞蹈学 8/94、戏剧与影视学 25/70、美术学 18/133。

优势专业

4★专业：外国哲学 11/76、区域经济学 35/171、民俗学 6/39、教育学原理 18/91、课程与教学论 13/101、比较教育学 8/46、学前教育学 4/50、成人教育学 6/38、教育技术学 14/95、体育教育训练学 13/106、汉语言文字学 25/133、中国古代文学 20/154、中国现当代文学 20/142、基础数学 32/181、应用数学 41/231、教育经济与管理 18/139。

通信地址：浙江省金华市迎宾大道 688 号
邮政编码：321004
电话号码：0579-82283026
电子邮箱：yzb@zjnu.cn
研究生院（处）网址：www.yzw.zjnu.edu.cn

10336　杭州电子科技大学

在中国普通高校研究生教育竞争力排行榜中的名次：总排名 130/574，浙江省内排名 5/21，理工类排名 51/178。

共 15 个一级学科（学术学位）参评，其中 5★学科 0 个，4★学科 3 个，学科优秀率为 20%。

学科门类排名

经济学 166/259、法学 257/348、文学 211/271、理学 232/375、工学 102/369、管理学 163/376。

一级学科排名

应用经济学 132/243、马克思主义理论 178/325、外国语言文学 174/221、数学 72/239、统计学 81/162、机械工程 55/208、仪器科学与技术 34/95、电子科学与技术 25/134、信息与通信工程 43/170、控制科学与工程 25/186、计算机科学与技术 37/283、生物医学工程 61/87、软件工程 131/197、管理科学与工程 60/228、工商管理 69/303。

优势专业

4★专业：控制理论与控制工程 34/170、检测技术与自动化装置 31/157、模式识别与智能系统 24/135、计算机系统结构 25/172、计算机软件与理论 35/213、计算机应用技术 40/280。

通信地址：浙江省杭州市下沙高教园区 2 号
邮政编码：310018
电话号码：0571-86919140
电子邮箱：yzb@hdu.edu.cn
研究生院（处）网址：www.grs.hdu.edu.cn

10338　浙江理工大学

在中国普通高校研究生教育竞争力排行榜中的名次：总排名 136/574，浙江省内排名 6/21，理工类排名 53/178。

共 23 个一级学科（学术学位）参评，其中 5★学科 0 个，4★学科 3 个，学科优秀率为 13.04%。

学科门类排名

经济学 133/259、法学 173/348、教育学 126/200、理学 145/375、工学 117/369、管理学 193/376、艺术学 66/206。

一级学科排名

应用经济学 138/243、马克思主义理论 156/325、心理学 49/102、数学 155/239、化学 77/185、生物学 181/222、生态学 60/132、统计学 66/162、机械工程 54/208、仪器科学与技术 55/95、材料科学与工程 78/206、动力工程及工程热物理 74/114、信息与通信工程 101/170、控制科学与工程 128/186、计算机科学与技术 142/283、化学工程与技术 149/218、纺织科学与工程 3/25、软件工程 49/197、管理科学与工程 109/228、工商管理 273/303、艺术学理论 20/75、美术学 22/133、设计学 24/141。

优势专业

4★专业：中国近现代史基本问题研究 13/120、机械电子工程 37/187、机械设计及理论 30/195、车辆工程 25/137、纺织工程 2/17、纺织材料与纺织品设计 2/17、纺织化学与染整工程 2/19、服装设计与工程 3/20。

通信地址：浙江省杭州市下沙高教园区 2 号
邮政编码：310018
电话号码：0571-86843082
电子邮箱：zstuyjs@gmail.com
研究生院（处）网址：www.yjszs.zstu.edu.cn

10353　浙江工商大学

在中国普通高校研究生教育竞争力排行榜中的名次：总排名 176/574，浙江省内排名 7/21，财经类排名 7/40。

共 17 个一级学科（学术学位）参评，其中 5★学科 1 个，4★学科 2 个，学科优秀率为 17.65%。

学科门类排名

经济学 34/259、法学 158/348、文学 106/271、历史学 100/125、理学 146/375、工学 202/369、管理学 67/376、艺术学 177/206。

一级学科排名

理论经济学 96/147、应用经济学 28/243、法学 55/188、马克思主义理论 288/325、外国语言文学 71/221、中国史 76/122、统计学 1/162、信息与通信工程 70/170、计算机科学与技术 117/283、化学工程与技术 198/218、环境科学与工程 140/197、食品科学与工程 22/101、软件工程 105/197、管理科学与工程 94/228、工商管理 25/303、公共管理 160/217、设计学 48/141。

优势专业

4★专业：区域经济学 28/171、金融学 19/181、产业经济学 29/198、国际贸易学 19/165、数量经济学 20/122、食品科学 10/96、会计学 24/252、企业管理 29/293、旅游管理 11/186、技术经济及管理 36/222。

通信地址：浙江省杭州市下沙高教园区学正街 18 号
邮政编码：310018
电话号码：0571-28877235
电子邮箱：yjsy@zjsu.edu.cn
研究生院（处）网址：www.yjs.zjgsu.edu.cn

10346　杭州师范大学

在中国普通高校研究生教育竞争力排行榜中的名次：总排名 178/574，浙江省内排名 8/21，师范类排名 23/73。

共 24 个一级学科（学术学位）参评。

学科门类排名

哲学 115/177、法学 172/348、教育学 41/200、文学 81/271、历史学 74/125、理学 157/375、工学 293/369、医学 132/196、管理学 262/376、艺术学 45/206。

一级学科排名

哲学 115/177、法学 146/188、马克思主义理论 136/325、教育学 43/155、心理学 25/102、体育学 56/119、中国语言文学 62/169、外国语言文学 137/221、中国史 64/122、数学 125/239、物理学 132/169、化学 92/185、生物学 102/222、生态学 67/132、计算机科学与技术 217/283、化学工程与技术 173/218、基础医学 90/99、护理学 29/74、公共管理 79/217、艺术学理论 46/75、音乐与舞蹈学 36/94、戏剧与影视学 58/70、美术学 74/133、设计学 125/141。

通信地址：浙江省杭州市余杭区仓前街道海曙路 58 号
邮政编码：311121
电话号码：0571-28861023
电子邮箱：yjs_zsb@126.com
研究生院（处）网址：www.yjs.hznu.edu.cn

10356　中国计量学院

在中国普通高校研究生教育竞争力排行榜中的名次：总排名 195/574，浙江省内排名 9/21，理工类排名 77/178。

共 13 个一级学科（学术学位）参评，其中 5★学科 0 个，4★学科 1 个，学科优秀率为 7.69%。

学科门类排名

哲学 146/177、法学 241/348、理学 228/375、工学 192/369、管理学 293/376。

一级学科排名

哲学 146/177、法学 157/188、马克思主义理论 267/325、数学 163/239、生物学 165/222、光学工程 27/89、仪器科学与技术 18/95、材料科学与工程 133/206、电子科学与技术 70/134、信息与通信工程 94/170、控制科学与工程 91/186、计算机科学与技术 215/283、管理科学与工程 84/228。

通信地址：浙江省杭州市下沙高教园区学源街 258 号
邮政编码：310018
电话号码：0571-87676168
电子邮箱：yjsb@cjlu.edu.cn
研究生院（处）网址：www.yjsb.cjlu.edu.cn

10343 温州医科大学

在中国普通高校研究生教育竞争力排行榜中的名次：总排名 204/574，浙江省内排名 10/21，医药类排名 19/72。

共 10 个一级学科（学术学位）参评。

学科门类排名

理学 183/375、工学 321/369、医学 49/196。

一级学科排名

生物学 84/222、生态学 115/132、生物医学工程 38/87、基础医学 38/99、临床医学 35/111、口腔医学 31/48、中西医结合 39/72、药学 65/145、中药学 32/59、护理学 32/74。

优势专业

4★专业：临床检验诊断学 14/92、眼科学 6/85、麻醉学 16/80、急诊医学 10/78。

通信地址：浙江省温州市鹿城区学院西路 268 号
邮政编码：325035
电话号码：0577-86689753
电子邮箱：wmczs@126.com
研究生院（处）网址：www.yjsy.wmu.edu.cn

10344 浙江中医药大学

在中国普通高校研究生教育竞争力排行榜中的名次：总排名 213/574，浙江省内排名 11/21，医药类排名 22/72。

共 7 个一级学科（学术学位）参评，其中 5★学科 0 个，4★学科 3 个，学科优秀率为 42.86%。

学科门类排名

工学 356/369、医学 34/196。

一级学科排名

化学工程与技术 182/218、临床医学 47/111、中医学 8/47、中西医结合 12/72、药学 48/145、中药学 9/59、护理学 33/74。

优势专业

4★专业：中医临床基础 3/30、中医骨伤科学 4/31、中西医结合临床 9/68。

通信地址：浙江省杭州市滨江区滨文路 548 号
邮政编码：310053
电话号码：0571-86613539
电子邮箱：yzb@zjtcm.edu.cn
研究生院（处）网址：www.yjsgl.zjtcm.net

10351 温州大学

在中国普通高校研究生教育竞争力排行榜中的名次：总排名 216/574，浙江省内排名 12/21，综合类排名 52/87。

共 13 个一级学科（学术学位）参评，其中 5★学科 0 个，4★学科 1 个，学科优秀率为 7.69%。

学科门类排名

法学 196/348、教育学 84/200、文学 80/271、历史学 106/125、理学 171/375、工学 256/369、艺术学 160/206。

一级学科排名

社会学 74/96、马克思主义理论 104/325、教育学 73/155、体育学 72/119、中国语言文学 59/169、外国语言文学 198/221、中国史 74/122、数学 121/239、物理学 89/169、化学 96/185、计算机科学与技术 166/283、化学工程与技术 96/218、音乐与舞蹈学 19/94。

优势专业

4★专业：中国近现代史基本问题研究 22/120、马克思主义法学 2/8、课程与教学论 16/101。

通信地址：浙江省温州市高教园区温大行政楼 409 室
邮政编码：325035
电话号码：0577-86680868
电子邮箱：yjs@wzu.edu.cn
研究生院（处）网址：www.yjsb.wzu.edu.cn

10341 浙江农林大学

在中国普通高校研究生教育竞争力排行榜中的名次：总排名 243/574，浙江省内排名 13/21，农林类排名 23/37。

共 12 个一级学科（学术学位）参评，其中 5★学科 0 个，4★学科 1 个，学科优秀率为 8.33%。

学科门类排名

法学 210/348、理学 234/375、工学 259/369、农学 47/111、管理学 291/376、艺术学 140/206。

一级学科排名

法学 162/188、马克思主义理论 231/325、生物学 110/222、生态学 58/132、建筑学 59/69、林业工程 5/17、城乡规划学 19/56、风景园林学 21/65、农业资源与环境 17/43、林学 14/62、农林经济管理 25/62、设计学 23/141。

通信地址：浙江杭州临安环城北路 88 号
邮政编码：311300
电话号码：0571-63743970
电子邮箱：yzb@zafu.edu.cn
研究生院（处）网址：www.yjsb.zafu.edu.cn

10355 中国美术学院

在中国普通高校研究生教育竞争力排行榜中的名次：总排名 244/574，浙江省内排名 14/21，艺术类排名 1/29。

共 4 个一级学科（学术学位）参评，其中 5★学科 3 个，4★学科 0 个，学科优秀率为 75%。

学科门类排名

艺术学 2/206。

一级学科排名

艺术学理论 3/75、戏剧与影视学 37/70、美术学 1/133、设计学 1/141。

通信地址：浙江省杭州市南山路 218 号
邮政编码：310002
电话号码：0571-87164629
电子邮箱：yjsc@caa.edu.cn
研究生院（处）网址：www.yjsy.caa.edu.cn

11482 浙江财经大学

在中国普通高校研究生教育竞争力排行榜中的名次：总排名 288/574，浙江省内排名 15/21，财经类排名 16/40。

共 10 个一级学科（学术学位）参评，其中 5★学科 1 个，4★学科 0 个，学科优秀率为 10%。

学科门类排名

哲学 147/177、经济学 42/259、法学 219/348、文学 173/271、理学 365/375、管理学 118/376。

一级学科排名

哲学 147/177、理论经济学 60/147、应用经济学 63/243、法学 139/188、马克思主义理论 293/325、中国语言文学 157/169、外国语言文学 185/221、统计学 5/162、工商管理 114/303、公共管理 69/217。

通信地址：浙江省杭州市下沙高教园区学源街 18 号
邮政编码：310018
电话号码：0571-86754635
电子邮箱：yjs@zufe.edu.cn
研究生院（处）网址：www.yjsc.zufe.edu.cn

10340 浙江海洋学院

在中国普通高校研究生教育竞争力排行榜中的名次：总排名 350/574，浙江省内排名 16/21，农林类排名 31/37。

共 3 个一级学科（学术学位）参评，其中 5★学科 0 个，4★学科 1 个，学科优秀率为 33.33%。

学科门类排名

理学 237/375、工学 285/369、农学 58/111。

一级学科排名

海洋科学 7/31、船舶与海洋工程 3/19、水产 8/27。

通信地址：浙江省舟山市临城海大南路 1 号
邮政编码：316000
电话号码：0580-8180690
电子邮箱：yjsczs@163.com
研究生院（处）网址：www.zjou.edu.cn

10349 绍兴文理学院

在中国普通高校研究生教育竞争力排行榜中的名次：总排名 412/574，浙江省内排名 17/21，综合类排名 69/87。

共 3 个一级学科（学术学位）参评。

学科门类排名

文学 151/271、理学 324/375、管理学 283/376。

一级学科排名

中国语言文学 126/169、化学 150/185、工商管理 168/303。

通信地址：浙江省绍兴市越城区环城西路 508 路
邮政编码：312000
电话号码：0575-88348557
电子邮箱：yzb@usx.edu.cn
研究生院（处）网址：www.yzw.usx.edu.cn

11647 浙江传媒学院

在中国普通高校研究生教育竞争力排行榜中的名次：总排名 440/574，浙江省内排名 18/21，文法类排名 17/32。

通信地址：浙江省杭州市下沙高教园区学源街 998 号
邮政编码：310018
电话号码：0571-86706226
电子邮箱：yjsc@zjicm.edu.cn
研究生院（处）网址：www.yjsw.zjicm.edu.cn

11057 浙江科技学院

在中国普通高校研究生教育竞争力排行榜中的名次：总排名 450/574，浙江省内排名 19/21，理工类排名 150/178。

共 3 个一级学科（学术学位）参评。

学科门类排名

工学 243/369。

一级学科排名

机械工程 131/208、土木工程 114/153、化学工程与技术 148/218。

通信地址：浙江省杭州市留和路 318 号
邮政编码：310023
电话号码：0571-85070293
电子邮箱：webmaster@zust.edu.cn
研究生院（处）网址：www.yzw.zust.edu.cn

10347　湖州师范学院

在中国普通高校研究生教育竞争力排行榜中的名次：
总排名 469/574，浙江省内排名 20/21，师范类排名 51/73。

通信地址：浙江省湖州市二环东路 759 号
邮政编码：313000
电话号码：0572-2321128
电子邮箱：hutcyjs@163.com
研究生院（处）网址：www.hutc.zj.cn

10876　浙江万里学院

在中国普通高校研究生教育竞争力排行榜中的名次：
总排名 516/574，浙江省内排名 21/21，理工类排名 165/178。

通信地址：浙江省宁波市鄞州区钱湖南路 8 号
邮政编码：315100
电话号码：0574-88222065
电子邮箱：yjsb@zwu.edu.cn
研究生院（处）网址：www.yjs.zwu.edu.cn

广东省

10558　中山大学

在中国普通高校研究生教育竞争力排行榜中的名次：
总排名 11/574，广东省内排名 1/25，综合类排名 9/87。
共 58 个一级学科（学术学位）参评，其中 5★学科 11 个，4★学科 23 个，学科优秀率为 58.62%。

学科门类排名

哲学 2/177、经济学 30/259、法学 8/348、教育学 40/200、文学 11/271、历史学 7/125、理学 8/375、工学 96/369、农学 62/111、医学 4/196、管理学 7/376、艺术学 128/206。

一级学科排名

哲学 2/177、理论经济学 39/147、应用经济学 40/243、法学 25/188、政治学 12/125、社会学 3/96、民族学 26/45、马克思主义理论 7/325、教育学 59/155、心理学 20/102、体育学 113/119、中国语言文学 18/169、外国语言文学 9/221、新闻传播学 23/98、考古学 8/58、中国史 5/122、世界史 12/73、数学 10/239、物理学 18/169、化学 13/185、地理学 7/92、大气科学 6/18、海洋科学 4/31、地质学 16/42、生物学 4/222、生态学 11/132、统计学 23/162、力学 41/119、光学工程 15/89、材料科学与工程 37/206、动力工程及工程热物理 72/114、电气工程 75/104、电子科学与技术 43/134、信息与通信工程 29/170、控制科学与工程 92/186、计算机科学与技术 27/283、土木工程 138/153、水利工程 24/74、化学工程与技术 70/218、交通运输工程 30/69、环境科学与工程 18/197、生物医学工程 19/87、软件工程 20/197、植物保护 16/50、草学 24/35、基础医学 10/99、临床医学 4/111、口腔医学 11/48、公共卫生与预防医学 5/71、中西医结合 36/72、药学 7/145、特种医学 7/11、护理学 19/74、管理科学与工程 24/228、工商管理 3/303、公共管理 6/217、图书情报与档案管理 5/68、设计学 50/141。

优势专业

5★专业：外国哲学 4/76、思想政治教育 5/299、英语语言文学 8/184、无机化学 7/150、植物学 3/137、动物学 1/129、生理学 4/113、水生生物学 1/66、微生物学 6/162、神经生物学 3/72、遗传学 3/140、发育生物学 3/83、细胞生物学 5/135、生物化学与分子生物学 3/202、免疫学 1/87、病原生物学 2/86、影像医学与核医学 5/93、外科学 3/98、眼科学 1/85、耳鼻咽喉科学 1/83、肿瘤学 2/88、康复医学与理疗学 1/68、麻醉学 3/80、急诊医学 4/78、卫生毒理学 1/45、生药学 4/87、药理学 5/113、会计学 3/252、企业管理 2/293、旅游管理 1/186、技术经济及管理 3/222、行政管理 2/167、社会保障 6/123。

4★专业：马克思主义哲学 6/109、中国哲学 8/88、逻辑学 3/38、伦理学 6/94、美学 8/53、宗教学 9/54、科学技术哲学 8/111、区域经济学 26/171、金融学 16/181、国际贸易学 33/165、法学理论 17/108、宪法学与行政法学 20/126、环境与资源保护法学 13/75、政治学理论 9/94、社会学 7/86、人口学 4/39、人类学 3/40、民俗学 3/39、民族学 6/34、马克思主义基本原理 16/263、马克思主义中国化研究 13/236、基础心理学 4/50、语言学及应用语言学 23/132、汉语言文字学 23/133、中国古典文献学 15/104、中国古代文学 10/154、中国现当代文学 13/142、外国语言学及应用语言学 37/189、基础数学 15/181、计算数学 24/167、概率论与数理统计 26/141、应用数学 37/231、运筹学与控制论 26/157、凝聚态物理 12/145、光学 18/134、分析化学 16/157、有机化学 21/159、物理化学 17/156、高分子化学与物理 12/131、自然地理学 7/71、人文地理学 4/67、地图学与地理信息系统 6/77、海洋生物学 3/23、生物物理学 8/80、材料物理与化学 15/185、材料加工工程 30/158、微电子学与固体电子学 16/88、计算机软件与理论 36/213、环境科学 10/174、环境工程 19/170、农业昆虫与害虫防治 8/44、人体解剖与组织胚胎学 6/90、病理学与病理生理学 10/90、法医学 5/48、内科学 6/100、儿科学 6/86、老年医学 6/65、神经病学 5/86、临床检验诊断学 6/92、妇产科学 8/90、口腔基础医学 4/32、营养与食品卫生学 10/57、儿少卫生与妇幼保健学 4/42、药物化学 10/117、药剂学 10/97、药物分析学 7/96、微生物与生化药学 5/83、教育经济与管理 13/139、土地资源管理 12/102、图书馆学 4/45、情报学 9/59。

通信地址：广东省广州市海珠区新港西路 135 号
邮政编码：510275
电话号码：020-84113696
电子邮箱：yzb@sysu.edu.cn
研究生院（处）网址：www.graduate.sysu.edu.cn

10561 华南理工大学

在中国普通高校研究生教育竞争力排行榜中的名次：总排名 24/574，广东省内排名 2/25，理工类排名 10/178。

共 44 个一级学科（学术学位）参评，其中 5★学科 4 个，4★学科 15 个，学科优秀率为 43.18%。

学科门类排名

哲学 51/177、经济学 111/259、法学 65/348、教育学 110/200、文学 152/271、理学 55/375、工学 21/369、管理学 35/376、艺术学 108/206。

一级学科排名

哲学 51/177、应用经济学 74/243、法学 40/188、马克思主义理论 42/325、教育学 109/155、体育学 77/119、外国语言文学 134/221、新闻传播学 28/98、数学 55/239、物理学 53/169、化学 24/185、生物学 74/222、系统科学 27/39、统计学 44/162、力学 43/119、机械工程 27/208、仪器科学与技术 44/95、材料科学与工程 6/206、动力工程及工程热物理 32/114、电气工程 17/104、电子科学与技术 19/134、信息与通信工程 12/170、控制科学与工程 28/186、计算机科学与技术 28/283、建筑学 6/69、土木工程 24/153、水利工程 51/74、化学工程与技术 8/218、石油与天然气工程 15/17、轻工技术与工程 1/46、交通运输工程 18/69、船舶与海洋工程 15/19、环境科学与工程 14/197、生物医学工程 15/87、食品科学与工程 5/101、城乡规划学 8/56、风景园林学 20/65、软件工程 26/197、安全科学与工程 43/57、管理科学与工程 47/228、工商管理 17/303、公共管理 50/217、音乐与舞蹈学 67/94、设计学 43/141。

优势专业

5★专业：马克思主义中国化研究 5/236、材料物理与化学 7/185、材料学 8/183、材料加工工程 5/158、制浆造纸工程 1/16、制糖工程 1/11、发酵工程 2/41、食品科学 5/96、企业管理 10/293。

4★专业：应用数学 20/231、分析化学 19/157、有机化学 22/159、物理化学 22/156、高分子化学与物理 14/131、微生物学 26/162、机械制造及其自动化 19/186、机械电子工程 20/187、机械设计及理论 29/195、车辆工程 20/137、化工过程机械 12/65、电力系统及其自动化 12/82、电力电子与电力传动 17/95、物理电子学 15/99、电路与系统 16/109、通信与信息系统 18/141、控制理论与控制工程 21/170、检测技术与自动化装置 25/157、模式识别与智能系统 21/135、计算机系统结构 21/172、计算机软件与理论 26/213、计算机应用技术 22/280、建筑历史与理论 5/39、建筑设计及其理论 7/55、建筑技术科学 5/40、城市规划与设计 5/52、岩土工程 26/130、结构工程 20/140、化学工程 8/130、化学工艺 10/139、应用化学 14/211、工业催化 18/117、环境科学 23/174、环境工程 11/170、粮食、油脂及植物蛋白工程 4/59、农产品加工及贮藏工程 14/76、会计学 42/252、技术经济及管理 30/222、行政管理 34/167。

通信地址：广东省广州市天河区五山路 381 号
邮政编码：510640
电话号码：020-87113401
电子邮箱：yzb@scut.edu.cn
研究生院（处）网址：www.scut.edu.cn

10559 暨南大学

在中国普通高校研究生教育竞争力排行榜中的名次：总排名 58/574，广东省内排名 3/25，综合类排名 20/87。

共 42 个一级学科（学术学位）参评，其中 5★学科 0 个，4★学科 7 个，学科优秀率为 16.67%。

学科门类排名

哲学 128/177、经济学 15/259、法学 71/348、教育学 134/200、文学 18/271、历史学 30/125、理学 47/375、工学 146/369、医学 48/196、管理学 55/376。

一级学科排名

哲学 128/177、理论经济学 38/147、应用经济学 15/243、法学 58/188、政治学 19/125、马克思主义理论 144/325、心理学 33/102、中国语言文学 16/169、外国语言文学 59/221、新闻传播学 7/98、中国史 26/122、世界史 21/73、数学 100/239、物理学 88/169、化学 88/185、生物学 25/222、生态学 38/132、统计学 45/162、力学 52/119、光学工程 40/89、材料科学与工程 95/206、电子科学与技术 85/134、信息与通信工程 95/170、计算机科学与技术 66/283、土木工程 145/153、化学工程与技术 163/218、环境科学与工程 70/197、生物医学工程 45/87、食品科学与工程 49/101、软件工程 122/197、基础医学 35/99、临床医学 38/111、口腔医学 39/48、公共卫生与预防医学 39/71、中医学 30/47、中西医结合 19/72、药学 33/145、中药学 29/59、护理学 46/74、管理科学与工程 57/228、工商管理 23/303、公共管理 42/217。

优势专业

5★专业：区域经济学 8/171、产业经济学 9/198、水生生物学 3/66。

4★专业：国民经济学 8/95、财政学 17/98、金融学 12/181、国际贸易学 11/165、数量经济学 24/122、国际关系 4/58、应用心理学 13/87、文艺学 8/142、语言学及应用语言学 16/132、汉语言文字学 27/133、中国古代文学 18/154、中国现当代文学 26/142、中国少数民族语言文学 7/45、比较文学与世界文学 21/123、新闻学 8/83、传播学 18/94、生物化学与分子生物学 32/202、药物化学 23/117、会计学 19/252、企业管理 35/293、旅游管理 12/186、技术经济及管理 33/222、行政管理 32/167。

通信地址：广东省广州市黄埔大道西 601 号
邮政编码：510632
电话号码：020-85220045
电子邮箱：oyzb@jnu.edu.cn
研究生院（处）网址：www.jnu.edu.cn

10574 华南师范大学

在中国普通高校研究生教育竞争力排行榜中的名次：总排名 66/574，广东省内排名 4/25，师范类排名 7/73。

共 37 个一级学科（学术学位）参评，其中 5★学科 4 个，4★学科 5 个，学科优秀率为 24.32%。

学科门类排名

哲学 24/177、经济学 47/259、法学 30/348、教育学 4/200、文学 42/271、历史学 37/125、理学 35/375、工学 145/369、农学 41/111、医学 149/196、管理学 106/376、艺术学 83/206。

一级学科排名

哲学 24/177、理论经济学 31/147、应用经济学 61/243、法学 71/188、政治学 25/125、马克思主义理论 5/325、教育学 5/155、心理学 5/102、体育学 5/119、中国语言文学 35/169、外国语言文学 61/221、新闻传播学 84/98、中国史 39/122、世界史 17/73、数学 52/239、物理学 14/169、化学 38/185、地理学 23/92、生物学 49/222、科学技术史 36/37、生态学 35/132、统计学 52/162、光学工程 38/89、材料科学与工程 113/206、电子科学与技术 46/134、计算机科学与技术 76/283、化学工程与技术 118/218、环境科学与工程 106/197、软件工程 57/197、林学 41/62、水产 15/27、药学 82/145、工商管理 203/303、公共管理 44/217、图书情报与档案管理 18/68、音乐与舞蹈学 20/94、美术学 23/133。

优势专业

5★专业：马克思主义基本原理 9/263、思想政治教育 11/299、课程与教学论 5/101、教育技术学 4/95、发展与教育心理学 2/58、体育人文社会学 3/79、体育教育训练学 5/106、光学 7/134、教育经济与管理 5/139。

4★专业：科学技术哲学 10/111、政治经济学 22/114、劳动经济学 18/92、科学社会主义与国际共产主义运动 10/62、马克思主义中国化研究 24/236、国外马克思主义研究 5/83、中国近现代史基本问题研究 10/120、教育学原理 12/91、比较教育学 5/46、学前教育学 10/50、高等教育学 9/117、职业技术教育学 8/48、基础心理学 6/50、应用心理学 10/87、运动人体科学 6/68、民族传统体育学 4/63、文艺学 27/142、汉语言文字学 24/133、中国古代文学 30/154、中国现当代文学 28/142、基础数学 25/181、理论物理 23/125、原子与分子物理 13/70、自然地理学 12/71、生物物理学 16/80。

通信地址：广东省广州市天河区中山大道西 55 号
邮政编码：510631
电话号码：020-85213863
电子邮箱：yjshc2@scnu.edu.cn
研究生院（处）网址：www.yjsy.scn

10564 华南农业大学

在中国普通高校研究生教育竞争力排行榜中的名次：总排名 88/574，广东省内排名 5/25，农林类排名 5/37。

共 29 个一级学科（学术学位）参评，其中 5★学科 0 个，4★学科 12 个，学科优秀率为 41.38%。

学科门类排名

经济学 118/259、法学 332/348、理学 85/375、工学 104/369、农学 6/111、管理学 32/376。

一级学科排名

应用经济学 99/243、马克思主义理论 305/325、数学 139/239、地理学 67/92、生物学 39/222、科学技术史 11/37、生态学 13/132、机械工程 107/208、控制科学与工程 178/186、计算机科学与技术 129/283、化学工程与技术 112/218、农业工程 7/52、林业工程 16/17、环境科学与工程 78/197、食品科学与工程 18/101、风景园林学 24/65、作物学 7/53、园艺学 8/41、农业资源与环境 7/43、植物保护 5/50、畜牧学 10/52、兽医学 3/44、林学 21/62、水产 25/27、草学 5/35、管理科学与工程 99/228、工商管理 243/303、农林经济管理 5/62、公共管理 127/217。

优势专业

5★专业：预防兽医学 2/41。

4★专业：植物学 14/137、动物学 12/129、水生生物学 10/66、微生物学 14/162、遗传学 20/140、生物化学与分子生物学 35/202、农业机械化工程 6/41、农业生物环境与能源工程 5/36、农业电气化与自动化 5/41、食品科学 11/96、农产品加工及贮藏工程 7/76、作物遗传育种 8/52、果树学 6/40、植物病理学 7/44、农业昆虫与害虫防治 5/44、农药学 8/42、动物营养与饲料科学 8/47、基础兽医学 5/38、临床兽医学 7/38、农业经济管理 7/59、林业经济管理 6/31。

通信地址：广东省广州市天河区五山路 483 号
邮政编码：510640
电话号码：020-85280066
电子邮箱：yab@scau.edu.cn
研究生院（处）网址：www.scau.edu.cn

12121 南方医科大学

在中国普通高校研究生教育竞争力排行榜中的名次：总排名 92/574，广东省内排名 6/25，医药类排名 4/72。

共 16 个一级学科（学术学位）参评，其中 5★学科 0 个，4★学科 8 个，学科优秀率为 50%。

学科门类排名

法学 284/348、教育学 175/200、理学 108/375、工学 199/369、医学 14/196、管理学 219/376。

一级学科排名

马克思主义理论 280/325、心理学 83/102、生物学 44/222、计算机科学与技术 229/283、生物医学工程 20/87、基础医学 8/99、临床医学 15/111、口腔医学 17/48、公共卫生与预防医学 7/71、中医学 37/47、中西医结合 4/72、药学 17/145、中药学 10/59、特种医学 4/11、护理学 8/74、公共管理 117/217。

优势专业

5★专业：人体解剖与组织胚胎学 2/90、军事预防医学 1/4、中西医结合临床 2/68。

4★专业：马克思主义发展史 18/99、生理学 17/113、神经生物学 9/72、遗传学 23/140、发育生物学 13/83、细胞生物学 25/135、生物化学与分子生物学 31/202、病原生物学 10/86、病理学与病理生理学 11/90、法医学 7/48、放射医学 5/26、内科学 11/100、儿科学 15/86、皮肤病与性病学 9/78、影像医学与核医学 12/93、临床检验诊断学 16/92、外科学 20/98、妇产科学 11/90、眼科学 17/85、耳鼻咽喉科学 9/83、肿瘤学 15/88、麻醉学 9/80、流行病与卫生统计学 10/62、劳动卫生与环境卫生学 8/50、营养与食品卫生学 9/57、卫生毒理学 4/45、药物化学 17/117、药剂学 13/97、微生物与生化药学 10/83、药理学 23/113。

通信地址：广东省广州市沙太南路 1023 号
邮政编码：510515
电话号码：020-61648036
电子邮箱：manqiang@fimmu.com
研究生院（处）网址：www.yjs.fimmu.com

10590　深圳大学

在中国普通高校研究生教育竞争力排行榜中的名次：总排名 115/574，广东省内排名 7/25，综合类排名 36/87。

共 39 个一级学科（学术学位）参评，其中 5★学科 0 个，4★学科 1 个，学科优秀率为 2.56%。

学科门类排名

哲学 76/177、经济学 69/259、法学 76/348、教育学 49/200、文学 84/271、理学 149/375、工学 115/369、医学 136/196、管理学 168/376、艺术学 33/206。

一级学科排名

哲学 76/177、理论经济学 29/147、应用经济学 125/243、法学 44/188、政治学 66/125、马克思主义理论 203/325、教育学 67/155、心理学 46/102、体育学 57/119、中国语言文学 122/169、外国语言文学 95/221、新闻传播学 38/98、数学 162/239、物理学 77/169、化学 139/185、生物学 108/222、生态学 83/132、统计学 105/162、机械工程 169/208、光学工程 22/89、材料科学与工程 104/206、电子科学与技术 67/134、信息与通信工程 41/170、控制科学与工程 102/186、计算机科学与技术 96/283、建筑学 22/69、土木工程 70/153、化学工程与技术 181/218、生物医学工程 50/87、城乡规划学 18/56、软件工程 62/197、管理科学与工程 98/228、工商管理 92/303、公共管理 171/217、艺术学理论 54/75、音乐与舞蹈学 80/94、戏剧与影视学 61/70、美术学 62/133、设计学 38/141。

通信地址：广东省深圳市南山区深圳大学办公楼中座 4 层
邮政编码：518060
电话号码：0755-26536177
电子邮箱：szuyz@szu.edu.cn
研究生院（处）网址：www.zsb.szu.edu.cn

11845　广东工业大学

在中国普通高校研究生教育竞争力排行榜中的名次：总排名 140/574，广东省内排名 8/25，理工类排名 55/178。

共 21 个一级学科（学术学位）参评，其中 5★学科 0 个，4★学科 3 个，学科优秀率为 14.29%。

学科门类排名

理学 235/375、工学 106/369、管理学 105/376、艺术学 142/206。

一级学科排名

数学 105/239、化学 165/185、力学 92/119、机械工程 36/208、仪器科学与技术 60/95、材料科学与工程 65/206、动力工程及工程热物理 56/114、电气工程 51/104、电子科学与技术 59/134、信息与通信工程 80/170、控制科学与工程 33/186、计算机科学与技术 75/283、土木工程 56/153、化学工程与技术 34/218、环境科学与工程 88/197、食品科学与工程 95/101、软件工程 124/197、管理科学与工程 69/228、工商管理 144/303、公共管理 188/217、设计学 66/141。

优势专业

4★专业：概率论与数理统计 25/141、运筹学与控制论 20/157、机械制造及其自动化 36/186。

通信地址：广东省广州市番禺区大学城外环西路 100 号
邮政编码：510006
电话号码：020-39322722
电子邮箱：yzb@gdut.edu.cn
研究生院（处）网址：www.yzw.gdut.edu.cn

10560　汕头大学

在中国普通高校研究生教育竞争力排行榜中的名次：总排名 156/574，广东省内排名 9/25，综合类排名 44/87。

共 28 个一级学科（学术学位）参评，其中 5★学科 0 个，4★学科 1 个，学科优秀率为 3.57%。

学科门类排名

经济学 243/259、法学 330/348、教育学 156/200、文学 117/271、理学 103/375、工学 185/369、医学 41/196、管理学 223/376、艺术学 122/206。

一级学科排名

应用经济学 223/243、马克思主义理论 318/325、教育学 128/155、中国语言文学 146/169、外国语言文学 215/221、新闻传播学 91/98、数学 77/239、化学 115/185、海洋科学 16/31、生物学 71/222、力学 104/119、机械工程 120/208、光学工程 75/89、材料科学与工程 181/206、信息与通信工程 96/170、计算机科学与技术 195/283、土木工程 55/153、化学工程与技术 139/218、环境科学与工程 170/197、基础医学 14/99、临床医学 39/111、公共卫生与预防医学 57/71、药学 40/145、护理学 22/74、工商管理 185/303、公共管理 161/217、美术学 113/133、设计学 112/141。

优势专业

4★专业：海洋生物学 4/23、生物化学与分子生物学 37/202、结构工程 23/140、病理学与病理生理学 16/90。

通信地址：广东省汕头市大学路 243 号
邮政编码：515063
电话号码：0754-86502424
电子邮箱：o_yjsc@stu.edu.cn
研究生院（处）网址：www.gs.stu.edu.cn

10572 广州中医药大学

在中国普通高校研究生教育竞争力排行榜中的名次：总排名 169/574，广东省内排名 10/25，医药类排名 15/72。

共 9 个一级学科（学术学位）参评，其中 5★学科 0 个，4★学科 3 个，学科优秀率为 33.33%。

学科门类排名

哲学 166/177、法学 326/348、医学 19/196、管理学 326/376。

一级学科排名

哲学 166/177、马克思主义理论 277/325、临床医学 68/111、中医学 4/47、中西医结合 5/72、药学 61/145、中药学 7/59、护理学 52/74、公共管理 156/217。

优势专业

5★专业：中医内科学 2/41、中医骨伤科学 1/31、中医妇科学 1/29、中医儿科学 1/25、中医五官科学 1/22、中西医结合基础 2/47。

4★专业：中医基础理论 2/31、中医临床基础 2/30、中医医史文献 4/26、方剂学 2/29、中医诊断学 3/27、中医外科学 2/30、针灸推拿学 2/35、中西医结合临床 13/68。

通信地址：广东省广州市番禺区广州大学城外环东路 232 号
邮政编码：510006
电话号码：020-39358233
电子邮箱：yzb@gzhtcm.edu.cn
研究生院（处）网址：www.gzhtcm.edu.cn

11078 广州大学

在中国普通高校研究生教育竞争力排行榜中的名次：总排名 172/574，广东省内排名 11/25，综合类排名 46/87。

共 33 个一级学科（学术学位）参评。

学科门类排名

哲学 99/177、经济学 255/259、法学 135/348、教育学 44/200、文学 105/271、历史学 102/125、理学 112/375、工学 147/369、管理学 162/376、艺术学 52/206。

一级学科排名

哲学 99/177、应用经济学 234/243、法学 86/188、马克思主义理论 93/325、教育学 52/155、心理学 30/102、体育学 91/119、中国语言文学 109/169、外国语言文学 196/221、新闻传播学 71/98、中国史 69/122、数学 49/239、物理学 90/169、化学 144/185、天文学 9/16、地理学 64/92、生物学 177/222、生态学 111/132、统计学 40/162、力学 105/119、机械工程 175/208、电子科学与技术 115/134、建筑学 34/69、土木工程 35/153、化学工程与技术 141/218、环境科学与工程 116/197、城乡规划学 37/56、工商管理 93/303、公共管理 80/217、音乐与舞蹈学 58/94、戏剧与影视学 43/70、美术学 57/133、设计学 55/141。

优势专业

4★专业：教育技术学 19/95、防灾减灾工程及防护工程 18/113。

通信地址：广东省广州大学城外环西路 230 号
邮政编码：510006
电话号码：020-39366238
电子邮箱：zhangjiansheng@gzhu.edu.cn
研究生院（处）网址：www.portal.gzhu.edu.cn

10570 广州医科大学

在中国普通高校研究生教育竞争力排行榜中的名次：总排名 192/574，广东省内排名 12/25，医药类排名 18/72。

共 7 个一级学科（学术学位）参评。

学科门类排名

理学 279/375、医学 36/196。

一级学科排名

生物学 194/222、基础医学 44/99、临床医学 26/111、公共卫生与预防医学 34/71、中西医结合 49/72、药学 102/145、护理学 25/74。

优势专业

4★专业：内科学 19/100。

通信地址：广东省广州市东风西路 195 号
邮政编码：511436
电话号码：020-81340448
电子邮箱：yzb@gzhmc.edu.cn
研究生院（处）网址：www.210.38.57.78:8019

11846 广东外语外贸大学

在中国普通高校研究生教育竞争力排行榜中的名次：总排名 255/574，广东省内排名 13/25，文法类排名 8/32。

共 10 个一级学科（学术学位）参评，其中 5★学科 1 个，4★学科 0 个，学科优秀率为 10%。

学科门类排名

经济学 103/259、法学 161/348、文学 25/271、理学 373/375、管理学 148/376。

一级学科排名

理论经济学 101/147、应用经济学 93/243、法学 93/188、政治学 61/125、马克思主义理论 261/325、中国语言文学 100/169、外国语言文学 4/221、统计学 110/162、管理科学与工程 134/228、工商管理 71/303。

优势专业

5★专业：法语语言文学 2/40、日语语言文学 3/106、外国语言学及应用语言学 1/189、翻译学 1/7。

4★专业：英语语言文学 12/184、俄语语言文学 7/61、企业管理 55/293。

通信地址：广东省广州市白云大道北 2 号
邮政编码：510420
电话号码：020-36207044
电子邮箱：zzpzzf@163.com
研究生院（处）网址：yz.gdufs.edu.cn

10571 广东医学院

在中国普通高校研究生教育竞争力排行榜中的名次：总排名 310/574，广东省内排名 14/25，医药类排名 33/72。

共 4 个一级学科（学术学位）参评。

学科门类排名

理学 288/375、医学 91/196。

一级学科排名

生物学 167/222、基础医学 84/99、临床医学 53/111、药学 108/145。

通信地址：广东省湛江市文明东路 2 号
邮政编码：524023
电话号码：0759-2388246
电子邮箱：gdmcyjszs@126.com
研究生院（处）网址：www.gdy.gdmc.edu.cn

10566 广东海洋大学

在中国普通高校研究生教育竞争力排行榜中的名次：总排名 346/574，广东省内排名 15/25，农林类排名 30/37。

共 10 个一级学科（学术学位）参评，其中 5★学科 0 个，4★学科 1 个，学科优秀率为 10%。

学科门类排名

法学 285/348、理学 221/375、工学 275/369、农学 49/111、管理学 309/376。

一级学科排名

马克思主义理论 292/325、海洋科学 5/31、机械工程 195/208、食品科学与工程 23/101、作物学 34/53、植物保护 49/50、畜牧学 37/52、水产 9/27、农林经济管理 42/62、公共管理 177/217。

优势专业

4★专业：水产品加工及贮藏工程 3/46。

通信地址：广东省湛江市麻章区海大路 1 号
邮政编码：524088
电话号码：0759-2362490
电子邮箱：gdouyjs@163.com
研究生院（处）网址：www.yjs.gdou.edu.cn

10592 广东财经大学

在中国普通高校研究生教育竞争力排行榜中的名次：总排名 373/574，广东省内排名 16/25，财经类排名 22/40。

共 7 个一级学科（学术学位）参评。

学科门类排名

经济学 93/259、法学 124/348、文学 265/271、理学 360/375、管理学 143/376。

一级学科排名

应用经济学 76/243、法学 61/188、马克思主义理论 197/325、外国语言文学 178/221、统计学 76/162、管理科学与工程 151/228、工商管理 76/303。

通信地址：广东省广州市海珠区仑头路 21 号
邮政编码：510320
电话号码：020-84096844
电子邮箱：zsb@gdufe.edu.cn
研究生院（处）网址：www.gdufe.edu.cn

10573 广东药学院

在中国普通高校研究生教育竞争力排行榜中的名次：总排名 375/574，广东省内排名 17/25，医药类排名 45/72。

共 5 个一级学科（学术学位）参评。

学科门类排名

医学 84/196。

一级学科排名

基础医学 46/99、临床医学 103/111、公共卫生与预防医学 37/71、药学 46/145、中药学 21/59。

通信地址：广东省广州市大学城外环东路 280 号
邮政编码：510006
电话号码：020-39352060
电子邮箱：gyyjsc@126.com
研究生院（处）网址：www.gdpu.edu.cn

10586 广州美术学院

在中国普通高校研究生教育竞争力排行榜中的名次：总排名 403/574，广东省内排名 18/25，艺术类排名 14/29。

共 3 个一级学科（学术学位）参评，其中 5★学科 0 个，4★学科 1 个，学科优秀率为 33.33%。

学科门类排名

艺术学 75/206。

一级学科排名

艺术学理论 26/75、美术学 36/133、设计学 18/141。

通信地址：广东省广州市海珠区昌岗东路 257 号
邮政编码：510260
电话号码：020-84019197
电子邮箱：yzb@gzarts.edu.cn
研究生院（处）网址：www.yjs.gzarts.edu.cn

10585 广州体育学院

在中国普通高校研究生教育竞争力排行榜中的名次：总排名 434/574，广东省内排名 19/25，体育类排名 9/13。

共 2 个一级学科（学术学位）参评。

学科门类排名

教育学 79/200、医学 191/196。

一级学科排名

体育学 28/119、临床医学 110/111。

优势专业

4★专业：体育教育训练学 20/106。

通信地址：广东省广州市广州大道中 1268 号
邮政编码：510500
电话号码：020-87553731
电子邮箱：yanzhaobanzhang@163.com
研究生院（处）网址：www.gipe.edu.cn

11349 五邑大学

在中国普通高校研究生教育竞争力排行榜中的名次：总排名 461/574，广东省内排名 20/25，综合类排名 73/87。

共 10 个一级学科（学术学位）参评。

学科门类排名

理学 338/375、工学 283/369、管理学 289/376。

一级学科排名

数学212/239、机械工程200/208、信息与通信工程155/170、控制科学与工程 147/186、计算机科学与技术 240/283、化学工程与技术 206/218、纺织科学与工程 23/25、交通运输工程 62/69、管理科学与工程 142/228、工商管理 292/303。

通信地址：广东省江门市东成村 22 号
邮政编码：529020
电话号码：0750-3296951
电子邮箱：yjs@wyu.edu.cn
研究生院（处）网址：www.dept.wyu.edu.cn

11347 仲恺农业工程学院

在中国普通高校研究生教育竞争力排行榜中的名次：总排名 465/574，广东省内排名 21/25，农林类排名 36/37。

共 4 个一级学科（学术学位）参评。

学科门类排名

工学 290/369、农学 60/111。

一级学科排名

化学工程与技术 152/218、食品科学与工程 57/101、植物保护 31/50、林学 25/62。

通信地址：广东省广州市海珠区纺织路东沙街 24 号
邮政编码：510225
电话号码：020-89002097
电子邮箱：xkb@zhku.edu.cn
研究生院（处）网址：www.yjs.zhku.edu.cn

10587 星海音乐学院

在中国普通高校研究生教育竞争力排行榜中的名次：总排名 494/574，广东省内排名 22/25，艺术类排名 27/29。

共 1 个一级学科（学术学位）参评，其中 5★学科 0 个，4★学科 1 个，学科优秀率为 100%。

学科门类排名

艺术学 103/206。

一级学科排名

音乐与舞蹈学 13/94。

通信地址：广东省广州大学城外环西路 398 号
邮政编码：510006
电话号码：020-39363999
电子邮箱：yzb@xhzsb.edu.cn
研究生院（处）网址：www.yjs.xhzsb.com

11847 佛山科学技术学院

在中国普通高校研究生教育竞争力排行榜中的名次：总排名 496/574，广东省内排名 23/25，理工类排名 160/178。

共 3 个一级学科（学术学位）参评。

学科门类排名

工学 338/369、农学 94/111。

一级学科排名

机械工程 186/208、土木工程 133/153、兽医学 39/44。

通信地址：广东省佛山市江湾一路 18 号
邮政编码：528000
电话号码：0757-82982395
电子邮箱：interbecker@qq.com
研究生院（处）网址：www.fosu.edu.cn

10588 广东技术师范学院

在中国普通高校研究生教育竞争力排行榜中的名次：总排名 502/574，广东省内排名 24/25，师范类排名 59/73。

共 4 个一级学科（学术学位）参评。

学科门类排名

法学 226/348、教育学 138/200、文学 225/271、理学 348/375。

一级学科排名

民族学 24/45、教育学 107/155、中国语言文学 155/169、系统科学 18/39。

通信地址：广东省广州市天河区中山大道西 293 号
邮政编码：510665
电话号码：020-38256458
电子邮箱：gsyzb@gdin.edu.cn
研究生院（处）网址：www.gdin.edu.cn

11540　广东金融学院

在中国普通高校研究生教育竞争力排行榜中的名次：总排名 537/574，广东省内排名 25/25，财经类排名 37/40。

通信地址：广东省广州市天河区迎福路 527 号
邮政编码：510521
电话号码：020-87217040
电子邮箱：yjschu@163.com
研究生院（处）网址：www.bm.gduf.edu.cn

陕西省

10698　西安交通大学

在中国普通高校研究生教育竞争力排行榜中的名次：总排名 16/574，陕西省内排名 1/27，理工类排名 5/178。

共 50 个一级学科（学术学位）参评，其中 5★学科 9 个，4★学科 17 个，学科优秀率为 52%。

学科门类排名

哲学 35/177、经济学 22/259、法学 36/348、教育学 78/200、文学 108/271、理学 27/375、工学 8/369、医学 25/196、管理学 5/376、艺术学 124/206。

一级学科排名

哲学 35/177、理论经济学 43/147、应用经济学 18/243、法学 73/188、政治学 79/125、社会学 24/96、马克思主义理论 12/325、教育学 88/155、体育学 61/119、中国语言文学 164/169、外国语言文学 74/221、新闻传播学 64/98、数学 17/239、物理学 27/169、化学 70/185、生物学 21/222、统计学 34/162、力学 7/119、机械工程 6/208、仪器科学与技术 5/95、材料科学与工程 8/206、动力工程及工程热物理 3/114、电气工程 2/104、电子科学与技术 10/134、信息与通信工程 20/170、控制科学与工程 6/186、计算机科学与技术 24/283、建筑学 24/69、土木工程 57/153、化学工程与技术 39/218、航空宇航科学与技术 7/21、核科学与技术 3/22、环境科学与工程 63/197、生物医学工程 7/87、城乡规划学 32/56、软件工程 40/197、基础医学 13/99、临床医学 19/111、口腔医学 19/48、公共卫生与预防医学 26/71、中医学 44/47、中西医结合 43/72、药学 27/145、护理学 21/74、管理科学与工程 3/228、工商管理 4/303、公共管理 16/217、图书情报与档案管理 48/68、美术学 124/133、设计学 98/141。

优势专业

5★专业： 产业经济学 8/198、机械制造及其自动化 5/186、机械电子工程 6/187、机械设计及理论 2/195、车辆工程 7/137、精密仪器及机械 4/73、测试计量技术及仪器 4/93、材料物理与化学 4/185、工程热物理 2/61、热能工程 2/79、流体机械及工程 1/70、化工过程机械 3/65、电机与电器 4/73、高电压与绝缘技术 2/48、电力电子与电力传动 4/95、电工理论与新技术 3/73、控制理论与控制工程 8/170、检测技术与自动化装置 1/157、系统工程 5/108、模式识别与智能系统 7/135、法医学 1/48、会计学 7/252、企业管理 5/293、旅游管理 3/186、技术经济及管理 2/222。

4★专业： 区域经济学 23/171、财政学 13/98、金融学 20/181、国际贸易学 20/165、马克思主义基本原理 50/263、马克思主义发展史 11/99、马克思主义中国化研究 18/236、国外马克思主义研究 10/83、思想政治教育 26/299、基础数学 28/181、计算数学 15/167、概率论与数理统计 16/141、应用数学 17/231、运筹学与控制论 11/157、理论物理 16/125、原子与分子物理 8/70、凝聚态物理 20/145、光学 22/134、生理学 9/113、神经生物学 10/72、遗传学 22/140、细胞生物学 22/135、生物化学与分子生物学 29/202、生物物理学 9/80、一般力学与力学基础 9/54、固体力学 9/84、流体力学 12/66、工程力学 15/110、材料学 14/183、材料加工工程 10/158、动力机械及工程 4/70、制冷及低温工程 4/59、电力系统及其自动化 5/82、物理电子学 9/99、电路与系统 14/109、微电子学与固体电子学 13/88、电磁场与微波技术 13/74、通信与信息系统 20/141、信号与信息处理 15/152、导航、制导与控制 6/68、计算机系统结构 16/172、计算机软件与理论 19/213、计算机应用技术 26/280、化学工程 16/130、核技术及应用 4/20、精神病与精神卫生学 8/68、皮肤病与性病学 8/78、外科学 11/98、耳鼻咽喉科学 17/83、肿瘤学 17/88、康复医学与理疗学 5/68、麻醉学 14/80、药物分析学 15/96、药理学 20/113、行政管理 23/167、社会医学与卫生事业管理 10/72、社会保障 18/123。

通信地址：陕西省西安市咸宁西路 28 号
邮政编码：710049
电话号码：029-82668336
电子邮箱：yzb@mail.xjtu.edu.cn
研究生院（处）网址：www.gs.xjtu.edu.cn

10699　西北工业大学

在中国普通高校研究生教育竞争力排行榜中的名次：总排名 33/574，陕西省内排名 2/27，理工类排名 15/178。

共 41 个一级学科（学术学位）参评，其中 5★学科 3 个，4★学科 8 个，学科优秀率为 26.83%。

学科门类排名

经济学 152/259、法学 121/348、教育学 131/200、文学 181/271、理学 67/375、工学 15/369、医学 183/196、管理学 84/376、艺术学 145/206。

一级学科排名

理论经济学 128/147、应用经济学 165/243、法学 150/188、政治学 96/125、马克思主义理论 74/325、教育学 101/155、体育学 94/119、外国语言文学 49/221、数学 24/239、物理学 36/169、化学 64/185、生物学 208/222、系统科学 14/39、统计学 84/162、力学 11/119、机械工程 15/208、光学工程 28/89、仪器科学与技术 20/95、材料科学与工程

9/206、动力工程及工程热物理 16/114、电气工程 22/104、电子科学与技术 16/134、信息与通信工程 22/170、控制科学与工程 7/186、计算机科学与技术 12/283、建筑学 41/69、土木工程 127/153、化学工程与技术 73/218、交通运输工程 15/69、船舶与海洋工程 7/19、航空宇航科学与技术 2/21、兵器科学与技术 3/9、环境科学与工程 144/197、生物医学工程 33/87、软件工程 47/197、药学 142/145、管理科学与工程 22/228、工商管理 83/303、公共管理 191/217、艺术学理论 71/75、设计学 135/141。

优势专业

5★专业：材料学 4/183、材料加工工程 3/158、控制理论与控制工程 9/170、计算机应用技术 7/280、航空宇航制造工程 1/17。

4★专业：思想政治教育 33/299、计算数学 14/167、应用数学 23/231、运筹学与控制论 29/157、凝聚态物理 16/145、声学 4/28、高分子化学与物理 22/131、系统分析与集成 6/33、一般力学与力学基础 11/54、固体力学 7/84、流体力学 10/66、工程力学 19/110、机械制造及其自动化 17/186、机械电子工程 14/187、机械设计及理论 23/195、车辆工程 24/137、工业设计 2/13、测试计量技术及仪器 16/93、材料物理与化学 12/185、工程热物理 8/61、动力机械及工程 14/70、流体机械及工程 12/70、电力电子与电力传动 18/95、物理电子学 13/99、电路与系统 11/109、通信与信息系统 23/141、信号与信息处理 17/152、检测技术与自动化装置 19/157、系统工程 10/108、模式识别与智能系统 14/135、导航、制导与控制 8/68、计算机系统结构 12/172、计算机软件与理论 22/213、交通信息工程及控制 11/56、飞行器设计 2/19、航空宇航推进理论与工程 3/17。

通信地址：陕西省西安市友谊西路 127 号
邮政编码：710072
电话号码：029-88493042
电子邮箱：yzb@nwpu.edu.cn
研究生院（处）网址：www.gs.nwpu.edu.cn

10701　西安电子科技大学

在中国普通高校研究生教育竞争力排行榜中的名次：总排名 51/574，陕西省内排名 3/27，理工类排名 26/178。

共 28 个一级学科（学术学位）参评，其中 5★学科 2 个，4★学科 3 个，学科优秀率为 17.86%。

学科门类排名

哲学 102/177、经济学 167/259、法学 274/348、教育学 135/200、文学 204/271、理学 88/375、工学 33/369、管理学 79/376。

一级学科排名

哲学 102/177、应用经济学 122/243、马克思主义理论 200/325、教育学 110/155、体育学 107/119、外国语言文学 111/221、数学 53/239、物理学 44/169、统计学 147/162、力学 86/119、机械工程 57/208、光学工程 29/89、仪器科学与技术 35/95、材料科学与工程 91/206、电气工程 46/104、电子科学与技术 5/134、信息与通信工程 1/170、控制科学与工程 36/186、计算机科学与技术 17/283、化学工程与技术 208/218、交通运输工程 61/69、环境科学与工程 157/197、生物医学工程 44/87、软件工程 30/197、管理科学与工程 54/228、工商管理 123/303、公共管理 211/217、图书情报与档案管理 32/68。

优势专业

5★专业：物理电子学 3/99、电路与系统 3/109、微电子学与固体电子学 4/88、电磁场与微波技术 3/74、通信与信息系统 3/141、信号与信息处理 3/152、计算机应用技术 13/280。

4★专业：应用数学 13/231、运筹学与控制论 22/157、光学 19/134、无线电物理 7/64、机械制造及其自动化 33/186、机械电子工程 19/187、控制理论与控制工程 28/170、模式识别与智能系统 11/135、计算机系统结构 11/172、计算机软件与理论 18/213。

通信地址：陕西省西安市太白南路 2 号
邮政编码：710071
电话号码：029-88201947
电子邮箱：xidianyzb@gmail.com
研究生院（处）网址：www.gr.xidian.edu.cn

10712　西北农林科技大学

在中国普通高校研究生教育竞争力排行榜中的名次：总排名 56/574，陕西省内排名 4/27，农林类排名 4/37。

共 40 个一级学科（学术学位）参评，其中 5★学科 1 个，4★学科 13 个，学科优秀率为 35%。

学科门类排名

哲学 138/177、经济学 186/259、法学 197/348、教育学 196/200、文学 238/271、历史学 103/125、理学 75/375、工学 75/369、农学 4/111、医学 161/196、管理学 34/376。

一级学科排名

哲学 138/177、应用经济学 150/243、法学 187/188、社会学 68/96、马克思主义理论 150/325、教育学 150/155、外国语言文学 166/221、中国史 94/122、数学 213/239、地理学 68/92、生物学 35/222、科学技术史 27/37、生态学 9/132、机械工程 197/208、材料科学与工程 195/206、计算机科学与技术 156/283、土木工程 115/153、水利工程 11/74、化学工程与技术 123/218、轻工技术与工程 22/46、农业工程 3/52、林业工程 9/17、环境科学与工程 32/197、食品科学与工程 8/101、风景园林学 18/65、软件工程 167/197、作物学 11/53、园艺学 3/41、农业资源与环境 5/43、植物保护 4/50、畜牧学 5/52、兽医学 7/44、林学 4/62、水产 12/27、草学 7/35、中药学 36/59、管理科学与工程 192/228、工商管理 162/303、农林经济管理 2/62、公共管理 184/217。

优势专业

5★专业：动物学 7/129、农业电气化与自动化 2/41、水土保持与荒漠化防治 2/39、农业经济管理 3/59。

4★专业：植物学 9/137、生理学 16/113、水生生物学 7/66、微生物学 15/162、遗传学 15/140、发育生物学 8/83、细胞生物学 23/135、生物化学与分子生物学 23/202、生物物理学 13/80、水文学及水资源 11/57、农业机械化工程 3/41、农业水土工程 2/35、农业生物环境与能源工程 6/36、环境科学 24/174、食品科学 9/96、粮食、油脂及植物蛋白工程 9/59、农产品加工及贮藏工程 8/76、作物栽培学与耕作学 6/44、作物遗传育种 7/52、果树学 3/40、蔬菜学 6/37、设施园艺学 2/9、土壤学 4/37、植物营养学 5/39、植物病理学 4/44、农业昆虫与害虫防治 4/44、农药学 7/42、动物遗传育种与繁殖 3/43、动物营养与饲料科学 7/47、特种经济动物饲养 5/29、临床兽医学 4/38、林木遗传育种 4/25、森林保护学 4/24、森林经理学 4/23、野生动植物保护与利用 3/29、园林植物与观赏园艺 5/44、林业经济管理 4/31。

通信地址：陕西省杨凌区邰城路 3 号
邮政编码：712100
电话号码：029-87080151
电子邮箱：zhsh@nwsuaf.edu.cn
研究生院（处）网址：www.yjshy.nwsuaf.edu.cn

10718 陕西师范大学

在中国普通高校研究生教育竞争力排行榜中的名次：总排名 62/574，陕西省内排名 5/27，师范类排名 6/73。

共 47 个一级学科（学术学位）参评，其中 5★学科 1 个，4★学科 13 个，学科优秀率为 29.79%。

学科门类排名

哲学 26/177、经济学 38/259、法学 51/348、教育学 18/200、文学 27/271、历史学 10/125、理学 42/375、工学 127/369、农学 68/111、医学 156/196、管理学 89/376、艺术学 41/206。

一级学科排名

哲学 26/177、理论经济学 22/147、应用经济学 59/243、法学 166/188、政治学 74/125、社会学 77/96、民族学 12/45、马克思主义理论 17/325、教育学 13/155、心理学 12/102、体育学 32/119、中国语言文学 21/169、外国语言文学 86/221、新闻传播学 37/98、考古学 7/58、中国史 7/122、世界史 25/73、数学 41/239、物理学 38/169、化学 33/185、天文学 16/16、地理学 11/92、地质学 40/42、生物学 41/222、科学技术史 32/37、生态学 43/132、统计学 132/162、光学工程 83/89、材料科学与工程 62/206、信息与通信工程 143/170、计算机科学与技术 52/283、化学工程与技术 52/218、环境科学与工程 114/197、生物医学工程 68/87、食品科学与工程 30/101、软件工程 71/197、林学 32/62、药学 135/145、中药学 51/59、工商管理 50/303、农林经济管理 43/62、公共管理 47/217、艺术学理论 33/75、音乐与舞蹈学 56/94、戏剧与影视学 36/70、美术学 54/133、设计学 109/141。

优势专业

5★专业：中国少数民族史 1/30、旅游管理 6/186。

4★专业：中国哲学 17/88、人口、资源与环境经济学 13/101、马克思主义基本原理 27/263、马克思主义发展史 12/99、马克思主义中国化研究 46/236、思想政治教育 51/299、中国近现代史基本问题研究 21/120、课程与教学论 10/101、教育技术学 9/95、基础心理学 7/50、文艺学 23/142、语言学及应用语言学 22/132、中国古典文献学 19/104、中国古代文学 11/154、中国现当代文学 17/142、基础数学 26/181、应用数学 42/231、分析化学 26/157、物理化学 31/156、动物学 20/129、计算机软件与理论 39/213、应用化学 23/211。

通信地址：陕西省西安市长安区西长安街 620 号
邮政编码：710119
电话号码：029-85310346
电子邮箱：yjsc4@snnu.edu.cn
研究生院（处）网址：www.yjs.snnu.edu.cn

10697 西北大学

在中国普通高校研究生教育竞争力排行榜中的名次：总排名 65/574，陕西省内排名 6/27，综合类排名 22/87。

共 48 个一级学科（学术学位）参评，其中 5★学科 0 个，4★学科 15 个，学科优秀率为 31.25%。

学科门类排名

哲学 60/177、经济学 18/259、法学 89/348、教育学 111/200、文学 39/271、历史学 20/125、理学 15/375、工学 73/369、医学 80/196、管理学 75/376、艺术学 125/206。

一级学科排名

哲学 60/177、理论经济学 12/147、应用经济学 35/243、法学 104/188、政治学 78/125、社会学 59/96、马克思主义理论 58/325、教育学 131/155、心理学 63/102、中国语言文学 30/169、外国语言文学 94/221、新闻传播学 27/98、考古学 5/58、中国史 27/122、世界史 15/73、数学 63/239、物理学 33/169、化学 21/185、地理学 19/92、地球物理学 15/22、地质学 5/42、生物学 24/222、科学技术史 4/37、生态学 48/132、统计学 63/162、光学工程 53/89、材料科学与工程 163/206、动力工程及工程热物理 102/114、电子科学与技术 83/134、信息与通信工程 92/170、计算机科学与技术 61/283、建筑学 64/69、化学工程与技术 19/218、地质资源与地质工程 10/50、石油与天然气工程 13/17、环境科学与工程 95/197、食品科学与工程 89/101、城乡规划学 46/56、软件工程 34/197、药学 39/145、中药学 11/59、管理科学与工程 113/228、工商管理 57/303、公共管理 97/217、图书情报与档案管理 34/68、艺术学理论 68/75、戏剧与影视学 69/70、美术学 115/133。

优势专业

4★专业：政治经济学 10/114、西方经济学 18/94、人口、资源与环境经济学 12/101、国民经济学 17/95、区域经济学 22/171、产业经济学 39/198、马克思主义中国化研究 32/236、中国古代文学 27/154、无机化学 17/150、分析化学 25/157、自然地理学 13/71、矿物学、岩石学、矿床学 4/31、地球化学 5/28、古生物学与地层学 3/24、构造地质学 5/28、第四纪地质学 3/27、植物学 15/137、计算机应用技术 51/280、化学工程 21/130、生物化工 12/120、应用化学 38/211、药物化学 21/117、企业管理 48/293、旅游管理 15/186。

通信地址：陕西省西安市太白北路 229 号
邮政编码：710069
电话号码：029-88302210
电子邮箱：yjszb@nwu.edu.cn
研究生院（处）网址：www.yjs.nwu.edu.cn

10710 长安大学

在中国普通高校研究生教育竞争力排行榜中的名次：总排名 91/574，陕西省内排名 7/27，理工类排名 44/178。

共 32 个一级学科（学术学位）参评，其中 5★学科 1 个，4★学科 5 个，学科优秀率为 18.75%。

学科门类排名

哲学 59/177、经济学 222/259、法学 205/348、文学 214/271、理学 129/375、工学 48/369、农学 104/111、管理学 139/376。

一级学科排名

哲学 59/177、应用经济学 210/243、法学 175/188、马克思主义理论 106/325、外国语言文学 163/221、数学 205/239、地理学 60/92、地球物理学 14/22、地质学 12/42、统计学 127/162、力学 61/119、机械工程 29/208、材料科学与工程 100/206、动力工程及工程热物理 71/114、信息与通信工程 103/170、控制科学与工程 59/186、计算机科学与技术 121/283、建筑学 25/69、土木工程 18/153、水利工程 13/74、测绘科学与技术 6/50、化学工程与技术 205/218、地质资源与地质工程 5/50、交通运输工程 3/69、环境科学与工程 49/197、城乡规划学 24/56、风景园林学 51/65、软件工程 103/197、林学 55/62、管理科学与工程 163/228、工商管理 84/303、公共管理 101/217。

优势专业

4★专业：车辆工程 18/137、岩土工程 11/130、结构工程 17/140、防灾减灾工程及防护工程 11/113、桥梁与隧道工程 8/102、摄影测量与遥感 6/35、地图制图学与地理信息工程 7/40、地质工程 7/44、道路与铁道工程 4/48、交通信息工程及控制 4/56、交通运输规划与管理 3/54、载运工具运用工程 4/49。

通信地址：陕西省西安市南二环路
邮政编码：710064
电话号码：029-82334323
电子邮箱：yzban@chd.edu.cn
研究生院（处）网址：www.graduate.chd.edu.cn

10703 西安建筑科技大学

在中国普通高校研究生教育竞争力排行榜中的名次：总排名 109/574，陕西省内排名 8/27，理工类排名 47/178。

共 29 个一级学科（学术学位）参评，其中 5★学科 0 个，4★学科 6 个，学科优秀率为 20.69%。

学科门类排名

哲学 100/177、法学 216/348、教育学 187/200、理学 260/375、工学 60/369、管理学 196/376、艺术学 105/206。

一级学科排名

哲学 100/177、法学 180/188、马克思主义理论 125/325、教育学 139/155、数学 150/239、物理学 141/169、力学 60/119、机械工程 73/208、材料科学与工程 59/206、冶金工程 11/24、信息与通信工程 151/170、控制科学与工程 84/186、计算机科学与技术 98/283、建筑学 5/69、土木工程 12/153、化学工程与技术 94/218、矿业工程 29/56、交通运输工程 58/69、环境科学与工程 11/197、城乡规划学 5/56、风景园林学 5/65、软件工程 157/197、安全科学与工程 42/57、管理科学与工程 34/228、工商管理 117/303、公共管理 173/217、戏剧与影视学 55/70、美术学 76/133、设计学 32/141。

优势专业

5★专业：环境工程 8/170。

4★专业：建筑历史与理论 6/39、建筑设计及其理论 5/55、建筑技术科学 6/40、城市规划与设计 6/52、岩土工程 22/130、结构工程 8/140、市政工程 7/100、供热、供燃气、通风及空调工程 8/91、防灾减灾工程及防护工程 7/113、环境科学 22/174。

通信地址：陕西省西安市雁塔路 13 号
邮政编码：710055
电话号码：029-82202244
电子邮箱：xjdyjsb@pub.xaonline.com
研究生院（处）网址：www.gs.xauat.edu.cn

10700 西安理工大学

在中国普通高校研究生教育竞争力排行榜中的名次：总排名 123/574，陕西省内排名 9/27，理工类排名 49/178。

共 30 个一级学科（学术学位）参评，其中 5★学科 0 个，4★学科 5 个，学科优秀率为 16.67%。

学科门类排名

经济学 125/259、法学 119/348、教育学 188/200、文学 212/271、理学 212/375、工学 52/369、农学 85/111、管理学 80/376、艺术学 132/206。

一级学科排名

理论经济学 100/147、应用经济学 162/243、马克思主义理论 35/325、教育学 140/155、外国语言文学 187/221、数学 80/239、物理学 134/169、力学 54/119、机械工程 40/208、光学工程 69/89、仪器科学与技术 31/95、材料科学与工程 63/206、动力工程及工程热物理 73/114、电气工程 38/104、电子科学与技术 28/134、信息与通信工程 77/170、控制科学与工程 35/186、计算机科学与技术 68/283、土木工程 37/153、水利工程 5/74、化学工程与技术 203/218、轻工技术与工程 33/46、农业工程 21/52、环境科学与工程 57/197、食品科学与工程 99/101、软件工程 118/197、林学 40/62、管理科学与工程 58/228、工商管理 49/303、设计学 68/141。

优势专业

4★专业：国外马克思主义研究 17/83、思想政治教育 61/299、机械电子工程 35/187、岩土工程 23/130、市政工程 18/100、水文学及水资源 4/57、水力学及河流动力学 4/37、水工结构工程 5/39、水利水电工程 4/41、会计学 37/252、企业管理 43/293、技术经济及管理 42/222。

通信地址：陕西省西安市金花路 5 号

邮政编码：710048

电话号码：029-82312416

电子邮箱：yjsb@xaut.edu.cn

研究生院（处）网址：www.yjsy.xaut.edu.cn

10708　陕西科技大学

在中国普通高校研究生教育竞争力排行榜中的名次：总排名 194/574，陕西省内排名 10/27，理工类排名 76/178。

共 20 个一级学科（学术学位）参评，其中 5★学科 0 个，4★学科 2 个，学科优秀率为 10%。

学科门类排名

法学 231/348、理学 204/375、工学 99/369、医学 177/196、管理学 233/376、艺术学 86/206。

一级学科排名

马克思主义理论 158/325、化学 79/185、机械工程 81/208、材料科学与工程 51/206、动力工程及工程热物理 84/114、电气工程 97/104、控制科学与工程 103/186、计算机科学与技术 174/283、化学工程与技术 26/218、纺织科学与工程 16/25、轻工技术与工程 7/46、林业工程 17/17、环境科学与工程 66/197、食品科学与工程 34/101、软件工程 78/197、中药学 57/59、工商管理 166/303、艺术学理论 31/75、美术学 85/133、设计学 62/141。

优势专业

4★专业：化学工艺 13/139、生物化工 19/120、应用化学 20/211、制浆造纸工程 2/16、皮革化学与工程 2/11。

通信地址：陕西省西安市未央区学府中路未央大学园区

邮政编码：710021

电话号码：029-86168200

电子邮箱：yjszs@sust.edu.cn

研究生院（处）网址：www.yjsxy.sust.edu.cn

10704　西安科技大学

在中国普通高校研究生教育竞争力排行榜中的名次：总排名 215/574，陕西省内排名 11/27，理工类排名 80/178。

共 23 个一级学科（学术学位）参评，其中 5★学科 1 个，4★学科 2 个，学科优秀率为 13.04%。

学科门类排名

经济学 244/259、法学 141/348、理学 274/375、工学 88/369、管理学 236/376。

一级学科排名

应用经济学 189/243、马克思主义理论 43/325、数学 215/239、地理学 43/92、力学 72/119、机械工程 62/208、仪器科学与技术 65/95、材料科学与工程 119/206、电气工程 47/104、电子科学与技术 61/134、信息与通信工程 87/170、控制科学与工程 71/186、计算机科学与技术 110/283、土木工程 34/153、测绘科学与技术 18/50、化学工程与技术 129/218、地质资源与地质工程 21/50、矿业工程 11/56、环境科学与工程 135/197、软件工程 137/197、安全科学与工程 2/57、管理科学与工程 118/228、工商管理 195/303。

优势专业

4★专业：思想政治教育 48/299、供热、供燃气、通风及空调工程 15/91、安全技术及工程 5/44。

通信地址：陕西省西安市雁塔中路 58 号

邮政编码：710054

电话号码：029-85583845

电子邮箱：xkyyzb@xust.edu.cn

研究生院（处）网址：www.yjs.xust.edu.cn

10702　西安工业大学

在中国普通高校研究生教育竞争力排行榜中的名次：总排名 293/574，陕西省内排名 12/27，理工类排名 106/178。

共 17 个一级学科（学术学位）参评。

学科门类排名

经济学 190/259、法学 233/348、文学 263/271、理学 307/375、工学 169/369、管理学 263/376。

一级学科排名

应用经济学 155/243、马克思主义理论 112/325、外国语言文学 184/221、物理学 128/169、机械工程 111/208、光学工程 42/89、仪器科学与技术 63/95、材料科学与工程 109/206、电子科学与技术 110/134、信息与通信工程 153/170、控制科学与工程 72/186、计算机科学与技术 120/283、土木工程 111/153、兵器科学与技术 6/9、软件工程 101/197、管理科学与工程 166/228、工商管理 240/303。

通信地址：陕西省西安市未央大学园区学府中路 2 号

邮政编码：710032

电话号码：029-86173235

电子邮箱：120699833@qq.com

研究生院（处）网址：www.grs.xatu.edu.cn

10709 西安工程大学

在中国普通高校研究生教育竞争力排行榜中的名次：总排名 300/574，陕西省内排名 13/27，理工类排名 109/178。

共 18 个一级学科（学术学位）参评，其中 5★学科 0 个，4★学科 1 个，学科优秀率为 5.56%。

学科门类排名

法学 235/348、文学 247/271、理学 304/375、工学 208/369、管理学 209/376、艺术学 154/206。

一级学科排名

马克思主义理论 213/325、外国语言文学 212/221、数学 147/239、机械工程 122/208、电气工程 94/104、信息与通信工程 137/170、控制科学与工程 74/186、计算机科学与技术 225/283、土木工程 117/153、化学工程与技术 111/218、纺织科学与工程 6/25、环境科学与工程 120/197、管理科学与工程 125/228、工商管理 184/303、艺术学理论 75/75、戏剧与影视学 21/70、美术学 80/133、设计学 21/141。

通信地址：陕西省西安市金花南路 19 号
邮政编码：710048
电话号码：029-82330076
电子邮箱：yanjiu@xaist.edu.cn
研究生院（处）网址：www.yanjiusb.xpu.edu.cn

10705 西安石油大学

在中国普通高校研究生教育竞争力排行榜中的名次：总排名 321/574，陕西省内排名 14/27，理工类排名 119/178。

共 18 个一级学科（学术学位）参评。

学科门类排名

经济学 235/259、法学 271/348、理学 329/375、工学 173/369、管理学 230/376。

一级学科排名

应用经济学 222/243、马克思主义理论 286/325、地质学 33/42、机械工程 147/208、光学工程 89/89、仪器科学与技术 58/95、材料科学与工程 170/206、动力工程及工程热物理 69/114、电气工程 104/104、电子科学与技术 130/134、信息与通信工程 133/170、控制科学与工程 116/186、计算机科学与技术 181/283、化学工程与技术 125/218、地质资源与地质工程 24/50、石油与天然气工程 8/17、管理科学与工程 213/228、工商管理 178/303。

通信地址：陕西省西安市电子二路东段 18 号
邮政编码：710065
电话号码：029-88382328
电子邮箱：yanzb@xsyu.edu.cn
研究生院（处）网址：www.yjs.xsyu.edu.cn

10729 西安美术学院

在中国普通高校研究生教育竞争力排行榜中的名次：总排名 334/574，陕西省内排名 15/27，艺术类排名 7/29。

共 3 个一级学科（学术学位）参评，其中 5★学科 1 个，4★学科 1 个，学科优秀率为 66.67%。

学科门类排名

艺术学 21/206。

一级学科排名

艺术学理论 16/75、美术学 5/133、设计学 9/141。

通信地址：陕西省西安市含光路 100 号
邮政编码：710065
电话号码：029-88222342
电子邮箱：yzb@xafa.edu.cn
研究生院（处）网址：www.yanjiusheng.xafa.edu.cn

10719 延安大学

在中国普通高校研究生教育竞争力排行榜中的名次：总排名 342/574，陕西省内排名 16/27，综合类排名 64/87。

共 18 个一级学科（学术学位）参评。

学科门类排名

哲学 140/177、经济学 239/259、法学 127/348、教育学 130/200、文学 172/271、历史学 89/125、理学 241/375、工学 322/369、医学 129/196、管理学 290/376。

一级学科排名

哲学 140/177、理论经济学 112/147、政治学 58/125、马克思主义理论 86/325、教育学 100/155、体育学 102/119、中国语言文学 115/169、外国语言文学 214/221、中国史 75/122、数学 184/239、化学 179/185、生物学 191/222、生态学 117/132、信息与通信工程 127/170、化学工程与技术 172/218、临床医学 98/111、工商管理 263/303、公共管理 172/217。

优势专业

4★专业：中国近现代史基本问题研究 15/120。

通信地址：陕西省延安市宝塔区去圣地路 580 号
邮政编码：716000
电话号码：0911-2332224
电子邮箱：yadxyzb@public.xa.sn.cn
研究生院（处）网址：www.yjsc.yau.edu.cn

10726 西北政法大学

在中国普通高校研究生教育竞争力排行榜中的名次：总排名 356/574，陕西省内排名 17/27，文法类排名 10/32。

共 7 个一级学科（学术学位）参评，其中 5★学科 0 个，4★学科 1 个，学科优秀率为 14.29%。

学科门类排名

哲学 88/177、经济学 178/259、法学 60/348、文学 259/271、管理学 359/376。

一级学科排名

哲学 88/177、理论经济学 61/147、法学 37/188、政治学 111/125、马克思主义理论 143/325、新闻传播学 93/98、公共管理 164/217。

优势专业

4★专业：经济法学 25/132。

通信地址：陕西省西安市雁塔区长安南路 300 号
邮政编码：710063
电话号码：029-85385134
电子邮箱：yzb@nwupl.edu.cn
研究生院（处）网址：www.grs.nwupl.cn

10724 西安外国语大学

在中国普通高校研究生教育竞争力排行榜中的名次：总排名 367/574，陕西省内排名 18/27，文法类排名 12/32。

共 7 个一级学科（学术学位）参评，其中 5★学科 1 个，4★学科 0 个，学科优秀率为 14.29%。

学科门类排名

经济学 241/259、法学 333/348、教育学 132/200、文学 74/271、理学 366/375、管理学 285/376。

一级学科排名

应用经济学 221/243、马克思主义理论 313/325、教育学 87/155、中国语言文学 124/169、外国语言文学 8/221、地理学 90/92、工商管理 193/303。

优势专业

4★专业：英语语言文学 36/184、德语语言文学 6/33、外国语言学及应用语言学 24/189。

通信地址：陕西省西安市郭杜教育开发区文苑南路
邮政编码：710128
电话号码：029-85319401
电子邮箱：wyyjsb@xisu.edu.cn
研究生院（处）网址：www.yjs.xisu.edu.cn

11664 西安邮电大学

在中国普通高校研究生教育竞争力排行榜中的名次：总排名 379/574，陕西省内排名 19/27，理工类排名 136/178。

共 10 个一级学科（学术学位）参评。

学科门类排名

经济学 206/259、法学 242/348、理学 317/375、工学 222/369、管理学 304/376。

一级学科排名

应用经济学 161/243、马克思主义理论 206/325、统计学 35/162、光学工程 61/89、电子科学与技术 62/134、信息与通信工程 63/170、计算机科学与技术 81/283、软件工程 144/197、管理科学与工程 207/228、工商管理 291/303。

通信地址：陕西省西安市长安区韦郭路
邮政编码：710121
电话号码：029-88166177
电子邮箱：gr@xupt.edu.cn
研究生院（处）网址：www.gr.xupt.edu.cn

10720 陕西理工学院

在中国普通高校研究生教育竞争力排行榜中的名次：总排名 403/574，陕西省内排名 20/27，理工类排名 143/178。

共 4 个一级学科（学术学位）参评。

学科门类排名

文学 222/271、理学 284/375、工学 266/369。

一级学科排名

中国语言文学 105/169、生物学 115/222、机械工程 99/208、材料科学与工程 161/206。

通信地址：陕西省汉中市朝阳路
邮政编码：723001
电话号码：0916-2641564
电子邮箱：yjsc@snut.edu.cn
研究生院（处）网址：www.yjs.snut.edu.cn

10727 西安体育学院

在中国普通高校研究生教育竞争力排行榜中的名次：总排名 407/574，陕西省内排名 21/27，体育类排名 8/13。

共 4 个一级学科（学术学位）参评，其中 5★学科 0 个，4★学科 1 个，学科优秀率为 25%。

学科门类排名

教育学 71/200、医学 192/196。

一级学科排名

教育学 154/155、心理学 102/102、体育学 23/119、临床医学 111/111。

优势专业

4★专业：体育教育训练学 16/106。

通信地址：陕西省西安市含光北路 65 号
邮政编码：710068
电话号码：029-88409471
电子邮箱：Xtyjsb@pub.xaonline.com
研究生院（处）网址：www.xaipe.edu.cn

10716 陕西中医药大学

在中国普通高校研究生教育竞争力排行榜中的名次：总排名 417/574，陕西省内排名 22/27，医药类排名 51/72。

共 4 个一级学科（学术学位）参评。

学科门类排名

医学 79/196。

一级学科排名

临床医学 91/111、中医学 23/47、中西医结合 27/72、中药学 28/59。

通信地址：陕西省咸阳市世纪大道沣河桥西侧
邮政编码：712046
电话号码：029-38185073
电子邮箱：sxzyxyyzb@163.com
研究生院（处）网址：www.yjsc.sntcm.edu.cn

10728 西安音乐学院

在中国普通高校研究生教育竞争力排行榜中的名次：

总排名 432/574，陕西省内排名 23/27，艺术类排名 18/29。

共 2 个一级学科（学术学位）参评。

学科门类排名

艺术学 85/206。

一级学科排名

艺术学理论 34/75、音乐与舞蹈学 26/94。

通信地址：陕西省西安市长安中路 108 号
邮政编码：710061
电话号码：029-85237451
电子邮箱：xiyinkeyan@163.com
研究生院（处）网址：www.yjsb.xacom.edu.cn

11560 西安财经学院

在中国普通高校研究生教育竞争力排行榜中的名次：

总排名 469/574，陕西省内排名 24/27，财经类排名 32/40。

共 5 个一级学科（学术学位）参评。

学科门类排名

经济学 92/259、法学 302/348、理学 344/375、管理学 347/376。

一级学科排名

应用经济学 70/243、法学 171/188、统计学 54/162、管理科学与工程 105/228、工商管理 213/303。

通信地址：陕西省西安市长安区韦常路 2 号
邮政编码：100872
电话号码：029-81556499
电子邮箱：yzb@xaufe.edu.cn
研究生院（处）网址：www.yanjiusheng.xaufe.edu.cn

10721 宝鸡文理学院

在中国普通高校研究生教育竞争力排行榜中的名次：

总排名 496/574，陕西省内排名 25/27，师范类排名 57/73。

共 3 个一级学科（学术学位）参评。

学科门类排名

文学 100/271、理学 231/375。

一级学科排名

中国语言文学 65/169、化学 108/185、地理学 34/92。

通信地址：陕西省宝鸡市宝光路 44 号
邮政编码：721016
电话号码：0917-3566366
电子邮箱：webmaster@bjwlxy.edu.cn
研究生院（处）网址：www.yixunedu.com/yjsjx

11840 西安医学院

在中国普通高校研究生教育竞争力排行榜中的名次：

总排名 529/574，陕西省内排名 26/27，医药类排名 68/72。

通信地址：陕西省西安市未央区辛王路 1 号
邮政编码：710021
电话号码：029-86168677
电子邮箱：xyyzb2011@163.com
研究生院（处）网址：www.xiyi.edu.cn

12715 西京学院

在中国普通高校研究生教育竞争力排行榜中的名次：

总排名 546/574，陕西省内排名 27/27，综合类排名 82/87。

通信地址：陕西省西安市长安区西京路 1 号
邮政编码：710123
电话号码：029-85628112
电子邮箱：renlinzheng@163.com
研究生院（处）网址：www.yjsb.xijing.edu.cn

四川省

10610 四川大学

在中国普通高校研究生教育竞争力排行榜中的名次：

总排名 8/574，四川省内排名 1/24，综合类排名 6/87。

共 71 个一级学科（学术学位）参评，其中 5★学科 19 个，4★学科 21 个，学科优秀率为 56.34%。

学科门类排名

哲学 9/177、经济学 21/259、法学 25/348、教育学 62/200、文学 7/271、历史学 17/125、理学 12/375、工学 14/369、农学 43/111、医学 6/196、管理学 12/376、艺术学 8/206。

一级学科排名

哲学 9/177、理论经济学 9/147、应用经济学 57/243、法学 27/188、政治学 27/125、社会学 38/96、民族学 16/45、马克思主义理论 66/325、教育学 97/155、心理学 48/102、体育学 48/119、中国语言文学 6/169、外国语言文学 23/221、新闻传播学 5/98、考古学 10/58、中国史 8/122、世界史 19/73、数学 11/239、物理学 10/169、化学 10/185、生物学 10/222、系统科学 19/39、生态学 18/132、统计学 14/162、力学 21/119、机械工程 37/208、光学工程 20/89、仪器科学与技术 25/95、材料科学与工程 10/206、冶金工程 10/24、动力工程及工程热物理 42/114、电气工程 24/104、电子科学与技术 47/134、信息与通信工程 35/170、控制科学与工程 70/186、计算机科学与技术 18/283、建筑学 23/69、土木工程 16/153、水利工程 7/74、化学工程与技术 6/218、纺织科学与工程 15/25、轻工技术与工程 4/46、航空宇航科学与技术 21/21、核科学与技术 7/22、农业工程 43/52、环境科学与工程 21/197、生物医学工程 2/87、食品科学与工程 45/101、城乡规划学 47/56、风景园林学 53/65、软件工程 10/197、农业资源与环境 36/43、植物保护 20/50、林学 39/62、基础医学 4/99、临床医学 7/111、口腔医学 1/48、公共卫生与预防医学 4/71、中西医结合 22/72、药学 3/145、特种医学 1/11、护理学 3/74、管理科学与工程 17/228、工商管理 13/303、公共管理 15/217、图书情报与档案管理 9/68、艺术学理论 1/75、音乐与舞蹈学 75/94、戏剧与影视学 23/70、美术学 6/133、设计学 3/141。

优势专业

5★专业：宗教学 2/54、马克思主义中国化研究 7/236、文艺学 5/142、语言学及应用语言学 5/132、汉语言文字学 6/133、中国古典文献学 4/104、中国古代文学 5/154、中国现当代文学 5/142、中国少数民族语言文学 2/45、比较文学与世界文学 1/123、英语语言文学 7/184、外国语言学及应用语言学 7/189、基础数学 9/181、应用数学 8/231、运筹学与控制论 8/157、有机化学 8/159、高分子化学与物理 6/131、细胞生物学 7/135、生物化学与分子生物学 9/202、材料学 10/183、材料加工工程 7/158、计算机应用技术 14/280、化学工程 5/130、皮革化学与工程 1/11、法医学 2/48、精神病与精神卫生学 3/68、影像医学与核医学 4/93、临床检验诊断学 5/92、外科学 5/98、麻醉学 4/80、口腔基础医学 1/32、口腔临床医学 1/46、药物化学 6/117、药剂学 5/97、微生物与生化药学 4/83、企业管理 13/293、旅游管理 8/186、技术经济及管理 11/222、行政管理 9/167。

4★专业：政治经济学 7/114、西方经济学 17/94、世界经济 10/87、人口、资源与环境经济学 16/101、刑法学 15/114、民商法学 27/147、诉讼法学 20/107、国外马克思主义研究 14/83、高等教育学 17/117、应用心理学 17/87、新闻学 6/83、传播学 10/94、计算数学 11/167、概率论与数理统计 10/141、理论物理 20/125、原子与分子物理 5/70、凝聚态物理 10/145、光学 16/134、无线电物理 10/64、无机化学 22/150、分析化学 15/157、物理化学 20/156、植物学 12/137、动物学 21/129、生理学 14/113、微生物学 17/162、遗传学 9/140、固体力学 13/84、机械制造及其自动化 35/186、材料物理与化学 18/185、化工过程机械 10/65、电力系统及其自动化 16/82、岩土工程 10/130、结构工程 26/140、市政工程 9/100、防灾减灾工程及防护工程 23/113、水文学及水资源 8/57、水力学及河流动力学 6/37、化学工艺 11/139、生物化工 16/120、应用化学 16/211、工业催化 16/117、发酵工程 4/41、环境科学 20/174、环境工程 20/170、免疫学 12/87、病原生物学 16/86、病理学与病理生理学 8/90、医学生物化学与分子生物学 2/8、内科学 9/100、儿科学 10/86、老年医学 9/65、神经病学 12/86、皮肤病与性病学 11/78、妇产科学 7/90、耳鼻咽喉科学 16/83、肿瘤学 8/88、康复医学与理疗学 8/68、运动医学 6/36、急诊医学 8/78、流行病与卫生统计学 4/62、营养与食品卫生学 4/57、儿少卫生与妇幼保健学 6/42、生药学 10/87、药物分析学 12/96、药理学 11/113、会计学 23/252、社会医学与卫生事业管理 5/72、教育经济与管理 19/139、社会保障 20/123、土地资源管理 20/102。

通信地址：四川省成都市一环路南一段 24 号
邮政编码：610065
电话号码：028-85406035
电子邮箱：scuyz@sina.com
研究生院（处）网址：www.gs.scu.edu.cn

10614　电子科技大学

在中国普通高校研究生教育竞争力排行榜中的名次：总排名 35/574，四川省内排名 2/24，理工类排名 16/178。

共 27 个一级学科（学术学位）参评，其中 5★学科 4 个，4★学科 10 个，学科优秀率为 51.85%。

学科门类排名

经济学 159/259、法学 107/348、教育学 145/200、文学 162/271、理学 83/375、工学 27/369、医学 121/196、管理学 42/376。

一级学科排名

应用经济学 100/243、法学 186/188、政治学 80/125、马克思主义理论 48/325、心理学 58/102、外国语言文学 97/221、新闻传播学 86/98、数学 32/239、物理学 28/169、生物学 116/222、统计学 62/162、机械工程 43/208、光学工程 6/89、仪器科学与技术 9/95、材料科学与工程 39/206、电气工程 37/104、电子科学与技术 1/134、信息与通信工程 2/170、控制科学与工程 19/186、计算机科学与技术 14/283、测绘科学与技术 23/50、化学工程与技术 88/218、生物医学工程 13/87、软件工程 8/197、管理科学与工程 33/228、工商管理 52/303、公共管理 81/217。

优势专业

5★专业：马克思主义基本原理 14/263、无线电物理 3/64、物理电子学 2/99、电路与系统 2/109、微电子学与固体电子学 1/88、电磁场与微波技术 1/74、通信与信息系统 2/141、信号与信息处理 2/152、计算机软件与理论 11/213、计算机应用技术 9/280。

4★专业：思想政治教育 38/299、计算数学 17/167、概率论与数理统计 24/141、应用数学 28/231、运筹学与控制论 17/157、理论物理 14/125、凝聚态物理 27/145、光学 20/134、机械电子工程 31/187、精密仪器及机械 11/73、测试计量技术及仪器 7/93、材料学 31/183、材料加工工程 31/158、控制理论与控制工程 29/170、检测技术与自动化装置 20/157、系统工程 13/108、模式识别与智能系统 19/135、导航、制导与控制 13/68、计算机系统结构 13/172、企业管理 39/293、技术经济及管理 19/222。

通信地址：四川省成都市高新西区西源大道 2006 号
邮政编码：611731
电话号码：028-61830153
电子邮箱：yzb@uestc.edu.cn
研究生院（处）网址：www.gr.uestc.edu.cn

10613 西南交通大学

在中国普通高校研究生教育竞争力排行榜中的名次：总排名 50/574，四川省内排名 3/24，理工类排名 25/178。

共 52 个一级学科（学术学位）参评，其中 5★学科 1 个，4★学科 9 个，学科优秀率为 19.23%。

学科门类排名

哲学 101/177、经济学 116/259、法学 136/348、教育学 146/200、文学 68/271、历史学 118/125、理学 186/375、工学 24/369、农学 111/111、医学 139/196、管理学 46/376、艺术学 56/206。

一级学科排名

哲学 101/177、理论经济学 92/147、应用经济学 97/243、法学 159/188、政治学 89/125、马克思主义理论 72/325、教育学 153/155、体育学 105/119、中国语言文学 68/169、外国语言文学 81/221、新闻传播学 60/98、考古学 46/58、数学 84/239、物理学 66/169、地理学 81/92、生物学 203/222、系统科学 16/39、统计学 99/162、力学 22/119、机械工程 13/208、光学工程 64/89、仪器科学与技术 42/95、材料科学与工程 55/206、动力工程及工程热物理 55/114、电气工程 8/104、电子科学与技术 37/134、信息与通信工程 23/170、控制科学与工程 42/186、计算机科学与技术 40/283、建筑学 18/69、土木工程 10/153、测绘科学与技术 10/50、化学工程与技术 175/218、地质资源与地质工程 22/50、矿业工程 38/56、交通运输工程 2/69、环境科学与工程 83/197、生物医学工程 49/87、城乡规划学 20/56、风景园林学 48/65、软件工程 41/197、安全科学与工程 34/57、林学 62/62、药学 101/145、中药学 59/59、管理科学与工程 30/228、工商管理 20/303、公共管理 56/217、艺术学理论 73/75、音乐与舞蹈学 94/94、美术学 132/133、设计学 84/141。

优势专业

5★专业：机械制造及其自动化 9/186、机械设计及理论 7/195、桥梁与隧道工程 4/102、道路与铁道工程 2/48、交通信息工程及控制 2/56、交通运输规划与管理 2/54、载运工具运用工程 2/49。

4★专业：马克思主义基本原理 38/263、机械电子工程 15/187、车辆工程 8/137、电力系统及其自动化 6/82、电力电子与电力传动 9/95、电工理论与新技术 10/73、通信与信息系统 27/141、系统工程 15/108、计算机系统结构 28/172、计算机软件与理论 40/213、计算机应用技术 44/280、岩土工程 16/130、结构工程 22/140、供热、供燃气、通风及空调工程 14/91、防灾减灾工程及防护工程 21/113、摄影测量与遥感 7/35、地图制图学与地理信息工程 5/40、会计学 44/252、企业管理 24/293、旅游管理 30/186、技术经济及管理 39/222。

通信地址：四川省成都市二环路北一段 111 号
邮政编码：610031
电话号码：028-87600114
电子邮箱：yzb@home.swjtu.edu.cn
研究生院（处）网址：www.gsjtu.com

10651 西南财经大学

在中国普通高校研究生教育竞争力排行榜中的名次：总排名 112/574，四川省内排名 4/24，财经类排名 4/40。

共 12 个一级学科（学术学位）参评，其中 5★学科 3 个，4★学科 1 个，学科优秀率为 33.33%。

学科门类排名

经济学 8/259、法学 44/348、文学 216/271、工学 334/369、管理学 27/376。

一级学科排名

理论经济学 8/147、应用经济学 2/243、法学 19/188、社会学 23/96、马克思主义理论 73/325、外国语言文学 135/221、计算机科学与技术 220/283、软件工程 166/197、管理科学与工程 74/228、工商管理 9/303、农林经济管理 47/62、公共管理 104/217。

优势专业

5★专业：金融学 2/181、会计学 11/252。

4★专业：政治经济学 9/114、西方经济学 8/94、人口、资源与环境经济学 18/101、国民经济学 13/95、财政学 8/98、产业经济学 14/198、国际贸易学 18/165、劳动经济学 7/92、经济统计学 3/37、数量经济学 10/122、国防经济 5/26、法学理论 13/108、刑法学 21/114、民商法学 20/147、经济法学 9/132、人口学 7/39、思想政治教育 53/299、企业管理 25/293、旅游管理 17/186、技术经济及管理 28/222、审计学 2/11。

通信地址：四川省成都市温江区柳台大道 555 号
邮政编码：611130
电话号码：028-87092244
电子邮箱：yzb@swufe.edu.cn
研究生院（处）网址：www.graduate.swufe.edu.cn

10626 四川农业大学

在中国普通高校研究生教育竞争力排行榜中的名次：总排名 125/574，四川省内排名 5/24，农林类排名 10/37。

共 21 个一级学科（学术学位）参评，其中 5★学科 1 个，4★学科 4 个，学科优秀率为 23.81%。

学科门类排名

哲学 160/177、经济学 223/259、法学 221/348、理学 115/375、工学 201/369、农学 9/111、管理学 134/376。

一级学科排名

哲学 160/177、应用经济学 209/243、马克思主义理论 187/325、地理学 92/92、生物学 48/222、生态学 34/132、环境科学与工程 90/197、食品科学与工程 28/101、风景园林学 3/65、作物学 10/53、园艺学 15/41、农业资源与环境 25/43、植物保护 22/50、畜牧学 4/52、兽医学 9/44、林学 9/62、水产 19/27、草学 12/35、工商管理 297/303、农林经济管理 19/62、公共管理 202/217。

优势专业

5★专业：动物营养与饲料科学 2/47。

4★专业：植物学 26/137、微生物学 25/162、生物化学与分子生物学 33/202、作物遗传育种 4/52、动物遗传育种与繁殖 4/43、预防兽医学 6/41、园林植物与观赏园艺 9/44。

通信地址：四川省雅安市新康路 46 号
邮政编码：625014
电话号码：0835-2882911
电子邮箱：1320885073@qq.com
研究生院（处）网址：www.yan.sicau.edu.cn

10616　成都理工大学

在中国普通高校研究生教育竞争力排行榜中的名次：总排名 136/574，四川省内排名 6/24，理工类排名 53/178。

共 25 个一级学科（学术学位）参评，其中 5★学科 0 个，4★学科 2 个，学科优秀率为 8%。

学科门类排名

哲学 112/177、经济学 134/259、法学 198/348、文学 183/271、理学 64/375、工学 67/369、管理学 194/376。

一级学科排名

哲学 112/177、应用经济学 110/243、马克思主义理论 159/325、外国语言文学 193/221、新闻传播学 63/98、数学 143/239、化学 148/185、地理学 32/92、地球物理学 7/22、地质学 8/42、统计学 112/162、仪器科学与技术 61/95、材料科学与工程 164/206、电子科学与技术 119/134、信息与通信工程 121/170、计算机科学与技术 123/283、土木工程 43/153、测绘科学与技术 30/50、化学工程与技术 159/218、地质资源与地质工程 3/50、石油与天然气工程 7/17、核科学与技术 14/22、环境科学与工程 113/197、管理科学与工程 85/228、工商管理 212/303。

优势专业

5★专业：地质工程 1/44。

4★专业：矿产普查与勘探 4/41、地球探测与信息技术 4/34。

通信地址：四川省成都市成华区二仙桥东三路 1 号
邮政编码：610059
电话号码：028-84078699
电子邮箱：yzb@cdut.edu.cn
研究生院（处）网址：www.gra.cdut.edu.cn

10615　西南石油大学

在中国普通高校研究生教育竞争力排行榜中的名次：总排名 151/574，四川省内排名 7/24，理工类排名 58/178。

共 20 个一级学科（学术学位）参评，其中 5★学科 0 个，4★学科 2 个，学科优秀率为 10%。

学科门类排名

经济学 232/259、法学 200/348、文学 267/271、理学 223/375、工学 58/369、管理学 264/376。

一级学科排名

应用经济学 220/243、马克思主义理论 103/325、外国语言文学 218/221、数学 185/239、地质学 19/42、力学 67/119、机械工程 59/208、仪器科学与技术 50/95、材料科学与工程 110/206、动力工程及工程热物理 53/114、控制科学与工程 171/186、计算机科学与技术 213/283、土木工程 63/153、化学工程与技术 33/218、地质资源与地质工程 16/50、石油与天然气工程 2/17、环境科学与工程 168/197、软件工程 189/197、管理科学与工程 165/228、工商管理 277/303。

优势专业

4★专业：油气井工程 2/12、油气田开发工程 2/13、油气储运工程 2/12。

通信地址：四川省成都市新都区新都大道 8 号
邮政编码：610500
电话号码：028-83032120
电子邮箱：yzb@swpu.edu.cn
研究生院（处）网址：www.yjsy.swpu.edu.cn

10636　四川师范大学

在中国普通高校研究生教育竞争力排行榜中的名次：总排名 179/574，四川省内排名 8/24，师范类排名 24/73。

共 26 个一级学科（学术学位）参评，其中 5★学科 0 个，4★学科 1 个，学科优秀率为 3.85%。

学科门类排名

哲学 49/177、经济学 151/259、法学 187/348、教育学 30/200、文学 62/271、历史学 50/125、理学 126/375、工学 278/369、管理学 237/376、艺术学 39/206。

一级学科排名

哲学 49/177、理论经济学 73/147、法学 122/188、马克思主义理论 211/325、教育学 19/155、心理学 54/102、体育学 87/119、中国语言文学 42/169、外国语言文学 136/221、中国史 49/122、世界史 45/73、数学 71/239、物理学 83/169、化学 161/185、地理学 51/92、生物学 179/222、生态学 116/132、材料科学与工程 185/206、计算机科学与技术 197/283、环境科学与工程 84/197、软件工程 81/197、工商管理 82/303、艺术学理论 51/75、音乐与舞蹈学 29/94、戏剧与影视学 40/70、美术学 59/133。

优势专业

4★专业：课程与教学论 17/101、学前教育学 9/50、成人教育学 7/38、教师教育 2/12、文艺学 20/142、中国古典文献学 14/104。

通信地址：四川省成都市锦江区静安路 5 号
邮政编码：610068
电话号码：028-84760732
电子邮箱：yzb@sicnu.edu.cn
研究生院（处）网址：www.yjsc.sicn

10619 西南科技大学

在中国普通高校研究生教育竞争力排行榜中的名次：总排名 223/574，四川省内排名 9/24，理工类排名 83/178。

共 25 个一级学科（学术学位）参评。

学科门类排名

法学 155/348、教育学 176/200、文学 194/271、理学 177/375、工学 160/369、管理学 213/376。

一级学科排名

法学 129/188、马克思主义理论 128/325、教育学 135/155、中国语言文学 159/169、外国语言文学 211/221、物理学 115/169、化学 122/185、生物学 134/222、机械工程 154/208、材料科学与工程 79/206、电子科学与技术 118/134、信息与通信工程 110/170、控制科学与工程 93/186、计算机科学与技术 193/283、建筑学 68/69、土木工程 91/153、化学工程与技术 144/218、地质资源与地质工程 31/50、矿业工程 27/56、环境科学与工程 87/197、城乡规划学 21/56、软件工程 153/197、安全科学与工程 32/57、工商管理 211/303、图书情报与档案管理 56/68。

通信地址：四川省绵阳市涪城区青龙大道中段 59 号
邮政编码：621010
电话号码：0816-6089115
电子邮箱：yjsy@swust.edu.cn
研究生院（处）网址：www.gd.swust.edu.cn

10633 成都中医药大学

在中国普通高校研究生教育竞争力排行榜中的名次：总排名 234/574，四川省内排名 10/24，医药类排名 25/72。

共 9 个一级学科（学术学位）参评，其中 5★学科 0 个，4★学科 2 个，学科优秀率为 22.22%。

学科门类排名

法学 347/348、医学 22/196、管理学 346/376。

一级学科排名

马克思主义理论 299/325、基础医学 83/99、临床医学 81/111、中医学 5/47、中西医结合 16/72、药学 44/145、中药学 6/59、护理学 63/74、公共管理 182/217。

优势专业

4★专业：中医妇科学 4/29、中医五官科学 2/22、针灸推拿学 3/35、中西医结合临床 11/68、药剂学 17/97。

通信地址：四川省成都市十二桥路 37 号
邮政编码：610072
电话号码：028-87786551
电子邮箱：yzb@cdutcm.edu.cn
研究生院（处）网址：www.yjs.cdutcm.edu.cn

10656 西南民族大学

在中国普通高校研究生教育竞争力排行榜中的名次：总排名 244/574，四川省内排名 11/24，民族类排名 3/13。

共 22 个一级学科（学术学位）参评，其中 5★学科 0 个，4★学科 1 个，学科优秀率为 4.55%。

学科门类排名

哲学 45/177、经济学 106/259、法学 48/348、文学 96/271、历史学 73/125、理学 264/375、工学 336/369、农学 64/111、管理学 176/376、艺术学 150/206。

一级学科排名

哲学 45/177、理论经济学 132/147、应用经济学 116/243、法学 52/188、社会学 93/96、民族学 5/45、马克思主义理论 268/325、中国语言文学 77/169、外国语言文学 124/221、考古学 35/58、中国史 78/122、化学 163/185、生物学 217/222、生态学 126/132、材料科学与工程 182/206、畜牧学 38/52、兽医学 34/44、管理科学与工程 200/228、工商管理 227/303、公共管理 105/217、音乐与舞蹈学 84/94、美术学 106/133。

优势专业

4★专业：民族学 4/34、中国少数民族艺术 4/25、印度语言文学 2/3。

通信地址：四川省成都市一环路南四段 16 号
邮政编码：610041
电话号码：028-85522031
电子邮箱：minyanyuan@swun.edu.cn
研究生院（处）网址：www.mzyjy.swun.edu.cn

10638 西华师范大学

在中国普通高校研究生教育竞争力排行榜中的名次：总排名 252/574，四川省内排名 12/24，师范类排名 31/73。

共 19 个一级学科（学术学位）参评，其中 5★学科 0 个，4★学科 1 个，学科优秀率为 5.26%。

学科门类排名

经济学 179/259、法学 122/348、教育学 28/200、文学 107/271、历史学 66/125、理学 163/375、工学 310/369、农学 78/111、管理学 227/376。

一级学科排名

理论经济学 71/147、应用经济学 215/243、政治学 50/125、马克思主义理论 94/325、教育学 28/155、体育学 45/119、中国语言文学 66/169、考古学 31/58、中国史 82/122、世界史 49/73、数学 152/239、物理学 101/169、化学 153/185、生物

学 144/222、生态学 93/132、计算机科学与技术 185/283、环境科学与工程 102/197、林学 26/62、公共管理 66/217。

通信地址：四川省南充市师大路 1 号
邮政编码：637002
电话号码：0817-2568034
电子邮箱：cwnuyjsc@163.com
研究生院（处）网址：www.218.6.128.155

10623　西华大学

在中国普通高校研究生教育竞争力排行榜中的名次：总排名 298/574，四川省内排名 13/24，综合类排名 58/87。

共 17 个一级学科（学术学位）参评。

学科门类排名

法学 246/348、文学 266/271、理学 302/375、工学 187/369、管理学 266/376。

一级学科排名

马克思主义理论 122/325、外国语言文学 209/221、数学 216/239、物理学 154/169、机械工程 116/208、仪器科学与技术 88/95、材料科学与工程 141/206、动力工程及工程热物理 83/114、电气工程 70/104、信息与通信工程 156/170、控制科学与工程 181/186、计算机科学与技术 131/283、土木工程 107/153、水利工程 68/74、食品科学与工程 64/101、软件工程 146/197、工商管理 126/303。

通信地址：四川省成都市金牛区金周路 999 号
邮政编码：610039
电话号码：028-87720075
电子邮箱：yzb@xhu.edu.cn
研究生院（处）网址：www.yjs.xhu.edu.cn

10653　成都体育学院

在中国普通高校研究生教育竞争力排行榜中的名次：总排名 327/574，四川省内排名 14/24，体育类排名 4/13。

共 4 个一级学科（学术学位）参评，其中 5★学科 0 个，4★学科 1 个，学科优秀率为 25%。

学科门类排名

教育学 51/200、文学 264/271、医学 166/196。

一级学科排名

体育学 17/119、新闻传播学 80/98、临床医学 107/111、中西医结合 66/72。

优势专业

4★专业：体育人文社会学 13/79、运动人体科学 10/68、体育教育训练学 14/106、民族传统体育学 5/63。

通信地址：四川省成都市武侯区体院路 2 号
邮政编码：610041
电话号码：028-85096075
电子邮箱：cdgaojg@163.com
研究生院（处）网址：www.yjs.cdsu.edu.cn

10621　成都信息工程大学

在中国普通高校研究生教育竞争力排行榜中的名次：总排名 353/574，四川省内排名 15/24，理工类排名 131/178。

共 9 个一级学科（学术学位）参评。

学科门类排名

经济学 212/259、理学 217/375、工学 271/369、管理学 335/376。

一级学科排名

应用经济学 198/243、数学 193/239、大气科学 7/18、统计学 51/162、信息与通信工程 64/170、计算机科学与技术 190/283、环境科学与工程 122/197、软件工程 58/197、管理科学与工程 176/228。

通信地址：四川省成都市西南航空港经济开发区学府路一段 24 号
邮政编码：610225
电话号码：028-85966365
电子邮箱：yzb@cuit.edu.cn
研究生院（处）网址：www.yjsc.cuit.edu.cn

10632　泸州医学院

在中国普通高校研究生教育竞争力排行榜中的名次：总排名 381/574，四川省内排名 16/24，医药类排名 46/72。

共 10 个一级学科（学术学位）参评。

学科门类排名

经济学 258/259、理学 371/375、医学 66/196。

一级学科排名

应用经济学 192/243、生物学 220/222、基础医学 73/99、临床医学 66/111、口腔医学 35/48、中医学 41/47、中西医结合 57/72、药学 88/145、中药学 50/59、护理学 53/74。

通信地址：四川省泸州市忠山路三段 319 号
邮政编码：646000
电话号码：0830-3162811
电子邮箱：tiaoji10632@126.com
研究生院（处）网址：www.220.166.97.70

10654　四川音乐学院

在中国普通高校研究生教育竞争力排行榜中的名次：总排名 422/574，四川省内排名 17/24，艺术类排名 17/29。

共 3 个一级学科（学术学位）参评，其中 5★学科 0 个，4★学科 1 个，学科优秀率为 33.33%。

学科门类排名

艺术学 37/206。

一级学科排名

艺术学理论 28/75、音乐与舞蹈学 7/94、美术学 50/133。

通信地址：四川省成都市新生路 6 号
邮政编码：610021
电话号码：028-85430277
电子邮箱：yzb@sccm.cn
研究生院（处）网址：www.yzw.sccm.cn

10622　四川理工学院

在中国普通高校研究生教育竞争力排行榜中的名次：
总排名 438/574，四川省内排名 18/24，理工类排名 148/178。
共 6 个一级学科（学术学位）参评。

学科门类排名

经济学 248/259、工学 257/369、管理学 332/376。

一级学科排名

应用经济学 183/243、机械工程 171/208、控制科学与工程 127/186、化学工程与技术 105/218、轻工技术与工程 32/46、管理科学与工程 160/228。

通信地址：四川省自贡市汇兴路学苑街 180 号
邮政编码：643000
电话号码：0813-5505850
电子邮箱：suseyjs@163.com
研究生院（处）网址：www.yjs.suse.edu.cn

10634　川北医学院

在中国普通高校研究生教育竞争力排行榜中的名次：
总排名 457/574，四川省内排名 19/24，医药类排名 58/72。
共 3 个一级学科（学术学位）参评。

学科门类排名

医学 89/196。

一级学科排名

基础医学 67/99、临床医学 48/111、药学 145/145。

通信地址：四川省南充市涪江路 234 号
邮政编码：637000
电话号码：0817-2240136
电子邮箱：yjscyzb@126.com
研究生院（处）网址：www.graduate.nsmc.edu.cn

13705　成都医学院

在中国普通高校研究生教育竞争力排行榜中的名次：
总排名 502/574，四川省内排名 20/24，医药类排名 65/72。
共 1 个一级学科（学术学位）参评。

学科门类排名

医学 120/196。

一级学科排名

基础医学 45/99。

通信地址：四川省成都市新都区新都大道 200 号
邮政编码：610500
电话号码：028-68289141
电子邮箱：cyyjsc001@163.com
研究生院（处）网址：www.cmc.edu.cn

11079　成都学院

在中国普通高校研究生教育竞争力排行榜中的名次：
总排名 505/574，四川省内排名 21/24，综合类排名 74/87。
共 2 个一级学科（学术学位）参评。

学科门类排名

工学 357/369、医学 143/196。

一级学科排名

化学工程与技术 187/218、药学 99/145。

通信地址：四川省成都市龙泉驿区成洛大道 1 号
邮政编码：610106
电话号码：028-84616702
电子邮箱：cdyjsc@163.com
研究生院（处）网址：www.xkb.cdu.edu.cn

10624　中国民用航空飞行学院

在中国普通高校研究生教育竞争力排行榜中的名次：
总排名 521/574，四川省内排名 22/24，理工类排名 168/178。
共 1 个一级学科（学术学位）参评。

学科门类排名

工学 313/369。

一级学科排名

交通运输工程 23/69。

通信地址：四川省广汉市南昌路四段 46 号
邮政编码：618307
电话号码：0838-5182078
电子邮箱：yzb@cafuc.edu.cn
研究生院（处）网址：www.218.6.160.237

10639　绵阳师范学院

在中国普通高校研究生教育竞争力排行榜中的名次：
总排名 552/574，四川省内排名 23/24，师范类排名 69/73。

通信地址：四川省绵阳市游仙区仙人路一段 30 号
邮政编码：621000
电话号码：0816-2203710
电子邮箱：yzb@mnu.cn
研究生院（处）网址：www.mnu.cn

12212　四川警察学院

在中国普通高校研究生教育竞争力排行榜中的名次：总排名 573/574，四川省内排名 24/24，文法类排名 32/32。

通信地址：四川省泸州市江阳区江阳西路 34 号
邮政编码：646000
电话号码：0830-3115671
电子邮箱：yzb@scpolicec.edu.cn
研究生院（处）网址：www.scpolicec.edu.cn

山东省

10422　山东大学

在中国普通高校研究生教育竞争力排行榜中的名次：总排名 12/574，山东省内排名 1/30，综合类排名 10/87。

共 60 个一级学科（学术学位）参评，其中 5★学科 6 个，4★学科 29 个，学科优秀率为 58.33%。

学科门类排名

哲学 11/177、经济学 13/259、法学 17/348、教育学 66/200、文学 16/271、历史学 11/125、理学 14/375、工学 32/369、医学 11/196、管理学 44/376、艺术学 46/206。

一级学科排名

哲学 11/177、理论经济学 16/147、应用经济学 17/243、法学 17/188、政治学 5/125、社会学 33/96、马克思主义理论 10/325、教育学 133/155、心理学 70/102、体育学 69/119、中国语言文学 20/169、外国语言文学 18/221、新闻传播学 15/98、考古学 9/58、中国史 9/122、世界史 23/73、数学 5/239、物理学 9/169、化学 15/185、海洋科学 25/31、地球物理学 18/22、生物学 12/222、系统科学 6/39、生态学 41/132、统计学 11/162、力学 33/119、机械工程 25/208、光学工程 23/89、仪器科学与技术 36/95、材料科学与工程 11/206、动力工程及工程热物理 21/114、电气工程 21/104、电子科学与技术 29/134、信息与通信工程 30/170、控制科学与工程 14/186、计算机科学与技术 41/283、建筑学 36/69、土木工程 25/153、水利工程 41/74、化学工程与技术 61/218、轻工技术与工程 11/46、交通运输工程 42/69、环境科学与工程 25/197、生物医学工程 18/87、软件工程 14/197、基础医学 11/99、临床医学 16/111、口腔医学 7/48、公共卫生与预防医学 6/71、中西医结合 37/72、药学 12/145、护理学 12/74、管理科学与工程 62/228、工商管理 45/303、公共管理 21/217、图书情报与档案管理 35/68、艺术学理论 64/75、音乐与舞蹈学 32/94、美术学 78/133、设计学 82/141。

优势专业

5★专业：产业经济学 10/198、科学社会主义与国际共产主义运动 2/62、马克思主义基本原理 10/263、马克思主义中国化研究 9/236、思想政治教育 15/299、文艺学 6/142、基础数学 4/181、计算数学 7/167、概率论与数理统计 4/141、应用数学 5/231、运筹学与控制论 4/157、微生物学 5/162、材料物理与化学 8/185、材料学 7/183、人体解剖与组织胚胎学 3/90。

4★专业：中国哲学 6/88、外国哲学 14/76、宗教学 6/54、科学技术哲学 16/111、政治经济学 13/114、西方经济学 12/94、国民经济学 15/95、财政学 11/98、金融学 30/181、国际贸易学 23/165、数量经济学 19/122、法学理论 12/108、宪法学与行政法学 15/126、刑法学 17/114、民商法学 22/147、诉讼法学 19/107、经济法学 14/132、国际法学 19/105、政治学理论 10/94、中外政治制度 10/60、中共党史 12/68、国际政治 9/65、国外马克思主义研究 11/83、汉语言文字学 13/133、中国古典文献学 11/104、中国古代文学 25/154、中国现当代文学 15/142、比较文学与世界文学 22/123、英语语言文学 28/184、日语语言文学 13/106、外国语言学及应用语言学 20/189、新闻学 16/83、传播学 12/94、理论物理 21/125、粒子物理与原子核物理 7/58、原子与分子物理 12/70、凝聚态物理 8/145、光学 15/134、无机化学 13/150、分析化学 22/157、有机化学 24/159、物理化学 10/156、高分子化学与物理 24/131、植物学 27/137、生理学 18/113、神经生物学 13/72、遗传学 16/140、发育生物学 9/83、细胞生物学 15/135、生物化学与分子生物学 16/202、系统理论 4/27、工程力学 21/110、机械制造及其自动化 18/186、车辆工程 26/137、材料加工工程 18/158、热能工程 14/79、电力系统及其自动化 15/82、信号与信息处理 28/152、控制理论与控制工程 16/170、检测技术与自动化装置 17/157、模式识别与智能系统 25/135、计算机系统结构 32/172、计算机软件与理论 31/213、计算机应用技术 37/280、发酵工程 7/41、环境科学 28/174、环境工程 17/170、免疫学 9/87、病原生物学 7/86、病理学与病理生理学 14/90、内科学 12/100、儿科学 16/86、老年医学 10/65、神经病学 13/86、皮肤病与性病学 13/78、影像医学与核医学 19/93、临床检验诊断学 18/92、妇产科学 6/90、耳鼻咽喉科学 8/83、肿瘤学 13/88、康复医学与理疗学 7/68、急诊医学 9/78、口腔临床医学 9/46、流行病与卫生统计学 5/62、卫生毒理学 9/45、药物化学 9/117、药剂学 12/97、生药学 16/87、药物分析学 13/96、微生物与生化药学 8/83、药理学 15/113、会计学 34/252、企业管理 31/293、行政管理 25/167、社会医学与卫生事业管理 6/72、社会保障 10/123。

通信地址：山东省济南市山大南路 27 号
邮政编码：250100
电话号码：0531-88364334
电子邮箱：sduyzb@163.com
研究生院（处）网址：www.grad.sdu.edu.cn

10423 中国海洋大学

在中国普通高校研究生教育竞争力排行榜中的名次：总排名 54/574，山东省内排名 2/30，理工类排名 27/178。

共 48 个一级学科（学术学位）参评，其中 5★学科 2 个，4★学科 9 个，学科优秀率为 22.92%。

学科门类排名

哲学 113/177、经济学 80/259、法学 82/348、教育学 185/200、文学 82/271、历史学 93/125、理学 19/375、工学 63/369、农学 20/111、医学 109/196、管理学 93/376。

一级学科排名

哲学 113/177、理论经济学 140/147、应用经济学 48/243、法学 38/188、政治学 70/125、社会学 91/96、马克思主义理论 216/325、体育学 104/119、中国语言文学 98/169、外国语言文学 48/221、考古学 49/58、中国史 107/122、数学 89/239、物理学 118/169、化学 91/185、地理学 24/92、大气科学 5/18、海洋科学 1/31、地质学 22/42、生物学 45/222、系统科学 38/39、生态学 45/132、统计学 159/162、力学 82/119、机械工程 179/208、光学工程 84/89、仪器科学与技术 91/95、材料科学与工程 97/206、动力工程及工程热物理 106/114、信息与通信工程 93/170、控制科学与工程 152/186、计算机科学与技术 55/283、土木工程 129/153、水利工程 15/74、测绘科学与技术 45/50、化学工程与技术 87/218、地质资源与地质工程 30/50、交通运输工程 69/69、环境科学与工程 15/197、生物医学工程 37/87、食品科学与工程 7/101、软件工程 44/197、水产 1/27、药学 21/145、管理科学与工程 132/228、工商管理 53/303、农林经济管理 35/62、公共管理 135/217。

优势专业

5★专业： 物理海洋学 1/14、海洋化学 1/19、海洋生物学 1/23、水产品加工及贮藏工程 2/46、捕捞学 1/6、渔业资源 1/14、文化产业管理 1/8。

4★专业： 环境与资源保护法学 11/75、地图学与地理信息系统 12/77、海洋地质 2/13、水生生物学 11/66、微生物学 22/162、遗传学 25/140、生物化学与分子生物学 38/202、港口、海岸及近海工程 5/26、环境科学 13/174、食品科学 15/96、水产养殖 2/27、药物化学 7/117、生药学 7/87、微生物与生化药学 15/83、会计学 41/252、旅游管理 19/186。

通信地址：山东省青岛市崂山区松岭路 238 号
邮政编码：266100
电话号码：0532-66782080
电子邮箱：hdyzb@ouc.edu.cn
研究生院（处）网址：www2.ouc.edu.cn

10425 中国石油大学（华东）

在中国普通高校研究生教育竞争力排行榜中的名次：总排名 81/574，山东省内排名 3/30，理工类排名 40/178。

共 38 个一级学科（学术学位）参评，其中 5★学科 0 个，4★学科 3 个，学科优秀率为 7.89%。

学科门类排名

哲学 132/177、经济学 203/259、法学 146/348、教育学 155/200、文学 186/271、理学 100/375、工学 49/369、管理学 122/376。

一级学科排名

哲学 132/177、应用经济学 182/243、法学 164/188、政治学 95/125、马克思主义理论 88/325、教育学 134/155、体育学 103/119、中国语言文学 162/169、外国语言文学 190/221、数学 141/239、物理学 109/169、化学 69/185、海洋科学 23/31、地球物理学 12/22、地质学 13/42、统计学 91/162、力学 57/119、机械工程 60/208、光学工程 82/89、仪器科学与技术 49/95、材料科学与工程 70/206、动力工程及工程热物理 33/114、电气工程 84/104、信息与通信工程 124/170、控制科学与工程 54/186、计算机科学与技术 238/283、土木工程 87/153、测绘科学与技术 22/50、化学工程与技术 13/218、地质资源与地质工程 7/50、石油与天然气工程 3/17、船舶与海洋工程 18/19、环境科学与工程 93/197、软件工程 80/197、安全科学与工程 22/57、管理科学与工程 63/228、工商管理 208/303、公共管理 198/217。

优势专业

4★专业： 马克思主义中国化研究 26/236、有机化学 23/159、机械电子工程 21/187、机械设计及理论 28/195、化学工程 18/130、化学工艺 12/139、生物化工 14/120、应用化学 19/211、工业催化 9/117、环境化工 2/6、矿产普查与勘探 8/41、地球探测与信息技术 5/34、地质工程 9/44。

通信地址：山东省青岛市经济技术开发区长江西路 66 号
邮政编码：266580
电话号码：0532-86981390
电子邮箱：sdyzb@upc.edu.cn
研究生院（处）网址：www.gs.upc.edu.cn

11065 青岛大学

在中国普通高校研究生教育竞争力排行榜中的名次：总排名 104/574，山东省内排名 4/30，综合类排名 32/87。

共 41 个一级学科（学术学位）参评。

学科门类排名

经济学 74/259、法学 156/348、教育学 129/200、文学 104/271、历史学 108/125、理学 70/375、工学 140/369、医学 37/196、管理学 146/376、艺术学 95/206。

一级学科排名

理论经济学 35/147、应用经济学 147/243、法学 89/188、政治学 75/125、马克思主义理论 188/325、教育学 108/155、中国语言文学 104/169、外国语言文学 69/221、中国史 114/122、数学 118/239、物理学 106/169、化学 162/185、生物学 75/222、系统科学 8/39、生态学 123/132、统计学 145/162、机械工程 150/208、材料科学与工程 76/206、动力工程及工程热物理 92/114、电气工程 78/104、信息与通信工程 140/170、控制科学与工程 148/186、计算机科学与技术 97/283、化学工程与技术 103/218、纺织科学与工程 8/25、环境科学与工程 99/197、软件工程 130/197、基础医学 36/99、临床医学 24/111、口腔医学 25/48、公共卫生与预防医学 29/71、中西医结合 44/72、药学 63/145、特种医学 6/11、护理学 23/74、管理科学与工程 126/228、工商管理 103/303、公共管理 73/217、音乐与舞蹈学 27/94、美术学 107/133、设计学 85/141。

优势专业

4★专业：人口、资源与环境经济学 20/101、生理学 13/113、系统理论 2/27、儿科学 17/86、眼科学 7/85。

通信地址：山东省青岛市宁夏路 308 号
邮政编码：266071
电话号码：0532-85954377
电子邮箱：qdyzb11906@126.com
研究生院（处）网址：www.grad.qdu.edu.cn

10445　山东师范大学

在中国普通高校研究生教育竞争力排行榜中的名次：总排名 116/574，山东省内排名 5/30，师范类排名 13/73。

共 35 个一级学科（学术学位）参评，其中 5★学科 0 个，4★学科 4 个，学科优秀率为 11.43%。

学科门类排名

哲学 48/177、经济学 109/259、法学 74/348、教育学 17/200、文学 30/271、历史学 43/125、理学 94/375、工学 248/369、管理学 166/376、艺术学 26/206。

一级学科排名

哲学 48/177、理论经济学 47/147、应用经济学 240/243、法学 119/188、政治学 39/125、马克思主义理论 44/325、教育学 20/155、心理学 15/102、体育学 30/119、中国语言文学 22/169、外国语言文学 83/221、新闻传播学 75/98、中国史 54/122、世界史 26/73、数学 78/239、物理学 57/169、化学 68/185、地理学 30/92、生物学 69/222、生态学 120/132、统计学 150/162、电子科学与技术 94/134、信息与通信工程 76/170、计算机科学与技术 80/283、化学工程与技术 120/218、环境科学与工程 158/197、食品科学与工程 97/101、管理科学与工程 86/228、工商管理 206/303、公共管理 130/217、艺术学理论 50/75、音乐与舞蹈学 28/94、戏剧与影视学 19/70、美术学 41/133、设计学 122/141。

优势专业

5★专业：中国现当代文学 7/142。

4★专业：马克思主义基本原理 32/263、马克思主义中国化研究 40/236、思想政治教育 45/299、教育学原理 7/91、课程与教学论 14/101、教育技术学 17/95、文艺学 19/142。

通信地址：山东省济南市文化东路 88 号
邮政编码：250014
电话号码：0531-86180804
电子邮箱：yzb@sdsf.edu.cn
研究生院（处）网址：www.yjs.sdnu.edu.cn

10434　山东农业大学

在中国普通高校研究生教育竞争力排行榜中的名次：总排名 122/574，山东省内排名 6/30，农林类排名 9/37。

共 28 个一级学科（学术学位）参评，其中 5★学科 0 个，4★学科 6 个，学科优秀率为 21.43%。

学科门类排名

经济学 169/259、法学 329/348、文学 258/271、理学 91/375、工学 121/369、农学 12/111、管理学 119/376。

一级学科排名

应用经济学 158/243、马克思主义理论 282/325、外国语言文学 207/221、化学 119/185、生物学 46/222、生态学 15/132、机械工程 164/208、计算机科学与技术 119/283、土木工程 130/153、水利工程 54/74、测绘科学与技术 33/50、化学工程与技术 197/218、轻工技术与工程 24/46、农业工程 15/52、环境科学与工程 112/197、食品科学与工程 10/101、风景园林学 47/65、作物学 9/53、园艺学 7/41、农业资源与环境 9/43、植物保护 9/50、畜牧学 14/52、兽医学 12/44、林学 11/62、草学 25/35、工商管理 282/303、农林经济管理 16/62、公共管理 99/217。

优势专业

4★专业：植物学 23/137、微生物学 27/162、发育生物学 10/83、农产品加工及贮藏工程 9/76、作物栽培学与耕作学 7/44、果树学 5/40、植物营养学 7/39、植物病理学 9/44、农业经济管理 10/59。

通信地址：山东省泰安市岱宗大街 61 号
邮政编码：271018
电话号码：0538-8242639
电子邮箱：yzb2008@sdau.edu.cn
研究生院（处）网址：www.yjsc.sdau.edu.cn

10424　山东科技大学

在中国普通高校研究生教育竞争力排行榜中的名次：总排名 134/574，山东省内排名 7/30，理工类排名 52/178。

共 30 个一级学科（学术学位）参评，其中 5★学科 0 个，4★学科 4 个，学科优秀率为 13.33%。

学科门类排名

法学 174/348、文学 189/271、理学 158/375、工学 82/369、管理学 129/376。

一级学科排名

法学 79/188、外国语言文学 116/221、数学 75/239、地理学 47/92、地质学 25/42、系统科学 20/39、统计学 135/162、力学 53/119、机械工程 38/208、仪器科学与技术 48/95、材料科学与工程 129/206、动力工程及工程热物理 43/114、电气工程 44/104、电子科学与技术 93/134、信息与通信工程 122/170、控制科学与工程 39/186、计算机科学与技术 82/283、土木工程 47/153、水利工程 67/74、测绘科学与技术 3/50、化学工程与技术 122/218、地质资源与地质工程 17/50、矿业工程 4/56、交通运输工程 54/69、环境科学与工程 190/197、软件工程 24/197、安全科学与工程 15/57、管理科学与工程 70/228、工商管理 152/303、图书情报与档案管理 55/68。

优势专业

4★专业：大地测量学与测量工程 6/37、摄影测量与遥感 3/35、地图制图学与地理信息工程 8/40、安全技术及工程 6/44。

通信地址：山东省青岛市经济技术开发区前湾港路 579 号
邮政编码：266590
电话号码：0532-86057150
电子邮箱：yzb@sdust.edu.cn
研究生院（处）网址：www.yjsy.sdust.edu.cn

10427 济南大学

在中国普通高校研究生教育竞争力排行榜中的名次：总排名 149/574，山东省内排名 8/30，综合类排名 41/87。

共 27 个一级学科（学术学位）参评。

学科门类排名

经济学 180/259、法学 270/348、教育学 161/200、文学 129/271、理学 188/375、工学 181/369、医学 105/196、管理学 259/376。

一级学科排名

应用经济学 201/243、社会学 67/96、马克思主义理论 223/325、心理学 69/102、中国语言文学 132/169、外国语言文学 191/221、数学 199/239、物理学 122/169、化学 87/185、机械工程 115/208、材料科学与工程 60/206、信息与通信工程 157/170、控制科学与工程 67/186、计算机科学与技术 133/283、土木工程 120/153、水利工程 48/74、化学工程与技术 55/218、环境科学与工程 92/197、软件工程 83/197、基础医学 74/99、临床医学 79/111、公共卫生与预防医学 54/71、中西医结合 72/72、药学 113/145、管理科学与工程 186/228、工商管理 287/303、图书情报与档案管理 65/68。

通信地址：山东省济南市南辛庄西路 336 号
邮政编码：250022
电话号码：0531-82765949
电子邮箱：yjs_zcm@ujn.edu.cn
研究生院（处）网址：www.yjs.ujn.edu.cn

10426 青岛科技大学

在中国普通高校研究生教育竞争力排行榜中的名次：总排名 158/574，山东省内排名 9/30，理工类排名 61/178。

共 25 个一级学科（学术学位）参评，其中 5★学科 0 个，4★学科 1 个，学科优秀率为 4%。

学科门类排名

经济学 193/259、法学 303/348、文学 195/271、理学 96/375、工学 109/369、医学 170/196、管理学 214/376、艺术学 156/206。

一级学科排名

应用经济学 179/243、马克思主义理论 242/325、外国语言文学 138/221、数学 130/239、化学 47/185、海洋科学 31/31、统计学 56/162、力学 114/119、机械工程 79/208、仪器科学与技术 89/95、材料科学与工程 47/206、动力工程及工程热物理 28/114、控制科学与工程 110/186、计算机科学与技术 183/283、化学工程与技术 21/218、矿业工程 48/56、轻工技术与工程 19/46、环境科学与工程 136/197、软件工程 138/197、安全科学与工程 40/57、药学 117/145、工商管理 175/303、图书情报与档案管理 68/68、美术学 83/133、设计学 129/141。

优势专业

4★专业：中国近现代史基本问题研究 20/120、高分子化学与物理 21/131、化学工程 22/130、化学工艺 14/139、生物化工 22/120、应用化学 18/211、工业催化 20/117。

通信地址：山东省青岛市市北区郑州路 53 号
邮政编码：266042
电话号码：0532-88958383
电子邮箱：yzb@qust.edu.cn
研究生院（处）网址：www.grad.qust.edu.cn

10446 曲阜师范大学

在中国普通高校研究生教育竞争力排行榜中的名次：总排名 179/574，山东省内排名 10/30，师范类排名 24/73。

共 31 个一级学科（学术学位）参评，其中 5★学科 0 个，4★学科 4 个，学科优秀率为 12.9%。

学科门类排名

哲学 38/177、法学 109/348、教育学 20/200、文学 37/271、历史学 39/125、理学 110/375、工学 258/369、农学 106/111、管理学 255/376、艺术学 62/206。

一级学科排名

哲学 38/177、政治学 47/125、马克思主义理论 37/325、教育学 27/155、心理学 14/102、体育学 14/119、中国语言文学 51/169、外国语言文学 57/221、考古学 55/58、中国史 40/122、世界史 39/73、数学 64/239、物理学 69/169、化学 129/185、地理学 54/92、生物学 164/222、系统科学 21/39、生态学 127/132、统计学 46/162、电子科学与技术 103/134、信息与通信工程 132/170、控制科学与工程 120/186、计算机科学与技术 202/283、软件工程 82/197、林学 57/62、公共管理 170/217、图书情报与档案管理 58/68、艺术学理论 43/75、音乐与舞蹈学 78/94、戏剧与影视学 51/70、美术学 99/133。

优势专业

4★专业：马克思主义中国化研究 37/236、应用心理学 15/87、体育人文社会学 7/79。

通信地址：山东省曲阜市静轩西路57号
邮政编码：273165
电话号码：0537-4455327
电子邮箱：yzb@qfsf.edu.cn
研究生院（处）网址：www.yjs.qfnu.edu.cn

10433 山东理工大学

在中国普通高校研究生教育竞争力排行榜中的名次：总排名220/574，山东省内排名11/30，理工类排名82/178。

共30个一级学科（学术学位）参评。

学科门类排名

经济学145/259、法学223/348、文学179/271、理学191/375、工学189/369、管理学181/376、艺术学193/206。

一级学科排名

理论经济学122/147、应用经济学156/243、社会学86/96、马克思主义理论140/325、中国语言文学154/169、数学177/239、化学160/185、生物学138/222、统计学130/162、力学83/119、机械工程94/208、仪器科学与技术56/95、材料科学与工程111/206、冶金工程22/24、动力工程及工程热物理99/114、电气工程55/104、控制科学与工程182/186、计算机科学与技术207/283、测绘科学与技术31/50、化学工程与技术137/218、矿业工程25/56、交通运输工程37/69、农业工程20/52、食品科学与工程91/101、软件工程136/197、管理科学与工程182/228、工商管理299/303、农林经济管理51/62、图书情报与档案管理57/68、美术学70/133。

通信地址：山东省淄博市张店区新村西路266号
邮政编码：255049
电话号码：0533-2782143
电子邮箱：yzb@sdlg.edu.cn
研究生院（处）网址：www yjsh.sdut.edu.cn

10447 聊城大学

在中国普通高校研究生教育竞争力排行榜中的名次：总排名246/574，山东省内排名12/30，师范类排名29/73。

共28个一级学科（学术学位）参评。

学科门类排名

经济学182/259、法学168/348、教育学65/200、文学136/271、历史学58/125、理学124/375、工学252/369、农学108/111、管理学362/376、艺术学110/206。

一级学科排名

应用经济学191/243、政治学63/125、马克思主义理论132/325、教育学41/155、心理学71/102、体育学101/119、中国语言文学114/169、外国语言文学154/221、中国史57/122、世界史43/73、数学168/239、物理学117/169、化学94/185、地理学78/92、生物学123/222、系统科学32/39、生态学131/132、材料科学与工程125/206、电子科学与技术127/134、信息与通信工程75/170、计算机科学与技术245/283、风景园林学46/65、软件工程150/197、林学59/62、管理科学与工程201/228、艺术学理论63/75、音乐与舞蹈学90/94、美术学123/133。

优势专业

4★专业：马克思主义基本原理53/263。

通信地址：山东省聊城市湖南路1号
邮政编码：252059
电话号码：0635-8239267
电子邮箱：yjsc@lcu.edu.cn
研究生院（处）网址：www.yjsc.lcu.edu.cn

10456 山东财经大学

在中国普通高校研究生教育竞争力排行榜中的名次：总排名251/574，山东省内排名13/30，财经类排名10/40。

共10个一级学科（学术学位）参评，其中5★学科0个，4★学科2个，学科优秀率为20%。

学科门类排名

经济学33/259、法学177/348、文学198/271、理学332/375、工学319/369、管理学90/376。

一级学科排名

理论经济学58/147、应用经济学27/243、法学103/188、马克思主义理论250/325、外国语言文学92/221、统计学47/162、计算机科学与技术186/283、管理科学与工程71/228、工商管理51/303、公共管理83/217。

优势专业

4★专业：金融学34/181、会计学33/252。

通信地址：山东省济南市市中区舜耕路40号
邮政编码：250002
电话号码：0531-82911053
电子邮箱：yzb@sdcj.edu.cn
研究生院（处）网址：www.pub.sdufe.edu.cn

11066 烟台大学

在中国普通高校研究生教育竞争力排行榜中的名次：总排名256/574，山东省内排名14/30，综合类排名56/87。

共23个一级学科（学术学位）参评。

学科门类排名

经济学252/259、法学101/348、文学146/271、历史学101/125、理学165/375、工学230/369、农学101/111、医学117/196、管理学321/376。

一级学科排名

应用经济学231/243、法学48/188、民族学27/45、中国语言文学117/169、外国语言文学113/221、考古学37/58、中国史121/122、数学120/239、物理学116/169、化学135/185、海洋科学22/31、生物学159/222、机械工程

192/208、材料科学与工程 172/206、电子科学与技术 112/134、信息与通信工程 170/170、计算机科学与技术 214/283、土木工程 113/153、化学工程与技术 124/218、环境科学与工程 193/197、食品科学与工程 93/101、药学 66/145、工商管理 268/303。

通信地址：山东省烟台市莱山区清泉路 30 号
邮政编码：264005
电话号码：0535-6906017
电子邮箱：yzb@ytu.edu.cn
研究生院（处）网址：www.yjs.ytu.edu.cn

10435 青岛农业大学

在中国普通高校研究生教育竞争力排行榜中的名次：总排名 258/574，山东省内排名 15/30，农林类排名 25/37。

共 16 个一级学科（学术学位）参评。

学科门类排名

理学 242/375、工学 233/369、农学 36/111、医学 194/196、管理学 315/376。

一级学科排名

生物学 107/222、化学工程与技术 150/218、农业工程 25/52、食品科学与工程 40/101、风景园林学 23/65、作物学 32/53、园艺学 25/41、农业资源与环境 30/43、植物保护 26/50、畜牧学 32/52、兽医学 25/44、林学 49/62、水产 24/27、草学 26/35、口腔医学 48/48、农林经济管理 28/62。

通信地址：山东省青岛市城阳区长城路 700 号
邮政编码：266109
电话号码：0532-86080598（传真）
电子邮箱：yzb@qau.edu.cn
研究生院（处）网址：www.grad.qau.edu.cn

10441 山东中医药大学

在中国普通高校研究生教育竞争力排行榜中的名次：总排名 270/574，山东省内排名 16/30，医药类排名 28/72。

共 9 个一级学科（学术学位）参评，其中 5★学科 0 个，4★学科 2 个，学科优秀率为 22.22%。

学科门类排名

法学 341/348、教育学 177/200、工学 349/369、医学 30/196。

一级学科排名

马克思主义理论 312/325、心理学 74/102、生物医学工程 67/87、临床医学 80/111、中医学 10/47、中西医结合 11/72、药学 89/145、中药学 12/59、护理学 50/74。

优势专业

4★专业：中医基础理论 3/31、中医临床基础 6/30、中医医史文献 2/26、中西医结合基础 7/47。

通信地址：山东省济南市长清区大学科技园山东中医药大学行政楼 207 室
邮政编码：250355
电话号码：0531-89628065（传真）
电子邮箱：yjsc8065@163.com
研究生院（处）网址：www.yjs.web.sdutcm.edu.cn

10429 青岛理工大学

在中国普通高校研究生教育竞争力排行榜中的名次：总排名 283/574，山东省内排名 17/30，理工类排名 102/178。

共 23 个一级学科（学术学位）参评。

学科门类排名

经济学 225/259、法学 342/348、理学 347/375、工学 132/369、管理学 250/376、艺术学 172/206。

一级学科排名

应用经济学 208/243、马克思主义理论 311/325、数学 207/239、力学 85/119、机械工程 77/208、材料科学与工程 178/206、信息与通信工程 154/170、控制科学与工程 176/186、计算机科学与技术 205/283、建筑学 27/69、土木工程 40/153、水利工程 69/74、地质资源与地质工程 47/50、矿业工程 40/56、交通运输工程 66/69、环境科学与工程 104/197、城乡规划学 54/56、风景园林学 62/65、软件工程 184/197、安全科学与工程 57/57、管理科学与工程 199/228、工商管理 246/303、设计学 74/141。

优势专业

4★专业：市政工程 19/100。

通信地址：山东省青岛市市北区抚顺路 11 号
邮政编码：266033
电话号码：0532-85071303
电子邮箱：yjshk@qtech.edu.cn
研究生院（处）网址：www.yjsh.qtech.edu.cn

10430 山东建筑大学

在中国普通高校研究生教育竞争力排行榜中的名次：总排名 286/574，山东省内排名 18/30，理工类排名 103/178。

共 19 个一级学科（学术学位）参评，其中 5★学科 0 个，4★学科 1 个，学科优秀率为 5.26%。

学科门类排名

法学 275/348、理学 346/375、工学 139/369、农学 110/111、管理学 241/376、艺术学 116/206。

一级学科排名

马克思主义理论 295/325、物理学 161/169、力学 98/119、机械工程 145/208、材料科学与工程 155/206、动力工程及工程热物理 81/114、控制科学与工程 121/186、计算机科学与技术 266/283、建筑学 12/69、土木工程 60/153、交通运输工程 53/69、环境科学与工程 142/197、城乡规划学 28/56、风景园林学 55/65、林学 60/62、管理科学与工程 131/228、工商管理 244/303、美术学 56/133、设计学 92/141。

优势专业

4★专业：城市规划与设计 9/52。

通信地址：山东省济南市临港开发区凤鸣路行政办公楼 BG107 室
邮政编码：250101
电话号码：0531-86367033（传真）
电子邮箱：yzb@sdjz.edu.cn
研究生院（处）网址：www.yanjiusheng.sdjzu.edu.cn

10451　鲁东大学

在中国普通高校研究生教育竞争力排行榜中的名次：总排名 293/574，山东省内排名 19/30，师范类排名 37/73。共 17 个一级学科（学术学位）参评。

学科门类排名

法学 166/348、教育学 55/200、文学 102/271、历史学 92/125、理学 155/375、工学 284/369、艺术学 191/206。

一级学科排名

马克思主义理论 133/325、教育学 68/155、心理学 53/102、体育学 59/119、中国语言文学 90/169、外国语言文学 76/221、中国史 113/122、世界史 54/73、数学 176/239、物理学 104/169、化学 142/185、地理学 69/92、生物学 195/222、生态学 88/132、材料科学与工程 151/206、计算机科学与技术 210/283、美术学 94/133。

通信地址：山东省烟台市芝罘区红旗中路 186 号
邮政编码：264025
电话号码：0535-6681458
电子邮箱：yzb@ldu.edu.cn
研究生院（处）网址：www.grad.ldu.edu.cn

10431　齐鲁工业大学

在中国普通高校研究生教育竞争力排行榜中的名次：总排名 317/574，山东省内排名 20/30，理工类排名 116/178。共 12 个一级学科（学术学位）参评。

学科门类排名

法学 309/348、理学 244/375、工学 200/369、管理学 240/376、艺术学 170/206。

一级学科排名

马克思主义理论 289/325、化学 123/185、机械工程 129/208、材料科学与工程 127/206、控制科学与工程 118/186、计算机科学与技术 247/283、化学工程与技术 116/218、轻工技术与工程 17/46、林业工程 14/17、食品科学与工程 68/101、工商管理 138/303、设计学 71/141。

通信地址：山东省济南市长清区大学路 3501 号
邮政编码：250353
电话号码：0531-89631518
电子邮箱：yzb10431@163.com
研究生院（处）网址：www.yjsc.qlu.edu.cn

10438　潍坊医学院

在中国普通高校研究生教育竞争力排行榜中的名次：总排名 342/574，山东省内排名 21/30，医药类排名 39/72。共 10 个一级学科（学术学位）参评。

学科门类排名

教育学 192/200、理学 282/375、医学 61/196、管理学 337/376。

一级学科排名

心理学 95/102、生物学 158/222、基础医学 55/99、临床医学 46/111、口腔医学 36/48、公共卫生与预防医学 33/71、中西医结合 65/72、药学 96/145、护理学 38/74、公共管理 168/217。

通信地址：山东省潍坊市宝通西街 7166 号
邮政编码：261053
电话号码：0536-8462341
电子邮箱：yzhb@wfmc.edu.cn
研究生院（处）网址：www.wfmc.edu.cn

10440　滨州医学院

在中国普通高校研究生教育竞争力排行榜中的名次：总排名 399/574，山东省内排名 22/30，医药类排名 49/72。共 5 个一级学科（学术学位）参评。

学科门类排名

医学 77/196。

一级学科排名

基础医学 37/99、临床医学 64/111、口腔医学 42/48、中西医结合 54/72、护理学 54/74。

通信地址：山东省烟台市莱山区观海路 346 号
邮政编码：264003
电话号码：0535-6913252
电子邮箱：byyzxwb@bzmc.edu.cn
研究生院（处）网址：www.yjsc.bzmc.edu.cn

10439　泰山医学院

在中国普通高校研究生教育竞争力排行榜中的名次：总排名 410/574，山东省内排名 23/30，医药类排名 50/72。共 6 个一级学科（学术学位）参评。

学科门类排名

理学 364/375、医学 88/196。

一级学科排名

生物学 215/222、基础医学 54/99、临床医学 56/111、公共卫生与预防医学 60/71、药学 78/145、护理学 35/74。

通信地址：山东省泰安市长城路 619 号
邮政编码：271000
电话号码：0538-6222218
电子邮箱：yjsb@tsmc.edu.cn
研究生院（处）网址：www.tsmc.edu.cn

10458　山东艺术学院

在中国普通高校研究生教育竞争力排行榜中的名次：总排名 417/574，山东省内排名 24/30，艺术类排名 16/29。

共 5 个一级学科（学术学位）参评，其中 5★学科 0 个，4★学科 1 个，学科优秀率为 20%。

学科门类排名

艺术学 25/206。

一级学科排名

艺术学理论 22/75、音乐与舞蹈学 14/94、戏剧与影视学 20/70、美术学 110/133、设计学 101/141。

通信地址：山东省济南市文化东路 91 号
邮政编码：250014
电话号码：0531-86522235
电子邮箱：yjsb@sdca.edu.cn
研究生院（处）网址：www.yjsc.sdca.edu.cn

10443　济宁医学院

在中国普通高校研究生教育竞争力排行榜中的名次：总排名 477/574，山东省内排名 25/30，医药类排名 62/72。

通信地址：山东省济宁市太白湖新区荷花路 16 号
邮政编码：272001
电话号码：0537-3616166
电子邮箱：yjsc0537@163.com
研究生院（处）网址：www.grad.jnmc.edu.cn

10457　山东体育学院

在中国普通高校研究生教育竞争力排行榜中的名次：总排名 487/574，山东省内排名 26/30，体育类排名 11/13。

共 1 个一级学科（学术学位）参评。

学科门类排名

教育学 105/200。

一级学科排名

体育学 27/119。

通信地址：山东省济南市世纪大道 10600 号
邮政编码：250102
电话号码：0531-89655111
电子邮箱：sdpeiyzb@163.com
研究生院（处）网址：www.sdpei.edu.cn

11688　山东工商学院

在中国普通高校研究生教育竞争力排行榜中的名次：总排名 495/574，山东省内排名 27/30，财经类排名 34/40。

共 4 个一级学科（学术学位）参评。

学科门类排名

经济学 149/259、理学 357/375、管理学 174/376。

一级学科排名

应用经济学 149/243、统计学 152/162、管理科学与工程 107/228、工商管理 218/303。

通信地址：山东省烟台市滨海中路 191 号
邮政编码：264005
电话号码：0535-6903764
电子邮箱：yjsc@sdibt.edu.cn
研究生院（处）网址：www.yjs.sdibt.edu.cn

10908　山东工艺美术学院

在中国普通高校研究生教育竞争力排行榜中的名次：总排名 514/574，山东省内排名 28/30，艺术类排名 29/29。

共 3 个一级学科（学术学位）参评。

学科门类排名

艺术学 101/206。

一级学科排名

艺术学理论 56/75、美术学 93/133、设计学 123/141。

通信地址：山东省济南市长清区大学科技园 1 号
邮政编码：250300
电话号码：0531-89626300
电子邮箱：yjszs@sdada.edu.cn
研究生院（处）网址：www.sdada.edu.cn

11510　山东交通学院

在中国普通高校研究生教育竞争力排行榜中的名次：总排名 525/574，山东省内排名 29/30，理工类排名 170/178。

通信地址：山东省济南市长清区大学科技园海棠路 5001 号
邮政编码：250357
电话号码：0531-80683788
电子邮箱：sdjtyzb@163.com
研究生院（处）网址：www.xkyyjsc.sdjtu.edu.cn

14100　山东政法学院

在中国普通高校研究生教育竞争力排行榜中的名次：总排名 561/574，山东省内排名 30/30，文法类排名 25/32。

通信地址：山东省济南市历下区解放东路 63 号
邮政编码：250014
电话号码：0531-88599998
电子邮箱：zhfalvshuoshi@126.com
研究生院（处）网址：www.yjsc.sdupsl.edu.cn

辽宁省

10141　大连理工大学

在中国普通高校研究生教育竞争力排行榜中的名次：总排名 21/574，辽宁省内排名 1/37，理工类排名 9/178。

共 44 个一级学科（学术学位）参评，其中 5★学科 5 个，4★学科 15 个，学科优秀率为 45.45%。

学科门类排名

哲学 32/177、经济学 83/259、法学 90/348、教育学 114/200、文学 111/271、理学 23/375、工学 10/369、医学 153/196、管理学 8/376、艺术学 144/206。

一级学科排名

哲学 32/177、理论经济学 78/147、应用经济学 67/243、法学 141/188、马克思主义理论 32/325、教育学 114/155、体育学 70/119、中国语言文学 148/169、外国语言文学 68/221、新闻传播学 69/98、数学 15/239、物理学 12/169、化学 22/185、生物学 93/222、系统科学 23/39、力学 2/119、机械工程 18/208、光学工程 35/89、仪器科学与技术 17/95、材料科学与工程 27/206、动力工程及工程热物理 18/114、电气工程 26/104、电子科学与技术 35/134、信息与通信工程 31/170、控制科学与工程 38/186、计算机科学与技术 22/283、建筑学 19/69、土木工程 14/153、水利工程 4/74、化学工程与技术 5/218、交通运输工程 35/69、船舶与海洋工程 5/19、航空宇航科学与技术 13/21、环境科学与工程 9/197、生物医学工程 36/87、城乡规划学 12/56、软件工程 33/197、安全科学与工程 30/57、药学 86/145、管理科学与工程 1/228、工商管理 19/303、公共管理 49/217、美术学 87/133、设计学 88/141。

优势专业

5★专业：科学技术哲学 5/111、固体力学 3/84、工程力学 1/110、计算机应用技术 12/280、结构工程 7/140、防灾减灾工程及防护工程 6/113、化学工程 6/130、化学工艺 6/139、生物化工 5/120、应用化学 4/211、工业催化 5/117、环境工程 3/170、企业管理 16/293、技术经济及管理 6/222。

4★专业：马克思主义基本原理 25/263、马克思主义中国化研究 19/236、思想政治教育 20/299、中国近现代史基本问题研究 24/120、高等教育学 22/117、基础数学 19/181、计算数学 12/167、概率论与数理统计 21/141、应用数学 18/231、运筹学与控制论 10/157、理论物理 9/125、原子与分子物理 11/70、等离子体物理 4/36、凝聚态物理 28/145、光学 21/134、无机化学 14/150、分析化学 20/157、有机化学 15/159、物理化学 11/156、高分子化学与物理 19/131、一般力学与力学基础 5/54、流体力学 8/66、机械制造及其自动化 14/186、机械电子工程 16/187、机械设计及理论 25/195、精密仪器及机械 13/73、材料物理与化学 23/185、材料学 21/183、材料加工工程 17/158、热能工程 15/79、动力机械及工程 11/70、制冷及低温工程 12/59、化工过程机械 11/65、微电子学与固体电子学 17/88、信号与信息处理 22/152、控制理论与控制工程 15/170、计算机软件与理论 16/213、建筑设计及其理论 8/55、岩土工程 21/130、市政工程 14/100、供热、供燃气、通风及空调工程 11/91、桥梁与隧道工程 20/102、水文学及水资源 5/57、水力学及河流动力学 5/37、水工结构工程 4/39、水利水电工程 5/41、港口、海岸及近海工程 2/26、船舶与海洋结构物设计制造 3/19、环境科学 17/174、会计学 30/252、旅游管理 28/186。

通信地址：辽宁省大连市甘井子区凌工路 2 号
邮政编码：116024
电话号码：0411-84708338
电子邮箱：yjsyzb@dlut.edu.cn
研究生院（处）网址：www.gs.dlut.edu.cn

10145　东北大学

在中国普通高校研究生教育竞争力排行榜中的名次：总排名 36/574，辽宁省内排名 2/37，理工类排名 17/178。

共 41 个一级学科（学术学位）参评，其中 5★学科 2 个，4★学科 11 个，学科优秀率为 31.71%。

学科门类排名

哲学 16/177、经济学 50/259、法学 104/348、教育学 154/200、文学 155/271、理学 86/375、工学 18/369、管理学 38/376、艺术学 130/206。

一级学科排名

哲学 16/177、理论经济学 111/147、应用经济学 41/243、法学 106/188、政治学 91/125、马克思主义理论 71/325、体育学 78/119、外国语言文学 54/221、数学 74/239、物理学 50/169、化学 46/185、生物学 187/222、系统科学 11/39、科学技术史 25/37、生态学 103/132、力学 38/119、机械工程 21/208、仪器科学与技术 45/95、材料科学与工程 19/206、冶金工程 3/24、动力工程及工程热物理 30/114、电气工程 33/104、电子科学与技术 65/134、信息与通信工程 27/170、控制科学与工程 5/186、计算机科学与技术 11/283、建筑学 40/69、土木工程 53/153、测绘科学与技术 19/50、化学工程与技术 71/218、地质资源与地质工程 36/50、矿业工程 8/56、环境科学与工程 77/197、生物医学工程 24/87、软件工程 19/197、安全科学与工程 18/57、管理科学与工程 26/228、工商管理 43/303、公共管理 14/217、音乐与舞蹈学 66/94、设计学 80/141。

优势专业

5★专业：科学技术哲学 6/111、钢铁冶金 1/22、控制理论与控制工程 2/170、检测技术与自动化装置 3/157、模式识别与智能系统 4/135、计算机系统结构 9/172、计算机应用技术 11/280。

4★专业：马克思主义哲学 12/109、国民经济学 16/95、金融学 29/181、产业经济学 35/198、国际贸易学 27/165、马克思主义基本原理 30/263、机械制造及其自动化 22/186、机械电子工程 23/187、机械设计及理论 15/195、材料物理与化学 19/185、材料学 16/183、材料加工工程 12/158、冶金物理化学 3/21、有色金属冶金 2/22、电力电子与电力传动 19/95、通信与信息系统 24/141、信号与信息处理 26/152、系统工程 6/108、导航、制导与控制 4/68、计算机软件与理论 12/213、采矿工程 6/32、矿物加工工程 5/29、会计学 31/252、企业管理 23/293、技术经济及管理 38/222、行政管理 12/167、教育经济与管理 10/139、社会保障 8/123、土地资源管理 14/102。

通信地址：辽宁省沈阳市和平区文化路 3 号
邮政编码：110819
电话号码：024-83687556
电子邮箱：dbdxyz@126.com
研究生院（处）网址：www.graduate.neu.edu.cn

10159　中国医科大学

在中国普通高校研究生教育竞争力排行榜中的名次：总排名 82/574，辽宁省内排名 3/37，医药类排名 3/72。

共 14 个一级学科（学术学位）参评，其中 5★学科 0 个，4★学科 4 个，学科优秀率为 28.57%。

学科门类排名

哲学 149/177、教育学 148/200、理学 101/375、工学 317/369、医学 13/196、管理学 229/376。

一级学科排名

哲学 149/177、心理学 59/102、生物学 43/222、生物医学工程 41/87、基础医学 22/99、临床医学 11/111、口腔医学 5/48、公共卫生与预防医学 10/71、中西医结合 55/72、药学 30/145、中药学 46/59、护理学 24/74、公共管理 120/217、图书情报与档案管理 67/68。

优势专业

5★专业：老年医学 3/65、皮肤病与性病学 4/78、劳动卫生与环境卫生学 2/50。

4★专业：微生物学 32/162、遗传学 27/140、细胞生物学 19/135、生物化学与分子生物学 30/202、人体解剖与组织胚胎学 7/90、免疫学 14/87、病原生物学 12/86、病理学与病理生理学 15/90、法医学 6/48、内科学 14/100、儿科学 7/86、神经病学 14/86、精神病与精神卫生学 6/68、影像医学与核医学 6/93、外科学 7/98、妇产科学 10/90、眼科学 12/85、耳鼻咽喉科学 13/83、肿瘤学 10/88、康复医学与理疗学 6/68、麻醉学 10/80、急诊医学 6/78、重症医学 2/19、口腔基础医学 5/32、口腔临床医学 4/46、儿少卫生与妇幼保健学 8/42、药理学 18/113。

通信地址：辽宁省沈阳市沈北新区蒲河路 77 号
邮政编码：110013
电话号码：024-31670100
电子邮箱：yzb@cmu.edu.cn
研究生院（处）网址：www.cmu.edu.cn

10140　辽宁大学

在中国普通高校研究生教育竞争力排行榜中的名次：总排名 127/574，辽宁省内排名 4/37，综合类排名 38/87。

共 32 个一级学科（学术学位）参评，其中 5★学科 0 个，4★学科 4 个，学科优秀率为 12.5%。

学科门类排名

哲学 39/177、经济学 14/259、法学 54/348、文学 57/271、历史学 47/125、理学 116/375、工学 261/369、医学 186/196、管理学 64/376、艺术学 201/206。

一级学科排名

哲学 39/177、理论经济学 10/147、应用经济学 16/243、法学 41/188、政治学 45/125、社会学 73/96、马克思主义理论 33/325、中国语言文学 49/169、外国语言文学 58/221、新闻传播学 41/98、考古学 44/58、中国史 56/122、世界史 31/73、数学 196/239、物理学 112/169、化学 53/185、生物学 163/222、生态学 128/132、统计学 75/162、仪器科学与技术 95/95、电子科学与技术 134/134、计算机科学与技术 103/283、化学工程与技术 177/218、环境科学与工程 162/197、食品科学与工程 101/101、软件工程 147/197、药学 141/145、管理科学与工程 220/228、工商管理 48/303、公共管理 72/217、图书情报与档案管理 46/68、戏剧与影视学 56/70。

优势专业

4★专业：政治经济学 12/114、世界经济 8/87、国民经济学 7/95、金融学 17/181、国际贸易学 28/165、民商法学 28/147、经济法学 21/132、马克思主义基本原理 34/263、思想政治教育 25/299、文艺学 17/142、会计学 48/252、企业管理 37/293、技术经济及管理 45/222。

通信地址：辽宁省沈阳市皇姑区崇山中路 66 号
邮政编码：110036
电话号码：024-62202349
电子邮箱：yzb@lnu.edu.cn
研究生院（处）网址：www.grs.lnu.edu.cn

10151　大连海事大学

在中国普通高校研究生教育竞争力排行榜中的名次：总排名 145/574，辽宁省内排名 5/37，理工类排名 56/178。

共 26 个一级学科（学术学位）参评，其中 5★学科 0 个，4★学科 4 个，学科优秀率为 15.38%。

学科门类排名

哲学 110/177、经济学 183/259、法学 66/348、文学 175/271、理学 167/375、工学 71/369、管理学 78/376。

一级学科排名

哲学 110/177、应用经济学 159/243、法学 35/188、马克思主义理论 55/325、外国语言文学 91/221、数学 129/239、物理学 94/169、海洋科学 28/31、生物学 204/222、力学 102/119、机械工程 127/208、材料科学与工程 96/206、动力工程及工程热物理 87/114、电气工程 80/104、电子科学与技术 76/134、信息与通信工程 40/170、控制科学与工程 49/186、计算机科学与技术 58/283、土木工程 121/153、交通运输工程 7/69、船舶与海洋工程 4/19、环境科学与工程 41/197、软件工程 54/197、管理科学与工程 48/228、工商管理 202/303、公共管理 78/217。

优势专业

5★专业：马克思主义中国化研究 12/236。

4★专业：宪法学与行政法学 23/126、民商法学 17/147、国际法学 10/105、计算机应用技术 49/280、交通信息工程及控制 7/56、交通运输规划与管理 9/54、载运工具运用工程 8/49、环境工程 34/170。

通信地址：辽宁省大连市凌海路 1 号
邮政编码：116026
电话号码：0411-84729493
电子邮箱：yzb@dlmu.edu.cn
研究生院（处）网址：www.grs.dlmu.edu.cn

10173 东北财经大学

在中国普通高校研究生教育竞争力排行榜中的名次：总排名 147/574，辽宁省内排名 6/37，财经类排名 6/40。

共 14 个一级学科（学术学位）参评，其中 5★学科 3 个，4★学科 2 个，学科优秀率为 35.71%。

学科门类排名

哲学 171/177、经济学 11/259、法学 138/348、教育学 199/200、文学 219/271、理学 214/375、工学 367/369、管理学 24/376。

一级学科排名

哲学 171/177、理论经济学 20/147、应用经济学 8/243、法学 75/188、政治学 117/125、社会学 57/96、马克思主义理论 161/325、教育学 148/155、外国语言文学 131/221、统计学 8/162、计算机科学与技术 242/283、管理科学与工程 61/228、工商管理 5/303、公共管理 29/217。

优势专业

5★专业：财政学 4/98、产业经济学 4/198、国际贸易学 7/165、会计学 5/252、企业管理 8/293、旅游管理 10/186。

4★专业：西方经济学 15/94、国民经济学 6/95、区域经济学 25/171、金融学 11/181、劳动经济学 10/92、数量经济学 7/122、行政管理 11/167、社会保障 16/123。

通信地址：辽宁省大连市黑石礁尖山街 217 号
邮政编码：116025
电话号码：0411-84738816
电子邮箱：graduate@dufe.edu.cn
研究生院（处）网址：www.graduate.dufe.edu.cn

10165 辽宁师范大学

在中国普通高校研究生教育竞争力排行榜中的名次：总排名 159/574，辽宁省内排名 7/37，师范类排名 18/73。

共 37 个一级学科（学术学位）参评，其中 5★学科 0 个，4★学科 4 个，学科优秀率为 10.81%。

学科门类排名

哲学 158/177、经济学 147/259、法学 75/348、教育学 22/200、文学 70/271、历史学 45/125、理学 82/375、工学 251/369、管理学 199/376、艺术学 57/206。

一级学科排名

哲学 158/177、理论经济学 131/147、应用经济学 168/243、法学 124/188、政治学 33/125、马克思主义理论 39/325、教育学 21/155、心理学 16/102、体育学 31/119、中国语言文学 60/169、外国语言文学 44/221、考古学 32/58、中国史 47/122、世界史 68/73、数学 93/239、物理学 80/169、化学 82/185、地理学 20/92、海洋科学 27/31、地质学 41/42、生物学 90/222、科学技术史 31/37、生态学 125/132、统计学 142/162、计算机科学与技术 91/283、水利工程 66/74、化学工程与技术 154/218、环境科学与工程 166/197、软件工程 120/197、管理科学与工程 196/228、工商管理 248/303、公共管理 208/217、图书情报与档案管理 52/68、音乐与舞蹈学 50/94、戏剧与影视学 41/70、美术学 79/133、设计学 131/141。

优势专业

5★专业：思想政治教育 14/299。

4★专业：中共党史 4/68、马克思主义基本原理 26/263、马克思主义中国化研究 38/236、教育学原理 13/91、课程与教学论 11/101、职业技术教育学 6/48、发展与教育心理学 11/58、应用心理学 11/87、人文地理学 8/67。

通信地址：辽宁省大连市黄河路 850 号
邮政编码：116029
电话号码：0411-82153737
电子邮箱：lsyjs@163.com
研究生院（处）网址：www.master.lnnu.edu.cn

10161 大连医科大学

在中国普通高校研究生教育竞争力排行榜中的名次：总排名 166/574，辽宁省内排名 8/37，医药类排名 14/72。

共 13 个一级学科（学术学位）参评，其中 5★学科 0 个，4★学科 1 个，学科优秀率为 7.69%。

学科门类排名

哲学 173/177、法学 298/348、教育学 189/200、理学 123/375、医学 35/196、管理学 339/376。

一级学科排名

哲学 173/177、马克思主义理论 235/325、心理学 89/102、生物学 55/222、基础医学 28/99、临床医学 30/111、口腔医学 32/48、公共卫生与预防医学 50/71、中医学 47/47、中西医结合 7/72、药学 37/145、护理学 61/74、公共管理 190/217。

优势专业

4★专业：生物化学与分子生物学 34/202、人体解剖与组织胚胎学 14/90、皮肤病与性病学 14/78、中西医结合临床 4/68。

通信地址：辽宁省大连市旅顺南路西段 9 号
邮政编码：116044
电话号码：0411-6110153
电子邮箱：dlmeduyzb@163.com
研究生院（处）网址：www.home.dlmedu.edu.cn

10157　沈阳农业大学

在中国普通高校研究生教育竞争力排行榜中的名次：总排名 173/574，辽宁省内排名 9/37，农林类排名 15/37。

共 22 个一级学科（学术学位）参评，其中 5★学科 0 个，4★学科 4 个，学科优秀率为 18.18%。

学科门类排名

法学 296/348、理学 209/375、工学 141/369、农学 13/111、管理学 133/376。

一级学科排名

马克思主义理论 304/325、大气科学 15/18、生物学 104/222、生态学 61/132、机械工程 201/208、计算机科学与技术 280/283、水利工程 55/74、农业工程 8/52、环境科学与工程 163/197、食品科学与工程 16/101、风景园林学 36/65、作物学 14/53、园艺学 5/41、农业资源与环境 6/43、植物保护 11/50、畜牧学 34/52、兽医学 21/44、林学 17/62、草学 28/35、工商管理 242/303、农林经济管理 20/62、公共管理 174/217。

优势专业

4★专业：农业水土工程 7/35、农业电气化与自动化 8/41、食品科学 19/96、作物栽培学与耕作学 8/44、果树学 7/40、蔬菜学 3/37、土壤学 6/37、植物营养学 6/39、植物病理学 8/44、农业经济管理 8/59。

通信地址：辽宁省沈阳市东陵路 120 号
邮政编码：110866
电话号码：024-888487057
电子邮箱：10157yz@163.com
研究生院（处）网址：www.grs.syau.edu.cn

10147　辽宁工程技术大学

在中国普通高校研究生教育竞争力排行榜中的名次：总排名 212/574，辽宁省内排名 10/37，理工类排名 79/178。

共 20 个一级学科（学术学位）参评，其中 5★学科 0 个，4★学科 3 个，学科优秀率为 15%。

学科门类排名

经济学 246/259、理学 305/375、工学 97/369、农学 99/111、管理学 117/376。

一级学科排名

应用经济学 229/243、数学 159/239、力学 42/119、机械工程 78/208、材料科学与工程 142/206、动力工程及工程热物理 96/114、电气工程 61/104、信息与通信工程 128/170、控制科学与工程 122/186、计算机科学与技术 122/283、土木工程 49/153、测绘科学与技术 7/50、地质资源与地质工程 32/50、矿业工程 7/56、环境科学与工程 115/197、软件工程 111/197、安全科学与工程 28/57、林学 52/62、管理科学与工程 44/228、工商管理 87/303。

优势专业

5★专业：安全技术及工程 2/44。

4★专业：机械设计及理论 33/195、岩土工程 24/130、大地测量学与测量工程 7/37、摄影测量与遥感 5/35、地图制图学与地理信息工程 6/40、企业管理 59/293。

通信地址：辽宁省阜新市细河区中华路 47 号
邮政编码：123000
电话号码：0418-3350462
电子邮箱：3350462@163.com
研究生院（处）网址：www.202.199.224.25

10142　沈阳工业大学

在中国普通高校研究生教育竞争力排行榜中的名次：总排名 218/574，辽宁省内排名 11/37，理工类排名 81/178。

共 21 个一级学科（学术学位）参评，其中 5★学科 0 个，4★学科 1 个，学科优秀率为 4.76%。

学科门类排名

哲学 163/177、经济学 230/259、法学 215/348、理学 287/375、工学 85/369、管理学 108/376。

一级学科排名

哲学 163/177、应用经济学 202/243、法学 117/188、马克思主义理论 237/325、数学 171/239、物理学 160/169、力学 73/119、机械工程 51/208、仪器科学与技术 33/95、材料科学与工程 73/206、动力工程及工程热物理 108/114、电气工程 12/104、电子科学与技术 99/134、信息与通信工程 142/170、控制科学与工程 111/186、计算机科学与技术 143/283、土木工程 152/153、化学工程与技术 168/218、生物医学工程 84/87、管理科学与工程 52/228、工商管理 88/303。

优势专业

4★专业：电机与电器 9/73。

通信地址：辽宁省沈阳市经济技术开发区沈辽西路 111 号
邮政编码：110870
电话号码：024-25494900
电子邮箱：yzbsut@163.com
研究生院（处）网址：www.yjsxy.sut.edu.cn

10163　沈阳药科大学

在中国普通高校研究生教育竞争力排行榜中的名次：总排名 219/574，辽宁省内排名 12/37，医药类排名 24/72。

共 6 个一级学科（学术学位）参评，其中 5★学科 1

个，4★学科 0 个，学科优秀率为 16.67%。

学科门类排名

理学 197/375、工学 287/369、医学 43/196、管理学 341/376。

一级学科排名

化学 97/185、化学工程与技术 81/218、中西医结合 52/72、药学 2/145、中药学 15/59、工商管理 264/303。

优势专业

5★专业：药物化学 5/117、药剂学 2/97、药物分析学 4/96、微生物与生化药学 3/83、药事管理学 1/8。

4★专业：生药学 5/87、药理学 12/113、临床药学 3/15。

通信地址：辽宁省沈阳市沈河区文化路 103 号
邮政编码：110016
电话号码：024-23986089
电子邮箱：islandwhx@126.com
研究生院（处）网址：www.grs-syphu.com

10167　渤海大学

在中国普通高校研究生教育竞争力排行榜中的名次：总排名 249/574，辽宁省内排名 13/37，综合类排名 55/87。

共 18 个一级学科（学术学位）参评。

学科门类排名

哲学 135/177、法学 142/348、教育学 81/200、文学 119/271、历史学 67/125、理学 172/375、工学 231/369、管理学 352/376、艺术学 176/206。

一级学科排名

哲学 135/177、政治学 102/125、马克思主义理论 113/325、教育学 47/155、中国语言文学 111/169、新闻传播学 78/98、中国史 73/122、世界史 52/73、数学 122/239、物理学 102/169、化学 101/185、控制科学与工程 96/186、计算机科学与技术 199/283、化学工程与技术 161/218、食品科学与工程 43/101、软件工程 119/197、工商管理 181/303、美术学 47/133。

通信地址：辽宁省锦州市松山新区科技路 19 号
邮政编码：121013
电话号码：0416-3400137
电子邮箱：webmaster@bhu.edu.cn
研究生院（处）网址：www.210.47.176.3

10153　沈阳建筑大学

在中国普通高校研究生教育竞争力排行榜中的名次：总排名 254/574，辽宁省内排名 14/37，理工类排名 93/178。

共 15 个一级学科（学术学位）参评，其中 5★学科 0 个，4★学科 3 个，学科优秀率为 20%。

学科门类排名

法学 259/348、工学 122/369、管理学 323/376、艺术学 155/206。

一级学科排名

马克思主义理论 240/325、力学 63/119、机械工程 93/208、材料科学与工程 136/206、控制科学与工程 131/186、计算机科学与技术 237/283、建筑学 13/69、土木工程 26/153、交通运输工程 43/69、环境科学与工程 101/197、城乡规划学 11/56、风景园林学 22/65、软件工程 100/197、管理科学与工程 106/228、设计学 40/141。

优势专业

4★专业：建筑设计及其理论 11/55、市政工程 16/100、供热、供燃气、通风及空调工程 16/91。

通信地址：辽宁省沈阳市浑南新区浑南东路 9 号
邮政编码：110168
电话号码：024-24692889
电子邮箱：yjszs@sjzu.edu.cn
研究生院（处）网址：www.grs.sjzu.edu.cn

10166　沈阳师范大学

在中国普通高校研究生教育竞争力排行榜中的名次：总排名 272/574，辽宁省内排名 15/37，师范类排名 35/73。

共 25 个一级学科（学术学位）参评，其中 5★学科 0 个，4★学科 1 个，学科优秀率为 4%。

学科门类排名

哲学 79/177、经济学 233/259、法学 123/348、教育学 32/200、文学 85/271、理学 179/375、工学 303/369、管理学 160/376、艺术学 94/206。

一级学科排名

哲学 79/177、理论经济学 105/147、法学 77/188、政治学 99/125、社会学 40/96、马克思主义理论 184/325、教育学 31/155、心理学 47/102、体育学 49/119、中国语言文学 67/169、外国语言文学 108/221、数学 183/239、物理学 119/169、化学 180/185、生物学 152/222、生态学 81/132、统计学 120/162、材料科学与工程 203/206、计算机科学与技术 253/283、化学工程与技术 155/218、管理科学与工程 197/228、工商管理 207/303、公共管理 65/217、音乐与舞蹈学 31/94、美术学 40/133。

通信地址：辽宁省沈阳市皇姑区黄河北大街 253 号
邮政编码：110034
电话号码：024-86592979
电子邮箱：synuyzb@126.com
研究生院（处）网址：www.yjs.synu.edu.cn

10150　大连交通大学

在中国普通高校研究生教育竞争力排行榜中的名次：总排名 275/574，辽宁省内排名 16/37，理工类排名 97/178。

共 13 个一级学科（学术学位）参评。

学科门类排名

法学 287/348、理学 259/375、工学 120/369、管理学 272/376。

一级学科排名

马克思主义理论 258/325、数学 169/239、力学 65/119、机械工程 44/208、材料科学与工程 67/206、电气工程 91/104、控制科学与工程 76/186、计算机科学与技术 175/283、交通运输工程 26/69、环境科学与工程 117/197、软件工程 139/197、管理科学与工程 148/228、工商管理 247/303。

通信地址：辽宁省大连市沙河口区黄河路 794 号
邮政编码：116028
电话号码：0411-84106587
电子邮箱：yjsb@djtu.edu.cn
研究生院（处）网址：www.gs.djtu.edu.cn

11258　大连大学

在中国普通高校研究生教育竞争力排行榜中的名次：总排名 276/574，辽宁省内排名 17/37，综合类排名 57/87。

共 28 个一级学科（学术学位）参评。

学科门类排名

哲学 176/177、经济学 257/259、法学 277/348、教育学 137/200、文学 145/271、历史学 81/125、理学 220/375、工学 232/369、医学 100/196、管理学 252/376、艺术学 79/206。

一级学科排名

哲学 176/177、理论经济学 141/147、马克思主义理论 208/325、教育学 147/155、体育学 62/119、中国语言文学 133/169、外国语言文学 158/221、中国史 100/122、世界史 51/73、数学 225/239、化学 151/185、生物学 188/222、机械工程 172/208、材料科学与工程 204/206、控制科学与工程 78/186、计算机科学与技术 101/283、土木工程 94/153、环境科学与工程 149/197、软件工程 63/197、基础医学 94/99、临床医学 75/111、中西医结合 68/72、护理学 49/74、管理科学与工程 208/228、工商管理 250/303、音乐与舞蹈学 33/94、美术学 42/133、设计学 41/141。

通信地址：辽宁省大连市经济技术开发区学府大街 10 号
邮政编码：116622
电话号码：0411-87402323
电子邮箱：yzb@dlu.edu.cn
研究生院（处）网址：www.graduate.dlu.edu.cn

10152　大连工业大学

在中国普通高校研究生教育竞争力排行榜中的名次：总排名 296/574，辽宁省内排名 18/37，理工类排名 108/178。

共 14 个一级学科（学术学位）参评，其中 5★学科 0 个，4★学科 1 个，学科优秀率为 7.14%。

学科门类排名

理学 267/375、工学 174/369、管理学 345/376、艺术学 87/206。

一级学科排名

生物学 131/222、机械工程 135/208、光学工程 80/89、材料科学与工程 157/206、动力工程及工程热物理 109/114、控制科学与工程 174/186、化学工程与技术 153/218、纺织科学与工程 10/25、轻工技术与工程 10/46、环境科学与工程 125/197、食品科学与工程 21/101、工商管理 270/303、美术学 34/133、设计学 13/141。

通信地址：辽宁省大连市甘井子区轻工苑 1 号
邮政编码：116034
电话号码：0411-86323616
电子邮箱：yzb@dlpu.edu.cn
研究生院（处）网址：www.yjs.dep.dlpu.edu.cn

10160　辽宁医学院

在中国普通高校研究生教育竞争力排行榜中的名次：总排名 296/574，辽宁省内排名 18/37，医药类排名 32/72。

共 12 个一级学科（学术学位）参评。

学科门类排名

哲学 168/177、法学 334/348、理学 292/375、工学 346/369、医学 62/196。

一级学科排名

哲学 168/177、马克思主义理论 278/325、生物学 142/222、生态学 132/132、食品科学与工程 82/101、基础医学 48/99、临床医学 52/111、口腔医学 40/48、公共卫生与预防医学 49/71、中西医结合 62/72、药学 73/145、护理学 48/74。

通信地址：辽宁省锦州市松坡路三段 40 号
邮政编码：121001
电话号码：0416-4673300
电子邮箱：yzb10160@163.com
研究生院（处）网址：www.yjsc.jzmu.edu.cn

10144　沈阳理工大学

在中国普通高校研究生教育竞争力排行榜中的名次：总排名 321/574，辽宁省内排名 20/37，理工类排名 119/178。

共 16 个一级学科（学术学位）参评。

学科门类排名

经济学 256/259、法学 337/348、工学 191/369、管理学 320/376、艺术学 197/206。

一级学科排名

应用经济学 242/243、马克思主义理论 320/325、力学 106/119、机械工程 89/208、光学工程 81/89、材料科学与工程 135/206、电子科学与技术 132/134、信息与通信工程 123/170、控制科学与工程 65/186、计算机科学与技术 126/283、化学工程与技术 138/218、兵器科学与技术 5/9、环境科学与工程 178/197、软件工程 116/197、工商管理 236/303、设计学 53/141。

通信地址：辽宁省沈阳市浑南新区南屏中路 6 号
邮政编码：110159
电话号码：024-24686219
电子邮箱：dzj6028@163.com
研究生院（处）网址：www.sites.sylu.edu.cn

10149　沈阳化工大学

在中国普通高校研究生教育竞争力排行榜中的名次：总排名 325/574，辽宁省内排名 21/37，理工类排名 121/178。

共 15 个一级学科（学术学位）参评。

学科门类排名

经济学 209/259、理学 219/375、工学 206/369、医学 181/196、管理学 366/376。

一级学科排名

应用经济学 199/243、化学 104/185、统计学 118/162、机械工程 181/208、材料科学与工程 144/206、动力工程及工程热物理 85/114、信息与通信工程 135/170、控制科学与工程 149/186、计算机科学与技术 177/283、化学工程与技术 78/218、石油与天然气工程 17/17、环境科学与工程 131/197、软件工程 123/197、药学 132/145、管理科学与工程 174/228。

通信地址：辽宁省沈阳市经济技术开发区 11 号
邮政编码：110142
电话号码：024-89386567
电子邮箱：yzbsyict@126.com
研究生院（处）网址：www.grs.syuct.edu.cn

10146　辽宁科技大学

在中国普通高校研究生教育竞争力排行榜中的名次：总排名 330/574，辽宁省内排名 22/37，理工类排名 124/178。

共 14 个一级学科（学术学位）参评。

学科门类排名

理学 359/375、工学 134/369、管理学 298/376。

一级学科排名

数学 202/239、力学 100/119、机械工程 189/208、材料科学与工程 160/206、冶金工程 17/24、动力工程及工程热物理 90/114、电气工程 95/104、控制科学与工程 150/186、计算机科学与技术 235/283、土木工程 150/153、化学工程与技术 46/218、矿业工程 33/56、软件工程 169/197、工商管理 234/303。

通信地址：辽宁省鞍山市铁东区千山中路 185 号
邮政编码：114051
电话号码：0412-5928178
电子邮箱：wangdetao0803@163.com
研究生院（处）网址：www.ustl.edu.cn

10143　沈阳航空航天大学

在中国普通高校研究生教育竞争力排行榜中的名次：总排名 332/574，辽宁省内排名 23/37，理工类排名 126/178。

共 15 个一级学科（学术学位）参评，其中 5★学科 0 个，4★学科 1 个，学科优秀率为 6.67%。

学科门类排名

法学 273/348、工学 178/369、管理学 286/376、艺术学 158/206。

一级学科排名

马克思主义理论 186/325、力学 62/119、机械工程 112/208、材料科学与工程 154/206、动力工程及工程热物理 65/114、信息与通信工程 112/170、控制科学与工程 82/186、计算机科学与技术 127/283、矿业工程 52/56、航空宇航科学与技术 12/21、软件工程 94/197、安全科学与工程 31/57、管理科学与工程 110/228、工商管理 267/303、设计学 20/141。

通信地址：辽宁省沈阳市沈北新区道义南大街 37 号
邮政编码：110136
电话号码：024-89726538
电子邮箱：yzb@sau.edu.cn
研究生院（处）网址：www.yjs.sau.edu.cn

10162　辽宁中医药大学

在中国普通高校研究生教育竞争力排行榜中的名次：总排名 335/574，辽宁省内排名 24/37，医药类排名 37/72。

共 5 个一级学科（学术学位）参评。

学科门类排名

法学 343/348、医学 44/196。

一级学科排名

马克思主义理论 308/325、中医学 11/47、中西医结合 15/72、药学 38/145、中药学 18/59。

优势专业

4★专业：中医基础理论 4/31、中医外科学 6/30、中西医结合护理学 2/7、生药学 13/87。

通信地址：辽宁省沈阳市皇姑区崇山东路 79 号
邮政编码：110847
电话号码：024-31207065
电子邮箱：lnzyyzb@tom.com
研究生院（处）网址：www.yjs.lnutcm.edu.cn

10148　辽宁石油化工大学

在中国普通高校研究生教育竞争力排行榜中的名次：总排名 338/574，辽宁省内排名 25/37，理工类排名 128/178。

共 15 个一级学科（学术学位）参评。

学科门类排名

法学 214/348、理学 252/375、工学 177/369、管理学

265/376。

一级学科排名

马克思主义理论 135/325、化学 124/185、力学 116/119、机械工程 183/208、材料科学与工程 132/206、动力工程及工程热物理 80/114、控制科学与工程 75/186、计算机科学与技术 180/283、化学工程与技术 59/218、矿业工程 49/56、石油与天然气工程 11/17、环境科学与工程 165/197、软件工程 196/197、安全科学与工程 52/57、工商管理 136/303。

通信地址：辽宁省抚顺市望花区丹东路（西段）1号
邮政编码：113001
电话号码：024-56860939
电子邮箱：yanjs@lnpu.edu.cn
研究生院（处）网址：www.ges.lnpu.edu.cn

11035 沈阳大学

在中国普通高校研究生教育竞争力排行榜中的名次：总排名 360/574，辽宁省内排名 26/37，综合类排名 66/87。

共 10 个一级学科（学术学位）参评。

学科门类排名

经济学 187/259、理学 316/375、工学 238/369、管理学 284/376、艺术学 190/206。

一级学科排名

应用经济学 170/243、生物学 206/222、生态学 110/132、材料科学与工程 140/206、控制科学与工程 90/186、土木工程 109/153、环境科学与工程 161/197、管理科学与工程 173/228、工商管理 221/303、美术学 64/133。

通信地址：辽宁省沈阳市大东区联合路 54 号
邮政编码：110044
电话号码：024-62266962
电子邮箱：yjsb03@syugs.org.cn
研究生院（处）网址：www.syugs.org.cn

10158 大连海洋大学

在中国普通高校研究生教育竞争力排行榜中的名次：总排名 391/574，辽宁省内排名 27/37，农林类排名 33/37。

共 13 个一级学科（学术学位）参评。

学科门类排名

理学 246/375、工学 265/369、农学 53/111、管理学 338/376。

一级学科排名

海洋科学 17/31、生物学 148/222、生态学 102/132、计算机科学与技术 203/283、水利工程 52/74、农业工程 41/52、环境科学与工程 182/197、生物医学工程 85/87、食品科学与工程 62/101、软件工程 192/197、畜牧学 44/52、水产 7/27、工商管理 252/303。

通信地址：辽宁省大连市沙河口区黑石礁街 52 号
邮政编码：116023
电话号码：0411-84762665
电子邮箱：yzb@dlou.edu.cn
研究生院（处）网址：www.gs.dlou.edu.cn

10176 沈阳体育学院

在中国普通高校研究生教育竞争力排行榜中的名次：总排名 399/574，辽宁省内排名 28/37，体育类排名 6/13。

共 1 个一级学科（学术学位）参评，其中 5★学科 0 个，4★学科 1 个，学科优秀率为 100%。

学科门类排名

教育学 61/200。

一级学科排名

体育学 24/119。

优势专业

4★专业：体育教育训练学 18/106。

通信地址：辽宁省沈阳市苏家屯区金钱松东路 36 号
邮政编码：110102
电话号码：024-89166572
电子邮箱：yzb@syty.edu.cn
研究生院（处）网址：www.yjs.syty.edu.cn

10154 辽宁工业大学

在中国普通高校研究生教育竞争力排行榜中的名次：总排名 410/574，辽宁省内排名 29/37，理工类排名 144/178。

共 15 个一级学科（学术学位）参评。

学科门类排名

法学 266/348、理学 308/375、工学 205/369、管理学 324/376。

一级学科排名

马克思主义理论 232/325、数学 224/239、力学 108/119、机械工程 119/208、材料科学与工程 145/206、冶金工程 24/24、动力工程及工程热物理 104/114、电气工程 86/104、信息与通信工程 162/170、控制科学与工程 130/186、计算机科学与技术 231/283、土木工程 119/153、交通运输工程 45/69、管理科学与工程 211/228、工商管理 295/303。

通信地址：辽宁省锦州市古塔区士英街 169 号
邮政编码：121001
电话号码：0416-4198179
电子邮箱：lngxy@126.com
研究生院（处）网址：www.yjsxy.lnut.edu.cn

12026 大连民族学院

在中国普通高校研究生教育竞争力排行榜中的名次：总排名 438/574，辽宁省内排名 30/37，民族类排名 11/13。

通信地址：辽宁省大连市经济技术开发区辽河西路 18 号
邮政编码：116600
电话号码：0411-87533705
电子邮箱：yzb@dlnu.edu.cn
研究生院（处）网址：www.gd.dlnu.edu.cn

10177　沈阳音乐学院

在中国普通高校研究生教育竞争力排行榜中的名次：总排名 440/574，辽宁省内排名 31/37，艺术类排名 19/29。

共 2 个一级学科（学术学位）参评。

学科门类排名

艺术学 102/206。

一级学科排名

艺术学理论 19/75、音乐与舞蹈学 25/94。

通信地址：辽宁省沈阳市和平区三好街 61 号
邮政编码：110818
电话号码：024-83910311
电子邮箱：sycmyjs@163.com
研究生院（处）网址：www.sycm.com.cn

10172　大连外国语大学

在中国普通高校研究生教育竞争力排行榜中的名次：总排名 455/574，辽宁省内排名 32/37，文法类排名 19/32。

共 3 个一级学科（学术学位）参评，其中 5★学科 0 个，4★学科 1 个，学科优秀率为 33.33%。

学科门类排名

法学 348/348、文学 64/271。

一级学科排名

马克思主义理论 325/325、中国语言文学 150/169、外国语言文学 30/221。

优势专业

4★专业：外国语言学及应用语言学 31/189。

通信地址：辽宁省大连市旅顺口区旅顺南路西段 6 号
邮政编码：116044
电话号码：0411-86111234
电子邮箱：yzb@dlufl.edu.cn
研究生院（处）网址：www.gd.dlufl.edu.cn

10178　鲁迅美术学院

在中国普通高校研究生教育竞争力排行榜中的名次：总排名 473/574，辽宁省内排名 33/37，艺术类排名 23/29。

共 3 个一级学科（学术学位）参评。

学科门类排名

艺术学 80/206。

一级学科排名

艺术学理论 70/75、美术学 66/133、设计学 114/141。

通信地址：辽宁省沈阳市和平区三好街 19 号
邮政编码：110816
电话号码：024-23932106
电子邮箱：yzb@lumei.edu.cn
研究生院（处）网址：www.lumei.edu.cn

10175　中国刑事警察学院

在中国普通高校研究生教育竞争力排行榜中的名次：总排名 509/574，辽宁省内排名 34/37，文法类排名 22/32。

共 4 个一级学科（学术学位）参评。

学科门类排名

法学 260/348、理学 363/375、工学 350/369、医学 190/196。

一级学科排名

法学 154/188、化学 185/185、计算机科学与技术 282/283、基础医学 97/99。

通信地址：辽宁省沈阳市皇姑区塔湾街 83 号
邮政编码：110854
电话号码：024-86982265
电子邮箱：yjsc@ccpc.edu.cn
研究生院（处）网址：www.yjsc.npuc.edu.cn

10164　沈阳医学院

在中国普通高校研究生教育竞争力排行榜中的名次：总排名 529/574，辽宁省内排名 35/37，医药类排名 68/72。

共 2 个一级学科（学术学位）参评。

学科门类排名

医学 123/196。

一级学科排名

基础医学 78/99、公共卫生与预防医学 45/71。

通信地址：辽宁省沈阳市黄河北大街 146 号
邮政编码：110034
电话号码：024-62214188
电子邮箱：symcxkjs@126.com
研究生院（处）网址：www.125.222.108.250

11632　沈阳工程学院

在中国普通高校研究生教育竞争力排行榜中的名次：总排名 546/574，辽宁省内排名 36/37，理工类排名 174/178。

通信地址：辽宁省沈阳市沈北新区蒲昌路 18 号
邮政编码：110136
电话号码：024-31975863
电子邮箱：yzb@sie.edu.cn
研究生院（处）网址：www.yjsb1.sie.edu.cn

10169 鞍山师范学院

在中国普通高校研究生教育竞争力排行榜中的名次：总排名 552/574，辽宁省内排名 37/37，师范类排名 69/73。

通信地址：辽宁省鞍山市铁东区平安街 43 号
邮政编码：114007
电话号码：0412-2960295
电子邮箱：asncyjs@126.com
研究生院（处）网址：www.asnc.edu.cn

湖南省

10533 中南大学

在中国普通高校研究生教育竞争力排行榜中的名次：总排名 14/574，湖南省内排名 1/17，综合类排名 11/87。

共 69 个一级学科（学术学位）参评，其中 5★学科 4 个，4★学科 24 个，学科优秀率为 40.58%。

学科门类排名

哲学 20/177、经济学 71/259、法学 33/348、教育学 47/200、文学 58/271、历史学 75/125、理学 24/375、工学 12/369、农学 67/111、医学 10/196、管理学 11/376、艺术学 76/206。

一级学科排名

哲学 20/177、理论经济学 45/147、应用经济学 54/243、法学 28/188、政治学 34/125、社会学 22/96、马克思主义理论 24/325、教育学 61/155、心理学 9/102、体育学 111/119、中国语言文学 71/169、外国语言文学 39/221、新闻传播学 58/98、考古学 53/58、中国史 79/122、世界史 48/73、数学 23/239、物理学 35/169、化学 32/185、地理学 53/92、地质学 26/42、生物学 17/222、系统科学 12/39、生态学 37/132、统计学 19/162、力学 37/119、机械工程 14/208、材料科学与工程 12/206、冶金工程 1/24、动力工程及工程热物理 27/114、电气工程 45/104、电子科学与技术 55/134、信息与通信工程 62/170、控制科学与工程 17/186、计算机科学与技术 32/283、建筑学 16/69、土木工程 8/153、测绘科学与技术 11/50、化学工程与技术 18/218、地质资源与地质工程 11/50、矿业工程 3/56、交通运输工程 6/69、航空宇航科学与技术 15/21、环境科学与工程 64/197、生物医学工程 29/87、食品科学与工程 96/101、城乡规划学 38/56、风景园林学 37/65、软件工程 22/197、安全科学与工程 9/57、作物学 46/53、园艺学 41/41、农业资源与环境 40/43、植物保护 50/50、基础医学 9/99、临床医学 10/111、口腔医学 20/48、公共卫生与预防医学 13/71、中西医结合 33/72、药学 10/145、特种医学 3/11、护理学 7/74、管理科学与工程 8/228、工商管理 34/303、公共管理 28/217、图书情报与档案管理 39/68、艺术学理论 24/75、美术学 92/133、设计学 46/141。

优势专业

5★专业：岩土工程 7/130、结构工程 6/140、供热、供燃气、通风及空调工程 5/91、防灾减灾工程及防护工程 5/113、桥梁与隧道工程 5/102、矿物加工工程 1/29、安全技术及工程 1/44、病理学与病理生理学 4/90、精神病与精神卫生学 1/68。

4★专业：中国哲学 18/88、伦理学 16/94、美学 9/53、科学技术哲学 20/111、法学理论 22/108、宪法学与行政法学 18/126、民商法学 29/147、诉讼法学 14/107、经济法学 17/132、马克思主义基本原理 51/263、思想政治教育 24/299、中国近现代史基本问题研究 11/120、应用心理学 6/87、英语语言文学 34/184、基础数学 30/181、计算数学 32/167、概率论与数理统计 13/141、应用数学 29/231、原子与分子物理 14/70、分析化学 29/157、物理化学 26/156、微生物学 24/162、遗传学 11/140、发育生物学 11/83、细胞生物学 16/135、生物化学与分子生物学 21/202、工程力学 16/110、机械制造及其自动化 11/186、机械电子工程 12/187、机械设计及理论 14/195、车辆工程 13/137、材料物理与化学 11/185、材料学 13/183、材料加工工程 13/158、冶金物理化学 2/21、钢铁冶金 3/22、有色金属冶金 3/22、控制理论与控制工程 14/170、检测技术与自动化装置 27/157、计算机系统结构 27/172、计算机软件与理论 27/213、计算机应用技术 33/280、市政工程 8/100、化学工程 12/130、化学工艺 21/139、生物化工 17/120、应用化学 29/211、工业催化 21/117、采矿工程 4/32、道路与铁道工程 6/48、交通信息工程及控制 5/56、载运工具运用工程 5/49、人体解剖与组织胚胎学 15/90、内科学 10/100、神经病学 6/86、临床检验诊断学 9/92、外科学 9/98、耳鼻咽喉科学 7/83、康复医学与理疗学 12/68、运动医学 7/36、急诊医学 14/78、儿少卫生与妇幼保健学 7/42、药物化学 13/117、药剂学 11/97、生药学 8/87、药物分析学 9/96、药理学 7/113、会计学 38/252、企业管理 52/293、旅游管理 31/186、文化产业管理 2/8、社会医学与卫生事业管理 7/72。

通信地址：湖南省长沙市麓山南路 932 号
邮政编码：410083
电话号码：0731-88876806
电子邮箱：yzb@csu.edu.cn
研究生院（处）网址：www.gra.its.csu.edu.cn

10532 湖南大学

在中国普通高校研究生教育竞争力排行榜中的名次：总排名 31/574，湖南省内排名 2/17，理工类排名 14/178。

共 42 个一级学科（学术学位）参评，其中 5★学科 5 个，4★学科 20 个，学科优秀率为 59.52%。

学科门类排名

哲学 36/177、经济学 19/259、法学 43/348、教育学

72/200、文学 45/271、历史学 40/125、理学 40/375、工学 26/369、医学 159/196、管理学 47/376、艺术学 64/206。

一级学科排名

哲学 36/177、理论经济学 25/147、应用经济学 13/243、法学 20/188、政治学 53/125、马克思主义理论 51/325、教育学 40/155、体育学 85/119、中国语言文学 80/169、外国语言文学 26/221、新闻传播学 17/98、考古学 28/58、中国史 22/122、数学 36/239、物理学 43/169、化学 14/185、生物学 97/222、统计学 32/162、力学 23/119、机械工程 9/208、仪器科学与技术 39/95、材料科学与工程 43/206、动力工程及工程热物理 50/114、电气工程 11/104、电子科学与技术 36/134、信息与通信工程 61/170、控制科学与工程 21/186、计算机科学与技术 31/283、建筑学 11/69、土木工程 7/153、化学工程与技术 24/218、交通运输工程 25/69、环境科学与工程 13/197、生物医学工程 58/87、城乡规划学 17/56、软件工程 23/197、药学 139/145、医学技术 1/3、管理科学与工程 39/228、工商管理 22/303、公共管理 52/217、设计学 6/141。

优势专业

5★专业：车辆工程 2/137、岩土工程 5/130、结构工程 5/140、市政工程 4/100、供热、供燃气、通风及空调工程 4/91、防灾减灾工程及防护工程 2/113、桥梁与隧道工程 3/102、环境工程 9/170、旅游管理 5/186。

4★专业：中国哲学 7/88、人口、资源与环境经济学 19/101、国民经济学 14/95、区域经济学 18/171、财政学 19/98、金融学 28/181、产业经济学 25/198、国际贸易学 15/165、数量经济学 15/122、经济法学 23/132、马克思主义基本原理 35/263、马克思主义发展史 6/99、马克思主义中国化研究 29/236、思想政治教育 37/299、中国近现代史基本问题研究 9/120、英语语言文学 15/184、日语语言文学 10/106、外国语言学及应用语言学 16/189、传播学 16/94、计算数学 25/167、应用数学 31/231、运筹学与控制论 25/157、理论物理 17/125、凝聚态物理 21/145、分析化学 9/157、有机化学 27/159、物理化学 25/156、高分子化学与物理 26/131、机械制造及其自动化 13/186、机械电子工程 11/187、机械设计及理论 12/195、电机与电器 13/73、电力系统及其自动化 8/82、电工理论与新技术 8/73、电路与系统 20/109、控制理论与控制工程 20/170、检测技术与自动化装置 23/157、计算机系统结构 18/172、计算机软件与理论 24/213、计算机应用技术 32/280、建筑设计及其理论 10/55、化学工程 13/130、化学工艺 26/139、生物化工 18/120、应用化学 24/211、工业催化 23/117、环境科学 18/174、会计学 21/252、企业管理 34/293、技术经济及管理 18/222。

通信地址：湖南省长沙市岳麓区麓山路

邮政编码：410082

电话号码：0731-88822856

电子邮箱：yzb@hnu.edu.cn

研究生院（处）网址：www.gra.hnu.cn

10542　湖南师范大学

在中国普通高校研究生教育竞争力排行榜中的名次：总排名 75/574，湖南省内排名 3/17，师范类排名 8/73。

共 42 个一级学科（学术学位）参评，其中 5★学科 1 个，4★学科 14 个，学科优秀率为 35.71%。

学科门类排名

哲学 12/177、经济学 90/259、法学 29/348、教育学 16/200、文学 21/271、历史学 15/125、理学 28/375、工学 237/369、农学 90/111、医学 95/196、管理学 144/376、艺术学 28/206。

一级学科排名

哲学 12/177、理论经济学 54/147、应用经济学 130/243、法学 23/188、政治学 23/125、社会学 30/96、马克思主义理论 63/325、教育学 10/155、心理学 23/102、体育学 9/119、中国语言文学 26/169、外国语言文学 7/221、新闻传播学 25/98、中国史 12/122、世界史 36/73、数学 38/239、物理学 26/169、化学 49/185、天文学 12/16、地理学 12/92、生物学 28/222、生态学 68/132、统计学 48/162、电子科学与技术 89/134、计算机科学与技术 164/283、水利工程 62/74、化学工程与技术 82/218、轻工技术与工程 42/46、软件工程 73/197、林学 44/62、基础医学 77/99、临床医学 82/111、公共卫生与预防医学 67/71、药学 119/145、护理学 40/74、工商管理 110/303、公共管理 82/217、艺术学理论 58/75、音乐与舞蹈学 12/94、戏剧与影视学 29/70、美术学 19/133、设计学 33/141。

优势专业

5★专业：伦理学 4/94、英语语言文学 6/184。

4★专业：中国哲学 13/88、科学技术哲学 19/111、环境与资源保护法学 8/75、国际法学 14/105、科学社会主义与国际共产主义运动 7/62、中共党史 13/68、马克思主义基本原理 41/263、思想政治教育 39/299、教育学原理 10/91、课程与教学论 15/101、学前教育学 7/50、高等教育学 8/117、职业技术教育学 9/48、少年儿童组织和思想意识教育 4/32、体育人文社会学 11/79、运动人体科学 7/68、体育教育训练学 9/106、民族传统体育学 7/63、汉语言文字学 22/133、中国现当代文学 18/142、比较文学与世界文学 11/123、外国语言学及应用语言学 26/189、基础数学 31/181、计算数学 30/167、运筹学与控制论 31/157、理论物理 10/125、有机化学 30/159、人文地理学 7/67、发育生物学 6/83、旅游管理 35/186。

通信地址：湖南省长沙市岳麓区上游中路

邮政编码：410081

电话号码：0731-88872350

电子邮箱：yzb@hunnu.edu.cn

研究生院（处）网址：www.yjsc.hunnu.edu.cn

10530　湘潭大学

在中国普通高校研究生教育竞争力排行榜中的名次：

总排名 94/574，湖南省内排名 4/17，综合类排名 29/87。

共 32 个一级学科（学术学位）参评，其中 5★学科 0 个，4★学科 7 个，学科优秀率为 21.88%。

学科门类排名

哲学 41/177、经济学 49/259、法学 34/348、文学 77/271、历史学 72/125、理学 51/375、工学 80/369、管理学 59/376。

一级学科排名

哲学 41/177、理论经济学 24/147、应用经济学 129/243、法学 22/188、政治学 26/125、马克思主义理论 57/325、中国语言文学 64/169、外国语言文学 65/221、新闻传播学 49/98、中国史 91/122、世界史 55/73、数学 20/239、物理学 55/169、化学 51/185、统计学 33/162、力学 25/119、机械工程 109/208、材料科学与工程 54/206、动力工程及工程热物理 98/114、电气工程 64/104、电子科学与技术 75/134、信息与通信工程 147/170、控制科学与工程 156/186、计算机科学与技术 104/283、土木工程 136/153、化学工程与技术 29/218、环境科学与工程 147/197、软件工程 174/197、管理科学与工程 153/228、工商管理 89/303、公共管理 27/217、图书情报与档案管理 15/68。

优势专业

5★专业：马克思主义中国化研究 11/236。

4★专业：法律史 8/59、宪法学与行政法学 16/126、刑法学 14/114、民商法学 16/147、诉讼法学 16/107、国际法学 15/105、中共党史 5/68、比较文学与世界文学 20/123、计算数学 13/167、运筹学与控制论 30/157、一般力学与力学基础 10/54、生物化工 23/120、应用化学 32/211、行政管理 29/167、教育经济与管理 14/139、社会保障 15/123。

通信地址：湖南省湘潭市雨湖区羊牯塘街道
邮政编码：411105
电话号码：0731-58292051
电子邮箱：yzb@xtu.edu.cn
研究生院（处）网址：www.yjsc.xtu.edu.cn

10537 湖南农业大学

在中国普通高校研究生教育竞争力排行榜中的名次：总排名 129/574，湖南省内排名 5/17，农林类排名 12/37。

共 24 个一级学科（学术学位）参评，其中 5★学科 0 个，4★学科 2 个，学科优秀率为 8.33%。

学科门类排名

法学 245/348、教育学 123/200、文学 254/271、理学 122/375、工学 226/369、农学 18/111、医学 172/196、管理学 136/376。

一级学科排名

马克思主义理论 229/325、教育学 78/155、外国语言文学 206/221、生物学 52/222、生态学 32/132、建筑学 66/69、化学工程与技术 190/218、农业工程 24/52、环境科学与工程 91/197、食品科学与工程 35/101、风景园林学 58/65、生物工程 2/2、作物学 8/53、园艺学 9/41、农业资源与环境 11/43、植物保护 14/50、畜牧学 15/52、兽医学 19/44、水产 18/27、草学 14/35、公共卫生与预防医学 55/71、工商管理 284/303、农林经济管理 17/62、公共管理 129/217。

优势专业

4★专业：作物栽培学与耕作学 9/44、种子科学与技术 2/7、茶学 3/17、动物营养与饲料科学 9/47、农业经济管理 11/59。

通信地址：湖南省长沙市芙蓉区农大路 1 号
邮政编码：410128
电话号码：0731-84618111
电子邮箱：yzb@hunau.net
研究生院（处）网址：www.yjszs.hunau.edu.cn

10536 长沙理工大学

在中国普通高校研究生教育竞争力排行榜中的名次：总排名 154/574，湖南省内排名 6/17，理工类排名 59/178。

共 29 个一级学科（学术学位）参评，其中 5★学科 0 个，4★学科 3 个，学科优秀率为 10.34%。

学科门类排名

哲学 72/177、经济学 126/259、法学 195/348、文学 116/271、理学 166/375、工学 103/369、管理学 69/376。

一级学科排名

哲学 72/177、应用经济学 114/243、政治学 123/125、马克思主义理论 121/325、中国语言文学 129/169、外国语言文学 88/221、数学 99/239、物理学 145/169、化学 137/185、统计学 86/162、力学 87/119、机械工程 121/208、材料科学与工程 168/206、动力工程及工程热物理 60/114、电气工程 42/104、电子科学与技术 66/134、信息与通信工程 138/170、控制科学与工程 153/186、计算机科学与技术 109/283、土木工程 29/153、水利工程 18/74、测绘科学与技术 26/50、化学工程与技术 191/218、交通运输工程 9/69、食品科学与工程 75/101、软件工程 106/197、管理科学与工程 95/228、工商管理 61/303、公共管理 194/217。

优势专业

4★专业：马克思主义发展史 16/99、市政工程 20/100、道路与铁道工程 7/48、企业管理 49/293。

通信地址：湖南省长沙市天心区赤岭路 45 号
邮政编码：410076
电话号码：0731-82309679
电子邮箱：csust_yzb@163.com
研究生院（处）网址：www.csust.edu.cn

10534 湖南科技大学

在中国普通高校研究生教育竞争力排行榜中的名次：总排名 188/574，湖南省内排名 7/17，理工类排名 74/178。

共 33 个一级学科（学术学位）参评。

学科门类排名

哲学 121/177、经济学 119/259、法学 133/348、教育学 103/200、文学 114/271、历史学 60/125、理学 168/375、工学 195/369、医学 193/196、管理学 216/376、艺术学 92/206。

一级学科排名

哲学 121/177、应用经济学 94/243、政治学 93/125、马克思主义理论 107/325、教育学 93/155、体育学 73/119、中国语言文学 130/169、外国语言文学 109/221、考古学 57/58、中国史 66/122、世界史 60/73、数学 200/239、物理学 125/169、化学 118/185、地理学 71/92、统计学 68/162、力学 84/119、机械工程 101/208、材料科学与工程 167/206、控制科学与工程 168/186、计算机科学与技术 170/283、土木工程 83/153、化学工程与技术 134/218、地质资源与地质工程 46/50、矿业工程 21/56、软件工程 68/197、安全科学与工程 33/57、医学技术 3/3、工商管理 230/303、农林经济管理 39/62、音乐与舞蹈学 52/94、戏剧与影视学 66/70、美术学 71/133。

通信地址：湖南省湘潭市桃源路湖南科技大学南校区
邮政编码：411201
电话号码：0731-58291000
电子邮箱：yjsc@hnust.edu.cn
研究生院（处）网址：www.graduate.hnust.cn

10538 中南林业科技大学

在中国普通高校研究生教育竞争力排行榜中的名次：总排名 203/574，湖南省内排名 8/17，农林类排名 18/37。

共 17 个一级学科（学术学位）参评，其中 5★学科 0 个，4★学科 3 个，学科优秀率为 17.65%。

学科门类排名

法学 224/348、理学 79/375、工学 98/369、农学 32/111、管理学 159/376、艺术学 149/206。

一级学科排名

法学 80/188、生物学 80/222、生态学 27/132、机械工程 132/208、计算机科学与技术 256/283、土木工程 89/153、化学工程与技术 166/218、轻工技术与工程 41/46、林业工程 4/17、环境科学与工程 164/197、食品科学与工程 72/101、风景园林学 10/65、园艺学 40/41、林学 5/62、工商管理 90/303、农林经济管理 31/62、设计学 34/141。

优势专业

4★专业：森林培育 3/29、森林经理学 3/23、野生动植物保护与利用 5/29、园林植物与观赏园艺 7/44、水土保持与荒漠化防治 7/39。

通信地址：湖南省长沙市天心区韶山南路 498 号
邮政编码：410004
电话号码：0731-85623096
电子邮箱：yzb@csuft.edu.cn
研究生院（处）网址：www.yjsb.csuft.edu.cn

10555 南华大学

在中国普通高校研究生教育竞争力排行榜中的名次：总排名 239/574，湖南省内排名 9/17，理工类排名 90/178。

共 28 个一级学科（学术学位）参评。

学科门类排名

哲学 133/177、经济学 211/259、法学 230/348、文学 257/271、理学 187/375、工学 154/369、医学 86/196、管理学 212/376。

一级学科排名

哲学 133/177、应用经济学 206/243、马克思主义理论 194/325、外国语言文学 201/221、数学 228/239、物理学 153/169、化学 155/185、生物学 149/222、统计学 157/162、机械工程 165/208、电子科学与技术 124/134、控制科学与工程 172/186、计算机科学与技术 209/283、土木工程 73/153、化学工程与技术 211/218、矿业工程 19/56、核科学与技术 9/22、软件工程 177/197、安全科学与工程 19/57、基础医学 33/99、临床医学 69/111、公共卫生与预防医学 40/71、药学 85/145、特种医学 11/11、护理学 56/74、管理科学与工程 168/228、工商管理 249/303、公共管理 204/217。

优势专业

4★专业：中国近现代史基本问题研究 17/120。

通信地址：湖南省衡阳市常胜西路 28 号
邮政编码：421001
电话号码：0734-8282310
电子邮箱：nhyjszsb@usc.edu.cn
研究生院（处）网址：www.usc.edu.cn

10541 湖南中医药大学

在中国普通高校研究生教育竞争力排行榜中的名次：总排名 274/574，湖南省内排名 10/17，医药类排名 29/72。

共 5 个一级学科（学术学位）参评，其中 5★学科 0 个，4★学科 2 个，学科优秀率为 40%。

学科门类排名

法学 323/348、医学 40/196。

一级学科排名

马克思主义理论 241/325、中医学 3/47、中西医结合 10/72、药学 95/145、中药学 23/59。

优势专业

4★专业：方剂学 5/29、中医诊断学 2/27、中医内科学 7/41、中医外科学 5/30、中医骨伤科学 5/31、针灸推拿学 6/35、中西医结合临床 7/68。

通信地址：湖南省长沙市含浦科教园区
邮政编码：410208
电话号码：0731-88459412
电子邮箱：yzb@hnctcm.edu.cn
研究生院（处）网址：www.hnctcm.edu.cn

11535 湖南工业大学

在中国普通高校研究生教育竞争力排行榜中的名次：

总排名 307/574，湖南省内排名 11/17，理工类排名 113/178。

共 16 个一级学科（学术学位）参评，其中 5★学科 0 个，4★学科 1 个，学科优秀率为 6.25%。

学科门类排名

哲学 164/177、法学 292/348、文学 243/271、理学 309/375、工学 220/369、管理学 231/376、艺术学 77/206。

一级学科排名

哲学 164/177、法学 97/188、马克思主义理论 276/325、外国语言文学 205/221、机械工程 140/208、材料科学与工程 146/206、电气工程 60/104、控制科学与工程 170/186、计算机科学与技术 114/283、土木工程 86/153、生物医学工程 76/87、管理科学与工程 162/228、工商管理 225/303、戏剧与影视学 34/70、美术学 97/133、设计学 26/141。

通信地址：湖南省株洲市泰山西路
邮政编码：412007
电话号码：0731-22183156
电子邮箱：hgdpyb@163.com
研究生院（处）网址：www.hut.edu.cn

10531 吉首大学

在中国普通高校研究生教育竞争力排行榜中的名次：

总排名 314/574，湖南省内排名 12/17，综合类排名 61/87。

共 17 个一级学科（学术学位）参评。

学科门类排名

哲学 77/177、经济学 218/259、法学 150/348、教育学 102/200、文学 139/271、历史学 114/125、理学 211/375、工学 308/369、管理学 288/376。

一级学科排名

哲学 77/177、应用经济学 153/243、法学 156/188、民族学 28/45、马克思主义理论 169/325、体育学 37/119、中国语言文学 102/169、中国史 92/122、数学 191/239、物理学 146/169、化学 176/185、生物学 184/222、生态学 74/132、统计学 107/162、化学工程与技术 160/218、林业工程 10/17、工商管理 255/303。

优势专业

4★专业：民族传统体育学 12/63。

通信地址：湖南省吉首市人民南路 120 号
邮政编码：416000
电话号码：0743-8565122
电子邮箱：yjsb@jsu.edu.cn
研究生院（处）网址：www.jsu.edu.cn

10554 湖南商学院

在中国普通高校研究生教育竞争力排行榜中的名次：

总排名 460/574，湖南省内排名 13/17，财经类排名 31/40。

共 3 个一级学科（学术学位）参评。

学科门类排名

经济学 98/259、管理学 257/376。

一级学科排名

理论经济学 69/147、应用经济学 103/243、工商管理 77/303。

通信地址：湖南省长沙市岳麓区岳麓大道 569 号
邮政编码：410205
电话号码：0731-88688031
电子邮箱：yzb@hnuc.edu.cn
研究生院（处）网址：www.gra.hnuc.edu.cn

10543 湖南理工学院

在中国普通高校研究生教育竞争力排行榜中的名次：

总排名 481/574，湖南省内排名 14/17，理工类排名 156/178。

共 3 个一级学科（学术学位）参评。

学科门类排名

文学 188/271、工学 316/369。

一级学科排名

中国语言文学 142/169、信息与通信工程 125/170、化学工程与技术 186/218。

通信地址：湖南省岳阳市学院路 439 号
邮政编码：414006
电话号码：0730-8809770
电子邮箱：xkb.hnist@163.com
研究生院（处）网址：www.xk.hnist.cn

11342 湖南工程学院

在中国普通高校研究生教育竞争力排行榜中的名次：

总排名 518/574，湖南省内排名 15/17，理工类排名 166/178。

通信地址：湖南省湘潭市岳塘区福星中路 88 号
邮政编码：411104
电话号码：0731-58683922
电子邮箱：yjsc@hnie.edu.cn
研究生院（处）网址：www.yjs.hnie.edu.cn

10547 邵阳学院

在中国普通高校研究生教育竞争力排行榜中的名次：

总排名 543/574，湖南省内排名 16/17，综合类排名 81/87。

通信地址：湖南省邵阳市大祥区学院路
邮政编码：422000
电话号码：0739-5431123
电子邮箱：syxyyjsc@163.com
研究生院（处）网址：www2.hnsyu.net/xkjsc

10553 湖南人文科技学院

在中国普通高校研究生教育竞争力排行榜中的名次：总排名 546/574，湖南省内排名 17/17，师范类排名 68/73。

通信地址：湖南省娄底市氐星路
邮政编码：417000
电话号码：0738-8227671
电子邮箱：rwkjyjsc@163.com
研究生院（处）网址：www.huhst.edu.cn

天津市

10056 天津大学

在中国普通高校研究生教育竞争力排行榜中的名次：总排名 20/574，天津市内排名 1/18，理工类排名 8/178。

共 43 个一级学科（学术学位）参评，其中 5★学科 6 个，4★学科 18 个，学科优秀率为 55.81%。

学科门类排名

哲学 107/177、经济学 110/259、法学 194/348、教育学 75/200、文学 158/271、理学 76/375、工学 5/369、医学 122/196、管理学 22/376、艺术学 38/206。

一级学科排名

哲学 107/177、应用经济学 77/243、法学 172/188、政治学 120/125、马克思主义理论 126/325、教育学 32/155、心理学 93/102、中国语言文学 149/169、外国语言文学 140/221、数学 31/239、物理学 49/169、化学 41/185、生物学 68/222、力学 14/119、机械工程 22/208、光学工程 4/89、仪器科学与技术 3/95、材料科学与工程 13/206、动力工程及工程热物理 9/114、电气工程 9/104、电子科学与技术 12/134、信息与通信工程 18/170、控制科学与工程 12/186、计算机科学与技术 29/283、建筑学 3/69、土木工程 4/153、水利工程 6/74、化学工程与技术 2/218、轻工技术与工程 13/46、船舶与海洋工程 12/19、环境科学与工程 29/197、生物医学工程 9/87、食品科学与工程 31/101、城乡规划学 4/56、风景园林学 4/65、软件工程 60/197、药学 24/145、管理科学与工程 5/228、工商管理 32/303、公共管理 48/217、图书情报与档案管理 45/68、美术学 16/133、设计学 77/141。

优势专业

5★专业：工业设计 1/13、精密仪器及机械 2/73、测试计量技术及仪器 3/93、材料学 9/183、建筑历史与理论 2/39、建筑设计及其理论 2/55、化学工程 2/130、化学工艺 2/139、生物化工 4/120、应用化学 2/211、工业催化 4/117。

4★专业：数量经济学 21/122、职业技术教育学 3/48、外国语言学及应用语言学 38/189、计算数学 27/167、概率论与数理统计 23/141、应用数学 36/231、运筹学与控制论 16/157、无机化学 15/150、有机化学 12/159、物理化学 18/156、遗传学 26/140、生物化学与分子生物学 41/202、生物物理学 12/80、一般力学与力学基础 8/54、固体力学 14/84、流体力学 11/66、机械制造及其自动化 21/186、机械电子工程 26/187、机械设计及理论 17/195、车辆工程 19/137、材料物理与化学 13/185、材料加工工程 15/158、工程热物理 7/61、热能工程 9/79、动力机械及工程 6/70、制冷及低温工程 9/59、化工过程机械 8/65、电机与电器 7/73、电力系统及其自动化 9/82、物理电子学 17/99、电路与系统 15/109、微电子学与固体电子学 8/88、通信与信息系统 17/141、信号与信息处理 18/152、控制理论与控制工程 23/170、检测技术与自动化装置 9/157、系统工程 9/108、模式识别与智能系统 10/135、计算机软件与理论 30/213、计算机应用技术 25/280、建筑技术科学 3/40、城市规划与设计 3/52、岩土工程 17/130、结构工程 10/140、市政工程 15/100、供热、供燃气、通风及空调工程 12/91、防灾减灾工程及防护工程 17/113、桥梁与隧道工程 17/102、水文学及水资源 6/57、水力学及河流动力学 7/37、水工结构工程 6/39、水利水电工程 6/41、制药工程 3/17、环境工程 21/170、食品科学 18/96、药物化学 11/117、生药学 12/87、企业管理 41/293、旅游管理 18/186、技术经济及管理 15/222、行政管理 26/167、教育经济与管理 23/139。

通信地址：天津市南开区卫津路 92 号
邮政编码：300072
电话号码：022-27404743
电子邮箱：yzb@tju.edu.cn
研究生院（处）网址：www.gs.tju.edu.cn

10055 南开大学

在中国普通高校研究生教育竞争力排行榜中的名次：总排名 22/574，天津市内排名 2/18，综合类排名 12/87。

共 48 个一级学科（学术学位）参评，其中 5★学科 7 个，4★学科 20 个，学科优秀率为 56.25%。

学科门类排名

哲学 14/177、经济学 3/259、法学 14/348、教育学 93/200、文学 14/271、历史学 4/125、理学 11/375、工学 46/369、农学 42/111、医学 78/196、管理学 20/376、艺术学 118/206。

一级学科排名

哲学 14/177、理论经济学 4/147、应用经济学 5/243、法学 29/188、政治学 8/125、社会学 16/96、民族学 39/45、马克思主义理论 16/325、教育学 96/155、心理学 55/102、中国语言文学 13/169、外国语言文学 20/221、新闻传播学 36/98、考古学 4/58、中国史 10/122、世界史 6/73、数学 7/239、物理学 13/169、化学 4/185、生物学 15/222、生态学 17/132、统计学 21/162、光学工程 8/89、仪器科学与技术 78/95、材料科学与工程 41/206、电气工程 93/104、电子科学与技术 31/134、信息与通信工程 66/170、控制科学与工程 32/186、计算机科学与技术 47/283、化学工程与技术 60/218、矿业工程 44/56、环境科学与工程 8/197、生物医学工程 42/87、软件工程 25/197、安全科学与工程 29/57、植物保护 13/50、基础医学 69/99、临床医学 41/111、口腔医学 46/48、药学 83/145、管理科学与工程 51/228、工商管理 12/303、公共管理 30/217、图书情报与档案管理 8/68、艺术学理论 72/75、美术学 119/133、设计学 126/141。

优势专业

5★专业：政治经济学 2/114、经济史 1/46、西方经济学 5/94、世界经济 2/87、人口、资源与环境经济学 3/101、区域经济学 3/171、财政学 5/98、金融学 4/181、产业经济学 1/198、国际贸易学 2/165、劳动经济学 2/92、数量经济学 5/122、政治学理论 4/94、马克思主义基本原理 12/263、中国近现代史基本问题研究 5/120、中国古代文学 6/154、基础数学 7/181、计算数学 9/167、概率论与数理统计 2/141、应用数学 10/231、运筹学与控制论 1/157、无机化学 2/150、分析化学 6/157、有机化学 3/159、物理化学 5/156、高分子化学与物理 7/131、化学生物学 1/17、动物学 5/129、环境科学 7/174、企业管理 6/293。

4★专业：马克思主义哲学 9/109、逻辑学 5/38、科学技术哲学 22/111、经济思想史 6/38、保险学 2/12、法律史 11/59、刑法学 19/114、国际法学 21/105、中外政治制度 4/60、科学社会主义与国际共产主义运动 9/62、社会学 15/86、马克思主义发展史 8/99、马克思主义中国化研究 43/236、国外马克思主义研究 9/83、思想政治教育 30/299、文艺学 25/142、语言学及应用语言学 8/132、汉语言文字学 20/133、中国现当代文学 11/142、英语语言文学 30/184、俄语语言文学 11/61、日语语言文学 14/106、外国语言学及应用语言学 22/189、理论物理 12/125、凝聚态物理 25/145、光学 9/134、植物学 19/137、微生物学 11/162、遗传学 28/140、细胞生物学 20/135、生物化学与分子生物学 17/202、材料物理与化学 21/185、材料学 30/183、系统工程 22/108、模式识别与智能系统 12/135、计算机系统结构 33/172、计算机软件与理论 43/213、计算机应用技术 54/280、环境工程 14/170、农药学 6/42、会计学 22/252、旅游管理 16/186、技术经济及管理 23/222、行政管理 19/167、教育经济与管理 24/139、图书馆学 5/45、情报学 6/59。

通信地址：天津市南开区卫津路 94 号
邮政编码：300071
电话号码：022-23504845
电子邮箱：yzb@nankai.edu.cn
研究生院（处）网址：www.graduate.nankai.edu.cn

10062　天津医科大学

在中国普通高校研究生教育竞争力排行榜中的名次：总排名 113/574，天津市内排名 3/18，医药类排名 8/72。

共 12 个一级学科（学术学位）参评，其中 5★学科 0 个，4★学科 4 个，学科优秀率为 33.33%。

学科门类排名

哲学 124/177、法学 345/348、理学 206/375、工学 210/369、医学 21/196、管理学 353/376。

一级学科排名

哲学 124/177、马克思主义理论 319/325、生物学 103/222、生物医学工程 14/87、基础医学 23/99、临床医学 17/111、口腔医学 13/48、公共卫生与预防医学 19/71、中西医结合 9/72、药学 26/145、护理学 20/74、公共管理 175/217。

优势专业

5★专业：医学生物化学与分子生物学 1/8。

4★专业：人体解剖与组织胚胎学 17/90、免疫学 17/87、内科学 20/100、影像医学与核医学 14/93、外科学 12/98、眼科学 10/85、肿瘤学 7/88、麻醉学 11/80、中西医结合临床 6/68、生药学 17/87。

通信地址：天津市和平区气象台路 22 号
邮政编码：300070
电话号码：022-83336930
电子邮箱：yzb@tijmu.edu.cn
研究生院（处）网址：www.gs.tmu.edu.cn

10065　天津师范大学

在中国普通高校研究生教育竞争力排行榜中的名次：总排名 162/574，天津市内排名 4/18，师范类排名 19/73。

共 36 个一级学科（学术学位）参评，其中 5★学科 1 个，4★学科 3 个，学科优秀率为 11.11%。

学科门类排名

哲学 153/177、经济学 146/259、法学 28/348、教育学 15/200、文学 75/271、历史学 21/125、理学 154/375、工学 307/369、管理学 180/376、艺术学 136/206。

一级学科排名

哲学 153/177、理论经济学 84/147、应用经济学 188/243、法学 98/188、政治学 10/125、社会学 83/96、马克思主义理论 36/325、教育学 46/155、心理学 6/102、体育学 112/119、中国语言文学 52/169、外国语言文学 153/221、新闻传播学 82/98、考古学 43/58、中国史 36/122、世界史 3/73、数学 164/239、物理学 138/169、化学 93/185、天文学 15/16、地理学 62/92、生物学 135/222、科学技术史 34/37、生态学 89/132、材料科学与工程 149/206、电子科学与技术 113/134、计算机科学与技术 244/283、环境科学与工程 150/197、管理科学与工程 221/228、工商管理 269/303、公共管理 210/217、图书情报与档案管理 43/68、音乐与舞蹈学 91/94、戏剧与影视学 65/70、美术学 77/133、设计学 72/141。

优势专业

4★专业：政治学理论 8/94、科学社会主义与国际共产主义运动 6/62、中共党史 11/68、马克思主义基本原理 42/263、马克思主义中国化研究 35/236、思想政治教育

43/299、基础心理学 10/50、发展与教育心理学 4/58、应用心理学 9/87、比较文学与世界文学 15/123。

通信地址：天津市西青区宾水西道 393 号
邮政编码：300787
电话号码：022-23766157
电子邮箱：gzc@mail.tjnu.edu.cn
研究生院（处）网址：www.tjnu.edu.cn

10058 天津工业大学

在中国普通高校研究生教育竞争力排行榜中的名次：总排名 168/574，天津市内排名 5/18，理工类排名 65/178。

共 24 个一级学科（学术学位）参评，其中 5★学科 0 个，4★学科 1 个，学科优秀率为 4.17%。

学科门类排名

经济学 113/259、法学 256/348、文学 203/271、理学 181/375、工学 78/369、管理学 114/376、艺术学 183/206。

一级学科排名

应用经济学 98/243、法学 182/188、马克思主义理论 314/325、外国语言文学 177/221、数学 69/239、物理学 91/169、统计学 58/162、力学 95/119、机械工程 76/208、光学工程 55/89、材料科学与工程 61/206、电子科学与技术 84/134、信息与通信工程 71/170、控制科学与工程 134/186、计算机科学与技术 140/283、化学工程与技术 97/218、纺织科学与工程 4/25、环境科学与工程 121/197、生物医学工程 79/87、管理科学与工程 149/228、工商管理 176/303、公共管理 112/217、图书情报与档案管理 63/68、设计学 104/141。

优势专业

4★专业：服装设计与工程 4/20。

通信地址：天津市西青区宾水西道 399 号
邮政编码：300387
电话号码：022-83955016
电子邮箱：yjs@tjpu.edu.cn
研究生院（处）网址：www.yjsb.tjpu.edu.cn

10057 天津科技大学

在中国普通高校研究生教育竞争力排行榜中的名次：总排名 169/574，天津市内排名 6/18，理工类排名 66/178。

共 19 个一级学科（学术学位）参评，其中 5★学科 0 个，4★学科 2 个，学科优秀率为 10.53%。

学科门类排名

文学 240/271、理学 210/375、工学 86/369、农学 93/111、医学 135/196、管理学 342/376、艺术学 198/206。

一级学科排名

外国语言文学 159/221、海洋科学 13/31、生物学 153/222、机械工程 114/208、仪器科学与技术 71/95、材料科学与工程 139/206、动力工程及工程热物理 107/114、控制科学与工程 109/186、计算机科学与技术 168/283、化学工程与技术 77/218、轻工技术与工程 3/46、林业工程 15/17、环境科学与工程 129/197、食品科学与工程 17/101、公共卫生与预防医学 53/71、药学 67/145、管理科学与工程 181/228、工商管理 182/303、设计学 105/141。

优势专业

4★专业：发酵工程 5/41、食品科学 13/96、食品安全 2/14。

通信地址：天津市经济技术开发区第十三大街 29 号
邮政编码：300457
电话号码：022-60602018
电子邮箱：yjsh@tust.edu.cn
研究生院（处）网址：www.yjs.tust.edu.cn

10063 天津中医药大学

在中国普通高校研究生教育竞争力排行榜中的名次：总排名 206/574，天津市内排名 7/18，医药类排名 20/72。

共 10 个一级学科（学术学位）参评，其中 5★学科 0 个，4★学科 3 个，学科优秀率为 30%。

学科门类排名

文学 271/271、工学 348/369、医学 32/196、管理学 369/376。

一级学科排名

中国语言文学 168/169、生物医学工程 64/87、基础医学 88/99、临床医学 100/111、中医学 6/47、中西医结合 8/72、药学 59/145、中药学 5/59、护理学 34/74、管理科学与工程 179/228。

优势专业

4★专业：中医内科学 4/41、中医儿科学 5/25、针灸推拿学 5/35、中西医结合基础 9/47、中西医结合临床 5/68。

通信地址：天津市南开区鞍山西道 312 号
邮政编码：300193
电话号码：022-59596191
电子邮箱：zhaosk_2011@126.com
研究生院（处）网址：www.yjsy.tjutcm.edu.cn

10060 天津理工大学

在中国普通高校研究生教育竞争力排行榜中的名次：总排名 242/574，天津市内排名 8/18，理工类排名 92/178。

共 24 个一级学科（学术学位）参评。

学科门类排名

经济学 242/259、法学 289/348、文学 199/271、理学 256/375、工学 175/369、医学 171/196、管理学 149/376、艺术学 203/206。

一级学科排名

应用经济学 227/243、社会学 90/96、马克思主义理论 255/325、外国语言文学 114/221、数学 210/239、物理学

110/169、机械工程 137/208、光学工程 57/89、材料科学与工程 92/206、电气工程 92/104、电子科学与技术 86/134、信息与通信工程 83/170、控制科学与工程 115/186、计算机科学与技术 135/283、化学工程与技术 107/218、矿业工程 51/56、环境科学与工程 151/197、软件工程 171/197、安全科学与工程 51/57、药学 131/145、管理科学与工程 114/228、工商管理 197/303、公共管理 216/217、设计学 107/141。

通信地址：天津市西青区宾水西道 391 号
邮政编码：300384
电话号码：022-60215566
电子邮箱：yjys@tjut.edu.cn
研究生院（处）网址：www.yjs.tjut.edu.cn

10070 天津财经大学

在中国普通高校研究生教育竞争力排行榜中的名次：总排名 262/574，天津市内排名 9/18，财经类排名 12/40。

共 11 个一级学科（学术学位）参评，其中 5★学科 1 个，4★学科 2 个，学科优秀率为 27.27%。

学科门类排名

经济学 32/259、法学 258/348、文学 255/271、理学 65/375、工学 366/369、管理学 73/376。

一级学科排名

理论经济学 65/147、应用经济学 22/243、法学 121/188、马克思主义理论 316/325、外国语言文学 195/221、数学 237/239、统计学 3/162、计算机科学与技术 268/283、管理科学与工程 81/228、工商管理 41/303、公共管理 181/217。

优势专业

5★专业：国际贸易学 6/165、经济统计学 2/37、会计学 12/252。

4★专业：国民经济学 19/95、财政学 9/98、金融学 14/181、产业经济学 31/198、劳动经济学 15/92、数量经济学 16/122、企业管理 50/293。

通信地址：天津市河西区珠江道 25 号
邮政编码：300222
电话号码：022-88186371
电子邮箱：yjs@tjufe.edu.cn
研究生院（处）网址：www.pub.tjufe.edu.cn

10059 中国民航大学

在中国普通高校研究生教育竞争力排行榜中的名次：总排名 318/574，天津市内排名 10/18，理工类排名 117/178。

共 16 个一级学科（学术学位）参评。

学科门类排名

经济学 207/259、法学 244/348、理学 312/375、工学 168/369、管理学 247/376。

一级学科排名

应用经济学 205/243、法学 125/188、数学 172/239、机械工程 182/208、材料科学与工程 196/206、信息与通信工程 69/170、控制科学与工程 80/186、计算机科学与技术 188/283、矿业工程 45/56、石油与天然气工程 16/17、交通运输工程 29/69、航空宇航科学与技术 11/21、生物医学工程 87/87、安全科学与工程 25/57、管理科学与工程 190/228、工商管理 238/303。

通信地址：天津市东丽区津北公路 2898 号
邮政编码：300300
电话号码：022-24092146
电子邮箱：yzb@cauc.edu.cn
研究生院（处）网址：www.cauc.edu.cn

10069 天津商业大学

在中国普通高校研究生教育竞争力排行榜中的名次：总排名 356/574，天津市内排名 11/18，财经类排名 20/40。

共 11 个一级学科（学术学位）参评。

学科门类排名

经济学 99/259、法学 144/348、文学 231/271、工学 264/369、管理学 185/376。

一级学科排名

理论经济学 68/147、应用经济学 113/243、法学 102/188、马克思主义理论 115/325、外国语言文学 176/221、动力工程及工程热物理 52/114、土木工程 139/153、轻工技术与工程 23/46、食品科学与工程 56/101、工商管理 95/303、公共管理 186/217。

通信地址：天津市北辰区津霸公路东口
邮政编码：300134
电话号码：022-26669611
电子邮箱：tsyjs@tjcu.edu.cn
研究生院（处）网址：www.gs.tjcu.edu.cn

10071 天津体育学院

在中国普通高校研究生教育竞争力排行榜中的名次：总排名 360/574，天津市内排名 12/18，体育类排名 5/13。

共 3 个一级学科（学术学位）参评，其中 5★学科 1 个，4★学科 0 个，学科优秀率为 33.33%。

学科门类排名

教育学 56/200、医学 188/196。

一级学科排名

教育学 152/155、体育学 6/119、临床医学 108/111。

优势专业

5★专业：体育人文社会学 4/79。

4★专业：运动人体科学 9/68、民族传统体育学 11/63。

通信地址：天津市河西区卫津南路 51 号
邮政编码：300381
电话号码：022-23016498
电子邮箱：yzb@tjipe.edu.cn
研究生院（处）网址：www.tjipe.edu.cn

10072　天津音乐学院

在中国普通高校研究生教育竞争力排行榜中的名次：总排名 396/574，天津市内排名 13/18，艺术类排名 13/29。

共 2 个一级学科（学术学位）参评，其中 5★学科 0 个，4★学科 1 个，学科优秀率为 50%。

学科门类排名

艺术学 90/206。

一级学科排名

音乐与舞蹈学 15/94、戏剧与影视学 27/70。

通信地址：天津市河东区十一经路 57 号
邮政编码：300171
电话号码：022-24310376
电子邮箱：sjy@tjcm.edu.cn
研究生院（处）网址：www.tjcm.edu.cn

10792　天津城建大学

在中国普通高校研究生教育竞争力排行榜中的名次：总排名 417/574，天津市内排名 14/18，理工类排名 146/178。

共 9 个一级学科（学术学位）参评。

学科门类排名

理学 362/375、工学 249/369、管理学 331/376。

一级学科排名

地质学 38/42、材料科学与工程 187/206、计算机科学与技术 272/283、建筑学 56/69、土木工程 69/153、环境科学与工程 173/197、城乡规划学 56/56、风景园林学 65/65、管理科学与工程 191/228。

通信地址：天津市西青区津静公路 26 号
邮政编码：300384
电话号码：022-23085040
电子邮箱：ysb@tjuci.edu.cn
研究生院（处）网址：www.master.tjuci.edu.cn

10066　天津职业技术师范大学

在中国普通高校研究生教育竞争力排行榜中的名次：总排名 434/574，天津市内排名 15/18，师范类排名 47/73。

共 9 个一级学科（学术学位）参评。

学科门类排名

教育学 120/200、理学 298/375、工学 260/369、管理学 376/376。

一级学科排名

教育学 71/155、数学 188/239、统计学 96/162、机械工程 113/208、信息与通信工程 144/170、控制科学与工程 133/186、计算机科学与技术 260/283、交通运输工程 48/69、管理科学与工程 193/228。

通信地址：天津市河西区大沽南路 1310 号
邮政编码：300222
电话号码：022-88181618
电子邮箱：tutezyjy1618@163.com
研究生院（处）网址：www.yjsh.tute.edu.cn

10068　天津外国语大学

在中国普通高校研究生教育竞争力排行榜中的名次：总排名 440/574，天津市内排名 16/18，文法类排名 17/32。

共 5 个一级学科（学术学位）参评，其中 5★学科 0 个，4★学科 1 个，学科优秀率为 20%。

学科门类排名

哲学 152/177、经济学 219/259、文学 63/271、管理学 373/376。

一级学科排名

哲学 152/177、理论经济学 86/147、中国语言文学 137/169、外国语言文学 41/221、管理科学与工程 171/228。

优势专业

4★专业：日语语言文学 18/106。

通信地址：天津市河西区马场道 117 号
邮政编码：300204
电话号码：022-23280352
电子邮箱：graduate@tjfsu.edu.cn
研究生院（处）网址：www.grad.tjfsu.edu.cn

10061　天津农学院

在中国普通高校研究生教育竞争力排行榜中的名次：总排名 483/574，天津市内排名 17/18，农林类排名 37/37。

共 4 个一级学科（学术学位）参评。

学科门类排名

农学 52/111。

一级学科排名

作物学 33/53、园艺学 34/41、兽医学 22/44、水产 13/27。

通信地址：天津市西青区津静路 22 号
邮政编码：300384
电话号码：022-23785573
电子邮箱：tjauyzs@126.com
研究生院（处）网址：www.yjs.tjau.edu.cn

10073　天津美术学院

在中国普通高校研究生教育竞争力排行榜中的名次：

总排名 487/574，天津市内排名 18/18，艺术类排名 26/29。

共 2 个一级学科（学术学位）参评。

学科门类排名

艺术学 97/206。

一级学科排名

美术学 58/133、设计学 78/141。

通信地址：天津市河北区天纬路 4 号
邮政编码：300141
电话号码：022-26241719
电子邮箱：yjsb@tjarts.edu.cn
研究生院（处）网址：www.tjarts.edu.cn

黑龙江省

10213 哈尔滨工业大学

在中国普通高校研究生教育竞争力排行榜中的名次：总排名 13/574，黑龙江省内排名 1/19，理工类排名 3/178。

共 45 个一级学科（学术学位）参评，其中 5★学科 10 个，4★学科 15 个，学科优秀率为 55.56%。

学科门类排名

哲学 92/177、经济学 97/259、法学 108/348、教育学 172/200、文学 123/271、理学 44/375、工学 3/369、管理学 13/376、艺术学 119/206。

一级学科排名

哲学 92/177、理论经济学 104/147、应用经济学 108/243、法学 161/188、政治学 125/125、社会学 25/96、马克思主义理论 296/325、体育学 96/119、外国语言文学 84/221、数学 18/239、物理学 11/169、化学 59/185、海洋科学 11/31、生物学 95/222、科学技术史 16/37、统计学 49/162、力学 4/119、机械工程 2/208、光学工程 16/89、仪器科学与技术 2/95、材料科学与工程 7/206、动力工程及工程热物理 6/114、电气工程 7/104、电子科学与技术 9/134、信息与通信工程 17/170、控制科学与工程 1/186、计算机科学与技术 2/283、建筑学 7/69、土木工程 3/153、水利工程 44/74、化学工程与技术 16/218、交通运输工程 11/69、船舶与海洋工程 13/19、航空宇航科学与技术 4/21、环境科学与工程 7/197、生物医学工程 32/87、食品科学与工程 70/101、城乡规划学 6/56、风景园林学 11/65、软件工程 39/197、管理科学与工程 6/228、工商管理 36/303、公共管理 34/217、艺术学理论 61/75、设计学 89/141。

优势专业

5★专业：应用数学 11/231、光学 4/134、一般力学与力学基础 1/54、固体力学 2/84、工程力学 2/110、机械制造及其自动化 4/186、机械电子工程 1/187、机械设计及理论 4/195、车辆工程 4/137、精密仪器及机械 3/73、测试计量技术及仪器 1/93、材料物理与化学 9/185、材料学 1/183、材料加工工程 2/158、流体机械及工程 3/70、控制理论与控制工程 1/170、检测技术与自动化装置 5/157、模式识别与智能系统 2/135、导航、制导与控制 3/68、计算机系统结构 2/172、计算机软件与理论 6/213、计算机应用技术 8/280、岩土工程 4/130、结构工程 3/140、市政工程 2/100、供热、供燃气、通风及空调工程 1/91、防灾减灾工程及防护工程 3/113、环境科学 9/174、环境工程 4/170。

4★专业：国际贸易学 32/165、基础数学 17/181、计算数学 21/167、概率论与数理统计 17/141、运筹学与控制论 14/157、粒子物理与原子核物理 10/58、原子与分子物理 9/70、凝聚态物理 13/145、流体力学 6/66、工程热物理 5/61、热能工程 6/79、动力机械及工程 5/70、制冷及低温工程 6/59、化工过程机械 4/65、电机与电器 5/73、电力系统及其自动化 13/82、高电压与绝缘技术 8/48、电力电子与电力传动 8/95、电工理论与新技术 7/73、物理电子学 8/99、电路与系统 13/109、微电子学与固体电子学 12/88、电磁场与微波技术 10/74、通信与信息系统 15/141、信号与信息处理 16/152、系统工程 8/108、建筑历史与理论 7/39、建筑设计及其理论 6/55、建筑技术科学 8/40、城市规划与设计 8/52、桥梁与隧道工程 6/102、化学工程 10/130、化学工艺 16/139、生物化工 13/120、应用化学 13/211、工业催化 12/117、道路与铁道工程 8/48、交通运输规划与管理 10/54、会计学 26/252、企业管理 26/293、技术经济及管理 27/222、行政管理 33/167。

通信地址：黑龙江省哈尔滨市南岗区西大直街 92 号
邮政编码：150001
电话号码：0415-86416113
电子邮箱：sqc@hit.edu.cn
研究生院（处）网址：www.hitgs.hit.edu.cn

10217 哈尔滨工程大学

在中国普通高校研究生教育竞争力排行榜中的名次：总排名 64/574，黑龙江省内排名 2/19，理工类排名 32/178。

共 38 个一级学科（学术学位）参评，其中 5★学科 1 个，4★学科 8 个，学科优秀率为 23.68%。

学科门类排名

经济学 121/259、法学 120/348、教育学 139/200、文学 187/271、理学 161/375、工学 41/369、管理学 103/376、艺术学 164/206。

一级学科排名

理论经济学 134/147、应用经济学 134/243、法学 138/188、政治学 121/125、社会学 71/96、马克思主义理论 65/325、心理学 67/102、体育学 106/119、外国语言文学 112/221、数学 90/239、物理学 64/169、系统科学 7/39、力学 24/119、机械工程 64/208、光学工程 26/89、仪器科学与技术 19/95、材料科学与工程 53/206、动力工程及工程热物理 26/114、电气工程 52/104、电子科学与技术 58/134、信息与通信工程 16/170、控制科学与工程 15/186、计算机科学与技术 36/283、土木工程 131/153、水利工程 37/74、化学工程与技术 84/218、交通运输工程 67/69、船舶与海洋工程 1/19、航空宇航科学与技术 16/21、兵器科学与技术 9/9、核科学与技术 5/22、环境科学与工程 174/197、生物医学工程 63/87、软件工程 107/197、管理科学与工程 35/228、工商管理 146/303、公共管理 203/217、设计学 100/141。

优势专业

5★专业：思想政治教育 12/299、船舶与海洋结构物设计制造 1/19、轮机工程 1/13、水声工程 1/9。

4★专业：精密仪器及机械 12/73、通信与信息系统 16/141、信号与信息处理 13/152、控制理论与控制工程 31/170、检测技术与自动化装置 13/157、系统工程 11/108、模式识别与智能系统 15/135、导航、制导与控制 11/68、计算机系统结构 26/172、计算机软件与理论 33/213、计算机应用技术 31/280、旅游管理 38/186。

通信地址：黑龙江省哈尔滨市南岗区南通大街 145 号
邮政编码：150001
电话号码：0451-82519679
电子邮箱：yjszb@hrbeu.edu.cn
研究生院（处）网址：www.yjsy.hrbeu.edu.cn

10226 哈尔滨医科大学

在中国普通高校研究生教育竞争力排行榜中的名次：总排名 103/574，黑龙江省内排名 3/19，医药类排名 6/72。

共 12 个一级学科（学术学位）参评，其中 5★学科 0 个，4★学科 6 个，学科优秀率为 50%。

学科门类排名

法学 344/348、理学 120/375、工学 213/369、医学 15/196、管理学 150/376。

一级学科排名

马克思主义理论 323/325、生物学 50/222、科学技术史 37/37、生物医学工程 17/87、基础医学 24/99、临床医学 22/111、口腔医学 12/48、公共卫生与预防医学 9/71、中西医结合 41/72、药学 13/145、护理学 10/74、公共管理 36/217。

优势专业

5★专业：营养与食品卫生学 2/57。

4★专业：生物化学与分子生物学 36/202、人体解剖与组织胚胎学 10/90、病原生物学 14/86、内科学 16/100、老年医学 12/65、神经病学 8/86、精神病与精神卫生学 11/68、影像医学与核医学 8/93、临床检验诊断学 17/92、外科学 13/98、妇产科学 14/90、眼科学 9/85、肿瘤学 11/88、麻醉学 8/80、口腔临床医学 7/46、流行病与卫生统计学 12/62、劳动卫生与环境卫生学 9/50、微生物与生化药学 14/83、药理学 9/113、行政管理 31/167、社会医学与卫生事业管理 4/72。

通信地址：黑龙江省哈尔滨市南岗区保健路 157 号
邮政编码：150081
电话号码：0451-86671349
电子邮箱：yzb@hrbmu.edu.cn
研究生院（处）网址：www.yjsy.hrbmu.edu.cn

10225 东北林业大学

在中国普通高校研究生教育竞争力排行榜中的名次：总排名 106/574，黑龙江省内排名 4/19，农林类排名 7/37。

共 34 个一级学科（学术学位）参评，其中 5★学科 3 个，4★学科 2 个，学科优秀率为 14.71%。

学科门类排名

经济学 226/259、法学 151/348、文学 201/271、理学 34/375、工学 76/369、农学 11/111、医学 165/196、管理学 66/376、艺术学 162/206。

一级学科排名

理论经济学 135/147、应用经济学 236/243、法学 137/188、马克思主义理论 70/325、外国语言文学 118/221、数学 214/239、化学 127/185、生物学 26/222、生态学 5/132、统计学 129/162、机械工程 82/208、控制科学与工程 106/186、计算机科学与技术 187/283、建筑学 48/69、土木工程 123/153、化学工程与技术 184/218、轻工技术与工程 27/46、交通运输工程 19/69、农业工程 36/52、林业工程 1/17、环境科学与工程 128/197、食品科学与工程 90/101、城乡规划学 50/56、风景园林学 13/65、软件工程 132/197、农业资源与环境 35/43、畜牧学 43/52、林学 2/62、药学 122/145、管理科学与工程 226/228、工商管理 112/303、农林经济管理 14/62、公共管理 199/217、设计学 36/141。

优势专业

5★专业：森林工程 1/8、木材科学与技术 1/13、森林经理学 1/23、园林植物与观赏园艺 2/44。

4★专业：思想政治教育 46/299、植物学 13/137、发育生物学 15/83、林产化学加工工程 3/15、林木遗传育种 2/25、森林培育 2/29、森林保护学 2/24、野生动植物保护与利用 2/29、水土保持与荒漠化防治 3/39、林业经济管理 2/31。

通信地址：黑龙江省哈尔滨市香坊区和兴路 26 号
邮政编码：150040
电话号码：0451-82190710
电子邮箱：yzb@nefu.edu.cn
研究生院（处）网址：www.gra.nefu.edu.cn

10212 黑龙江大学

在中国普通高校研究生教育竞争力排行榜中的名次：总排名 118/574，黑龙江省内排名 5/19，综合类排名 37/87。

共 36 个一级学科（学术学位）参评，其中 5★学科 1 个，4★学科 5 个，学科优秀率为 16.67%。

学科门类排名

哲学 13/177、经济学 117/259、法学 41/348、教育学 163/200、文学 26/271、历史学 48/125、理学 114/375、工学 151/369、农学 82/111、管理学 120/376。

一级学科排名

哲学 13/177、理论经济学 87/147、应用经济学 148/243、法学 32/188、政治学 43/125、社会学 65/96、马克思主义理论 52/325、教育学 126/155、中国语言文学 24/169、外国语言文学 6/221、新闻传播学 34/98、考古学 34/58、中国史 68/122、世界史 46/73、数学 144/239、物理学 151/169、化学 55/185、生物学 155/222、生态学 109/132、统计学 140/162、材料科学与工程 130/206、电子科学与技术 51/134、信息与通信工程 120/170、控制科学与工程 112/186、计算机科学与技术 85/283、水利工程 70/74、化学工程与技术 93/218、核科学与技术 20/22、环境科学与工程 181/197、软件工程 173/197、作物学 47/53、植物保护 45/50、管理科学与工程 225/228、工商管理 124/303、公共管理 100/217、图书情报与档案管理 11/68。

优势专业

5★专业：国外马克思主义研究 2/83、俄语语言文学 1/61、外国语言学及应用语言学 5/189。

4★专业：马克思主义哲学 10/109、中国哲学 11/88、外国哲学 10/76、伦理学 15/94、管理哲学 2/6、宪法学与行政法学 24/126、刑法学 10/114、民商法学 19/147、高等教育学 20/117、中国古代文学 23/154、比较文学与世界文学 25/123、日语语言文学 17/106、图书馆学 8/45。

通信地址：黑龙江省哈尔滨市南岗区学府路 74 号
邮政编码：150080
电话号码：0451-86608729
电子邮箱：yzb@hlju.edu.cn
研究生院（处）网址：www.210.46.97.212

10224 东北农业大学

在中国普通高校研究生教育竞争力排行榜中的名次：总排名 121/574，黑龙江省内排名 6/19，农林类排名 8/37。

共 24 个一级学科（学术学位）参评，其中 5★学科 0 个，4★学科 5 个，学科优秀率为 20.83%。

学科门类排名

经济学 135/259、法学 267/348、文学 235/271、理学 138/375、工学 101/369、农学 14/111、管理学 58/376。

一级学科排名

应用经济学 124/243、马克思主义理论 145/325、外国语言文学 161/221、生物学 59/222、生态学 42/132、机械工程 177/208、计算机科学与技术 261/283、水利工程 50/74、化学工程与技术 165/218、农业工程 6/52、食品科学与工程 12/101、风景园林学 34/65、软件工程 90/197、作物学 12/53、园艺学 14/41、农业资源与环境 15/43、植物保护 27/50、畜牧学 6/52、兽医学 5/44、草学 19/35、管理科学与工程 150/228、工商管理 259/303、农林经济管理 8/62、公共管理 85/217。

优势专业

5★专业：粮食、油脂及植物蛋白工程 3/59。

4★专业：植物学 24/137、微生物学 33/162、农业机械化工程 7/41、农业水土工程 4/35、农业电气化与自动化 7/41、食品科学 8/96、农产品加工及贮藏工程 10/76、作物遗传育种 9/52、蔬菜学 4/37、动物遗传育种与繁殖 5/43、动物营养与饲料科学 5/47、基础兽医学 3/38、临床兽医学 3/38、农业经济管理 9/59。

通信地址：黑龙江省哈尔滨市香坊区木材街 59 号
邮政编码：150030
电话号码：0451-55190398
电子邮箱：neauyzb@163.com
研究生院（处）网址：www.graduate.neau.edu.cn

10214 哈尔滨理工大学

在中国普通高校研究生教育竞争力排行榜中的名次：总排名 167/574，黑龙江省内排名 7/19，理工类排名 64/178。

共 25 个一级学科（学术学位）参评，其中 5★学科 0 个，4★学科 4 个，学科优秀率为 16%。

学科门类排名

哲学 144/177、经济学 170/259、法学 125/348、教育学 158/200、文学 197/271、理学 249/375、工学 83/369、管理学 101/376、艺术学 161/206。

一级学科排名

哲学 144/177、应用经济学 154/243、马克思主义理论 46/325、教育学 120/155、外国语言文学 96/221、数学 167/239、物理学 144/169、化学 157/185、机械工程 45/208、光学工程 62/89、仪器科学与技术 29/95、材料科学与工程 80/206、动力工程及工程热物理 89/114、电气工程 14/104、电子科学与技术 74/134、信息与通信工程 74/170、控制科学与工程 58/186、计算机科学与技术 56/283、化学工程与技术 114/218、矿业工程 32/56、软件工程 156/197、安全科学与工程 56/57、管理科学与工程 55/228、工商管理 59/303、设计学 102/141。

优势专业

4★专业：思想政治教育 59/299、高电压与绝缘技术 7/48、技术经济及管理 32/222。

通信地址：黑龙江省哈尔滨市南岗区学府路 52 号
邮政编码：150080
电话号码：0451-86390155
电子邮箱：yzb@hrbust.edu.cn
研究生院（处）网址：www1.hrbust.edu.cn

10231 哈尔滨师范大学

在中国普通高校研究生教育竞争力排行榜中的名次：

总排名 176/574，黑龙江省内排名 8/19，师范类排名 22/73。

共 29 个一级学科（学术学位）参评，其中 5★学科 1 个，4★学科 5 个，学科优秀率为 20.69%。

学科门类排名

哲学 95/177、经济学 200/259、法学 112/348、教育学 34/200、文学 44/271、历史学 53/125、理学 113/375、工学 282/369、管理学 278/376、艺术学 20/206。

一级学科排名

哲学 95/177、理论经济学 146/147、应用经济学 195/243、政治学 118/125、马克思主义理论 28/325、教育学 22/155、心理学 39/102、体育学 54/119、中国语言文学 40/169、外国语言文学 45/221、中国史 72/122、世界史 37/73、数学 116/239、物理学 103/169、化学 130/185、地理学 27/92、生物学 87/222、科学技术史 35/37、生态学 77/132、统计学 158/162、材料科学与工程 176/206、计算机科学与技术 184/283、软件工程 97/197、公共管理 106/217、艺术学理论 14/75、音乐与舞蹈学 3/94、戏剧与影视学 18/70、美术学 9/133、设计学 56/141。

优势专业

4★专业：马克思主义基本原理 49/263、马克思主义中国化研究 34/236、思想政治教育 47/299、课程与教学论 20/101、文艺学 18/142、中国古代文学 24/154、自然地理学 10/71。

通信地址：黑龙江省哈尔滨市和兴路 50 号
邮政编码：150025
电话号码：0451-88067222
电子邮箱：yzb@hrbnu.edu.cn
研究生院（处）网址：www.web.hrbnu.edu.cn

10220 东北石油大学

在中国普通高校研究生教育竞争力排行榜中的名次：总排名 190/574，黑龙江省内排名 9/19，理工类排名 75/178。

共 24 个一级学科（学术学位）参评，其中 5★学科 0 个，4★学科 1 个，学科优秀率为 4.17%。

学科门类排名

法学 189/348、教育学 169/200、理学 233/375、工学 107/369、管理学 303/376。

一级学科排名

政治学 87/125、马克思主义理论 146/325、教育学 98/155、数学 231/239、化学 154/185、地球物理学 20/22、地质学 32/42、力学 91/119、机械工程 142/208、仪器科学与技术 66/95、材料科学与工程 188/206、动力工程及工程热物理 40/114、电气工程 76/104、信息与通信工程 148/170、控制科学与工程 101/186、计算机科学与技术 163/283、土木工程 95/153、化学工程与技术 31/218、地质资源与地质工程 15/50、石油与天然气工程 4/17、环境科学与工程 191/197、软件工程 148/197、安全科学与工程 48/57、工商管理 137/303。

优势专业

4★专业：应用化学 43/211、旅游管理 34/186。

通信地址：黑龙江省大庆市高新技术开发区发展路 199 号
邮政编码：163318
电话号码：0459-6503721
电子邮箱：yzb@nepu.edu.cn
研究生院（处）网址：www.glbm3.nepu.edu.cn

10228 黑龙江中医药大学

在中国普通高校研究生教育竞争力排行榜中的名次：总排名 248/574，黑龙江省内排名 10/19，医药类排名 27/72。

共 8 个一级学科（学术学位）参评，其中 5★学科 0 个，4★学科 2 个，学科优秀率为 25%。

学科门类排名

医学 26/196、管理学 349/376。

一级学科排名

基础医学 98/99、临床医学 102/111、中医学 9/47、中西医结合 18/72、药学 31/145、中药学 4/59、护理学 71/74、公共管理 214/217。

优势专业

4★专业：中医基础理论 5/31、中医临床基础 5/30、方剂学 3/29、中医妇科学 2/29、药剂学 18/97、生药学 11/87、药物分析学 19/96。

通信地址：黑龙江省哈尔滨市香坊区和平路 24 号
邮政编码：150040
电话号码：0451-82197018
电子邮箱：yzb@hljucm.edu.cn
研究生院（处）网址：http://www.hljucm.net/

10240 哈尔滨商业大学

在中国普通高校研究生教育竞争力排行榜中的名次：总排名 285/574，黑龙江省内排名 11/19，财经类排名 15/40。

共 18 个一级学科（学术学位）参评，其中 5★学科 0 个，4★学科 1 个，学科优秀率为 5.56%。

学科门类排名

经济学 54/259、法学 229/348、理学 306/375、工学 215/369、医学 124/196、管理学 95/376。

一级学科排名

理论经济学 136/147、应用经济学 39/243、法学 140/188、马克思主义理论 309/325、海洋科学 24/31、统计学 122/162、机械工程 188/208、动力工程及工程热物理 111/114、信息与通信工程 167/170、计算机科学与技术 265/283、轻工技术与工程 45/46、环境科学与工程 159/197、食品科学与工程 29/101、药学 75/145、中药学 31/59、管理科学与工程 141/228、工商管理 65/303、公共管理 192/217。

优势专业

4★专业：产业经济学 32/198、会计学 47/252、企业管理 60/293。

通信地址：黑龙江省哈尔滨市松北区学海街 1 号
邮政编码：150028
电话号码：0451-84892021
电子邮箱：yzb@hrbcu.edu.cn
研究生院（处）网址：www.yjsc.hrbcu.edu.cn

10222　佳木斯大学

在中国普通高校研究生教育竞争力排行榜中的名次：总排名 314/574，黑龙江省内排名 12/19，综合类排名 61/87。

共 14 个一级学科（学术学位）参评。

学科门类排名

法学 310/348、文学 209/271、理学 268/375、工学 273/369、医学 68/196、艺术学 117/206。

一级学科排名

马克思主义理论 155/325、外国语言文学 181/221、生物学 140/222、机械工程 193/208、材料科学与工程 118/206、计算机科学与技术 274/283、农业工程 42/52、基础医学 49/99、临床医学 67/111、口腔医学 22/48、公共卫生与预防医学 70/71、药学 98/145、音乐与舞蹈学 44/94、美术学 33/133。

通信地址：黑龙江省佳木斯市学府街 148 号
邮政编码：154007
电话号码：0454-8618499
电子邮箱：jmsuyzb@163.com
研究生院（处）网址：www.yjs.jmsu.cn

10223　黑龙江八一农垦大学

在中国普通高校研究生教育竞争力排行榜中的名次：总排名 350/574，黑龙江省内排名 13/19，农林类排名 31/37。

共 11 个一级学科（学术学位）参评。

学科门类排名

理学 303/375、工学 229/369、农学 38/111、管理学 260/376。

一级学科排名

生物学 169/222、机械工程 205/208、农业工程 18/52、食品科学与工程 51/101、作物学 30/53、农业资源与环境 33/43、植物保护 40/50、畜牧学 41/52、兽医学 17/44、工商管理 253/303、农林经济管理 41/62。

通信地址：黑龙江省大庆市高新技术产业开发区新风路 5 号
邮政编码：163319
电话号码：0459-6819132
电子邮箱：byndyzb@163.com
研究生院（处）网址：www.hlau.cn

10232　齐齐哈尔大学

在中国普通高校研究生教育竞争力排行榜中的名次：总排名 355/574，黑龙江省内排名 14/19，综合类排名 65/87。

共 18 个一级学科（学术学位）参评，其中 5★学科 0 个，4★学科 2 个，学科优秀率为 11.11%。

学科门类排名

法学 262/348、文学 177/271、历史学 110/125、理学 243/375、工学 247/369、管理学 344/376、艺术学 182/206。

一级学科排名

马克思主义理论 130/325、中国语言文学 167/169、外国语言文学 125/221、中国史 103/122、化学 143/185、生物学 174/222、机械工程 207/208、材料科学与工程 184/206、信息与通信工程 169/170、控制科学与工程 113/186、计算机科学与技术 258/283、化学工程与技术 127/218、纺织科学与工程 17/25、食品科学与工程 76/101、工商管理 266/303、音乐与舞蹈学 18/94、美术学 24/133、设计学 49/141。

通信地址：黑龙江省齐齐哈尔市文化大街 42 号
邮政编码：161006
电话号码：0452-2742663
电子邮箱：yjsc@qqhru.edu.cn
研究生院（处）网址：www.yjs.qqhru.edu.cn

10219　黑龙江科技大学

在中国普通高校研究生教育竞争力排行榜中的名次：总排名 392/574，黑龙江省内排名 15/19，理工类排名 139/178。

共 15 个一级学科（学术学位）参评。

学科门类排名

经济学 254/259、法学 253/348、理学 370/375、工学 242/369、管理学 205/376。

一级学科排名

应用经济学 239/243、马克思主义理论 192/325、数学 239/239、机械工程 176/208、材料科学与工程 198/206、电气工程 81/104、控制科学与工程 183/186、计算机科学与技术 254/283、土木工程 132/153、化学工程与技术 216/218、矿业工程 23/56、安全科学与工程 24/57、管理科学与工程 228/228、工商管理 254/303、公共管理 165/217。

通信地址：黑龙江省哈尔滨市松北区浦源路 2468 号
邮政编码：150022
电话号码：0451-88036418
电子邮箱：88036418@163.com
研究生院（处）网址：www.yjsc.usth.net.cn

10233　牡丹江师范学院

在中国普通高校研究生教育竞争力排行榜中的名次：

总排名 487/574，黑龙江省内排名 16/19，师范类排名 56/73。

共 5 个一级学科（学术学位）参评。

学科门类排名

法学 314/348、教育学 168/200、文学 142/271、理学 320/375。

一级学科排名

马克思主义理论 228/325、体育学 80/119、中国语言文学 112/169、物理学 149/169、生物学 132/222。

通信地址：黑龙江省牡丹江市爱民区文化街 191 号

邮政编码：157011

电话号码：0453-6511507

电子邮箱：msyyjsc@163.com

研究生院（处）网址：www.yjs.mdjnu.cn

10242　哈尔滨体育学院

在中国普通高校研究生教育竞争力排行榜中的名次：总排名 487/574，黑龙江省内排名 16/19，体育类排名 11/13。

共 1 个一级学科（学术学位）参评。

学科门类排名

教育学 87/200。

一级学科排名

体育学 36/119。

通信地址：黑龙江省哈尔滨市南岗区大成街 1 号

邮政编码：150008

电话号码：0451-87023611

电子邮箱：yasi5212@126com

研究生院（处）网址：www.hrbipe.edu.cn

10229　牡丹江医学院

在中国普通高校研究生教育竞争力排行榜中的名次：总排名 514/574，黑龙江省内排名 18/19，医药类排名 66/72。

共 3 个一级学科（学术学位）参评。

学科门类排名

理学 322/375、医学 104/196。

一级学科排名

生物学 199/222、基础医学 76/99、临床医学 72/111。

通信地址：黑龙江省牡丹江市爱民区通乡街 3 号

邮政编码：157011

电话号码：0453-6984041

电子邮箱：13314530898@189.cn

研究生院（处）网址：www.mdjmu.cn

11446　黑龙江东方学院

在中国普通高校研究生教育竞争力排行榜中的名次：总排名 573/574，黑龙江省内排名 19/19，综合类排名 87/87。

通信地址：黑龙江省哈尔滨市南岗区学府路 331 号

邮政编码：150086

电话号码：0451-85963915

电子邮箱：dfxyyb@163.com

研究生院（处）网址：www.dfxyzj.com

安徽省

10358　中国科学技术大学

在中国普通高校研究生教育竞争力排行榜中的名次：总排名 15/574，安徽省内排名 1/20，理工类排名 4/178。

共 32 个一级学科（学术学位）参评，其中 5★学科 7 个，4★学科 11 个，学科优秀率为 56.25%。

学科门类排名

哲学 66/177、理学 2/375、工学 23/369、管理学 37/376。

一级学科排名

哲学 66/177、数学 8/239、物理学 1/169、化学 3/185、天文学 2/16、大气科学 9/18、地球物理学 2/22、地质学 7/42、生物学 9/222、科学技术史 1/37、生态学 40/132、统计学 38/162、力学 8/119、光学工程 32/89、仪器科学与技术 21/95、材料科学与工程 35/206、动力工程及工程热物理 25/114、电子科学与技术 26/134、信息与通信工程 11/170、控制科学与工程 31/186、计算机科学与技术 15/283、水利工程 63/74、化学工程与技术 41/218、矿业工程 22/56、核科学与技术 2/22、环境科学与工程 12/197、生物医学工程 25/87、软件工程 43/197、安全科学与工程 16/57、管理科学与工程 12/228、工商管理 151/303、公共管理 103/217。

优势专业

5★专业：计算数学 8/167、概率论与数理统计 5/141、应用数学 7/231、运筹学与控制论 3/157、理论物理 1/125、粒子物理与原子核物理 3/58、原子与分子物理 1/70、等离子体物理 1/36、凝聚态物理 2/145、光学 1/134、分析化学 4/157、有机化学 4/159、物理化学 4/156、高分子化学与物理 2/131、固体地球物理学 1/19、空间物理学 1/13、微生物学 7/162、神经生物学 2/72、遗传学 4/140、细胞生物学 2/135、生物化学与分子生物学 7/202、生物物理学 1/80、生物信息学 1/13、核能科学与工程 1/10、核技术及应用 1/20。

4★专业：基础数学 11/181、声学 2/28、无机化学 9/150、天体物理 2/16、地球化学 2/28、固体力学 8/84、流体力学 4/66、工程力学 9/110、精密仪器及机械 14/73、测试计量技术及仪器 18/93、材料物理与化学 28/185、材料学 35/183、热能工程 12/79、物理电子学 19/99、通信与信息系统 12/141、信号与信息处理 14/152、控制理论与控制工程 30/170、检测技术与自动化装置 32/157、计算机系统结构 20/172、计算机软件与理论 13/213、计算机应用技术 34/280、应用化学 25/211、安全技术及工程 9/44、核燃料循环与材料 2/7、辐射防护及环境保护 2/10、环境科学 31/174、环境工程 15/170、企业管理 51/293、教育经济与管理 8/139。

通信地址：安徽省合肥市金寨路 96 号
邮政编码：230026
电话号码：0551-63606625
电子邮箱：gradschl@ustc.edu.cn
研究生院（处）网址：www.yz.ustc.edu.cn

10359 合肥工业大学

在中国普通高校研究生教育竞争力排行榜中的名次：总排名 63/574，安徽省内排名 2/20，理工类排名 31/178。

共 37 个一级学科（学术学位）参评，其中 5★学科 1 个，4★学科 7 个，学科优秀率为 21.62%。

学科门类排名

哲学 117/177、经济学 115/259、法学 234/348、教育学 198/200、文学 192/271、理学 98/375、工学 57/369、管理学 15/376、艺术学 135/206。

一级学科排名

哲学 117/177、应用经济学 92/243、马克思主义理论 137/325、教育学 155/155、外国语言文学 146/221、数学 79/239、化学 110/185、地质学 10/42、生物学 185/222、统计学 37/162、力学 50/119、机械工程 20/208、光学工程 44/89、仪器科学与技术 11/95、材料科学与工程 44/206、动力工程及工程热物理 66/114、电气工程 10/104、电子科学与技术 50/134、信息与通信工程 38/170、控制科学与工程 85/186、计算机科学与技术 35/283、建筑学 39/69、土木工程 23/153、水利工程 40/74、测绘科学与技术 38/50、化学工程与技术 62/218、地质资源与地质工程 35/50、交通运输工程 36/69、环境科学与工程 72/197、食品科学与工程 11/101、城乡规划学 48/56、风景园林学 59/65、软件工程 42/197、管理科学与工程 4/228、工商管理 21/303、美术学 121/133、设计学 116/141。

优势专业

5★专业：农产品加工及贮藏工程 4/76。

4★专业：概率论与数理统计 28/141、运筹学与控制论 23/157、机械制造及其自动化 28/186、机械电子工程 30/187、机械设计及理论 16/195、车辆工程 21/137、精密仪器及机械 8/73、测试计量技术及仪器 13/93、材料学 36/183、电力电子与电力传动 7/95、电工理论与新技术 9/73、信号与信息处理 27/152、计算机系统结构 31/172、计算机软件与理论 34/213、计算机应用技术 30/280、结构工程 18/140、食品科学 16/96、会计学 35/252、企业管理 47/293、旅游管理 20/186、技术经济及管理 26/222。

通信地址：安徽省合肥市屯溪路 193 号
邮政编码：230009
电话号码：0551-62901228
电子邮箱：hgdyzb@hfut.edu.cn
研究生院（处）网址：www.yjszs.hfut.edu.cn

10357 安徽大学

在中国普通高校研究生教育竞争力排行榜中的名次：总排名 107/574，安徽省内排名 3/20，综合类排名 33/87。

共 32 个一级学科（学术学位）参评，其中 5★学科 0 个，4★学科 6 个，学科优秀率为 18.75%。

学科门类排名

哲学 43/177、经济学 68/259、法学 52/348、教育学 191/200、文学 28/271、历史学 29/125、理学 93/375、工学 95/369、管理学 109/376、艺术学 141/206。

一级学科排名

哲学 43/177、理论经济学 42/147、应用经济学 68/243、法学 30/188、社会学 27/96、马克思主义理论 62/325、教育学 149/155、中国语言文学 23/169、外国语言文学 64/221、新闻传播学 14/98、考古学 13/58、中国史 23/122、数学 50/239、物理学 78/169、化学 58/185、生物学 129/222、生态学 39/132、统计学 50/162、光学工程 65/89、材料科学与工程 75/206、电子科学与技术 40/134、信息与通信工程 67/170、控制科学与工程 98/186、计算机科学与技术 20/283、化学工程与技术 108/218、环境科学与工程 127/197、软件工程 185/197、工商管理 67/303、公共管理 132/217、图书情报与档案管理 17/68、音乐与舞蹈学 89/94、戏剧与影视学 57/70。

优势专业

5★专业：马克思主义发展史 4/99。

4★专业：中国哲学 10/88、政治经济学 20/114、刑法学 16/114、民商法学 26/147、经济法学 18/132、文艺学 24/142、语言学及应用语言学 21/132、汉语言文字学 18/133、计算机应用技术 21/280。

通信地址：安徽省合肥市九龙路 111 号
邮政编码：230601
电话号码：0551-63861850
电子邮箱：ady@ahu.edu.cn
研究生院（处）网址：www.yzb.ahu.edu.cn

10366 安徽医科大学

在中国普通高校研究生教育竞争力排行榜中的名次：总排名 124/574，安徽省内排名 4/20，医药类排名 9/72。

共 12 个一级学科（学术学位）参评，其中 5★学科 0

个，4★学科3个，学科优秀率为25%。

学科门类排名

哲学 159/177、法学 305/348、教育学 165/200、理学 207/375、工学 327/369、医学 29/196。

一级学科排名

哲学 159/177、马克思主义理论 259/325、心理学 77/102、生物学 100/222、生物医学工程 57/87、基础医学 26/99、临床医学 14/111、口腔医学 26/48、公共卫生与预防医学 14/71、药学 25/145、中药学 34/59、护理学 28/74。

优势专业

5★专业：皮肤病与性病学 1/78。

4★专业：老年医学 8/65、妇产科学 17/90、流行病与卫生统计学 11/62、儿少卫生与妇幼保健学 5/42、药理学 14/113。

通信地址：安徽省合肥市梅山路 81 号
邮政编码：230032
电话号码：0551-65161051
电子邮箱：yzb@ahmu.edu.cn
研究生院（处）网址：www.yjsxy.ahmu.edu.cn

10370 安徽师范大学

在中国普通高校研究生教育竞争力排行榜中的名次：总排名 130/574，安徽省内排名 5/20，师范类排名 15/73。

共 33 个一级学科（学术学位）参评，其中 5★学科 0 个，4★学科 5 个，学科优秀率为 15.15%。

学科门类排名

哲学 61/177、经济学 202/259、法学 68/348、教育学 36/200、文学 53/271、历史学 46/125、理学 61/375、工学 223/369、农学 103/111、管理学 211/376、艺术学 34/206。

一级学科排名

哲学 61/177、理论经济学 91/147、应用经济学 233/243、法学 110/188、政治学 65/125、社会学 85/96、马克思主义理论 23/325、教育学 36/155、心理学 38/102、体育学 25/119、中国语言文学 33/169、外国语言文学 101/221、新闻传播学 56/98、中国史 48/122、世界史 56/73、数学 98/239、物理学 75/169、化学 34/185、地理学 14/92、生物学 58/222、生态学 26/132、统计学 146/162、材料科学与工程 122/206、计算机科学与技术 141/283、化学工程与技术 130/218、环境科学与工程 85/197、林学 54/62、工商管理 129/303、公共管理 123/217、艺术学理论 39/75、音乐与舞蹈学 39/94、戏剧与影视学 24/70、美术学 55/133。

优势专业

5★专业：思想政治教育 6/299。

4★专业：马克思主义基本原理 19/263、语言学及应用语言学 20/132、汉语言文字学 19/133、中国古代文学 19/154、英语语言文学 27/184、分析化学 27/157、人文地理学 6/67、旅游管理 36/186。

通信地址：安徽省芜湖市弋江区花津南路 92 号
邮政编码：241003
电话号码：0553-5910126
电子邮箱：yzb@ahnu.edu.cn
研究生院（处）网址：www.yz.ahnu.edu.cn

10364 安徽农业大学

在中国普通高校研究生教育竞争力排行榜中的名次：总排名 205/574，安徽省内排名 6/20，农林类排名 19/37。

共 24 个一级学科（学术学位）参评，其中 5★学科 0 个，4★学科 1 个，学科优秀率为 4.17%。

学科门类排名

经济学 210/259、法学 225/348、理学 130/375、工学 149/369、农学 21/111、医学 187/196、管理学 140/376。

一级学科排名

应用经济学 187/243、马克思主义理论 191/325、大气科学 17/18、生物学 56/222、生态学 30/132、机械工程 143/208、计算机科学与技术 249/283、农业工程 31/52、林业工程 11/17、环境科学与工程 109/197、食品科学与工程 37/101、风景园林学 25/65、作物学 17/53、园艺学 12/41、农业资源与环境 29/43、植物保护 21/50、畜牧学 23/52、兽医学 27/44、林学 12/62、草学 21/35、公共卫生与预防医学 63/71、工商管理 177/303、农林经济管理 33/62、公共管理 205/217。

优势专业

4★专业：微生物学 30/162、茶学 2/17、园林植物与观赏园艺 6/44。

通信地址：安徽省合肥市长江西路 130 号
邮政编码：230036
电话号码：0551-5786436
电子邮箱：yjszb@ahau.edu.c
研究生院（处）网址：www.yjsc.ahau.edu.cn

10361 安徽理工大学

在中国普通高校研究生教育竞争力排行榜中的名次：总排名 206/574，安徽省内排名 7/20，理工类排名 78/178。

共 19 个一级学科（学术学位）参评，其中 5★学科 0 个，4★学科 2 个，学科优秀率为 10.53%。

学科门类排名

理学 281/375、工学 110/369、医学 140/196、管理学 311/376。

一级学科排名

数学 149/239、力学 69/119、机械工程 118/208、动力工程及工程热物理 47/114、电气工程 65/104、电子科学与技术 102/134、控制科学与工程 135/186、计算机科学与技术 196/283、土木工程 27/153、测绘科学与技术 28/50、化学工程与技术 92/218、地质资源与地质工程 27/50、矿业工程 12/56、环境科学与工程 58/197、生物医学工程 86/87、软件工程 133/197、安全科学与工程 5/57、基础医学 64/99、管理科学与工程 117/228。

优势专业

4★专业：采矿工程 5/32。

通信地址：安徽省淮南市舜耕中路 168 号
邮政编码：232001
电话号码：0554-6668749
电子邮箱：yjsk@aust.edu
研究生院（处）网址：www.yjsc.aust.edu.cn

10360　安徽工业大学

在中国普通高校研究生教育竞争力排行榜中的名次：总排名 227/574，安徽省内排名 8/20，理工类排名 87/178。共 17 个一级学科（学术学位）参评。

学科门类排名

经济学 153/259、法学 278/348、理学 253/375、工学 155/369、管理学 189/376。

一级学科排名

应用经济学 146/243、马克思主义理论 226/325、数学 221/239、化学 140/185、力学 117/119、机械工程 105/208、材料科学与工程 87/206、冶金工程 9/24、动力工程及工程热物理 70/114、电气工程 72/104、控制科学与工程 100/186、计算机科学与技术 148/283、土木工程 118/153、化学工程与技术 100/218、环境科学与工程 130/197、管理科学与工程 127/228、工商管理 85/303。

通信地址：安徽省马鞍山市湖东中路 59 号
邮政编码：243002
电话号码：0555-2311612
电子邮箱：yzb@ahut.edu.cn
研究生院（处）网址：www.graduate.ahut.edu.cn

10378　安徽财经大学

在中国普通高校研究生教育竞争力排行榜中的名次：总排名 318/574，安徽省内排名 9/20，财经类排名 18/40。共 12 个一级学科（学术学位）参评。

学科门类排名

经济学 58/259、法学 165/348、历史学 123/125、理学 343/375、管理学 112/376、艺术学 180/206。

一级学科排名

理论经济学 48/147、应用经济学 58/243、法学 101/188、马克思主义理论 151/325、中国史 119/122、统计学 78/162、管理科学与工程 175/228、工商管理 70/303、农林经济管理 55/62、公共管理 128/217、图书情报与档案管理 61/68、美术学 39/133。

通信地址：安徽省蚌埠市曹山路 962 号
邮政编码：233030
电话号码：0552-3169051
电子邮箱：acyjszs@126.com
研究生院（处）网址：www.yz.aufe-edu.cn

10373　淮北师范大学

在中国普通高校研究生教育竞争力排行榜中的名次：总排名 342/574，安徽省内排名 10/20，师范类排名 38/73。共 14 个一级学科（学术学位）参评。

学科门类排名

法学 249/348、教育学 68/200、文学 138/271、历史学 82/125、理学 173/375、工学 297/369、管理学 374/376、艺术学 159/206。

一级学科排名

法学 181/188、马克思主义理论 225/325、教育学 65/155、体育学 98/119、中国语言文学 120/169、中国史 77/122、数学 175/239、化学 103/185、生物学 170/222、材料科学与工程 177/206、化学工程与技术 202/218、软件工程 70/197、公共管理 215/217、美术学 30/133。

通信地址：安徽省淮北市东山路 100 号
邮政编码：235000
电话号码：0561-3803593
电子邮箱：yzb@chnu.edu.cn
研究生院（处）网址：www.chnu.edu.cn

10369　安徽中医药大学

在中国普通高校研究生教育竞争力排行榜中的名次：总排名 360/574，安徽省内排名 11/20，医药类排名 43/72。共 5 个一级学科（学术学位）参评。

学科门类排名

医学 58/196、管理学 360/376。

一级学科排名

中医学 14/47、中西医结合 30/72、药学 41/145、中药学 19/59、公共管理 162/217。

通信地址：安徽省合肥市梅山路 103 号
邮政编码：230038
电话号码：0551-65169039
电子邮箱：yanzhaotj@qq.com
研究生院（处）网址：www.yjsb.ahtcm.edu.cn

10363　安徽工程大学

在中国普通高校研究生教育竞争力排行榜中的名次：总排名 395/574，安徽省内排名 12/20，理工类排名 141/178。共 17 个一级学科（学术学位）参评。

学科门类排名

经济学 251/259、法学 320/348、教育学 181/200、理

学 334/375、工学 245/369、管理学 329/376、艺术学 91/206。

一级学科排名

应用经济学 235/243、马克思主义理论 234/325、体育学 89/119、数学 229/239、生物学 216/222、机械工程 151/208、材料科学与工程 190/206、控制科学与工程 138/186、计算机科学与技术 267/283、化学工程与技术 207/218、纺织科学与工程 19/25、轻工技术与工程 40/46、环境科学与工程 171/197、食品科学与工程 92/101、管理科学与工程 122/228、美术学 101/133、设计学 81/141。

通信地址：安徽省芜湖市赭山东路 8 号
邮政编码：241000
电话号码：0553-2871436
电子邮箱：yjszs@auts.edu.cn
研究生院（处）网址：www.grs.ahpu.edu.cn

10372 安庆师范学院

在中国普通高校研究生教育竞争力排行榜中的名次：总排名 414/574，安徽省内排名 13/20，师范类排名 45/73。

共 5 个一级学科（学术学位）参评。

学科门类排名

法学 208/348、文学 115/271、理学 195/375。

一级学科排名

政治学 41/125、中国语言文学 99/169、数学 136/239、化学 126/185、统计学 80/162。

通信地址：安徽省安庆市集贤北路 1318 号
邮政编码：246133
电话号码：0556-5303716
电子邮箱：1091931898@qq.com
研究生院（处）网址：www.aqtc.edu.cn

10878 安徽建筑大学

在中国普通高校研究生教育竞争力排行榜中的名次：总排名 414/574，安徽省内排名 13/20，理工类排名 145/178。

共 7 个一级学科（学术学位）参评。

学科门类排名

工学 240/369、管理学 328/376。

一级学科排名

力学 90/119、材料科学与工程 148/206、建筑学 43/69、土木工程 65/153、城乡规划学 13/56、风景园林学 41/65、管理科学与工程 124/228。

通信地址：安徽省合肥市金寨路 856 号
邮政编码：230022
电话号码：0551-3513085
电子邮箱：yzb@ahjzu.edu.cn
研究生院（处）网址：www.aiai.edu.cn

10367 蚌埠医学院

在中国普通高校研究生教育竞争力排行榜中的名次：总排名 417/574，安徽省内排名 15/20，医药类排名 51/72。

共 4 个一级学科（学术学位）参评。

学科门类排名

医学 90/196。

一级学科排名

基础医学 66/99、临床医学 50/111、药学 129/145、护理学 42/74。

通信地址：安徽省蚌埠市东海大道 2600 号
邮政编码：233030
电话号码：0552-3179907
电子邮箱：bbmczsk@126.com
研究生院（处）网址：www3.bbmc.edu.cn

10368 皖南医学院

在中国普通高校研究生教育竞争力排行榜中的名次：总排名 436/574，安徽省内排名 16/20，医药类排名 55/72。

共 6 个一级学科（学术学位）参评。

学科门类排名

教育学 173/200、理学 325/375、医学 85/196。

一级学科排名

心理学 79/102、生物学 197/222、基础医学 63/99、临床医学 71/111、中西医结合 63/72、药学 118/145。

通信地址：安徽省芜湖市高教园区文昌西路 22 号
邮政编码：241002
电话号码：0553-3932531
电子邮箱：yzb@wnmc.edu.cn
研究生院（处）网址：www.wnmc.edu.cn

10371 阜阳师范学院

在中国普通高校研究生教育竞争力排行榜中的名次：总排名 509/574，安徽省内排名 17/20，师范类排名 60/73。

共 3 个一级学科（学术学位）参评。

学科门类排名

文学 166/271、理学 313/375、管理学 350/376。

一级学科排名

中国语言文学 131/169、生物学 196/222、工商管理 260/303。

通信地址：安徽省阜阳市清河西路 100 号
邮政编码：236037
电话号码：0558-2595335
电子邮箱：yjszs@fync.edu.cn
研究生院（处）网址：www.fync.edu.cn

10879 安徽科技学院

在中国普通高校研究生教育竞争力排行榜中的名次：总排名 513/574，安徽省内排名 18/20，理工类排名 164/178。

通信地址：安徽省凤阳市东华路 9 号

邮政编码：233100

电话号码：0550-6732795

电子邮箱：yzb@ahstu.edu.cn

研究生院（处）网址：www.ahstu.edu.cn

14098 合肥师范学院

在中国普通高校研究生教育竞争力排行榜中的名次：总排名 537/574，安徽省内排名 19/20，师范类排名 64/73。

通信地址：安徽省合肥市经济技术开发区莲花路 1688 号

邮政编码：230601

电话号码：0551-3676140

电子邮箱：junfeiz@hftc.edu.cn

研究生院（处）网址：www.hftc.edu.cn

11059 合肥学院

在中国普通高校研究生教育竞争力排行榜中的名次：总排名 540/574，安徽省内排名 20/20，综合类排名 80/87。

通信地址：安徽省合肥市经济开发区 99 号

邮政编码：230601

电话号码：0551-62158059

电子邮箱：yzb@hfuu.edu.cn

研究生院（处）网址：www.hfuu.edu.cn

吉林省

10183 吉林大学

在中国普通高校研究生教育竞争力排行榜中的名次：总排名 10/574，吉林省内排名 1/19，综合类排名 8/87。

共 72 个一级学科（学术学位）参评，其中 5★学科 9 个，4★学科 24 个，学科优秀率为 45.83%。

学科门类排名

哲学 8/177、经济学 16/259、法学 5/348、教育学 63/200、文学 38/271、历史学 13/125、理学 7/375、工学 17/369、农学 30/111、医学 33/196、管理学 30/376、艺术学 53/206。

一级学科排名

哲学 8/177、理论经济学 23/147、应用经济学 19/243、法学 8/188、政治学 7/125、社会学 17/96、马克思主义理论 11/325、教育学 55/155、心理学 50/102、体育学 55/119、中国语言文学 36/169、外国语言文学 27/221、新闻传播学 55/98、考古学 2/58、中国史 19/122、世界史 14/73、数学 12/239、物理学 6/169、化学 5/185、地理学 35/92、海洋科学 19/31、地球物理学 6/22、地质学 9/42、生物学 18/222、力学 48/119、机械工程 7/208、光学工程 36/89、仪器科学与技术 15/95、材料科学与工程 15/206、冶金工程 20/24、动力工程及工程热物理 24/114、电气工程 50/104、电子科学与技术 15/134、信息与通信工程 39/170、控制科学与工程 46/186、计算机科学与技术 16/283、土木工程 79/153、水利工程 25/74、测绘科学与技术 29/50、化学工程与技术 32/218、地质资源与地质工程 1/50、纺织科学与工程 22/25、轻工技术与工程 26/46、交通运输工程 17/69、核科学与技术 18/22、农业工程 5/52、环境科学与工程 36/197、生物医学工程 43/87、食品科学与工程 27/101、软件工程 51/197、作物学 43/53、农业资源与环境 43/43、植物保护 43/50、畜牧学 30/52、兽医学 4/44、基础医学 19/99、临床医学 20/111、口腔医学 10/48、公共卫生与预防医学 24/71、中医学 45/47、中西医结合 59/72、药学 16/145、护理学 14/74、管理科学与工程 45/228、工商管理 28/303、农林经济管理 37/62、公共管理 19/217、图书情报与档案管理 6/68、音乐与舞蹈学 61/94、戏剧与影视学 44/70、美术学 51/133、设计学 44/141。

优势专业

5★专业：马克思主义哲学 4/109、数量经济学 4/122、法学理论 4/108、民商法学 8/147、政治学理论 2/94、国际政治 3/65、马克思主义基本原理 8/263、马克思主义发展史 2/99、日语语言文学 4/106、计算数学 6/167、概率论与数理统计 7/141、应用数学 9/231、凝聚态物理 4/145、无机化学 3/150、分析化学 7/157、物理化学 1/156、高分子化学与物理 4/131、机械设计及理论 6/195、车辆工程 3/137、计算机软件与理论 10/213、应用化学 1/211、矿产普查与勘探 2/41、地球探测与信息技术 1/34、地质工程 2/44、临床检验诊断学 4/92、会计学 13/252、企业管理 12/293、技术经济及管理 8/222。

4★专业：中国哲学 12/88、外国哲学 6/76、伦理学 7/94、科学技术哲学 7/111、政治经济学 19/114、世界经济 7/87、人口、资源与环境经济学 8/101、区域经济学 12/171、金融学 15/181、产业经济学 34/198、宪法学与行政法学 8/126、刑法学 8/114、诉讼法学 18/107、经济法学 15/132、国际法学 9/105、社会学 14/86、人口学 5/39、马克思主义中国化研究 17/236、国外马克思主义研究 6/83、思想政治教育 36/299、语言学及应用语言学 19/132、中国古代文学 31/154、中国现当代文学 10/142、比较文学与世界文学 16/123、外国语言学及应用语言学 29/189、基础数学 12/181、运筹学与控制论 9/157、理论物理 22/125、原子与分子物理 6/70、光学 12/134、有机化学 9/159、矿物学、岩石学、矿床学 6/31、微生物学 19/162、生物化学与分子生物学 12/202、机械制造及其自动化 15/186、机械电子工程 13/187、测试计量技术及仪器 8/93、材料物理与化学 20/185、材料学 20/183、材料加工工程 14/158、物理电子学 14/99、电路与系统 21/109、微电子学与固体电子学 9/88、控制理论与控制工程 33/170、检测技术与自动化装置 28/157、计算机系统结构 15/172、计算机应用技术 28/280、交通信息工程及控制 10/56、载运工具运用工程 10/49、农业机械化工程 4/41、农业生物环境与能源工程 4/36、基础兽医学 4/38、预防兽医学 7/41、免疫学 15/87、病原生物学 13/86、病理学与病理生理学 12/90、老年医学 11/65、神经病学 10/86、急诊医学 11/78、口腔临床医学 6/46、药物化学 22/117、药剂学 16/97、生药学 15/87、药物分析学 17/96、微生物与生化药学 11/83、行政管理 27/167、社会医学与卫生事业管理 13/72、社会保障 11/123、土地资源管理 18/102、图书馆学 6/45、情报学 5/59、档案学 5/31。

通信地址：吉林省长春市前进大街 2699 号
邮政编码：130012
电话号码：0431-85166371
电子邮箱：yjszs@jlu.edu.cn
研究生院（处）网址：www.yjsy.jlu.edu.cn

10200　东北师范大学

在中国普通高校研究生教育竞争力排行榜中的名次：总排名 49/574，吉林省内排名 2/19，师范类排名 4/73。

共 42 个一级学科（学术学位）参评，其中 5★学科 3 个，4★学科 16 个，学科优秀率为 45.24%。

学科门类排名

哲学 30/177、经济学 51/259、法学 21/348、教育学 8/200、文学 31/271、历史学 12/125、理学 26/375、工学 138/369、农学 75/111、管理学 91/376、艺术学 24/206。

一级学科排名

哲学 30/177、理论经济学 46/147、应用经济学 50/243、法学 108/188、政治学 20/125、社会学 78/96、马克思主义理论 4/325、教育学 6/155、心理学 18/102、体育学 11/119、中国语言文学 37/169、外国语言文学 12/221、新闻传播学 72/98、考古学 36/58、中国史 11/122、世界史 5/73、数学 51/239、物理学 58/169、化学 23/185、地理学 17/92、生物学 34/222、生态学 8/132、统计学 20/162、材料科学与工程 66/206、电子科学与技术 77/134、计算机科学与技术 84/283、建筑学 42/69、纺织科学与工程 11/25、核科学与技术 21/22、环境科学与工程 23/197、城乡规划学 27/56、软件工程 21/197、林学 53/62、草学 11/35、工商管理 115/303、公共管理 37/217、图书情报与档案管理 22/68、艺术学理论 55/75、音乐与舞蹈学 6/94、戏剧与影视学 38/70、美术学 13/133、设计学 137/141。

优势专业

5★专业：马克思主义中国化研究 6/236、思想政治教育 2/299、中国近现代史基本问题研究 2/120、教育学原理 4/91、课程与教学论 4/101、教育技术学 5/95、英语语言文学 9/184、无机化学 8/150。

4★专业：马克思主义哲学 11/109、区域经济学 30/171、产业经济学 37/198、政治学理论 15/94、中外政治制度 6/60、中共党史 8/68、马克思主义基本原理 40/263、国外马克思主义研究 8/83、教育史 5/45、比较教育学 4/46、发展与教育心理学 9/58、体育教育训练学 7/106、文艺学 15/142、中国现当代文学 24/142、俄语语言文学 4/61、日语语言文学 7/106、外国语言学及应用语言学 14/189、数学教育 2/9、分析化学 30/157、有机化学 20/159、物理化学 21/156、地图学与地理信息系统 13/77、细胞生物学 12/135、环境科学 15/174、环境工程 16/170、教育经济与管理 17/139。

通信地址：吉林省长春市人民大街 5268 号
邮政编码：130024
电话号码：0431-85099608
电子邮箱：yzb@nenu.edu.cn
研究生院（处）网址：www.yjsy.nenu.edu.cn

10186　长春理工大学

在中国普通高校研究生教育竞争力排行榜中的名次：总排名 186/574，吉林省内排名 3/19，理工类排名 72/178。

共 20 个一级学科（学术学位）参评，其中 5★学科 0 个，4★学科 1 个，学科优秀率为 5%。

学科门类排名

经济学 213/259、法学 105/348、文学 159/271、理学 174/375、工学 69/369、管理学 258/376。

一级学科排名

应用经济学 200/243、法学 96/188、马克思主义理论 89/325、中国语言文学 152/169、外国语言文学 103/221、物理学 54/169、化学 145/185、机械工程 68/208、光学工程 9/89、仪器科学与技术 27/95、材料科学与工程 86/206、电子科学与技术 34/134、信息与通信工程 48/170、控制科学与工程 160/186、计算机科学与技术 67/283、化学工程与技术 162/218、生物医学工程 70/87、软件工程 109/197、管理科学与工程 170/228、工商管理 241/303。

优势专业

4★专业：马克思主义发展史 13/99、外国语言学及应用语言学 30/189、光学 27/134。

通信地址：吉林省长春市卫星路 7186 号
邮政编码：130022
电话号码：0431-85380204
电子邮箱：custyzb@sohu.com
研究生院（处）网址：www.yzb.cust.edu.cn

10184　延边大学

在中国普通高校研究生教育竞争力排行榜中的名次：总排名 201/574，吉林省内排名 4/19，综合类排名 50/87。

共 34 个一级学科（学术学位）参评，其中 5★学科 1

个，4★学科1个，学科优秀率为5.88%。

学科门类排名

哲学 129/177、经济学 217/259、法学 106/348、教育学 107/200、文学 35/271、历史学 57/125、理学 175/375、工学 333/369、农学 59/111、医学 70/196、管理学 271/376、艺术学 143/206。

一级学科排名

哲学 129/177、理论经济学 82/147、法学 115/188、政治学 88/125、民族学 9/45、马克思主义理论 139/325、教育学 90/155、体育学 64/119、中国语言文学 93/169、外国语言文学 11/221、考古学 54/58、中国史 105/122、世界史 30/73、数学 232/239、物理学 126/169、化学 73/185、地理学 76/92、生物学 92/222、机械工程 203/208、计算机科学与技术 264/283、土木工程 151/153、作物学 40/53、园艺学 35/41、畜牧学 29/52、兽医学 40/44、基础医学 41/99、临床医学 61/111、公共卫生与预防医学 66/71、中西医结合 64/72、药学 42/145、护理学 51/74、工商管理 216/303、音乐与舞蹈学 57/94、美术学 130/133。

优势专业

5★专业：亚非语言文学 1/30。

4★专业：英语语言文学 37/184、日语语言文学 19/106。

通信地址：吉林省延吉市公园路 977 号
邮政编码：133002
电话号码：0433-2732079
电子邮箱：yzb@ybu.edu.cn
研究生院（处）网址：www.grad.ybu.edu.cn

10193　吉林农业大学

在中国普通高校研究生教育竞争力排行榜中的名次：总排名 227/574，吉林省内排名 5/19，农林类排名 21/37。共 23 个一级学科（学术学位）参评。

学科门类排名

法学 183/348、教育学 190/200、理学 196/375、工学 198/369、农学 25/111、医学 138/196、管理学 161/376。

一级学科排名

社会学 63/96、马克思主义理论 149/325、教育学 143/155、生物学 99/222、生态学 100/132、计算机科学与技术 241/283、化学工程与技术 210/218、轻工技术与工程 21/46、农业工程 38/52、环境科学与工程 126/197、食品科学与工程 25/101、作物学 20/53、园艺学 33/41、农业资源与环境 12/43、植物保护 18/50、畜牧学 20/52、兽医学 16/44、林学 30/62、草学 17/35、药学 114/145、中药学 44/59、工商管理 300/303、农林经济管理 18/62。

优势专业

4★专业：预防兽医学 8/41。

通信地址：吉林省长春市新城大街 2888 号
邮政编码：130118
电话号码：0431-84533049
电子邮箱：graduate@jlau.edu.cn
研究生院（处）网址：www.graduate.jlau.edu.cn

10190　长春工业大学

在中国普通高校研究生教育竞争力排行榜中的名次：总排名 280/574，吉林省内排名 6/19，理工类排名 100/178。共 22 个一级学科（学术学位）参评。

学科门类排名

经济学 198/259、法学 190/348、文学 217/271、理学 198/375、工学 183/369、管理学 195/376、艺术学 163/206。

一级学科排名

应用经济学 178/243、法学 167/188、社会学 76/96、马克思主义理论 163/325、外国语言文学 169/221、数学 180/239、化学 125/185、统计学 77/162、机械工程 103/208、仪器科学与技术 79/95、材料科学与工程 84/206、电气工程 74/104、信息与通信工程 136/170、控制科学与工程 132/186、计算机科学与技术 191/283、化学工程与技术 66/218、纺织科学与工程 25/25、食品科学与工程 78/101、软件工程 89/197、管理科学与工程 138/228、公共管理 74/217、设计学 60/141。

通信地址：吉林省长春市延安大街 2055 号
邮政编码：130012
电话号码：0431-85716566
电子邮箱：yzb@ccut.edu.cn
研究生院（处）网址：www.yjsy.dept.ccut.edu.cn

10188　东北电力大学

在中国普通高校研究生教育竞争力排行榜中的名次：总排名 289/574，吉林省内排名 7/19，理工类排名 104/178。共 15 个一级学科（学术学位）参评。

学科门类排名

法学 322/348、理学 361/375、工学 126/369、管理学 248/376、艺术学 188/206。

一级学科排名

马克思主义理论 279/325、数学 233/239、机械工程 194/208、仪器科学与技术 70/95、动力工程及工程热物理 37/114、电气工程 30/104、信息与通信工程 126/170、控制科学与工程 89/186、计算机科学与技术 192/283、土木工程 72/153、化学工程与技术 99/218、环境科学与工程 186/197、软件工程 112/197、工商管理 160/303、设计学 121/141。

通信地址：吉林省吉林市船营区长春路 169 号
邮政编码：132012
电话号码：0432-64806432
电子邮箱：nedu@foxmail.com
研究生院（处）网址：www.grad.nedu.edu.cn

10203 吉林师范大学

在中国普通高校研究生教育竞争力排行榜中的名次：总排名 292/574，吉林省内排名 8/19，师范类排名 36/73。

共 19 个一级学科（学术学位）参评。

学科门类排名

哲学 71/177、法学 160/348、教育学 73/200、文学 121/271、历史学 65/125、理学 185/375、工学 300/369、艺术学 205/206。

一级学科排名

哲学 71/177、法学 178/188、马克思主义理论 99/325、教育学 79/155、心理学 97/102、体育学 119/119、中国语言文学 81/169、外国语言文学 93/221、中国史 58/122、世界史 72/73、数学 138/239、物理学 113/169、化学 152/185、地理学 83/92、统计学 103/162、材料科学与工程 175/206、电子科学与技术 100/134、计算机科学与技术 281/283、美术学 67/133。

通信地址：吉林省四平市铁西区海丰大街 1301 号
邮政编码：136000
电话号码：0434-3294603
电子邮箱：yzb@jlnu.edu.cn
研究生院（处）网址：www.jlnu.edu.cn

10201 北华大学

在中国普通高校研究生教育竞争力排行榜中的名次：总排名 310/574，吉林省内排名 9/19，综合类排名 60/87。

共 23 个一级学科（学术学位）参评。

学科门类排名

法学 240/348、教育学 92/200、文学 160/271、历史学 96/125、理学 276/375、工学 262/369、农学 72/111、医学 116/196、管理学 355/376、艺术学 200/206。

一级学科排名

马克思主义理论 129/325、教育学 70/155、体育学 108/119、中国语言文学 143/169、外国语言文学 172/221、中国史 117/122、世界史 65/73、数学 170/239、物理学 167/169、化学 184/185、生物学 219/222、机械工程 170/208、电气工程 89/104、计算机科学与技术 277/283、化学工程与技术 217/218、林业工程 12/17、风景园林学 49/65、林学 28/62、基础医学 82/99、临床医学 95/111、药学 123/145、工商管理 276/303、美术学 82/133。

通信地址：吉林省吉林市丰满区滨江东路 3999 号
邮政编码：132013
电话号码：0432-64608053
电子邮箱：beihuayjs@163.com
研究生院（处）网址：www.grad.beihua.edu.cn

10207 吉林财经大学

在中国普通高校研究生教育竞争力排行榜中的名次：总排名 381/574，吉林省内排名 10/19，财经类排名 23/40。

共 10 个一级学科（学术学位）参评。

学科门类排名

经济学 64/259、法学 148/348、文学 260/271、理学 374/375、管理学 152/376。

一级学科排名

理论经济学 62/147、应用经济学 75/243、法学 99/188、马克思主义理论 217/325、外国语言文学 204/221、统计学 92/162、管理科学与工程 214/228、工商管理 153/303、农林经济管理 61/62、公共管理 124/217。

优势专业

4★专业：会计学 51/252。

通信地址：吉林省长春市净月大街 3699 号
邮政编码：130117
电话号码：0431-84539140
电子邮箱：yzb@jlufe.edu.cn
研究生院（处）网址：www.yjsy.jlufe.edu.cn

10199 长春中医药大学

在中国普通高校研究生教育竞争力排行榜中的名次：总排名 389/574，吉林省内排名 11/19，医药类排名 47/72。

共 5 个一级学科（学术学位）参评。

学科门类排名

医学 65/196。

一级学科排名

中医学 16/47、中西医结合 40/72、药学 81/145、中药学 17/59、护理学 64/74。

通信地址：吉林省长春市净月经济开发区博硕路 1035 号
邮政编码：130117
电话号码：0431-86172413
电子邮箱：kjming21@163.com
研究生院（处）网址：www.125.223.200.60:8080

10209 吉林艺术学院

在中国普通高校研究生教育竞争力排行榜中的名次：总排名 409/574，吉林省内排名 12/19，艺术类排名 15/29。

共 4 个一级学科（学术学位）参评，其中 5★学科 0 个，4★学科 2 个，学科优秀率为 50%。

学科门类排名

艺术学 51/206。

一级学科排名

音乐与舞蹈学 24/94、戏剧与影视学 13/70、美术学 37/133、设计学 27/141。

通信地址：吉林省长春市自由大路 695 号
邮政编码：130021
电话号码：0431-85641085
电子邮箱：jlartyjs@163.com
研究生院（处）网址：www.jlart.edu.cn

10208　吉林体育学院

在中国普通高校研究生教育竞争力排行榜中的名次：
总排名 440/574，吉林省内排名 13/19，体育类排名 10/13。
共 1 个一级学科（学术学位）参评。

学科门类排名

教育学 95/200。

一级学科排名

体育学 39/119。

通信地址：吉林省长春市南关区自由大路 2476 号
邮政编码：130022
电话号码：0431-85267890
电子邮箱：yanjiushengty@163.com
研究生院（处）网址：www.jlsu.edu.cn

10205　长春师范大学

在中国普通高校研究生教育竞争力排行榜中的名次：
总排名 450/574，吉林省内排名 14/19，师范类排名 50/73。
共 6 个一级学科（学术学位）参评。

学科门类排名

法学 301/348、教育学 64/200、文学 232/271、历史学 62/125、理学 290/375。

一级学科排名

马克思主义理论 247/325、教育学 42/155、中国语言文学 161/169、中国史 43/122、化学 177/185、生物学 136/222。

通信地址：吉林省长春市长吉北路 677 号
邮政编码：130032
电话号码：0431-86168862
电子邮箱：15277147@qq.com
研究生院（处）网址：www.yjs.cncnc.edu.cn

10191　吉林建筑大学

在中国普通高校研究生教育竞争力排行榜中的名次：
总排名 452/574，吉林省内排名 15/19，理工类排名 151/178。
共 9 个一级学科（学术学位）参评。

学科门类排名

法学 308/348、工学 263/369、管理学 358/376、艺术学 204/206。

一级学科排名

马克思主义理论 254/325、材料科学与工程 194/206、建筑学 46/69、土木工程 62/153、环境科学与工程 177/197、城乡规划学 52/56、管理科学与工程 203/228、工商管理 301/303、设计学 76/141。

通信地址：吉林省长春市新城大街 5088 号
邮政编码：130118
电话号码：0431-84566037
电子邮箱：jljgyjsc@126.com
研究生院（处）网址：www.yjs.jliae.edu.cn

10192　吉林化工学院

在中国普通高校研究生教育竞争力排行榜中的名次：
总排名 505/574，吉林省内排名 16/19，理工类排名 162/178。
共 3 个一级学科（学术学位）参评。

学科门类排名

理学 263/375、工学 281/369。

一级学科排名

化学 132/185、动力工程及工程热物理 62/114、化学工程与技术 79/218。

通信地址：吉林省吉林市承德街 45 号
邮政编码：132022
电话号码：0432-63081060
电子邮箱：yjsc@jlict.edu.cn
研究生院（处）网址：www.yjs.jlict.edu.cn

11726　长春大学

在中国普通高校研究生教育竞争力排行榜中的名次：
总排名 529/574，吉林省内排名 17/19，综合类排名 77/87。
共 3 个一级学科（学术学位）参评。

学科门类排名

工学 320/369、管理学 235/376。

一级学科排名

机械工程 162/208、食品科学与工程 87/101、工商管理 170/303。

通信地址：吉林省长春市卫星路 6543 号
邮政编码：130022
电话号码：0431-85250095
电子邮箱：yanzhaoban@ccu.edu.cn
研究生院（处）网址：www.yjsb.ccu.edu.cn

11437　长春工程学院

在中国普通高校研究生教育竞争力排行榜中的名次：
总排名 546/574，吉林省内排名 18/19，理工类排名 174/178。

通信地址：吉林省长春市宽平大路 395 号
邮政编码：130012
电话号码：0431-85711192
电子邮箱：xkb@ccit.edu.cn
研究生院（处）网址：www.yjsb.ccit.edu.cn

10964　吉林华桥外国语学院

在中国普通高校研究生教育竞争力排行榜中的名次：总排名 563/574，吉林省内排名 19/19，文法类排名 27/32。

通信地址：吉林省长春市净月大街3658号
邮政编码：130117
电话号码：0431-84533651
电子邮箱：hqyjsb@126.com
研究生院（处）网址：www.jigou.hqwy.com/web/yjsb

福建省

10384　厦门大学

在中国普通高校研究生教育竞争力排行榜中的名次：总排名 23/574，福建省内排名 1/13，综合类排名 13/87。

共 53 个一级学科（学术学位）参评，其中 5★学科 8 个，4★学科 17 个，学科优秀率为 47.17%。

学科门类排名

哲学 19/177、经济学 5/259、法学 10/348、教育学 10/200、文学 34/271、历史学 23/125、理学 9/375、工学 68/369、医学 74/196、管理学 9/376、艺术学 54/206。

一级学科排名

哲学 19/177、理论经济学 7/147、应用经济学 6/243、法学 9/188、政治学 13/125、社会学 13/96、民族学 15/45、马克思主义理论 131/325、教育学 7/155、心理学 85/102、体育学 93/119、中国语言文学 27/169、外国语言文学 32/221、新闻传播学 11/98、考古学 11/58、中国史 33/122、世界史 27/73、数学 16/239、物理学 25/169、化学 9/185、海洋科学 2/31、生物学 13/222、生态学 25/132、统计学 16/162、力学 55/119、机械工程 63/208、光学工程 50/89、仪器科学与技术 26/95、材料科学与工程 52/206、电子科学与技术 20/134、信息与通信工程 45/170、控制科学与工程 51/186、计算机科学与技术 45/283、建筑学 38/69、土木工程 105/153、化学工程与技术 15/218、航空宇航科学与技术 17/21、环境科学与工程 10/197、生物医学工程 39/87、软件工程 143/197、基础医学 59/99、临床医学 51/111、公共卫生与预防医学 42/71、中医学 34/47、药学 69/145、管理科学与工程 65/228、工商管理 2/303、公共管理 11/217、艺术学理论 65/75、音乐与舞蹈学 86/94、戏剧与影视学 12/70、美术学 120/133、设计学 130/141。

优势专业

5★专业：政治经济学 5/114、人口、资源与环境经济学 2/101、国民经济学 4/95、区域经济学 4/171、金融学 5/181、产业经济学 7/198、国际贸易学 5/165、劳动经济学 4/92、数量经济学 2/122、高等教育学 4/117、无机化学 5/150、物理化学 3/156、海洋地质 1/13、生理学 5/113、水生生物学 2/66、化学工程 7/130、会计学 1/252、企业管理 4/293、旅游管理 2/186、技术经济及管理 4/222、财务管理 1/17、社会保障 4/123。

4★专业：中国哲学 14/88、经济思想史 4/38、经济史 5/46、西方经济学 6/94、世界经济 6/87、财政学 6/98、国防经济 3/26、法学理论 16/108、宪法学与行政法学 19/126、刑法学 12/114、民商法学 15/147、诉讼法学 15/107、经济法学 12/132、国际法学 8/105、政治学理论 11/94、国际政治 13/65、国际关系 10/58、社会学 11/86、人类学 7/40、教育史 3/45、比较教育学 7/46、语言学及应用语言学 26/132、英语语言文学 24/184、新闻学 13/83、传播学 13/94、基础数学 16/181、计算数学 16/167、概率论与数理统计 15/141、应用数学 21/231、凝聚态物理 14/145、无线电物理 11/64、分析化学 11/157、有机化学 11/159、高分子化学与物理 11/131、化学生物学 2/17、物理海洋学 2/14、海洋化学 2/19、海洋生物学 2/23、植物学 21/137、动物学 11/129、微生物学 18/162、遗传学 21/140、细胞生物学 8/135、生物化学与分子生物学 18/202、材料物理与化学 37/185、计算机应用技术 56/280、生物化工 21/120、工业催化 15/117、环境科学 11/174、环境工程 24/170、市场营销 2/13、行政管理 22/167、教育经济与管理 12/139。

通信地址：福建省厦门市思明区思明南路422号
邮政编码：361005
电话号码：0592-2186259
电子邮箱：yjsy@xmu.edu.cn
研究生院（处）网址：www.gs.xmu.edu.cn

10386　福州大学

在中国普通高校研究生教育竞争力排行榜中的名次：总排名 73/574，福建省内排名 2/13，综合类排名 23/87。

共 44 个一级学科（学术学位）参评，其中 5★学科 0 个，4★学科 4 个，学科优秀率为 9.09%。

学科门类排名

哲学 169/177、经济学 56/259、法学 96/348、文学 224/271、理学 46/375、工学 81/369、医学 137/196、管理学 77/376、艺术学 138/206。

一级学科排名

哲学 169/177、理论经济学 85/147、应用经济学 80/243、法学 42/188、社会学 72/96、马克思主义理论 170/325、外国语言文学 148/221、数学 68/239、物理学 81/169、化学 18/185、地理学 65/92、生物学 151/222、统计学 85/162、力学 56/119、机械工程 58/208、仪器科学与技术 84/95、材料科学与工程 58/206、动力工程及工程热物理 103/114、电气工程 23/104、电子科学与技术 39/134、信息与通信工程 49/170、控制科学与工程 73/186、计算机科学与技术 71/283、建筑学 33/69、土木工程 30/153、水利工程 49/74、测绘科学与技术 46/50、化学工程与技术 20/218、地质资源与地质工程 42/50、矿业工程 37/56、轻工技术与工程

37/46、环境科学与工程 81/197、生物医学工程 75/87、食品科学与工程 63/101、城乡规划学 43/56、软件工程 161/197、安全科学与工程 55/57、药学 45/145、管理科学与工程 80/228、工商管理 44/303、公共管理 110/217、图书情报与档案管理 51/68、美术学 103/133、设计学 117/141。

优势专业

4★专业：环境与资源保护法学 9/75、应用数学 44/231、无机化学 25/150、分析化学 17/157、物理化学 12/156、环境化学 2/8、结构工程 16/140、桥梁与隧道工程 18/102、化学工程 15/130、应用化学 36/211、工业催化 11/117、药物分析学 11/96、会计学 43/252、企业管理 53/293、旅游管理 29/186、技术经济及管理 34/222。

通信地址：福建省福州市福州地区大学城学园路 2 号

邮政编码：350108

电话号码：0591-22865515

电子邮箱：yzb@fzu.edu.cn

研究生院（处）网址：www.yjsy.fzu.edu.cn

10394 福建师范大学

在中国普通高校研究生教育竞争力排行榜中的名次：总排名 99/574，福建省内排名 3/13，师范类排名 10/73。

共 42 个一级学科（学术学位）参评，其中 5★学科 3 个，4★学科 9 个，学科优秀率为 28.57%。

学科门类排名

哲学 91/177、经济学 44/259、法学 35/348、教育学 13/200、文学 19/271、历史学 32/125、理学 63/375、工学 170/369、农学 79/111、管理学 151/376、艺术学 27/206。

一级学科排名

哲学 91/177、理论经济学 17/147、应用经济学 102/243、法学 87/188、政治学 32/125、社会学 51/96、马克思主义理论 13/325、教育学 23/155、心理学 11/102、体育学 3/119、中国语言文学 9/169、外国语言文学 21/221、新闻传播学 85/98、考古学 52/58、中国史 53/122、世界史 10/73、数学 59/239、物理学 48/169、化学 52/185、地理学 10/92、生物学 72/222、生态学 51/132、统计学 121/162、光学工程 37/89、材料科学与工程 116/206、电子科学与技术 120/134、信息与通信工程 146/170、计算机科学与技术 145/283、化学工程与技术 115/218、轻工技术与工程 30/46、环境科学与工程 96/197、生物医学工程 74/87、软件工程 127/197、林学 38/62、工商管理 183/303、公共管理 75/217、图书情报与档案管理 23/68、艺术学理论 13/75、音乐与舞蹈学 21/94、戏剧与影视学 10/70、美术学 11/133、设计学 138/141。

优势专业

5★专业：运动人体科学 3/68、体育教育训练学 3/106、环境化学 1/8。

4★专业：政治经济学 16/114、科学社会主义与国际共产主义运动 12/62、马克思主义基本原理 28/263、马克思主义中国化研究 16/236、思想政治教育 49/299、中国近现代史基本问题研究 16/120、教育史 9/45、发展与教育心理学 7/58、文艺学 10/142、语言学及应用语言学 15/132、汉语言文字学 10/133、中国古典文献学 18/104、中国古代文学 21/154、中国现当代文学 8/142、比较文学与世界文学 18/123、英语语言文学 13/184、外国语言学及应用语言学 13/189、自然地理学 8/71、动物学 26/129。

通信地址：福建省福州市仓山区上三路 8 号

邮政编码：350117

电话号码：0591-22867434

电子邮箱：yzb@fjnu.edu.cn

研究生院（处）网址：www.yjsy.fjnu.edu.cn

10389 福建农林大学

在中国普通高校研究生教育竞争力排行榜中的名次：总排名 132/574，福建省内排名 4/13，农林类排名 13/37。

共 28 个一级学科（学术学位）参评，其中 5★学科 0 个，4★学科 5 个，学科优秀率为 17.86%。

学科门类排名

经济学 114/259、法学 269/348、教育学 193/200、理学 128/375、工学 142/369、农学 16/111、医学 175/196、管理学 61/376。

一级学科排名

理论经济学 139/147、应用经济学 101/243、马克思主义理论 183/325、教育学 145/155、地理学 87/92、生物学 54/222、生态学 28/132、统计学 133/162、机械工程 196/208、轻工技术与工程 29/46、交通运输工程 59/69、农业工程 30/52、林业工程 7/17、环境科学与工程 138/197、食品科学与工程 13/101、风景园林学 9/65、作物学 19/53、园艺学 11/41、农业资源与环境 14/43、植物保护 6/50、畜牧学 27/52、兽医学 33/44、林学 6/62、草学 34/35、药学 143/145、工商管理 174/303、农林经济管理 11/62、公共管理 138/217。

优势专业

4★专业：微生物学 29/162、作物遗传育种 10/52、植物病理学 6/44、农业昆虫与害虫防治 9/44、森林培育 5/29、农业经济管理 12/59。

通信地址：福建省福州市仓山区上下店路 15 号

邮政编码：350002

电话号码：0591-83789215

电子邮箱：fjnldxyzb@yahoo.com.cn

研究生院（处）网址：www2.fjau.edu.cn

10385 华侨大学

在中国普通高校研究生教育竞争力排行榜中的名次：总排名 157/574，福建省内排名 5/13，综合类排名 45/87。

共 34 个一级学科（学术学位）参评，其中 5★学科 0 个，4★学科 3 个，学科优秀率为 8.82%。

学科门类排名

哲学 25/177、经济学 29/259、法学 94/348、文学 134/271、历史学 95/125、理学 136/375、工学 116/369、管理学 111/376。

一级学科排名

哲学 25/177、应用经济学 24/243、法学 85/188、政治学 30/125、马克思主义理论 195/325、中国语言文学 103/169、外国语言文学 217/221、考古学 58/58、中国史 98/122、数学 204/239、物理学 131/169、化学 95/185、地理学 88/92、生物学 171/222、统计学 89/162、力学 103/119、机械工程 69/208、光学工程 72/89、仪器科学与技术 73/95、材料科学与工程 81/206、电气工程 102/104、电子科学与技术 87/134、信息与通信工程 113/170、控制科学与工程 159/186、计算机科学与技术 160/283、建筑学 37/69、土木工程 58/153、化学工程与技术 54/218、环境科学与工程 107/197、城乡规划学 33/56、软件工程 59/197、管理科学与工程 116/228、工商管理 56/303、公共管理 151/217。

优势专业

4★专业：马克思主义哲学 15/109、数量经济学 9/122、科学社会主义与国际共产主义运动 8/62、企业管理 46/293。

通信地址：福建省泉州市丰泽区城华北路 269 号
邮政编码：361021
电话号码：0595-22695588
电子邮箱：yzb@hqu.edu.cn
研究生院（处）网址：www.yjsc.hqu.edu.cn

10392 福建医科大学

在中国普通高校研究生教育竞争力排行榜中的名次：总排名 214/574，福建省内排名 6/13，医药类排名 23/72。共 9 个一级学科（学术学位）参评。

学科门类排名

理学 262/375、医学 45/196、管理学 354/376。

一级学科排名

生物学 130/222、基础医学 29/99、临床医学 31/111、口腔医学 16/48、公共卫生与预防医学 38/71、中西医结合 70/72、药学 34/145、护理学 41/74、公共管理 180/217。

优势专业

4★专业：人体解剖与组织胚胎学 9/90。

通信地址：福建省福州市闽侯上街学园路 1 号
邮政编码：350108
电话号码：0591-22862107
电子邮箱：yzb@fjmu.edu.cn
研究生院（处）网址：www.fjmu.edu.cn

10390 集美大学

在中国普通高校研究生教育竞争力排行榜中的名次：总排名 306/574，福建省内排名 7/13，综合类排名 59/87。共 12 个一级学科（学术学位）参评，其中 5★学科 0 个，4★学科 1 个，学科优秀率为 8.33%。

学科门类排名

经济学 129/259、法学 304/348、教育学 112/200、文学 176/271、理学 225/375、工学 236/369、农学 55/111、管理学 336/376。

一级学科排名

应用经济学 128/243、马克思主义理论 275/325、体育学 34/119、中国语言文学 123/169、数学 123/239、生物学 145/222、机械工程 174/208、交通运输工程 32/69、船舶与海洋工程 8/19、食品科学与工程 42/101、水产 5/27、工商管理 257/303。

优势专业

4★专业：水产养殖 5/27。

通信地址：福建省厦门市集美区银江路 185 号
邮政编码：361021
电话号码：0592-6181995
电子邮箱：yzb@jmu.edu.cn
研究生院（处）网址：www.jmu.edu.cn

10393 福建中医药大学

在中国普通高校研究生教育竞争力排行榜中的名次：总排名 335/574，福建省内排名 8/13，医药类排名 37/72。共 7 个一级学科（学术学位）参评。

学科门类排名

医学 64/196。

一级学科排名

基础医学 95/99、临床医学 88/111、中医学 17/47、中西医结合 17/72、药学 79/145、中药学 39/59、护理学 62/74。

通信地址：福建省福州市闽侯上街邱阳路 1 号
邮政编码：350122
电话号码：0591-22861321
电子邮箱：yzb@fjtcm.edu.cn
研究生院（处）网址：www.yjsbnew.fjtcm.edu.cn

10402 闽南师范大学

在中国普通高校研究生教育竞争力排行榜中的名次：总排名 369/574，福建省内排名 9/13，师范类排名 39/73。共 7 个一级学科（学术学位）参评。

学科门类排名

法学 252/348、教育学 85/200、文学 130/271、理学 238/375、工学 337/369。

一级学科排名

马克思主义理论 141/325、教育学 124/155、心理学 42/102、中国语言文学 110/169、数学 131/239、化学 147/185、计算机科学与技术 257/283。

通信地址：福建省漳州市芗城区县前直街36号
邮政编码：363000
电话号码：0596-2527801
电子邮箱：yzb@mnnu.edu.cn
研究生院（处）网址：www.yjsc.mnnu.edu.cn

通信地址：福建省福州市大学新区学园路3号
邮政编码：350118
电话号码：0591-22863083
电子邮箱：yjsc@fjut.edu.cn
研究生院（处）网址：www.yjszs.fjut.edu.cn

11062 厦门理工学院

在中国普通高校研究生教育竞争力排行榜中的名次：总排名465/574，福建省内排名10/13，理工类排名153/178。

通信地址：福建省厦门市集美区理工路600号
邮政编码：361024
电话号码：0592-6291079
电子邮箱：yjsb@xmut.edu.cn
研究生院（处）网址：www.yjs.xmut.edu.cn

10388 福建工程学院

在中国普通高校研究生教育竞争力排行榜中的名次：总排名505/574，福建省内排名11/13，理工类排名162/178。

共3个一级学科（学术学位）参评。

学科门类排名

工学306/369。

一级学科排名

材料科学与工程189/206、土木工程116/153、交通运输工程51/69。

10395 闽江学院

在中国普通高校研究生教育竞争力排行榜中的名次：总排名534/574，福建省内排名12/13，综合类排名78/87。

通信地址：福建省福州市大学城文贤路1号
邮政编码：350108
电话号码：0591-83761259
电子邮箱：mjxy@mju.edu.cn
研究生院（处）网址：www.mju.edu.cn

10399 泉州师范学院

在中国普通高校研究生教育竞争力排行榜中的名次：总排名540/574，福建省内排名13/13，师范类排名65/73。

通信地址：福建省泉州市东海大街398号
邮政编码：362000
电话号码：0595-22918022
电子邮箱：yzb@qztc.edu.cn
研究生院（处）网址：www.qztc.edu.cn

重庆市

10611 重庆大学

在中国普通高校研究生教育竞争力排行榜中的名次：总排名27/574，重庆市内排名1/13，理工类排名12/178。

共53个一级学科（学术学位）参评，其中5★学科4个，4★学科18个，学科优秀率为41.51%。

学科门类排名

哲学89/177、经济学46/259、法学40/348、教育学86/200、文学61/271、理学69/375、工学19/369、农学100/111、医学134/196、管理学21/376、艺术学23/206。

一级学科排名

哲学89/177、理论经济学83/147、应用经济学42/243、法学13/188、马克思主义理论160/325、教育学115/155、心理学78/102、体育学67/119、中国语言文学121/169、外国语言文学66/221、新闻传播学30/98、数学48/239、物理学45/169、化学80/185、生物学77/222、生态学20/132、统计学12/162、力学45/119、机械工程10/208、光学工程19/89、仪器科学与技术7/95、材料科学与工程45/206、冶金工程5/24、动力工程及工程热物理35/114、电气工程6/104、电子科学与技术30/134、信息与通信工程33/170、控制科学与工程45/186、计算机科学与技术25/283、建筑学8/69、土木工程15/153、测绘科学与技术32/50、化学工程与技术28/218、地质资源与地质工程39/50、矿业工程9/56、交通运输工程41/69、核科学与技术13/22、环境科学与工程40/197、生物医学工程10/87、食品科学与工程100/101、城乡规划学2/56、风景园林学16/65、软件工程6/197、安全科学与工程13/57、药学70/145、管理科学与工程18/228、工商管理8/303、公共管理41/217、图书情报与档案管理47/68、音乐与舞蹈学54/94、戏剧与影视学15/70、美术学20/133、设计学52/141。

优势专业

5★专业：机械制造及其自动化10/186、机械电子工程10/187、电工理论与新技术4/73、技术经济及管理7/222。

4★专业：区域经济学33/171、金融学32/181、产业经济学26/198、法学理论14/108、民商法学18/147、经济法学8/132、环境与资源保护法学5/75、应用数学39/231、机械设计及理论13/195、车辆工程10/137、精密仪器及机械6/73、材料学27/183、材料加工工程26/158、钢铁冶金4/22、工程热物理9/61、电机与电器8/73、电力系统及其自动化11/82、高电压与绝缘技术3/48、电力电子与电力传动6/95、电路与系统12/109、控制理论与控制工程25/170、计算机系统结构34/172、计算机软件与理论

42/213、计算机应用技术 39/280、岩土工程 9/130、结构工程 12/140、市政工程 6/100、供热、供燃气、通风及空调工程 7/91、防灾减灾工程及防护工程 10/113、化学工程 25/130、化学工艺 28/139、生物化工 24/120、应用化学 35/211、环境科学 29/174、会计学 29/252、企业管理 18/293、旅游管理 26/186。

通信地址：重庆市沙坪坝正街 174 号
邮政编码：400030
电话号码：023-65105286
电子邮箱：yzb@cqu.edu.cn
研究生院（处）网址：www.cqug.cn

10635 西南大学

在中国普通高校研究生教育竞争力排行榜中的名次：总排名 43/574，重庆市内排名 2/13，综合类排名 17/87。

共 54 个一级学科（学术学位）参评，其中 5★学科 2 个，4★学科 10 个，学科优秀率为 22.22%。

学科门类排名

哲学 33/177、经济学 77/259、法学 59/348、教育学 2/200、文学 36/271、历史学 36/125、理学 37/375、工学 130/369、农学 15/111、医学 114/196、管理学 62/376、艺术学 32/206。

一级学科排名

哲学 33/177、理论经济学 118/147、应用经济学 112/243、法学 132/188、政治学 68/125、社会学 52/96、民族学 37/45、马克思主义理论 27/325、教育学 4/155、心理学 2/102、体育学 50/119、中国语言文学 34/169、外国语言文学 38/221、新闻传播学 24/98、考古学 47/58、中国史 38/122、世界史 32/73、数学 54/239、物理学 76/169、化学 48/185、地理学 29/92、地质学 37/42、生物学 33/222、生态学 29/132、统计学 26/162、材料科学与工程 106/206、信息与通信工程 117/170、计算机科学与技术 78/283、化学工程与技术 158/218、农业工程 13/52、环境科学与工程 62/197、食品科学与工程 15/101、风景园林学 29/65、软件工程 95/197、作物学 13/53、园艺学 10/41、农业资源与环境 8/43、植物保护 10/50、畜牧学 8/52、兽医学 26/44、林学 27/62、水产 10/27、草学 29/35、药学 50/145、中药学 42/59、工商管理 116/303、农林经济管理 13/62、公共管理 63/217、图书情报与档案管理 16/68、艺术学理论 47/75、音乐与舞蹈学 37/94、戏剧与影视学 30/70、美术学 43/133、设计学 128/141。

优势专业

5★专业：教育学原理 5/91、课程与教学论 3/101、教育法学 1/7、基础心理学 2/50、发展与教育心理学 3/58、应用心理学 2/87。

4★专业：马克思主义哲学 19/109、美学 10/53、区域经济学 34/171、马克思主义基本原理 33/263、思想政治教育 23/299、教育史 6/45、比较教育学 3/46、学前教育学 5/50、高等教育学 11/117、成人教育学 5/38、职业技术教育学 4/48、教育技术学 7/95、少年儿童组织和思想意识教育 3/32、中国古典文献学 20/104、中国现当代文学 19/142、比较文学与世界文学 24/123、英语语言文学 14/184、应用数学 27/231、分析化学 12/157、有机化学 32/159、植物学 18/137、动物学 24/129、水生生物学 9/66、微生物学 20/162、遗传学 17/140、发育生物学 12/83、细胞生物学 24/135、生物化学与分子生物学 22/202、食品科学 12/96、粮食、油脂及植物蛋白工程 10/59、农产品加工及贮藏工程 11/76、果树学 8/40、土壤学 7/37、农业昆虫与害虫防治 6/44、特种经济动物饲养 2/29、情报学 11/59。

通信地址：重庆市北碚区天生路 2 号
邮政编码：400715
电话号码：023-68252456
电子邮箱：yzb@swu.edu.cn
研究生院（处）网址：www.pgs.swu.edu.cn

10631 重庆医科大学

在中国普通高校研究生教育竞争力排行榜中的名次：总排名 110/574，重庆市内排名 3/13，医药类排名 7/72。

共 13 个一级学科（学术学位）参评，其中 5★学科 0 个，4★学科 3 个，学科优秀率为 23.08%。

学科门类排名

法学 331/348、理学 190/375、工学 295/369、医学 18/196、管理学 267/376。

一级学科排名

马克思主义理论 321/325、生物学 91/222、生物医学工程 34/87、基础医学 15/99、临床医学 13/111、口腔医学 23/48、公共卫生与预防医学 30/71、中医学 26/47、中西医结合 42/72、药学 28/145、特种医学 10/11、护理学 18/74、公共管理 59/217。

优势专业

5★专业：人体解剖与组织胚胎学 4/90、航空、航天与航海医学 1/7、儿科学 3/86、临床检验诊断学 2/92。

4★专业：免疫学 16/87、病原生物学 15/86、病理学与病理生理学 17/90、法医学 8/48、内科学 15/100、老年医学 7/65、神经病学 9/86、影像医学与核医学 11/93、妇产科学 13/90、眼科学 16/85、耳鼻咽喉科学 12/83、康复医学与理疗学 10/68。

通信地址：重庆市渝中区医学院路 1 号
邮政编码：400016
电话号码：023-68485540
电子邮箱：yzb@cqmu.edu.cn
研究生院（处）网址：www.yjsy.cqmu.edu.cn

10652 西南政法大学

在中国普通高校研究生教育竞争力排行榜中的名次：

总排名 195/574，重庆市内排名 4/13，文法类排名 4/32。

共 9 个一级学科（学术学位）参评，其中 5★学科 1 个，4★学科 1 个，学科优秀率为 22.22%。

学科门类排名

哲学 87/177、经济学 158/259、法学 9/348、文学 140/271、管理学 190/376。

一级学科排名

哲学 87/177、应用经济学 139/243、法学 3/188、政治学 56/125、马克思主义理论 111/325、外国语言文学 160/221、新闻传播学 20/98、工商管理 226/303、公共管理 141/217。

优势专业

5★专业：宪法学与行政法学 4/126、刑法学 5/114、民商法学 2/147、诉讼法学 3/107、经济法学 2/132。

4★专业：法学理论 6/108、法律史 5/59、环境与资源保护法学 10/75、国际法学 12/105。

通信地址：重庆市渝北区宝圣大道 301 号
邮政编码：401120
电话号码：023-67258892
电子邮箱：yzb@swupl.edu.cm
研究生院（处）网址：www.swupl.edu.cn

10618 重庆交通大学

在中国普通高校研究生教育竞争力排行榜中的名次：总排名 223/574，重庆市内排名 5/13，理工类排名 83/178。

共 14 个一级学科（学术学位）参评。

学科门类排名

法学 212/348、理学 323/375、工学 133/369、管理学 125/376。

一级学科排名

马克思主义理论 116/325、地理学 56/92、力学 94/119、机械工程 117/208、材料科学与工程 180/206、控制科学与工程 180/186、计算机科学与技术 169/283、土木工程 39/153、水利工程 26/74、测绘科学与技术 35/50、交通运输工程 20/69、软件工程 183/197、管理科学与工程 77/228、工商管理 186/303。

优势专业

4★专业：桥梁与隧道工程 9/102。

通信地址：重庆市南岸区学府大道 66 号
邮政编码：400074
电话号码：023-62650399
电子邮箱：jyyzb@cqjtu.edu.cn
研究生院（处）网址：www.graduate.cqjtu.edu.cn

10617 重庆邮电大学

在中国普通高校研究生教育竞争力排行榜中的名次：总排名 231/574，重庆市内排名 6/13，理工类排名 88/178。

共 15 个一级学科（学术学位）参评，其中 5★学科 0 个，4★学科 1 个，学科优秀率为 6.67%。

学科门类排名

法学 176/348、理学 224/375、工学 137/369、管理学 319/376。

一级学科排名

法学 155/188、马克思主义理论 190/325、物理学 107/169、系统科学 25/39、机械工程 178/208、光学工程 68/89、仪器科学与技术 68/95、电气工程 100/104、电子科学与技术 57/134、信息与通信工程 14/170、控制科学与工程 55/186、计算机科学与技术 63/283、生物医学工程 66/87、软件工程 117/197、管理科学与工程 92/228。

优势专业

4★专业：通信与信息系统 11/141、信号与信息处理 10/152。

通信地址：重庆市南岸区南山街道崇文路 2 号
邮政编码：400065
电话号码：023-62460038
电子邮箱：yzb@cqupt.edu.cn
研究生院（处）网址：www.deptweb.cqupt.edu.cn

10637 重庆师范大学

在中国普通高校研究生教育竞争力排行榜中的名次：总排名 268/574，重庆市内排名 7/13，师范类排名 34/73。

共 23 个一级学科（学术学位）参评。

学科门类排名

哲学 126/177、经济学 155/259、法学 180/348、教育学 82/200、文学 88/271、历史学 52/125、理学 143/375、工学 344/369、管理学 232/376、艺术学 137/206。

一级学科排名

哲学 126/177、理论经济学 144/147、应用经济学 140/243、马克思主义理论 83/325、教育学 49/155、心理学 64/102、中国语言文学 73/169、外国语言文学 122/221、考古学 26/58、中国史 62/122、世界史 70/73、数学 85/239、物理学 130/169、地理学 45/92、生物学 139/222、系统科学 28/39、生态学 101/132、光学工程 60/89、计算机科学与技术 201/283、软件工程 142/197、管理科学与工程 183/228、工商管理 286/303、美术学 29/133。

通信地址：重庆市沙坪坝区天陈路 12 号
邮政编码：401331
电话号码：023-65910997
电子邮箱：yzb@cqnu.edu.cn
研究生院（处）网址：www.graduate.cqnu.edu.cn

11799 重庆工商大学

在中国普通高校研究生教育竞争力排行榜中的名次：总排名 298/574，重庆市内排名 8/13，财经类排名 17/40。

共 8 个一级学科（学术学位）参评。

学科门类排名

经济学 82/259、法学 282/348、文学 157/271、工学 309/369、管理学 154/376。

一级学科排名

应用经济学 56/243、社会学 44/96、马克思主义理论 180/325、中国语言文学 158/169、新闻传播学 48/98、环境科学与工程 69/197、管理科学与工程 121/228、工商管理 105/303。

优势专业

4★专业：区域经济学 10/171。

通信地址：重庆市南岸区学府大道 19 号
邮政编码：400067
电话号码：023-62769448
电子邮箱：jfp@ctbu.edu.cn
研究生院（处）网址：www.grs.ctbu.edu.cn

11660 重庆理工大学

在中国普通高校研究生教育竞争力排行榜中的名次：总排名 307/574，重庆市内排名 9/13，理工类排名 113/178。

共 13 个一级学科（学术学位）参评。

学科门类排名

经济学 105/259、法学 316/348、理学 293/375、工学 214/369、医学 185/196、管理学 182/376。

一级学科排名

应用经济学 127/243、马克思主义理论 283/325、数学 179/239、统计学 102/162、机械工程 87/208、仪器科学与技术 51/95、材料科学与工程 124/206、信息与通信工程 97/170、计算机科学与技术 159/283、生物医学工程 77/87、药学 136/145、管理科学与工程 188/228、工商管理 79/303。

通信地址：重庆市杨家坪兴胜路 4 号
邮政编码：400054
电话号码：023-68667302
电子邮箱：yjs@cqut.edu.cn
研究生院（处）网址：www.yjsgl.cqut.edu.cn

10655 四川美术学院

在中国普通高校研究生教育竞争力排行榜中的名次：总排名 384/574，重庆市内排名 10/13，艺术类排名 12/29。

共 4 个一级学科（学术学位）参评。

学科门类排名

艺术学 22/206。

一级学科排名

艺术学理论 23/75、戏剧与影视学 42/70、美术学 45/133、设计学 51/141。

通信地址：重庆市九龙坡区黄桷坪正街 108 号
邮政编码：400053
电话号码：023-86181038
电子邮箱：zhaoban@scfai.edu.cn
研究生院（处）网址：www.xwyyjs.scfai.edu.cn

10650 四川外国语大学

在中国普通高校研究生教育竞争力排行榜中的名次：总排名 387/574，重庆市内排名 11/13，文法类排名 14/32。

共 4 个一级学科（学术学位）参评，其中 5★学科 0 个，4★学科 1 个，学科优秀率为 25%。

学科门类排名

哲学 162/177、教育学 179/200、文学 56/271。

一级学科排名

哲学 162/177、教育学 137/155、中国语言文学 106/169、外国语言文学 34/221。

优势专业

4★专业：英语语言文学 31/184。

通信地址：重庆市沙坪坝区烈士墓壮志路 33 号
邮政编码：400031
电话号码：023-65385296
电子邮箱：sisuyzb@126.com
研究生院（处）网址：www.graduate.sisu.edu.cn

11551 重庆科技学院

在中国普通高校研究生教育竞争力排行榜中的名次：总排名 469/574，重庆市内排名 12/13，理工类排名 154/178。

通信地址：重庆市沙坪坝区大学城东路 20 号
邮政编码：401331
电话号码：023-65023287
电子邮箱：cqustxkb@163.com
研究生院（处）网址：www.yjs.cqust.edu.cn

10643 重庆三峡学院

在中国普通高校研究生教育竞争力排行榜中的名次：总排名 517/574，重庆市内排名 13/13，综合类排名 75/87。

共 3 个一级学科（学术学位）参评。

学科门类排名

文学 184/271、工学 352/369。

一级学科排名

中国语言文学 147/169、电子科学与技术 107/134、环境科学与工程 188/197。

通信地址：重庆市万州区沙龙路二段 780 号
邮政编码：404100
电话号码：023-58105711
电子邮箱：cqsxxyyjsczb@126.com
研究生院（处）网址：www.graduate.sanxiau.edu.cn

河南省

10459 郑州大学

在中国普通高校研究生教育竞争力排行榜中的名次：总排名 38/574，河南省内排名 1/19，综合类排名 16/87。

共 63 个一级学科（学术学位）参评，其中 5★学科 0 个，4★学科 13 个，学科优秀率为 20.63%。

学科门类排名

哲学 52/177、经济学 78/259、法学 32/348、教育学 67/200、文学 52/271、历史学 18/125、理学 36/375、工学 66/369、农学 97/111、医学 38/196、管理学 43/376、艺术学 55/206。

一级学科排名

哲学 52/177、理论经济学 81/147、应用经济学 87/243、法学 34/188、政治学 29/125、社会学 55/96、马克思主义理论 25/325、心理学 36/102、体育学 38/119、中国语言文学 57/169、外国语言文学 73/221、新闻传播学 32/98、考古学 12/58、中国史 16/122、世界史 16/73、数学 42/239、物理学 31/169、化学 28/185、生物学 89/222、科学技术史 28/37、生态学 87/132、统计学 111/162、力学 51/119、机械工程 98/208、光学工程 73/89、仪器科学与技术 85/95、材料科学与工程 26/206、动力工程及工程热物理 38/114、电气工程 59/104、电子科学与技术 73/134、信息与通信工程 47/170、控制科学与工程 50/186、计算机科学与技术 89/283、建筑学 32/69、土木工程 41/153、水利工程 14/74、化学工程与技术 25/218、矿业工程 41/56、轻工技术与工程 34/46、交通运输工程 52/69、核科学与技术 19/22、环境科学与工程 73/197、城乡规划学 40/56、风景园林学 63/65、软件工程 38/197、安全科学与工程 38/57、作物学 52/53、畜牧学 52/52、基础医学 25/99、临床医学 25/111、口腔医学 18/48、公共卫生与预防医学 15/71、中西医结合 61/72、药学 22/145、护理学 16/74、管理科学与工程 103/228、工商管理 80/303、公共管理 12/217、图书情报与档案管理 10/68、艺术学理论 57/75、音乐与舞蹈学 72/94、戏剧与影视学 53/70、美术学 49/133。

优势专业

5★专业：思想政治教育 10/299。

4★专业：宪法学与行政法学 11/126、民商法学 10/147、马克思主义基本原理 47/263、马克思主义中国化研究 39/236、中国古典文献学 17/104、基础数学 36/181、计算数学 31/167、运筹学与控制论 28/157、凝聚态物理 18/145、无机化学 16/150、分析化学 32/157、有机化学 16/159、材料加工工程 20/158、化工过程机械 13/65、化学工程 23/130、化学工艺 17/139、应用化学 30/211、人体解剖与组织胚胎学 16/90、儿科学 13/86、影像医学与核医学 17/93、妇产科学 16/90、眼科学 15/85、耳鼻咽喉科学 14/83、药物化学 12/117、药事管理学 2/8、行政管理 20/167、教育经济与管理 15/139、社会保障 19/123、土地资源管理 17/102、情报学 12/59。

通信地址：河南省郑州市科学大道 100 号
邮政编码：450001
电话号码：0371-67781710
电子邮箱：yzb@zzh.edu.cn
研究生院（处）网址：www.gs.zzu.edu.cn

10475 河南大学

在中国普通高校研究生教育竞争力排行榜中的名次：总排名 83/574，河南省内排名 2/19，综合类排名 26/87。

共 49 个一级学科（学术学位）参评，其中 5★学科 0 个，4★学科 7 个，学科优秀率为 14.29%。

学科门类排名

哲学 56/177、经济学 39/259、法学 73/348、教育学 24/200、文学 43/271、历史学 27/125、理学 66/375、工学 180/369、农学 98/111、医学 97/196、管理学 104/376、艺术学 29/206。

一级学科排名

哲学 56/177、理论经济学 41/147、应用经济学 34/243、法学 69/188、政治学 52/125、社会学 94/96、民族学 44/45、马克思主义。理论 64/325、教育学 16/155、心理学 31/102、体育学 16/119、中国语言文学 32/169、外国语言文学 46/221、新闻传播学 42/98、考古学 18/58、中国史 21/122、世界史 29/73、数学 111/239、物理学 60/169、化学 42/185、地理学 13/92、生物学 65/222、生态学 44/132、统计学 64/162、光学工程 87/89、材料科学与工程 112/206、电子科学与技术 98/134、控制科学与工程 143/186、计算机科学与技术 171/283、土木工程 140/153、测绘科学与技术 50/50、化学工程与技术 86/218、环境科学与工程 180/197、软件工程 181/197、作物学 51/53、基础医学 81/99、临床医学 86/111、药学 58/145、中药学 52/59、护理学 66/74、管理科学与工程 185/228、工商管理 102/303、农林经济管理 45/62、公共管理 62/217、艺术学理论 67/75、音乐与舞蹈学 48/94、戏剧与影视学 22/70、美术学 81/133、设计学 124/141。

优势专业

4★专业：区域经济学 17/171、马克思主义基本原理 21/263、教育学原理 14/91、体育教育训练学 8/106、中国现当代文学 16/142、比较文学与世界文学 19/123、英语语言文学 21/184、无机化学 27/150、人文地理学 12/67、地图学与地理信息系统 15/77。

通信地址：河南省开封市明伦街 85 号
邮政编码：475001
电话号码：0371-22867269
电子邮箱：yzb@htu.edu.cn
研究生院（处）网址：www.grs.henu.edu.cn

10476　河南师范大学

在中国普通高校研究生教育竞争力排行榜中的名次：总排名 146/574，河南省内排名 3/19，师范类排名 17/73。

共 32 个一级学科（学术学位）参评，其中 5★学科 0 个，4★学科 2 个，学科优秀率为 6.25%。

学科门类排名

哲学 82/177、经济学 160/259、法学 139/348、教育学 54/200、文学 98/271、历史学 63/125、理学 71/375、工学 188/369、农学 88/111、医学 179/196、管理学 198/376、艺术学 107/206。

一级学科排名

哲学 82/177、理论经济学 137/147、应用经济学 143/243、法学 70/188、政治学 51/125、马克思主义理论 120/325、教育学 39/155、体育学 35/119、中国语言文学 97/169、外国语言文学 77/221、考古学 33/58、中国史 87/122、世界史 42/73、数学 86/239、物理学 34/169、化学 36/185、生物学 81/222、生态学 85/132、统计学 143/162、光学工程 71/89、材料科学与工程 108/206、电子科学与技术 97/134、计算机科学与技术 158/283、化学工程与技术 89/218、环境科学与工程 59/197、水产 20/27、药学 134/145、工商管理 231/303、公共管理 189/217、音乐与舞蹈学 55/94、戏剧与影视学 62/70、美术学 60/133。

通信地址：河南省新乡市牧野区建设路东段 46 号

邮政编码：453007

电话号码：0373-3329034

电子邮箱：yzb@htu.edu.cn

研究生院（处）网址：www.htu.cn/yjsxy

10464　河南科技大学

在中国普通高校研究生教育竞争力排行榜中的名次：总排名 148/574，河南省内排名 4/19，理工类排名 57/178。

共 40 个一级学科（学术学位）参评。

学科门类排名

经济学 236/259、法学 250/348、文学 223/271、历史学 112/125、理学 162/375、工学 136/369、农学 45/111、医学 103/196、管理学 218/376。

一级学科排名

应用经济学 224/243、马克思主义理论 202/325、外国语言文学 119/221、中国史 95/122、数学 154/239、物理学 164/169、化学 166/185、生物学 109/222、生态学 112/132、统计学 151/162、力学 78/119、机械工程 53/208、仪器科学与技术 43/95、材料科学与工程 68/206、冶金工程 13/24、动力工程及工程热物理 54/114、电气工程 99/104、信息与通信工程 108/170、控制科学与工程 79/186、计算机科学与技术 134/283、土木工程 142/153、化学工程与技术 171/218、交通运输工程 56/69、农业工程 34/52、食品科学与工程 50/101、软件工程 170/197、作物学 37/53、园艺学 39/41、农业资源与环境 39/43、植物保护 36/50、畜牧学 33/52、兽医学 31/44、草学 31/35、基础医学 79/99、临床医学 77/111、药学 144/145、护理学 70/74、管理科学与工程 204/228、工商管理 215/303、图书情报与档案管理 59/68。

优势专业

4★专业：马克思主义发展史 19/99、中国近现代史基本问题研究 18/120。

通信地址：河南省洛阳市洛龙区开元大道 263 号

邮政编码：471023

电话号码：0379-64231373

电子邮箱：yzb@haust.edu.cn

研究生院（处）网址：www.haust.edu.cn

10460　河南理工大学

在中国普通高校研究生教育竞争力排行榜中的名次：总排名 164/574，河南省内排名 5/19，理工类排名 63/178。

共 25 个一级学科（学术学位）参评，其中 5★学科 0 个，4★学科 1 个，学科优秀率为 4%。

学科门类排名

法学 255/348、理学 226/375、工学 113/369、管理学 127/376。

一级学科排名

马克思主义理论 174/325、数学 102/239、地理学 55/92、地质学 39/42、力学 59/119、机械工程 86/208、仪器科学与技术 76/95、材料科学与工程 107/206、动力工程及工程热物理 105/114、电气工程 57/104、信息与通信工程 161/170、控制科学与工程 77/186、计算机科学与技术 139/283、土木工程 78/153、水利工程 64/74、测绘科学与技术 15/50、化学工程与技术 212/218、地质资源与地质工程 20/50、矿业工程 6/56、环境科学与工程 119/197、软件工程 163/197、安全科学与工程 14/57、管理科学与工程 93/228、工商管理 155/303、公共管理 89/217。

优势专业

4★专业：国外马克思主义研究 16/83、安全技术及工程 4/44。

通信地址：河南省焦作市高新区世纪路 2001 号

邮政编码：454003

电话号码：0391-3987234

电子邮箱：yanzhaoban215@126.com

研究生院（处）网址：www.adge.hpu.edu.cn

10466　河南农业大学

在中国普通高校研究生教育竞争力排行榜中的名次：总排名 165/574，河南省内排名 6/19，农林类排名 14/37。

共 21 个一级学科（学术学位）参评，其中 5★学科 0 个，4★学科 2 个，学科优秀率为 9.52%。

学科门类排名

法学 218/348、理学 203/375、工学 164/369、农学 8/111、

管理学 153/376。

一级学科排名

政治学 122/125、马克思主义理论 119/325、生物学 88/222、生态学 57/132、建筑学 49/69、轻工技术与工程 31/46、农业工程 14/52、食品科学与工程 44/101、风景园林学 8/65、作物学 5/53、园艺学 28/41、农业资源与环境 20/43、植物保护 25/50、畜牧学 17/52、兽医学 11/44、林学 13/62、草学 15/35、管理科学与工程 215/228、工商管理 256/303、农林经济管理 23/62、公共管理 213/217。

优势专业

4★专业：农业生物环境与能源工程 3/36、作物栽培学与耕作学 4/44、作物遗传育种 6/52。

通信地址：河南省郑州市农业路 63 号
邮政编码：450002
电话号码：0371-63558825
电子邮箱：yzb@hnau.edu.cn
研究生院（处）网址：www.202.196.80.27/s/60/t/31/main.jspy

10463　河南工业大学

在中国普通高校研究生教育竞争力排行榜中的名次：总排名 225/574，河南省内排名 7/19，理工类排名 85/178。共 27 个一级学科（学术学位）参评，其中 5★学科 0 个，4★学科 1 个，学科优秀率为 3.7%。

学科门类排名

经济学 139/259、法学 239/348、文学 250/271、理学 192/375、工学 196/369、农学 81/111、医学 176/196、管理学 246/376。

一级学科排名

应用经济学 167/243、马克思主义理论 199/325、外国语言文学 186/221、数学 195/239、物理学 157/169、化学 121/185、生物学 192/222、力学 71/119、机械工程 123/208、材料科学与工程 147/206、信息与通信工程 160/170、控制科学与工程 97/186、计算机科学与技术 182/283、建筑学 50/69、土木工程 102/153、测绘科学与技术 47/50、化学工程与技术 104/218、轻工技术与工程 43/46、农业工程 51/52、环境科学与工程 141/197、食品科学与工程 19/101、植物保护 41/50、畜牧学 49/52、药学 130/145、管理科学与工程 159/228、工商管理 209/303、农林经济管理 46/62。

优势专业

5★专业：粮食、油脂及植物蛋白工程 2/59。

4★专业：食品科学 14/96、农产品加工及贮藏工程 5/76。

通信地址：河南省郑州市高新技术产业开发区莲花街
邮政编码：450001
电话号码：0371-67756268
电子邮箱：yzb@haut.edu.cn
研究生院（处）网址：www3.haut.edu.cn

10078　华北水利水电大学

在中国普通高校研究生教育竞争力排行榜中的名次：总排名 289/574，河南省内排名 8/19，理工类排名 104/178。共 17 个一级学科（学术学位）参评。

学科门类排名

经济学 237/259、法学 294/348、理学 301/375、工学 219/369、农学 95/111、管理学 251/376。

一级学科排名

理论经济学 116/147、马克思主义理论 246/325、数学 166/239、力学 99/119、机械工程 163/208、动力工程及工程热物理 79/114、控制科学与工程 151/186、计算机科学与技术 243/283、土木工程 71/153、水利工程 22/74、地质资源与地质工程 25/50、农业工程 37/52、环境科学与工程 196/197、软件工程 126/197、林学 45/62、管理科学与工程 144/228、工商管理 235/303。

通信地址：河南省郑州市北环路 36 号
邮政编码：450011
电话号码：0371-65790989
电子邮箱：zhsb@ncwu.edu.cn
研究生院（处）网址：www5.ncwu.edu.cn

10471　河南中医学院

在中国普通高校研究生教育竞争力排行榜中的名次：总排名 312/574，河南省内排名 9/19，医药类排名 34/72。共 7 个一级学科（学术学位）参评。

学科门类排名

法学 299/348、医学 60/196。

一级学科排名

马克思主义理论 238/325、基础医学 92/99、临床医学 94/111、中医学 13/47、中西医结合 31/72、药学 68/145、中药学 16/59。

优势专业

4★专业：中医内科学 5/41、中医儿科学 4/25。

通信地址：河南省郑州市金水路 1 号
邮政编码：450008
电话号码：0371-65998824
电子邮箱：yjsc@hactcm.edu.cn
研究生院（处）网址：www.yjs.cxx.cn

10472　新乡医学院

在中国普通高校研究生教育竞争力排行榜中的名次：总排名 350/574，河南省内排名 10/19，医药类排名 42/72。共 10 个一级学科（学术学位）参评。

学科门类排名

法学 338/348、教育学 171/200、理学 314/375、工学 347/369、医学 83/196、管理学 364/376。

一级学科排名

马克思主义理论 315/325、心理学 88/102、生物学 161/222、生物医学工程 56/87、基础医学 47/99、临床医学 60/111、中西医结合 53/72、药学 104/145、护理学 59/74、图书情报与档案管理 54/68。

通信地址：河南省新乡市金穗大道东段新乡医学院
邮政编码：453003
电话号码：0373-3029444
电子邮箱：yzb@xxmu.edu.cn
研究生院（处）网址：www.xxmu.edu.cn

10462 郑州轻工业学院

在中国普通高校研究生教育竞争力排行榜中的名次：总排名 356/574，河南省内排名 11/19，理工类排名 132/178。共 16 个一级学科（学术学位）参评。

学科门类排名

法学 321/348、工学 218/369、管理学 310/376、艺术学 173/206。

一级学科排名

马克思主义理论 263/325、机械工程 159/208、仪器科学与技术 94/95、材料科学与工程 169/206、动力工程及工程热物理 114/114、电气工程 85/104、信息与通信工程 166/170、控制科学与工程 173/186、计算机科学与技术 200/283、化学工程与技术 109/218、轻工技术与工程 46/46、食品科学与工程 77/101、软件工程 115/197、管理科学与工程 219/228、工商管理 280/303、设计学 47/141。

通信地址：河南省郑州市东风路 5 号
邮政编码：450002
电话号码：0371-63556320
电子邮箱：zzuliyjsc@126.com
研究生院（处）网址：www.yjsc.zzuli.edu.cn

10477 信阳师范学院

在中国普通高校研究生教育竞争力排行榜中的名次：总排名 377/574，河南省内排名 12/19，师范类排名 41/73。共 14 个一级学科（学术学位）参评。

学科门类排名

经济学 175/259、法学 162/348、教育学 98/200、文学 147/271、理学 180/375、工学 339/369。

一级学科排名

理论经济学 72/147、应用经济学 241/243、政治学 116/125、马克思主义理论 123/325、教育学 80/155、心理学 94/102、中国语言文学 135/169、外国语言文学 220/221、数学 158/239、物理学 123/169、化学 167/185、生物学 200/222、系统科学 31/39、化学工程与技术 195/218。

通信地址：河南省信阳市南湖路 237 号
邮政编码：464000
电话号码：0376-6391259
电子邮箱：yjsc1259@163.com
研究生院（处）网址：www.210.43.27.188:81

10465 中原工学院

在中国普通高校研究生教育竞争力排行榜中的名次：总排名 386/574，河南省内排名 13/19，理工类排名 138/178。共 12 个一级学科（学术学位）参评。

学科门类排名

哲学 141/177、历史学 122/125、理学 345/375、工学 235/369、管理学 207/376、艺术学 168/206。

一级学科排名

哲学 141/177、中国史 111/122、物理学 158/169、机械工程 167/208、材料科学与工程 174/206、信息与通信工程 158/170、控制科学与工程 137/186、计算机科学与技术 234/283、土木工程 106/153、纺织科学与工程 9/25、工商管理 163/303、设计学 87/141。

通信地址：河南省郑州市中原中路 41 号
邮政编码：450007
电话号码：0371-67698801
电子邮箱：yjsc@zzti.edu.cn
研究生院（处）网址：www.depart.zzti.edu.cn

10484 河南财经政法大学

在中国普通高校研究生教育竞争力排行榜中的名次：总排名 392/574，河南省内排名 14/19，财经类排名 26/40。共 11 个一级学科（学术学位）参评。

学科门类排名

哲学 136/177、经济学 73/259、法学 184/348、理学 328/375、工学 364/369、管理学 155/376。

一级学科排名

哲学 136/177、理论经济学 59/147、应用经济学 89/243、法学 105/188、马克思主义理论 287/325、地理学 74/92、统计学 128/162、计算机科学与技术 270/283、管理科学与工程 217/228、工商管理 73/303、农林经济管理 56/62。

通信地址：河南省郑州市文化路 80 号
邮政编码：450000
电话号码：0371-63519063
电子邮箱：yzb@hurl.edu.cn
研究生院（处）网址：www.yjs.huel.edu.cn

10467 河南科技学院

在中国普通高校研究生教育竞争力排行榜中的名次：总排名 447/574，河南省内排名 15/19，师范类排名 49/73。共 5 个一级学科（学术学位）参评。

学科门类排名

工学 301/369、农学 56/111。

一级学科排名

食品科学与工程 32/101、作物学 38/53、园艺学 26/41、植物保护 46/50、兽医学 28/44。

通信地址：河南省新乡市华兰大道东段

邮政编码：453003

电话号码：0373-3040873

电子邮箱：yzb@hist.edu.cn

研究生院（处）网址：www.yjsc.hist.edu.cn

10482　洛阳师范学院

在中国普通高校研究生教育竞争力排行榜中的名次：总排名 483/574，河南省内排名 16/19，师范类排名 54/73。

通信地址：河南省洛阳市龙门路 71 号

邮政编码：471022

电话号码：0379-65550991

电子邮箱：lysyyjs@126.com

研究生院（处）网址：www.lynu.edu.cn

10479　安阳师范学院

在中国普通高校研究生教育竞争力排行榜中的名次：总排名 486/574，河南省内排名 17/19，师范类排名 55/73。

通信地址：河南省安阳市弦歌大道 436 号

邮政编码：455000

电话号码：0372-2900065

电子邮箱：yjsc@aynu.edu.cn

研究生院（处）网址：www.yjsc.aynu.edu.cn

10485　郑州航空工业管理学院

在中国普通高校研究生教育竞争力排行榜中的名次：总排名 487/574，河南省内排名 18/19，理工类排名 158/178。

共 3 个一级学科（学术学位）参评。

学科门类排名

管理学 173/376。

一级学科排名

管理科学与工程 164/228、工商管理 233/303、图书情报与档案管理 33/68。

通信地址：河南省郑州市大学中路 2 号

邮政编码：450046

电话号码：0371-60632520

电子邮箱：yzb@zzia.edu.cn

研究生院（处）网址：www.yjsc.zzia.edu.cn

10481　南阳师范学院

在中国普通高校研究生教育竞争力排行榜中的名次：总排名 496/574，河南省内排名 19/19，师范类排名 57/73。

通信地址：河南省南阳市卧龙区卧龙路 1638 号

邮政编码：473061

电话号码：0377-63525367

电子邮箱：nynuyjsc@nynu.edu.cn

研究生院（处）网址：www.nynu.edu.cn

河北省

10216　燕山大学

在中国普通高校研究生教育竞争力排行榜中的名次：总排名 60/574，河北省内排名 1/23，理工类排名 29/178。

共 33 个一级学科（学术学位）参评，其中 5★学科 0 个，4★学科 7 个，学科优秀率为 21.21%。

学科门类排名

哲学 47/177、经济学 165/259、法学 129/348、文学 153/271、理学 121/375、工学 43/369、管理学 115/376、艺术学 109/206。

一级学科排名

哲学 47/177、应用经济学 105/243、法学 127/188、政治学 72/125、马克思主义理论 102/325、外国语言文学 47/221、数学 83/239、物理学 41/169、统计学 106/162、力学 34/119、机械工程 16/208、光学工程 30/89、仪器科学与技术 23/95、材料科学与工程 25/206、动力工程及工程热物理 59/114、电气工程 31/104、电子科学与技术 27/134、信息与通信工程 68/170、控制科学与工程 24/186、计算机科学与技术 44/283、土木工程 110/153、化学工程与技术 30/218、石油与天然气工程 14/17、交通运输工程 68/69、环境科学与工程 133/197、生物医学工程 71/87、软件工程 18/197、管理科学与工程 53/228、工商管理 75/303、公共管理 77/217、音乐与舞蹈学 69/94、美术学 114/133、设计学 86/141。

优势专业

5★专业：机械电子工程 9/187、机械设计及理论 5/195。

4★专业：凝聚态物理 23/145、机械制造及其自动化 16/186、车辆工程 11/137、材料物理与化学 34/185、材料学 19/183、材料加工工程 32/158、电力电子与电力传动 14/95、电路与系统 22/109、控制理论与控制工程 22/170、检测技术与自动化装置 21/157、模式识别与智能系统

26/135、计算机软件与理论 32/213、计算机应用技术 38/280、应用化学 27/211。

通信地址：河北省秦皇岛市海港区河北大街 438 号
邮政编码：066004
电话号码：0335-8057077
电子邮箱：yzb@ysu.edu.cn
研究生院（处）网址：www.gs.ysu.edu.cn

10075　河北大学

在中国普通高校研究生教育竞争力排行榜中的名次：总排名 114/574，河北省内排名 2/23，综合类排名 35/87。

共 48 个一级学科（学术学位）参评，其中 5★学科 0 个，4★学科 3 个，学科优秀率为 6.25%。

学科门类排名

哲学 53/177、经济学 62/259、法学 85/348、教育学 46/200、文学 54/271、历史学 26/125、理学 68/375、工学 131/369、医学 110/196、管理学 87/376、艺术学 65/206。

一级学科排名

哲学 53/177、理论经济学 32/147、应用经济学 81/243、法学 68/188、政治学 107/125、社会学 47/96、马克思主义理论 80/325、教育学 26/155、心理学 52/102、中国语言文学 41/169、外国语言文学 90/221、新闻传播学 16/98、考古学 29/58、中国史 24/122、世界史 63/73、数学 134/239、物理学 79/169、化学 63/185、生物学 70/222、生态学 94/132、力学 81/119、机械工程 202/208、光学工程 33/89、仪器科学与技术 74/95、材料科学与工程 171/206、电子科学与技术 95/134、信息与通信工程 159/170、控制科学与工程 142/186、计算机科学与技术 100/283、土木工程 146/153、水利工程 56/74、化学工程与技术 143/218、地质资源与地质工程 50/50、矿业工程 56/56、环境科学与工程 134/197、软件工程 186/197、临床医学 90/111、中西医结合 51/72、药学 53/145、护理学 68/74、管理科学与工程 91/228、工商管理 198/303、公共管理 111/217、图书情报与档案管理 31/68、音乐与舞蹈学 83/94、戏剧与影视学 50/70、美术学 122/133、设计学 140/141。

优势专业

4★专业：世界经济 11/87、思想政治教育 40/299、教育史 8/45、汉语言文字学 21/133、中国古代文学 22/154、新闻学 10/83、传播学 15/94、动物学 10/129。

通信地址：河北省保定市五四东路 180 号
邮政编码：071002
电话号码：0312-5079489
电子邮箱：master@mail.hbu.cn
研究生院（处）网址：www.graduate.hbu.cn

10080　河北工业大学

在中国普通高校研究生教育竞争力排行榜中的名次：总排名 126/574，河北省内排名 3/23，理工类排名 50/178。

共 26 个一级学科（学术学位）参评，其中 5★学科 0 个，4★学科 3 个，学科优秀率为 11.54%。

学科门类排名

经济学 141/259、法学 232/348、理学 142/375、工学 65/369、管理学 96/376、艺术学 185/206。

一级学科排名

应用经济学 109/243、马克思主义理论 154/325、数学 137/239、物理学 99/169、化学 109/185、生物学 214/222、统计学 154/162、力学 77/119、机械工程 49/208、仪器科学与技术 54/95、材料科学与工程 33/206、动力工程及工程热物理 68/114、电气工程 18/104、电子科学与技术 44/134、信息与通信工程 104/170、控制科学与工程 53/186、计算机科学与技术 113/283、建筑学 51/69、土木工程 45/153、化学工程与技术 44/218、交通运输工程 55/69、生物医学工程 73/87、城乡规划学 39/56、管理科学与工程 66/228、工商管理 63/303、设计学 111/141。

优势专业

4★专业：马克思主义发展史 14/99、材料物理与化学 27/185、电机与电器 14/73、电工理论与新技术 11/73、化学工艺 23/139。

通信地址：天津市北辰区西平道 5340 号
邮政编码：300401
电话号码：022-60438300
电子邮箱：yzb@hebut.edu.cn
研究生院（处）网址：www.yjs.hebut.edu.cn

10094　河北师范大学

在中国普通高校研究生教育竞争力排行榜中的名次：总排名 135/574，河北省内排名 4/23，师范类排名 16/73。

共 29 个一级学科（学术学位）参评，其中 5★学科 0 个，4★学科 4 个，学科优秀率为 13.79%。

学科门类排名

哲学 84/177、经济学 196/259、法学 61/348、教育学 37/200、文学 55/271、历史学 22/125、理学 48/375、工学 276/369、管理学 327/376、艺术学 82/206。

一级学科排名

哲学 84/177、理论经济学 76/147、法学 130/188、政治学 57/125、马克思主义理论 22/325、教育学 37/155、心理学 34/102、体育学 19/119、中国语言文学 46/169、外国语言文学 60/221、考古学 22/58、中国史 17/122、世界史 35/73、数学 60/239、物理学 61/169、化学 81/185、天文学 13/16、地理学 21/92、生物学 29/222、科学技术史 33/37、生态学 53/132、统计学 138/162、材料科学与工程 153/206、计算机科学与技术 255/283、软件工程 75/197、公共管理 125/217、艺术学理论 45/75、音乐与舞蹈学 40/94、美术学 98/133。

优势专业

4★专业：马克思主义基本原理 31/263、马克思主义中国化研究 42/236、思想政治教育 27/299、中国近现代史基本问题研究 23/120、体育教育训练学 10/106、汉语言文字学 14/133、中国古代文学 26/154、中国现当代文学 21/142、应用数学 47/231、自然地理学 9/71、细胞生物学 10/135。

通信地址：河北省石家庄市南二环东路 20 号
邮政编码：050024
电话号码：0311-80786777
电子邮箱：yjs@hebtu.edu.cn
研究生院（处）网址：www.yjsy.hebtu.edu.cn

10089　河北医科大学

在中国普通高校研究生教育竞争力排行榜中的名次：总排名 152/574，河北省内排名 5/23，医药类排名 12/72。

共 11 个一级学科（学术学位）参评，其中 5★学科 0 个，4★学科 3 个，学科优秀率为 27.27%。

学科门类排名

理学 133/375、医学 28/196、管理学 368/376。

一级学科排名

生物学 78/222、基础医学 18/99、临床医学 33/111、口腔医学 29/48、公共卫生与预防医学 31/71、中医学 20/47、中西医结合 6/72、药学 29/145、中药学 38/59、护理学 45/74、公共管理 209/217。

优势专业

4★专业：人体解剖与组织胚胎学 13/90、病理学与病理生理学 18/90、法医学 4/48、影像医学与核医学 15/93、外科学 19/98、妇产科学 15/90、中西医结合基础 5/47、药理学 21/113。

通信地址：河北省石家庄市中山东路 361 号
邮政编码：050017
电话号码：0311-86266422
电子邮箱：ydzsb@hebmu.edu.cn
研究生院（处）网址：www.202.206.48.96

10086　河北农业大学

在中国普通高校研究生教育竞争力排行榜中的名次：总排名 198/574，河北省内排名 6/23，农林类排名 16/37。

共 30 个一级学科（学术学位）参评，其中 5★学科 0 个，4★学科 1 个，学科优秀率为 3.33%。

学科门类排名

经济学 161/259、法学 288/348、文学 270/271、理学 156/375、工学 165/369、农学 23/111、医学 182/196、管理学 92/376。

一级学科排名

理论经济学 138/147、应用经济学 163/243、马克思主义理论 233/325、外国语言文学 219/221、化学 164/185、生物学 73/222、生态学 79/132、机械工程 187/208、计算机科学与技术 273/283、土木工程 135/153、水利工程 59/74、轻工技术与工程 38/46、农业工程 17/52、环境科学与工程 172/197、食品科学与工程 24/101、城乡规划学 44/56、风景园林学 14/65、作物学 16/53、园艺学 13/41、农业资源与环境 13/43、植物保护 15/50、畜牧学 24/52、兽医学 24/44、林学 7/62、水产 26/27、草学 20/35、药学 140/145、工商管理 219/303、农林经济管理 15/62、公共管理 142/217。

优势专业

4★专业：农业水土工程 5/35、农产品加工及贮藏工程 15/76、林木遗传育种 5/25、园林植物与观赏园艺 8/44。

通信地址：河北省保定市灵雨寺街 289 号
邮政编码：071001
电话号码：0312-7521303
电子邮箱：yzb@hebau.edu.cn
研究生院（处）网址：www.yanjiusheng.hebau.edu.cn

10081　河北联合大学

在中国普通高校研究生教育竞争力排行榜中的名次：总排名 210/574，河北省内排名 7/23，综合类排名 51/87。

共 25 个一级学科（学术学位）参评。

学科门类排名

经济学 215/259、文学 248/271、理学 335/375、工学 326/369、医学 162/196、管理学 357/376、艺术学 152/206。

一级学科排名

应用经济学 176/243、外国语言文学 197/221、数学 209/239、力学 113/119、机械工程 138/208、材料科学与工程 123/206、冶金工程 8/24、动力工程及工程热物理 112/114、控制科学与工程 126/186、计算机科学与技术 251/283、土木工程 100/153、测绘科学与技术 49/50、化学工程与技术 135/218、地质资源与地质工程 48/50、矿业工程 16/56、安全科学与工程 36/57、基础医学 60/99、临床医学 54/111、口腔医学 34/48、公共卫生与预防医学 20/71、中医学 38/47、护理学 31/74、工商管理 154/303、公共管理 166/217、设计学 106/141。

优势专业

4★专业：军事预防医学 2/4。

通信地址：河北省唐山市新华西道 46 号
邮政编码：063009
电话号码：0315-2592092
电子邮箱：yzb@heuu.edu.cn
研究生院（处）网址：www.yjsxy.heuu.edu.cn

10082　河北科技大学

在中国普通高校研究生教育竞争力排行榜中的名次：总排名 279/574，河北省内排名 8/23，理工类排名 99/178。

共 28 个一级学科（学术学位）参评。

学科门类排名

经济学 250/259、法学 311/348、教育学 159/200、文

学 252/271、理学 266/375、工学 159/369、医学 154/196、管理学 314/376、艺术学 165/206。

一级学科排名

应用经济学 228/243、马克思主义理论 266/325、教育学 127/155、外国语言文学 194/221、数学 161/239、物理学 162/169、生物学 213/222、机械工程 160/208、仪器科学与技术 93/95、材料科学与工程 156/206、动力工程及工程热物理 101/114、电气工程 103/104、电子科学与技术 131/134、信息与通信工程 168/170、控制科学与工程 165/186、计算机科学与技术 271/283、土木工程 143/153、化学工程与技术 85/218、纺织科学与工程 18/25、轻工技术与工程 39/46、环境科学与工程 94/197、生物医学工程 82/87、食品科学与工程 79/101、药学 110/145、管理科学与工程 209/228、工商管理 293/303、美术学 129/133、设计学 108/141。

通信地址：河北省石家庄市裕华区裕翔街 26 号
邮政编码：050081
电话号码：0311-81668306
电子邮箱：zhaosheng10082@163.com
研究生院（处）网址：www.hebust.edu.cn

10107　石家庄铁道大学

在中国普通高校研究生教育竞争力排行榜中的名次：总排名 318/574，河北省内排名 9/23，理工类排名 117/178。共 14 个一级学科（学术学位）参评。

学科门类排名

法学 280/348、教育学 200/200、理学 336/375、工学 225/369、管理学 279/376。

一级学科排名

马克思主义理论 236/325、教育学 136/155、数学 222/239、力学 58/119、机械工程 126/208、材料科学与工程 179/206、电气工程 90/104、控制科学与工程 184/186、计算机科学与技术 206/283、土木工程 68/153、矿业工程 43/56、交通运输工程 34/69、管理科学与工程 169/228、工商管理 228/303。

通信地址：河北省石家庄市北二环东路 17 号
邮政编码：050043
电话号码：0311-87935136
电子邮箱：yanzhaoban@stdu.edu.cn
研究生院（处）网址：www.graduate.stdu.edu.cn

10076　河北工程大学

在中国普通高校研究生教育竞争力排行榜中的名次：总排名 349/574，河北省内排名 10/23，理工类排名 130/178。共 13 个一级学科（学术学位）参评。

学科门类排名

工学 204/369、农学 89/111、管理学 243/376。

一级学科排名

机械工程 141/208、计算机科学与技术 176/283、建筑学 30/69、土木工程 75/153、水利工程 42/74、地质资源与地质工程 38/50、矿业工程 30/56、农业工程 49/52、环境科学与工程 176/197、软件工程 152/197、畜牧学 46/52、管理科学与工程 223/228、工商管理 261/303。

通信地址：河北省邯郸市光明南大街 199 号
邮政编码：056038
电话号码：0310-8579567
电子邮箱：yjsb@hebeu.edu.cn
研究生院（处）网址：www.yanjs.hebeu.edu.cn

11832　河北经贸大学

在中国普通高校研究生教育竞争力排行榜中的名次：总排名 363/574，河北省内排名 11/23，财经类排名 21/40。共 10 个一级学科（学术学位）参评。

学科门类排名

哲学 148/177、经济学 76/259、法学 118/348、文学 245/271、理学 351/375、工学 362/369、管理学 158/376。

一级学科排名

哲学 148/177、理论经济学 55/147、应用经济学 86/243、法学 67/188、马克思主义理论 172/325、新闻传播学 77/98、统计学 123/162、计算机科学与技术 250/283、工商管理 130/303、公共管理 96/217。

通信地址：河北省石家庄市学府路 47 号
邮政编码：050061
电话号码：0311-87657198
电子邮箱：nyjshch@heuet.edu.cn
研究生院（处）网址：www.yjs.heuet.edu.cn

10092　河北北方学院

在中国普通高校研究生教育竞争力排行榜中的名次：总排名 429/574，河北省内排名 12/23，综合类排名 71/87。共 3 个一级学科（学术学位）参评。

学科门类排名

医学 93/196。

一级学科排名

基础医学 86/99、临床医学 55/111、药学 94/145。

通信地址：河北省张家口市高新区钻石南路 11 号
邮政编码：075000
电话号码：0313-4029555
电子邮箱：hbnuyjs@126.com
研究生院（处）网址：www.yjs.hebeinu.edu.cn

10093　承德医学院

在中国普通高校研究生教育竞争力排行榜中的名次：

总排名 465/574，河北省内排名 13/23，医药类排名 59/72。

共 4 个一级学科（学术学位）参评。

学科门类排名

医学 82/196。

一级学科排名

基础医学 68/99、临床医学 65/111、中药学 58/59、护理学 55/74。

通信地址：河北省承德市上二道河子
邮政编码：067000
电话号码：0314-2290198
电子邮箱：yjsk@cdmc.edu.cn
研究生院(处)网址：www.211.81.224.27/yjsb/sites/yjsb/20120426/index.htm

10077　石家庄经济学院

在中国普通高校研究生教育竞争力排行榜中的名次：

总排名 469/574，河北省内排名 14/23，财经类排名 32/40。

共 7 个一级学科（学术学位）参评。

学科门类排名

经济学 220/259、法学 324/348、理学 327/375、工学 305/369、管理学 225/376。

一级学科排名

理论经济学 115/147、法学 174/188、地质学 29/42、计算机科学与技术 262/283、地质资源与地质工程 33/50、管理科学与工程 189/228、工商管理 149/303。

通信地址：河北省石家庄市槐安东路 136 号
邮政编码：050031
电话号码：0311-87208228
电子邮箱：yjs@sjzue.edu.c
研究生院（处）网址：www.202.206.151.85

10798　河北科技师范学院

在中国普通高校研究生教育竞争力排行榜中的名次：

总排名 477/574，河北省内排名 15/23，师范类排名 53/73。

共 5 个一级学科（学术学位）参评。

学科门类排名

教育学 157/200、理学 257/375、工学 354/369、农学 76/111。

一级学科排名

教育学 123/155、生物学 150/222、化学工程与技术 193/218、作物学 50/53、园艺学 30/41。

通信地址：河北省秦皇岛市河北大街西段 360 号
邮政编码：066004
电话号码：0335-8069851
电子邮箱：ssb2039375@163.com
研究生院（处）网址：www.hevttc.edu.cn

11105　中国人民武装警察部队学院

在中国普通高校研究生教育竞争力排行榜中的名次：

总排名 518/574，河北省内排名 16/23，文法类排名 24/32。

共 3 个一级学科（学术学位）参评。

学科门类排名

法学 336/348、工学 358/369。

一级学科排名

法学 176/188、材料科学与工程 205/206、矿业工程 50/56。

通信地址：河北省廊坊市西昌路 220 号
邮政编码：065000
电话号码：0316-2068260
电子邮箱：panjinlong@wjxy.edu.cn
研究生院（处）网址：www.wjxy.cn

11104　华北科技学院

在中国普通高校研究生教育竞争力排行榜中的名次：

总排名 534/574，河北省内排名 17/23，理工类排名 172/178。

通信地址：北京市东燕郊 206 号
邮政编码：101601
电话号码：010-61594811
电子邮箱：yjs@ncist.edu.cn
研究生院（处）网址：www.yjsy.ncist.edu.cn

10084　河北建筑工程学院

在中国普通高校研究生教育竞争力排行榜中的名次：

总排名 545/574，河北省内排名 18/23，理工类排名 173/178。

共 2 个一级学科（学术学位）参评。

学科门类排名

工学 323/369。

一级学科排名

建筑学 52/69、土木工程 112/153。

通信地址：河北省张家口市朝阳西大街 13 号
邮政编码：075024
电话号码：0313-4187718
电子邮箱：jyyjszs@126.com
研究生院（处）网址：www.hebiace.edu.cn

11420　河北金融学院

在中国普通高校研究生教育竞争力排行榜中的名次：

总排名 554/574，河北省内排名 19/23，财经类排名 40/40。

通信地址：河北省保定市恒祥大街 3188 号
邮政编码：071051
电话号码：0312-3338138
电子邮箱：hbcfyz@163.com
研究生院（处）网址：www.jpkc.hbcf.edu.cn

11775 防灾科技学院

在中国普通高校研究生教育竞争力排行榜中的名次：总排名 554/574，河北省内排名 19/23，理工类排名 176/178。

通信地址：河北省三河市燕郊国家高新技术产业开发区学院大街 465 号
邮政编码：065201
电话号码：010-61596072
电子邮箱：yjs@cidp.edu.cn
研究生院（处）网址：www.yjs.cidp.edu.cn

11629 北华航天工业学院

在中国普通高校研究生教育竞争力排行榜中的名次：总排名 557/574，河北省内排名 21/23，理工类排名 177/178。

通信地址：河北省廊坊市爱民东道 133 号
邮政编码：065000
电话号码：0316-2085983
电子邮箱：yanjiushengbu@nciae.edu.cn
研究生院（处）网址：www.yjsb.nciae.edu.cn

11903 中央司法警官学院

在中国普通高校研究生教育竞争力排行榜中的名次：总排名 567/574，河北省内排名 22/23，文法类排名 29/32。

通信地址：河北省保定市七一中路 103 号
邮政编码：071000
电话号码：0312-5911973
电子邮箱：zjyyjszs@163.com
研究生院（处）网址：www.cicp.edu.cn

12784 河北传媒学院

在中国普通高校研究生教育竞争力排行榜中的名次：总排名 567/574，河北省内排名 22/23，文法类排名 29/32。

通信地址：河北省石家庄市新华区警安路 8 号
邮政编码：050071
电话号码：0311-85863333
电子邮箱：yzb@hebic.edu.cn
研究生院（处）网址：www.yjs.hebic.cn

甘肃省

10730 兰州大学

在中国普通高校研究生教育竞争力排行榜中的名次：总排名 30/574，甘肃省内排名 1/10，综合类排名 14/87。

共 53 个一级学科（学术学位）参评，其中 5★学科 2 个，4★学科 11 个，学科优秀率为 24.53%。

学科门类排名

哲学 69/177、经济学 31/259、法学 24/348、教育学 140/200、文学 48/271、历史学 35/125、理学 17/375、工学 74/369、农学 40/111、医学 53/196、管理学 74/376、艺术学 131/206。

一级学科排名

哲学 69/177、理论经济学 63/147、应用经济学 26/243、法学 72/188、政治学 54/125、社会学 41/96、民族学 4/45、马克思主义理论 53/325、教育学 102/155、中国语言文学 54/169、外国语言文学 115/221、新闻传播学 40/98、考古学 25/58、中国史 28/122、世界史 73/73、数学 25/239、物理学 16/169、化学 12/185、地理学 4/92、大气科学 4/18、地质学 11/42、生物学 19/222、生态学 3/132、力学 18/119、材料科学与工程 49/206、电子科学与技术 48/134、信息与通信工程 89/170、计算机科学与技术 54/283、土木工程 97/153、水利工程 53/74、化学工程与技术 67/218、地质资源与地质工程 26/50、核科学与技术 16/22、环境科学与工程 45/197、生物医学工程 65/87、软件工程 86/197、作物学 35/53、植物保护 44/50、畜牧学 28/52、林学 47/62、草学 2/35、基础医学 62/99、临床医学 42/111、口腔医学 30/48、公共卫生与预防医学 41/71、中西医结合 23/72、药学 43/145、工商管理 104/303、农林经济管理 40/62、公共管理 33/217、图书情报与档案管理 49/68、音乐与舞蹈学 74/94、戏剧与影视学 39/70。

优势专业

5★专业：区域经济学 5/171、有机化学 5/159、自然地理学 2/71。

4★专业：民族学 3/34、马克思主义民族理论与政策 4/26、中国少数民族史 6/30、马克思主义中国化研究 20/236、思想政治教育 58/299、中国现当代文学 22/142、基础数学 22/181、计算数学 19/167、概率论与数理统计 18/141、应用数学 25/231、理论物理 15/125、粒子物理与原子核物理 6/58、凝聚态物理 19/145、无线电物理 13/64、无机化学 18/150、分析化学 14/157、物理化学 23/156、高分子化学与物理 23/131、地图学与地理信息系统 9/77、第四纪地质学 5/27、植物学 8/137、动物学 25/129、细胞生物学 21/135、生物化学与分子生物学 24/202、固体力学 11/84、工程力学 17/110、环境科学 35/174、行政管理 17/167。

通信地址：甘肃省兰州市天水南路 222 号
邮政编码：730000
电话号码：0931-8912168
电子邮箱：yab@lzu.edu.cn
研究生院（处）网址：www.ge.lzu.edu.cn

10736 西北师范大学

在中国普通高校研究生教育竞争力排行榜中的名次：总排名 119/574，甘肃省内排名 2/10，师范类排名 14/73。

共 34 个一级学科（学术学位）参评，其中 5★学科 0 个，4★学科 4 个，学科优秀率为 11.76%。

学科门类排名

哲学 67/177、经济学 89/259、法学 88/348、教育学 23/200、文学 47/271、历史学 42/125、理学 74/375、工学 255/369、管理学 202/376、艺术学 35/206。

一级学科排名

哲学 67/177、理论经济学 102/147、应用经济学 83/243、法学 120/188、政治学 92/125、社会学 62/96、民族学 38/45、马克思主义理论 54/325、教育学 11/155、心理学 26/102、体育学 44/119、中国语言文学 38/169、外国语言文学 72/221、考古学 40/58、中国史 37/122、世界史 58/73、数学 58/239、物理学 42/169、化学 35/185、地理学 15/92、生物学 118/222、生态学 80/132、统计学 155/162、电子科学与技术 82/134、计算机科学与技术 108/283、化学工程与技术 117/218、环境科学与工程 137/197、软件工程 113/197、工商管理 204/303、公共管理 108/217、艺术学理论 27/75、音乐与舞蹈学 60/94、戏剧与影视学 35/70、美术学 65/133。

优势专业

4★专业：马克思主义基本原理 43/263、思想政治教育 35/299、教育学原理 16/91、课程与教学论 6/101、高等教育学 16/117、教育技术学 12/95、中国古典文献学 13/104、中国古代文学 13/154、中国现当代文学 27/142、基础数学 34/181、应用数学 45/231、有机化学 31/159、人文地理学 13/67。

通信地址：甘肃省兰州市安宁东路 805 号
邮政编码：730070
电话号码：0931-7971932
电子邮箱：yanjs@nwnu.edu.cn
研究生院（处）网址：www.yjsy.nwnu.edu.cn

10731 兰州理工大学

在中国普通高校研究生教育竞争力排行榜中的名次：总排名 182/574，甘肃省内排名 3/10，理工类排名 69/178。

共 29 个一级学科（学术学位）参评，其中 5★学科 0 个，4★学科 2 个，学科优秀率为 6.9%。

学科门类排名

法学 264/348、教育学 182/200、文学 261/271、理学 194/375、工学 100/369、医学 163/196、管理学 177/376。

一级学科排名

马克思主义理论 243/325、体育学 82/119、外国语言文学 210/221、数学 107/239、物理学 92/169、生物学 211/222、系统科学 37/39、力学 64/119、机械工程 56/208、仪器科学与技术 92/95、材料科学与工程 42/206、冶金工程 14/24、动力工程及工程热物理 22/114、电气工程 77/104、电子科学与技术 106/134、信息与通信工程 91/170、控制科学与工程 40/186、计算机科学与技术 92/283、土木工程 38/153、水利工程 60/74、化学工程与技术 80/218、矿业工程 53/56、环境科学与工程 152/197、食品科学与工程 98/101、软件工程 134/197、安全科学与工程 47/57、药学 127/145、管理科学与工程 135/228、工商管理 158/303。

优势专业

4★专业：机械制造及其自动化 30/186、机械设计及理论 36/195、材料加工工程 24/158、流体机械及工程 10/70、结构工程 14/140。

通信地址：甘肃省兰州市七里河区兰工坪路 287 号
邮政编码：730050
电话号码：0931-2741880
电子邮箱：gdyzhb@lut.cn
研究生院（处）网址：www.ge.lut.cn

10732 兰州交通大学

在中国普通高校研究生教育竞争力排行榜中的名次：总排名 186/574，甘肃省内排名 4/10，理工类排名 72/178。

共 34 个一级学科（学术学位）参评，其中 5★学科 0 个，4★学科 1 个，学科优秀率为 2.94%。

学科门类排名

经济学 192/259、法学 295/348、文学 246/271、理学 189/375、工学 93/369、农学 109/111、管理学 270/376。

一级学科排名

应用经济学 172/243、马克思主义理论 185/325、外国语言文学 173/221、数学 114/239、物理学 152/169、化学 172/185、地理学 58/92、生物学 221/222、系统科学 39/39、生态学 122/132、统计学 134/162、力学 70/119、机械工程 74/208、仪器科学与技术 83/95、材料科学与工程 166/206、动力工程及工程热物理 67/114、电气工程 63/104、电子科学与技术 90/134、信息与通信工程 129/170、控制科学与工程 94/186、计算机科学与技术 146/283、建筑学 69/69、土木工程 33/153、水利工程 46/74、化学工程与技术 113/218、矿业工程 54/56、交通运输工程 13/69、环境科学与工程 55/197、城乡规划学 25/56、软件工程 197/197、安全科学与工程 50/57、林学 61/62、管理科学与工程 112/228、工商管理 251/303。

优势专业

4★专业：桥梁与隧道工程 13/102。

通信地址：甘肃省兰州市安宁区安宁西路 88 号
邮政编码：730070
电话号码：0931-4938103
电子邮箱：yzb@lzjtu.edu.cn
研究生院（处）网址：www.yjsc.lzjtu.edu.cn

10733　甘肃农业大学

在中国普通高校研究生教育竞争力排行榜中的名次：总排名 236/574，甘肃省内排名 5/10，农林类排名 22/37。

共 17 个一级学科（学术学位）参评，其中 5★学科 1 个，4★学科 0 个，学科优秀率为 5.88%。

学科门类排名

经济学 216/259、理学 202/375、工学 270/369、农学 31/111、医学 195/196、管理学 273/376。

一级学科排名

理论经济学 147/147、应用经济学 225/243、生物学 141/222、生态学 63/132、农业工程 28/52、食品科学与工程 48/101、作物学 22/53、园艺学 16/41、农业资源与环境 24/43、植物保护 28/50、畜牧学 13/52、兽医学 10/44、林学 19/62、草学 1/35、公共卫生与预防医学 65/71、农林经济管理 48/62、公共管理 157/217。

优势专业

4★专业：水土保持与荒漠化防治 5/39。

通信地址：甘肃省兰州市安宁区营门村 1 号
邮政编码：730070
电话号码：0931-7631154
电子邮箱：yzb@gsau.edu.cn
研究生院（处）网址：www.xwyyjs.gsau.edu.cn

10742　西北民族大学

在中国普通高校研究生教育竞争力排行榜中的名次：总排名 337/574，甘肃省内排名 6/10，民族类排名 6/13。

共 17 个一级学科（学术学位）参评。

学科门类排名

哲学 119/177、法学 95/348、教育学 115/200、文学 97/271、历史学 79/125、理学 358/375、工学 331/369、农学 66/111、管理学 370/376、艺术学 115/206。

一级学科排名

哲学 119/177、法学 163/188、社会学 39/96、民族学 23/45、马克思主义理论 168/325、教育学 105/155、体育学 110/119、中国语言文学 56/169、中国史 60/122、数学 234/239、计算机科学与技术 198/283、软件工程 84/197、畜牧学 40/52、兽医学 36/44、管理科学与工程 156/228、音乐与舞蹈学 68/94、美术学 86/133。

优势专业

4★专业：中国少数民族语言文学 4/45。

通信地址：甘肃省兰州市城关区西北新村 1 号
邮政编码：730030
电话号码：0931-2938046
电子邮箱：yzb@xbmu.edu.cn
研究生院（处）网址：www.dwzy.xbmu.edu.cn

10735　甘肃中医药大学

在中国普通高校研究生教育竞争力排行榜中的名次：总排名 447/574，甘肃省内排名 7/10，医药类排名 57/72。

共 4 个一级学科（学术学位）参评。

学科门类排名

医学 92/196。

一级学科排名

临床医学 101/111、中医学 18/47、中西医结合 28/72、中药学 26/59。

通信地址：甘肃省兰州市定西东路 35 号
邮政编码：730000
电话号码：0931-8765337
电子邮箱：yjsc@gszy.edu.cn
研究生院（处）网址：www.yjsc.gszy.edu.cn

10741　兰州财经大学

在中国普通高校研究生教育竞争力排行榜中的名次：总排名 452/574，甘肃省内排名 8/10，财经类排名 29/40。

共 7 个一级学科（学术学位）参评。

学科门类排名

经济学 85/259、法学 263/348、理学 349/375、管理学 228/376。

一级学科排名

理论经济学 89/147、应用经济学 119/243、法学 173/188、马克思主义理论 257/325、统计学 87/162、管理科学与工程 222/228、工商管理 133/303。

通信地址：甘肃省兰州市城关区段家滩 496 号
邮政编码：730020
电话号码：0931-4670578
电子邮箱：yanban@lzcc.edu.cn
研究生院（处）网址：www.yjs.lzcc.edu.cn

11406　甘肃政法学院

在中国普通高校研究生教育竞争力排行榜中的名次：总排名 509/574，甘肃省内排名 9/10，文法类排名 22/32。

共 2 个一级学科（学术学位）参评。

学科门类排名

法学 128/348、管理学 277/376。

一级学科排名

法学 47/188、工商管理 191/303。

通信地址：甘肃省兰州市安宁区安宁西路 6 号
邮政编码：730070
电话号码：0931-7601383
电子邮箱：zfyzb@gsli.edu.cn
研究生院（处）网址：www.yjsc.gsli.edu.cn

10739 天水师范学院

在中国普通高校研究生教育竞争力排行榜中的名次：总排名 540/574，甘肃省内排名 10/10，师范类排名 65/73。

通信地址：甘肃省天水市秦州区藉河南路
邮政编码：741001
电话号码：0938-8367707
电子邮箱：yjsc@tsnc.edu.cn
研究生院（处）网址：www.210.26.24.9/default/yjsc

江西省

10403 南昌大学

在中国普通高校研究生教育竞争力排行榜中的名次：总排名 74/574，江西省内排名 1/16，综合类排名 24/87。

共 56 个一级学科（学术学位）参评，其中 5★学科 0 个，4★学科 4 个，学科优秀率为 7.14%。

学科门类排名

哲学 54/177、经济学 53/259、法学 57/348、教育学 80/200、文学 76/271、历史学 78/125、理学 62/375、工学 62/369、农学 69/111、医学 51/196、管理学 48/376、艺术学 68/206。

一级学科排名

哲学 54/177、理论经济学 50/147、应用经济学 65/243、法学 51/188、政治学 40/125、马克思主义理论 68/325、教育学 62/155、心理学 86/102、体育学 116/119、中国语言文学 92/169、外国语言文学 150/221、新闻传播学 33/98、中国史 65/122、数学 101/239、物理学 68/169、化学 39/185、天文学 7/16、地理学 91/92、生物学 47/222、生态学 98/132、统计学 125/162、力学 49/119、机械工程 47/208、光学工程 74/89、仪器科学与技术 69/95、材料科学与工程 28/206、动力工程及工程热物理 48/114、电气工程 73/104、信息与通信工程 107/170、控制科学与工程 163/186、计算机科学与技术 115/283、建筑学 60/69、土木工程 82/153、水利工程 61/74、化学工程与技术 43/218、轻工技术与工程 36/46、环境科学与工程 46/197、食品科学与工程 6/101、软件工程 158/197、林学 46/62、水产 14/27、基础医学 42/99、临床医学 34/111、口腔医学 28/48、公共卫生与预防医学 28/71、中西医结合 60/72、药学 71/145、护理学 43/74、管理科学与工程 21/228、工商管理 119/303、公共管理 55/217、图书情报与档案管理 40/68、音乐与舞蹈学 88/94、戏剧与影视学 70/70、美术学 126/133、设计学 132/141。

优势专业

5★专业：营养与食品卫生学 1/57。

4★专业：思想政治教育 18/299、分析化学 31/157、动物学 23/129、生理学 20/113、水生生物学 12/66、材料物理与化学 29/185、工业催化 14/117、食品科学 6/96、粮食、油脂及植物蛋白工程 11/59、农产品加工及贮藏工程 13/76、水产品加工及贮藏工程 4/46。

通信地址：江西省南昌市红谷滩新区学府大道 999 号
邮政编码：330031
电话号码：0791-83969340
电子邮箱：yzb@ncu.edu.cn
研究生院（处）网址：www.yjsy.ncu.edu.cn

10414 江西师范大学

在中国普通高校研究生教育竞争力排行榜中的名次：总排名 175/574，江西省内排名 2/16，师范类排名 21/73。

共 34 个一级学科（学术学位）参评，其中 5★学科 0 个，4★学科 1 个，学科优秀率为 2.94%。

学科门类排名

哲学 68/177、经济学 150/259、法学 77/348、教育学 31/200、文学 65/271、历史学 49/125、理学 104/375、工学 254/369、管理学 164/376、艺术学 59/206。

一级学科排名

哲学 68/177、理论经济学 108/147、应用经济学 160/243、法学 145/188、政治学 42/125、马克思主义理论 31/325、教育学 35/155、心理学 22/102、体育学 51/119、中国语言文学 55/169、外国语言文学 89/221、新闻传播学 46/98、考古学 50/58、中国史 55/122、世界史 38/73、数学 91/239、物理学 84/169、化学 50/185、地理学 52/92、生物学 178/222、生态学 105/132、统计学 141/162、光学工程 76/89、材料科学与工程 193/206、计算机科学与技术 124/283、化学工程与技术 83/218、软件工程 98/197、管理科学与工程 198/228、工商管理 134/303、公共管理 144/217、音乐与舞蹈学 45/94、戏剧与影视学 48/70、美术学 90/133、设计学 65/141。

优势专业

4★专业：马克思主义基本原理 24/263、思想政治教育 34/299、文艺学 21/142。

通信地址：江西省南昌市紫阳大道 99 号
邮政编码：330022
电话号码：0791-8120608
电子邮箱：yzb@jxnu.edu.cn
研究生院（处）网址：www.graduate.jxnu.edu.cn

10421 江西财经大学

在中国普通高校研究生教育竞争力排行榜中的名次：总排名 200/574，江西省内排名 3/16，财经类排名 8/40。

共 22 个一级学科（学术学位）参评，其中 5★学科 0 个，4★学科 3 个，学科优秀率为 13.64%。

学科门类排名

哲学 143/177、经济学 28/259、法学 84/348、教育学 186/200、文学 148/271、历史学 125/125、理学 310/375、工学 341/369、农学 105/111、管理学 45/376、艺术学 153/206。

一级学科排名

哲学 143/177、理论经济学 21/147、应用经济学 30/243、法学 54/188、政治学 90/125、社会学 66/96、马克思主义理论 165/325、教育学 142/155、中国语言文学 165/169、外国语言文学 216/221、新闻传播学 74/98、中国史 120/122、统计学 57/162、计算机科学与技术 167/283、软件工程 102/197、林学 51/62、管理科学与工程 87/228、工商管理 30/303、农林经济管理 58/62、公共管理 68/217、音乐与舞蹈学 81/94、戏剧与影视学 59/70。

优势专业

4★专业：人口、资源与环境经济学 15/101、财政学 14/98、金融学 21/181、产业经济学 20/198、国际贸易学 26/165、数量经济学 17/122、经济法学 27/132、会计学 16/252、企业管理 21/293、技术经济及管理 43/222。

通信地址：江西省南昌市昌北经济技术开发区双港东大街 168 号
邮政编码：330013
电话号码：0791-83816805
电子邮箱：yzb@jxufe.edu.cn
研究生院（处）网址：www.grs.jxufe.edu.cn

10410 江西农业大学

在中国普通高校研究生教育竞争力排行榜中的名次：总排名 253/574，江西省内排名 4/16，农林类排名 24/37。

共 23 个一级学科（学术学位）参评，其中 5★学科 0 个，4★学科 1 个，学科优秀率为 4.35%。

学科门类排名

哲学 174/177、经济学 221/259、法学 261/348、教育学 160/200、理学 230/375、工学 292/369、农学 28/111、管理学 132/376。

一级学科排名

哲学 174/177、理论经济学 114/147、马克思主义理论 215/325、教育学 104/155、生物学 111/222、生态学 82/132、机械工程 208/208、计算机科学与技术 269/283、农业工程 40/52、环境科学与工程 185/197、食品科学与工程 73/101、风景园林学 35/65、作物学 18/53、园艺学 37/41、农业资源与环境 31/43、植物保护 35/50、畜牧学 18/52、兽医学 23/44、林学 10/62、草学 33/35、工商管理 210/303、农林经济管理 30/62、公共管理 76/217。

通信地址：江西省南昌市经济技术开发区志敏大道 1101 号
邮政编码：330045
电话号码：0791-83828039
电子邮箱：yzb@jxau.edu.cn
研究生院（处）网址：www.yanjiusheng.jxau.edu.cn

10406 南昌航空大学

在中国普通高校研究生教育竞争力排行榜中的名次：总排名 268/574，江西省内排名 5/16，理工类排名 96/178。

共 20 个一级学科（学术学位）参评。

学科门类排名

法学 175/348、文学 220/271、理学 270/375、工学 152/369、管理学 325/376。

一级学科排名

马克思主义理论 91/325、外国语言文学 139/221、数学 132/239、力学 109/119、机械工程 128/208、光学工程 47/89、仪器科学与技术 67/95、材料科学与工程 83/206、电子科学与技术 111/134、信息与通信工程 116/170、控制科学与工程 95/186、计算机科学与技术 147/283、土木工程 122/153、化学工程与技术 185/218、航空宇航科学与技术 10/21、环境科学与工程 108/197、生物医学工程 81/87、软件工程 187/197、管理科学与工程 172/228、公共管理 206/217。

优势专业

4★专业：马克思主义发展史 20/99。

通信地址：江西省南昌市丰和南大道 696 号
邮政编码：330063
电话号码：0791-83863725
电子邮箱：yzb@nchu.edu.cn
研究生院（处）网址：www.yjs.nchu.edu.cn

10404 华东交通大学

在中国普通高校研究生教育竞争力排行榜中的名次：总排名 282/574，江西省内排名 6/16，理工类排名 101/178。

共 26 个一级学科（学术学位）参评。

学科门类排名

经济学 140/259、法学 191/348、教育学 170/200、文学 269/271、理学 261/375、工学 162/369、管理学 165/376。

一级学科排名

理论经济学 143/147、应用经济学 152/243、法学 160/188、政治学 112/125、马克思主义理论 201/325、体育学 88/119、中国语言文学 163/169、数学 146/239、化学 183/185、统计学 108/162、力学 79/119、机械工程 92/208、仪器科学与技术 90/95、材料科学与工程 162/206、电气工程 67/104、信息与通信工程 150/170、控制科学与工程 124/186、计算机科学与技术 112/283、土木工程 64/153、化学工程与技术 213/218、交通运输工程 27/69、环境科学与工程 192/197、软件工程 87/197、管理科学与工程 136/228、工商管理 165/303、公共管理 217/217。

通信地址：江西省南昌市经济技术开发区双港东大街 808 号
邮政编码：330013
电话号码：0791-87046600
电子邮箱：yzb@ecjtu.edu.cn
研究生院（处）网址：www.yjsc.ecjtu.jx.cn

10405　东华理工大学

在中国普通高校研究生教育竞争力排行榜中的名次：总排名 300/574，江西省内排名 7/16，理工类排名 109/178。共 20 个一级学科（学术学位）参评。

学科门类排名

法学 315/348、教育学 195/200、文学 161/271、理学 184/375、工学 228/369、管理学 206/376。

一级学科排名

马克思主义理论 251/325、教育学 146/155、中国语言文学 138/169、数学 201/239、化学 120/185、地理学 33/92、地球物理学 19/22、地质学 24/42、材料科学与工程 201/206、电子科学与技术 129/134、计算机科学与技术 216/283、土木工程 153/153、水利工程 65/74、测绘科学与技术 34/50、化学工程与技术 136/218、地质资源与地质工程 28/50、核科学与技术 15/22、环境科学与工程 167/197、工商管理 190/303、公共管理 201/217。

通信地址：江西省南昌市昌北经济技术开发区广兰大道 418 号
邮政编码：330013
电话号码：0791-83898509
电子邮箱：yzb@ecit.edu.cn
研究生院（处）网址：www.yjsc.ecit.edu.cn

10407　江西理工大学

在中国普通高校研究生教育竞争力排行榜中的名次：总排名 300/574，江西省内排名 8/16，理工类排名 109/178。共 21 个一级学科（学术学位）参评。

学科门类排名

法学 202/348、理学 311/375、工学 179/369、管理学 249/376。

一级学科排名

法学 128/188、马克思主义理论 182/325、物理学 165/169、地理学 85/92、力学 111/119、机械工程 148/208、仪器科学与技术 86/95、材料科学与工程 165/206、冶金工程 15/24、动力工程及工程热物理 113/114、信息与通信工程 149/170、控制科学与工程 154/186、计算机科学与技术 204/283、土木工程 101/153、测绘科学与技术 27/50、化学工程与技术 151/218、矿业工程 20/56、环境科学与工程 118/197、安全科学与工程 45/57、管理科学与工程 187/228、工商管理 194/303。

通信地址：江西省赣州市客家大道 156 号
邮政编码：341000
电话号码：0797-8312730
电子邮箱：jxustyjs@163.com
研究生院（处）网址：www.jxust.cn

10412　江西中医药大学

在中国普通高校研究生教育竞争力排行榜中的名次：总排名 373/574，江西省内排名 9/16，医药类排名 44/72。共 6 个一级学科（学术学位）参评。

学科门类排名

工学 361/369、医学 76/196、管理学 371/376。

一级学科排名

计算机科学与技术 233/283、中医学 15/47、中西医结合 32/72、药学 57/145、中药学 25/59、公共管理 185/217。

通信地址：江西省南昌市湾里区兴湾大道 818 号
邮政编码：330004
电话号码：0791-7118630
电子邮箱：jzyjsb@163.com
研究生院（处）网址：www.yjs.jxutcm.edu.cn

10408　景德镇陶瓷学院

在中国普通高校研究生教育竞争力排行榜中的名次：总排名 381/574，江西省内排名 10/16，理工类排名 137/178。共 20 个一级学科（学术学位）参评。

学科门类排名

哲学 106/177、经济学 245/259、法学 335/348、文学 262/271、历史学 99/125、理学 297/375、工学 253/369、管理学 313/376、艺术学 47/206。

一级学科排名

哲学 106/177、应用经济学 218/243、马克思主义理论 302/325、中国语言文学 169/169、考古学 27/58、数学 236/239、科学技术史 21/37、统计学 79/162、机械工程 199/208、材料科学与工程 102/206、动力工程及工程热物理 100/114、电子科学与技术 133/134、控制科学与工程 186/186、计算机科学与技术 276/283、环境科学与工程 194/197、管理科学与工程 206/228、工商管理 278/303、艺术学理论 36/75、美术学 32/133、设计学 45/141。

通信地址：江西省景德镇市陶阳路景德镇陶瓷学院
邮政编码：333000
电话号码：0798-8499325
电子邮箱：yjs@jci.edu.cn
研究生院（处）网址：www.jci.edu.cn

10418　赣南师范学院

在中国普通高校研究生教育竞争力排行榜中的名次：总排名 384/574，江西省内排名 11/16，师范类排名 43/73。

共 16 个一级学科（学术学位）参评。

学科门类排名

法学 209/348、教育学 90/200、文学 167/271、历史学 88/125、理学 240/375、工学 340/369、管理学 372/376、艺术学 157/206。

一级学科排名

社会学 46/96、马克思主义理论 214/325、教育学 99/155、心理学 90/102、体育学 60/119、中国语言文学 139/169、外国语言文学 213/221、中国史 89/122、世界史 64/73、数学 208/239、物理学 169/169、化学 141/185、化学工程与技术 196/218、工商管理 296/303、音乐与舞蹈学 77/94、美术学 91/133。

通信地址：江西省赣州市章贡区师院南路
邮政编码：341000
电话号码：0797-8393666
电子邮箱：yjsb@gnnu.edu.cn
研究生院（处）网址：www.yjs.gnnu.cn

11318　江西科技师范大学

在中国普通高校研究生教育竞争力排行榜中的名次：
总排名 423/574，江西省内排名 12/16，师范类排名 46/73。
共 10 个一级学科（学术学位）参评。

学科门类排名

教育学 74/200、理学 255/375、工学 332/369、管理学 299/376、艺术学 61/206。

一级学科排名

教育学 64/155、体育学 95/119、化学 99/185、信息与通信工程 141/170、化学工程与技术 200/218、工商管理 200/303、艺术学理论 41/75、音乐与舞蹈学 92/94、美术学 69/133、设计学 139/141。

通信地址：江西省南昌市经济技术开发区枫林西大街 605 号
邮政编码：330013
电话号码：0791-3823357
电子邮箱：huyan2301@163.com
研究生院（处）网址：www.vir.jxstnu.edu.cn

11319　南昌工程学院

在中国普通高校研究生教育竞争力排行榜中的名次：
总排名 521/574，江西省内排名 13/16，理工类排名 168/178。

通信地址：江西省南昌市高新技术开发区天祥大道 289 号
邮政编码：330099
电话号码：0791-88189399
电子邮箱：masteroffice@nit.edu.cn
研究生院（处）网址：www.yjs.nit.jx.cn

10413　赣南医学院

在中国普通高校研究生教育竞争力排行榜中的名次：
总排名 529/574，江西省内排名 14/16，医药类排名 68/72。
共 2 个一级学科（学术学位）参评。

学科门类排名

医学 133/196。

一级学科排名

基础医学 87/99、临床医学 89/111。

通信地址：江西省赣州市医学院路 1 号
邮政编码：341000
电话号码：0797-8269722
电子邮箱：8269722@163.com
研究生院（处）网址：www.gmu.cn

10419　井冈山大学

在中国普通高校研究生教育竞争力排行榜中的名次：
总排名 534/574，江西省内排名 15/16，综合类排名 78/87。

通信地址：江西省吉安市青原区学苑路 28 号
邮政编码：343009
电话号码：0796-8103282
电子邮箱：yzb@jgsu.edu.cn
研究生院（处）网址：www.jgsu.edu.cn

10417　宜春学院

在中国普通高校研究生教育竞争力排行榜中的名次：
总排名 546/574，江西省内排名 16/16，综合类排名 82/87。

通信地址：江西省宜春市学府路 576 号
邮政编码：336000
电话号码：0795-3201985
电子邮箱：ycxyyjsc@163.com
研究生院（处）网址：www.ycu.jx.cn

山西省

10112　太原理工大学

在中国普通高校研究生教育竞争力排行榜中的名次：
总排名 95/574，山西省内排名 1/11，理工类排名 45/178。
共 36 个一级学科（学术学位）参评，其中 5★学科 0 个，4★学科 3 个，学科优秀率为 8.33%。

学科门类排名

法学 276/348、教育学 167/200、文学 185/271、理学 176/375、工学 61/369、管理学 138/376、艺术学 166/206。

一级学科排名

马克思主义理论 219/325、体育学 74/119、外国语言文学 171/221、数学 165/239、物理学 135/169、化学 100/185、统计学 88/162、力学 31/119、机械工程 46/208、光学工程 54/89、仪器科学与技术 75/95、材料科学与工程 31/206、动力工程及工程热物理 57/114、电气工程 29/104、电子科学与技术 45/134、信息与通信工程 100/170、控制科学与工程 119/186、计算机科学与技术 72/283、建筑学 44/69、土木工程 50/153、水利工程 33/74、测绘科学与技术 42/50、化学工程与技术 17/218、地质资源与地质工程 34/50、矿业工程 10/56、纺织科学与工程 21/25、农业工程 45/52、环境科学与工程 61/197、生物医学工程 48/87、城乡规划学 26/56、风景园林学 44/65、软件工程 128/197、安全科学与工程 21/57、管理科学与工程 83/228、工商管理 179/303、设计学 63/141。

优势专业

4★专业：材料加工工程 23/158、化学工程 26/130、化学工艺 9/139、生物化工 20/120、应用化学 21/211、工业催化 13/117、安全技术及工程 8/44。

通信地址：山西省太原市迎泽西大街 79 号
邮政编码：030024
电话号码：0351-6010370
电子邮箱：yzb@tyut.edu.cn
研究生院（处）网址：www.gs.tyut.edu.cn

10108　山西大学

在中国普通高校研究生教育竞争力排行榜中的名次：总排名 97/574，山西省内排名 2/11，综合类排名 30/87。

共 47 个一级学科（学术学位）参评，其中 5★学科 0 个，4★学科 5 个，学科优秀率为 10.64%。

学科门类排名

哲学 10/177、经济学 84/259、法学 55/348、教育学 43/200、文学 78/271、历史学 33/125、理学 43/375、工学 135/369、农学 70/111、医学 148/196、管理学 72/376、艺术学 42/206。

一级学科排名

哲学 10/177、理论经济学 37/147、应用经济学 203/243、法学 65/188、政治学 28/125、社会学 56/96、马克思主义理论 30/325、教育学 57/155、心理学 65/102、体育学 18/119、中国语言文学 63/169、外国语言文学 63/221、新闻传播学 70/98、考古学 21/58、中国史 35/122、世界史 61/73、数学 66/239、物理学 20/169、化学 44/185、地理学 80/92、生物学 53/222、科学技术史 8/37、生态学 36/132、统计学 116/162、光学工程 39/89、电气工程 96/104、电子科学与技术 121/134、信息与通信工程 105/170、控制科学与工程 62/186、计算机科学与技术 51/283、化学工程与技术 58/218、环境科学与工程 43/197、食品科学与工程 33/101、软件工程 46/197、作物学 41/53、农业资源与环境 41/43、林学 48/62、药学 55/145、管理科学与工程 75/228、工商管理 122/303、公共管理 154/217、图书情报与档案管理 24/68、艺术学理论 52/75、音乐与舞蹈学 41/94、戏剧与影视学 60/70、美术学 72/133、设计学 97/141。

优势专业

5★专业：科学技术哲学 4/111。

4★专业：马克思主义哲学 21/109、伦理学 19/94、政治学理论 17/94、马克思主义基本原理 48/263、马克思主义发展史 15/99、马克思主义中国化研究 41/236、体育人文社会学 16/79、体育教育训练学 12/106、民族传统体育学 10/63、原子与分子物理 10/70、光学 13/134、计算机应用技术 47/280、应用化学 26/211。

通信地址：山西省太原市小店区坞城路 92 号
邮政编码：030006
电话号码：0351-7011714
电子邮箱：zhaoyuesheng75@sohu.com
研究生院（处）网址：www.yjszsw.sxu.edu.cn

10110　中北大学

在中国普通高校研究生教育竞争力排行榜中的名次：总排名 184/574，山西省内排名 3/11，理工类排名 71/178。

共 26 个一级学科（学术学位）参评，其中 5★学科 0 个，4★学科 2 个，学科优秀率为 7.69%。

学科门类排名

法学 300/348、教育学 141/200、文学 234/271、理学 135/375、工学 89/369、管理学 253/376。

一级学科排名

马克思主义理论 269/325、体育学 46/119、外国语言文学 199/221、数学 103/239、物理学 95/169、化学 106/185、力学 93/119、机械工程 61/208、光学工程 49/89、仪器科学与技术 12/95、材料科学与工程 64/206、动力工程及工程热物理 58/114、电子科学与技术 60/134、信息与通信工程 32/170、控制科学与工程 64/186、计算机科学与技术 128/283、化学工程与技术 47/218、矿业工程 47/56、航空宇航科学与技术 20/21、兵器科学与技术 4/9、环境科学与工程 175/197、生物医学工程 83/87、软件工程 99/197、安全科学与工程 27/57、管理科学与工程 147/228、工商管理 272/303。

优势专业

4★专业：精密仪器及机械 7/73、测试计量技术及仪器 14/93、信号与信息处理 24/152。

通信地址：山西省太原市学院路 3 号
邮政编码：030051
电话号码：0351-3922165
电子邮箱：yzb@nuc.edu.cn
研究生院（处）网址：www.grs.nuc.edu.cn

10114　山西医科大学

在中国普通高校研究生教育竞争力排行榜中的名次：总排名 191/574，山西省内排名 4/11，医药类排名 17/72。

共 11 个一级学科（学术学位）参评，其中 5★学科 0 个，4★学科 2 个，学科优秀率为 18.18%。

学科门类排名

教育学 127/200、理学 60/375、医学 42/196、管理学 276/376。

一级学科排名

心理学 45/102、生物学 36/222、基础医学 32/99、临床医学 32/111、口腔医学 27/48、公共卫生与预防医学 18/71、中西医结合 46/72、药学 49/145、中药学 37/59、护理学 13/74、公共管理 113/217。

优势专业

4★专业：应用心理学 16/87、生理学 10/113、劳动卫生与环境卫生学 10/50。

通信地址：山西省太原市新建南路 56 号
邮政编码：030001
电话号码：0351-4135123
电子邮箱：kdyzb@163.com
研究生院（处）网址：yjsxk.sxmu.edu.cn

10118 山西师范大学

在中国普通高校研究生教育竞争力排行榜中的名次：总排名 229/574，山西省内排名 5/11，师范类排名 27/73。

共 27 个一级学科（学术学位）参评，其中 5★学科 0 个，4★学科 1 个，学科优秀率为 3.7%。

学科门类排名

经济学 156/259、法学 131/348、教育学 33/200、文学 109/271、历史学 56/125、理学 105/375、工学 296/369、医学 178/196、管理学 287/376、艺术学 31/206。

一级学科排名

理论经济学 129/147、应用经济学 135/243、政治学 104/125、社会学 43/96、马克思主义理论 118/325、教育学 44/155、心理学 51/102、体育学 26/119、中国语言文学 83/169、外国语言文学 203/221、中国史 50/122、世界史 33/73、数学 128/239、物理学 114/169、化学 56/185、地理学 82/92、生物学 166/222、生态学 66/132、材料科学与工程 152/206、信息与通信工程 131/170、计算机科学与技术 228/283、药学 126/145、管理科学与工程 194/228、公共管理 152/217、音乐与舞蹈学 42/94、戏剧与影视学 9/70、美术学 52/133。

优势专业

4★专业：少年儿童组织和思想意识教育 2/32、民族传统体育学 8/63。

通信地址：山西省临汾市贡院街一号
邮政编码：041004
电话号码：0357-2051238
电子邮箱：yzb@sxnu.edu.cn
研究生院（处）网址：www.grs.sxnu.edu.cn

10125 山西财经大学

在中国普通高校研究生教育竞争力排行榜中的名次：总排名 270/574，山西省内排名 6/11，财经类排名 13/40。

共 12 个一级学科（学术学位）参评，其中 5★学科 0 个，4★学科 3 个，学科优秀率为 25%。

学科门类排名

经济学 36/259、法学 143/348、文学 239/271、理学 333/375、工学 369/369、管理学 82/376。

一级学科排名

理论经济学 36/147、应用经济学 31/243、法学 92/188、马克思主义理论 138/325、外国语言文学 200/221、统计学 18/162、计算机科学与技术 278/283、管理科学与工程 152/228、工商管理 37/303、农林经济管理 54/62、公共管理 61/217、图书情报与档案管理 62/68。

优势专业

4★专业：政治经济学 18/114、区域经济学 32/171、财政学 20/98、金融学 26/181、产业经济学 38/198、数量经济学 23/122、法律经济学 2/8、会计学 27/252、企业管理 44/293、技术经济及管理 44/222、社会保障 24/123。

通信地址：山西省太原市坞城路 696 号
邮政编码：030006
电话号码：0351-7666904
电子邮箱：yzb_sxufe@163.com
研究生院（处）网址：www.yjs.sxufe.edu.cn

10113 山西农业大学

在中国普通高校研究生教育竞争力排行榜中的名次：总排名 272/574，山西省内排名 7/11，农林类排名 28/37。

共 17 个一级学科（学术学位）参评。

学科门类排名

法学 325/348、理学 236/375、工学 156/369、农学 27/111、管理学 340/376。

一级学科排名

马克思主义理论 285/325、地理学 72/92、生物学 124/222、生态学 75/132、农业工程 22/52、食品科学与工程 83/101、风景园林学 56/65、作物学 26/53、园艺学 21/41、农业资源与环境 18/43、植物保护 29/50、畜牧学 21/52、兽医学 18/44、林学 15/62、草学 22/35、农林经济管理 53/62、公共管理 155/217。

通信地址：山西省晋中市太谷县铭贤南路兴农街 1 号
邮政编码：030801
电话号码：0354-6288115
电子邮箱：sxndzsb@163.com
研究生院（处）网址：www.graduate.sxau.edu.cn

10109 太原科技大学

在中国普通高校研究生教育竞争力排行榜中的名次：

总排名 304/574，山西省内排名 8/11，理工类排名 112/178。

共 21 个一级学科（学术学位）参评。

学科门类排名

哲学 142/177、经济学 238/259、法学 248/348、理学 331/375、工学 123/369、管理学 292/376。

一级学科排名

哲学 142/177、应用经济学 211/243、法学 179/188、马克思主义理论 245/325、数学 230/239、物理学 163/169、力学 68/119、机械工程 52/208、光学工程 88/89、材料科学与工程 77/206、冶金工程 23/24、电气工程 98/104、电子科学与技术 125/134、控制科学与工程 104/186、计算机科学与技术 153/283、交通运输工程 64/69、农业工程 47/52、环境科学与工程 169/197、软件工程 135/197、管理科学与工程 139/228、工商管理 285/303。

通信地址：山西省太原市万柏林区瓦流路 66 号
邮政编码：030024
电话号码：0351-6998486
电子邮箱：kdyzb@163.com
研究生院（处）网址：www.yjs.tyust.edu.cn

10809　山西中医学院

在中国普通高校研究生教育竞争力排行榜中的名次：总排名 482/574，山西省内排名 9/11，医药类排名 63/72。

共 2 个一级学科（学术学位）参评。

学科门类排名

医学 111/196。

一级学科排名

中医学 19/47、中药学 47/59。

通信地址：山西省太原市晋祠路一段 89 号
邮政编码：030024
电话号码：0351-2272206
电子邮箱：yjsbsx@163.com
研究生院（处）网址：www.yjsb.sxtcm.com

10119　太原师范学院

在中国普通高校研究生教育竞争力排行榜中的名次：总排名 521/574，山西省内排名 10/11，师范类排名 61/73。

共 3 个一级学科（学术学位）参评。

学科门类排名

文学 143/271、理学 275/375。

一级学科排名

中国语言文学 141/169、数学 157/239、地理学 57/92。

通信地址：山西省晋中市榆次区大学街 319 号
邮政编码：030619
电话号码：0351-2279656
电子邮箱：tysyyjsc@163.com
研究生院（处）网址：www.yjsc.tynu.edu.cn

10117　长治医学院

在中国普通高校研究生教育竞争力排行榜中的名次：总排名 567/574，山西省内排名 11/11，医药类排名 71/72。

通信地址：山西省长治市解放东街 161 号
邮政编码：046000
电话号码：0355-3151153
电子邮箱：czmcyjs@163..com
研究生院（处）网址：www.zsjy.czmc.com

广西壮族自治区

10593　广西大学

在中国普通高校研究生教育竞争力排行榜中的名次：总排名 87/574，广西壮族自治区内排名 1/13，综合类排名 28/87。

共 46 个一级学科（学术学位）参评，其中 5★学科 0 个，4★学科 4 个，学科优秀率为 8.7%。

学科门类排名

哲学 63/177、经济学 101/259、法学 98/348、文学 71/271、理学 72/375、工学 72/369、农学 24/111、管理学 107/376。

一级学科排名

哲学 63/177、理论经济学 133/147、应用经济学 60/243、法学 83/188、社会学 87/96、马克思主义理论 87/325、中国语言文学 75/169、外国语言文学 75/221、新闻传播学 35/98、数学 115/239、物理学 98/169、化学 131/185、生物学 57/222、生态学 56/132、统计学 144/162、力学 101/119、机械工程 91/208、材料科学与工程 88/206、动力工程及工程热物理 64/114、电气工程 32/104、控制科学与工程 123/186、计算机科学与技术 83/283、土木工程 21/153、水利工程 32/74、化学工程与技术 27/218、矿业工程 28/56、轻工技术与工程 8/46、农业工程 39/52、林业工程 13/17、环境科学与工程 89/197、食品科学与工程 46/101、风景园林学 50/65、软件工程 176/197、安全科学与工程 54/57、作物学 21/53、园艺学 27/41、农业资源与环境 26/43、植物保护 23/50、畜牧学 12/52、兽医学 15/44、林学 36/62、水产 22/27、管理科学与工程 167/228、工商管理 113/303、农林经济管理 52/62、公共管理 38/217。

优势专业

4★专业：微生物学 23/162、结构工程 15/140、化学工艺 27/139、应用化学 40/211、制糖工程 2/11、动物遗传育种与繁殖 7/43、教育经济与管理 28/139。

通信地址：广西南宁市大学路100号
邮政编码：530004
电话号码：0771-3231243
电子邮箱：yzb@gxu.edu.cn
研究生院（处）网址：www.gxu.edu.cn

10602 广西师范大学

在中国普通高校研究生教育竞争力排行榜中的名次：总排名163/574，广西壮族自治区内排名2/13，师范类排名20/73。

共33个一级学科（学术学位）参评，其中5★学科0个，4★学科1个，学科优秀率为3.03%。

学科门类排名

哲学74/177、经济学120/259、法学50/348、教育学42/200、文学73/271、历史学77/125、理学102/375、工学246/369、农学107/111、管理学171/376、艺术学93/206。

一级学科排名

哲学74/177、理论经济学77/147、应用经济学123/243、法学66/188、政治学60/125、社会学37/96、民族学35/45、马克思主义理论18/325、教育学33/155、心理学82/102、体育学52/119、中国语言文学53/169、外国语言文学104/221、考古学38/58、世界史57/73、数学142/239、物理学93/169、化学45/185、生物学122/222、系统科学22/39、生态学96/132、统计学148/162、电子科学与技术117/134、控制科学与工程185/186、计算机科学与技术94/283、化学工程与技术102/218、环境科学与工程103/197、软件工程69/197、林学58/62、工商管理111/303、公共管理90/217、音乐与舞蹈学38/94、美术学53/133。

优势专业

5★专业：中国近现代史基本问题研究6/120。

4★专业：马克思主义基本原理39/263、马克思主义中国化研究14/236、思想政治教育17/299、中国古代文学17/154、无机化学30/150。

通信地址：广西桂林市育才路15号
邮政编码：541004
电话号码：0773-5837252
电子邮箱：yzb@gxnu.edu.cn
研究生院（处）网址：www.gc.gxnu.edu.cn

10598 广西医科大学

在中国普通高校研究生教育竞争力排行榜中的名次：总排名206/574，广西壮族自治区内排名3/13，医药类排名20/72。

共10个一级学科（学术学位）参评。

学科门类排名

理学265/375、工学351/369、医学39/196、管理学301/376。

一级学科排名

生物学146/222、生物医学工程69/87、基础医学30/99、临床医学28/111、口腔医学15/48、公共卫生与预防医学22/71、中西医结合47/72、药学35/145、护理学27/74、公共管理87/217。

优势专业

4★专业：儿科学12/86、耳鼻咽喉科学10/83、肿瘤学16/88、药理学22/113、社会医学与卫生事业管理14/72。

通信地址：广西南宁市双拥路22号
邮政编码：530021
电话号码：0771-5354506
电子邮箱：yzb@gxmu.edu.cn
研究生院（处）网址：www.yjs.gxmu.edu.cn

10596 桂林理工大学

在中国普通高校研究生教育竞争力排行榜中的名次：总排名238/574，广西壮族自治区内排名4/13，理工类排名89/178。

共22个一级学科（学术学位）参评。

学科门类排名

经济学229/259、法学207/348、文学242/271、理学200/375、工学167/369、管理学245/376。

一级学科排名

应用经济学204/243、民族学36/45、马克思主义理论189/325、外国语言文学165/221、化学116/185、地质学23/42、统计学53/162、材料科学与工程103/206、冶金工程21/24、控制科学与工程169/186、计算机科学与技术218/283、建筑学58/69、土木工程74/153、水利工程57/74、测绘科学与技术24/50、化学工程与技术128/218、地质资源与地质工程23/50、环境科学与工程82/197、城乡规划学29/56、风景园林学33/65、软件工程67/197、工商管理96/303。

优势专业

4★专业：旅游管理32/186。

通信地址：广西桂林市建干路12号
邮政编码：541004
电话号码：0773-5893185
电子邮箱：yzb@glite.edu.cn
研究生院（处）网址：www.glite.edu.cn

10595 桂林电子科技大学

在中国普通高校研究生教育竞争力排行榜中的名次：总排名240/574，广西壮族自治区内排名5/13，理工类排名91/178。

共14个一级学科（学术学位）参评。

学科门类排名

经济学240/259、法学290/348、理学271/375、工学144/369、管理学297/376。

一级学科排名

应用经济学 217/243、马克思主义理论 273/325、数学 92/239、机械工程 95/208、光学工程 56/89、仪器科学与技术 40/95、材料科学与工程 101/206、电子科学与技术 56/134、信息与通信工程 52/170、控制科学与工程 83/186、计算机科学与技术 77/283、软件工程 76/197、管理科学与工程 133/228、工商管理 288/303。

通信地址：广西桂林市金鸡路 1 号

邮政编码：541004

电话号码：0773-2291377

电子邮箱：yzb@guet.edu.cn

研究生院（处）网址：www.gra.guet.edu.cn

10608　广西民族大学

在中国普通高校研究生教育竞争力排行榜中的名次：总排名 284/574，广西壮族自治区内排名 6/13，民族类排名 4/13。

共 17 个一级学科（学术学位）参评，其中 5★学科 0 个，4★学科 2 个，学科优秀率为 11.76%。

学科门类排名

哲学 96/177、法学 92/348、教育学 153/200、文学 66/271、历史学 69/125、理学 239/375、工学 277/369、管理学 130/376。

一级学科排名

哲学 96/177、法学 143/188、政治学 59/125、社会学 89/96、民族学 8/45、马克思主义理论 110/325、体育学 65/119、中国语言文学 48/169、外国语言文学 42/221、中国史 52/122、数学 96/239、生物学 218/222、科学技术史 24/37、计算机科学与技术 144/283、化学工程与技术 91/218、公共管理 94/217、图书情报与档案管理 41/68。

优势专业

4★专业：民族学 5/34、马克思主义民族理论与政策 2/26、中国少数民族语言文学 8/45、亚非语言文学 6/30。

通信地址：广西南宁市大学东路 188 号

邮政编码：530006

电话号码：0771-3262606

电子邮箱：yzb@gxun.edu.cn

研究生院（处）网址：www.yjs.gxun.edu.cn

10607　广西艺术学院

在中国普通高校研究生教育竞争力排行榜中的名次：总排名 339/574，广西壮族自治区内排名 7/13，艺术类排名 8/29。

共 6 个一级学科（学术学位）参评，其中 5★学科 0 个，4★学科 3 个，学科优秀率为 50%。

学科门类排名

文学 193/271、艺术学 17/206。

一级学科排名

新闻传播学 73/98、艺术学理论 21/75、音乐与舞蹈学 10/94、戏剧与影视学 16/70、美术学 17/133、设计学 16/141。

通信地址：广西南宁市教育路 7 号

邮政编码：530022

电话号码：0771-5333134

电子邮箱：yzb@gxai.edu.cn

研究生院（处）网址：www.gxai.edu.cn

10603　广西师范学院

在中国普通高校研究生教育竞争力排行榜中的名次：总排名 369/574，广西壮族自治区内排名 8/13，师范类排名 39/73。

共 18 个一级学科（学术学位）参评。

学科门类排名

哲学 94/177、经济学 234/259、法学 220/348、教育学 99/200、文学 99/271、理学 247/375、工学 318/369、管理学 224/376。

一级学科排名

哲学 94/177、应用经济学 216/243、政治学 110/125、社会学 69/96、马克思主义理论 222/325、教育学 76/155、体育学 100/119、中国语言文学 95/169、外国语言文学 183/221、新闻传播学 87/98、数学 203/239、化学 171/185、地理学 44/92、计算机科学与技术 246/283、化学工程与技术 215/218、软件工程 125/197、工商管理 303/303、公共管理 122/217。

通信地址：广西南宁市明秀东路 175 号

邮政编码：530001

电话号码：0771-3905906

电子邮箱：gxtcyzb@gxtc.edu.cn

研究生院（处）网址：www2.gxtc.edu.cn

10594　广西科技大学

在中国普通高校研究生教育竞争力排行榜中的名次：总排名 392/574，广西壮族自治区内排名 9/13，理工类排名 139/178。

共 5 个一级学科（学术学位）参评。

学科门类排名

工学 227/369、管理学 312/376。

一级学科排名

机械工程 96/208、控制科学与工程 139/186、土木工程 81/153、化学工程与技术 142/218、工商管理 223/303。

通信地址：广西柳州市东环大道 268 号

邮政编码：545006

电话号码：0772-2685375

电子邮箱：gxutyzb@126.com

研究生院（处）网址：www.gxut.edu.cn

10600 广西中医药大学

在中国普通高校研究生教育竞争力排行榜中的名次：总排名 396/574，广西壮族自治区内排名 10/13，医药类排名 48/72。

共 6 个一级学科（学术学位）参评。

学科门类排名

医学 72/196。

一级学科排名

临床医学 93/111、中医学 22/47、中西医结合 38/72、药学 76/145、中药学 40/59、护理学 72/74。

通信地址：广西南宁市明秀东路 179 号
邮政编码：530001
电话号码：0771-3132106
电子邮箱：yjs@gxtcmu.edu.cn
研究生院（处）网址：www.yjs.gxtcmu.edu.cn

10601 桂林医学院

在中国普通高校研究生教育竞争力排行榜中的名次：总排名 473/574，广西壮族自治区内排名 11/13，医药类排名 61/72。

共 2 个一级学科（学术学位）参评。

学科门类排名

医学 75/196。

一级学科排名

基础医学 65/99、临床医学 62/111。

通信地址：广西桂林市环城北二路 109 号
邮政编码：541004
电话号码：0773-5893516
电子邮箱：yjsy@glmc.edu.cn
研究生院（处）网址：www.yjsxy.glmc.edu.cn

10599 右江民族医学院

在中国普通高校研究生教育竞争力排行榜中的名次：总排名 525/574，广西壮族自治区内排名 12/13，医药类排名 67/72。

共 2 个一级学科（学术学位）参评。

学科门类排名

医学 112/196。

一级学科排名

基础医学 85/99、临床医学 85/111。

通信地址：广西百色市城乡路 98 号
邮政编码：533000
电话号码：0776-2846532
电子邮箱：youyixkb@163.com
研究生院（处）网址：www.ymcn

11548 广西财经学院

在中国普通高校研究生教育竞争力排行榜中的名次：总排名 546/574，广西壮族自治区内排名 13/13，财经类排名 39/40。

通信地址：广西南宁市明秀西路 100 号
邮政编码：530003
电话号码：0771-3844053
电子邮箱：gxcympacc@163.com
研究生院（处）网址：www.mpacc.gxufe.cn

云南省

10673 云南大学

在中国普通高校研究生教育竞争力排行榜中的名次：总排名 84/574，云南省内排名 1/12，综合类排名 27/87。

共 43 个一级学科（学术学位）参评，其中 5★学科 2 个，4★学科 8 个，学科优秀率为 23.26%。

学科门类排名

哲学 58/177、经济学 52/259、法学 13/348、教育学 89/200、文学 72/271、历史学 19/125、理学 29/375、工学 150/369、医学 158/196、管理学 71/376、艺术学 151/206。

一级学科排名

哲学 58/177、理论经济学 27/147、应用经济学 84/243、法学 45/188、政治学 15/125、社会学 28/96、民族学 2/45、马克思主义理论 75/325、教育学 66/155、中国语言文学 43/169、外国语言文学 105/221、新闻传播学 66/98、考古学 56/58、中国史 15/122、世界史 28/73、数学 44/239、物理学 51/169、化学 61/185、地理学 39/92、大气科学 11/18、地球物理学 16/22、地质学 31/42、生物学 22/222、系统科学 10/39、生态学 7/132、统计学 119/162、材料科学与工程 137/206、电子科学与技术 109/134、信息与通信工程 50/170、控制科学与工程 141/186、计算机科学与技术 90/283、土木工程 124/153、化学工程与技术 178/218、生物医学工程 80/87、软件工程 155/197、药学 124/145、管理科学与工程 212/228、工商管理 54/303、农林经济管理 60/62、公共管理 32/217、图书情报与档案管理 12/68、艺术学理论 40/75、美术学 133/133。

优势专业

5★专业：民族学 1/34。

4★专业：政治学理论 19/94、中外政治制度 12/60、国际政治 11/65、马克思主义民族理论与政策 5/26、中国少数民族经济 5/30、中国少数民族艺术 5/25、思想政治教育 55/299、植物学 22/137、动物学 18/129、微生物学 12/162、系统分析与集成 4/33、旅游管理 13/186、行政管理 28/167、档案学 4/31。

通信地址：云南省昆明市翠湖北路 2 号
邮政编码：650091
电话号码：0871-5033837
电子邮箱：yzb@ynu.edu.cn
研究生院（处）网址：www.grs.ynu.edu.cn

10674　昆明理工大学

在中国普通高校研究生教育竞争力排行榜中的名次：总排名 86/574，云南省内排名 2/12，理工类排名 42/178。

共 45 个一级学科（学术学位）参评，其中 5★学科 0 个，4★学科 2 个，学科优秀率为 4.44%。

学科门类排名

哲学 57/177、经济学 173/259、法学 134/348、理学 127/375、工学 64/369、医学 160/196、管理学 99/376、艺术学 106/206。

一级学科排名

哲学 57/177、应用经济学 126/243、法学 91/188、民族学 41/45、马克思主义理论 176/325、数学 133/239、物理学 100/169、地理学 70/92、地质学 27/42、生物学 96/222、系统科学 26/39、生态学 86/132、力学 40/119、机械工程 50/208、仪器科学与技术 64/95、材料科学与工程 50/206、冶金工程 4/24、动力工程及工程热物理 51/114、电气工程 68/104、电子科学与技术 78/134、信息与通信工程 98/170、控制科学与工程 69/186、计算机科学与技术 99/283、建筑学 28/69、土木工程 67/153、水利工程 34/74、测绘科学与技术 37/50、化学工程与技术 49/218、地质资源与地质工程 19/50、矿业工程 15/56、轻工技术与工程 28/46、交通运输工程 33/69、农业工程 35/52、环境科学与工程 34/197、食品科学与工程 86/101、城乡规划学 42/56、风景园林学 61/65、软件工程 172/197、安全科学与工程 53/57、药学 125/145、管理科学与工程 67/228、工商管理 86/303、公共管理 148/217、艺术学理论 59/75、设计学 58/141。

优势专业

4★专业：冶金物理化学 4/21、有色金属冶金 4/22、环境工程 25/170。

通信地址：云南省昆明市一二一大街文昌巷 68 号
邮政编码：650093
电话号码：0871-5112931
电子邮箱：zsby@kmust.edu.cn
研究生院（处）网址：www.yjs.kmust.edu.cn

10681　云南师范大学

在中国普通高校研究生教育竞争力排行榜中的名次：总排名 209/574，云南省内排名 3/12，师范类排名 26/73。

共 36 个一级学科（学术学位）参评，其中 5★学科 0 个，4★学科 1 个，学科优秀率为 2.78%。

学科门类排名

哲学 42/177、经济学 137/259、法学 157/348、教育学 26/200、文学 67/271、历史学 91/125、理学 119/375、工学 194/369、管理学 269/376、艺术学 43/206。

一级学科排名

哲学 42/177、理论经济学 121/147、应用经济学 121/243、政治学 109/125、社会学 29/96、马克思主义理论 147/325、教育学 30/155、心理学 40/102、体育学 43/119、中国语言文学 69/169、外国语言文学 98/221、新闻传播学 83/98、中国史 88/122、世界史 59/73、数学 109/239、物理学 120/169、化学 146/185、天文学 10/16、地理学 22/92、生物学 147/222、生态学 121/132、统计学 149/162、光学工程 78/89、计算机科学与技术 189/283、测绘科学与技术 43/50、化学工程与技术 209/218、农业工程 29/52、环境科学与工程 189/197、软件工程 168/197、工商管理 214/303、公共管理 167/217、艺术学理论 53/75、音乐与舞蹈学 59/94、戏剧与影视学 28/70、美术学 117/133、设计学 127/141。

优势专业

4★专业：少年儿童组织和思想意识教育 6/32、地图学与地理信息系统 14/77。

通信地址：云南省昆明市呈贡区聚贤街 768 号
邮政编码：650500
电话号码：0871-65910081
电子邮箱：yzb@ynnu.edu.cn
研究生院（处）网址：www.zsb.ynnu.edu.cn

10676　云南农业大学

在中国普通高校研究生教育竞争力排行榜中的名次：总排名 263/574，云南省内排名 4/12，农林类排名 27/37。

共 15 个一级学科（学术学位）参评。

学科门类排名

法学 327/348、理学 280/375、工学 268/369、农学 34/111、管理学 294/376。

一级学科排名

马克思主义理论 303/325、生物学 156/222、科学技术史 18/37、农业工程 23/52、环境科学与工程 132/197、食品科学与工程 59/101、作物学 25/53、园艺学 24/41、农业资源与环境 19/43、植物保护 17/50、畜牧学 19/52、兽医学 20/44、林学 35/62、草学 16/35、农林经济管理 29/62。

通信地址：云南省昆明市北市区沣源路
邮政编码：650201
电话号码：0871-65228283
电子邮箱：yzb@vnau.edu.cn
研究生院（处）网址：www.yjs.ynau.edu.cn

10678　昆明医科大学

在中国普通高校研究生教育竞争力排行榜中的名次：总排名 286/574，云南省内排名 5/12，医药类排名 31/72。共 9 个一级学科（学术学位）参评。

学科门类排名

理学 277/375、医学 50/196、管理学 356/376。

一级学科排名

生物学 120/222、基础医学 51/99、临床医学 36/111、口腔医学 37/48、公共卫生与预防医学 52/71、中西医结合 71/72、药学 90/145、护理学 73/74、公共管理 118/217。

优势专业

4★专业：皮肤病与性病学 15/78。

通信地址：云南省昆明市呈贡新城雨花街道春融西路 1168 号
邮政编码：650500
电话号码：0871-5333434
电子邮箱：yzb@kmmc.edu.cn
研究生院（处）网址：www.kmmc.cn

10691　云南民族大学

在中国普通高校研究生教育竞争力排行榜中的名次：总排名 291/574，云南省内排名 6/12，民族类排名 5/13。共 18 个一级学科（学术学位）参评。

学科门类排名

哲学 80/177、经济学 143/259、法学 97/348、教育学 116/200、文学 91/271、历史学 90/125、理学 269/375、工学 355/369、管理学 191/376。

一级学科排名

哲学 80/177、应用经济学 115/243、法学 169/188、政治学 84/125、社会学 48/96、民族学 20/45、马克思主义理论 181/325、教育学 112/155、体育学 71/119、中国语言文学 84/169、外国语言文学 126/221、考古学 42/58、中国史 81/122、数学 238/239、化学 149/185、信息与通信工程 119/170、工商管理 145/303、公共管理 200/217。

通信地址：云南省昆明市一二一大街 134 号
邮政编码：650031
电话号码：0871-5177545
电子邮箱：yzb@ynni.edu.cn
研究生院（处）网址：www.202.203.144.4

10677　西南林业大学

在中国普通高校研究生教育竞争力排行榜中的名次：总排名 321/574，云南省内排名 7/12，农林类排名 29/37。共 15 个一级学科（学术学位）参评。

学科门类排名

理学 208/375、工学 267/369、农学 46/111、管理学 210/376、艺术学 187/206。

一级学科排名

地理学 40/92、生物学 112/222、科学技术史 30/37、生态学 59/132、机械工程 206/208、建筑学 57/69、交通运输工程 65/69、林业工程 6/17、城乡规划学 45/56、风景园林学 28/65、园艺学 32/41、林学 16/62、工商管理 173/303、农林经济管理 34/62、设计学 110/141。

通信地址：云南省昆明市盘龙区白龙寺 300 号
邮政编码：650224
电话号码：0871-3863013
电子邮箱：yzb@swfc.edu.cn
研究生院（处）网址：www.graduate.swfu.edu.cn

10689　云南财经大学

在中国普通高校研究生教育竞争力排行榜中的名次：总排名 354/574，云南省内排名 8/12，财经类排名 19/40。共 12 个一级学科（学术学位）参评。

学科门类排名

哲学 175/177、经济学 70/259、法学 237/348、理学 273/375、工学 360/369、管理学 123/376。

一级学科排名

哲学 175/177、理论经济学 49/147、应用经济学 82/243、法学 144/188、马克思主义理论 239/325、数学 194/239、统计学 82/162、计算机科学与技术 236/283、管理科学与工程 130/228、工商管理 101/303、农林经济管理 59/62、公共管理 102/217。

通信地址：云南省昆明市龙泉路 237 号
邮政编码：650221
电话号码：0871-5128174
电子邮箱：yjsc@ynuft.edu.cn
研究生院（处）网址：www.ynufe.edu.cn

10679　大理大学

在中国普通高校研究生教育竞争力排行榜中的名次：总排名 423/574，云南省内排名 9/12，综合类排名 70/87。共 6 个一级学科（学术学位）参评。

学科门类排名

法学 169/348、医学 107/196。

一级学科排名

民族学 19/45、马克思主义理论 164/325、基础医学 72/99、临床医学 96/111、公共卫生与预防医学 59/71、药学 84/145。

通信地址：云南省大理市古城弘圣路 2 号
邮政编码：671003
电话号码：0872-2219937
电子邮箱：dlxyyjsc@126.com
研究生院（处）网址：www.202.203.16.3/yjsh

10690　云南艺术学院

在中国普通高校研究生教育竞争力排行榜中的名次：总排名 445/574，云南省内排名 10/12，艺术类排名 21/29。

共 6 个一级学科（学术学位）参评。

学科门类排名

法学 317/348、艺术学 72/206。

一级学科排名

民族学 34/45、艺术学理论 62/75、音乐与舞蹈学 85/94、戏剧与影视学 64/70、美术学 112/133、设计学 141/141。

通信地址：云南省昆明市呈贡县雨花校区雨花路 1577 号
邮政编码：650101
电话号码：0871-5937158
电子邮箱：keyan@ynart.edu.cn
研究生院（处）网址：www.ynart.edu.cn

10680　云南中医学院

在中国普通高校研究生教育竞争力排行榜中的名次：总排名 487/574，云南省内排名 11/12，医药类排名 64/72。

共 4 个一级学科（学术学位）参评。

学科门类排名

医学 102/196。

一级学科排名

中医学 24/47、中西医结合 35/72、药学 106/145、中药学 41/59。

通信地址：云南省昆明市呈贡县雨花路 1076 号
邮政编码：650500
电话号码：0871-65919088
电子邮箱：yzb@ynutcm.edu.cn
研究生院（处）网址：www.yjsc.ynutcm.edu.cn

11392　云南警官学院

在中国普通高校研究生教育竞争力排行榜中的名次：总排名 563/574，云南省内排名 12/12，文法类排名 27/32。

通信地址：云南省昆明市官渡区教场北路 249 号
邮政编码：650223
电话号码：0871-5020262
电子邮箱：yzb@ypoa.edu.cn
研究生院（处）网址：www.210.40.208.2:8034

新疆维吾尔自治区

10755　新疆大学

在中国普通高校研究生教育竞争力排行榜中的名次：总排名 133/574，新疆维吾尔自治区内排名 1/11，综合类排名 39/87。

共 38 个一级学科（学术学位）参评，其中 5★学科 0 个，4★学科 4 个，学科优秀率为 10.53%。

学科门类排名

哲学 127/177、经济学 45/259、法学 87/348、文学 33/271、历史学 97/125、理学 49/375、工学 129/369、管理学 204/376。

一级学科排名

哲学 127/177、理论经济学 30/147、应用经济学 232/243、法学 112/188、政治学 85/125、社会学 92/96、民族学 22/45、马克思主义理论 85/325、中国语言文学 31/169、外国语言文学 121/221、新闻传播学 50/98、中国史 83/122、数学 28/239、物理学 108/169、化学 66/185、地理学 18/92、地质学 36/42、生物学 85/222、生态学 49/132、力学 110/119、机械工程 88/208、材料科学与工程 159/206、动力工程及工程热物理 95/114、电气工程 58/104、信息与通信工程 115/170、控制科学与工程 146/186、计算机科学与技术 74/283、建筑学 54/69、土木工程 126/153、化学工程与技术 51/218、地质资源与地质工程 41/50、纺织科学与工程 20/25、核科学与技术 22/22、环境科学与工程 179/197、食品科学与工程 81/101、软件工程 114/197、工商管理 164/303、公共管理 153/217。

优势专业

4★专业：人口、资源与环境经济学 17/101、马克思主义基本原理 37/263、中国近现代史基本问题研究 12/120、中国少数民族语言文学 6/45、应用数学 16/231、自然地理学 14/71、地图学与地理信息系统 11/77、计算机应用技术 52/280、应用化学 33/211。

通信地址：新疆乌鲁木齐市胜利路 14 号
邮政编码：830046
电话号码：0991-8582567
电子邮箱：yzb@xju.edu.cn
研究生院（处）网址：www.218.195.241.196

10759　石河子大学

在中国普通高校研究生教育竞争力排行榜中的名次：总排名 192/574，新疆维吾尔自治区内排名 2/11，综合类排名 48/87。

共 27 个一级学科（学术学位）参评，其中 5★学科 0

个，4★学科1个，学科优秀率为3.7%。

学科门类排名

经济学 95/259、法学 170/348、教育学 166/200、理学 193/375、工学 207/369、农学 35/111、医学 81/196、管理学 97/376。

一级学科排名

应用经济学 73/243、民族学 31/45、马克思主义理论 114/325、教育学 53/155、生物学 94/222、生态学 70/132、统计学 74/162、机械工程 130/208、水利工程 39/74、化学工程与技术 95/218、农业工程 11/52、食品科学与工程 66/101、作物学 24/53、园艺学 23/41、农业资源与环境 23/43、植物保护 38/50、畜牧学 16/52、兽医学 29/44、草学 32/35、基础医学 56/99、临床医学 70/111、公共卫生与预防医学 64/71、药学 80/145、护理学 57/74、工商管理 120/303、农林经济管理 12/62、公共管理 207/217。

优势专业

4★专业：中国少数民族经济 6/30。

通信地址：新疆石河子市北四路
邮政编码：832003
电话号码：0993-2058582
电子邮箱：yjsc@shzu.edu.cn
研究生院（处）网址：www.yjsh.shzu.edu.cn

10760　新疆医科大学

在中国普通高校研究生教育竞争力排行榜中的名次：总排名 240/574，新疆维吾尔自治区内排名 3/11，医药类排名 26/72。

共12个一级学科（学术学位）参评。

学科门类排名

法学 279/348、理学 319/375、医学 55/196、管理学 305/376。

一级学科排名

马克思主义理论 252/325、生物学 182/222、基础医学 57/99、临床医学 49/111、口腔医学 45/48、公共卫生与预防医学 35/71、中医学 27/47、中西医结合 45/72、药学 51/145、中药学 45/59、护理学 37/74、公共管理 137/217。

通信地址：新疆乌鲁木齐市新医路8号
邮政编码：830054
电话号码：0991-4362325
电子邮箱：Postgraduate@mail.xjmu.edu.cn
研究生院（处）网址：www.yjsy.xjmu.edu.cn

10758　新疆农业大学

在中国普通高校研究生教育竞争力排行榜中的名次：总排名 258/574，新疆维吾尔自治区内排名 4/11，农林类排名 25/37。

共21个一级学科（学术学位）参评，其中5★学科0个，4★学科2个，学科优秀率为9.52%。

学科门类排名

经济学 154/259、理学 205/375、工学 111/369、农学 33/111、管理学 102/376。

一级学科排名

应用经济学 91/243、生物学 117/222、生态学 91/132、统计学 162/162、机械工程 198/208、水利工程 17/74、交通运输工程 49/69、农业工程 27/52、环境科学与工程 160/197、食品科学与工程 61/101、风景园林学 60/65、作物学 29/53、园艺学 18/41、农业资源与环境 27/43、植物保护 32/50、畜牧学 22/52、兽医学 37/44、林学 23/62、草学 3/35、农林经济管理 10/62、公共管理 86/217。

通信地址：新疆乌鲁木齐市农大东路311号
邮政编码：830052
电话号码：0991-8762140
电子邮箱：xjauyzb@xjau.edu.cn
研究生院（处）网址：www.yjsc.xjau.edu.cn

10762　新疆师范大学

在中国普通高校研究生教育竞争力排行榜中的名次：总排名 267/574，新疆维吾尔自治区内排名 5/11，师范类排名 33/73。

共21个一级学科（学术学位）参评，其中5★学科0个，4★学科1个，学科优秀率为4.76%。

学科门类排名

哲学 75/177、经济学 191/259、法学 73/348、教育学 48/200、文学 101/271、历史学 119/125、理学 215/375、管理学 375/376、艺术学 89/206。

一级学科排名

哲学 75/177、理论经济学 119/147、应用经济学 194/243、法学 185/188、政治学 71/125、民族学 14/45、马克思主义理论 96/325、教育学 54/155、心理学 76/102、体育学 33/119、中国语言文学 72/169、外国语言文学 208/221、中国史 110/122、数学 220/239、物理学 156/169、化学 174/185、地理学 38/92、生物学 190/222、工商管理 302/303、音乐与舞蹈学 35/94、美术学 25/133。

优势专业

4★专业：课程与教学论 18/101。

通信地址：新疆乌鲁木齐市新医路19号
邮政编码：830053
电话号码：0991-4332532
电子邮箱：yzb@xjnu.edu.cn
研究生院（处）网址：www.yjsc.xjnu.edu.cn

10766　新疆财经大学

在中国普通高校研究生教育竞争力排行榜中的名次：总排名 389/574，新疆维吾尔自治区内排名 6/11，财经类排名 25/40。

共 7 个一级学科（学术学位）参评。

学科门类排名

经济学 79/259、法学 312/348、文学 207/271、理学 367/375、管理学 201/376。

一级学科排名

理论经济学 88/147、应用经济学 72/243、法学 183/188、民族学 43/45、新闻传播学 76/98、统计学 113/162、工商管理 98/303。

通信地址：新疆乌鲁木齐市北京路 449 号
邮政编码：830012
电话号码：0991-7842074
电子邮箱：yjsc@xjife.edu.cn
研究生院（处）网址：www.xjufe.edu.cn

10757　塔里木大学

在中国普通高校研究生教育竞争力排行榜中的名次：总排名 457/574，新疆维吾尔自治区内排名 7/11，农林类排名 35/37。

共 7 个一级学科（学术学位）参评。

学科门类排名

理学 286/375、工学 325/369、农学 63/111。

一级学科排名

生物学 173/222、生态学 130/132、农业工程 33/52、作物学 39/53、园艺学 36/41、植物保护 42/50、畜牧学 48/52。

通信地址：新疆阿克苏地区阿克苏市乌喀中路 3 号
邮政编码：843300
电话号码：0997-4682652
电子邮箱：yjs_tlmdx@163.com
研究生院（处）网址：www.yjsb.taru.edu.cn

10764　伊犁师范学院

在中国普通高校研究生教育竞争力排行榜中的名次：总排名 475/574，新疆维吾尔自治区内排名 8/11，师范类排名 52/73。

共 3 个一级学科（学术学位）参评。

学科门类排名

文学 154/271、理学 289/375。

一级学科排名

中国语言文学 88/169、数学 189/239、物理学 148/169。

通信地址：新疆伊宁市解放路 298 号
邮政编码：835000
电话号码：0999-8131760
电子邮箱：yanjsc123@126.com
研究生院（处）网址：www.yjsc.ylsy.edu.cn

10768　新疆艺术学院

在中国普通高校研究生教育竞争力排行榜中的名次：总排名 499/574，新疆维吾尔自治区内排名 9/11，艺术类排名 28/29。

共 2 个一级学科（学术学位）参评。

学科门类排名

艺术学 127/206。

一级学科排名

音乐与舞蹈学 51/94、美术学 73/133。

通信地址：新疆乌鲁木齐市团结路 734 号
邮政编码：830049
电话号码：0991-2579283
电子邮箱：xjartyjs@163.com
研究生院（处）网址：www.yjsc.xjart.edu.cn

10763　喀什大学

在中国普通高校研究生教育竞争力排行榜中的名次：总排名 521/574，新疆维吾尔自治区内排名 10/11，师范类排名 61/73。

共 3 个一级学科（学术学位）参评。

学科门类排名

法学 268/348、教育学 151/200、文学 150/271。

一级学科排名

马克思主义理论 224/325、教育学 113/155、中国语言文学 91/169。

通信地址：新疆喀什市学院路 29 号
邮政编码：844000
电话号码：0998-2892892
电子邮箱：xyp-ks@163.com
研究生院（处）网址：www.yjsc.kstc.edu.cn

10997　昌吉学院

在中国普通高校研究生教育竞争力排行榜中的名次：总排名 557/574，新疆维吾尔自治区内排名 11/11，师范类排名 71/73。

通信地址：新疆昌吉市北京北路 77 号
邮政编码：831100
电话号码：0994-2327739
电子邮箱：yjsc@cjc.edu.cn
研究生院（处）网址：www.zs.cjc.edu.cn

贵州省

10657　贵州大学

在中国普通高校研究生教育竞争力排行榜中的名次：总排名 111/574，贵州省内排名 1/8，综合类排名 34/87。

共 58 个一级学科（学术学位）参评，其中 5★学科 0 个，4★学科 1 个，学科优秀率为 1.72%。

学科门类排名

哲学 55/177、经济学 100/259、法学 67/348、文学 93/271、历史学 86/125、理学 77/375、工学 105/369、农学 22/111、医学 152/196、管理学 110/376、艺术学 40/206。

一级学科排名

哲学 55/177、应用经济学 88/243、法学 43/188、政治学 100/125、社会学 49/96、民族学 33/45、马克思主义理论 134/325、中国语言文学 96/169、外国语言文学 106/221、新闻传播学 94/98、中国史 80/122、数学 61/239、物理学 127/169、化学 114/185、地质学 18/42、生物学 62/222、生态学 50/132、统计学 55/162、力学 118/119、机械工程 65/208、材料科学与工程 82/206、冶金工程 19/24、电气工程 83/104、电子科学与技术 38/134、信息与通信工程 88/170、控制科学与工程 145/186、计算机科学与技术 88/283、土木工程 96/153、水利工程 72/74、测绘科学与技术 44/50、化学工程与技术 76/218、地质资源与地质工程 37/50、矿业工程 26/56、轻工技术与工程 35/46、环境科学与工程 97/197、食品科学与工程 53/101、风景园林学 54/65、软件工程 175/197、安全科学与工程 44/57、作物学 31/53、园艺学 38/41、农业资源与环境 16/43、植物保护 12/50、畜牧学 42/52、兽医学 32/44、林学 18/62、水产 27/27、草学 30/35、药学 105/145、管理科学与工程 119/228、工商管理 189/303、农林经济管理 27/62、公共管理 45/217、艺术学理论 38/75、音乐与舞蹈学 63/94、戏剧与影视学 46/70、美术学 84/133、设计学 22/141。

优势专业

4★专业：动物学 17/129、农药学 5/42、社会保障 25/123。

通信地址：贵州省贵阳市花溪区花溪大道南段
邮政编码：550025
电话号码：0851-8292217
电子邮箱：yzb@gzu.edu.cn
研究生院（处）网址：www.gs.gzu.edu.cn

10663　贵州师范大学

在中国普通高校研究生教育竞争力排行榜中的名次：总排名 249/574，贵州省内排名 2/8，师范类排名 30/73。

共 24 个一级学科（学术学位）参评，其中 5★学科 0 个，4★学科 1 个，学科优秀率为 4.17%。

学科门类排名

哲学 123/177、法学 159/348、教育学 50/200、文学 87/271、历史学 71/125、理学 178/375、工学 294/369、管理学 365/376、艺术学 120/206。

一级学科排名

哲学 123/177、法学 113/188、政治学 67/125、社会学 79/96、民族学 32/45、马克思主义理论 109/325、教育学 51/155、心理学 44/102、体育学 97/119、中国语言文学 79/169、外国语言文学 147/221、中国史 99/122、世界史 44/73、数学 140/239、化学 173/185、地理学 42/92、生物学 137/222、生态学 62/132、统计学 94/162、计算机科学与技术 179/283、环境科学与工程 124/197、软件工程 55/197、管理科学与工程 184/228、艺术学理论 15/75。

通信地址：贵州省贵阳市宝山北路 116 号
邮政编码：550001
电话号码：0851-6702099
电子邮箱：gznu_yzb@126.com
研究生院（处）网址：www.yjsc.gznu.edu.cn

10660　贵州医科大学

在中国普通高校研究生教育竞争力排行榜中的名次：总排名 327/574，贵州省内排名 3/8，医药类排名 36/72。

共 8 个一级学科（学术学位）参评。

学科门类排名

理学 341/375、医学 59/196。

一级学科排名

生物学 205/222、基础医学 27/99、临床医学 63/111、口腔医学 41/48、公共卫生与预防医学 32/71、中医学 39/47、药学 62/145、护理学 65/74。

通信地址：贵州省贵阳市北京路 9 号
邮政编码：550004
电话号码：0851-6908282
电子邮箱：gmczkb@gmc.edu.cn
研究生院（处）网址：www.yjsb.gmc.edu.cn

10661　遵义医学院

在中国普通高校研究生教育竞争力排行榜中的名次：总排名 348/574，贵州省内排名 4/8，医药类排名 41/72。

共 8 个一级学科（学术学位）参评。

学科门类排名

法学 328/348、理学 339/375、医学 63/196。

一级学科排名

马克思主义理论 300/325、生物学 201/222、基础医学 50/99、临床医学 58/111、口腔医学 33/48、公共卫生与预防医学 61/71、药学 56/145、护理学 44/74。

通信地址：贵州省遵义市大连路 143 号
邮政编码：563003
电话号码：0852-8609375
电子邮箱：yjsbzmc@sina.com
研究生院（处）网址：www.grs.zmc.edu.cn

10671　贵州财经大学

在中国普通高校研究生教育竞争力排行榜中的名次：总排名 407/574，贵州省内排名 5/8，财经类排名 27/40。

共 8 个一级学科（学术学位）参评。

学科门类排名

经济学 55/259、法学 201/348、理学 352/375、工学 343/369、管理学 157/376。

一级学科排名

理论经济学 44/147、应用经济学 79/243、民族学 40/45、马克思主义理论 157/325、统计学 70/162、计算机科学与技术 212/283、工商管理 106/303、公共管理 93/217。

通信地址：贵州省贵阳市鹿冲关路 276 号
邮政编码：550004
电话号码：0851-6902829
电子邮箱：gzcy_graduate@163.com
研究生院（处）网址：www.portal.gzife.edu.cn

10672　贵州民族大学

在中国普通高校研究生教育竞争力排行榜中的名次：总排名 416/574，贵州省内排名 6/8，民族类排名 9/13。

共 6 个一级学科（学术学位）参评。

学科门类排名

法学 86/348、文学 253/271、理学 318/375。

一级学科排名

法学 59/188、社会学 42/96、民族学 21/45、中国语言文学 128/169、数学 198/239、统计学 69/162。

通信地址：贵州省贵阳市花溪区花溪大道南段
邮政编码：550025
电话号码：0851-3610705
电子邮箱：gznc_yz@163.com
研究生院（处）网址：www.yjs.gzmu.edu.cn

10662　贵阳中医学院

在中国普通高校研究生教育竞争力排行榜中的名次：总排名 465/574，贵州省内排名 7/8，医药类排名 59/72。

共 4 个一级学科（学术学位）参评。

学科门类排名

医学 106/196。

一级学科排名

中医学 25/47、中西医结合 29/72、药学 128/145、中药学 43/59。

通信地址：贵州省贵阳市市东路 50 号
邮政编码：550002
电话号码：0851-5652079
电子邮箱：gzyyzb@sina.com
研究生院（处）网址：www.yjs.gyctcm.edu.cn

10670　黔南民族师范学院

在中国普通高校研究生教育竞争力排行榜中的名次：总排名 559/574，贵州省内排名 8/8，师范类排名 72/73。

通信地址：贵州省都匀市龙山大道
邮政编码：558000
电话号码：0854-8737536
电子邮箱：qnsyyzb@163.com
研究生院（处）网址：www.ygb.sgmtu.edu.cn

内蒙古自治区

10126　内蒙古大学

在中国普通高校研究生教育竞争力排行榜中的名次：总排名 152/574，内蒙古自治区内排名 1/9，综合类排名 43/87。

共 33 个一级学科（学术学位）参评，其中 5★学科 0 个，4★学科 2 个，学科优秀率为 6.06%。

学科门类排名

哲学 65/177、经济学 195/259、法学 70/348、文学 29/271、历史学 38/125、理学 38/375、工学 203/369、农学 91/111、管理学 170/376、艺术学 114/206。

一级学科排名

哲学 65/177、理论经济学 130/147、应用经济学 196/243、法学 76/188、政治学 105/125、民族学 10/45、马克思主义理论 92/325、中国语言文学 25/169、外国语言文学 55/221、新闻传播学 53/98、考古学 39/58、中国史 31/122、世界史 69/73、数学 73/239、物理学 67/169、化学 71/185、生物学 37/222、生态学 31/132、材料科学与工程 197/206、电子科学与技术 126/134、信息与通信工程 152/170、控制科学与工程 177/186、计算机科学与技术 70/283、化学工程与技术 199/218、环境科学与工程 148/197、软件工程 145/197、草学 23/35、管理科学与工程 216/228、工商管理 201/303、公共管理 131/217、艺术学理论 42/75、音乐与舞蹈学 70/94、美术学 127/133。

优势专业

5★专业：动物学 6/129。

4★专业：马克思主义基本原理 23/263、中国少数民族语言文学 3/45、应用数学 46/231。

通信地址：内蒙古呼和浩特市大学西路 235 号
邮政编码：010021
电话号码：0471-4992114
电子邮箱：yzb@imu.edu.cn
研究生院（处）网址：www.gs.imu.edu.cn

10129 内蒙古农业大学

在中国普通高校研究生教育竞争力排行榜中的名次：总排名 202/574，内蒙古自治区内排名 2/9，农林类排名 17/37。

共 28 个一级学科（学术学位）参评，其中 5★学科 0 个，4★学科 3 个，学科优秀率为 10.71%。

学科门类排名

经济学 208/259、法学 306/348、理学 141/375、工学 112/369、农学 19/111、管理学 124/376、艺术学 195/206。

一级学科排名

应用经济学 185/243、马克思主义理论 220/325、生物学 82/222、生态学 47/132、机械工程 185/208、材料科学与工程 206/206、计算机科学与技术 283/283、土木工程 149/153、水利工程 35/74、轻工技术与工程 44/46、农业工程 12/52、林业工程 8/17、食品科学与工程 26/101、风景园林学 42/65、软件工程 195/197、作物学 28/53、园艺学 22/41、农业资源与环境 10/43、植物保护 39/50、畜牧学 9/52、兽医学 13/44、林学 8/62、草学 6/35、管理科学与工程 227/228、工商管理 275/303、农林经济管理 22/62、公共管理 147/217、设计学 133/141。

优势专业

4★专业：农业水土工程 3/35、水土保持与荒漠化防治 4/39。

通信地址：内蒙古呼和浩特市赛罕区昭乌达路 306 号
邮政编码：010018
电话号码：0471-4309337
电子邮箱：yzb@imau.edu.cn
研究生院（处）网址：www.yjsy.imau.edu.cn

10135 内蒙古师范大学

在中国普通高校研究生教育竞争力排行榜中的名次：总排名 234/574，内蒙古自治区内排名 3/9，师范类排名 28/73。

共 29 个一级学科（学术学位）参评，其中 5★学科 0 个，4★学科 2 个，学科优秀率为 6.9%。

学科门类排名

哲学 73/177、经济学 205/259、法学 91/348、教育学 38/200、文学 86/271、历史学 54/125、理学 150/375、工学 324/369、管理学 343/376、艺术学 112/206。

一级学科排名

哲学 73/177、理论经济学 99/147、应用经济学 230/243、政治学 124/125、社会学 36/96、民族学 17/45、马克思主义理论 117/325、教育学 56/155、心理学 19/102、体育学 40/119、中国语言文学 70/169、外国语言文学 175/221、中国史 70/122、世界史 66/73、数学 182/239、物理学 143/169、化学 175/185、地理学 63/92、生物学 186/222、科学技术史 6/37、生态学 92/132、材料科学与工程 200/206、计算机科学与技术 259/283、环境科学与工程 197/197、软件工程 194/197、公共管理 163/217、音乐与舞蹈学 43/94、美术学 111/133、设计学 136/141。

优势专业

4★专业：应用心理学 12/87。

通信地址：内蒙古呼和浩特市昭乌达路 295 号
邮政编码：010022
电话号码：0471-4393213
电子邮箱：yjsczsk@imnu.edu.cn
研究生院（处）网址：www.yjsc.imnu.edu.cn

10128 内蒙古工业大学

在中国普通高校研究生教育竞争力排行榜中的名次：总排名 278/574，内蒙古自治区内排名 4/9，理工类排名 98/178。

共 25 个一级学科（学术学位）参评，其中 5★学科 0 个，4★学科 1 个，学科优秀率为 4%。

学科门类排名

经济学 181/259、法学 238/348、教育学 194/200、文学 249/271、理学 285/375、工学 124/369、管理学 200/376。

一级学科排名

应用经济学 157/243、民族学 29/45、马克思主义理论 249/325、外国语言文学 151/221、数学 126/239、统计学 115/162、力学 47/119、机械工程 166/208、仪器科学与技术 87/95、材料科学与工程 90/206、动力工程及工程热物理 44/114、电气工程 87/104、电子科学与技术 105/134、控制科学与工程 155/186、计算机科学与技术 275/283、建筑学 61/69、土木工程 103/153、化学工程与技术 40/218、纺织科学与工程 24/25、交通运输工程 40/69、环境科学与工程 183/197、城乡规划学 41/56、管理科学与工程 137/228、工商管理 180/303、公共管理 179/217。

通信地址：内蒙古呼和浩特市新城区爱民街 49 号
邮政编码：010051
电话号码：0471-6578901
电子邮箱：yjsc@imut.edu.cn
研究生院（处）网址：yjsch.imut.edu.cn

10127 内蒙古科技大学

在中国普通高校研究生教育竞争力排行榜中的名次：总排名 312/574，内蒙古自治区内排名 5/9，理工类排名 115/178。

共 22 个一级学科（学术学位）参评。

学科门类排名

经济学 247/259、法学 319/348、历史学 115/125、理学 272/375、工学 184/369、医学 128/196、管理学 333/376。

一级学科排名

应用经济学 226/243、马克思主义理论 291/325、中国史 118/122、物理学 150/169、生物学 193/222、力学 119/119、机械工程 158/208、材料科学与工程 128/206、冶金工程 12/24、动力工程及工程热物理 88/114、控制科学与工程 162/186、计算机科学与技术 221/283、土木工程 92/153、化学工程与技术 164/218、矿业工程 24/56、环境科学与工程 184/197、软件工程 178/197、基础医学 99/99、临床医学 99/111、公共卫生与预防医学 68/71、管理科学与工程 224/228、工商管理 298/303。

通信地址：内蒙古包头市阿尔丁大街 7 号
邮政编码：014010
电话号码：0472-5951507
电子邮箱：imustyjs@163.com
研究生院（处）网址：www.graduate.imust.cn

10136 内蒙古民族大学

在中国普通高校研究生教育竞争力排行榜中的名次：总排名 396/574，内蒙古自治区内排名 6/9，民族类排名 7/13。

共 18 个一级学科（学术学位）参评。

学科门类排名

法学 178/348、教育学 144/200、文学 120/271、历史学 87/125、理学 315/375、农学 65/111、医学 118/196。

一级学科排名

民族学 30/45、马克思主义理论 142/325、体育学 90/119、中国语言文学 108/169、中国史 115/122、世界史 53/73、数学 235/239、物理学 166/169、化学 182/185、作物学 42/53、畜牧学 50/52、兽医学 43/44、草学 27/35、临床医学 87/111、中医学 46/47、中西医结合 56/72、中药学 56/59、护理学 74/74。

通信地址：内蒙古通辽市霍林河大街西 536 号
邮政编码：028043
电话号码：0475-8313508
电子邮箱：410064331@qq.com
研究生院（处）网址：www.imun.edu.cn

10132 内蒙古医科大学

在中国普通高校研究生教育竞争力排行榜中的名次：总排名 426/574，内蒙古自治区内排名 7/9，医药类排名 53/72。

共 9 个一级学科（学术学位）参评。

学科门类排名

理学 372/375、医学 57/196。

一级学科排名

生物学 222/222、基础医学 71/99、临床医学 78/111、口腔医学 47/48、公共卫生与预防医学 62/71、中医学 28/47、药学 100/145、中药学 55/59、护理学 58/74。

通信地址：内蒙古呼和浩特市新华大街 5 号
邮政编码：010059
电话号码：0471-6653193
电子邮箱：yjsxy2011@163.com
研究生院（处）网址：www.211.82.159.193

10139 内蒙古财经大学

在中国普通高校研究生教育竞争力排行榜中的名次：总排名 499/574，内蒙古自治区内排名 8/9，财经类排名 35/40。

共 4 个一级学科（学术学位）参评。

学科门类排名

经济学 107/259、理学 369/375、管理学 192/376。

一级学科排名

理论经济学 80/147、应用经济学 107/243、统计学 114/162、工商管理 109/303。

通信地址：内蒙古呼和浩特市北二环路 185 号
邮政编码：010070
电话号码：0471-5300150
电子邮箱：yzb1497@163.com
研究生院（处）网址：www.imufe.edu.cn

10138 赤峰学院

在中国普通高校研究生教育竞争力排行榜中的名次：总排名 543/574，内蒙古自治区内排名 9/9，师范类排名 67/73。

通信地址：内蒙古赤峰市红山区迎宾路 1 号
邮政编码：024000
电话号码：0476-8300512
电子邮箱：xkjsghc@163.com
研究生院（处）网址：www.222.39.96.123:8081/cfxyxkjsc

宁夏回族自治区

10749　宁夏大学

在中国普通高校研究生教育竞争力排行榜中的名次：总排名 188/574，宁夏回族自治区内排名 1/4，综合类排名 47/87。

共 34 个一级学科（学术学位）参评，其中 5★学科 0 个，4★学科 1 个，学科优秀率为 2.94%。

学科门类排名

哲学 103/177、经济学 227/259、法学 63/348、教育学 83/200、文学 103/271、历史学 98/125、理学 148/375、工学 166/369、农学 44/111、管理学 274/376。

一级学科排名

哲学 103/177、理论经济学 97/147、法学 131/188、社会学 95/96、民族学 7/45、马克思主义理论 196/325、教育学 86/155、心理学 80/102、中国语言文学 82/169、外国语言文学 129/221、中国史 93/122、数学 87/239、物理学 168/169、化学 170/185、地理学 61/92、生物学 154/222、生态学 73/132、力学 115/119、机械工程 180/208、电子科学与技术 114/134、计算机科学与技术 211/283、土木工程 137/153、水利工程 20/74、化学工程与技术 188/218、农业工程 50/52、食品科学与工程 88/101、作物学 36/53、园艺学 29/41、农业资源与环境 37/43、植物保护 47/50、畜牧学 25/52、兽医学 42/44、草学 10/35、农林经济管理 44/62。

优势专业

4★专业：中国少数民族经济 4/30、中国少数民族史 5/30。

通信地址：宁夏银川市西夏区文萃北街 217 号

邮政编码：750021

电话号码：0951-2061096

电子邮箱：yjsc@nxu.edu.cn

研究生院（处）网址：www.graduate.nxu.edu.cn

10752　宁夏医科大学

在中国普通高校研究生教育竞争力排行榜中的名次：总排名 321/574，宁夏回族自治区内排名 2/4，医药类排名 35/72。

共 9 个一级学科（学术学位）参评。

学科门类排名

理学 300/375、医学 56/196、管理学 302/376。

一级学科排名

生物学 183/222、基础医学 43/99、临床医学 44/111、口腔医学 44/48、公共卫生与预防医学 43/71、中医学 29/47、药学 92/145、护理学 60/74、公共管理 119/217。

通信地址：宁夏银川市胜利街 692 号

邮政编码：750004

电话号码：0951-4095934

电子邮箱：nyyzb@nxmc.edu.cn

研究生院（处）网址：www.yjsc.nxmu.edu.cn

11407　北方民族大学

在中国普通高校研究生教育竞争力排行榜中的名次：总排名 429/574，宁夏回族自治区内排名 3/4，民族类排名 10/13。

共 10 个一级学科（学术学位）参评。

学科门类排名

法学 163/348、文学 170/271、历史学 117/125、理学 296/375、工学 304/369。

一级学科排名

民族学 25/45、马克思主义理论 306/325、中国语言文学 144/169、中国史 116/122、数学 156/239、生态学 124/132、材料科学与工程 191/206、电子科学与技术 116/134、计算机科学与技术 150/283、软件工程 190/197。

通信地址：宁夏银川市西夏区文昌北路 204 号

邮政编码：750021

电话号码：0951-2068203

电子邮箱：yzb@nwsni.edu.cn

研究生院（处）网址：www.nwsni.edu.cn

10753　宁夏师范学院

在中国普通高校研究生教育竞争力排行榜中的名次：总排名 567/574，宁夏回族自治区内排名 4/4，师范类排名 73/73。

通信地址：宁夏固原市原州区学院路

邮政编码：756099

电话号码：0954-2079656

电子邮箱：jenine77@163.com

研究生院（处）网址：www.yjsh.nxtu.cn

海南省

10589　海南大学

在中国普通高校研究生教育竞争力排行榜中的名次：总排名 217/574，海南省内排名 1/4，综合类排名 53/87。

共 35 个一级学科（学术学位）参评，其中 5★学科 0 个，4★学科 1 个，学科优秀率为 2.86%。

学科门类排名

哲学 116/177、经济学 144/259、法学 62/348、文学 128/271、理学 139/375、工学 186/369、农学 29/111、医学 180/196、管理学 208/376、艺术学 199/206。

一级学科排名

哲学 116/177、理论经济学 94/147、应用经济学 180/243、法学 36/188、政治学 81/125、马克思主义理论 148/325、中国语言文学 136/169、外国语言文学 142/221、数学 227/239、海洋科学 29/31、生物学 76/222、生态学 54/132、统计学 161/162、材料科学与工程 158/206、信息与通信工程 56/170、计算机科学与技术 222/283、土木工程 134/153、化学工程与技术 110/218、农业工程 48/52、环境科学与工程 195/197、食品科学与工程 60/101、风景园林学 38/65、软件工程 149/197、作物学 15/53、园艺学 31/41、农业资源与环境 32/43、植物保护 30/50、畜牧学 51/52、林学 37/62、水产 17/27、草学 35/35、药学 133/145、工商管理 169/303、农林经济管理 50/62、美术学 104/133。

优势专业

4★专业：民商法学 21/147。

通信地址：海南省海口市人民大道 58 号
邮政编码：570228
电话号码：0898-66251735
电子邮箱：hnyjs@hainu.edu.cn
研究生院（处）网址：www.hainu.edu.cn

11658 海南师范大学

在中国普通高校研究生教育竞争力排行榜中的名次：总排名 406/574，海南省内排名 2/4，师范类排名 44/73。

共 11 个一级学科（学术学位）参评。

学科门类排名

法学 145/348、教育学 119/200、文学 132/271、历史学 94/125、理学 229/375、艺术学 169/206。

一级学科排名

马克思主义理论 98/325、教育学 117/155、体育学 63/119、中国语言文学 113/169、中国史 101/122、数学 218/239、化学 158/185、地理学 75/92、生物学 189/222、生态学 97/132、美术学 75/133。

优势专业

4★专业：中国近现代史基本问题研究 14/120。

通信地址：海南省海口市龙昆南路 99 号
邮政编码：571158
电话号码：0898-65893907
电子邮箱：yzb@hainnu.edu.cn
研究生院（处）网址：www.yjsc.hainnu.edu.cn

11810 海南医学院

在中国普通高校研究生教育竞争力排行榜中的名次：总排名 445/574，海南省内排名 3/4，医药类排名 56/72。

共 3 个一级学科（学术学位）参评。

学科门类排名

医学 101/196。

一级学科排名

基础医学 70/99、临床医学 84/111、药学 116/145。

通信地址：海南省海口市龙华区学院路 3 号
邮政编码：571199
电话号码：0898-66891789
电子邮箱：hyyjsb@163.com
研究生院（处）网址：www.hainmc.edu.cn

11100 琼州学院

在中国普通高校研究生教育竞争力排行榜中的名次：总排名 559/574，海南省内排名 4/4，综合类排名 85/87。

通信地址：海南省三亚市育才路一号
邮政编码：572022
电话号码：0898-31095399
电子邮箱：qzuzsb@qq.com
研究生院（处）网址：www.yjsc.qzu.edu.cn

青海省

10743 青海大学

在中国普通高校研究生教育竞争力排行榜中的名次：总排名 340/574，青海省内排名 1/3，综合类排名 63/87。

共 17 个一级学科（学术学位）参评。

学科门类排名

法学 265/348、工学 280/369、农学 48/111、医学 108/196、管理学 296/376。

一级学科排名

马克思主义理论 227/325、机械工程 190/208、材料科学与工程 202/206、水利工程 45/74、化学工程与技术 176/218、地质资源与地质工程 40/50、风景园林学 52/65、作物学 27/53、畜牧学 47/52、兽医学 41/44、林学 34/62、草学 18/35、基础医学 58/99、临床医学 59/111、中医学 31/47、中西医结合 67/72、工商管理 125/303。

优势专业

4★专业：民族医学（含：藏医学、蒙医学等）2/13。

通信地址：青海省西宁市宁大路 251 号
邮政编码：810016
电话号码：0971-5310695
电子邮箱：yzb@qhu.edu.cn
研究生院（处）网址：www.yjs.qhu.edu.cn

10746 青海师范大学

在中国普通高校研究生教育竞争力排行榜中的名次：总排名 379/574，青海省内排名 2/3，师范类排名 42/73。

共 17 个一级学科（学术学位）参评。

学科门类排名

哲学 155/177、经济学 231/259、法学 251/348、教育学 96/200、文学 135/271、历史学 68/125、理学 199/375、工学 329/369。

一级学科排名

哲学 155/177、应用经济学 219/243、社会学 84/96、马克思主义理论 271/325、教育学 95/155、心理学 91/102、体育学 117/119、中国语言文学 101/169、中国史 59/122、数学 186/239、化学 156/185、地理学 46/92、生物学 209/222、生态学 119/132、统计学 160/162、计算机科学与技术 232/283、软件工程 159/197。

通信地址：青海省西宁市五四西路 36 号
邮政编码：810008
电话号码：0971-6309024
电子邮箱：yjs@qhnu.edu.cn
研究生院（处）网址：www.yjsgl.qhnu.edu.cn

10748 青海民族大学

在中国普通高校研究生教育竞争力排行榜中的名次：总排名 403/574，青海省内排名 3/3，民族类排名 8/13。

共 14 个一级学科（学术学位）参评。

学科门类排名

哲学 130/177、经济学 259/259、法学 281/348、文学 251/271、历史学 107/125、理学 321/375、医学 155/196、管理学 330/376。

一级学科排名

哲学 130/177、应用经济学 243/243、法学 135/188、政治学 82/125、社会学 96/96、民族学 18/45、马克思主义理论 290/325、中国语言文学 119/169、中国史 96/122、数学 219/239、化学 178/185、药学 111/145、工商管理 279/303、公共管理 158/217。

通信地址：青海省西宁市八一中路 3 号
邮政编码：810007
电话号码：0971-8237294
电子邮箱：yzb@qhmu.edu.cn
研究生院（处）网址：www.219.247.255.22/jgsz/yjsb

西藏自治区

10694 西藏大学

在中国普通高校研究生教育竞争力排行榜中的名次：总排名 363/574，西藏自治区内排名 1/3，综合类排名 67/87。

共 13 个一级学科（学术学位）参评，其中 5★学科 0 个，4★学科 1 个，学科优秀率为 7.69%。

学科门类排名

法学 140/348、教育学 128/200、文学 133/271、理学 294/375、工学 330/369、农学 83/111、管理学 334/376、艺术学 96/206。

一级学科排名

民族学 6/45、教育学 119/155、中国语言文学 94/169、生物学 176/222、生态学 104/132、计算机科学与技术 149/283、水利工程 74/74、作物学 53/53、兽医学 44/44、林学 43/62、公共管理 176/217、音乐与舞蹈学 62/94、美术学 128/133。

优势专业

4★专业：中国少数民族经济 2/30、中国少数民族史 4/30、中国少数民族艺术 3/25、中国少数民族语言文学 5/45。

通信地址：西藏拉萨市江苏路 36 号
邮政编码：850000
电话号码：0891-6331646
电子邮箱：zsb@utibet.edu.cn
研究生院（处）网址：www.utibet.edu.cn

10695 西藏民族大学

在中国普通高校研究生教育竞争力排行榜中的名次：总排名 461/574，西藏自治区内排名 2/3，民族类排名 13/13。

共 5 个一级学科（学术学位）参评。

学科门类排名

哲学 105/177、法学 110/348、文学 141/271、历史学 109/125、医学 173/196。

一级学科排名

哲学 105/177、民族学 11/45、中国语言文学 116/169、中国史 106/122、基础医学 91/99。

通信地址：陕西省咸阳市文汇东路 6 号
邮政编码：712082
电话号码：029-33755124
电子邮箱：xzmyyjsc@163.com
研究生院（处）网址：www1.xzmy.edu.cn

10696 西藏藏医学院

在中国普通高校研究生教育竞争力排行榜中的名次：总排名 571/574，西藏自治区内排名 3/3，医药类排名 72/72。

共 1 个一级学科（学术学位）参评。

学科门类排名

医学 169/196。

一级学科排名

中医学 36/47。

通信地址：西藏拉萨市当热中路 10 号
邮政编码：850000
电话号码：0891-6374885
电子邮箱：zyyjsb1999@163.com.cn.
研究生院（处）网址：www.ttmc.edu.cn

第 三 部 分

附　录

国家及主要大学硕士研究生招录情况

2015 年全国硕士研究生复试分数线包括国家分数线和部分自主划线的高校分数线，下表中分别予以列出，供读者参考。高校博士研究生入学考试因科目不同等原因，各高校博士研究生复试分数线差异很大，故不一一列出。

2015 年全国硕士研究生统一入学考试考生进入复试的初试成绩基本要求（学术型）

学科门类（专业）名称	A 类考生*			B 类考生*			备注
	总分	单科（满分=100 分）	单科（满分>100 分）	总分	单科（满分=100 分）	单科（满分>100 分）	
哲学	280	37	56	270	34	51	*A 类考生：报考地处一区招生单位的考生 *B 类考生：报考地处二区招生单位的考生 一区系北京、天津、河北、山西、辽宁、吉林、黑龙江、上海、江苏、浙江、安徽、福建、江西、山东、河南、湖北、湖南、广东、重庆、四川、陕西 21 省（直辖市）； 二区系内蒙古、广西、海南、贵州、云南、西藏、甘肃、青海、宁夏、新疆 10 省（自治区） *工学照顾专业：力学[0801]、冶金工程[0806]、动力工程及工程热物理[0807]、水利工程[0815]、地质资源与地质工程[0818]、矿业工程[0819]、船舶与海洋工程[0824]、航空宇航科学与技术[0825]、兵器科学与技术[0826]、核科学与技术[0827]、农业工程[0828] *中医类照顾专业：中医学[1005]、中西医结合[1006] *享受少数民族政策的考生：①报考地处二区招生单位，且毕业后在国务院公布的民族区域自治地方就业的少数民族高校应届本科毕业生考生；②工作单位在国务院公布的民族区域自治地方，为原单位定向或委托培养的少数民族在职人员考生
经济学	330	45	68	320	42	63	
法学	300	42	63	290	39	59	
教育学（不含体育学）	320	44	132	310	41	123	
文学	345	52	78	335	49	74	
历史学	300	42	126	290	39	117	
理学	275	36	54	265	33	50	
工学（不含工学照顾专业）	280	38	57	270	35	53	
农学	255	34	51	245	31	47	
医学（不含中医类照顾专业）	285	39	117	275	36	108	
军事学	290	39	59	280	36	54	
管理学	335	46	69	325	43	65	
艺术学	325	34	51	315	31	47	
体育学	265	34	102	255	31	93	
工学照顾专业*	275	36	54	265	33	50	
中医类照顾专业*	285	38	114	275	35	105	
享受少数民族政策的考生*	245	30	45	245	30	45	
报考少数民族高层次骨干人才计划考生进入复试的初试成绩基本要求为总分不低于 245 分							

2015 年全国硕士研究生统一入学考试考生进入复试的初试成绩基本要求（专业学位）

学科门类（专业）名称	A 类考生*			B 类考生*			备注
	总分	单科（满分=100 分）	单科（满分>100 分）	总分	单科（满分=100 分）	单科（满分>100 分）	
金融、应用统计、税务、国际商务、保险、资产评估	330	45	68	320	42	63	*工程照顾专业： 冶金工程[085205] 动力工程[085206] 水利工程[085214] 地质工程[085217] 矿业工程[085218] 船舶与海洋工程[085223] 安全工程[085224] 兵器工程[085225] 核能与核技术工程[085226] 农业工程[085227] 林业工程[085228] 航空工程[085232] 航天工程[085233]
审计	160	40	80	150	35	70	
法律（法学）、法律（非法学）、社会工作、警务	300	42	63	290	39	59	
教育、汉语国际教育	320	44	66	310	41	62	
应用心理	320	44	132	310	41	123	
体育	265	34	102	255	31	93	
翻译、新闻与传播、出版	345	52	78	335	49	74	
文物与博物馆	300	42	126	290	39	117	
建筑学、工程（不含工程照顾专业）、城市规划	280	38	57	270	35	53	
农业推广、兽医、风景园林、林业	255	34	51	245	31	47	
临床医学（不含临床医学照顾专业）、口腔医学、公共卫生、护理、药学、中药学	285	39	117	275	36	108	*临床医学照顾专业： 中医内科学[105118] 中医外科学[105119] 中医骨伤科学[105120] 中医妇科学[105121] 中医儿科学[105122] 中医五官科学[105123] 针灸推拿学[105124] 民族医学（含藏医学、蒙医学等）[105125] 中西医结合临床[105126]
工商管理、公共管理、会计、旅游管理、图书情报、工程管理	160	40	80	150	35	70	
艺术	325	34	51	315	31	47	
工程照顾专业*	275	36	54	265	33	50	
临床医学中医类照顾专业*	285	38	114	275	35	105	
享受少数民族政策的考生*	245	30	45	245	30	45	
报考少数民族高层次骨干人才计划考生进入复试的初试成绩基本要求为总分不低于 245 分							

2015 年考研 34 所自主划线高校硕士研究生入学复试分数线（学术型）

单位名称		哲学	经济学	法学	教育学	文学	历史学	理学	工学	农学	医学	管理学	艺术学
北京大学	总分	340	370	340	360	335	345	320	320	—	—	345	345
	外语	50	55	50	50	50	50	50	50	—	—	50	50
	政治	50	55	50	50	50	50	50	50	—	—	50	50
	业务一	90	90	90	180	90	180	90	90	—	—	90	90
	业务二	90	90	90	—	90	—	90	90	—	—	90	90
单位名称		哲学	经济学	法学	教育学	文学	历史学	理学	工学	农学	医学	管理学	艺术学
清华大学	总分	360	350	330	325	350	350	310	320	—	300	345	310
	外语	50	50	50	50	50	50	50	50	—	50	50	40
	政治	50	50	50	50	50	50	50	50	—	50	50	40
	业务一	90	90	85	180	90	180	80	80	—	180	90	80
	业务二	90	90	85	—	90	—	80	80	—	—	90	110
单位名称		哲学	经济学	法学	教育学	文学	历史学	理学	工学	农学	医学	管理学	艺术学
浙江大学	总分	355	355	330	360	355	325	310	335	300	315	355	350
	外语	55	60	55	60	60	55	50	55	50	55	55	50
	政治	55	60	55	60	60	55	50	55	50	55	55	50
	业务一	95	100	85	225	95	190	90	90	70	180	100	95
	业务二	95	100	85	—	95	—	90	90	70	—	100	95
单位名称		哲学	经济学	法学	教育学	文学	历史学	理学	工学	农学	医学	管理学	艺术学
上海交通大学	总分	310	365	360	310	355	310	310	330	310	335	350	360
	外语	50	55	55	50	55	50	50	50	50	50	50	55
	政治	50	50	50	50	50	50	50	50	50	50	50	50
	业务一	85	90	90	180	90	180	85	85	85	195	90	90
	业务二	85	90	90	—	90	—	85	85	85	—	90	90
单位名称		哲学	经济学	法学	教育学	文学	历史学	理学	工学	农学	医学	管理学	艺术学
武汉大学	总分	355	360	355	335	365	310	310	330	—	305	370	360
	外语	55	60	50	50	55	50	45	50	—	45	60	50
	政治	55	60	50	50	55	60	50	50	—	50	60	50
	业务一	90	90	90	180	90	190	80	90	—	180	90	90
	业务二	90	90	90	—	90	—	80	90	—	—	90	90
单位名称		哲学	经济学	法学	教育学	文学	历史学	理学	工学	农学	医学	管理学	艺术学
华中科技大学	总分	320	368	350	335	355	360	310	310	310	295	360	355
	外语	48	55	50	55	55	50	45	45	45	45	55	50
	政治	60	55	50	55	60	60	45	45	55	50	55	50
	业务一	90	90	90	200	100	240	80	80	80	160	90	90
	业务二	90	90	90	—	100	—	90	80	80	—	90	90
单位名称		哲学	经济学	法学	教育学	文学	历史学	理学	工学	农学	医学	管理学	艺术学
复旦大学	总分	380	360	355	340	340	320	320	330	—	—	360	340
	外语	60	50	50	50	50	50	50	50	—	—	60	60
	政治	60	50	50	50	50	50	50	50	—	—	60	60
	业务一	90	80	90	180	90	180	90	90	—	—	90	90
	业务二	90	80	90	—	90	—	90	90	—	—	90	90

续表

单位名称		哲学	经济学	法学	教育学	文学	历史学	理学	工学	农学	医学	管理学	艺术学
四川大学	总分	315	335	330	315	325	310	300	325	290	290	350	345
	外语	48	55	50	50	55	45	45	45	40	45	55	40
	政治	48	55	50	50	55	45	45	45	40	45	55	40
	业务一	72	83	75	150	83	135	68	68	60	135	83	60
	业务二	72	83	75	—	83	—	68	68	60	—	83	60
单位名称		哲学	经济学	法学	教育学	文学	历史学	理学	工学	农学	医学	管理学	艺术学
吉林大学	总分	310	350	350	315	355	325	320	320	300	305	360	320
	外语	45	50	50	40	55	45	45	45	45	45	55	40
	政治	45	50	50	40	55	45	45	45	45	45	55	40
	业务一	90	75	90	180	90	180	90	67	90	180	90	90
	业务二	90	90	90	—	90	—	90	90	90	—	90	90
单位名称		哲学	经济学	法学	教育学	文学	历史学	理学	工学	农学	医学	管理学	艺术学
南京大学	总分	330	360	345	320	350	350	310	310	—	310	350	320
	外语	55	60	55	55	55	50	50	50	—	50	60	40
	政治	55	60	55	55	55	50	50	50	—	50	60	40
	业务一	90	90	90	180	90	180	90	80	—	180	90	90
	业务二	90	90	90	—	90	—	90	80	—	—	90	90
单位名称		哲学	经济学	法学	教育学	文学	历史学	理学	工学	农学	医学	管理学	艺术学
中山大学	总分	320	350	330	345	350	290	300	300	300	310	350	335
	外语	50	60	55	50	50	50	45	45	45	50	55	45
	政治	50	60	55	50	50	50	45	45	45	50	55	45
	业务一	90	90	90	180	90	165	80	80	80	180	90	90
	业务二	90	90	90	—	90	—	80	80	80	—	90	90
单位名称		哲学	经济学	法学	教育学	文学	历史学	理学	工学	农学	医学	管理学	艺术学
哈尔滨工业大学	总分	310	350	335	—	350	—	300	320	—	—	350	340
	外语	45	50	50	—	55	—	40	45	—	—	50	45
	政治	45	50	50	—	55	—	40	45	—	—	50	45
	业务一	80	85	85	—	85	—	80	80	—	—	85	85
	业务二	80	85	85	—	85	—	80	80	—	—	85	85
单位名称		哲学	经济学	法学	教育学	文学	历史学	理学	工学	农学	医学	管理学	艺术学
西安交通大学	总分	350	365	360	330	360	—	330	340	—	320	365	340
	外语	45	50	45	45	50	—	45	45	—	50	50	45
	政治	45	50	45	45	50	—	45	45	—	50	50	45
	业务一	80	80	80	150	80	—	75	75	—	170	80	90
	业务二	80	80	80	—	80	—	75	75	—	—	80	90
单位名称		哲学	经济学	法学	教育学	文学	历史学	理学	工学	农学	医学	管理学	艺术学
中国科学技术大学	总分	340	—	—	—	—	—	310	310	—	—	330	—
	外语	60	—	—	—	—	—	50	50	—	—	55	—
	政治	60	—	—	—	—	—	50	50	—	—	55	—
	业务一	90	—	—	—	—	—	80	80	—	—	90	—
	业务二	90	—	—	—	—	—	80	80	—	—	90	—

续表

单位名称		哲学	经济学	法学	教育学	文学	历史学	理学	工学	农学	医学	管理学	艺术学
山东大学	总分	310	350	330	300	330	320	310	310	—	310	355	330
	外语	45	50	50	45	50	50	45	45	—	45	50	40
	政治	45	50	50	45	50	50	45	45	—	45	50	40
	业务一	90	90	90	170	90	170	75	75	—	170	90	90
	业务二	90	90	90	—	90	—	75	75	—	—	90	90
单位名称		哲学	经济学	法学	教育学	文学	历史学	理学	工学	农学	医学	管理学	艺术学
中南大学	总分	300	345	315	315	345	300	290	300	—	300	350	315
	外语	45	50	45	50	50	45	40	45	—	45	50	40
	政治	45	50	45	50	50	45	40	45	—	45	50	40
	业务一	75	80	75	150	80	140	70	75	—	150	80	80
	业务二	75	80	75	—	80	—	70	75	—	—	80	80
单位名称		哲学	经济学	法学	教育学	文学	历史学	理学	工学	农学	医学	管理学	艺术学
东南大学	总分	320	360	330	335	355	—	325	335	—	300	350	315
	外语	50	55	50	50	50	—	50	50	—	50	55	45
	政治	50	50	50	50	50	—	50	50	—	50	50	50
	业务一	90	95	90	200	90	—	80	90	—	175	90	90
	业务二	90	95	90	—	90	—	80	90	—	—	90	90
单位名称		哲学	经济学	法学	教育学	文学	历史学	理学	工学	农学	医学	管理学	艺术学
中国人民大学	总分	330	365	340	350	345	310	300	325	—	300	350	310
	外语	50	55	50	50	55	50	45	50	—	50	55	50
	政治	50	50	50	50	55	50	45	50	—	50	55	50
	业务一	90	90	90	180	90	180	80	90	—	180	90	85
	业务二	90	90	90	—	90	—	80	80	—	—	90	90
单位名称		哲学	经济学	法学	教育学	文学	历史学	理学	工学	农学	医学	管理学	艺术学
同济大学	总分	320	380	320	320	320	—	310	330	—	295	350	340
	外语	50	55	45	50	50	—	50	50	—	50	55	45
	政治	50	60	50	55	55	—	50	50	—	50	60	50
	业务一	90	90	90	180	95	—	90	90	—	160	90	100
	业务二	90	90	90	—	95	—	90	90	—	—	90	100
单位名称		哲学	经济学	法学	教育学	文学	历史学	理学	工学	农学	医学	管理学	艺术学
南开大学	总分	310	340	330	320	350	325	320	305	320	320	360	340
	外语	50	55	50	50	57	55	50	45	50	45	60	45
	政治	50	55	55	50	57	55	50	45	50	45	57	50
	业务一	90	90	90	180	100	195	80	80	90	170	90	100
	业务二	90	90	90	—	100	—	80	80	90	—	90	100
单位名称		哲学	经济学	法学	教育学	文学	历史学	理学	工学	农学	医学	管理学	艺术学
天津大学	总分	350	365	315	320	360	—	305	325	—	305	355	325
	外语	50	55	45	45	55	—	45	50	—	45	55	40
	政治	50	55	45	45	55		45	50	—	45	55	40
	业务一	90	90	80	180	90	—	80	85	—	180	90	90
	业务二	90	90	80	—	90	—	80	85	—	—	90	90

续表

单位名称		哲学	经济学	法学	教育学	文学	历史学	理学	工学	农学	医学	管理学	艺术学
北京航空航天大学	总分	315	355	335	320	365	—	300	315	—	310	365	320
	外语	45	55	50	50	60	—	45	50	—	50	55	40
	政治	45	55	50	50	60	—	45	50	—	50	55	40
	业务一	80	95	95	170	115	—	80	80	—	170	95	80
	业务二	80	95	95	—	—	—	80	80	—	—	95	80
单位名称		哲学	经济学	法学	教育学	文学	历史学	理学	工学	农学	医学	管理学	艺术学
北京师范大学	总分	340	340	340	315	340	315	300	300	330	330	335	345
	外语	50	50	50	50	50	50	48	48	50	50	50	45
	政治	50	50	50	50	50	50	48	48	50	50	50	45
	业务一	90	90	90	180	90	180	90	80	90	180	90	90
	业务二	90	90	90	—	90	—	90	90	90	—	90	90
单位名称		哲学	经济学	法学	教育学	文学	历史学	理学	工学	农学	医学	管理学	艺术学
厦门大学	总分	320	360	345	330	360	335	310	320	—	300	370	320
	外语	50	55	55	50	55	50	50	50	—	40	55	40
	政治	50	55	55	50	55	50	50	50	—	40	55	40
	业务一	90	90	90	180	90	180	80	80	—	150	90	90
	业务二	90	90	90	—	90	—	80	80	—	—	90	90
单位名称		哲学	经济学	法学	教育学	文学	历史学	理学	工学	农学	医学	管理学	艺术学
大连理工大学	总分	305	350	335	340	330	—	305	320	—	—	350	340
	外语	45	50	45	50	45	—	45	45	—	—	50	50
	政治	45	50	45	50	45	—	45	45	—	—	50	50
	业务一	85	90	80	180	75	—	75	75	—	—	90	90
	业务二	85	90	80	—	75	—	75	75	—	—	90	90
单位名称		哲学	经济学	法学	教育学	文学	历史学	理学	工学	农学	医学	管理学	艺术学
华南理工大学	总分	320	350	325	315	350	—	315	325	—	—	350	315
	外语	50	60	55	60	60	—	50	50	—	—	55	30
	政治	60	60	60	60	60	—	50	50	—	—	55	40
	业务一	90	90	90	175	90	—	85	85	—	—	90	90
	业务二	90	90	90	—	90	—	85	85	—	—	90	90
单位名称		哲学	经济学	法学	教育学	文学	历史学	理学	工学	农学	医学	管理学	艺术学
西北工业大学	总分	—	335	310	320	315	—	300	320	—	—	350	350
	外语	—	50	50	50	50	—	50	50	—	—	50	50
	政治	—	50	50	50	50	—	50	50	—	—	50	50
	业务一	—	90	70	160	75	—	70	70	—	—	90	90
	业务二	—	90	70	—	75	—	70	70	—	—	90	90
单位名称		哲学	经济学	法学	教育学	文学	历史学	理学	工学	农学	医学	管理学	艺术学
中国农业大学	总分	280	320	300	—	320	—	290	290	290	—	320	—
	外语	45	50	50	—	50	—	45	45	45	—	50	—
	政治	45	45	45	—	45	—	45	45	45	—	45	—
	业务一	75	75	75	—	75	—	75	75	75	—	75	—
	业务二	75	75	75	—	75	—	75	75	75	—	75	—

续表

单位名称		哲学	经济学	法学	教育学	文学	历史学	理学	工学	农学	医学	管理学	艺术学
兰州大学	总分	290	355	325	350	350	300	295	280	270	285	340	315
	外语	42	50	45	50	55	45	44	40	40	40	50	40
	政治	42	50	45	50	55	45	44	40	40	40	50	40
	业务一	70	90	75	150	90	150	75	60	70	150	90	80
	业务二	70	90	75	—	90	—	75	60	70	—	90	80
单位名称		哲学	经济学	法学	教育学	文学	历史学	理学	工学	农学	医学	管理学	艺术学
北京理工大学	总分	350	365	330	320	360	—	315	315	—	330	350	350
	外语	50	55	45	50	55	—	45	45	—	50	50	50
	政治	50	55	45	50	55	—	45	45	—	50	50	50
	业务一	75	83	68	150	83	—	68	68	—	150	75	75
	业务二	75	83	68	—	83	—	68	68	—	—	75	75
单位名称		哲学	经济学	法学	教育学	文学	历史学	理学	工学	农学	医学	管理学	艺术学
湖南大学	总分	320	355	335	310	355	310	320	325	—	320	355	340
	外语	45	55	50	45	55	45	45	50	—	45	55	55
	政治	45	55	50	45	55	45	45	50	—	45	55	55
	业务一	90	90	90	180	90	180	90	90	—	180	90	100
	业务二	90	90	90	—	90	—	90	90	—	—	90	100
单位名称		哲学	经济学	法学	教育学	文学	历史学	理学	工学	农学	医学	管理学	艺术学
重庆大学	总分	315	340	320	315	340	—	325	290	290	320	345	340
	外语	45	50	45	50	45	—	45	40	40	45	50	40
	政治	45	50	45	50	45	—	45	40	40	45	50	40
	业务一	85	85	85	160	80	—	85	70	75	180	90	90
	业务二	85	85	85	—	80	—	85	70	75	—	90	90
单位名称		哲学	经济学	法学	教育学	文学	历史学	理学	工学	农学	医学	管理学	艺术学
东北大学	总分	320	340	330	—	—	—	305	315	—	—	350	325
	外语	40	45	45	—	—	—	45	45	—	—	50	40
	政治	40	45	45	—	—	—	45	45	—	—	50	40
	业务一	90	75	90	—	—	—	75	75	—	—	90	90
	业务二	90	75	90	—	—	—	75	75	—	—	90	90
单位名称		哲学	经济学	法学	教育学	文学	历史学	理学	工学	农学	医学	管理学	艺术学
电子科技大学	总分	—	335	335	335	350	—	290	310	—	290	335	—
	外语	—	50	50	50	50	—	45	45	—	45	45	—
	政治	—	50	50	50	50	—	45	45	—	45	45	—
	业务一	—	80	80	200	90	—	70	70	—	160	80	—
	业务二	—	80	80	—	90	—	70	70	—	—	80	—

注：表中为总体情况，对于以下情况，表中未一一列出，详情请参考各大学研招办主页：①部分大学的部分学科专业的分数线单独划分，如清华大学的艺术学、科学技术史、体育学；②部分大学按照不同的院系专业划分分数线，如武汉大学的各学科专业

2015 年 985 高校硕博士招生人数一览表

序号	单位名称	博士生			硕士生		
		总规模	学术学位	专业学位	总规模	学术学位	专业学位
1	北京大学	2023	1884	139	5250	2500	2750
2	清华大学	1894	1869	25	3650	1700	1950
3	浙江大学	1778	1688	90	5060	3050	2010
4	上海交通大学	1489	1478	11	4670	2300	2370
5	武汉大学	1586	1566	20	6050	3550	2500
6	华中科技大学	1436	1386	50	6210	3730	2480
7	复旦大学	1341	1321	20	3760	1850	1910
8	四川大学	1269	1110	159	5570	3500	2070
9	吉林大学	1552	1542	10	6130	3580	2550
10	南京大学	1167	1159	8	3970	2230	1740
11	中山大学	1250	1150	100	4880	2690	2190
12	哈尔滨工业大学	1063	1045	18	4666	2832	1834
13	西安交通大学	982	902	80	3920	2200	1720
14	中国科学技术大学	1188	1168	20	3920	1860	2060
15	山东大学	918	908	10	4770	2780	1990
16	中南大学	1041	881	160	4680	2320	2360
17	东南大学	697	687	10	3800	2020	1780
18	中国人民大学	914	914	0	3700	2080	1620
19	同济大学	905	855	50	4300	2000	2300
20	南开大学	880	880	0	3380	2030	1350
21	天津大学	855	845	10	3800	2220	1580
22	北京航空航天大学	843	823	20	3359	1837	1522
23	北京师范大学	824	807	17	3260	1820	1440
24	厦门大学	735	725	10	3710	2070	1640
25	大连理工大学	708	708	0	3700	2210	1490
26	华南理工大学	628	618	10	3940	2290	1650
27	西北工业大学	659	639	20	2719	1613	1106
28	中国农业大学	808	808	0	2150	1360	790
29	兰州大学	505	490	15	3190	1740	1450
30	北京理工大学	719	699	20	3183	1810	1373
31	湖南大学	495	495	0	3940	2030	1910
32	重庆大学	612	602	10	4080	2210	1870
33	东北大学	569	569	0	3540	2000	1540
34	电子科技大学	395	390	5	3680	2150	1530
35	华东师范大学	638	618	20	3330	1830	1500
36	西北农林科技大学	426	426	0	2270	1440	830
37	中国海洋大学	389	384	5	2600	1490	1110
38	中央民族大学	234	234	0	1322	751	571